Laboratoire
Collection EDYTEM
Environnements, Dynamiques et Territoires de la Montagne

Numéro 6 - Année 2008

Cahiers de Paléoenvironnement

DU CLIMAT À L'HOMME

DYNAMIQUE HOLOCENE DE L'ENVIRONNEMENT DANS LE JURA ET LES ALPES

Actes du colloque GDR JURALP organisé à Aix-en-Provence les 15 et 16 novembre 2007

Coordination de l'ouvrage : Marc Desmet, Michel Magny et Florence Mocci

UNIVERSITE CHAMBERY ANNECY SAVOIE
aix marseille université
UFC UNIVERSITÉ DE FRANCHE-COMTÉ
cnrs

Photographies de couverture

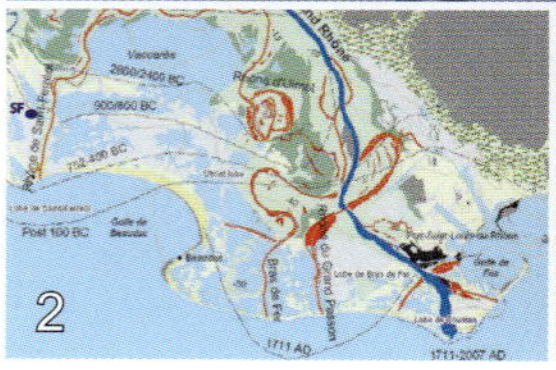

1 - Carottage du lac Jovet - Mission CALAMAR 2000 *(photo M. Desmet). Le programme calamar s'est déroulé de 1998 à 2000. Il avait pour objectif d'établir une typologie des remplissages sédimentaires de lacs d'altitudes dans les réserves naturelles de Haute-Savoie. Neuf lacs ont été carotté et les séquences sédimentaires prélevées ont fait l'objet de nombreuses publications mettant en évidence l'archivage du climat, des activités humaines et des séismes passés. Les sédiments du lac Jovet sont particulièrement biogéniques et composés à 80 % de frustules de diatomées (squelettes d'algues siliceuses). Contrairement aux grands lacs de vallées, les lacs d'altitudes ont des taux de sédimentation extrêmement faibles (à l'exception des lacs blancs) de sorte que des carottes courtes d'un mètre documentent plusieurs milliers d'années d'histoire de notre environnement passé.*

2 - Carte géomorphologique du delta du Rhône. *- Article C. Vella et al. - Grandes séquences holocènes et discontinuités sédimentaires dans le delta du Rhône.*

3 - À 2212 m d'altitude, le site du Serre de l'Homme II en cours de fouille *(L'Argentière-la-Bessée, Hautes-Alpes ; cliché K. Walsh, 2005). - Article F. Mocci et al. - Archéologie et paléoenvironnement dans les Alpes méridionales françaises. Hauts massifs de l'Argentiérois, du Champsaur et de l'Ubaye, Hautes-Alpes et Alpesde- Haute-Provence, Néolithique final – début de l'Antiquité.*

La publication de ce volume a bénéficié du soutien financier du CNRS (GDR 2992 JurAlp), ainsi que du Centre Camille Jullian (UMR 6573, Aix- en-Provence), du Laboratoire Méditerranéen d'Ecologie et Paléoécologie (UMR 6116, Aix-en-Provence), du Laboratoire Environnements, Dynamiques et Territoires de la Montagne (UMR 5204, Chambéry), et du Laboratoire de Chrono-Environnement (UMR 6249, Besançon).

Mise en page : André PAILLET

Imprimé par : Pure Impression, rue Ch. Nungesser, F 34135 Mauguio cedex

Exemplaires disponibles au Laboratoire EDYTEM, Université de Savoie, Campus scientifique, Bâtiment Pôle Montagne, F 73 376 Le Bourget-du-Lac Cedex, ou auprès de : sec-edytem@univ-savoie.fr

Site web du laboratoire : http://edytem.univ-savoie.fr/

On trouvera à la fin de cet ouvrage la présentation de l'ensemble des publications du Laboratoire EDYTEM

Dépôt légal : décembre 2008

ISSN : 1762-4304 - ISBN : 978-2-9520432-8-1 - EAN : 9782952043281

Editorial

Avec ce sixième numéro, «Collection EDYTEM» s'enrichit d'une nouvelle série : les **«Cahiers de Paléoenvironnement»**. Organisés en numéros thématiques, ils auront pour fonction de diffuser les recherches menées au sein du laboratoire sur les évolutions passées et récentes des milieux et territoires de montagne. Comme pour les autres cahiers de la Collection EDYTEM, ils constituent un support privilégié de diffusion de travaux dépassant le seul cadre du laboratoire, notamment ceux présentés lors de réunions scientifiques et de colloques auxquels est associé le laboratoire.

C'est le cas de ces premiers « Cahiers de Paléoenvironnement » qui rassemblent l'essentiel des contributions présentées lors de la table ronde «**Dynamique holocène de l'environnement du Jura et des Alpes : du climat à l'homme**» organisée par le GDR «JurAlp» en novembre 2007 à Aix-en-Provence.

Nous tenons ici à remercier les responsables du «**GDR JurAlp**» de leur attention et de leur confiance envers «Collection EDYTEM». On ne pouvait imaginer meilleur soutien pour inaugurer la nouvelle série «Cahiers de Paléoenvironnement». Cet ouvrage dépasse la seule dimension «actes de table ronde», il constitue une **véritable synthèse des recherches actuelles sur la dynamique environnementale holocène dans le Jura et les Alpes**. Structuré en 5 parties, **cet ouvrage reflète l'esprit du GDR JurAlp** : être à l'écoute des différentes approches disciplinaires travaillant sur l'Holocène, favoriser le croisement des informations, développer de nouvelles dynamiques de recherche, porter de nouvelles plateformes analytiques communes et soutenir l'émergence d'une communauté interdisciplinaire en sciences de l'environnement et de l'homme. Cet ouvrage fera sans nul doute **référence** par la qualité des contributions, par un état de l'art d'une grande et rare honnêteté intellectuelle et par un clair exposé des objectifs à venir, notamment envers les développements méthodologiques (haute résolution temporelle, études intégrées multi-proxy...) et la construction de séquences de référence.

La coordination de cet ouvrage a été réalisée par les trois responsables du GDR Juralp : Michel MAGNY, Marc DESMET et Florence MOCCI. Nous tenons à remercier particulièrement Michel MAGNY qui, grâce à sa ténacité, a pu rassembler en quelques mois l'ensemble des contributions. La qualité de ce numéro doit beaucoup aux soins de la mise en page réalisée par André PAILLET et au suivi mené par Laurent ASTRADE. Nous tenons ici à les remercier.

Enfin ce numéro marque une nouvelle étape dans l'organisation de la «Collection EDYTEM». Xavier BERNIER, après avoir durant 5 ans porté l'activité éditoriale d'EDYTEM, passe la main. Nous le remercions pour son investissement et sa volonté de faire des «Cahiers de Géographie» des ouvrages de qualité qui ont permis à notre jeune laboratoire de faire ses travaux et champs de recherche. C'est désormais Laurent ASTRADE qui assurera la direction de collection et le développement de l'activité éditoriale des ouvrages de la «Collection EDYTEM». Il s'agit d'une mission essentielle pour faire connaître nos recherches et la dimension interdisciplinaire du laboratoire.

Jean-Jacques DELANNOY
Directeur du laboratoire EDYTEM

Avant-propos

En guise d'introduction

Marc DESMET, Michel MAGNY, Florence MOCCI

Ce volume constitue les actes de la table ronde qui s'est tenue les 15 et 16 novembre 2007 à la Maison Méditerranéenne des Sciences de l'Homme d'Aix-en-Provence, et qui a été organisée dans le cadre du GDR 2992 du CNRS, JurAlpes, sur le thème « Dynamique holocène de l'environnement dans le Jura et les Alpes : du climat à l'homme ». Les dix-huit contributions rassemblées dans cet ouvrage couvrent un large éventail de champs disciplinaires et de méthodes d'étude. Après les deux premiers chapitres dédiés successivement aux reconstitutions des fluctuations des glaciers des Alpes occidentales depuis 5000 ans (P. Deline et M. Le Roy) et à l'usage des spéléothèmes en tant que proxy de la variabilité climatique annuelle (Y. Perrette), les cinq contributions suivantes s'appuient sur l'analyse de séquences sédimentaires lacustres (E. Chapron *et al.* ; M. Magny *et al.* ; L. Millet *et al.* ; F. Arnaud *et al.* ; A. Leroux *et al.*). Les lacs étudiés sont des lacs d'altitude (lac de Joux dans le Jura, lacs d'Anterne, de Bramant, de Blanc Huez et de Dessus-Verney dans les Alpes), ou des grands lacs de vallées (lacs du Bourget et de Constance, ou Bodensee). Suivent quatre chapitres qui s'intéressent aux vecteurs fluviatiles, de la vallée du Rhône (J.-P. Bravard *et al.* ; J.-F. Berger *et al.*), au bassin de la Durance (C. Miramont *et al.*) jusqu'au delta du Rhône (C. Vella *et al.*). Viennent ensuite trois contributions qui sont plus particulièrement centrées sur l'histoire du couvert végétal et de la pédogénèse dans les zones d'altitude des Alpes en s'appuyant sur des données anthracologiques (B. Talon), dendrochronologiques (J.-L. Edouard et A. Thomas) et pédo-sédimentaires (B. Moulin et P.-J. Rey). Enfin, les quatre dernières contributions portent sur l'histoire de l'anthropisation des Alpes (P.J. Rey *et al. ;* P. Bintz *et al.* ; A. Marguet *et al.* ; F. Mocci *et al.*) et du Jura (E. Gauthier et H. Richard).

Cette table ronde avait pour ambition, entre autres, d'établir une première synthèse des données archéologiques, paléoenvironnementales et climatiques pour le Jura et les Alpes occidentales. Le lecteur trouvera les premières esquisses dans cette direction dans plusieurs des contributions rassemblées dans ce volume (voir par exemple la figure 4 *in* Deline et Le Roy, page 23, la figure 12 *in* Magny *et al.*, page 63, la figure 4 *in* Arnaud *et al.*, page 86, ou la figure 6 *in* Berger *et al.*, page 132). De toute évidence, une cohérence d'ensemble paraît se dessiner, elle suggère la robustesse des données accumulées dans des domaines variés et au travers d'approches indépendantes. Nul doute encore que cette synthèse progressera avec une meilleure résolution chronologique et temporelle, c'est à dire un renforcement du corpus de dates et un pas d'analyse plus resserré (le volet chronologique a souvent été au centre des discussions à l'occasion des nombreux débats ayant ponctué nos sessions de travail).

Photo 1 - Le Lac du Serre de l'Homme dans le Parc national des Ecrins (alt. 2332 m, l'Argentière-la-Bessée, Hautes-Alpes). Cliché Fl. Mocci (Centre Camille Jullian CNRS), juillet 2008.

L'intérêt de la table ronde a été aussi de mettre en évidence des différences qui pouvaient être le reflet des méthodes mises en oeuvre ou encore des champs d'investigation envisagés. La figure 4 de la contribution de P. Deline et M. Le Roy (page 23) offre une première illustration de ces difficultés pour le seul domaine glaciaire, selon que la reconstitution des fluctuations glaciaires s'appuie sur la datation radiocarbone de matériel organique trouvé dans les moraines, de troncs subfossiles enfouis dans les marges proglaciaires, ou encore sur la datation dendrochronologique de troncs subfossiles retrouvés in situ. La comparaison des séquences sédimentaires des lacs du Bourget et de Saint Point met également en lumière la sensibilité différente des marqueurs utilisés et des sites étudiés aux changements de l'environnement et du climat . Ainsi, le lac du Bourget (Figure 4 *in* Arnaud *et al.*, page 86) permet de restituer un signal de haute fréquence où les événements pluriséculaires sont parfaitement lisibles (et largement corrélés avec des variations de niveaux lacustres), tandis qu'au lac Saint Point (Figure 7 *in* Leroux *et al.*, page 95), le signal prépondérant est un signal de basse fréquence marqué pour l'essentiel par la transition du Néoglaciaire vers 5500 - 5000 cal BP. Des complémentarités apparaissent aussi comme en témoignent les deux contributions sur le bassin de la Durance (C. Miramont *et al.*) et le delta du Rhône (C. Vella *et al.*). On observe ainsi, en amont, dans le bassin de la Durance, une phase majeure de stockage qui s'achève vers 7000 cal BP (*Remblaiement Postglaciaire Principal*), tandis qu'en aval, dans le delta du Rhône, l'accumulation des dépôts et la progradation deltaïque s'intensifient dans le dernier quart de l'Holocène, à partir de 2800 cal BP. Enfin, l'article de Millet *et al.* met clairement en évidence les difficultés qui pèsent encore sur la reconstruction quantitative des paramètres du climat (température, précipitations).

Bien que le cahier des charges du GDR ne soit pas centré sur les mécanismes climatiques, nous nous sommes efforcés d'intégrer des contributions discutant des forçages à l'origine de la variabilité climatique holocène, et ce, à différentes échelles de temps. On retrouvera, par exemple, l'empreinte d'un forçage orbital dans la bipartition de l'Holocène que met en évidence le bassin de la Durance, caractéristique du schéma généralement proposé pour la zone méditerranéenne, avec une première moitié de l'Holocène plus humide que la seconde, ou, à l'inverse, d'après Arnaud *et al.*, dans le signal détritique reconnu dans le lac du Bourget, ou encore celui reconstitué au lac de Saint-Point (Leroux *et al.*), tout en prenant également en compte qu'à partir de l'âge du Bronze, le signal climatique puisse être amplifié en se combinant à un signal anthropique. On pourrait rattacher à ce type de forçage (i) l'altitude relativement élevée atteinte par la limite supérieure des arbres dans les Alpes du sud au milieu de l'Holocène (Talon ; Edouard et Thomas ; Mocci *et al.*) avant les assauts conjugués de l'anthropisation et d'une détérioration des conditions climatiques (Néoglaciaire), (ii) le renforcement du stockage dans le delta du Rhône à partir de 2800 cal BP (Vella *et al.*), ou encore (iii) la plus forte activité hydrologique dans le haut bassin rhodanien après 4300 cal BP (Berger *et al.*). A l échelle pluriséculaire, le forçage solaire apparaît également de façon robuste dans les enregistrements présentés ici (Arnaud *et al.* ; Magny *et al.*). On peut aussi en retrouver l'empreinte dans une autre périodicité dont témoigneraient par exemple les fluctuations du glacier du Miage, avec des avancées majeures au début du Néoglaciaire (vers 5000 cal BP), au début du Subatlantique (vers 2800 cal BP), et pendant le Petit Age Glaciaire (Deline et Le Roy).

Mais il est clair, à travers les différentes contributions présentées ici, que dans la seconde moitié de l'Holocène, l'impact anthropique imprime une marque de plus en plus puissante sur les enregistrements paléoclimatiques. Ainsi, B. Talon associe la baisse en altitude de la limite supérieure des arbres dans les Alpes du sud à l'influence des activités agro-pastorales (Mocci *et al.*). Dans le même sens, la contribution de E. Chapron *et al.* met en lumière la relative précocité de l'impact des activités minières dans les zones d'altitude des Alpes du nord, précocité et ampleur de l'action humaine sur les paysages soulignées également, dans les massifs de la Maurienne et de la Tarentaise (P.-J Rey *et al.*) et des Alpes du sud (F. Mocci *et al.*). Du point de vue de l'impact possible de l'anthropisation, il est intéressant de souligner les résultats originaux obtenus au lac Saint Point dans le Jura (Leroux *et al.*) ; de façon contre-intuitive, ils montrent en effet comment l'ouverture récente de la forêt de résineux par l'homme et son remplacement par des pelouses pâturées a eu pour conséquence une forte diminution des flux détritiques, la végétation herbacée contribuant alors à fixer les matériaux sur les pentes contre l'érosion.

Enfin, les discussions développées tout au long de la table ronde permettent de lister quelques pistes de recherche, définies à la lumière des travaux précédents ou en réponse aux préoccupations sociétales actuelles. On soulignera tout d'abord qu'une attention grandissante est portée aux zones d'altitude. Explorées au départ par les paléobotanistes (palynologues, anthracologues, dendrochronologues), elles font l'objet aujourd'hui de nouvelles approches prometteuses incluant des travaux archéologiques diachroniques, l'analyse des remplissages lacustres, l'étude des séquences pédo-sédimentaires ou les larges champs proglaciaires que libère désormais une déglaciation accélérée.

Les contributions exposées dans le chapitre «Archéologie, peuplement et paysages» (P.-J. Rey *et al.* ; P. Bintz *et al.* ; F. Mocci *et al.* ; E. Gauthier et H. Richard) révèlent l'intérêt de développer une approche pluridisciplinaire des zones de moyenne et haute montagne corrélant données archéologiques et paléoécologiques. Depuis plus de 30 ans dans les Alpes du nord, et plus récemment, dans les Alpes du sud, les travaux collectifs et diachroniques menés sur des «zones-ateliers» entre 260 et 2600 m d'altitude (Vercors, Chartreuse, Maurienne, Tarentaise, Ecrins, Ubaye ; domaines lacustres savoyards et jurassiens) ont renouvelé nos connaissances sur le peuplement et les activités sociales et agricoles de la montagne alpine. Des méthodes d'approche diversifiées, la spécificité des massifs étudiés (en bordure de grands axes de circulation, Col du Petit St Bernard, couloir rhodanien ou dans des hautes vallées très reculées, Ecrins, Ubaye, Dévoluy, Maurienne), conduisent néanmoins à une certaine convergence des résultats archéologiques et environnementaux, bien calés chronologiquement. Les premières incursions significatives, au-delà de 2000 m d'altitude, apparaissent dès le Mésolithique (P.-J. Rey *et al.* ; P. Bintz *et al.* ; F. Mocci *et al.*) ; le peuplement s'accentue au cours du Néolithique et de l'âge du Bronze, depuis les rives des lacs savoyards jusqu'à l'étage alpin, au-delà des fluctuations climatiques. Du Jura aux Alpes du sud, les premiers indices polliniques d'anthropisation apparaissent dès le VIe millénaire cal. BC mais la mise en place de véritables terroirs pastoraux en haute altitude intervient dès la seconde moitié du IIIe millénaire cal. BC. Durant l'âge du Fer et l'époque romaine, les indicateurs plaident pour une continuité dans l'exploitation des milieux alpins avec une emprise plus ou moins importante selon l'altitude. La réduction du nombre de sites pastoraux en montagne, dès l'âge du Fer et pendant l'Antiquité, semble être un phénomène général à l'arc alpin, en liaison avec des processus économiques, sociaux et politiques (P.-J Rey *et al.* ; F. Mocci *et al.*). Les phases d'emprises et de déprises agricoles reconnues lors des siècles suivants, dans les zones basses et en montagne, seraient aussi conditionnées par des facteurs socio-économiques mais aussi climatiques (E. Gauthier et H. Richard).

Nous soulignerons également l'intérêt tout particulier qu'offre l'essai d'atlas présenté pour la vallée du Rhône par J.-P. Bravard *et al.* ; intégrant différents niveaux de données paléoenvironnementales, cet atlas suggère comment l'étude du passé combinée aux observations récentes peut aboutir à un précieux outil de gestion et répondre aux interrogations sociétales actuelles. Dans le même ordre d'idée, il importe aussi de souligner la necessité qu'il y a aujourd'hui à développer l'établissement d'enregistrements à haute résolution temporelle pour documenter le dernier millénaire. Il s'agit là d'une préoccupation partagée par une large part de la communauté scientifique internationale (cf projets Millennium, Escarsel, Pygmalion…). S'agissant des bassins lacustres, l'étude de longues séquences sédimentaires prélevées en profondeur, hors zones littorales, s'est avérée être un outil parfaitement efficace et pertinent pour la reconstitution des paléoenvironnements et des paléoclimats. Cette approche a le mérite d'offrir des séquences continues, hors des hiatus qui peuvent affecter les séquences littorales, et non perturbées pour autant qu'elles soient choisies à la suite d'investigations sismiques fournissant une imagerie précise du remplissage et permettant d'éviter les zones de slumps et les hiatus temporels. Ce type d'approche doit être développé sur la base d'études intégrées, multi-proxy, combinant marqueurs biotiques et abiotiques. On portera enfin une attention particulière aux travaux visant à la quantification des phénomènes, qu'il s'agisse des flux détritiques (C. Miramont *et al.* ; C. Vella *et al.*) ou des paramètres climatiques (Millet *et al.* ; Magny *et al.*). Ces travaux méritent d'être prolongés, renforcés et diversifiés dans la mesure où ils tentent de produire des ordres de grandeur et des références très utiles pour nourrir les modèles ou mettre en perspective les phénomènes actuels.

Photo 2 - Fouille archéologique sur le site du Serre de l'Homme XIX (alt. 2352 m, l'Argentière-la-Bessée, Hautes-Alpes). Cliché K. Walsh (Université de York), juillet 2008.

Sommaire

Glaciers et Karsts

Au recto - Panorama des Drus vu depuis la moraine du Petit Age de Glace en rive gauche de la mer de glace.

FLUCTUATIONS DES GLACIERS DES ALPES OCCIDENTALES DEPUIS 5 000 ANS

UN ETAT DES CONNAISSANCES

GLACIER FLUCTUATIONS IN THE WESTERN ALPS OVER THE LAST 5 000 YEARS:
STATE OF THE KNOWLEDGE

PHILIP DELINE et MELAINE LE ROY

Laboratoire EDYTEM, Université de Savoie/CNRS, Campus scientifique, F 73376 Le Bourget-du-Lac cedex.
Contact : philip.deline@univ-savoie.fr

RÉSUMÉ

Les fluctuations des glaciers dans les Alpes occidentales pendant le Néoglaciaire (en première approximation : la seconde moitié de l'Holocène) sont mal connues relativement au reste des Alpes. Elles sont pourtant un indicateur précieux sur les paléoenvironnements d'altitude, pour une période où l'occupation humaine se développe et qui est caractérisée par une succession de transitions stade/interstade du type Petit Âge Glaciaire/Actuel dont la connaissance est requise pour mieux comprendre le changement climatique actuel et ses effets. Si l'on ne dispose pas d'un inventaire récent des glaciers actuels des Alpes occidentales (superficie englacée en 1970 : 567 km²), leur fréquentation touristique précoce a permis en revanche que leurs fluctuations soient bien documentées à partir de la fin du XVIIIe siècle, tandis que les recherches glaciologiques y ont été actives à partir de la moitié du XIXe siècle. Si le PAG paroxysmal (AD 1500-1850) bénéficie d'une courbe précise pour la Mer de Glace, les données sont très dispersées pour les autres glaciers. La connaissance des fluctuations de la première partie du PAG s'avère elle mal contrainte en dépit de quelques études lichénométriques. Le reste du Néoglaciaire n'est approché que pour quelques glaciers (Miage, Argentière). Le retrait accéléré actuel des glaciers devrait permettre, par une analyse géomorphologique renouvelée des marges déglacées, de compléter considérablement des connaissances aujourd'hui très parcellaires.

***MOTS-CLÉS** : HOLOCÈNE, NÉOGLACIAIRE, PETIT AGE GLACIAIRE, ALPES OCCIDENTALES, GLACIER*

ABSTRACT

Glacier fluctuations in the Western Alps during the Neoglacial (i.e. the second half of the Holocene) are poorly known relatively to the others parts of the Alps. They are a precious proxy for past environments in high elevation areas, in a period characterized by the development of human settlements. Moreover, the Neoglacial is constitued by a succession of stadial-interstadial transitions like the Little Ice Age/Present transition, of which study is important for understanding the present climate change and its impacts. There is not recent inventory of the present glaciers in the Western Alps (the glacierized area was 567 km² in 1970). But the early development of tourism explains that fluctuations are well documented since the end of the 18th Century, while glaciology was active since the middle of the 19th Century. There is a precise curve for the Mer de Glace fluctuations during the paroxysmic LIA (AD 1500-1850), but data for other glaciers are scattered; the knowledge about the first part of the LIA is lower, with rare lichenometric studies. Out of the LIA, the Neoglacial is approached for very few glaciers (Miage, Argentière). The recent accelerated glacier retreat should allow to hugely complete the present fragmented knowledge by a renewed geomorphological approach of the deglaciated margins.

***KEYWORDS**: HOLOCENE, NEOGLACIAL, LITTLE ICE AGE, WESTERN ALPS, GLACIER*

Introduction

Les fluctuations glaciaires sont l'un des principaux indicateurs de l'évolution climatique en milieu de haute montagne. Néanmoins, la fonction de transfert "signal climatique / bilan de masse glaciaire / fluctuations du front" est d'autant plus complexe que les glaciers présentent une grande variété dans leurs caractéristiques (localisation, topographie, couverture détritique...). Ces fluctuations ont été particulièrement fréquentes et intenses dans les Alpes au cours des derniers millénaires, pendant ce qui est appelé le Néoglaciaire (*Neoglaciation,* Porter et Denton, 1967 ; *Neoglacial*). Cette période, caractérisée par une réavancée des glaciers après leur retrait généralisé du début de l'Holocène, pourrait avoir débuté dès 8000 BP dans certaines régions, mais beaucoup plus tard dans d'autres (Denton et Karlen, 1973). En Norvège, il commencerait à la fin de l'Atlantique, un peu avant 5000 BP, comme en témoigne la réavancée des glaciers de la calotte glaciaire du Jostedalsbreen (Nesje et Kvamme, 1991). Dans les Alpes, sur la base des varves dans les sédiments lacustres de Silvaplana (Suisse), il a été proposé de faire débuter le Néoglaciaire vers 3100 BP (Leemann et Niessen, 1994), mais Hormes *et al.* (2001) et Maisch *et al.* (1998) font débuter la phase froide de Löbben dès 3400 et 3800 cal BP, respectivement – la phase froide précédente (Piora II), qui ponctue la fin de l'Atlantique récent, s'étant achevée 1500 ans auparavant selon ces auteurs.

Le Néoglaciaire présente un fort contraste avec la première partie de l'Holocène. Alors qu'il ne semble avoir connu depuis le Préboréal que quatre avancées glaciaires brèves et réduites (dont Piora II) dans les Alpes, ce premier Holocène se caractérise surtout par l'Optimum climatique holocène (8000 - 6000 cal BP) pendant l'Atlantique. Cette période chaude se traduit par une remontée de la limite supérieure de la forêt et de la ligne d'équilibre glaciaire – de plus de 220 m pour cette dernière – par rapport à la période 1960 - 1985 (Joerin *et al.*, 2007). De même, certaines calottes glaciaires scandinaves actuelles avaient totalement disparu pendant ce premier Holocène.

Au contraire, le Néoglaciaire a été marqué par des avancées glaciaires intenses et prolongées, qui ont culminé lors du Petit Âge Glaciaire (PAG). Des synthèses récentes (Matthews et Briffa, 2005 ; Matthews et Dresser, 2008) nomment ces phases froides *Little Ice Age Type Events* (ou *Neoglacial Events)*, le PAG servant d'analogue moderne à la compréhension et à la reconstruction des précédentes avancées généralisées des glaciers. Leur impact géomorphologique majeur se traduit dans le paysage par l'ampleur des complexes morainiques bâtis par les grands glaciers alpins.

Cette dynamique de l'interglaciaire holocène est contrôlée par la variation de la radiation solaire (Koch et Clague, 2006), maximale (510-520 W/m²) au début de l'Holocène et minimale (475 W/m²) depuis un millénaire (hémisphère nord). Mais pour certains auteurs, cette variation n'explique que partiellement les *Neoglacial Events* : pour Matthews et Dresser (2008), l'activité volcanique constituerait un forçage au moins aussi important, qui serait même prépondérant à certaines périodes (1600 - 1900 AD par exemple) (Crowley, 2000).

De nombreux éléments archéologiques (Baroni et Orombelli, 1996) ou biologiques (Hormes *et al*, 2001 ; Joerin *et al*, 2006) mis au jour récemment sur les marges glaciaires des Alpes centrales montrent que le réchauffement climatique post-PAG marque la fin du Néoglaciaire, avec un retour à des conditions d'englacement comparables à celles qui prévalaient lors de l'Optimum holocène. Cependant, la connaissance du Néoglaciaire alpin et des fluctuations glaciaires qui l'ont marqué présente un double enjeu. Enjeu paléoenvironnemental, car cette période caractérisée par des transitions phases froides / phases chaudes nombreuses et rapides est celle qui voit l'occupation humaine devenir beaucoup plus dense et continue dans le massif alpin. Enjeu prospectif, car les Alpes sont le lieu d'une expression exacerbée du changement climatique planétaire actuel. Mais alors que la chronologie du Néoglaciaire est relativement bien établie dans les Alpes centrales et orientales (Schneebeli et Röthlisberger, 1976 ; Maisch *et al.*, 1998 ; Hormes *et al*, 2001 ; Nicolussi et Patzelt, 2001), elle reste très fragmentaire pour les Alpes occidentales.

Cette partie des Alpes, qui compte le point culminant de la chaîne, se développe depuis les massifs du Giffre et du Mont Blanc au nord jusqu'au Mercantour-Argentera au sud (Figure 1). Si elles ne sont pas, loin s'en faut, les plus englacées, les Alpes occidentales incluent actuellement non seulement l'ensemble des glaciers alpins français, mais également tous les glaciers italiens au sud de la Doire Baltée (Vallée d'Aoste) et la quarantaine de glaciers suisses des massifs du Giffre-Dents du Midi et du Mont Blanc.

Après avoir brossé un rapide tableau de l'état actuel des glaciers dans les Alpes occidentales puis fait le point sur ce que nous savons de l'englacement de cet espace avant le Néoglaciaire, cet article se propose de présenter un état de nos connaissances sur les variations des glaciers pendant cette période. Pour cela, nous examinerons, en suivant un ordre décroissant de qualité de ces connaissances, le comportement des glaciers depuis la fin du PAG, puis leur état pendant le PAG, et enfin leurs fluctuations pendant le reste du Néoglaciaire.

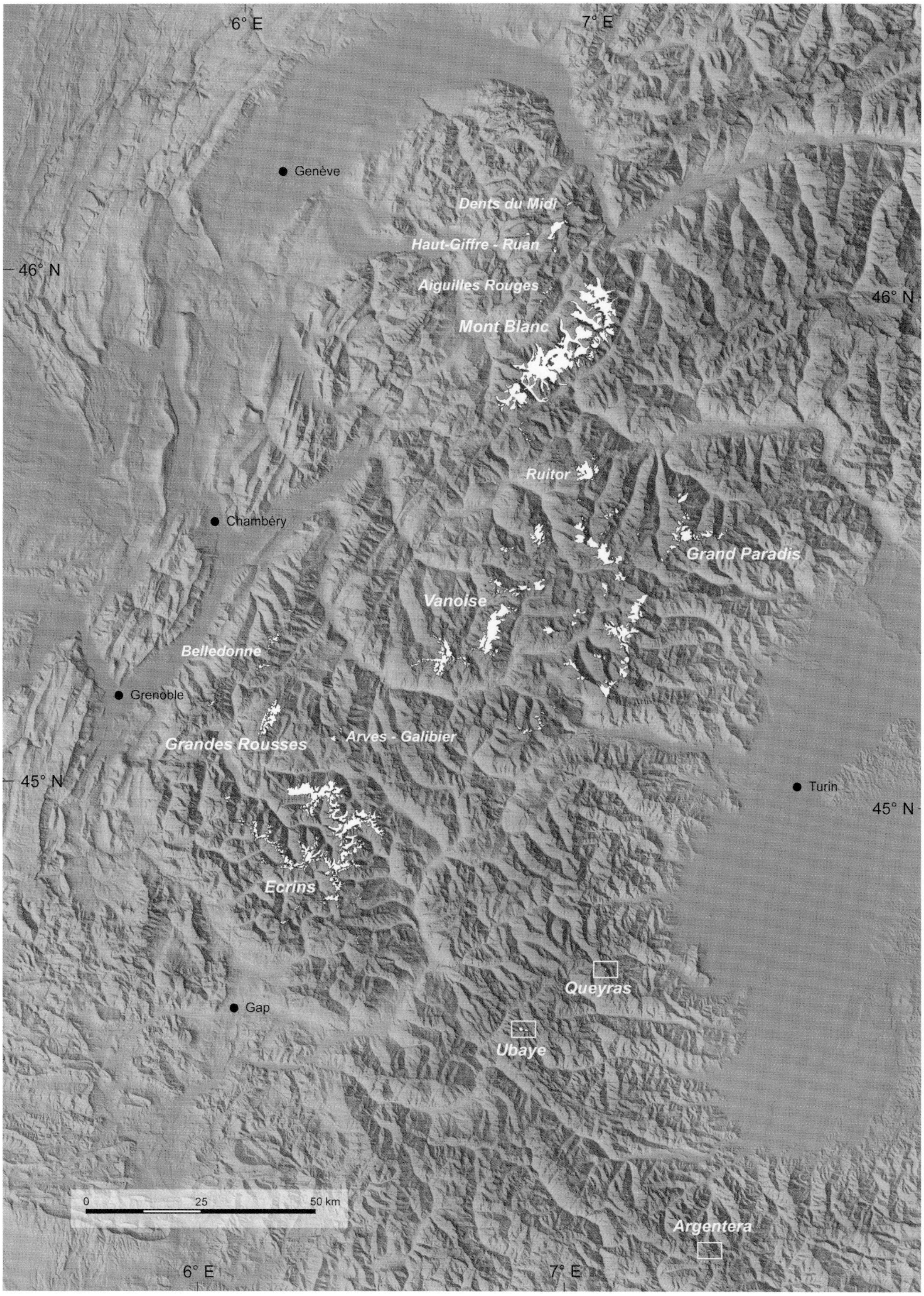

Figure 1 - Distribution et extension des glaciers dans les Alpes occidentales (source : CORINE Landcover 2000). Les glaciers des Alpes centrales (Alpes pennines) ne sont pas représentés.

I - L'englacement actuel des Alpes occidentales

La connaissance de l'état actuel de l'extension des glaciers des Alpes occidentales est pour le moins médiocre. En effet, l'étude la plus récente de cet englacement est celle de Vivian (1975). Fondée sur les travaux menés avec les étudiants de l'Institut de Géographie Alpine de Grenoble, elle s'appuie sur des données qui remontent à la période 1967-1971. Pour cette époque, Vivian a dénombré 919 glaciers de toutes dimensions (de 0 à 33 km²), dont 641 en France, 240 en Italie et 38 en Suisse (Tableau 1). Leur superficie totale atteignait alors 567 km², dont 395 km² en France (soit 14 % de la superficie des glaciers des Alpes), 144 en Italie et 28 en Suisse. Trente et un pour cent de ces glaciers avaient une superficie inférieure à 0,1 km² et représentaient 3 % de l'englacement des Alpes occidentales, tandis que les 24 % d'une superficie supérieure à 0,5 km² constituaient 80 % de cet englacement (Vivian, 1975). L'inventaire des glaciers alpins des années 1970 établi par Haeberli *et al.* (1989) présente des données différentes : ainsi, pour la France (l'inventaire est organisé par Etats), il recense 1045 glaciers alpins (dont 50 % ont une superficie inférieure à 0,1 km²) couvrant 416,6 km².

La distribution de ces glaciers à la fin des années 1960 est inégale (Tableau 1). Deux massifs sont faiblement englacés : celui du Giffre - Aiguilles Rouges, peu étendu, compte des glaciers certes relativement nombreux, mais de petites dimensions ; en revanche, ils sont rares dans le vaste ensemble méridional qui s'étend de l'Ubaye aux Alpes maritimes. Des cinq autres massifs ou regroupements de massifs qui constituent les Alpes occidentales, c'est le massif du Mont Blanc qui présente l'englacement le plus remarquable (Tableau 1), par la grande taille de beaucoup de ses glaciers et la superficie qu'ils couvrent (48 % de la superficie totale du massif).

L'état actuel de l'englacement des Alpes occidentales a beaucoup changé depuis 1970. Même si les glaciers ont poursuivi leur avancée générale jusqu'au milieu des années 1980, leur retrait depuis une vingtaine d'années a été très marqué. Paul *et al.* (2004) ont ainsi calculé que le volume de glace total pour l'ensemble des glaciers alpins est passé de 100 à 75 km³ sur la période 1973 - 1998 / 1999, tandis que la surface des glaciers suisses a diminué de 16,7 % entre 1973 et 2000 (Zemp *et al.*, 2007). Mais la diminution a été beaucoup plus forte pour les petits glaciers (prédominants dans les Alpes occidentales, en particulier en France, photo 1) : moins 64,6 % pour les glaciers suisses inférieurs à 0,1 km² ; moins 45,6 % pour ceux de la classe 0,1 - 0,5 km² (Zemp *et al.*, 2007). Par conséquent, nombre des petits glaciers recensés par Vivian (1975) ont aujourd'hui disparu, tandis que les plus grands ont vu leur front reculer de plusieurs centaines de mètres.

La très forte différence de densité que présentent les réseaux de mesures glaciologiques en France d'une part et dans le reste des Alpes d'autre part est un autre indicateur du retard pris en France ces dernières décennies : à l'exception du Mont Blanc, aucun massif n'y fait l'objet de suivi (Figure 2). Au final, l'état le plus récent de l'ensemble des glaciers des Alpes occidentales dont on dispose est fourni par la base de données *CORINE Landcover 2000*, qui permet une cartographie à petite échelle (Figure 1).

Massif	Nombre de glaciers	Superficie englacée (km²)	Part dans la surface englacée des Alpes occidentales (%)	Part des glaciers < 2.0 km² dans l'englacement du massif (%)	Part des glaciers > 2.0 km² dans l'englacement du massif (%)
Giffre-Aiguilles Rouges	61	8.0	1.0	100	0
Mont Blanc	101	177.0	31.0	23	77
Grand Paradis	152	100.6	18.0	53	47
Vanoise	130	85.3	15.0	66	34
Haut Arc/Lanzo	105	57.7	10.5	62	38
Dauphiné *	339	134.0	24.0	52	48
Viso-Argentera	31	4.5	0.5	100	0
Total	919	567.1	100.0	-	-

*Tableau 1 - Caractéristiques de l'englacement des principaux massifs des Alpes occidentales à la fin des années 1960 (d'après Vivian, 1975) ; * Dauphiné : Belledonne, Taillefer, Grandes Rousses, Arves-Cerces, Ecrins.*

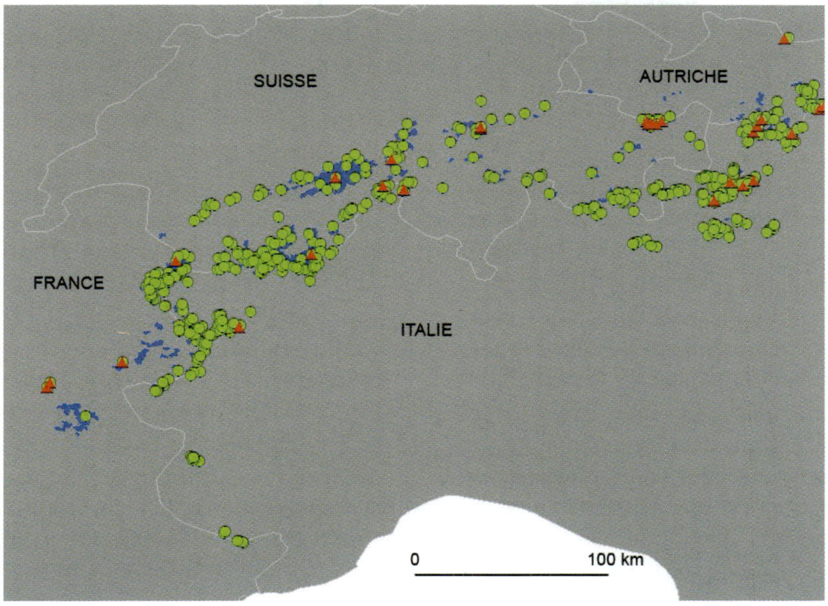

Figure 2 - Distribution des glaciers alpins pour lesquels le World Glacier Monitoring Service (WGMS) centralise des séries de mesures (ronds verts : variations de front ; triangles rouges : bilan de masse annuel) (Zemp, communication écrite, 2008). Noter l'absence (i) des plus petits glaciers ; (ii) de mention de glaciers dont le bilan de masse est mesuré depuis peu d'années (pour les Alpes occidentales : Mer de Glace, Blanc, Grand Etret, Timorion, Ruitor)

Photo 1 - Le glacier de Freydane en octobre 2008 (Massif de Belledonne). Ce petit glacier (0,3 km²), qui s'étend entre 2450 et 2700 m d'altitude doit son maintien sous la ligne d'équilibre glaciaire régionale au contrôle topographique exercé par la face nord du Grand Pic de Belledonne (2977 m) qui lui apporte un surcroît d'alimentation.

II - Nos connaissances sur l'englacement des Alpes occidentales de la fin du Dernier Maximum Glaciaire au premier Holocène

De nombreux travaux lors de la dernière décennie ont permis une reconstitution nouvelle de l'extension des glaciers au Dernier Maximum Glaciaire (DMG) dans les Alpes occidentales, tant sur leur versant français qu'italien (Jorda *et al.*, 2000 ; Buoncristiani et Campy, 2004 ; Orombelli *et al.*, 2004 ; Coutterand et Buoncristiani, 2006). La thèse de doctorat en cours de S. Coutterand par exemple remet en cause la prédominance de l'alimentation lémanique du lobe lyonnais (Coutterand, communication orale, 2008). Si ces travaux sur le DMG rattrapent un retard notoire par rapport aux connaissances acquises sur les Alpes centrales et orientales, il n'en est pas de même en ce qui concerne le Tardiglaciaire. Alors que les recherches modernes sur la Vallée d'Aoste sur le retrait du glacier Baltée et la phase la plus récente de la construction de l'amphithéâtre morainique d'Ivrea ont été entreprises il y a plus de 25 ans (Porter et Orombelli, 1982) et se poursuivent (Gianotti *et al.*, 2007), cela n'a guère été le cas dans les vallées françaises. Dans les Alpes du Nord par exemple, la thèse de Coutterand sera ainsi la première à proposer un modèle de la chronologie de la déglaciation post-DMG jusqu'au début de l'Holocène à partir des très nombreuses données recueillies par l'auteur dans la vallée de l'Arve, un modèle qui sera l'équivalent de ceux établis par les chercheurs suisses et autrichiens pour les Alpes centrales et orientales dès la fin des années 1970 et affinés depuis (Ivy-Ochs *et al.*, 2005 ; 2007).

Quelques dates concernant la déglaciation du Haut Bassin de la Durance ont également été proposées récemment par Cossart *et al.* (2008). Cette étude date par exemple un stade du retrait du glacier de la Vallouise (Ecrins) de 7420 ± 1079 ^{10}Be BP, suggérant que les vallées à l'amont d'Ailefroide restent englacées tard dans l'Holocène. Mais c'est le glacier du Ruitor (Vallée d'Aoste) qui a fourni jusqu'à maintenant la chronologie la plus complète des Alpes occidentales sur le retrait glaciaire majeur qui caractérise la première moitié de l'Holocène (Porter et Orombelli, 1985 ; Orombelli, 1998). De premiers éléments tourbeux ont été trouvés dans la marge proglaciaire du Ruitor en 1957, suite au retrait régulier du front du glacier depuis la fin du PAG. Dans les décennies suivantes, de nombreux éléments supplémentaires ont été mis au jour, puis des tourbières stratifiées ont pu être observées en coupe. Leur étude a montré qu'à partir de 10300 - 9900 cal BP, le front du glacier était en retrait par rapport à sa position de AD 1990. Ce retrait marqué s'est poursuivi au moins jusqu'en 5740 - 5600 cal BP ; une seule brève avancée ne dépassant pas la position de AD 1990 a eu lieu pendant cette période de plus de quatre millénaires, entre 7000 - 6800 et 6850 - 6670 cal BP (Orombelli, 1998).

III - Le retrait glaciaire généralisé depuis la fin du Petit Âge Glaciaire dans les Alpes occidentales

Le retrait post-PAG et ses fluctuations sont bien documentés dans les Alpes occidentales. La fin du PAG au milieu du XIXe siècle coïncide en effet avec la constitution de la glaciologie comme science, tandis que l'alpinisme connaît un grand essor. Les observations furent donc nombreuses dans les premières décennies de la décrue, avec des documents écrits et iconographiques abondants.

Le retrait post-PAG n'a pas été continu : il a non seulement présenté des accélérations et des ralentissements, mais a été souvent entrecoupé de réavancées glaciaires. Si le front de la Mer de Glace par exemple a reculé au total de 2130 m entre 1852 et 2001, il n'en avait pas moins avancé de 30 m, 100 m, 180 m, 50 m, 250 m et 143 m pendant les périodes 1863-1866, 1879-1881, 1885-1896, 1914-1916, 1920-1930 et 1969-1995, respectivement (Nussbaumer *et al.*, 2007). La plupart des glaciers des Alpes occidentales ont connu au moins trois réavancées depuis la fin du PAG, généralement vers 1890, pendant les années 1920, et du milieu des années 1960 à celui des années 1980.

Le suivi de ces fluctuations glaciaires se fait généralement par la mesure directe des positions frontales. En France, cela a été l'une des activités des Eaux et Forêts entre 1921 et 1966, poursuivie (parfois de manière discontinue) par différents organismes (Parcs Nationaux, Réserves Naturelles, LGGE, Cemagref, EDF...) sur une dizaine de glaciers du massif du Mont Blanc, de la Vanoise, des Grandes Rousses et des Ecrins (Reynaud et Vincent, 2000). En Italie, l'ancienneté et la continuité du suivi sont assurés principalement par les opérateurs du *Comitato Glaciologico Italiano* depuis sa fondation en 1895 par le *Club Alpino Italiano* (Mercalli *et al.*, 1995), tandis que la longueur de 120 glaciers suisses environ est mesurée depuis la fin du XIXe siècle (1878 par exemple pour le glacier de Trient) par la Commission de Glaciologie de l'Académie Suisse des Sciences Naturelles fondée en 1869.

Pour mesurer la perte ou le gain annuel d'un glacier, des bilans de masse glaciaires ont commencé à être réalisés dans la seconde moitié du XXe siècle. Ils consistent à mesurer annuellement la différence entre la quantité de neige dont a bénéficié la zone d'accumulation (généralement en hiver) et la quantité de glace qui a fondu dans la zone d'ablation. Contrairement aux variations du front, le bilan de masse enregistre directement le signal climatique de l'année (voire de ses saisons). Dans les Alpes occidentales, la plus longue série, celle du glacier de Sarennes (massif des Grandes Rousses), débute en 1949. Puis la mesure du bilan de masse de 5 autres glaciers français a progressivement été mise en place (LGGE) sur les glaciers de Saint Sorlin (à partir de 1957), Argentière (1975), Mer de Glace (1983), Gébroulaz (1993) et Blanc (2000). Dans le secteur italien des Alpes occidentales, les mesures de bilan de masse ont débuté beaucoup plus tardivement, sous l'impulsion d'associations, de parcs ou d'organismes régionaux : Ciardoney en 1991-92 (Mercalli et Cat Berro, 2005), Grand Etret (1999), Timorion (2001) – tous trois dans le massif du Grand Paradis – et Ruitor (2004) (Pasqualotto *et al.*, 2006). En revanche, si le plus ancien bilan de masse alpin (commencé dès 1914) est suisse (glacier de Clariden, massif de Glarner), aucun bilan de masse n'est mesuré sur l'un des glaciers suisses des Alpes occidentales. Le bilan de masse de certains glaciers a pu en outre être reconstitué pour la période qui précède les mesures en utilisant des séries météorologiques longues et la relation climat/bilan de masse de chacun de ces glaciers (Torinesi *et al.*, 2002 ; Vincent, 2002).

Les séries de bilans de masse glaciaires mesurés et reconstitués sur les quelques glaciers des Alpes occidentales étudiés font apparaître deux périodes à bilans très négatifs depuis 1850 : la décennie 1940 et la période qui a commencé au début des années 1980. La perte de masse du glacier de Saint Sorlin a ainsi été de -1,55 m eau / an entre 1942 et 1953, et -1 m eau / an entre 1982 et 1999, contre 0,2 m eau/an entre 1954 et 1981 (Vincent, 2002), tandis que la série de Sarennes montre une perte en 1949 (- 2,99 m eau / an) proche de celle remarquable de 2003 (-3,18 m éq. eau) ou du record de 2005 (-3,22 m éq. eau) (Communication E. Thibert).

Plus généralement, alors que les glaciers suisses ont perdu en moyenne 50 % de leur surface entre 1850 et 2000 (Zemp *et al.*, 2006), cette donnée n'est pas disponible pour les Alpes occidentales. Cependant, des travaux (Edouard, 1978 ; Assier, 1994 ; Jobard, 2005 ; Cossart, 2005 ; Le Roy, 2006 ; Villa *et al.*, 2007) qui ont reconstitué cette décrue à l'échelle locale (approche géomorphologique, historique,...) semblent indiquer que les pertes y sont du même ordre, voire supérieures dans les massifs à faible englacement.

IV - Les fluctuations glaciaires pendant le Petit Âge Glaciaire

Dernière péjoration climatique du Néoglaciaire, le PAG est généralement marqué par la plus importante avancée des langues glaciaires. On peut distinguer un PAG paroxysmal, du début du XVIe siècle au milieu du XIXe siècle, durant lequel les extensions minimales des glaciers sont toujours restées supérieures à celles de la première partie du PAG. Celui-ci s'ouvre avec une crue glaciaire d'une amplitude voisine de celle des maxima du PAG paroxysmal et datée de AD 1369 au glacier d'Aletsch et AD 1385 au glacier du Gorner (Holzhauser *et al.*, 2005). Le PAG *largo sensu*, qui débute donc au XIVe siècle (Grove, 2001), dure six siècles.

Dans les Alpes occidentales, l'unique reconstitution à haute résolution des fluctuations glaciaires pendant le PAG – et seulement paroxysmal – concerne la Mer de Glace (massif du Mont Blanc). La courbe des variations de sa longueur depuis 1570 proposée par Mougin (1912) a été précisée récemment par Nussbaumer *et al.* (2007) grâce à de nombreuses sources iconographiques (par exemple Photo 2 a), inédites pour la plupart, enrichissant considérablement le travail pionnier de Le Roy Ladurie (1967). Cette étude récente est complétée par une approche statistique par réseau neuronal, afin de permettre l'extension de la courbe jusqu'à AD 1500 en combinant modélisation de la sensibilité climatique du glacier et séries climatiques alpines reconstituées depuis le début du XVIe siècle (Casty *et al.*, 2005). Elle montre que les fluctuations de la Mer de Glace pendant le PAG ont été synchrones avec celles d'autres grands glaciers des Alpes centrales (Aletsch, Unterer Grindelwald, Gorner), avec deux maxima en AD 1 644 et 1 821 (Nussbaumer *et al.*, 2007) (Figure 3).

De nombreuses observations et données de terrain (troncs, niveaux organiques) concernant les autres glaciers du massif du Mont Blanc pendant le PAG ont été recueillies par Corbel et Le Roy Ladurie (1963), sur Taconnaz ; Mayr (1969), sur l'ensemble du massif ; Orombelli et Porter (1982), sur la Brenva ; Aeschlimann (1983), sur le glacier du Miage ; Bless (1984), sur le nord du massif (Argentière, Tour, Trient) ; Wetter (1987), sur son versant chamoniard (Mer de Glace, Bossons, Blaitière) ; Deline (1999), sur le glacier du Miage. Faute d'une synthèse sur le massif, on peut par exemple relever des maxima d'extension glaciaire au XVIIe siècle pour les Bossons (AD 1605 et 1640), le glacier du Tour vers 1640 - 1648 (Kinzl, 1932) et le glacier du Miage (1640, son maximum absolu pendant le PAG), puis au XIXe siècle pour les Bossons (1818) ou la Brenva (1818), tandis que les fronts des glaciers en crue dans le massif vers AD 1580 atteignaient approximativement leur position de 1920 (Bless, 1984 ; Wetter, 1987). A noter par ailleurs la succession de vidanges brutales du lac juxtaglaciaire du Ruitor pendant le PAG, commandées par la dynamique du glacier : les débâcles de ce lac, qui résultait du barrage d'une vallée latérale par le glacier, ont ravagé la vallée à l'aval au moins en

AD 1284, 1594, 1595, 1596, 1597, 1598, 1630, 1632, 1640, 1646, 1679, 1680 et 1751 (Baretti, 1880), ce qui explique des recensions dans des documents administratifs et religieux du duché d'Aoste.

Hors du massif du Mont Blanc, les fluctuations pendant le PAG sont encore moins bien connues. Dans le massif des Ecrins, l'analyse pollinique des sédiments proglaciaires du Lac des Bêches, dans le vallon de la Lavey (vallée du Vénéon), confrontée statistiquement à des données dendroclimatiques, a permis d'identifier trois périodes d'avancée glaciaire marquée : AD 1 545, 1685 et 1820 ; celle du XVIIe siècle étant semble-t-il la plus importante (Tessier *et al.*, 1986 ; Coûteaux et Edouard, 1987). Par ailleurs, l'accroissement du taux de sédimentation permet aux auteurs de fixer le début du PAG après AD 1500. Comme les marges proglaciaires du massif présentent généralement deux moraines récentes (Edouard, 1978), ils attribuent l'externe à AD 1685 et l'interne à AD 1820. Enfin selon des sources historiques, l'extension glaciaire en Oisans au XVe siècle aurait été comparable à celle des années 1980 (Tessier *et al.*, 1986). Toujours dans la vallée du Vénéon, Le Roy (2007) a esquissé à l'aide de la lichénométrie une chronologie de la mise en place des moraines PAG / néoglaciaires dans les vallons de Lanchâtra, des Etages et de Bonnepierre. Si les résultats sont satisfaisants sur les deux derniers siècles, ils sont difficiles à interpréter avant le XIXe siècle du fait du manque de points anciens datés (bâtiments par exemple) permettant de calibrer la courbe de croissance locale des lichens.

En Vallouise, Lagier et Masson (1997) rapportent, grâce à un travail approfondi sur les archives historiques, sept épisodes de crues connues ou supposées

ayant affecté les Glaciers Blanc et Noir – AD *c.*1600, 1643, 1680, années 1720, *c.*1758, 1815 et 1850 –, la confluence des deux glaciers dans le Pré de Madame Carle étant attestée par des témoignages et des documents iconographiques pour ces deux dernières avancées. Deux phases de retrait ont également été recensées à la fin du PAG, pendant les années 1770 - 1780 et la décennie 1830.

Dans le massif de l'Argentera (Italie), les glaciers du groupe Maledia-Gelas avaient fait l'objet d'une synthèse de Hannss (1970). L'auteur décrivait deux arcs morainiques relativement proches, qu'il supposait dater des XVIIe et XIXe siècles, sans exclure que le plus externe résulte d'une récurrence plus ancienne (Subatlantique). Dans le Val Gesso, Federici et Stefanini (2001) ont daté par lichénométrie les dépôts au front des glaciers et glacierets les plus méridionaux des Alpes occidentales, pour établir une chronologie régionale PAG des fluctuations glaciaires. Ils ont mis en évidence trois groupes de moraines, qui correspondent aux trois récurrences du schéma alpin habituel. Le premier groupe est daté des XIIIe et XIVe siècles, et témoigne de fronts situés entre 2250 et 2480 m d'altitude. La seconde récurrence est la principale : datée du XVIIe siècle, elle est reconnue dans presque toutes les marges proglaciaires étudiées (moraines entre 2375 m et 2680 m). De plus, une source historique indique qu'une forte progression du glacier de Maledia au cours de la décennie 1580 entraîna la désaffection d'un passage frontalier. Le troisième groupe de moraines date de la fin du PAG (XVIIIe et XIXe siècles). Bien que la date la plus récente obtenue par lichénométrie soit AD 1825, les auteurs attribuent également certains cordons aux avancées de 1850 et des années 1920 ; l'absence

Photo 2 b - Les Drus et la Mer de Glace en septembre 2006 (photo S. Coutterand).
La photo a été étirée en hauteur pour s'ajuster au tableau de la photo 2 a.
Photo 2 a (ci-contre) - Les Drus et la Mer de Glace en août 1823, peinture de S. Birmann.

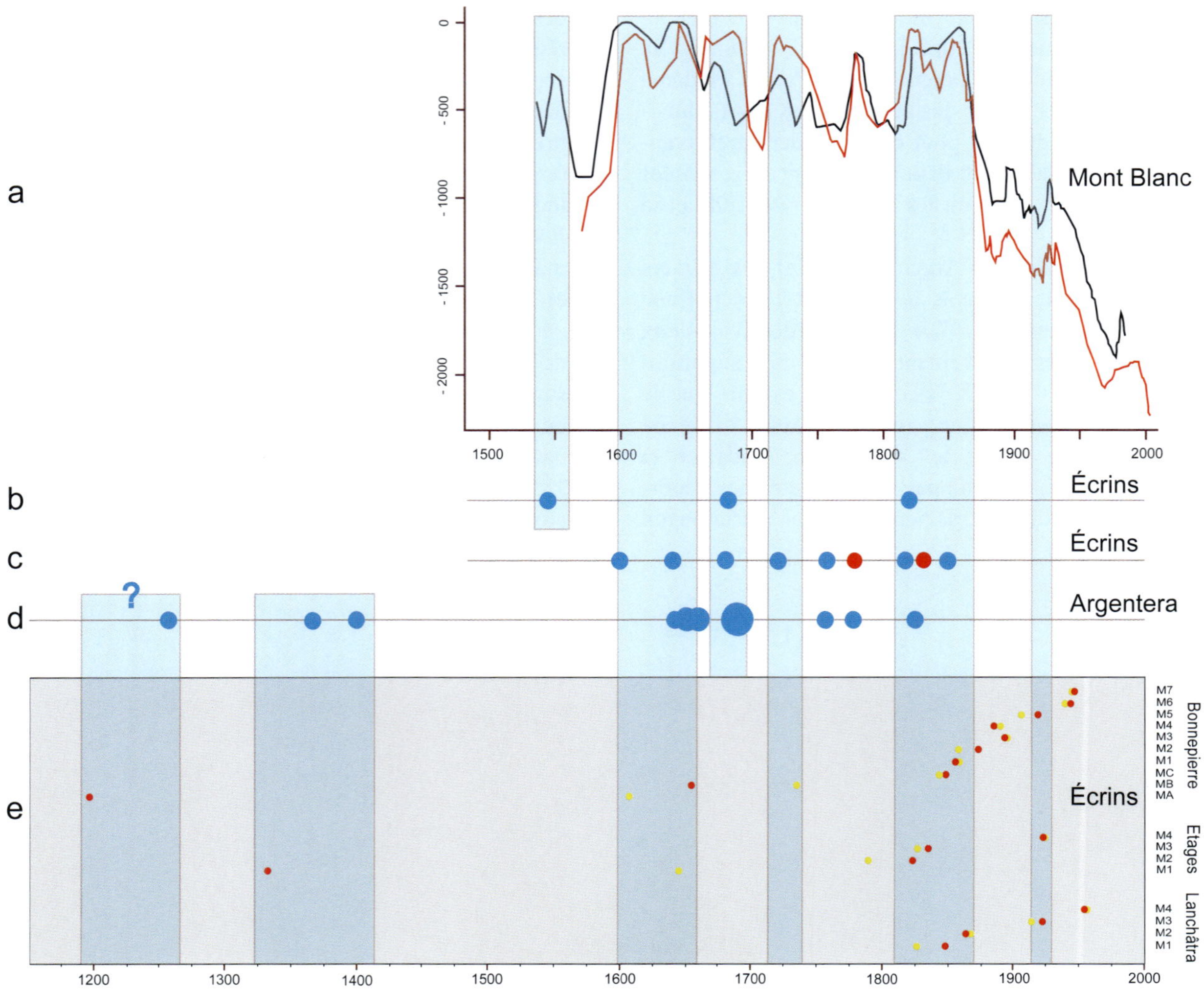

Figure 3 - Chronologie des avancées et retraits glaciaires pendant le Petit Âge Glaciaire et le réchauffement actuel.
a : fluctuations du front de la Mer de Glace (rouge) et du glacier Inférieur de Grindelwald (noir) depuis 1570 (Nussbaumer et al., 2007) ;
b : récurrences PAG du glacier du Lac des Bêches (vallée du Vénéon, massif des Ecrins) (Tessier et al., 1986) ;
c : récurrences glaciaires et phases de retrait des glaciers Blanc et Noir (massif des Ecrins) (Lagier et Masson, 1997) ;
d : moraines PAG datées par lichénométrie dans le Val Gesso (massif de l'Argentera) (Federici et Stefanini, 2001) ;
e : moraines datées par lichénométrie pour trois glaciers de la vallée du Vénéon (massif des Ecrins) (Le Roy, 2007) .

de colonisation par les lichens – dans le massif des Ecrins, elle débute 30 ans après le dépôt (Le Roy, 2007) – pourrait s'expliquer par l'altitude élevée de ces moraines récentes dans les Alpes maritimes, ou par leur médiocre stabilisation.

Un bon synchronisme des avancées du PAG paroxysmal s'esquisse à l'échelle des Alpes occidentales. La comparaison des massifs du Mont Blanc, des Ecrins et du Mercantour-Argentera (Figure 3) fait apparaître six crues glaciaires relativement concomitantes : fronts en progression à partir de la fin du XVIe siècle, avec trois avancées majeures vers AD 1600, 1640 et 1680 ; une avancée au XVIIIe siècle (1720-1730) ; deux avancées au XIXe siècle, vers 1820 et 1850. Cette chronologie est proche de celle des Alpes centrales, comme le montre la forte corrélation entre les fluctuations de la Mer de Glace et de l'Unterer Grindelwaldgletscher (Figure 3). En revanche, les marqueurs géomorphologiques du premier PAG reconnus ailleurs (Holzhauser *et al.*, 2005) sont ténus dans les Alpes occidentales. On peut signaler par exemple une avancée du glacier de Pré-de-Bard (massif du Mont Blanc) datée de AD 1315-1440 (^{14}C calibré), et qui correspond (au moins localement : marge gauche du glacier) au maximum d'extension PAG (Deline, 2002). Quant aux datations lichénométriques qui accréditent son occurrence (Federici et Stefanini, 2001 ; Le Roy, 2007) elles sont à considérer avec prudence étant donné la faiblesse des connaissances concernant la croissance des lichens sur le long terme. Il ne peut en effet être exclu que ces moraines attribuées au premier PAG soient en fait plus anciennes.

V - Les fluctuations néoglaciaires avant le Petit Âge Glaciaire

Les reconstitutions des fluctuations néoglaciaires dans les Alpes occidentales sont rares, et ne concernent que le massif du Mont Blanc (Figure 4). A partir de l'étude de l'amphithéatre morainique du glacier du Miage (Photo 3) et du remblaiement du paléolac Combal, Deline et Orombelli (2005) ont proposé un 'modèle Néoglaciaire' :

- 5029-4648 cal BP : le front du Miage barre progressivement le Val Veny ; le décalage des avancées néoglaciaires entre Miage et Ruitor (après 5600 cal BP (Orombelli, 1998)) pourrait s'expliquer par le temps nécessaire au premier pour acquérir sa couverture détritique supraglaciaire.
- 4866-4648 cal BP : première phase de débordement du Miage par-dessus sa moraine latérale droite ; elle est postérieure de quelques siècles au stade Piora II, qui s'achève dans les Alpes centrales au plus tard vers 5000 cal BP (Hormes *et al.*, 2001).
- De 4866-4648 à avant 2748-2362 cal BP : exhaussement de la moraine latérale droite, que le glacier ne déborde pas.
- 2748-2362 cal BP : la courte deuxième phase de débordement du Miage (qui correspond au stade du Göschenen I des Alpes centrales) est achevée.
- De 2748-2362 à après 1506-1295 cal BP : deuxième phase d'exhaussement de la moraine latérale droite.
- 3e phase de débordement, probablement contemporaine du début du Moyen-Âge (Göschenen II), suivie d'une 3e phase d'exhaussement de la moraine latérale droite (*Medieval Warm Period*?), puis d'une 4e phase de débordement du glacier au PAG.

Malgré un enregistrement morainique relativement continu, ce modèle doit être considéré avec précaution (faible densité des datations, en particulier dans la seconde moitié de la chronologie).

Bless (1984) a proposé la chronologie suivante pour le glacier d'Argentière :

- 4250-3750 cal BP : après une extension du glacier comparable à l'actuelle, début de sa crue ;

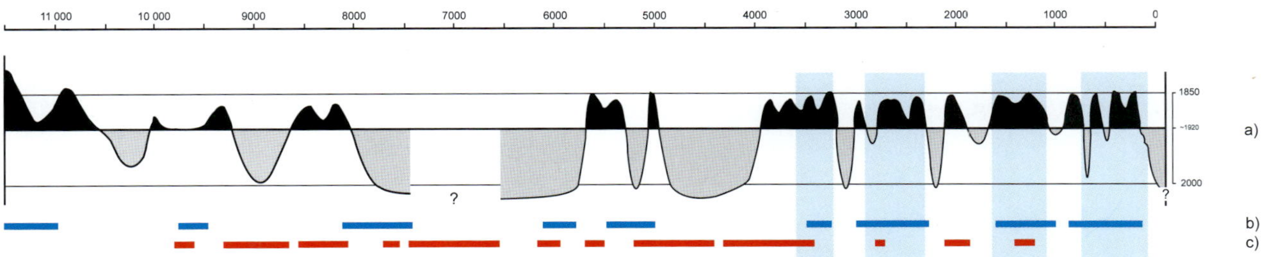

Figure 4 - Chronologie des avancées et retraits glaciaires pendant le Néoglaciaire dans les Alpes.

a : fluctuations glaciaires dans les Alpes suisses (Maisch, 2000) ;
b : stades froids dans les Alpes suisses (Hormes et al., 2001) ;
c : phases de récession glaciaire plus importantes que l'Actuel dans les Alpes centrales (Hormes et al., 2001 ; Joerin et al., 2006) ;
d : fluctuations du glacier d'Aletsch depuis 3 200 ans (Holzhauser et al., 2005) ;
e : avancées du glacier du Miage depuis 5 000 ans (Deline et Orombelli, 2005) ;
f : fluctuations du glacier d'Argentière depuis 4 000 ans (Bless, 1984) ;
g : avancées du glacier de Schiantala (massif de l'Argentera) (Ribolini et al., 2008) ;
h : récurrences glaciaires dans les Alpes de Haute Provence (Jorda, 1980) ;
i : phases de détritisme (concentration en titane, carotte LDB 04-1) liées aux crues du Rhône dans le lac du Bourget (Arnaud et al., 2008).

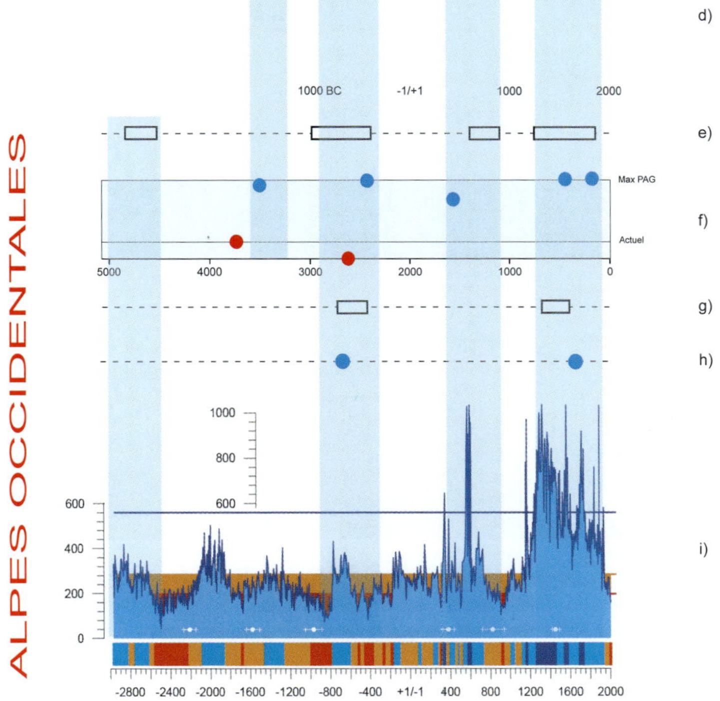

Photo 3 - Le glacier du Miage, grand glacier noir qui descend sur le versant italien du Mont Blanc. Comme l'ont montré les recherches conduites dans l'amphithéâtre morainique, au centre duquel se trouve le lac du Miage (en bas à gauche), et dans le remblaiement du paléolac Combal (immédiatement à gauche, hors-champ), le glacier n'a débouché dans la vallée principale (le Val Veny) que vers 5000 BP, barrant celle-ci avant de s'y développer progressivement pendant le Néoglaciaire.

- 3980 - 3700 cal BP : deux avancées du glacier jusque dans la vallée principale entrecoupées d'un retrait prononcé ;
- 2870 - 2500 cal BP : le glacier semble plus en retrait qu'actuellement ;
- 2755 - 2310 cal BP : nouvelle avancée jusque dans la vallée principale, avec une extension comparable à celle de AD 1600.
- AD 220 - 530 et AD 400 - 665: deux avancées glaciaires, légèrement en retrait de la précédente.

Cette chronologie d'Argentière est proche de celle des Alpes centrales, à l'exception de l'avancée de AD 220 - 530, qui est trop précoce pour correspondre à la crue du VIIe siècle (Holzhauser *et al.*, 2005) de l'Aletschgletscher.

En dehors du massif du Mont Blanc, Edouard (1994) constate que «*dans les massifs glaciaires de la Vanoise et des Ecrins, les fluctuations glaciaires holocènes ne sont pas connues (…) ; un champ d'investigation reste ici ouvert*». En Oisans, à partir d'analyses géomorphologique et palynologique, Coûteaux (1983 ; 1984) ne reconnaît que deux récurrences glaciaires majeures depuis le DMG, au Dryas récent et au PAG. En revanche, synthétisant différentes sources bibliographiques pour les Alpes du Sud, Cossart (2005) distingue trois phases de péjoration climatique pendant l'Holocène : la charnière Préboréal-Boréal (10 000 cal BP), et le Subboréal (5500 - 2800 cal BP) et le PAG, auxquels il attribue les deux récurrences holocènes qu'il identifie par la cartographie géomorphologique.

Dans les Alpes du Sud, Jorda (1980) identifie six phases d'avancée glaciaire post-würmienne (I à VI), qui se produisent principalement durant le Tardiglaciaire. Le stade IV, attribué au Préboréal, représente la première récurrence holocène (fronts glaciaires vers 2300 m d'altitude en moyenne). Seuls les deux derniers stades appartiennent au Néoglaciaire : la phase V vers 3000 - 2600 cal BP, et la phase VI qui correspond au PAG ; l'altitude moyenne des fronts glaciaires pour ces deux phases se situerait respectivement à 2500 m et 2600 m. Dans les Alpes maritimes, les travaux menés dans le massif de l'Argentera par les chercheurs de l'*Università di Pisa* distinguent deux récurrences majeures néoglaciaires, datées de la fin du Subboréal (2700 - 2400 cal BP) et du PAG, avec une ligne d'équilibre glaciaire au Subboréal 30 - 70 m plus bas qu'au PAG (Finsinger et Ribolini, 2001 ; Ribolini *et al.*, 2007).

En outre, les études des sédiments déposés dans les lacs, qu'ils soient proglaciaires ou subalpins, montrent que le détritisme est bien corrélé avec les variations des glaciers. Son analyse permet donc la reconstruction des fluctuations néoglaciaires de façon continue, ce que ne permet pas l'étude des seules marges proglaciaires, et constitue désormais un axe de recherche important (cf Arnaud *et al.* dans la Figure 4 ; Leeman et Niessen, 1994).

Les Alpes occidentales présentent deux particularités au sein de la chaîne alpine. De leur orientation méridienne résultent à la fois un fort contraste ouest/est et un gradient climatique latitudinal marqué. D'autre part, le gradient de relief nord-sud est notable, depuis le massif du Mont Blanc, dont l'énergie de relief est parmi les plus remarquables des Alpes, jusqu'à un secteur méridional où la haute montagne est peu développée. On peut donc attendre de ces caractéristiques des décalages dans la chronologie des fluctuations glaciaires, et des différences dans leur fréquence et leur intensité, tant au sein des Alpes occidentales que par rapport au reste des Alpes.

CONCLUSION

Les recherches futures sur les fluctuations glaciaires dans les Alpes occidentales devraient pouvoir bénéficier du retrait continu des glaciers depuis la fin des années 1980, qui marque une accélération du retrait général qui a commencé à la fin du PAG, et qui rapproche l'englacement actuel des minima holocènes. Certains massifs seront ainsi totalement déglacés à court ou moyen terme (Federici et Pappalardo, 1995 ; Deroin et Condom, 2007 ; Le Meur *et al*, 2007). Comme le montrent les études récentes conduites dans les Alpes centrales et orientales (Hormes *et al.*, 2001 ; Nicolussi et Patzelt, 2001), les marges proglaciaires et les flancs internes de moraine fourniront probablement nombre d'indices géomorphologiques pour compléter et affiner les reconstitutions encore très parcellaires de l'histoire des glaciers des Alpes occidentales lors des derniers millénaires. Même si cela s'avère une maigre consolation pour les amateurs de paysages de haute montagne englacée, les travaux réalisés dans les années 1970 et 1980 dans les Alpes occidentales, quand les glaciers connaissaient une crue généralisée, devraient pouvoir être profondément renouvelés par une analyse géomorphologique qui inclut les approches dendro- et sédimentologique et qui peut s'appuyer sur les méthodes de datations (cosmogéniques, OSL) apparues récemment. Toutefois, des travaux (Federici et Stefanini, 2001 ; Le Roy, 2007) montrent que la lichénométrie constitue dans certains massifs la seule méthode de datation applicable sur le dernier millénaire – en prenant soin toutefois de souligner les incertitudes liées à l'extrapolation de la courbe de référence plusieurs siècles au-delà du dernier point de calibration.

Mais la première tâche semble devoir être la compilation exhaustive des données nombreuses sur les fluctuations glaciaires dans les Alpes occidentales lors des derniers millénaires, données dispersées, hétérogènes voire non-publiées. Cette compilation, pour laquelle cet article constitue une première contribution, sera indispensable pour éclairer les prochaines directions de recherche.

Bibliographie

Aeschlimann H. 1983. Zur Gletschergeschichte des italienischen Mont Blanc Gebietes : Val Veni, Val Ferret, Ruitor. Thèse, Université de Zürich. 106 p.

Arnaud F., Debret M., Chapron E., Perrette Y., Hobléa F., Bravard J.-P., Astrade L., 2008. 9500 ans de crues du Rhône enregistrées dans le lac du Bourget : confrontation au cadre chronoclimatique alpin. *In* Le peuplement de l'arc alpin. Richard H. et Garcia D. (éd.). Editions du CTHS, 95-106.

Assier G., 1993. L'englacement des Alpes du Sud franco-italiennes du Petit Age de Glace à la fin du XXe siècle. Thèse, Université Grenoble I, 487 p.

Baretti M., 1880. Il Lago del Rutor (Alpi Graje Settentrionali). *Bollettino del Club Alpino Italiano,* 14 (41), 43-98.

Baroni C., Orombelli G. 1996. The Alpine "Iceman" and holocene climatic change. *Quaternary Research,* 46, 78-83.

Bless R., 1984. Beträge zur spät- und post- glazialen Geschichte der gletscher im Nordöstlichen Mont Blanc gebiet. *Physische Geographie*, Zürich, 116 p.

Buoncristiani J.-F., Campy M., 2004. The palaeogeography of the last two glacial episodes in France: the Alps and Jura. *In* Ehlers J., Gibbard P.L. (éd.), Extent and Chronology of Glaciations. Elsevier, 101-110.

Casty C., Wanner H., Luterbacher J., Esper J., Böhm R., 2005. Temperature and precipitation variability in the European Alps since 1 500. *International Journal of Climatology,* 25, 1855-1880.

Corbel J., Le Roy Ladurie E., 1963. Datation au ^{14}C d'une moraine du Mont Blanc. *Revue de Géographie Alpine,* 51 (1), 173-175.

Cossart E., 2005. Evolution géomorphologique du haut bassin durancien depuis la dernière glaciation. Contribution à la compréhension du fonctionnement du système paraglaciaire. Thèse, Université Paris 7, 380 p.

Cossart E., Braucher R., Fort M., Bourlès D.L., Carcaillet J., 2008. Slope instability in relation to glacial debuttressing in alpine areas (Upper Durance catchment, southeastern France): Evidence from field data and ^{10}Be cosmic ray exposure ages. *Geomorphology,* 95, 3-26.

Coûteaux M. 1983. La déglaciation du vallon de la Lavey (vallée du Vénéon, massif des Ecrins, Isère, France). Communication à la S.H.F., Section de Glaciologie, Grenoble, 13 p.

Coûteaux M. 1984. Les particularités pollenanalytiques de sédiments glaciaires en Oisans (Isère, France). *La Houille Blanche*, 6/7, 433-443.

Coûteaux M., Edouard J.-L., 1987. La déglaciation du site du lac des Bêches (Massif des Ecrins). Etude pollenanalytique et glacio-morphologique. *Revue de Géographie Alpine,* 75, 63-77.

Coutterand S., Buoncristiani J.-F., 2006. Paléogéographie du Dernier Maximum Glaciaire du Pléistocène récent de la région du massif du Mont Blanc, France. *Quaternaire,* 17, 35-43.

Crowley T.J., 2000. Causes of climatic change over the past 1000 years. *Science,* 289, 270-277.

Deline P., 1999. Les variations holocènes récentes du glacier du Miage (Val Veny, Val d'Aoste). *Quaternaire,* 10 (1), 5-13.

Deline P., 2002. Etude géomorphologique des interactions entre écroulements rocheux et glaciers dans la haute montagne alpine : le versant sud-est du massif du Mont Blanc (Vallée d'Aoste, Italie). Thèse, Université de Savoie, 365 p.

Deline P., Orombelli G., 2005. Glacier fluctuations in the western Alps during the Neoglacial, as indicated by the Miage morainic amphitheatre (Mont Blanc massif, Italy). *Boreas,* 34, 456-467.

Denton G.H., Karlen W., 1973. Holocene climatic variations: their pattern and possible causes. *Quaternary Research,* 3, 155-205.

Deroin J.P., Condom T., 2007. Retrait séculaire des glaciers locaux de montagne : un exemple dans les Alpes occidentales françaises. *Comptes Rendus Geoscience,* 339, 449-459.

Edouard J.-L., 1978. La glaciation du bassin de la Romanche - contribution à l'étude des fluctuations glaciaires postwurmiennes. Thèse, Université Grenoble 1, 330 p.

Edouard J.-L., 1994. Les lacs d'altitude dans les Alpes françaises - contribution à la connaissance des lacs d'altitude et à l'histoire des milieux montagnards depuis la fin du Tardiglaciaire. Thèse d'Etat, Université de Grenoble 1, 795 p.

Federici P.R., Pappalardo M., 1995. L'evoluzione recente dei ghiacciai delle Alpi maritime. *Geografia Fisica e Dinamica Quaternaria,* 18, 257-269.

Federici P.R., Stefanini M.C., 2001. Evidence and chronology of the Little Ice Age in the Argentera Massif (Italian Maritime Alps). *Zeitschrift für Gletscherkunde und Glazialgeologie,* 37, 35-48.

Finsinger W., Ribolini A., 2001. Late glacial to Holocene deglaciation of the Colle Del Vei Del Bouc-Colle Del Sabbione area (Argentera massif, Maritime Alps, Italy-France). *Geografia Fisica e Dinamica Quaternaria,* 24, 141-156.

Gianotti F., Forno M.G., Ivy-Ochs S., Kubik P.W., sous presse. New chronological and stratigraphical data on the Ivrea Amphitheatre (Piedmont, NW Italy). *Quaternary International.*

Grove J.M. 1988. The Little Ice Age. Londres. Methuen.

Grove J.M., 2001. The initiation of the "Little Ice Age" in regions round the North Atlantic. *Climatic Change,* 48, 53-82.

Haeberli W., Bosch H., Scherler K., Østrem G., Wallén C. (Eds.), 1989. World glacier inventory: Status 1988. IAHS(ICSI)/UNEP/UNESCO/WGMS, Nairobi.

Hannss C., 1970. Les glaciers les plus méridionaux des Alpes : observations de morphologie glaciaire dans les Alpes maritimes, versant italien. *Revue de Geographie Alpine,* 58 (4), 619-648.

Holzhauser H., Zumbühl H.J., 1999. Glacier fluctuations in the western swiss and french Alps in the 16th century. *Climatic Change.* 43, 223-237.

Holzhauser H., Magny M., Zumbühl H.J., 2005. Glacier and lake-level variations in west-central Europ over the last 3500 years. *The Holocene,* 15 (6), 789-801.

Hormes A., Müller B.U., Schlüchter C., 2001. The Alps with little ice: evidence for eight Holocene phases of reduced glacier extent in the central Swiss Alps. *The Holocene,* 11, (3), 255-265.

Hormes A, Beer J., Schlüchter C., 2006. A geochronological approach to understanding the role of solar activity on holocene glacier length change variability in the Swiss Alps. *Geografiska Annaler*, 88 A (4), 281-294.

Ivy-Ochs S., Kerschner H., Kubik P.W., Schlüchter C., 2005. Glacier response in the European Alps to Heinrich event 1 cooling: the Gschnitz stadial. *Journal of Quaternary Science,* 21 (2), 115-130.

Ivy-Ochs S., Kerschner H., Schlüchter C., 2007. Cosmogenic nuclides and the dating of glacier variations: The Alpine perspective. *Quaternary International,* 164-165, 53-63.

Jobard S. 2005. Les glaciers du Haut Arc (Savoie) : caractérisation et impacts de la décrue post-Petit Age Glaciaire. Thèse, Université de Savoie, Chambéry, 270 p.

Joerin U.E., Stocker T.F., Schlüchter C., 2006. Multicentury glacier fluctuations in the Swiss Alps during the Holocene. *The Holocene,* 16, (5), 697-704.

Joerin U.E., Nicolussi K., Fischer A., Stocker T.F., Schlüchter C. 2007. Holocene optimum events inferred from subglacial sediments at Tschierva Glacier, Eastern Swiss Alps. *Quaternary Science Reviews,* 27, 337-350.

Jorda M., 1980. Morphogénèse et évolution des paysages dans les Alpes de Haute Provence depuis le Tardiglaciaire. Facteurs naturels et facteurs anthropiques. *Bulletin de l'Association Géologique Française,* 472, 295-304.

Jorda M., Rosique T., Evin J., 2000. Données nouvelles sur l'âge du dernier maximum glaciaire dans les Alpes méridionales françaises. *Comptes Rendus de l'Académie des Sciences - Series II A - Earth and Planetary Science,* 331 (3), 187-193.

Kinzl H., 1932. Die grössten nacheiszeitlichen Gletschers (Mont-Blanc-Gruppe). *Zeitschrift für Gletscherkunde,* 20 (4-5), 269-397.

Lagier T., Masson S. 1997. Les glaciers de la Vallouise (Glacier Blanc, Glacier Noir) : héritages holocène et évolution climatique. Mémoire de Maîtrise, Université de Provence, Aix en Provence, 85 p.

Leemann A., Niessen F., 1994. Holocene glacial activity and climatic variations in the Swiss Alps : reconstructing a continuous record from proglacial lake sediments. *The Holocene,* 4 (3), 259-268.

Le Meur E., Gerbaux M., Schäfer M., Vincent C., 2007. Disappearance of an Alpine glacier over the 21st century simulated from modelling its future surface mass balance. *Earth and Planetary Science Letters,* 261, 367-374.

Le Roy M. 2006. Fluctuations glaciaires sur la rive gauche du Haut Vénéon depuis la fin du Petit Age de Glace. Mémoire de Master 1, Université de Savoie, Chambéry, 140 p.

Le Roy M., 2007. Etude des fluctuations glaciaires du Petit Age de Glace et de la décrue contemporaine dans le Haut Vénéon (massif des Ecrins). Validation de la méthode lichénométrique. Mémoire de Master 2, Université de Savoie, Chambéry, 84 p.

Le Roy Ladurie E., 1967. Histoire du climat depuis l'an mil. Flammarion, Paris, 379 p.

Koch J., Clague J.J., 2006. Are insolation and sunspot activity the primary drivers of Holocene glacier fluctuations ? *PAGES News,* 14 (3), 20-21.

Maisch M., Wipf A., Denneler B., Battaglia J., Benz C., 1998. Auswirkungen von Klimaänderungen auf die Gletscher und deren Vorfelder. Schlussbericht NFP 31. Vdf Hochschulverlag AG an der ETH, Zürich, 376 p.

Maisch M., 2000. The longterm signal of climate change in the Swiss Alps: glacier retreat since the end of the Little Ice Age and future ice decay scenarios. *Geografia Fisica e Dinamica Quaternaria,* 23, 139-151.

Matthews J.A., Briffa K.R., 2005. The Little Ice Age: re-evaluation of an evolving concept. *Geografiska Annaler*, 87 A (1), 17-36.

Matthews J.A., Dresser P.Q., 2008. Holocene glacier variation chronology of the SmØrstabbtindan massif, Jotunheimen, southern Norway, and the recognition of century-to millenial-scale European Neoglacial Events. *The Holocene,* 18 (1), 181-201.

Mayr F., 1969. Die postglazialen Gletscherschwankungen des Mont Blanc-Gebietes. *Zeitschrift für Geomorphology,* Supplement-Band. 8, 31-57.

Mercalli L., Mortara G., Rossi G.C., Smiraglia C., 1995. Neige et glaciers dans les Alpes italiennes: un siècle de recherche. *La Houille Blanche,* 50 (5-6), 126-133.

Mercalli L., Cat Berro D., 2005. Climi, acque e ghiacciai tra Gran Paradiso e Canavese. SMS, Bussoleno, 755 p.

Mougin P., 1912. Etudes Glaciologiques, Savoie Pyrénées. Tome III. Imprimerie Nationale, Paris.

Nesje A., Kvamme M., 1991. Holocene glaciers and climate variations in western Norway: evidence for early Holocene glacier demise and multiple Neoglacial events. *Geology,* 19, 610-612.

Nicolussi K., Patzelt G., 2001. Untersuchungen zur holozänen Gletscherentwicklung von Pasterze und Gepatschferner (Ostalpen). *Zeitschrift für Gletscherkunde und Glazialgeologie,* 36, 1-87.

Nussbaumer, S. U., Zumbühl H. J., Steiner D., 2007. Fluctuations of the Mer de Glace (Mont Blanc area, France) AD 1500-2050. *Zeitschrift für Gletscherkunde und Glazialgeologie,* 40 (2005-2006), 5-175.

Orombelli G., Porter S.C., 1982. Late Holocene fluctuations of Brenva Glacier. *Geografia Fisica e Dinamica Quaternaria,* 5, 14-37.

Orombelli G., 1998. Le torbe del Rutor: una successione significativa per la storia olocenica dei ghiacciai e del clima nelle Alpi. *In* Ghelardoni P. (éd.), Il clima e la storia del clima. Studi in onore di Mario Pinna. *Memorie della Società Geografica Italiana,* 153-165.

Orombelli G., Tanzi G., Ravazzi C., 2004. Glacier extent over the Italian Alps during the Holocene Climatic Optimum. *In* Antonioli F., Vai G.B. (Eds), Litho-environmental maps of Italy during the last two climatic extremes. Explanatory notes. 32th International Geological Congress, Firenze, 25p.

Pasquolotto M., Fosson J.-P., Vaglasindi M. , 2006. I bilanci di massa. *In* Smiraglia C. (éd.), Valle d'Aosta, figlia dei ghiacci. Miti, realtà ed evoluzione dei ghiacciai valdostani. Musumeci, Quart, 129-131.

Paul F., Kääb A., Maisch M., Kellenberger T., Haeberli W., 2004. Rapid disintegration of Alpine glaciers observed with satellite data. *Geophysical Research Letters,* 31, L21402.

Porter S.C., Denton G.H., 1967. Chronology of Neoglaciation in the North American Cordillera. *American Journal of Science,* 265, 177-210.

Porter S.C., Orombelli G., 1982. Late-glacial ice advances in the western Italian Alps. *Boreas* 11, 125-140.

Porter S.C., Orombelli G., 1985. Glacier contraction during the middle Holocene in the western Italian Alps: evidence and implications. *Geology,* 13, 296-298.

Reynaud L., Vincent C., 2000. Relevés de fluctuations sur quelques glaciers des Alpes françaises. *La Houille Blanche,* 5, 79-86.

Ribolini A., Chelli A., Guglielmin M., Pappalardo M., 2007. Relationship between glacier and rock glacier in the Maritime Alps, Schiantala Valley, Italy. *Quaternary Research,* 68, 353-363.

Schneebeli W., Röthlisberger F., 1976. 8000 Jahre Walliser Gletschergeschichte. *Die Alpen,* 52, 1-153.

Tessier L., Coûteaux M., Guiot J., 1986. An attempt at an absolute dating of a sediment from the last glacial recurrence through correlations between pollenanalytical and tree-ring data. *Pollen et Spores,* 28 (1), 61-76.

Torinesi O., Letreguilly A., Valla F., 2002. A century reconstruction of the mass balance of Glacier de Sarennes, French Alps. *Journal of Glaciology,* 48 (160), 142-148.

Villa F., De Amicis M., Maggi W., 2007. GIS analysis of Rutor Glacier (Aosta Valley, Italy) volume and terminus variations. *Geografia Fisica e Dinamica Quaternaria,* 30 (1), 87-95.

Vincent C., 2002. Influence of climate change over the 20th century on four French glacier mass balances. *Journal of Geophysical Research*, 107, NO.D19, 4375.

Vivian R., 1975. Les glaciers des Alpes occidentales. Allier, Grenoble.

Wetter W., 1987. Spät- und postglaziale Gletscherschwankungen im Mont Blanc Gebiet : Untere Vallée de Chamonix-Val Montjoie. *Physische Geographie*, Zürich 22, 267 p.

Zemp M., Haeberli W., Hoelze M., Paul F., 2006. Alpine glaciers to disappear within decades ? *Geophysical Research Letters*, 33, L13504.

Zemp M., Paul F., Hoelzle M., Haeberli W., 2007. Glacier fluctuations in the European Alps 1850–2000: an overview and spatio-temporal analysis of available data. *In* Orlove B., Wiegandt E., B. Luckman (éd.): The darkening peaks: Glacial retreat in scientific and social context. University of California Press, 152–167.

APPORT DES STALAGMITES À LA CONNAISSANCE DE L'ÉVOLUTION DE L'ENVIRONNEMENT DANS LES ALPES

CONTRIBUTION OF SPELOTHEMS TO THE RECONSTRUCTION OF PAST CHANGES IN ALPINE ENVIRONMENT

YVES PERRETTE

Laboratoire EDYTEM, Université de Savoie/CNRS, Campus scientifique, F 73376 Le Bourget du Lac cedex.
Contact : yves.perrette@univ-savoie.fr

RÉSUMÉ

Cette contribution présente les résultats publiés sur des stalagmites alpines qui couvrent l'Holocène. Les publications de McDermott et al. (1999) et de Mangini et al. (2005) illustrent à la fois l'intérêt et la complexité des enregistrements stalagmitiques. Ces deux études sont basées en premier lieu sur l'utilisation du signal isotopique contenu dans les spéléothèmes $\delta^{18}O$. La stalagmite de la Grotta di Ernesto (McDermott et al. 1999) couvre environ 10 ka et est interprétée comme un enregistrement de l'humidité. La concrétion de Spannagel Cave couvre 2000 ans et permet aux auteurs de modéliser l'évolution de la température. Ensuite, les morphologies de croissance d'une stalagmite du gouffre Berger permettent de proposer un enregistrement de l'évolution de l'excédent hydrique dans ce massif durant les 3000 dernières années. Cette série est croisée avec des analyses du rapport Mg/Ca qui conduit à discuter le comportement atypique de ce karst de montagne où les débits les plus importants semblent correspondre aux temps de résidence les plus longs.

MOTS-CLÉS : STALAGMITE, ISOTOPE, CLIMAT, ALPES

ABSTRACT

This contribution presents three examples of stalagmite informations about the environmental change in the alps. In a first part, results based on stable isotops of oxygen, from the publications of McDermott et al. (1999) and Mangini et al. (2005) are presented. The results of Grotta di Ernesto (McDermott et al., 1999) cover about 10 ky and show mostly the change in the wet or dry conditions. The Spannagel cave speleothem is used by Mangini et al. (2005) to model the 2000 last years temperature. Then, a Gouffre Berger sample presents a moisture record based on the stalagmite shapes. This record which covers the last 3000 years, agrees with the knowledge of environmental changes known for this period. But the cross study of stalagmites shapes together with Mg/Ca ratio induces questions about the specific hydrogeological behaviour of this alpine karst where the excess of drop rate seems surprisingly to correspond to the waters characterised by long storage time in the aquifer.

KEYWORDS: STALAGMITE, ISOTOPS, CLIMATE, ALPES

INTRODUCTION

Parmi les archives naturelles utilisées dans les environnements de moyenne montagne, les stalagmites permettent de décrire l'évolution des milieux calcaires (karstiques) dans lesquels il est parfois difficile de trouver d'autres enregistreurs naturels (Delannoy, 1997). Ces dépôts carbonatés souterrains présentent de nombreux avantages pour la reconstitution des évolutions environnementales. En effet, leur croissance est principalement contrôlée par la température de surface, les précipitations (régime et période) (Baker *et al.*, 1998) et par l'activité écologique (sol, végétation, Van Beynen *et al.*, 2001). Ces trois paramètres déterminent à la fois le flux d'eau et de calcium alimentant la concrétion (Figure 1). De plus, lors de son transfert au sein du karst, l'eau entraîne différents éléments (organiques et minéraux) qui sont parfois piégés au sein du système cristallin des stalagmites et constituent ainsi des indicateurs environnementaux (Baker *et al.* 1998). Enfin, on peut parler d'archive pour les stalagmites car elles sont conservées au sein des grottes et sont datables par différentes méthodes. La plus courante est la mesure du rapport isotopique $^{238}U/^{234}Th$ (Quinif Y., 1989). Ajoutons que dans certains cas, il est possible de réaliser le comptage de lamines lorsque leur annualité peut être démontrée (Betancourt *et al.*, 2002 ; Baker et Genty, 2003 ; Smith *et al,*. sous presse).

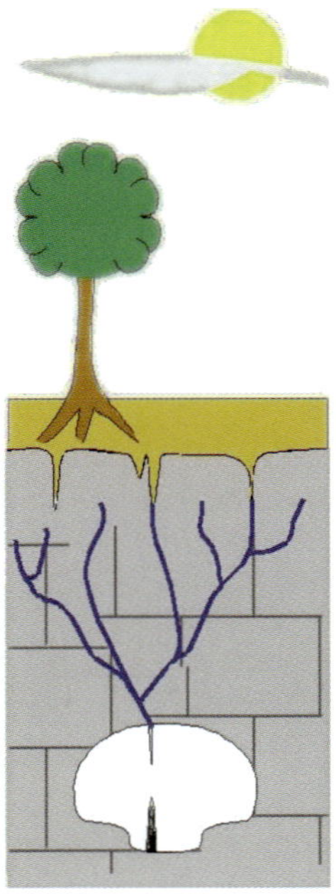

Figure 1 - Fonctionnement général des stalagmites.

L'objectif de cette contribution est de présenter des résultats issus de l'étude de stalagmite documentant l'évolution de l'environnement des Alpes durant l'Holocène. Nous présentons ici les recherches publiées par McDermott *et al.* (1999) et Mangini *et al.* (2005) qui sont basées sur l'étude des isotopes stables $\delta^{13}C$ et $\delta^{18}O$. Enfin, un enregistrement de l'excédent hydrique issus de l'étude de la forme d'une stalagmite du Gouffre Berger est présenté.

I - QUELQUES TRAVAUX PUBLIÉES SUR L'ÉVOLUTION DU CLIMAT DANS LES ALPES À PARTIR DES STALAGMITES

Les articles présentés ci-après répondent aux deux critères essentiels dans l'utilisation des stalagmites comme archives environnementales, une approche croisant les indicateurs contenus dans les stalagmites et une interprétation replacée dans la perspective de la connaissance du fonctionnement karstique. Ces articles couvrent des échelles de temps emboîtées : l'intégralité de l'Holocène, puis les 2000 dernières années.

1 - Variabilité climatique en Italie du nord durant l'Holocène (Mc Dermott *et al.*, 1999)

L'objectif principal de ce travail est de comparer des enregistrements stalagmitiques à l'échelle européenne. Ce travail repose sur l'étude de trois stalagmites provenant d'Irlande (Crag cave), de France (grotte de Clamouse) et d'Italie (grotta di Ernesto). Ces trois échantillons datés par U/Th couvrent respectivement 12,24 ka, 11,127 ka et 9,2 ka. À partir de l'interprétation d'analyses isotopiques, cet article montre, durant l'Holocène, une opposition de phase entre les évolutions du climat en Irlande et celles constatées dans le sud de la France. Ces dernières semblent par contre proches de celles enregistrées dans la stalagmite alpine provenant de la grotta di Ernesto. Nous nous attachons particulièrement à celle-ci qui est située dans les Alpes (Figure 2).

L'utilisation des isotopes stables dans les stalagmites, quoique courante, nécessite généralement une discussion approfondie avant l'interprétation paléoclimatologique des résultats. La relation $\delta^{18}O$/températures n'est en effet pas évidente a priori. Aux contrôles classiques du signal du $\delta^{18}O$ (effets de continentalité, de source, de quantité, d'évaporation...) viennent s'ajouter le transfert de ce signal au sein du karst (effets de saisonnalité des précipitations, ventilation de la cavité, prior-précipitation de la calcite, etc) (Fairchild *et al.*, 2006). Ainsi, pour chaque site un travail important doit être mené pour calibrer ce signal en fonction de la connaissance du signal isotopique actuel pour la région, du fonctionnement actuel du karst mais également par le contrôle de la relation entre le signal isotopique et d'autres indicateurs présents dans la stalagmite comme la vitesse de croissance (liée principalement à la température) et la cristallisation par exemple (Frisia *et al.*, 2000 ; Couchoud, 2007).

Ainsi, s'appuyant sur les signatures isotopiques actuelles des précipitations en Italie du nord, sur des données issues des stations météorologiques les plus proches et sur la connaissance du fonctionnement hydrologique actuel de cette grotte, ces auteurs interprètent les variations du $\delta^{18}O$ comme des variations de précipitations : une augmentation du $\delta^{18}O$ correspond à une diminution des précipitations.

La figure 3 présente cette série de $\delta^{18}O$. On y observe

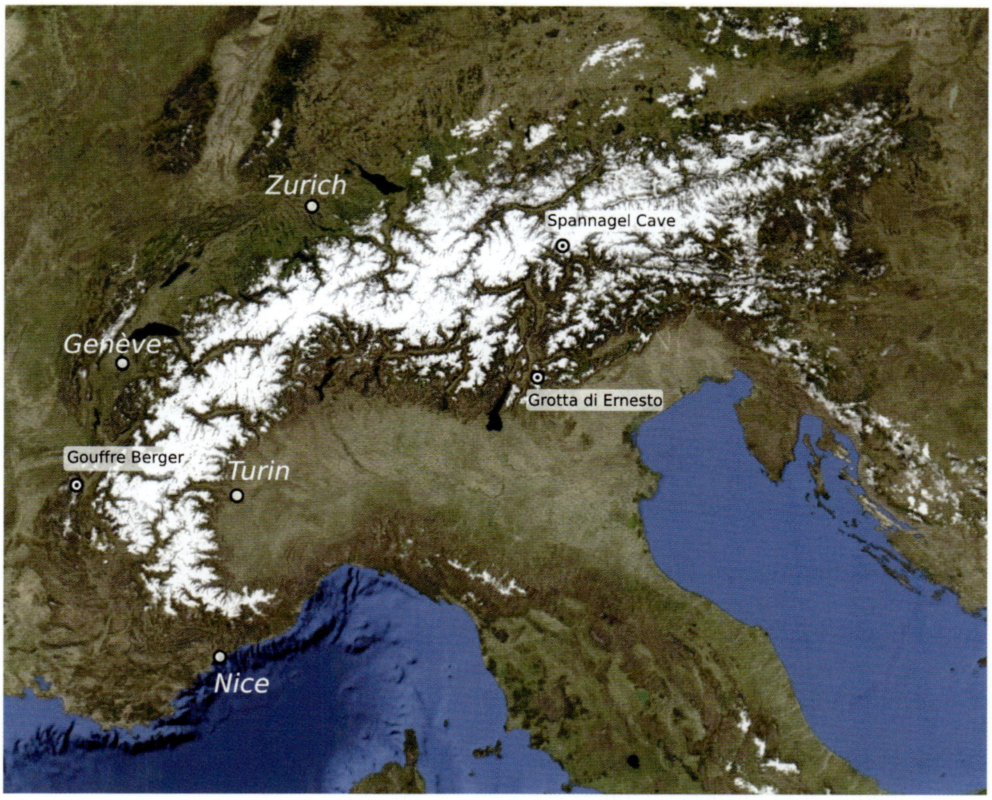

Figure 2 - Carte de localisation des échantillons étudiés.

trois principales périodes qui sont établies par la comparaison des résultats issus des trois sites. L'interprétation est basée sur ce signal isotopique, sur les vitesses de croissance et les types de cristallisation.

- de 9300 à 7800 cal BP : l'enregistrement du $\delta^{18}O$ présente des valeurs relativement élevées indiquant des conditions plutôt sèches et chaudes ;
- de 7800 à 4800 cal BP : le $\delta^{18}O$ présente des valeurs plus faibles qui indiquent des conditions plus humides. Ce signal est associé à des vitesses de croissance importantes révélant le maintient de conditions plutôt chaudes. Il faut noter également que cette période présente un enregistrement marqué et court du plus faible signal de $\delta^{18}O$ entre 7800 et 6900 cal BP. Cette période très humides est associée au stade de Cerin (Magny, 1995) ;
- de 4800 cal BP à aujourd'hui : une décroissance continue du signal de $\delta^{18}O$ pourrait correspondre à la combinaison de périodes plus humides et/ou plus froides. Cette interprétation du signal isotopique converge avec l'observation pour cette période d'une cristallisation révélant des conditions de faible supersaturation.

2 - Reconstruction des températures des 2000 dernières années à partir du signal δ^{18} dans une stalagmite des Alpes centrales (Mangini *et al.*, 2005)

La grotte de Spanagel (Figure 2) abrite des concrétions actives à plus de 2000 mètres d'altitude. Ce réseau karstique se développe dans un niveau de marbres pris en sandwich entre des gneiss. La présence de stalagmites à cette altitude est expliquée par cette spécificité géologique et ses implications hydrogéologiques (écoulement lent, sursaturation).

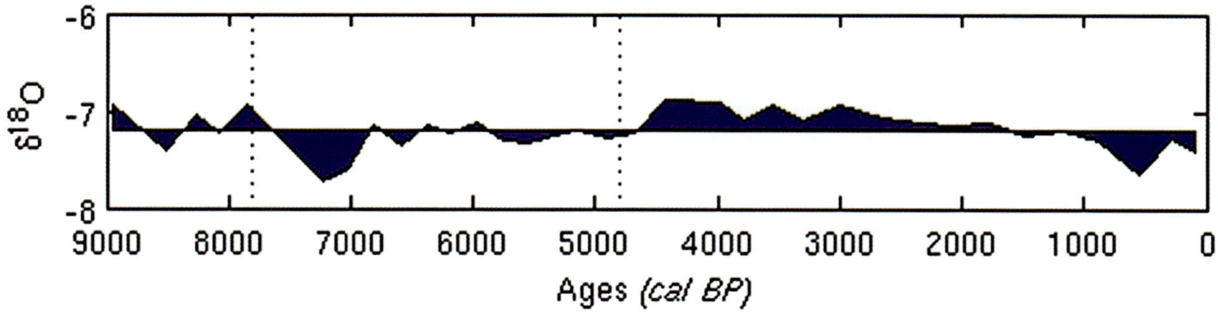

Figure 3 - Série de $\delta^{18}O$ de la concrétion de la grotta di Ernesto (d'après McDemott et al., 1999).

En raison de la connaissance du fonctionnement isotopique actuel de cette cavité (Spotl *et al.*, 2005) et de l'indépendance entre le signal du $\delta^{18}O$ et du $\delta^{13}C$, les auteurs interprètent le signal du $\delta^{18}O$ comme la combinaison d'un signal de précipitation et de température. L'originalité de ce travail repose sur la localisation de l'enregistrement à haute altitude, et sur la quantification de la variation de température sur cette période. Pour reconstruire une série de température, les auteurs modélisent la relation entre le signal isotopique de cinq parties bien datées de cette stalagmite et les températures hivernales reconstruites par une approche multiparamètre (Luterbacher *et al.*, 2004). La figure 4 montre les températures reconstruites à partir de cette méthode qui présentent une amplitude de 0 à 2,7 °C qui est significative par rapport au modèle dont l'incertitude est de ±0,3 °C.

Les valeurs minimales reconstruites sont observées durant le Petit Âge Glaciaire (PAG). Notamment, les minima de Dalton, Spörer et Wolf correspondent à des périodes froides (au maxima de $\delta^{18}O$), ce qui est également le cas dans la partie plus ancienne avec les minima solaires situés aux alentours de 1250, 1450, 1650 ans cal BP. Si ces observations montrent une relation très nette entre minima d'irradiance et minima de température, en ce qui concerne les maxima de température (minima de $\delta^{18}O$), les auteurs proposent plutôt un contrôle océanique. En effet, cette série montre que l'optimum médiéval est caractérisé par des périodes chaudes d'environ 20 à 50 ans. Ces variations pourraient être mises en relation avec l'intensité des circulation océaniques ou avec l'extension des zones englacées dans l'atlantique nord. Au-delà de la discussion des mécanismes du changement climatique, les reconstructions de températures établies à partir de cette stalagmite de la grotte de Spanagel montrent une variation de 2,7 °C entre le PAG et l'optimum médiéval. Cette amplitude est supérieure à celle établie à partir des carottes de glace. Cette majoration peut être liée à la spécificité de cette stalagmite qui enregistre les températures d'hiver ou à un phénomène d'amplification régionale des variations climatiques (continentalité, altitude).

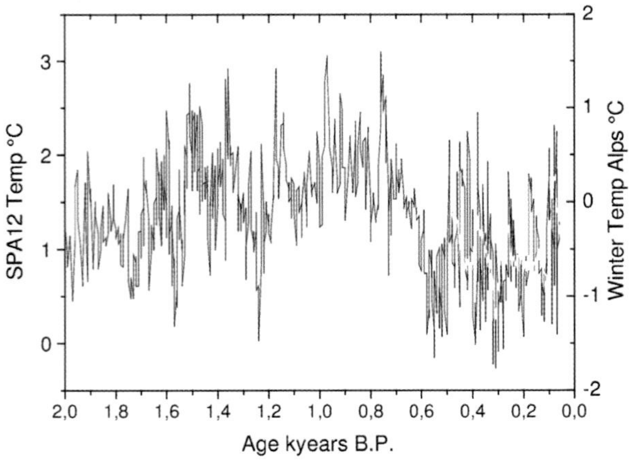

Figure 4 - Série de température reconstruite à partir du $\delta^{18}O$ d'une stalagmite de Spanagel Cave (d'après Mangini et al., 2005).

II - Évolution du climat et de l'environnement dans le nord du Vercors depuis 3000 ans cal BP

1 - Les morphologies de stalagmite, indicateurs de l'évolution de l'environnement

Les travaux précédents sont basés sur la reconstitution des évolutions de l'environnement à partir de l'étude des isotopes stables piégés dans la matrice cristalline de la stalagmite. Cette matrice qui représente pourtant plus de 99 % de l'enregistrement est généralement délaissée. Dans le cas des deux études précédentes, la cristallisation est utilisée comme un indicateur permettant de contrôler la continuité de la croissance de la stalagmite et des conditions locales ayant contraint sa croissance (ventilation de la cavité, présence de sols, type de végétation).

L'étude présentée ci après inverse en partie cette approche du « contenant » cristallin en utilisant la forme de la stalagmite comme un indicateur à part entière. Cette approche est peu utilisée dans la communauté scientifique pour deux raisons essentielles :

1- les études récentes de Kaufmann *et al.* (2002, 2003) appuyées sur les recherches de Frank (1965) et Dreybrodt (1988) montrent que ces reconstitutions sont difficilement quantifiables ;

2- elle n'est pas toujours applicable en raison des contraintes géomorphologiques s'exerçant sur la croissance des stalagmites. En effet, la croissance des stalactites comme l'évolution de la cavité (chute de bloc, colmatage, glissement de terrain), peuvent conduire à une variation de forme de stalagmite non induite par le climat.

L'utilisation de la morphologie des stalagmites pour les reconstitutions environnementales est basée sur la modélisation de la croissance des stalagmites. Cette croissance est contrôlée par la température, la différence de pression partielle de CO_2 (pCO_2) entre les sols et la cavité, et le régime de l'alimentation (Dreybrodt, 1988 ; Baker *et al*, 1998 ; Kaufmann *et al.*, 2002, 2003). Les modèles de croissance des stalagmites montrent que la pCO_2 contrôle plutôt la quantité de calcium déposée, mesurée par la vitesse de croissance (axe vertical) et les précipitations contrôlent la largeur du front de croissance (axe horizontal).

La température intervient comme un « méta-paramètre » contrôlant les deux autres à différents niveaux.

Au niveau local, la température intervient sur la pCO_2 notamment via l'activité bactérienne dans le sol, et sur la disponibilité en eau via l'évaporation et l'évapotranspiration. Mais la température, les précipitations et la pCO_2 sont également intercorrélées à plus grande échelle spatiale et temporelle (fonctionnement climatique régional, évolution de la végétation). Ainsi, la relation simple théoriquement est en fait très complexe à modéliser ce qui rend pour l'instant impossible l'utilisation des morphologies de stalagmite pour quantifier les changements environnementaux. Par contre, cette méthode fourni une information pertinente pour des reconstitutions locales et relatives de l'évolution de l'excédent hydrique.

2 - Application à une stalagmite du gouffre Berger

Nous avons appliqué cette approche à une stalagmite du Gouffre Berger bien datée et présentant une grande homogénéité morphologique. La figure 5 présente cette stalagmite et son contexte karstologique (Delannoy, 1997). Le Gouffre Berger s'ouvre à 1460 m d'altitude dans le plateau du Sornin au nord du Vercors. La concrétion a été prélevée dans la galerie du Grand Éboulis sous un plafond effondré à environ 1200 m d'altitude. Cette concrétion faisait partie d'un ensemble de concrétions présentant le même faciès. La voûte d'effondrement alimentant cette stalagmite est à environ 10 m ce qui permet d'exclure d'emblée le rôle de la diminution de la hauteur de chute dans toute évolution morphologique.

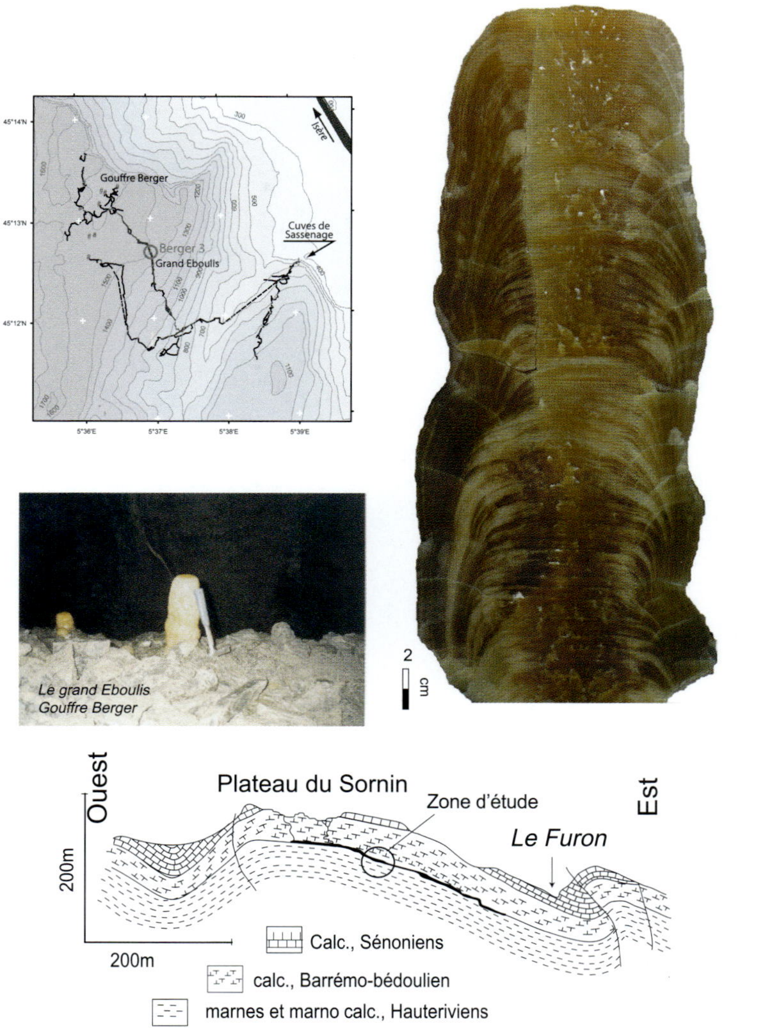

Figure 5 - Localisation de la stalagmite du Gouffre Berger.

Chronologie de l'échantillon

Le modèle d'âge de cette stalagmite (Figure 6) a été réalisé en croisant un modèle d'âge obtenu par l'évaluation de la vitesse de croissance par comptage de lamines et par des datations uranium/thorium (5 en TIMS au Géotop-Canada et 1 en alpha au Cerak-Belgique). Le tableau 1 présente les résultats d'U/Th. Pour cet échantillon, des observations en épifluorescence révèlent des lamines de matières organiques très nettes et régulières d'environ 100 à 150 µm. Le filtrage et le traitement des scans de fluorescence (Perrette, 2000, 2008) est optimisé pour des doublets de 64 à 256 µm. Le modèle d'âge obtenu est très régulier avec une croissance moyenne de 0,118 mm/an, supérieure à celle issue des âges U/Th qui est de 0,111 mm/an. Si cette concordance globale montre que les doublets de 65 à 256 µm sont bien annuels, la différence de 6.3 % entre les deux taux de croissance montre que la méthode de comptage « sous-compte » cet échantillon. Cela peut être lié à des lamines trop petites ou peu intenses. La linéarité du résultat de comptage montre par ailleurs que

Position $_{cm}$	[U] $_{ppb}$	$^{230}Th/^{232}Th$ act.	$^{230}Th/^{234}U$ act.	$^{234}U/^{238}U$ act.	Âge calculé	**Âge BP**
9.0 1.0	2455.8 30.5	907 12	0.0078 0.0001	1.3359 0.0240	851 14	**804 14**
10.25 0.25	2433.4 19.7	2610 30	0.0087 0.0002	1.3309 0.0142	947 26	**900 26**
19.5 0.5	2209.5 19.6	219 05	0.0168 0.0004	1.3184 0.0149	1843 39	**1796 39**
20.5 0.5	2262.8 27.5	1279 41	0.0197 0.0006	1.3214 0.0356	1830 69	**1783 69**
26.5 0.5	2385.2 26.2	2611 30	0.0217 0.0003	1,3873 0.0206	2384 33	**2337 33**
31.5 1.25	*2080 20*	*20 4*	*0.025 0.001*	*1.345 0.009*	*2700 100*	***2653 100***

Tableau 1 - Résultats U/Th sur une stalagmite du Gouffre Berger.

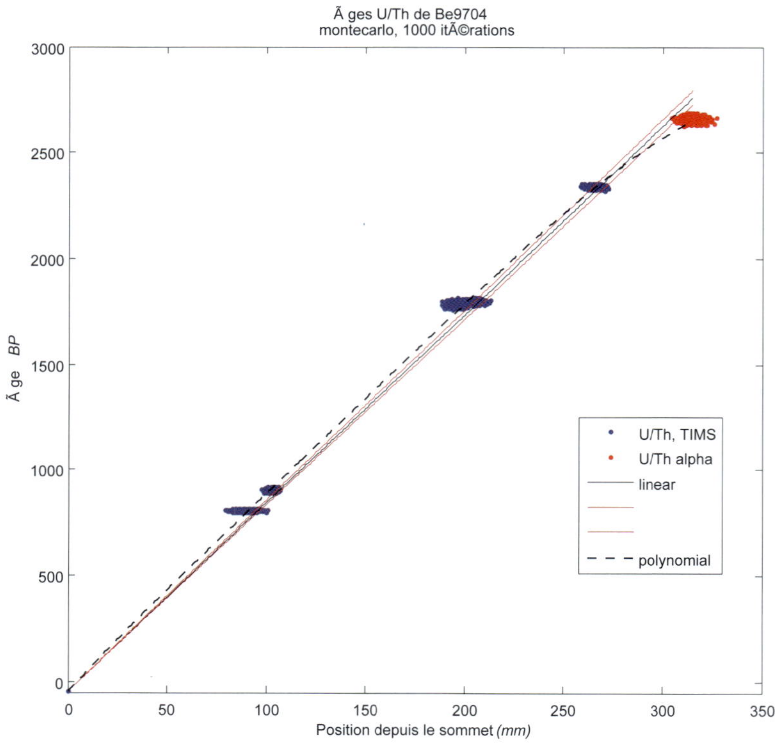

Figure 6 - Modèle d'âge.

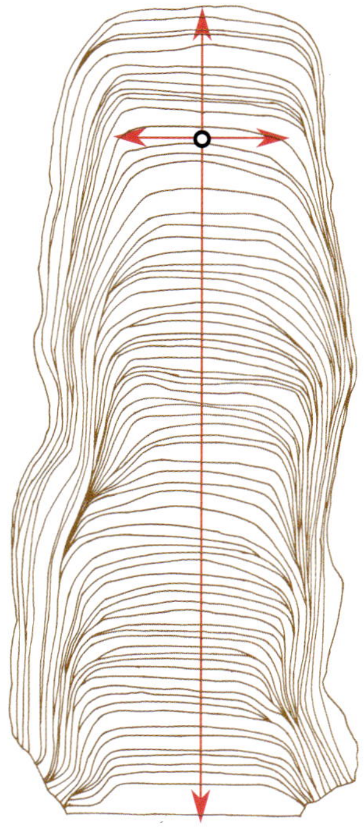

Figure 7 - Fronts de croissance de la stalagmite.

ce biais semble réparti de manière homogène le long de l'échantillon.

Dans la suite de cet article nous utilisons le modèle d'âge issu des analyses U/Th. L'utilisation d'une loi polynomiale (d'ordre 3) permet un ajustement de qualité mais qui est contrôlé par l'âge alpha le plus vieux et le moins fiable (en raison de l'échantillonnage). Nous avons donc préféré utiliser un modèle linéaire simple au regarde de la distribution des âges (U/Th et lamines) plus basé sur les âges les plus précis. La droite la plus probable a été calculée selon une procédure de Monté Carlo. La convergence est rapide (n=1000). L'incertitude du modèle d'âge correspond à la dispersion de la régression durant le traitement.

La première constatation est que la vitesse de croissance moyenne de 0,111 mm/an est élevée pour ce site de moyenne montagne où les vitesses de croissances sont plus généralement de l'ordre de 0,06 à 0,08 mm/an. Cette vitesse de croissance pourrait être liée la position de cette concrétion sous une voûte plus marneuse (Hauterivien) qui peut induire des circulations plus lentes, donc plus saturées. En second lieu, le démarrage tardif de cette concrétion il y à environ 3000 ans cal BP doit être discuté. On peut évacuer l'hypothèse d'une cause environnementale à ce démarrage de croissance en raison de l'absence de concrétion inférieure qui aurait dû croître avant, mais également car d'autres concrétions prélevées ailleurs dans la cavité ne montrent pas d'interruptions/démarrages à cette période (Perrette, 2000). L'hypothèse la plus vraisemblable qui reste à vérifier est que cette concrétion démarre après un écroulement de la galerie. Cela est conforté par l'ensemble homogène de concrétion au sein duquel cette concrétion a été prélevée ainsi que par le glissement banc sur banc de Sassenage qui a été plusieurs fois actif durant l'Holocène (Ménard, 2008)

Mesure des morphologies de fronts de croissance

La mesure des fronts de croissance a été réalisée manuellement sur la tranche verticale polie. Après un relevé sur calque des principales limites morphologiques (Figure 7), on réalise la mesure du diamètre maximum de la stalagmite entre les deux plus fortes pentes à l'aide d'un réglet. L'abscisse est donné par le centre vertical de la zone mesurée. Cette mesure intègre donc une période variable pendant laquelle les conditions de croissance sont homogènes. Travailler sur la morphologie d'une stalagmite implique de contrôler la représentativité de la section étudiée. Pour cela, une deuxième tranche coupée orthogonalement à la première a été analysée.

La figure 8 présente les résultats pour ces deux dimensions de la concrétion. Comme attendu en raison de la hauteur de chute de goutte et du faciès général de la concrétion, les deux séries sont concordantes. Pour compléter cette analyse, nous avons représenté sur cette figure des barres correspondant au rapport magnésium/calcium (1000 Mg/Ca) qui est l'un des indicateurs classiques du temps de résidence de l'eau au sein des karst. En effet, la cinétique de dissolution différentes entre ces deux éléments induit une diminution de ce rapport pour des eaux qui circulent vite et une augmentation pour des eaux séjournant plus longtemps dans le karst (Ford et Williams, 1989). Les analyses ont été réalisées en ICPMS au SARM (Nancy, CNRS) sur des prélèvements intégrant environ 1 mm (≈ 10 ans) de croissance à un pas de 10 mm (≈ 100 ans). La donnée est donc ici plus ponctuelle que pour les séries issues des fronts de croissance de stalagmite.

La série de Mg/Ca est globalement en phase avec les données issues des fronts de croissance des stalagmites ce qui est en contradiction avec les publications discutant l'évolution du rapport Mg/Ca en hydrogéologie karstique (Batiot *et al.*, 2003) ou dans les spéléothèmes (Huang *et al.*, 2001 ; Treble *et al.*, 2003). En effet ce rapport Mg/Ca est toujours en opposition de phase avec l'hydrologie. L'objectif de cet article n'est pas de discuter cette opposition qui relève de la connaissance du fonctionnement des karsts. Néanmoins, il est important de discuter cet aspect qui *a priori* remet en cause l'interprétation hydrologique des fronts de croissance. Cette relation « en phase » entre hydrologie et Mg/Ca est certainement liée dans le cas de cette concrétion, au pas de temps de l'analyse. En effet, intégrant l'évolution sur 10 ans nous ne mesurons pas un débit instantané mais la lame d'eau annuelle disponible pour l'alimentation de la stalagmite. Dans un karst de 300 m d'épaisseur, l'augmentation de cette lame d'eau implique un stockage plus important de l'eau, donc un rapport Mg/Ca plus élevé. L'originalité de cette série pour la connaissance des milieux karstiques est l'établissement, dans ce cas spécifique, d'une relation nette entre la recharge du karst comme aquifère et l'augmentation du débit d'égouttement dans la cavité.

Reconstruction de l'excédent hydrique

Les fronts de croissance de cette concrétion du gouffre Berger nous permettent de distinguer 6 grandes périodes. En remontant dans le temps on observe une succession de périodes humides et sèches d'une période de l'ordre de 500 ans durant environ 2000 ans. À partir de 2000 cal BP, la série varie moins. De plus, dans la période 1900 - 2400 cal BP, la cohérence entre les deux dimensions de la stalagmite est mauvaise. Si les premiers centimètres de croissance de la stalagmite doivent être analysés avec précaution, cette période « stable » de 1000 ans semble plus étonnante. Pour discuter plus complètement cette période, cette étude doit être complétée par d'autres analyses, notamment en couplant cette étude morphologique avec l'analyse des flux de matières organiques.

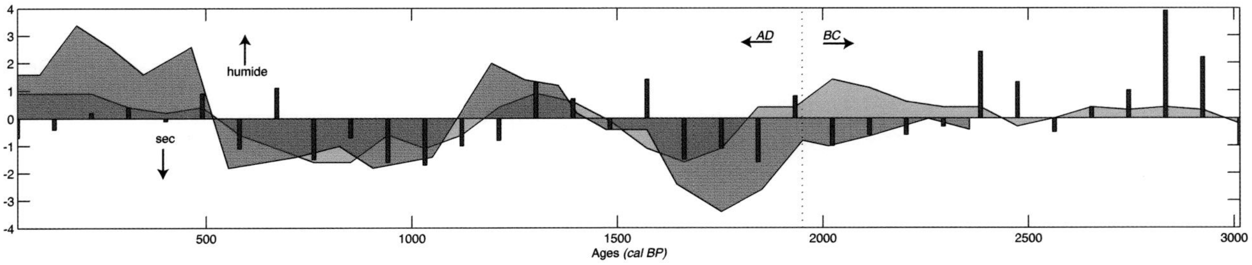

Figure 8 - Série des variations du diamètre en fonction de l'âge (cal BP) de la stalagmite.

CONCLUSION

Cette contribution présente quelques résultats issus d'enregistrements stalagmitiques documentant les évolutions du climat durant l'Holocène dans les Alpes. Ces différentes séries concordent avec les connaissances issues d'autres archives naturelles. Nous avons focalisé cette contribution sur les enregistrements climatiques contenus dans les spéléothèmes. Des recherches en cours établissent des indicateurs fiables pour l'étude de l'évolution des sols à partir de l'étude des spéléothèmes. Ces travaux d'ordre méthodologiques n'ont pas encore donné lieu à des reconstitutions environnementales précises.

Nous avons insisté dans cette contribution sur la richesse des enregistrements karstiques qui, lorsqu'ils sont bien compris, permettent une reconstitution environnementale de qualité comme la reconstruction de la série de température de la grotte de Spannagel (Mangini *et al.*, 2005). Cette difficulté *a priori* pour l'interprétation des données enregistrées dans les spéléothèmes, constitue une opportunité pour le paléoenvironnement puisqu'elle peut fournir des informations diversifiées à partir d'un même objet d'étude. Mais l'interprétation des informations contenues dans les spéléothèmes ne peut avoir lieu que dans le cadre d'une approche multiparamètre des indicateurs environnementaux contenus dans les stalagmites appuyée sur la connaissance de la dynamique actuelle du milieu karstique concerné.

Bibliographie

Baker A., Genty D., 2003. Comment on a test of annual resolution in stalagmites using tree rings. *Quaternary Research,* 59 (3), 476-478.

Baker A., Genty D., Smart P., 1998. High-resolution records of soil humification and paleoclimate change from variations in speleothem luminescence excitation and emission wavelengths. *Geology,* 26, 903-906.

Baker A., Genty D., Dreybrodt W., Barnes W. L., Mockler N. J., Grapes J., 1998. Testing theoretically predicted stalagmite growth rate with Recent annually laminated samples: Implications for past stalagmite deposition. *Geochimica et Cosmochimica Acta,* 62 (3), 393-404.

Batiot C., Emblanch C., Blavoux B., 2003. Carbone organique total (COT) et magnésium (Mg2+) : deux traceurs complémentaires du temps de séjour dans l'aquifère karstiqueTotal Organic Carbon (TOC) and magnesium (Mg2+): two complementary tracers of residence time in karstic systems. *Comptes Rendus Geosciences,* 335 (2), 205-214.

Betancourt J. L., Grissino-Mayer H. D., Salzer M. W., Swetnam T. W., 2002. A Test of Annual Resolution in Stalagmites Using Tree Rings. *Quaternary Research,* 58 (2), 197-199.

Couchoud I., 2006. Étude pétrographique et isotopique de spéléothèmes du sud-ouest de la France formés en contexte archéologiques. Contribution à la connaissance des paléoclimats régoniaux du stade isotopique 5. Thèse de Doctorat, Université de Bordeaux I.

Delannoy J.-J., 1997. Recherches géomorphologiques sur les massifs karstiques du Vercors et de la transversale de Ronda (Andalousie). Les apports morphogéniques du karst. Thèse de Doctorat d'Etat, Univ. Grenoble..

Dreybrodt W., 1988. Processes in Karst Systems. Springer Verlag.

Fairchild I. J., Smith C. L., Baker A., Fuller L., Spötl C., Mattey D., McDermott F., E.I.M.F., 2006. Modification and preservation of environmental signals in speleothems. *Earth-Science Reviews,* 75 (1-4), 105-153.

Ford D. C. & Williams P. W., 1989. Karst geomorphology and hydrology. Unwin Hymann, London, .

Franke H. W., 1965. The theory behind stalagmite shape. *Studies in Speleology,* 1 (2-3), 88-95.

Frisia S., Borsato A., Fairchild I. J., McDermott F., 2000. Calcite Fabrics, Growth Mechanisms, and Environments of Formation in Speleothems from the Italian Alps and Southwestern Ireland. *Journal of Sedimentary Research,* 70 (5), 1183-1196.

Huang Y., Fairchild I. J., Borsato A., Frisia S., Cassidy N. J., McDermott, F., Hawkesworth C. J., 2001. Seasonal variations in Sr, Mg and P in modern speleothems (Grotta di Ernesto, Italy). *Chemical Geology* 175 (3-4), 429-448.

Kaufmann G., 2003. Stalagmite growth and palaeo-climate: the numerical perspective. *Earth and Planetary Science Letters,* 214 (1-2), 251-266.

Kaufmann G., Dreybrodt W., 2004. Stalagmite growth and palaeo-climate: an inverse approach. *Earth and Planetary Science Letters.* 224 (3-4), 529-545.

Luterbacher J., Dietrich D., Xoplaki E., Groskean M, Wanner H., 2004. European seasonal and annual temperature variability trends ands extremes since 1500. *Science.* **303**, 1499-1503.

Mangini A., Spötl C., Verdes P., 2005. Reconstruction of temperature in the Central Alps during the past 2000 yr from a $\delta^{18}O$ stalagmite record. *Earth and Planetary Science Letters,* 235 (3-4), 741-751.

McDermott F., Frisia S., Huang Y., Longinelli A., Spiro B., Heaton T. H. E., Hawkesworth C. J., Borsato A., Keppens E., Fairchild I. J., van der Borg K., Verheyden S., Selmo E., 1999. Holocene climate variability in Europe: Evidence from $\delta^{18}O$, textural and extension-rate variations in three speleothems. *Quaternary Science Reviews,* 18 (8-9), 1021-1038.

Magny M., 1995. Une histoire du climat. Errance Ed.,.

Ménard G., Gamond J., Schwartz S., Leroux O., Nicoud G., Beck C., Magny, M., 2008. L'écroulement de la Dent du Loup (Sassenage, Vercors septentrional). Approche du risque actuel : premiers résultats"RST-2008'.

Perrette Y., 2000. Étude de la structure interne des stalagmites : contribution à la connaissance géographique des évolutions environnementales du Vercors (France). Développement et application d'une approche multiparamètre des archives stalagmitiques. Thèse de doctorat, Université de Savoie.

Perrette Y., Poulenard J., Saber A., Fanget B., Guittonneau S., Ghaleb B., Garaudee S., 2008. Polycyclic Aromatic Hydrocarbons in stalagmites : Occurrence and use for analyzing past environments. *Chemical Geology* 251 (1-4), 67-76.

Quinif Y., 1989. La datation uranium/thorium. *Spéléochronos,* 1, 3-22.

Smith C. L., Fairchild I. J., Spötl C., Frisia S., Borsato A., Moreton S. G., Wynn P. M., sous presse. Chronology-building using objective identification of annual signals in trace element profiles of stalagmites. *Quaternary Geochronology.*

Spotl C., Fairchild I. J., Tooth A. F., 2005. Cave air control on dripwater geochemistry, Obir Caves (Austria): Implications for speleothem deposition in dynamically ventilated caves. *Geochimica et Cosmochimica Acta,* 69 (10), 2451-2468.

Treble P., Shelley J. M. G., Chappell J., 2003. Comparison of high resolution sub-annual records of trace elements in a modern (1911-1992) speleothem with instrumental climate data from southwest Australia. *Earth and Planetary Science Letters,* 216 (1-2), 141-153.

Van Beynen P., Bourbonniere R., Ford D., Schwarcz H. 2001. Causes of colour and fluorescence in speleothems. *Chemical Geology,* 175 (3-4), 319-341.

Archives lacustres

Au recto - Carottage par plongée dans le lac Cornu du Massif des Aiguilles Rouges.

IMPACT DES FLUCTUATIONS GLACIAIRES ET DES ANCIENNES ACTIVITÉS MINIÈRES D'ALTITUDE SUR LA SÉDIMENTATION LACUSTRE PROGLACIAIRE AU COURS DU TARDIGLACIAIRE ET DE L'HOLOCÈNE DANS LE MASSIF DES GRANDES ROUSSES

ALPES OCCIDENTALES, FRANCE

IMPACT OF GLACIER FLUCTUATIONS AND HIGH ALTITUDE MINING ACTIVITIES ON LATE GLACIAL-HOLOCENE PROGLACIAL LACUSTRINE SEDIMENTATION IN THE GRANDES ROUSSES MASSIF WESTERN ALPS, FRANCE

EMMANUEL CHAPRON [1, 2], MARIE-CHRISTINE BAILLY-MAITRE [3], FLAVIO ANSELMETTI [1, 4], HERVÉ GUYARD [5], GUILLAUME SAINT ONGE [5], MARC DESMET [6, 12], CATHERINE CHAUVEL [7], THIERRY WINIARSKI [6], OLIVIER MAGAND [8], FABIEN ARNAUD [6], LAURENT CHARLET [9], PHILIP DELINE [6], MICHEL MAGNY [10], MARIE-ANTOINETTE MÉLIÈRES [8, 11].

[1] *Geological Institute, ETH Zurich, Suisse.*

[2] *Institut des Sciences de la Terre d'Orléans, UMR 6113 CNRS-Université d'Orléans, Orléans, France.*

[3] *Laboratoire d'Archéologie Médiévale Méditerranéenne, UMR 6572 CNRS-Université de Provence, Aix en Provence, France.*

[4] *Sedimentology Group, Department of Surface Waters, EAWAG, Dübendorf, Suisse.*

[5] *ISMER, Université de Rimouski, Rimouski, Canada.*

[6] *Laboratoire EDYTEM/CNRS, Université de Savoie, Campus scientifique, F 73376 Le Bourget du Lac cedex.*

[7] *Laboratoire de Géodynamique des Chaines Alpines, UMR 5025 CNRS-Observatoire de Grenoble, St Martin d'Hères, France.*

[8] *Laboratoire de Glaciologie et de Géophysique de l'Environnement, UMR 5183 CNRS-Observatoire de Grenoble, St Martin d'Hères, France.*

[9] *Laboratoire de Géophysique Interne et Tectonophysique, Observatoire de Grenoble, St Martin d'Hères, France.*

[10] *Laboratoire de Chrono Environnement, UMR 6249 CNRS-Université de Franche Comté, Besançon, France.*

[11] *Institut de la Montagne, Université de Savoie, Campus scientifique, F 73376 Le Bourget du Lac cedex.*

[12] *INRP & ENTPE - Université de Lyon.*

Contact : emmanuel.chapron@univ-orleans.fr

RÉSUMÉ

Des datations à la base de carottages localisés à partir de profils « sismique réflexion » à plus de 2500 m d'altitude dans les remplissages des lacs proglaciaires de Bramant et de Blanc Huez (Massif des Grandes Rousses) indiquent que ces deux lacs ont été déglacés depuis la fin du Tardiglaciaire et que leurs bassins versants ont été très faiblement englacés durant la première partie de l'Holocène. Le développement d'un néoglaciaire impliquant le retour d'une sédimentation détritique dans ces lacs proglaciaires est ensuite marqué par des fluctuations rapides de l'activité glaciaire. Durant les périodes du Bronze ancien et récent en particulier, la prédominance d'une sédimentation organique dans le Lac de Bramant implique que les glaciers étaient probablement plus réduits qu'aujourd'hui dans le nord du massif. Dans l'ensemble du massif, l'extension maximale des glaciers holocènes semble avoir été atteinte au cours du dernier millénaire durant le Petit Age Glaciaire. La synthèse de fouilles archéologiques d'altitude dans ce massif et l'identification dans les sédiments lacustres de pics de métaux permet de préciser l'évolution de la paléo-métallurgie en altitude. Un pic de Cuivre entre 3770 et 3870 cal BP dans le Lac de Bramant peut ainsi être lié à la découverte de sites d'exploitation d'un filon de chalcopyrite entre 2200 et 2600 m d'altitude à proximité du bassin versant. Au sud du massif, deux pics d'Argent reconnus dans les sédiments récents du Lac Blanc Huez peuvent également être reliés au développement d'une mine de Plomb argentifère en bordure du lac entre AD 1236 et 1330. Par contre, l'origine d'un pic d'Argent plus ancien dans le Lac Blanc Huez et celle d'un pic de Plomb et de Cuivre durant l'apogée de la période romaine entre AD 115-330 dans le lac de Bramant restent encore à expliquer.

***MOTS-CLÉS :** LACS PROGLACIAIRES, MASSIF DES GRANDES ROUSSES, FLUCTUATIONS GLACIAIRES, PALÉO MÉTALLURGIE, PALÉO ENVIRONNEMENTS.*

Abstract

Radiocarbon dating at the base of sediment cores retrieved from high altitude proglacial lakes Bramant and Blanc Huez (Grandes Rousses Massif, 2500 m altitude) based on high resolution seismic reflection profiling, suggest that these lakes were ice free since the end of the Lateglacial period, and that their catchment areas were largely free of glaciers during the first part of the Holocene. The development of a neoglacial period implying increasing clastic sedimentation in these proglacial lakes is then characterized by several rapid glacier fluctuations. During the Early and Late Bronze Age periods, for example, enhanced organic sedimentation in Lake Bramant suggest that glaciers in this part of the massif were probably smaller than today. The maximum extension of Holocene glaciers in this massif was then reached during the Little Ice Age. A synthesis of archaeological investigations and the identification of several metallic contaminations in lacustrine sediments, allow documenting the evolution at high altitude of mining activities. High content of Copper between 3770-3870 cal BP in Lake Bramant sediments can for example be related to Early Bronze Age mining artefacts recently identified between 2200 and 2600 m within chalcopyrite ore deposits next to the catchment area of Lake Bramant in the Northern part of the massif. In the southern part of the massif, two peaks highlighting high content of Silver in Lake Blanc Huez recent sediments can similarly be related to a well documented Lead Silver mining industry at the lake shore between AD 1236 and 1330. The origins of an older peak in Silver in Lake Blanc Huez and of a clear peak in Copper and Lead during the Roman period between AD 115-330 in Lake Bramant, are however not clearly understood.

***Keywords**: proglacial lakes, Grandes Rousses massif, glacier fluctuations, paleo metallurgy, paleo environments.*

Introduction

Dans le contexte du réchauffement climatique en cours et de son impact sur les ressources en eaux ou sur les sociétés, les recherches archéologiques et paléo-environnementales menées en milieu montagnard sont marquées par un indéniable regain d'intérêt. Dans le cadre des programmes de recherche pluridisciplinaire, telles que le GDR Juralp du CNRS, le PCR « Evolution des activités minières dans le Massif des Grandes Rousses » et le programme de recherche de l'Institut de la Montagne « CLIMALP : Archives passées Climat/Environnement dans les Alpes Nord-Occidentales », un effort particulier est ainsi orienté depuis plusieurs années sur les reconstitutions paléo-environnementales (variations des niveaux lacustres, des bilans glaciaires, de la végétation) et leurs relations éventuelles avec les chronologies ainsi que les modalités du peuplement et de l'exploitation des écosystèmes de moyenne et de haute montagne dans les Alpes françaises (développement de l'agriculture, du déboisement, de la métallurgie et, plus récemment, de l'hydroélectricité).

De nombreuses études couplant l'archéologie et la géochimie de sédiments holocènes prélevés en France au sein d'estuaires (Alfonso *et al.*, 2001), de tourbières de moyenne altitude (Galop *et al.*, 2001 ; Monna *et al.*, 2004 ; Jouffroy-Bapicot *et al.*, 2007) et de sédiments lacustres d'altitude (Arnaud *et al.*, 2005) ont démontré que des retombées atmosphériques anciennes de métaux associées à l'exploitation locale ou régionale de ressources minérales, peuvent être clairement identifiées et datées. Ces travaux soulignent cependant qu'il est préférable pour cela d'étudier des séquences présentant des taux de sédimentation relativement importants, de préciser en parallèle l'évolution des activités anthropiques à partir d'analyses palynologiques, mais également d'établir la signature du bruit de fond géochimique de différents éléments au sein des séquences sédimentaires étudiées. Ces travaux nous permettent ainsi aujourd'hui de mieux comprendre l'évolution des activités métallurgiques anciennes dans les Pyrénées,

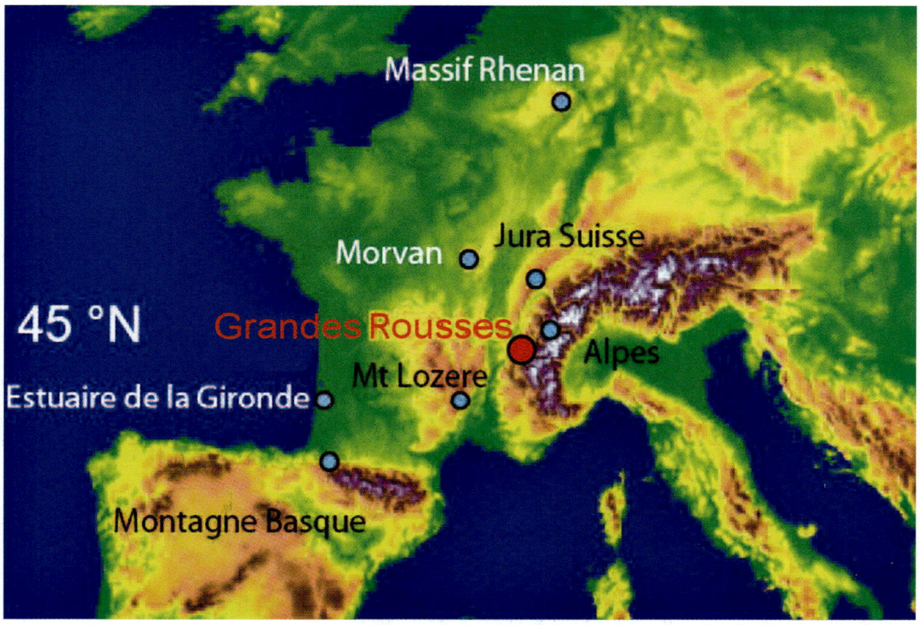

Figure 1 - Localisation du Massif des Grandes Rousses dans les Alpes Occidentales Françaises (point rouge) et des principales archives sédimentaires holocènes ayant enregistrées des pics de pollutions atmosphériques liées au développement des activités métallurgiques anciennes en France et à proximité de ses frontières avec la Suisse et l'Allemagne.

le Massif Central et les Alpes (Figure 1). Les premières activités métallurgiques identifiées remonteraient ainsi à l'Age du Bronze moyen (1700 ans BC) dans le pays Basque (Monna *et al.*, 2004). Une exploitation importante du Plomb semble également se généraliser durant la période Romaine et être associée à des teneurs fortes en plomb dans les remplissages sédimentaires jusqu'à plus de 2000 m d'altitude dans les Alpes (Arnaud *et al.*, 2005). L'établissement de la signature isotopique de retombées atmosphériques sédimentées dans des archives naturelles en Europe et celle des minerais collectés sur sites archéologiques, suggèrent également que durant l'Empire Romain, plusieurs sites d'exploitation du Plomb ont pu exister en Europe Occidentale (Rosman *et al.*, 1997 ; Boutron *et al.*, 2004 ; Durali-Mueller *et al.*, 2007).

La ligne d'équilibre des glaciers dans les Alpes françaises Occidentales est aujourd'hui située aux environs de 2900 m d'altitude (Vincent, 2002), mais elle a fluctué de façon remarquable notamment au cours du dernier millénaire, en réponse aux changements climatiques durant le Petit Age Glaciaire (PAG, AD 1350-1880 ; Vincent *et al.*, 2005 ; Chapron *et al.*, 2002 ; 2007). A la fin de la déglaciation (Dorthe-Monachon, 1988), un retrait généralisé des glaciers dans les Alpes semble avoir culminé durant l'optimum climatique qui a caractérisé la fin de l'Holocène ancien et la majorité de l'Holocène moyen (Leeman et Niessen, 1994 ; Hormes *et al.*, 2001). Durant cette période, les Alpes auraient ainsi été nettement moins englacées qu'aujourd'hui, jusqu'au développement d'une période néoglaciaire dès 5300 ans cal BP environ (Magny et Haas, 2004). La généralisation de ce néoglaciaire semble cependant avoir été relativement asynchrone dans les différents massifs Européens (Nesje *et al.*, 2000 ; Deline et Orombelli, 2005 ; Solomina *et al.*, 2007). Au cours des derniers 3500 ans cal BP (*c.a.d.* depuis l'Age du Bronze moyen), d'importantes fluctuations glaciaires ont également pu être identifiées dans les massifs alpins (Holzhauser *et al.*, 2005 ; Deline et Orombelli, 2005).

Dans un tel contexte, afin de préciser l'évolution des activités humaines dans les Alpes au-delà de 2000 m d'altitude au cours de l'Holocène, il semble donc nécessaire de préciser dans le détail l'évolution des fluctuations glaciaires dès la fin du Tardiglaciaire et de documenter d'éventuelles pollutions atmosphériques liées au développement de la paléo-métallurgie en altitude.

Les objectifs de ce travail sont donc ici :

- de présenter brièvement la méthodologie mise en œuvre dans le Massif des Grandes Rousses (45°N, Alpes Occidentales françaises) combinant différents types de datations et l'intégration de recherches archéologiques, géomorphologiques et sédimentologiques réalisées à plus de 2500 m d'altitude ;
- et d'établir une première synthèse de l'état de nos connaissances sur l'évolution des fronts glaciaires depuis la fin du Tardiglaciaire et des activités minières d'altitude depuis l'Age du Bronze.

I - Contexte général

Le Massif des Grandes Rousses situé à 45°7' N et 6°6'E se caractérise aujourd'hui par des plateaux et des cirques glaciaires développés entre 2500 et 3400 m d'altitude (Figure 2). Deux glaciers situés au Sud (Sarennes) et au Nord (St-Sorlin) du massif sont respectivement instrumentés depuis 1949 et 1957 et sont considérés comme représentatifs pour les Alpes Nord Occidentales (Torinesi *et al.*, 2002 ; Vincent, 2002). Cinq générations de cordons morainiques ont été également cartographiées dans ce massif (Flusin *et al.*, 1909 ; Monjuvent et Chardon, 1989) entre 1700 et 2600 m d'altitude. Le cordon situé à 2600 m corrélé à la dernière avance des glaciers durant le PAG entre AD 1820-1850, se situe notamment en amont des lacs proglaciaires aux environs de 2500 m d'altitude au Sud (Lac Blanc Huez) et au Nord (Lac Bramant) du massif (Edouard, 1994 ; Chapron *et al.*, 2007 ; Guyard *et al.*, 2007). Ces deux lacs sont respectivement associés à deux générations de cordons morainiques : le cordon du lac Blanc au Sud et le cordon du Lac Bramant au Nord du massif (Figure 2). Au niveau de la station de ski de l'Alpe d'Huez, les tourbes coiffant deux cordons morainiques développés à 1600 et 1700 m d'altitude, ont été datées d'âge Tardiglaciaire (Dryas ancien) par palynologie (Chardon, 1991). Les lacs Blanc Huez et Bramant ont donc probablement été déglacés durant la transition Tardiglaciaire-Holocène et contiennent potentiellement un enregistrement continu des changements environnementaux de l'Holocène (Chapron *et al.*, 2007 ; Guyard *et al.*, 2007).

L'érosion glaciaire dans ce massif composé essentiellement de gneiss, schistes et roches sédimentaires triasiques a été favorisée par le développement d'une intense fracturation d'orientation NS et NW-SE lors de la formation du massif. Des prospections archéologiques menées depuis 1985 en Oisans ont permis d'identifier plusieurs ensembles miniers anciens dans le massif des Grandes Rousses (Bailly-Maitre et Bruno-Dupraz, 1994) dont le site du village minier de Brandes (XII-XIVe siècles) à 1830 m au Sud du Lac Blanc Huez (Figure 2). A proximité de ce village, une exploitation de plomb argentifère dans des gangues de

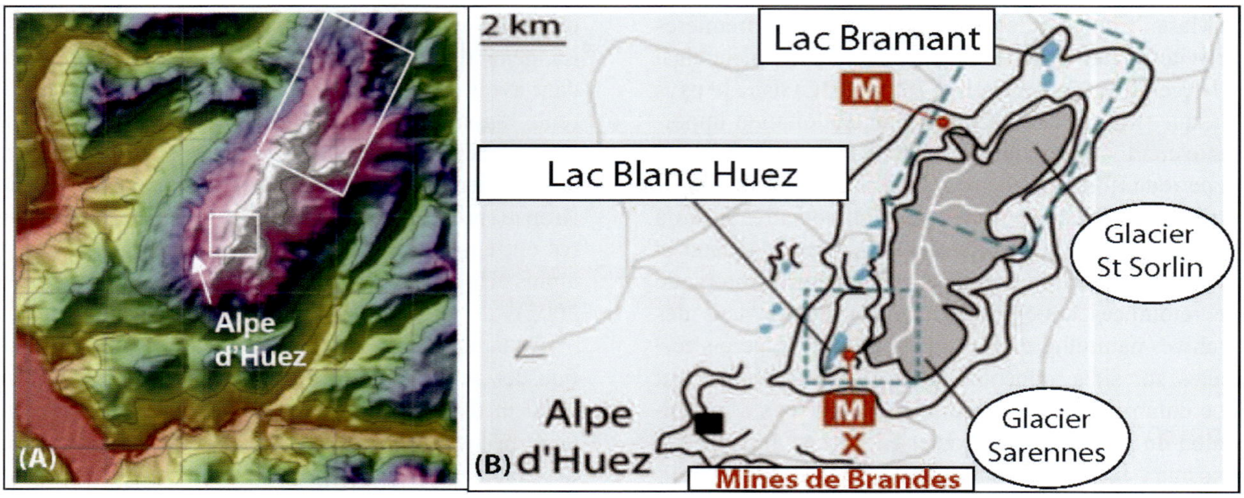

Figure 2 - (A) Topographie du Massif des Grandes Rousses et localisation des bassins versants des lacs proglaciaires étudiés au Nord et au Sud du Massif. (B) Localisation des lacs et des sites archéologiques (M) étudiés au Nord et au Sud du massif, extensions actuelles des glaciers dans le massif (dont les glaciers instrumentés de Sarennes et de St Sorlin), et des cordons morainiques associés respectivement au PAG et aux stades du lac Blanc Huez, du lac Bramant et de l'Alpe d'Huez.

Figure 3 - Localisation de la mine médiévale du Lac Blanc Huez (filon et exhaure), des sites de carottages et du cordon morainique (A). Détail de l'exhaure composée de baryte et accumulé en bordure du filon (tranchée à ciel ouvert et réseau souterrain dans la partie amont du dépilage).

baryte s'est également développée entre AD 1236 et AD 1330 le long d'une faille minéralisée s'étendant sur plus de 120 m en bordure du Lac Blanc Huez (Figure 3). Plus récemment des chantiers d'extraction de chalcopyrite dans une gangue de quartz ont été identifiés au nord-ouest du massif entre 2200 et 2600 m d'altitude et datés du Bronze ancien (Bailly-Maitre et Gonon, 2006). Ces deux chantiers, détaillés ci-dessous, font encore actuellement l'objet d'études.

II - Matériels et méthodes

L'archéologie minière dans le massif des Grandes Rousses nécessite des recherches en altitude réalisées à ciel ouvert le long de filons, mais également des recherches souterraines par spéléologie dans les galeries. Ces recherches ont donc nécessité d'importants travaux de positionnements, de réouvertures, voir de désobstructions lorsque les galeries sont effondrées. L'accent est ici porté sur la nature des gisements, sur les modes d'exploitation de la roche et sur des fouilles systématiques au niveau des forges et des stériles reconnus. Les datations reposent essentiellement sur l'étude d'archives historiques, de datations radiocarbone et sur l'identification du mobilier céramique (Bailly-Maitre et Bruno-Dupraz, 1994).

Dans ce massif, seules les études géomorphologiques de Flusin *et al.* (1909) ont été effectuées avant le développement de la station de l'Alpe d'Huez initié dès les années 1930 et la réalisation en 1918 de barrages hydroélectriques ayant noyé les lacs de Bramant et de Blanc Bramant au Nord du massif (Guyard *et al.*, 2007). Par la suite, les travaux de terrain plus détaillés de Monjuvent et Chardon (1989), Chardon (1991) et

Edouard (1994) ont été réalisés avant que l'agrandissement de cette station de sports d'hiver ne perturbe profondément la géomorphologie et le drainage du versant SW de ce massif (Chapron *et al.*, 2007). Ces résultats focalisés sur l'évolution des fronts glaciaires n'ont été calés chronologiquement que par les rares datations radiocarbone et palynologiques de Chardon (1991) effectuées au niveau de la station de l'Alpe d'Huez. Elles ont cependant grandement guidé le choix des lacs proglaciaires de Blanc Huez et de Bramant dont les remplissages sédimentaires ont fait l'objet d'une approche multidisciplinaire à très haute résolution.

Les approches limno-géologiques présentées en détail dans Chapron *et al.* (2007) et Guyard *et al* (2007) ont en effet englobé une cartographie acoustique par sismique réflexion à haute résolution (le système 3.5 kHz de l'ETH Zurich) et le prélèvement de carottages courts par gravité en Septembre 2003 (Figures 4 et 5). Ces données préliminaires positionnées par GPS ont permis d'optimiser le prélèvement un mois plus tard de deux carottages à piston au sein du remplissage sédimentaire le mieux préservé du Lac de Bramant (Figure 5) à partir du système à piston de l'Université de Bergen (Nesje, 1992). En Mars 2006, un carottage hivernal depuis la surface gelée du Lac Blanc Huez (mission TICO-TICO) à l'aide d'un carottier à piston de type UWITEC, nous a permis de prélever les 7 m qui composent le remplissage accumulé dans le bassin central de ce lac proglaciaire à proximité de la mine de plomb argentifère (Figures 3 et 4). Les propriétés physiques (gamma densimétrie, susceptibilité magnétique, micro-granulométrie laser, spectrophotométrie, tomographie scanner, radiographie numérique) et chimiques (teneur en matière organique, minéralogie, spectrométrie de masse ICP-MS, spectrométrie d'adsorption atomique et de fluorescence X sur banc ITRAX) de ces sédiments lacustres (Figures 6 et 7) ont été établies dans les laboratoires de l'ETH Zurich, de l'Université

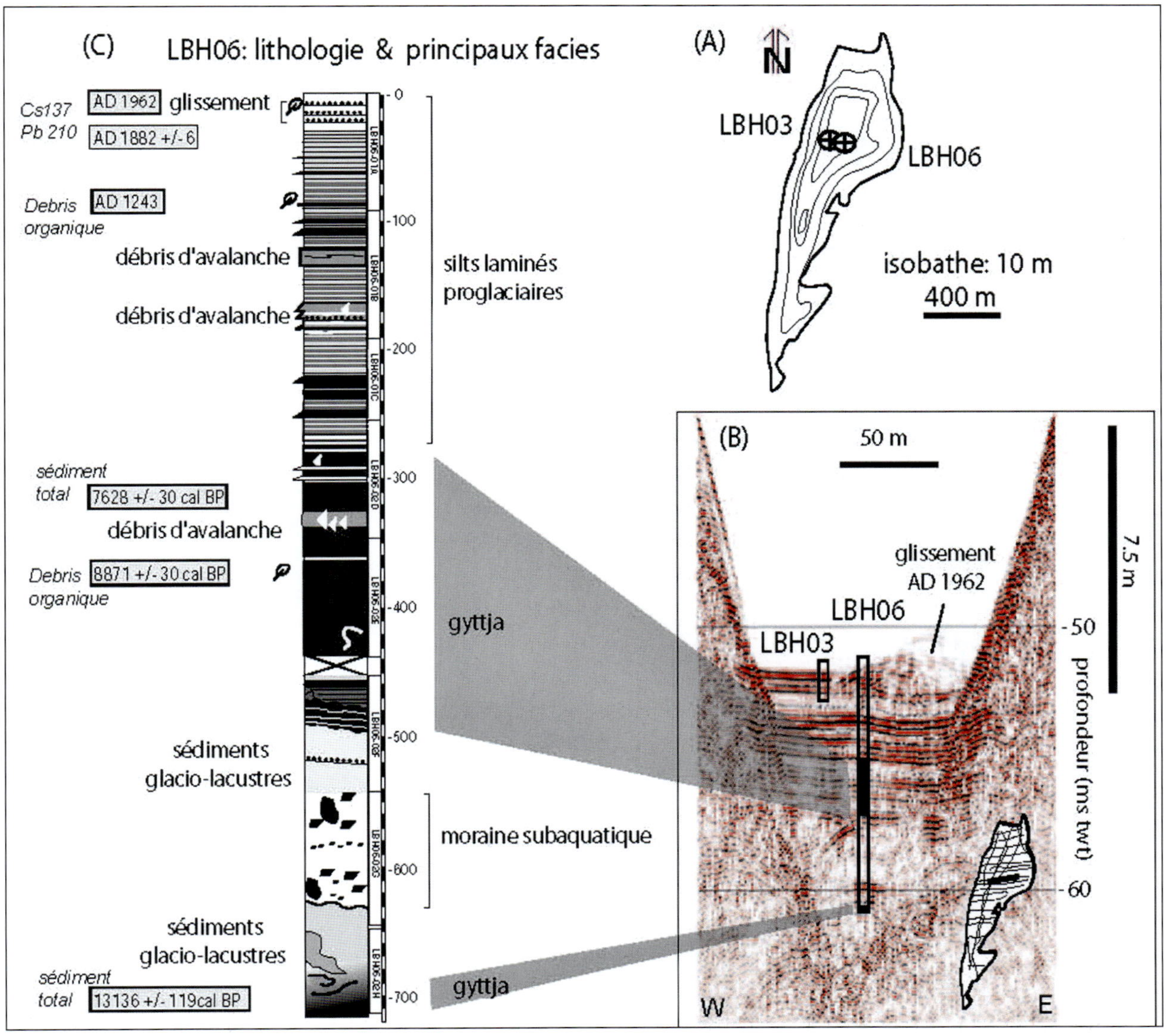

Figure 4 - Stratigraphie et chronologie du remplissage du Lac Blanc Huez établis à partir de carottages (A) localisés sur la base d'une cartographie « sismique réflexion » à haute résolution (B) et de l'établissement d'un modèle âge-profondeur (C) reposant sur des datations radionucléides et radiocarbone (effectuées sur macro-restes végétaux ou sédiment total).

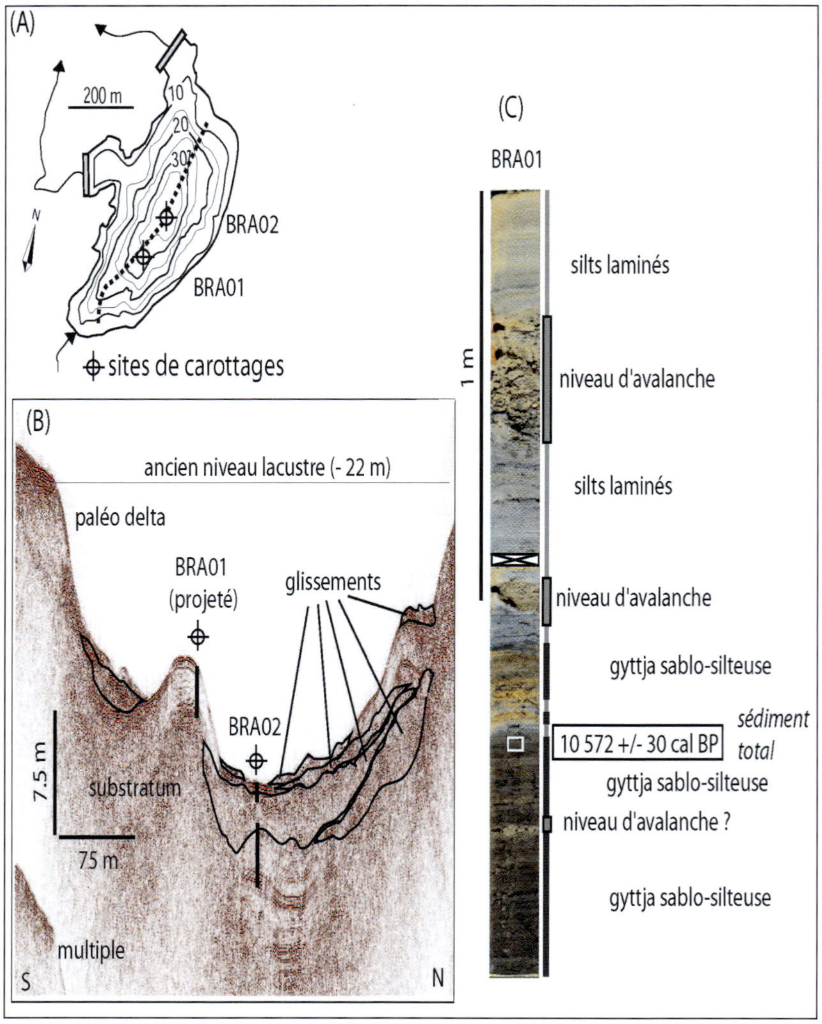

Figure 5 - Stratigraphie et âge minimum du remplissage du Lac de Bramant établis à partir de carottages (A) localisés sur la base d'une cartographie « sismique réflexion » à haute résolution (B) et de l'établissement d'une datation radiocarbone effectuée sur sédiment total dans la carotte BRA01 (C).

Figure 6 - Identification par analyses ICP-MS de trois pics d'Argent dans la séquence néoglaciaire du Lac Blanc Huez. Les deux pics supérieurs sont reliés à l'exploitation de la mine de Plomb Argentifère du Lac Blanc Huez bien documentée par les archives entre AD 1236 et 1330 ; il est possible que le troisième pic corresponde soit à une première exploitation de ces minerais de baryte durant la période Romaine, soit durant l'Antiquité comme le suggère une des datations réalisées sur les dépôts accumulés dans le forge de la mine.

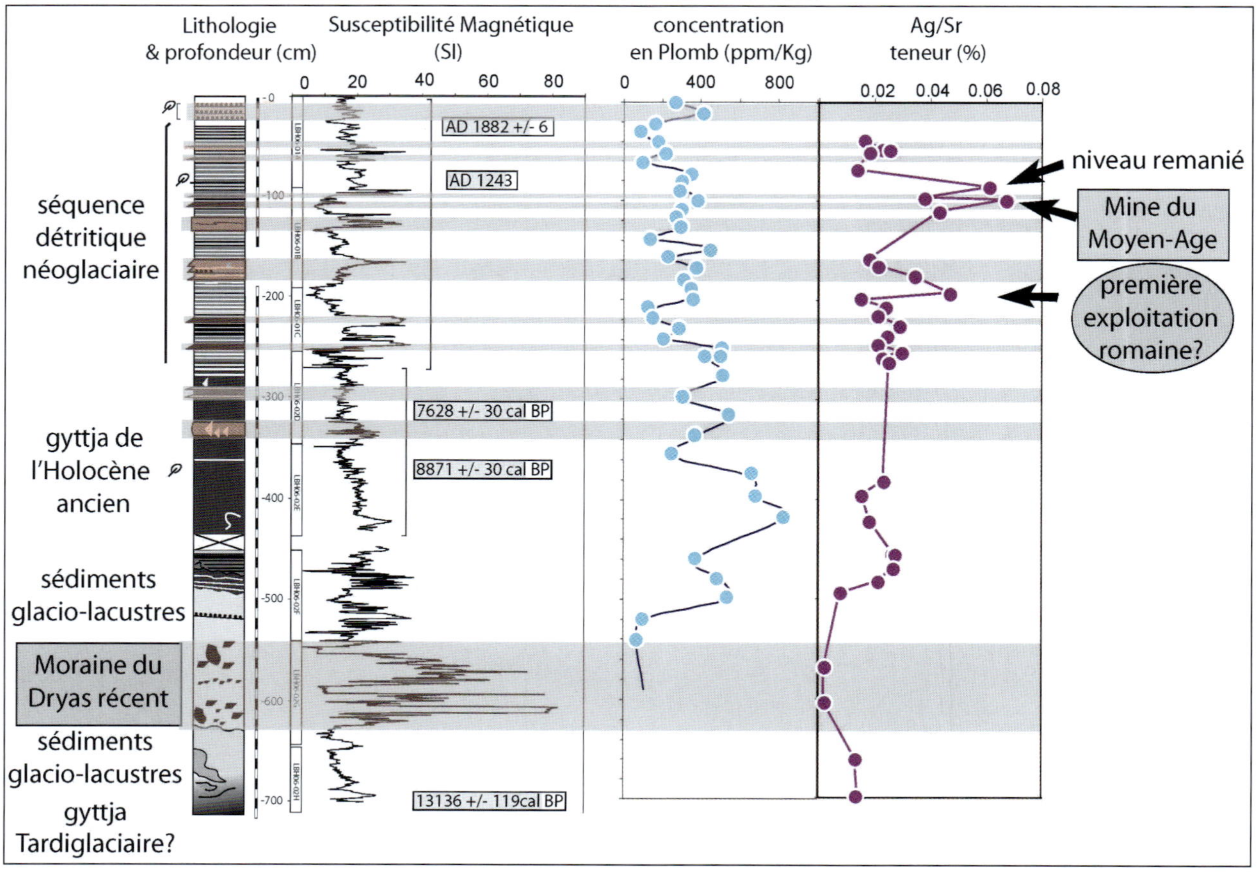

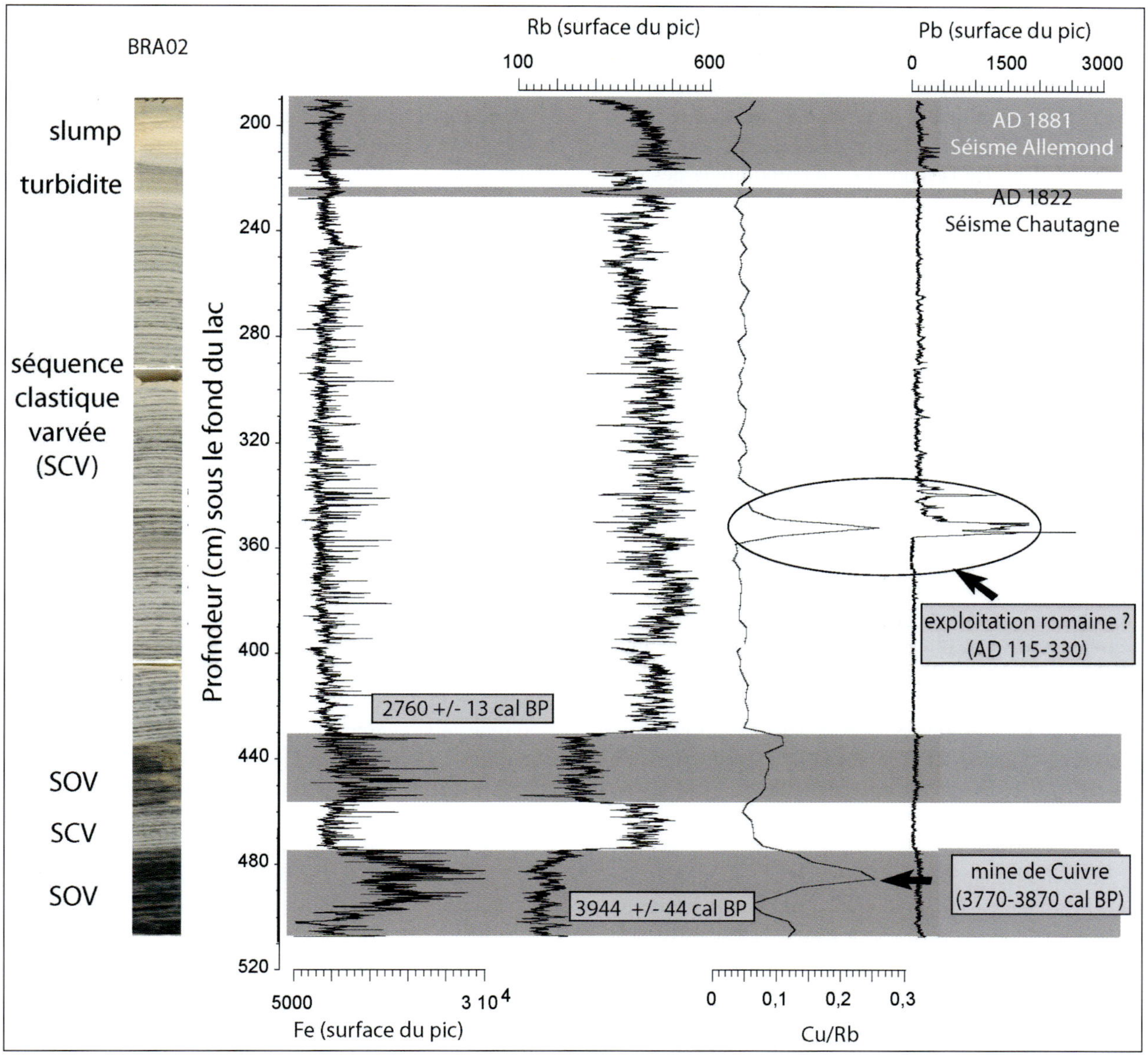

Figure 7 - Identification par fluorescence X d'un pic de Cuivre durant la période du Bronze ancien et d'un pic de Plomb couplé à un pic de Cuivre durant l'apogée de la période romaine dans les sédiments varvés du bassin central du Lac Bramant (carotte BRA02 située sous le slump de AD 1881, cf. Fig. 5). SOV : Séquence organique varvée. Modifié d'après Guyard et al. (2007).

de Savoie, de l'Observatoire de Grenoble, de l'ENTPE de Vaux en Velin, et du centre INRS-ETE de la ville de Québec. La chronologie des remplissages a été établie par datations radionucléides, radiocarbone AMS (sur macro-restes ou sur sédiment total) et grâce à la corrélation de remaniements gravitaires subaquatiques avec les séismes historiques locaux et régionaux de AD 1962 (Corrençon), AD 1881 (Allemond) et AD 1822 (Chautagne) (Chapron *et al.*, 1999 ; 2007 ; Nomade *et al.*, 2005 ; Guyard *et al.*, 2007).

III - Résultats et interprétations

1 - Les prospections archéologiques

Les recherches menées depuis 1985 dans le massif ont permis d'identifier deux principaux ensembles miniers : les sites de Plan des Cavales 4 et de Barbarate 3.

Le site de Plan des Cavales 4 localisé sur un plateau incliné au nord-ouest du massif entre 2200 et 2600 m d'altitude (Figure 2), correspond à un site d'extraction de chalcopyrite dans une gangue de quartz. L'abattage au feu s'est fait à partir des affleurements. Plus de 40 indices de sites ont été cartographiés. Les datations radiocarbone obtenues sur les sites en falaise et en plateau situent l'exploitation au Bronze ancien

(3800 +/- 100 cal BP ; Bailly-Maitre et Gonon, 2006).

Le second ensemble se trouve au NE du Lac Blanc Huez, à 2550 m d'altitude (site de Barbarate 3). Il s'agit d'une exploitation de plomb argentifère dans une gangue de baryte le long de la falaise constituant le flanc Est du lac (Figure 3). La chronologie des travaux miniers est incertaine ou large. Trois datations ont été obtenues avec des méthodes différentes : (i) un âge radiocarbone AD 1070-1285 obtenu sur un bois pris au pied d'une paroi de galerie, (ii) un âge radiocarbone 350 cal BC-AD 20 mesuré sur des charbons de bois provenant de la forge associée à la mine, et (iii) une datation des XII-XIVe siècles après notre ère déduite du mobilier céramique provenant de la forge.

Il semble donc possible que le filon du Lac Blanc Huez ait été exploité durant l'Antiquité mais cela reste à prouver par l'archéologie.

2 - La sédimentation lacustre proglaciaire

Les recherches pluridisciplinaires réalisées depuis 2003 dans les lacs Blanc Huez et Bramant permettent de préciser la nature de ces remplissages et la chronologie de fluctuations glaciaires dans leur bassin versant : celles des glaciers des Rousses et de Herpie au SE du massif dans le bassin du Lac Blanc Huez, et celles du glacier de St-Sorlin au Nord du massif dans le bassin du Lac de Bramant.

Le remplissage du Lac Blanc Huez se caractérise dans le sondage LBH06 long de 7 m (Figure 4) par un fin niveau de gyttja daté de 13 136 +/- 119 cal BP, surmonté par une séquence glacio-lacustre de couleur gris foncé, encadrant un dépôt métrique de moraine subaquatique gris clair contenant de nombreux débris rocheux pluri-centimétriques anguleux dans une fine matrice fortement compactée. Cette séquence glacio-lacustre évolue au-dessus d'un contact érosif en une séquence pluri-métrique de gyttja de couleur noire datée de l'Holocène ancien dans laquelle s'intercale un niveau plus grossier riche en petits débris rocheux anguleux. Sur la base des observations de terrains réalisées durant l'été 2005 (Figure 3), ce niveau est interprété comme étant le produit de la décantation des débris accumulés sur la surface gelée du lac à l'occasion d'une avalanche de neige érosive, lors de la fonte des icebergs qui se forment et disparaissent chaque année (Chapron *et al.*, 2007). La séquence de gyttja évolue progressivement vers 250 cm de profondeur sous le niveau du lac en une séquence pluri-métrique de silts finement laminés (alternance de lamines grises et beiges) et fréquemment interrompus par des niveaux de débris d'avalanche et des niveaux sablo-silteux granoclassés centimétriques, typiques de niveaux de crues (Chapron *et al.*, 2007). Dans le premier mètre sous la surface du lac, un niveau granoclassé contenant des débris organiques, interprété comme étant un dépôt de crue, a donné un âge AD1243 +/- 19, et un glissement gravitaire pluri-centimétrique, situé sous l'interface eau-sédiment, est daté par datation radionucléides et par corrélation avec la carotte LBH03 de AD 1962. Ce remaniement gravitaire a donc été très probablement produit par la propagation des ondes sismiques lors du tremblement de terre de Corrençon en 1962.

L'évolution de la susceptibilité magnétique (SM), des concentrations en Plomb total et du rapport Ag / Sr, mesurés selon différents pas d'échantillonnages sur la carotte LBH06, est présentée dans la figure 6. La synthèse de ces analyses, de la lithologie et la chronologie du remplissage suggèrent que ce lac a été déglacé durant le Tardiglaciaire (formation d'une gyttja dans un petit lac de type organique durant l'Allerød probablement), puis partiellement recouvert par la recrudescence des glaciers des Rousses et d'Herpie dans un environnement glacio-lacustre proximal (langue glaciaire débouchant sur un lac juxta-glaciaire) dont le développement maximal (probablement durant le refroidissement du Dryas Récent entre 12 890 et 11 650 cal BP) a induit le dépôt d'une langue morainique (*till tongue*). Le retrait des glaciers en contexte glacio-lacustre au début de l'Holocène a probablement induit des changements abrupts de la cote du lac, comme le suggèrent les contacts érosifs identifiés au sommet de la séquence glacio-lacustre supérieure et à la base de l'unité de gyttja Holocène. La mise en place de cette unité organique durant l'Holocène ancien suggère une disparition quasi totale des glaciers dans le bassin versant du lac durant plusieurs millénaires. L'accumulation de débris d'avalanche indique cependant que le lac a pu être gelé durant certains hivers et que d'importantes précipitations neigeuses ont pu se produire. Le développement d'un néoglaciaire durant l'Holocène moyen serait ici à l'origine de la transition progressive d'une sédimentation organique de type gyttja, vers une sédimentation largement plus détritique (accumulation de farine glaciaire) et finement laminée (formation de varves glaciaires ?). De plus fréquents dépôts d'avalanches et de nombreux niveaux de crue suggèrent également ici la recrudescence des précipitations sous forme de neige favorisant le développement des glaciers et une intensification des crues de printemps résultant de la fonte des neiges et des glaces. La fluctuation de la SM des sédiments suggère également que la taille des glaciers dans le bassin versant a varié de façon significative durant ce néoglaciaire, avant d'atteindre un développement maximal durant le PAG (Chapron *et al.*, 2007).

Le remplissage du Lac Blanc Huez se traduit cependant par des teneurs en Plomb remarquablement fortes (> 800 ppm au début de l'Holocène) et variables (Figure 6). De telles concentrations au sein de sédiments organiques suggèrent ici l'importance de phénomènes d'adsorption des métaux par les particules organiques (dans les sols du bassin versant ou dans le remplissage lacustre) et limite donc l'utilisation du signal Plomb comme indicateur des activités minières à proximité du lac. Il est également ici probable qu'une partie de la variabilité du signal de SM soit due à la présence de métaux dans les sédiments, ce qui limite l'utilisation de ce marqueur comme indicateur paléoclimatique.

Trois niveaux particulièrement riches en Ag à 190 cm, 100 cm et 90 cm de profondeur sont cependant clairement supérieurs au bruit fond géochimique de cet élément (Figure 6), dont les teneurs restent normalement très faibles dans les sédiments quaternaires. Ces trois pics suggèrent donc l'impact d'exploitations anciennes des filons de Plomb Argentifère qui ont été documentées à proximité du lac et de son bassin versant (Bailly-Maitre et Bruno-Dupraz, 1994). Le pic à 90 cm correspond en effet à un niveau de crue remarquablement riche en débris organiques dont l'âge (AD 1243 +/- 19) suggère que le carbone résulte de l'exploitation de la mine du Lac Blanc Huez durant le Moyen Age (abattage au feu, ou aménagement de galeries). Le pic à 100 cm semble donc également être ici lié à l'exploitation de la mine durant le Moyen Age. Les registres historiques indiquant clairement que cette exploitation d'altitude entre AD 1236 et 1330, a du être achevée en raison de graves problèmes d'inondations des galeries, il semble que le niveau riche en Ag à 100 cm marque ici le début des exploitations et que le niveau de crue à 90 cm résulte plutôt d'une contamination induite par le lessivage des galeries durant le XIVe siècle. Le pic à 190 cm semble lui résulter d'une première phase d'exploitation du Plomb Argentifère plusieurs siècles auparavant (Antiquité ou période romaine ?).

Dans le Lac de Bramant, deux carottages ont été prélevés sur la base des explorations sismiques (Figure 5) afin (i) de préciser l'âge de la formation de ce bassin lacustre à la faveur du retrait du glacier de St-Sorlin (site BRA01, Figure 5) et (ii) de documenter la nature du remplissage dans le bassin principal et l'évolution des conditions paléo-environnementales (site BRA02, Figures 5 et 7).

La carotte BRA01 longue de 2 m, a été prélevée au sein d'une séquence sédimentaire drapant un épaulement du substratum. Elle se compose à la base d'une séquence de gyttja sablo-silteuse de couleur brune dont le sommet a pu être daté de 10 572 +/- 30 cal BP. Cette première séquence est coiffée par 8 cm de silts laminés de couleur grise, puis une nouvelle séquence de gyttja sablo-silteuse de couleur brune épaisse de 12 cm, elle-même recouverte par une séquence silteuse de couleur grise, clairement laminée et interrompue par deux événements érosifs correspondant à des niveaux d'avalanches ou de coulées de boues (*debris flows*). Ces niveaux contiennent de nombreux débris rocheux anguleux parfois pluri-centimétriques (Figure 5). Le sommet du niveau d'avalanche supérieur est enfin coiffé par une séquence de silts laminés de couleur brun clair.

Ce sondage permet donc d'attribuer un âge minimum au Lac de Bramant remontant à la période du Préboréal. Ce bassin lacustre initialement organique et probablement peu profond (les gyttjas sablo-silteuses sont généralement littorales (Veres *et al.*, 2007), a par la suite évolué en un système clastique favorisant la formation d'un delta (aujourd'hui ennoyé sous 22 m de profondeur par le barrage hydroélectrique de AD 1918 (Figure 5). La mise en place de deux dépôts d'avalanches érosives suggère d'importantes précipitations hivernales durant l'Holocène et la présence d'importants hiatus dans cette carotte.

La carotte BRA02, longue de 3 m, prélevée entre 2 et 5 m sous le fond du lac à la base d'une série de glissements gravitaires historiques identifiés sur les profils sismiques et recouvrant tout le bassin central (Guyard *et al.*, 2007 ; Figure 5), est finement laminée dans son ensemble et caractérisée à la base par l'alternance de deux séquences organiques intercalées entre deux séquences clastiques (Figure 7). Le décompte à partir des données XRF des lamines noires (enrichies en Fer, en matière organique et de granulométrie plus grossière) et des lamines claires (enrichies en Rubidium et de granulométrie plus fine), ainsi que la détermination de l'âge de deux macro-restes végétaux (3944 +/- 44 cal BP dans la séquence organique inférieure et 2760 +/- 13 cal BP à la base de la séquence clastique supérieure) a révélé la formation d'une lamination annuelle (formation de varves glaciaires). L'existence de varves dans l'ensemble de cette carotte est également confirmée par la corrélation de deux événements gravitaires (une turbidite et un slump) avec le séisme historique régional de Chautagne et le séisme local d'Allemond (Chapron *et al.*, 1999 ; Nomade *et al.*, 2005 ; *Guyard et al.*, 2007). Cette chronologie détaillée et la mise en place d'une sédimentation proglaciaire essentiellement organique (jusqu'à 4% de Carbone Organique Total) durant le Bronze ancien (4250-3600 cal BP) et le Bronze récent (3300-2700 cal BP), uniquement dans la partie profonde du bassin (la répartition des deux réflecteurs de forte amplitude à la base du carottage dans la Figure 5), implique une sédimentation de type anoxique (présence de souffre dans les sédiments) dans un lac peu profond déconnecté des apports hydriques et particulaires provenant de la diffluence du glacier de St-Sorlin. Inversement, les séquences clastiques proglaciaires durant le Bronze moyen (3600-3300 cal BP) et depuis le début de l'Age du Fer, ainsi que la répartition des dépôts depuis 2800 ans cal BP (formation d'un delta et sédimentation couvrant une plus large surface du bassin) résulte d'une sédimentation dans un lac beaucoup plus vaste et plus profond, largement soumis aux apports hydriques et particulaires du glacier de St-Sorlin (Guyard *et al.*, 2007).

Ce sondage indique donc clairement que le bassin versant du Lac de Bramant a subi d'importants changements environnementaux durant l'Age du Bronze : deux périodes de bas niveaux lacustres déconnectées des apports du glacier de St-Sorlin (durant le Bronze ancien et le Bronze récent) ; une brève transgression lacustre durant l'Age du Bronze moyen et la mise en place d'une transgression depuis l'Age du Fer, induites toutes les deux par la diffluence du glacier de St-Sorlin dans la vallée des Bramants.

Les données XRF sur ce sondage illustrent également l'existence d'un premier pic de Cuivre entre 3770 et 3870 cal BP, puis d'un second pic de Cuivre couplé à un très net pic de Plomb entre AD 115 et 330 (Figure 7). Le premier pic de Cuivre durant le Bronze ancien peut être relié aux récentes découvertes des sites d'extraction à ciel ouvert de la chalcopyrite sur le site de Plan des Cavales 4 à proximité du bassin versant du Lac de Bramant ; les pics de Cuivre et de Plomb durant l'apogée de la période Romaine pourraient eux résulter (i) soit d'une phase d'extraction de minerais dans le massif des Grandes Rousses, (ii) soit d'une pollution atmosphérique plus régionale résultant d'extractions plus lointaines (Guyard *et al.*, 2007).

IV - Discussion

Les nouvelles données chrono-stratigraphiques détaillées ci-dessus suggèrent que les lacs Blanc Huez et Bramant ont été déglacés depuis la fin du Tardiglaciaire et que leurs bassins versants ont été très faiblement englacés durant la première partie de l'Holocène. La seconde partie de notre interglaciaire se caractérise par la mise place d'une période néoglaciaire favorisant le retour d'une sédimentation détritique (parfois varvée) dans les lacs proglaciaires. L'activité glaciaire semble cependant avoir été variable durant ce néoglaciaire, comme par exemple durant l'Age du Bronze ancien et récent, lorsque les glaciers étaient probablement plus réduits qu'ils ne le sont aujourd'hui. L'extension maximale des glaciers holocènes aurait enfin été atteinte récemment, durant le PAG.

La remontée de la ligne d'équilibre des glaciers durant l'Holocène ancien semble avoir provoqué des fluctuations lacustres et favorisé une sédimentation plus organique dans les bassins lacustres proglaciaires. Le retrait des glaciers semble également avoir permis une remontée en altitude de la limite supérieure de la forêt, puisque plusieurs macro-restes végétaux datés de 10 570, 8870, 3900 et 2800 ans cal BP environ, ont été retrouvés dans les séquences lacustres à plus de 2500 m d'altitude.

Le pic du Cuivre identifié dans le remplissage du Lac de Bramant durant la période du Bronze ancien entre 3770 et 3870 ans cal BP constitue, à ce jour, l'enregistrement sédimentaire non seulement le plus élevé en altitude, mais également le plus ancien, de retombées atmosphériques induites par le développement de la paléo-métallurgie sur le territoire français.

Une période de retrait glaciaire au nord du massif des Grandes Rousses durant le Bronze ancien semble avoir permis des conditions environnementales favorables à l'exploration et l'exploitation de gisements métallifères rendus plus accessibles (après la fonte des neiges). Il est également possible que la remontée de la limite supérieure de la forêt au-delà de 2500 m d'altitude, ait facilité l'extraction du minerai par abattage au feu.

L'identification de deux pics d'argent dans les sédiments du Lac Blanc Huez à 90 et 100 cm sous la surface du lac dont les valeurs sont bien au-delà du bruit de fond géochimique (Figure 6), et l'âge du pic supérieur mesuré sur un niveau remanié (AD 1243 +/- 19), permettent de relier ces deux pics à l'impact local de l'exploitation de la mine de plomb argentifère du Lac Blanc Huez durant le Moyen Age entre AD 1236 et 1330. Sur la base des archives écrites de la mine, le premier pic d'Ag identifié à 100 cm dans la carotte LBH 06 serait ainsi probablement lié à l'ouverture de cette exploitation en AD 1236. L'origine du second pic identifié à 90 cm et daté de l'an 1243 pourrait par contre plutôt résulter de phénomènes de lessivage des galeries dont l'ennoiement de plus en plus fréquent a entraîné l'arrêt de la mine en AD 1330.

Il semble donc ici que l'arrêt de l'exploitation de cette mine à 2500 m d'altitude aurait résulté du changement rapide des conditions climatiques associées à l'initiation du Petit Age Glaciaire au Moyen Age.

La reconnaissance d'un pic de Plomb et de Cuivre dans le lac de Bramant durant l'apogée de la période romaine, et d'un pic d'Argent dans le remplissage du Lac Blanc Huez à 190 cm sous la surface, est par contre encore difficilement explicable (Figures 6 et 7).

En effet bien que la présence de Cuivre dans le lac de Bramant et celle d'Argent dans le lac Blanc Huez suggèrent l'enregistrement d'une activité minière locale, sur la base des données chronologiques disponibles dans ces deux lacs, il n'est pas encore possible d'affirmer que ces pics de métaux identifiés dans les remplissages lacustres proglaciaires, aux deux extrémités du massif des Grandes Rousses, sont contemporains. A ce jour, aucun indice archéologique ne permet non plus d'établir le développement d'activités métallurgiques durant la période romaine dans ce massif. Les pics de métaux du Lac de Bramant pourraient donc résulter d'exploitations romaines plus lointaines, d'origine alpine ou européenne (Boutron *et al.*, 2004 ; Arnaud *et al.*, 2005 ; Durali-Mueller *et al.*, 2007). Dans ce cas, le remarquable pic d'argent à 190 cm de profondeur dans le Lac Blanc Huez pourrait résulter d'une exploitation locale durant l'Antiquité, comme le suggère la datation de charbons de bois provenant de la forge associée à la mine du lac Blanc Huez.

Si les recherches en cours permettent de confirmer la contemporanéité des pics de métaux identifiés dans les remplissages des lacs Bramant et Blanc Huez, cela pourrait traduire l'enregistrement sédimentaire d'une première phase d'exploration et d'exploitation des minerais généralisée dans l'ensemble du massif des Grandes Rousses durant la période romaine. Il est en effet possible que la préservation de sites d'exploitations minières de la période romaine dans ce massif ait été fortement altérée par le développement de l'activité glaciaire durant le PAG. Cette hypothèse impliquerait que le déboisement intensif observé par Chardon (1991) sur le plateau de l'Alpe d'Huez à 2000 m d'altitude durant la période romaine, aurait pu résulter, à la fois du développement de la paleo-métallurgie dans le massif, et du pastoralisme sur les plateaux accessibles dans ce même massif.

Conclusion et perspectives

Les nouvelles données chrono-stratigraphiques établies dans les remplissages des lacs de Bramant et de Blanc Huez à partir de cartographies sismiques, de datations radiocarbone, de données historiques et de l'identification de pics de pollution atmosphériques, illustrent la richesse et la sensibilité de ces archives naturelles aux changements de l'environnement d'origine climatique (les fluctuations glaciaires) depuis la fin du Tardiglaciaire, et aux développements des activités métallurgiques d'altitude dès la période du Bronze ancien entre 3700 et 3800 ans cal BP.

Ces recherches indiquent que l'exploitation ancienne de filons métallifères dans ce massif peut être documentée à partir de la mesure des teneurs en Cuivre et en Plomb des sédiments dans le Nord du massif, et à partir des teneurs en Argent des sédiments au Sud du massif.

Afin de préciser la chronologie des fluctuations glaciaires durant l'Holocène, ainsi que l'origine et l'évolution des exploitations de Plomb durant la période romaine, les recherches en cours consistent donc à identifier : (i) l'origine de la matière organique accumulée dans les sédiments lacustres avant de réaliser de nouvelles datations radiocarbone sur sédiment total permettant d'affiner les modèles âge-profondeur et notamment de préciser l'âge du néoglaciaire dans ce massif, et (ii) la signature isotopique des contaminations au plomb afin de préciser l'existence de sources locales ou plus lointaines.

Remerciements

Nous tenons à sincèrement remercier l'Institut de la Montagne et le GDR Juralp pour leur soutien financier et adressons de chaleureux remerciements à Xavier Fain, David Goutaland et Maxime Debret pour leur aide précieuse sur le terrain lors de la campagne TICO-TICO. Ces études de terrain ont également grandement été facilitées sur le lac de Bramant par l'aide de la commune de St-Sorlin d'Arve et de Bruno Axelard (refuge CAF) et sur le lac Blanc Huez par le soutien logistique de la SATA de l'Alpe d'Huez.

Bibliographie

Alfonso S, Goursset F, Massé L., Tastet J.-P., 2001. A European lead isotope signal recorded from 6000 to 300 years BP in coastal marshes (SW france). *Atmospheric Environment*, 35, 3595-3605.

Arnaud F, Serralongue J, Winiarski T, Desmet M, Patern M, 2005. Pollution au plomb dans la Savoie antique (II-IIIe s. ap. J-C) en relation avec une installation, métallurgique de la cité de Vienne. C.R. *Geoscience*, 338, 244-252.

Bailly-Maitre M.-C., Bruno-Dupraz J., 1994. Brandes en Oisans: La mine d'argent des Dauphins (XII–XIVe siècles) Isère. *Documents d'Archéologie en Rhône-Alpes*, vol. 9. 172 pp.

Bailly-Maitre M.C., Gonon T., 2006. L'exploitation de la chalcopyrite à l'Age du Bronze dans le massif des Rousses (Oisans-Isère). *In* Proceedings of the 131st Congress of the CTHS. "Tradition et innovation," Grenoble, avril 2006.

Boutron C, Rosman K, Barbante C, Bolshov M, Adams S, Hong F, Ferrari C, 2004. L'archivage des activités humaines par les neiges et glaces polaires: le cas du plomb, CR. *Geoscience*, 336, 847-867.

Chapron E., Desmet M., De Putter T., Loutre M.F., Beck C., Deconinck J.F., 2002. Climatic variability in the northwestern Alps, France, as evidenced by 600 years of terrigenous sedimentation in Lake Le Bourget. *The Holocene*, 12 (2), 177-185.

Chapron E, Fain X, Magand O, Charlet L, debret M, Mélières M.-A., 2007. Reconstructing recent environmental changes from proglacial lake sediments in the Western Alps (Lake Blanc Huez, 2543 m a.s.l., Grandes Rousses Massif, France). *Palaeogeography, Palaeoclimatology, Palaeoecology*, 252, 586-600.

Chardon M., 1991. L'évolution tardiglaciaire et holocène des glaciers et de la végétation autour de l'Alpe d'Huez (Oisans, Alpes Françaises). *Revue de Géographie Alpine*, 2, 39-53.

Deline, P., Orombelli, G., 2005. Glacier fluctuations in the western Alps during the Neoglacial, as indicated by the Miage morainic amphitheatre (Mont Blanc massif, Italy). *Boreas*, 34, 456-467.

Dorthe-Monachon C, 1988. Les variations glaciaires dans la vallée de l'Arve (Haute Savoie) après le dernier maximum wurmien et jusqu'à l'Holocène. *Quaternaire*, 2/3, 97-101.

Durali-Mueller S, Grey GP, Wigg-Wolf D, Lahaye Y, 2007. Roman lead mining in Germany : its origin and development through time deuced from lead isotope provenance studies. *Journal of Archeological Science*, 34, 1555-1567.

Edouard J.-L., 1994. Les lacs d'altitude dans les Alpes françaises. Contribution à la connaissance des lacs d'altitude et à l'histoire des milieux montagnards depuis la fin du Tardiglaciaire. HDR, Université de Grenoble, 790 p.

Flusin G., Jacob C., Offner J., 1909. Etudes glaciaires, géographiques et botaniques dans le massif des Grandes Rousses. Etudes glaciologiques. Ministère de l'Agriculture, Paris, 107–112.

Galop D, Tual M, Monna F, Dominio J, Beyrie A, Marembert F, 2001. Cinq millénaires de métallurgie en montagne basque. Les apports d'une démarche intégrée alliant palynologie et géochimie isotopique du plomb. *Sud-Ouest Européen*, 11, 3-15.

Guyard H, Chapron E, St Onge G, Anselmetti FS, Arand F, Magand O, Francus P, Mélières M.-A., 2007. High-altitude varve records of abrupt environmental changes and mining activity over the last 4000 years in the Western French Alps (Lake Bramant, Grandes Rousses Massif). *Quaternary Science Reviews*.

Holzhauser H., Magny M. and Zumbühl H., 2005. Glacier and lake-level variations in west-central Europe over the last 3500 years. *The Holocene*, 15, 6, 789-801.

Hormes A, Muller B, Schluchter C, 2001. The Alps with little ice: evidence for eight Holocene phases of reduced glacier extent in the Central Swiss Alps. *The Holocene*, 11, 255-265.

Jouffroy-Bapicot I, Pulido M, Baron S, Galop D, Monna F, Lavoie M, Ploquin A, Petit C, de Beaulieu JL, Richard H, 2007. Environmental impact of early palaeometallurgy : pollen and geochemical analysis. *Vegt. Hist. Archaeobot*, 16, 251-258.

Leeman A., Niessen F., 1994. Holocene glacial activity and climatic variations in the Swiss Alps: reconstructing a continuous record from proglacial lake sediments. *The Holocene*, 4, 259-268.

Magny M., Haas J.N., 2004. A major widespread climatic change around 5300 cal. Yr BP at the time of the Alpine Iceman. *Journal of Quaternary Science*, 19, 1-8.

Monna F, Galop D, Carozza L, Tual M, Beyrie A, Marembert F, Chateau C, Dominik J, Grousset F, 2004. Environmental impact of early Basque mining and smelting recorded in a high ash minerogenic peat deposit. *Science of the Total Environment*, 327, 197-214.

Monjuvent, G., Chardon, M., 1989. Les extensions glaciaires des versants Ouest et Sud des Grandes Rousses. Internal report from Institut Dolomieu and Institut de Géographie Alpine. CNRS/University of Grenoble. 32 pp.

Nesje A., 1992. A piston corer for lacustrine and marine sediments. *Arctic and Alpine Research*, 24, 257-259.

Nesje, A., Lie, O., Dhal, S.O., 2000. Is the North Atlantic Oscillation reflected in Scandinavian glacier mass balance records? *Journal of Quaternary Science*, 15, 587-601.

Nomade J., Chapron E., Desmet M., Reyss J-L., Arnaud, F., Ligner V., 2005. Reconstructing historical seismicit from lake sediments (Lake Laffrey, Western Alps, France). *Terra Nova*, 17, 350-357.

Rosman K, Chisholm W, Hong S, Candelone J.-P., Boutron C, 1997. Lead from Carthaginian and Roman Spanish mines isoptopically identified in Greenland ice dated from 600 BC tp 300 AD. *Environ. Sci. Technol.*, 31, 3413-3416.

Solomina O, Haeberli W, Kull C, Wiles G. (2007). Historical and Holocene glacier-climate variations: general concepts and overview. Global and Planetary Change.

Torinesi O., Letreguilly A., Valla F., 2002. A century reconstruction of mass-balance of Glacier de Sarennes, French Alps. *Journal of Glaciology*, 48, 142-148.

Vincent C., 2002. Influence of climate change over the 20th Century on four French glacier mass balances. *Journal of Geophysical Research*, 107.

Vincent C., Le Meur E., Six D., 2005. Solving the paradox of the end of the Little Ice Age in the Alps. *Geophysical Research Letters*, 32.

VARIATIONS DU CLIMAT AU COURS DES DEUX DERNIERS MILLÉNAIRES

DEUX CAS D'ÉTUDE DANS LE JURA ET LES ALPES DU NORD

CLIMATE VARIATIONS OVER THE LAST TWO MILLENNIA IN THE JURA MOUNTAINS AND THE FRENCH NORTHERN ALPS

MICHEL MAGNY [1], LAURENT MILLET [1], FABIEN ARNAUD [2], MARC DESMET [2, 4], EMILIE GAUTHIER [1], OLIVER HEIRI [3], BORIS VANNIÈRE [1], VALÉRIE VERNEAUX [1]

[1]*Laboratoire de Chrono-Environnement, UMR 6249 du CNRS, UFR des Sciences et Techniques, 16 route de Gray, F 25030 Besançon.*

[2]*Laboratoire EDYTEM, Université de Savoie/CNRS, Campus scientifique, F 73376 Le Bourget du Lac cedex.*

[3]*Palaeoecology, Laboratory of Palaeobotany and Palynology, Institute of Environmental Biology, Utrecht University, Budapestlaan 4, NL-3584 CD Utrecht, The Netherlands.*

[4] *INRP & ENTPE, Université de Lyon.*

Contact : michel.magny@univ-fcomte.fr

RÉSUMÉ

Cet article présente les résultats obtenus à partir de l'étude de deux séquences sédimentaires prélevées la première au lac de Joux (1006 m) dans le Jura suisse, et la seconde au lac d'Anterne (2060 m) dans les Alpes françaises du Nord, pour documenter les variations des paramètres climatiques au cours des deux derniers millénaires. L'analyse à haute résolution de la séquence sédimentaire du lac de Joux (environ 10 ans/échantillon) a permis l'établissement d'une courbe de variations du plan d'eau au cours des derniers 1000 ans. Le Petit Age Glaciaire apparaît caractérisé par une augmentation de l'humidité, tandis que l'Optimum climatique médiéval et le réchauffement post-industriel correspondent à de bas niveaux lacustres. Une comparaison entre les variations du niveau du lac de Joux et celles de l'irradiance solaire suggère que les variations de l'activité solaire ont pu être un forçage majeur du climat au cours du dernier millénaire. L'analyse à haute résolution (20 ans/échantillon) de la séquence du lac d'Anterne a permis d'établir une courbe des variations des températures de juillet pour les dernières 1800 années. Trois phases de refroidissement (environ 1,5°C) ont été reconnues vers AD 480-680, AD 1150, et après AD 1350 (Petit Age Glaciaire). Ces résultats paraissent en accord avec d'autres enregistrements paléoclimatiques établis dans les Alpes suisses à partir des fluctuations du Grand Glacier d'Aletsch, et à partir de l'analyse densitométrique de troncs subfossiles de mélèzes. Enfin, est discuté l'impact possible de ces oscillations du climat sur les sociétés passées.

***MOTS-CLÉS** : DEUX DERNIERS MILLÉNAIRES, JURA, ALPES DU NORD, NIVEAUX DES LACS, CHIRONOMIDAE.*

ABSTRACT

This paper presents results obtained from two sediment sequences taken from Lake Joux (1006 m a.s.l.) in the Swiss Jura Montains and Lake Anterne (2060 m a.s.l.) in the French northern Alps to document past variations in climatic parameters over the last two millennia. A high-resolution study of the Lake Joux sediment sequence (ca 10 yr/sample) allows the establishment of a lake-level record spanning the last millennium. The Little Ice Age appears to have been characterised by increasing humidity, while the Medieval Warm Period and the post-industrial warm phase corresponded to lower lake levels. A comparison between the Joux lake-level and solar irradiance records suggests that variations in solar activity may have been a major forcing factor of climatic oscillations over the last millennium. A high-resolution analysis (20 yr/sample) of the Chironomidae assemblages in a core from Lake Anterne provides quantitative estimates of past variations in July temperature over the last 1800 years. Three ca 1.5°C cooling phases were recognised at ca 480-680, ca 1150, and after ca 1350 AD (i.e. during the Little Ice Age). These results appear to be consistent with other palaeoclimatic records established in the Swiss Alps from fluctuations of the Great Aletsch Glacier and from densitometry studies of Larix subfossile trunks. Finally, the possible impact of climatic oscillations on the past human societies is discussed.

***KEYWORDS** : TWO LAST MILLENNIA, JURA MOUNTAINS, NORTHERN ALPS, LAKE LEVELS, CHIRONOMIDAE.*

Introduction

Le réchauffement climatique en cours suscite un intérêt croissant pour l'étude des variations du climat au cours des deux derniers millénaires. Etant donné que les sources instrumentales et historiques documentent rarement plus que les cinq derniers siècles, l'établissement d'enregistrements à haute résolution en milieu marin ou continental est devenu l'un des enjeux majeurs de la recherche. L'objectif est de parvenir à discriminer facteurs naturels et anthropiques à l'origine des changements du climat et aussi d'identifier les possibles conséquences de ces changements aux échelles régionales et globales, en termes de températures et de précipitations. Les reconstructions quantitatives des climats du passé apparaissent en outre essentielles pour améliorer les modèles et leurs performances prédictives.

Les données déjà disponibles confirment l'existence au sein du dernier millénaire, d'une phase de refroidissement relatif (le Petit Age Glaciaire, ou PAG), précédée par une période chaude (l'Optimum Climatique Médiéval, ou OCM), et suivie par une augmentation rapide des températures au cours de la période contemporaine. Cependant, l'amplitude et la périodisation de ces oscillations du climat sont encore loin d'être précisément définies (Hughes et Diaz, 1994 ; Crowley, 2000 ; Grove, 2001). Le schéma est encore plus incertain en ce qui concerne le premier millénaire de notre ère avec notamment une phase de refroidissement identifiée dans certains enregistrements aux environs de 500-700 AD (Hass, 1996 ; Barber *et al.*, 2004 ; Gil *et al.*, 2006 ; Magny, 2006).

Cet article est une contribution aux recherches en cours pour documenter les deux derniers millénaires ; il présente deux enregistrements paléoclimatiques à haute résolution établis récemment à partir de deux sites dans le Jura et les Alpes du Nord : le premier, au lac de Joux dans le Jura suisse, permet d'observer la variabilité du cycle hydrologique (précipitations) associée à celle du climat (Magny *et al.*, 2008) ; le second, au lac d'Anterne offre une courbe des variations des températures estivales qui ont pu affecter les milieux montagnards tout au long des deux derniers millénaires (Millet *et al.*, sous presse). Après avoir présenté successivement les résultats acquis sur chacun des deux sites, seront envisagées leurs possibles significations aussi bien en termes de paléoclimats qu'au regard de l'histoire des sociétés.

I - Le lac de Joux

1 - Site et méthodes

Le lac de Joux (46°56'N, 6°15'E) est un lac d'origine glaciaire, de 9 km de long pour à peine 1 km de largeur, et une profondeur maximale de 33,5 m. Il se trouve à 1006 m d'altitude dans la zone sommitale du Jura suisse (Figure 1). Les sommets qui le dominent culminent à 1300-1600 m, et son bassin d'alimentation couvre quelque 211 km^2, avec un substrat composé essentiellement de calcaires jurassiques et tertiaires (Bosset, 1962). L'Orbe constitue le principal affluent du lac qui, comme le lac Brenet immédiatement en aval, n'a pas d'émissaire aérien : les eaux des deux lacs disparaissent dans des entonnoirs karstiques le long des rives nord-ouest et résurgent 3 km plus loin aux sources de l'Orbe inférieur, à environ 800 m d'altitude (Figure 2). Au cours des épisodes pluvieux les plus forts, ces entonnoirs qui habituellement fonctionnent comme des pertes refluent alors de l'eau dans les deux lacs. Ainsi, avant la régulation du début du XXe siècle, le niveau du lac de Joux était caractérisé par d'importantes fluctuations saisonnières, le plus souvent dues aux pluies d'automne ou à la fonte des neiges. Les niveaux minimum et maximum observés ont été respectivement de 1004,9 m en 1865, et 1011 m en 1883, tandis que sur la période 1847-1901, les minimum et maximum des niveaux moyens annuels étaient d'environ 1006,2 m et 1008,7 m (Bosset, 1962 ; Perrin, 1904).

La vallée de Joux est caractérisée par des conditions climatiques de type semi-continental relativement sévères. Sur la période 1897-1930, la température moyenne annuelle était de 5,3°C (-3,9°C en hiver et 13,8°C en été) avec des variations annuelles des températures journalières pouvant atteindre près de 70°C, et la surface du lac prise par les glaces pendant près de trois mois par an. Les précipitations annuelles atteignent en moyenne 1500 mm.

Les sondages réalisés pour la présente étude sont localisés sur la plate-forme littorale du lac, à son extrémité sud (Figures 1 et 2). Ils ont été effectués avec une sonde russe le long d'un transect perpendiculaire à la rive. Ils ont permis d'établir une séquence stratigraphique où l'on peut distinguer quatre unités sédimentaires principales (Figure 2) :

- au sommet, dans le sondage 1, l'unité 1 est composée essentiellement de sédiments organiques (tourbe, gyttja) interrompus par le dépôt de couches de limons carbonatés (craie lacustre) qui deviennent plus épaisses vers le large ;
- l'unité 2 est constituée de craie lacustre ;
- l'unité 3 montre la succession de cinq couches organiques (tourbe, gyttja) séparées par de fines couches de limons carbonatés.

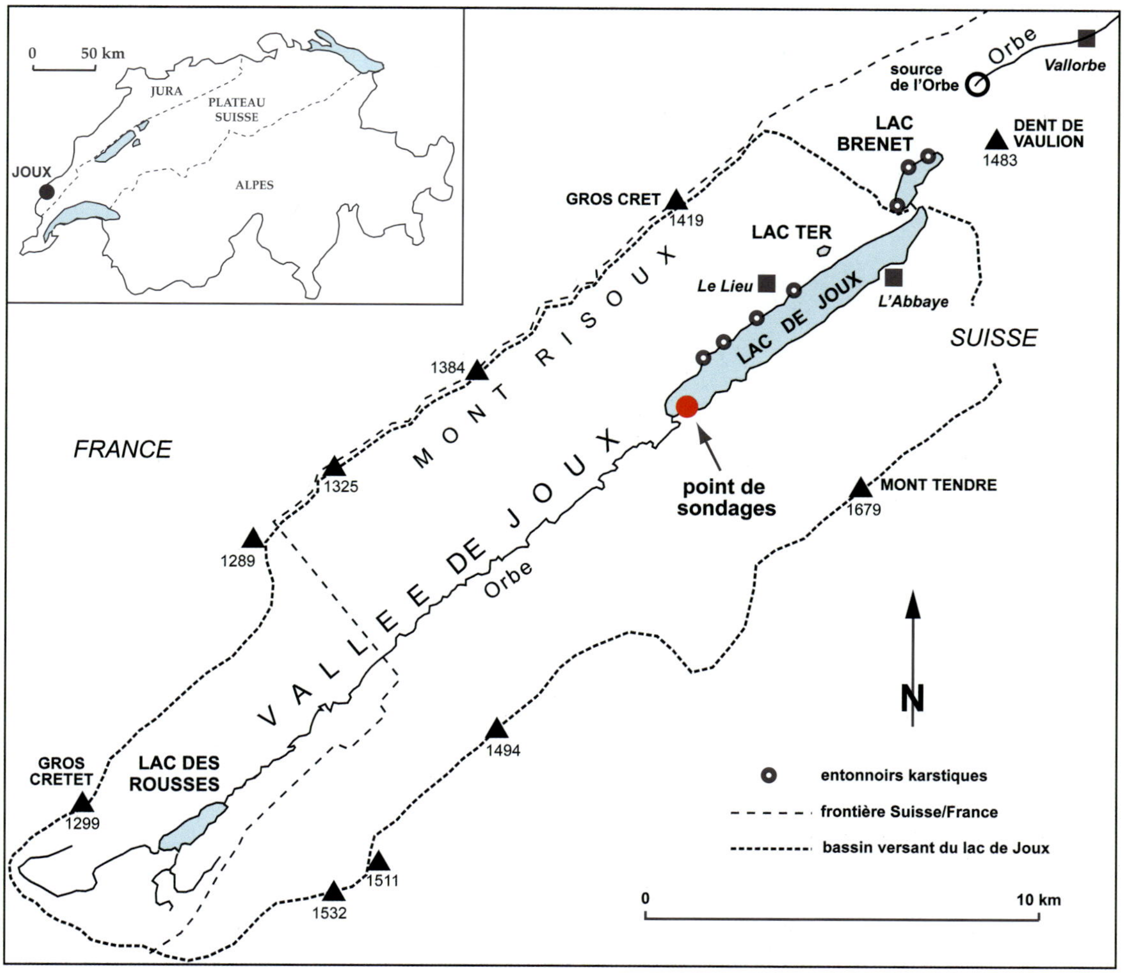

Figure 1 - Localisation géographique du lac de Joux et de son bassin versant.

- à la base, l'unité 4 est formée de craie lacustre, sa partie supérieure contient de nombreux restes végétaux.

Le sondage 2 a été choisi pour les analyses polliniques et sédimentologiques présentées ici, en raison de la plus forte épaisseur de l'unité 2 (susceptible de documenter le PAG) que l'on pouvait y observer. Les échantillons palynologiques ont été prélevés tous les 2 cm, excepté à certains intervalles où ils ont été pris tous les cm pour tenir compte des changements lithologiques. Traités par acétolyse et HCl, les échantillons ont montré une excellente conservation des grains de pollen.

Pour la reconstitution des niveaux passés du lac, les échantillons sédimentologiques ont été prélevés tous les cm et analysés selon une méthode spécifique (Magny, 1998, 2006). Cette méthode s'appuie sur la combinaison de différents indicateurs tels que les changements lithologiques et la fréquence relative de différents morphotypes de concrétions carbonatées qui constituent la fraction grossière des craies lacustres (Magny, 1998, 2006). Ainsi, la courbe des fluctuations du plan d'eau est basée sur le rapport entre la fréquence des concrétions caractérisant les zones peu profondes (oncolithes, type chou-fleur) et celle des concrétions caractéristiques d'eaux plus profondes (types plaque et tube), le tout contraint par les faciès lithologiques (la formation de tourbe ou de gyttja indiquant un milieu littoral ou proche du littoral).

La chronologie s'appuie sur 10 dates radiocarbone AMS (Tableau 1 et Figure 2) : 7 obtenues dans le sondage 2, et 3 dans les sondages 1 et 3, ainsi que sur les corrélations stratigraphiques illustrées par la figure 2. La figure 3 montre le modèle âge-profondeur établi pour le sondage 2 en prenant en compte les intervalles de probabilité maximale définis pour une calibration à 2 sigmas. Il en ressort que la séquence sédimentaire étudiée documente le dernier millénaire avec une résolution temporelle moyenne de 10 ans par échantillon.

2 - Les résultats

La figure 4 présente le diagramme sédimentologique établi à partir du sondage 2 et la courbe des variations relatives du plan d'eau où 10 phases peuvent être distinguées. La phase 1 qui se développe avant 770 ± 30 BP est caractérisée par un niveau d'eau rela-

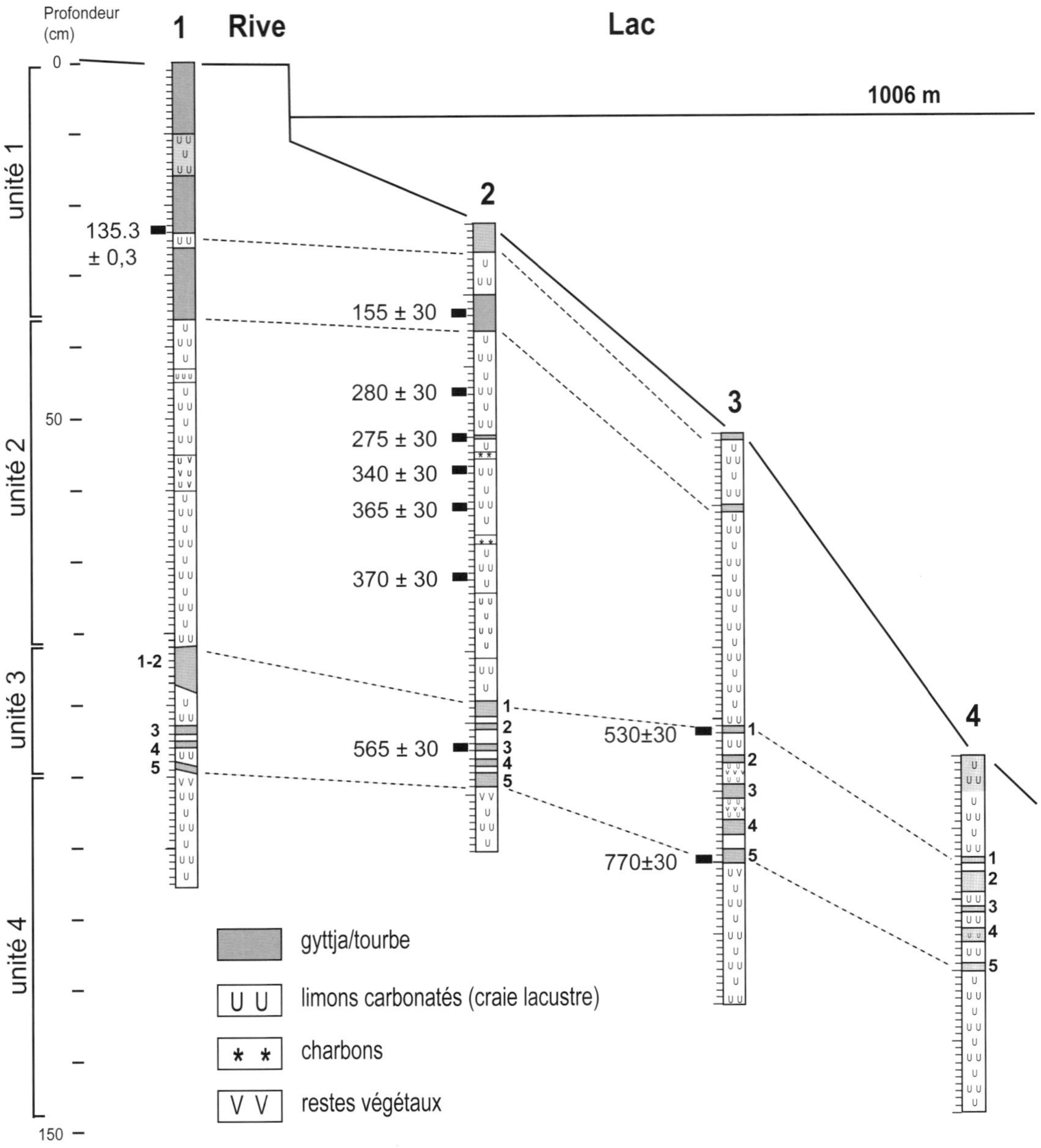

Figure 2 - Séquence stratigraphique établie sur la base de quatre sondages le long d'un transect perpendiculaire à la rive dans la zone sud du lac. Les analyses palynologiques et sédimentologiques ont porté sur le sondage 2.

tivement élevé. La transition rapide que l'on observe entre la domination des concrétions de type tube et plaque aux cotes 83-82 cm et celle des restes végétaux aux cotes 81-80 cm sans intermédiaires tels que oncolithes ou type chou-fleur, suggère l'existence d'un probable hiatus sédimentaire entre les unités 4 et 3. La phase 2 correspond à un bas niveau du lac entre 770 ± 30 et 530 ± 30 BP (dépôt de sédiments organiques) interrompu par quatre épisodes de remontée du plan d'eau. La phase 3 marque une brusque remontée du niveau du lac, suivie vers 365 ± 30 BP par un nouvel abaissement (phase 4) qui précède lui-même une hausse (phase 5, entre 340 ± 30 et 275 ± 30 BP). L'accumulation de dépôts organiques vers 275 ± 30 BP met en évidence un nouvel épisode de baisse (phase 6) tandis qu'après 280 ± 30 BP, la phase 7 coïncide avec un haut niveau lacustre. Enfin, à partir de 155 ± 30 BP, les bas niveaux dominent (phases 8 et 10, dépôts organiques) interrompus par une hausse limitée (phase 9).

Si l'on s'intéresse à l'histoire de l'impact anthropique sur la végétation, le diagramme pollinique simplifié (Figure 5) fait apparaître quatre phases successives comme suit : (1) de la base à la cote 67 cm, les indicateurs d'anthropisation (AI) n'excèdent pas 8%, (2) de la cote 67 à la cote 36 cm, les AI se développent (valeurs comprises entre 10 et 18%) tandis que les céréales sont mieux représentées, (3) de la cote 35 à la cote 18 cm, les AI sont affectés par un léger recul (valeurs vers 7%), et (4) au-dessus de la cote 18 cm, les AI montrent une forte expansion (30% à la cote 10 cm).

Sondages	Profondeur (cm)	Date radiocarbone	Age calibré (intervalles de probabilité maximale à 2 sigmas)	N° Labo.	Matériel
Joux 1	23-24	135.3 ± 0.3 pMC	AD 1961-1977	Poz-9162	charbons
Joux 2	12-13	155 ± 30 BP	AD 1666-1953 (AD 1719-1784)	Poz-9154	tourbe
	23-24	280 ± 30 BP	AD 1497-1795 (AD 1512-1601 and AD 1616-1666)	Poz-9966	charbons
	29-30	275 ± 30 BP	AD 1499-1796 (AD 1513-1600 and AD 1617-1667)	Poz-9155	charbons
	34-35	340 ± 30 BP	AD 1470-1639	Poz-9920	charbons
	39-40	365 ± 30 BP	AD 1449-1634 (AD 1449-1528)	Poz-9921	charbons
	49-50	370 ± 30 BP	AD 1447-1633 (AD 1447-1527)	Poz-9968	charbons
	72-73	565 ± 30 BP	AD 1306-1425 (AD 1306-1363)	Poz-9158	tourbe
Joux 3	41-42	530 ± 30 BP	AD 1321-1440 (AD 1391-1440)	Poz-9159	charbons
	59-60	770 ± 30 BP	AD 1217-1280	Poz-9160	tourbe
Anterne 1	194	430 ± 80	AD 1323-1646 (AD 1393-1646)	GIFa 101287	macrorestes végétaux
	291	640 ± 60	AD 1272- 1413	GIFa 101288	macrorestes végétaux

Tableau 1 - Dates radiocarbone livrées par la séquence sédimentaire du lac de Joux et la carotte ANT-01 du lac d'Anterne.

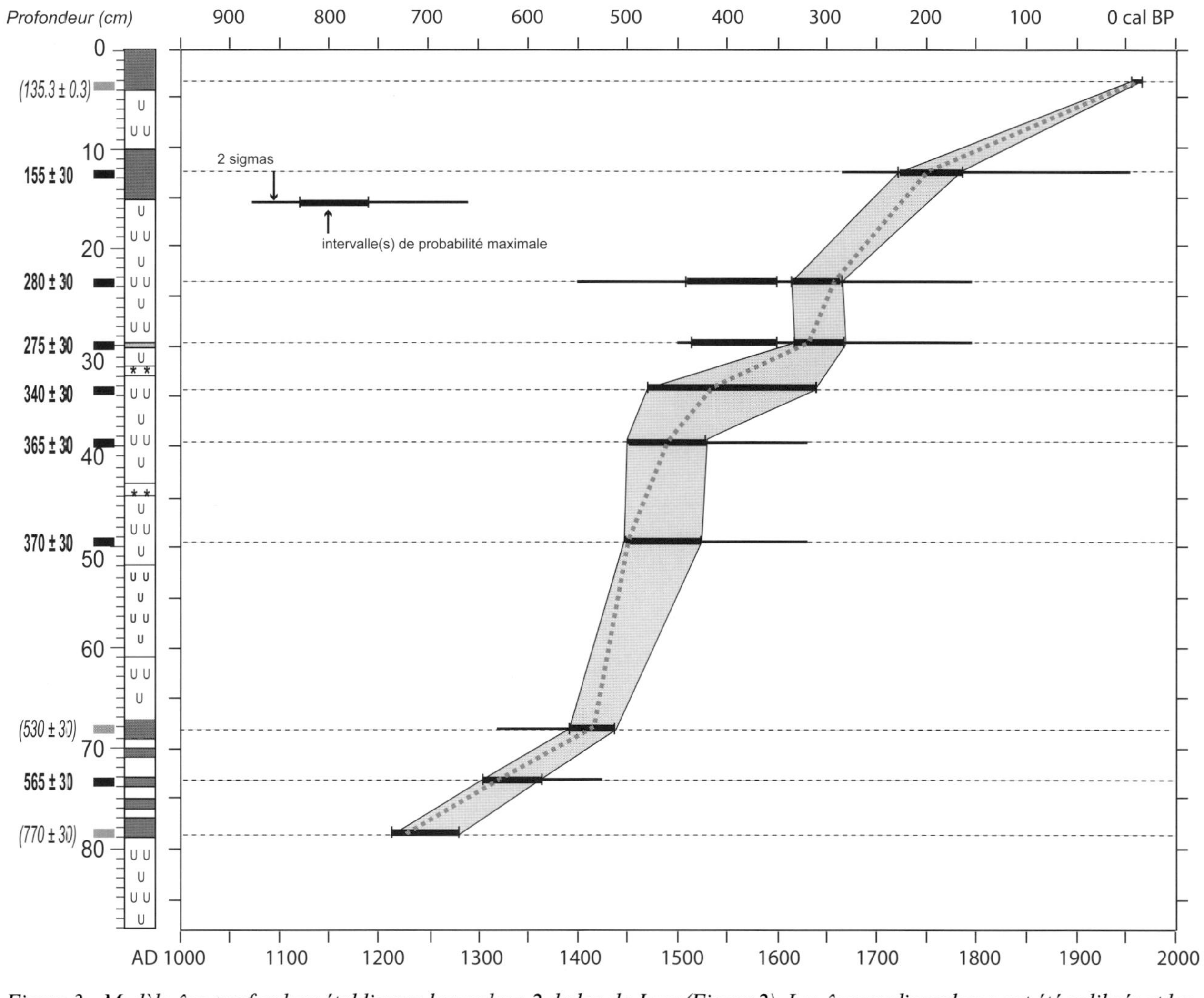

Figure 3 - Modèle âge-profondeur établi pour le sondage 2 du lac de Joux (Figure 2). Les âges radiocarbone ont été calibrés et les intervalles de probabilité maximale pour une calibration à 2 sigmas ont été définis avec Calib 5.1 (Stuiver et al., 1998). La ligne pointillée indique le modèle âge-profondeur obtenu par comparaison de la courbe des fluctuations du niveau du lac de Joux avec celle des variations de l'irradiance solaire telle que présentée à la figure 11.

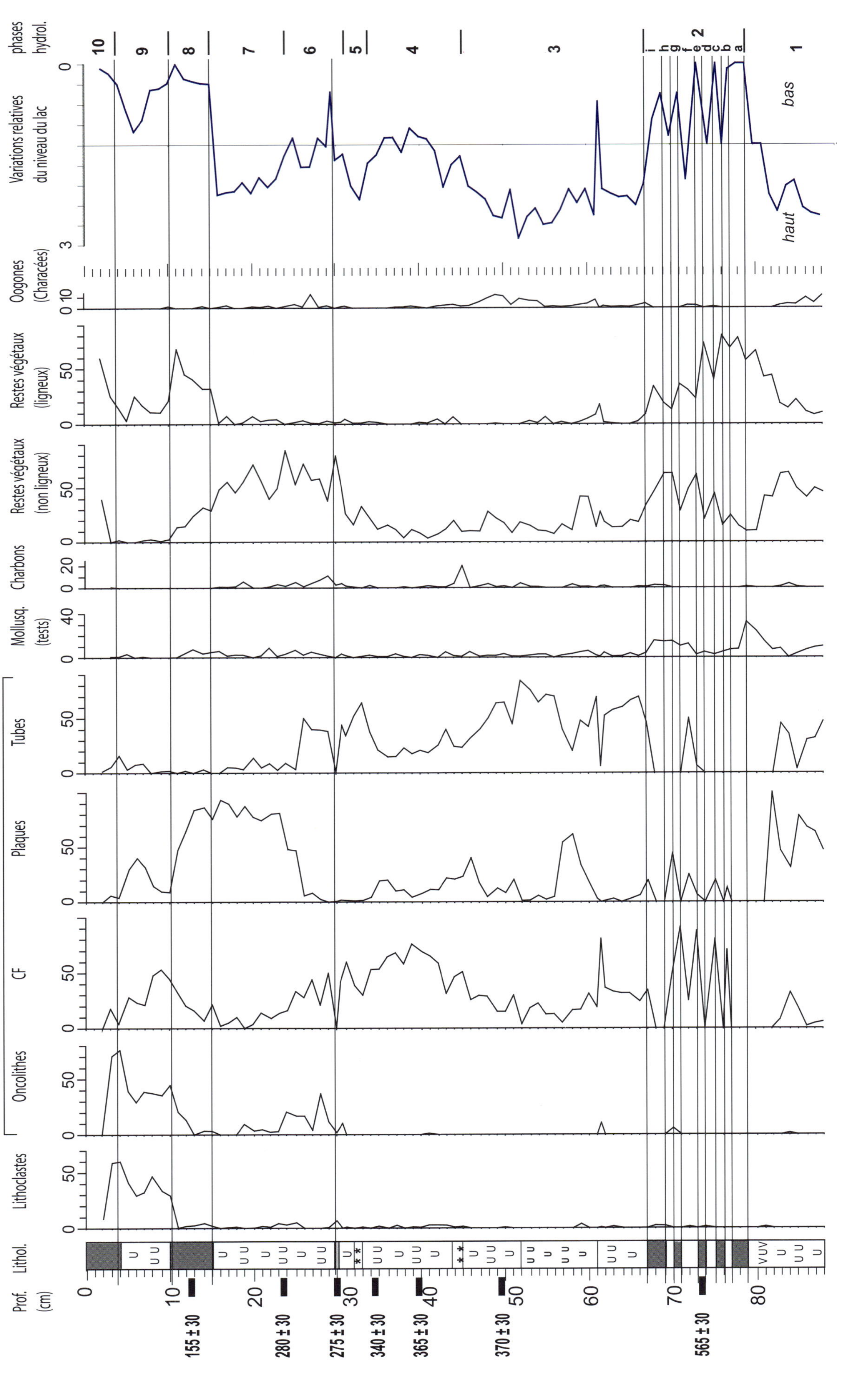

Figure 4 - Diagramme sédimentologique et variations du niveau du lac de Joux établis à partir du sondage 2.

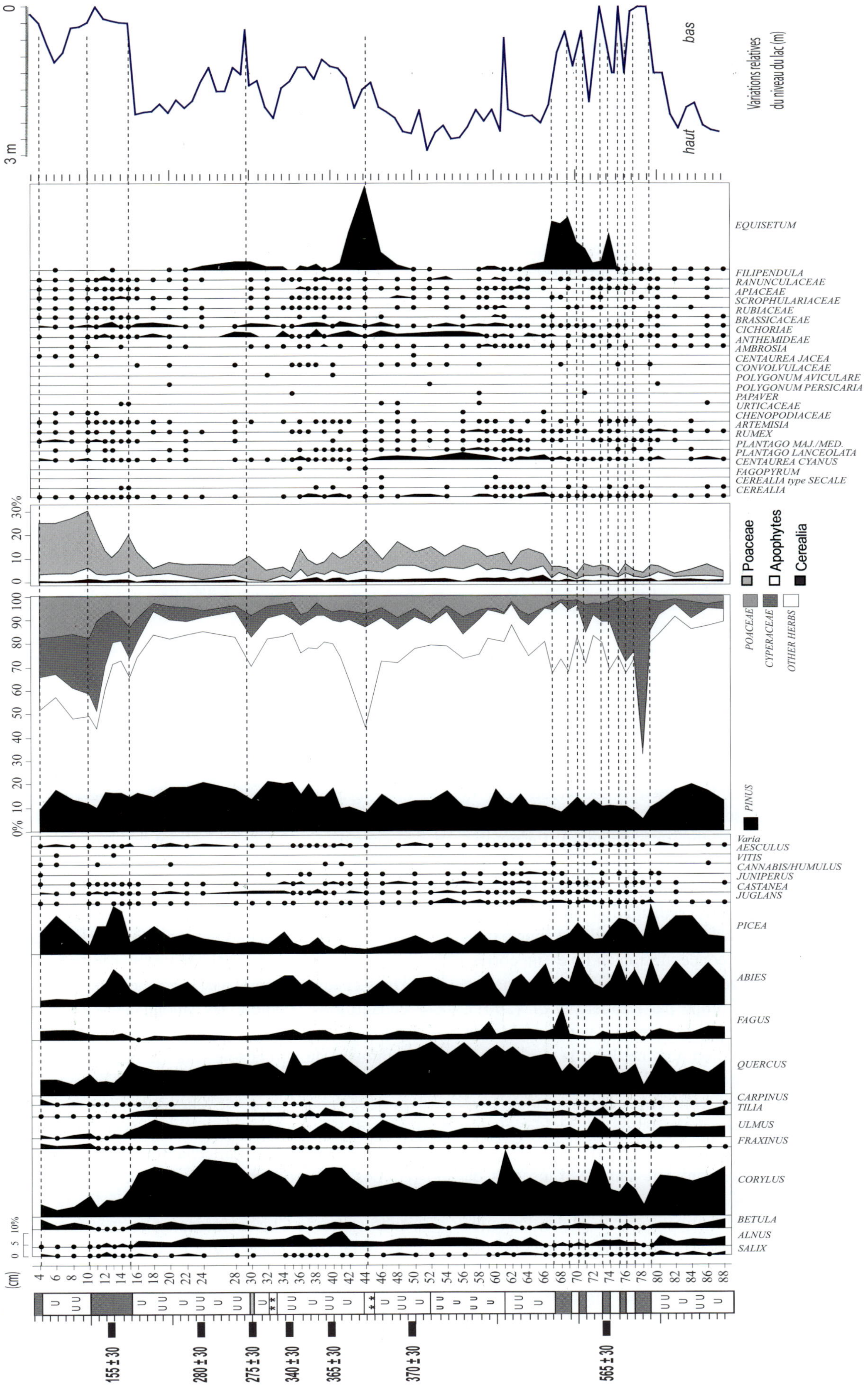

Figure 5 - Diagramme pollinique simplifié du sondage 2 (lac de Joux).

II - Le lac d'Anterne

1 - Site et méthodes

Le lac d'Anterne (45°59'N, 6°47'E) est situé dans la réserve naturelle de Sixt-Passy, à une altitude de 2060 m, dans les Alpes du Nord françaises (Figure 6). Il s'agit d'un petit bassin lacustre (600 x 400 m) d'origine glaciaire, et de 13,2 m de profondeur. Son bassin versant, constitué principalement de schistes gréso-micacés toarciens et de marno-calcaires bajociens est aujourd'hui occupé par une pelouse alpine faiblement développée. L'exutoire est constitué par une perte karstique. Sur la période 1982-2001, la moyenne des températures d'été est d'environ 10,4°C. Le lac est englacé généralement de novembre à mai, et il est caractérisé par un régime nival (alimentation principale par la fonte des neiges en mai-juin).

En 2001, une séquence de 14,5 m de sédiments (deux sondages jumeaux) a été extraite du fond du lac (point ANT-01, Figure 6) au moyen d'un système UWITEC. La description lithologique détaillée de cette séquence a fait l'objet de travaux antérieurs (Arnaud *et al.*, 2002). Les sédiments sont composés de lamines millimétriques dans lesquelles s'intercalent des dépôts de glissements (séismes) et de crues. Dans le cadre d'une première étude, les 8 mètres supérieurs de la séquence ont fait l'objet d'un comptage visuel pour déterminer le nombre de doublets entre deux niveaux de sédimentation instantanée. Les événements de crue ont été comptabilisés comme un doublet et les niveaux de glissements n'ont pas été inclus dans le décompte. La figure 7 présente le modèle d'âge établi pour la carotte ANT-01 en supposant que chacun des doublets constitue une varve (rythmicité annuelle). Le modèle obtenu s'avère cohérent avec deux âges radiocarbone livrés par cette séquence (Tableau 1 et Figure 7). On trouvera également une confirmation indirecte de la chronologie proposée dans l'âge qu'elle attribue à trois niveaux de plus forte concentration en Pb et qui correspond aux trois horizons principaux de contamination au Pb reconnus en Europe par Renberg *et al.* (2001), à savoir pendant la période romaine, vers l'an Mil, et pendant la période contemporaine. Pour la partie supérieure de la séquence (derniers 250 ans), la chronologie proposée est également cohérente avec un modèle basé sur le ^{210}Pb et la reconnaissance de séismes historiques (Arnaud *et al.*, 2002).

Les Chironomidae sont une famille d'insectes de l'Ordre des Diptères. Leurs larves colonisent la plupart des milieux humides et aquatiques du globe. Dans les lacs, les communautés larvaire occupent les couches superficielles de sédiments où elles se développent en équilibre avec les conditions environnementales et climatiques (température, oxygène, type de substrat, ressource alimentaire). La croissance larvaires passe par quatre stades et est ponctuée par la production

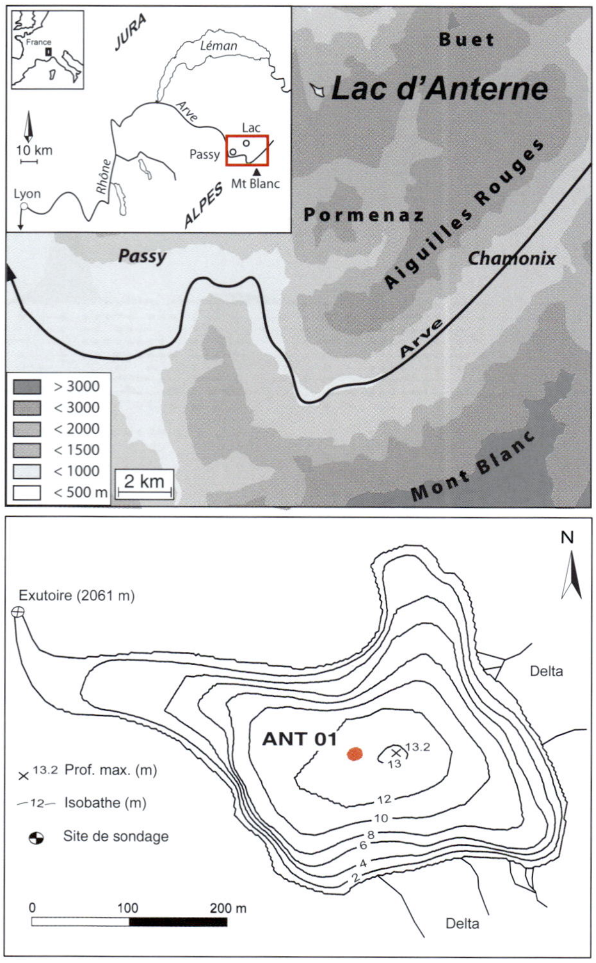

Figure 6 - Localisation géographique du lac d'Anterne et position du point de sondage dans la cuvette lacustre.

d'exuvies dont les capsules céphaliques, composées de chitine, se conservent dans les sédiments lacustres où elles sont ainsi « archivées » (Figure 8). Ces restes subfossiles sont d'abord extraits par un tamisage fin (100 à 200 µm) du sédiment, puis identifiés le plus souvent au niveau générique à partir de critères morphologiques. Dans chaque assemblage, correspondant à chacun des échantillons étudiés, les abondances relatives sont calculées pour les différents taxons, sur la base d'un minimum de 50 capsules déterminées par échantillon. Un total de 49 échantillons de 2 cm d'épaisseur ont été prélevés pour l'étude de leur contenu en restes subfossiles de Chironomidae, soit une résolution temporelle d'environ 20 années par échantillon.

Les travaux pionniers de Walker *et al.* (1991) ont montré la possibilité d'établir, à partir des assemblages subfossiles de Chironomidae, la température moyenne de juillet par le biais d'une fonction de transfert. Cette technique s'appuie sur les preferendums et les tolérances des différents taxons vis à vis de la température tels que révélés par la distribution actuelle de ces taxons dans un grand nombre de lacs répartis le long de gradients thermiques (altitudinaux et latitudinaux). La base

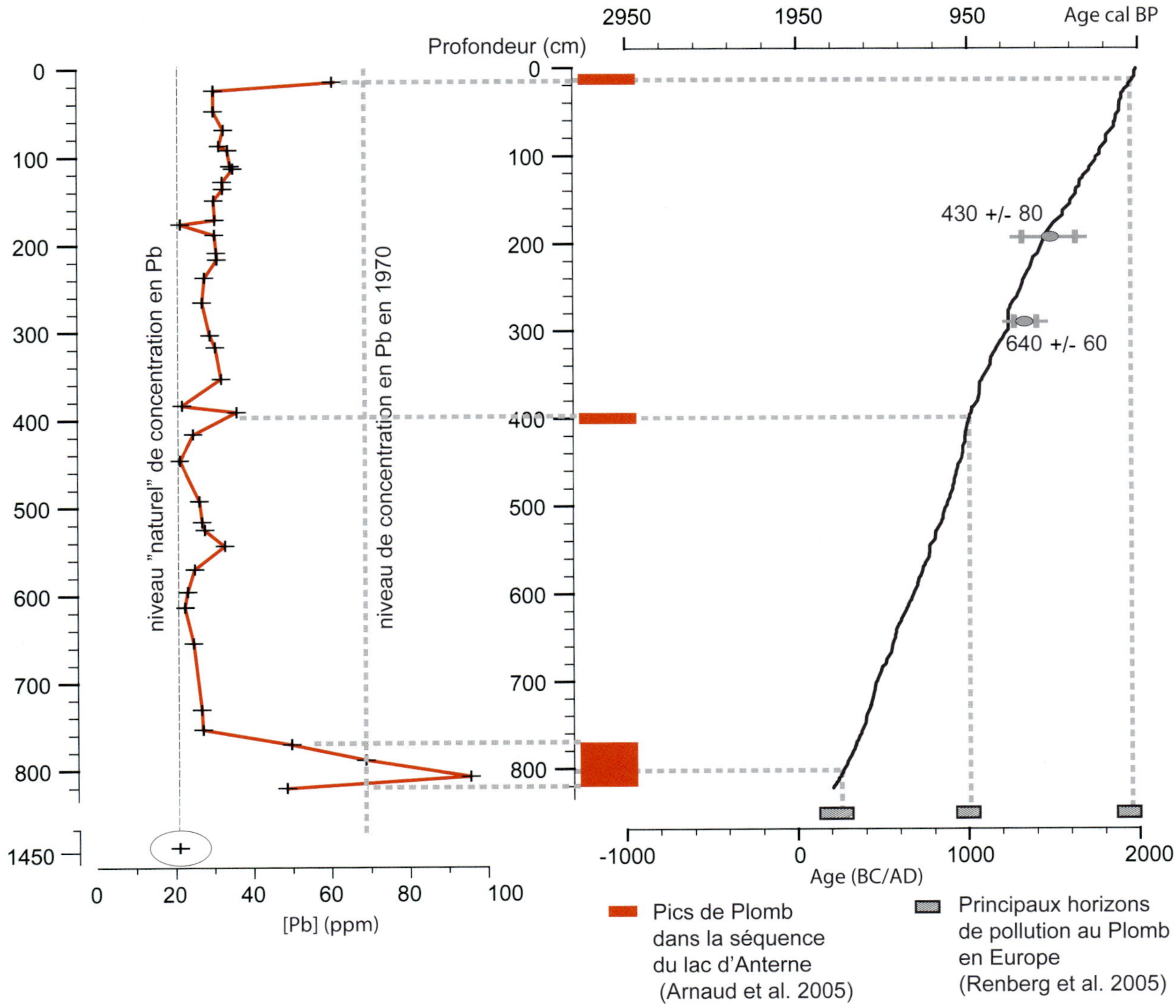

Figure 7 - Modèle âge-profondeur établi pour la carotte ANT-01 du lac d'Anterne. La ligne en noir est celle obtenue à partir du décompte des doublets de lamines annuels (d'après Arnaud et al., 2002).

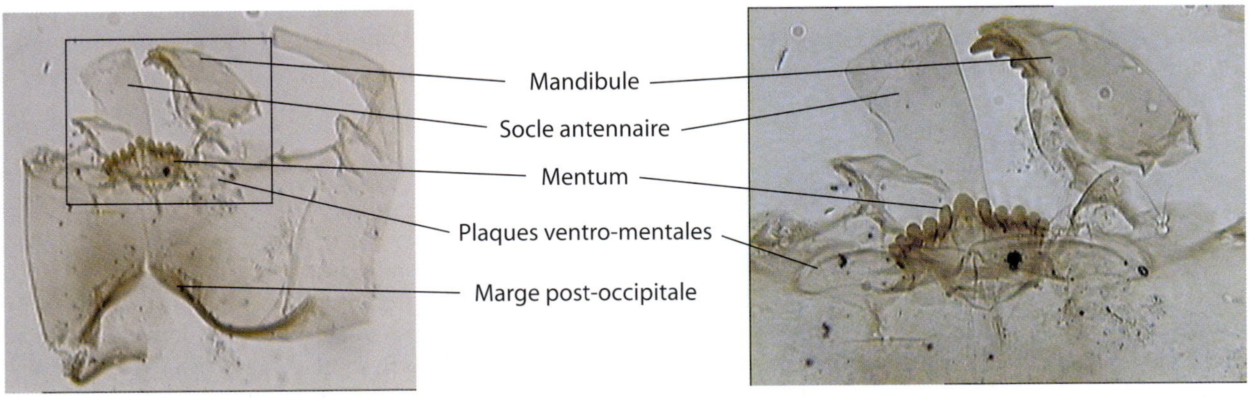

Figure 8 - Un exemple de capsule céphalique de Chironomidae : un spécimen de Tanytarsus lugens-type. Les capsules céphaliques mesurent de 100 µm à 2 mm.

de données établie pour le versant nord des Alpes et le Jura compte aujourd'hui plus de 100 lacs. Une fonction de transfert permet ainsi de déduire les valeurs des températures d'après la composition des assemblages subfossiles de Chironomidae avec une erreur de prédiction (RMSEP) que l'on peut évaluer à 1,4°C (Figure 9 ; Heiri, 2001).

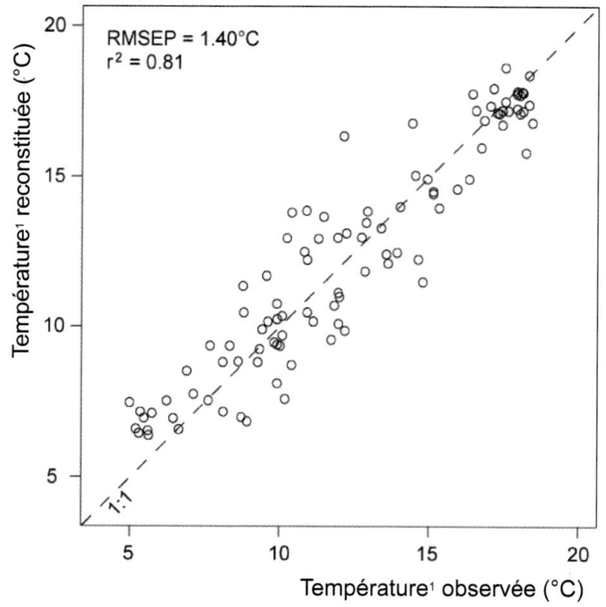

[1]Température moyenne de l'air en Juillet

Figure 9 - Relation entre températures du mois de juillet observées et celles inférées d'après les assemblages actuels de Chironomidae par la fonction de transfert utilisée dans cette étude (d'après Heiri, 2001 ; Millet et al., sous presse).

2 - Résultats

La figure 10 présente le diagramme des abondances relatives des différents taxons retrouvés dans les assemblages de Chironomidae des 49 échantillons étudiés dans la séquence du lac d'Anterne. Un total de 34 taxons différents ont été identifiés ; ils ont été répartis en quatre groupes d'après leur distribution dans les lacs de la base de données alpines : taxons de haute altitude, d'altitude intermédiaire, à large distribution, et de basse altitude. Dans le groupe de haute altitude, *Micopsectra radialis*-type et *Paracladius* ont été retrouvés dans l'étage alpin (température de juillet inférieure à 8°C). *Tanytarsus lugens*-type, *Heterostrissocladius grimshawi*-type, *Stictochironomus* et *Diamesa* (groupe d'altitude intermédiaire) sont abondants dans les lacs des étages subalpins et alpins inférieurs (température de juillet comprise entre 8 et 14°C), mais on peut également les trouver spodariquement dans des lacs plus chauds de la base de données actuelles. Le groupe (*Smittia/Parasmittia, Limnophyes/Paralimnophyes, Heleniella, Corynoneura/Thienemanniella,* et *Cricotopus* type *B*) comprend des taxons caractérisés par une large distribution et une large tolérance vis à vis de la température, bien qu'ils soient le plus souvent absents dans les lacs les plus froids de la base de données. Enfin, les taxons du groupe basse altitude (*Cricotopus*-type, *Procladius,* et *Parametriocnemus*) se retrouvent dans des lacs ayant une température de juillet supérieure à 14°C, tout en colonisant occasionnellement des lacs plus froids.

Sur l'ensemble de la séquence, les assemblages de Chironomidae sont principalement dominés par *M. radialis*-type, *Paracladius*, *T. lugens*-type, *H. grimshawi*-type et *Diamesa*, Cette association est caractéristique de systèmes lacustres de type oligotrophes, marqués par des conditions favorables d'oxygénation de l'hypolimnion et par de faible taux d'accumulation de matière organique.

Comme l'illustre la figure 10, les valeurs des températures restituées à partir de ces assemblages montrent des fluctuations comprises entre 8 et 11°C. Si l'on se réfère à la courbe lissée de ces variations, il est possible de distinguer 5 phases majeures :

- de 820 à 700 cm (soit environ 200-480 AD) : les températures de juillet sont estimées autour de 10,3°C ;
- de 700 à 600 cm (soit environ 480-680 AD) : on observe une baisse aux alentours de 9,6°C ;
- de 600 à 230 cm (soit environ 680-1350 AD) : la valeur moyenne des températures reconstituées est de 10,1°C. Cette phase relativement chaude est interrompue par un épisode de refroidissement de quelque 1°C vers la cote 325 cm, soit aux environs de 1160 AD ;
- au-dessus de la cote 230 cm (soit environ à partir de 1350 AD jusqu' à l'actuel) : les valeurs inférées s'abaissent à un niveau moyen de 9,3°C.

III - Discussion et conclusions

Les figures 11 et 12 apportent quelques éclairages sur les significations possibles, en termes de paléoclimats, des données collectées aux lacs de Joux et d'Anterne. S'agissant de l'enregistrement paléohydrologique établi au lac de Joux, on observera tout d'abord qu'il apparaît en accord avec le patron des variations paléohydrologiques reconstitué pour la dernière partie de l'Holocène dans le Jura et le Plateau suisse (Magny, 2004, 2006 ; Holzhauser *et al.*, 2005) : la période de l'Optimum climatique médiéval et le réchauffement récent coïncident avec un certain déficit de la balance hydrique, tandis que le PAG correspond à un excédent hydrique, en particulier pendant la saison estivale si l'on considère que les concrétions carbonatées sur les-

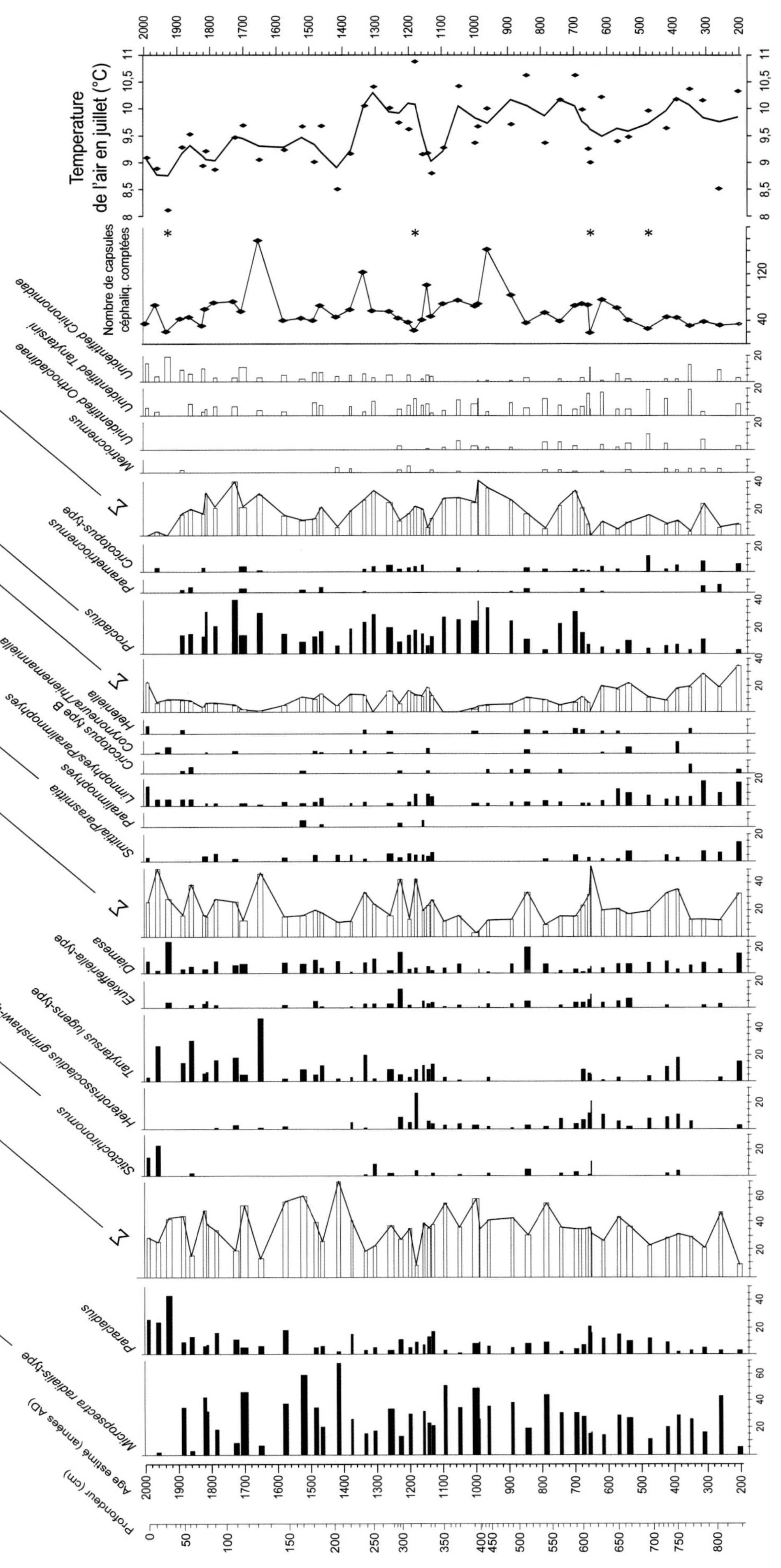

Figure 10 - Diagramme des abondances relatives des taxons de Chironomidae identifiés dans la carotte ANT-01 du lac d'Anterne et répartis selon quatre groupes. La chronologie réfère au modèle âge-profondeur illustré dans la figure 7. A droite, températures de juillet reconstruites pour chaque échantillon à partir des assemblages de Chironomidae et courbe lissée des variations de ces températures.

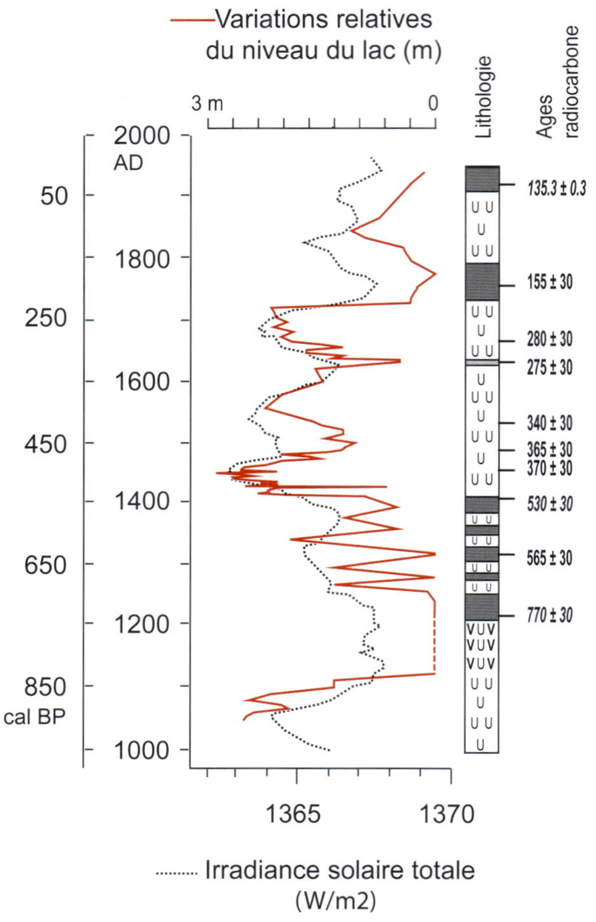

Figure 11 - Comparaison entre les fluctuations du niveau du lac de Joux et les variations de l'irradiance solaire (Bard et al., 2000) au cours du dernier millénaire. Cette comparaison tient compte des contraintes définies par la calibration des dates radiocarbone (voir Figure 3).

quelles s'appuie la reconstitution des niveaux lacustres donnent un signal d'été. Considéré dans son ensemble, l'histoire des crues du Rhône telles que perçues à travers leur impact dans le lac du Bourget (Arnaud *et al.*, 2005) fait état d'un schéma similaire (crues plus fréquentes pendant les périodes de refroidissement du climat).

La haute résolution temporelle et chronologique permet également de tester l'hypothèse d'un forçage solaire comme l'illustre la figure 11. En tenant compte (1) des incertitudes chronologiques définies par la calibration des dates radiocarbone (Figure 3) et (2) d'un hiatus sédimentaire entre les unités sédimentaires 4 et 3, la comparaison de la courbe des fluctuations du niveau du lac de Joux avec la courbe des variations de l'irradiance solaire (Bard *et al.*, 2000) suggère que les variations de l'activité solaire ont pu être un facteur majeur à l'origine des oscillations climatiques au cours de la dernière partie de l'Holocène comme l'indiquent également plusieurs travaux récents (Verschuren *et al.*, 2000 ; Mauquoy *et al.*, 2002 ; Hughes *et al.*, 2006 ; Lund et Curry, 2006 ; Haltia-Hovi *et al.*, 2007). Ainsi, les minimums solaires de Ort vers 1060 AD, de Wolf vers 1320 AD, de Spörer vers 1450 AD, de Maunder vers 1690 AD, et de Dalton vers 1820 AD montrent un possible synchronisme avec de hauts niveaux du lac de Joux. Enfin, cette comparaison suggère également de placer la hausse du niveau du lac de Joux survenue avant 770 ± 30 BP plus précisément aux environs de 1050-1100 AD (Figure 11).

Les données collectées au lac d'Anterne permettent de documenter, en milieu montagnard, les variations des températures d'été associées aux oscillations du climat depuis 1800 ans. On observera tout d'abord, ainsi que l'illustre la figure 12, que l'enregistrement établi à Anterne apparaît cohérent avec d'autres établis dans les Alpes à partir de diverses données, telles que les fluctuations du Grand Glacier d'Aletsch (Holzhauser *et al.*, 2005), ou encore les températures d'été reconstruites à partir de l'étude dendrochronologique et densitométrique de troncs de mélèzes dans les Alpes suisses (Büntgen *et al.*, 2006). En tenant compte des incertitudes chronologiques liées au modèle d'âge construit pour la carotte ANT-01 et du temps de réponse d'un grand glacier comme celui d'Aletsch à un signal climatique (Holzhauser *et al.*, 2005), on retrouve dans ces différents enregistrements l'empreinte de trois refroidissements successifs (Figure 12). On notera cependant que la séquence d'Anterne ne fait pas apparaître le réchauffement postérieur à 1850 AD, probablement en raison de perturbations anthropiques locales et à la gestion piscicole du site (Millet *et al.*, sous presse). On remarquera enfin que les variations des températures reconstruites par Büntgen *et al.* (2006) à partir des troncs de mélèzes atteignent une amplitude supérieure à 2°C, soit sensiblement plus que celles indiquées par les Chironomidae du lac d'Anterne (environ 1,5°C).

Si l'on considère maintenant l'impact possible de ces oscillations du climat sur l'histoire des sociétés, on observe que les données collectées au lac de Joux mettent davantage en lumière l'importance de ressorts économiques et politiques dans la colonisation et l'exploitation du Haut-Jura que celle de facteurs climatiques, et ce malgré la rigueur des conditions climatiques qui caractérisent la vallée de Joux. Il est caractéristique à cet égard de noter que l'expansion de l'impact anthropique qui apparaît au-dessus de la cote 66 cm survient au début même du PAG, alors que la période chaude antérieure ne révèle qu'un faible impact anthropique. La seule influence possible du climat perceptible dans la séquence du lac de Joux pourrait être l'affaiblissement des AI que l'on observe entre les cotes 35 et 18 cm (soit aux environs de 1530-1700 AD, c'est à dire pendant les minimums de Spörer et de Maunder). Mais la forte augmentation des AI à la cote 18 cm précède clairement la brusque baisse du niveau du lac marquée par le dépôt de l'unité sédimentaire 1.

S'agissant de la région du lac d'Anterne, la figure 12 montre comment les périodes d'activités minières reconnues sur la base d'observations archéologiques et

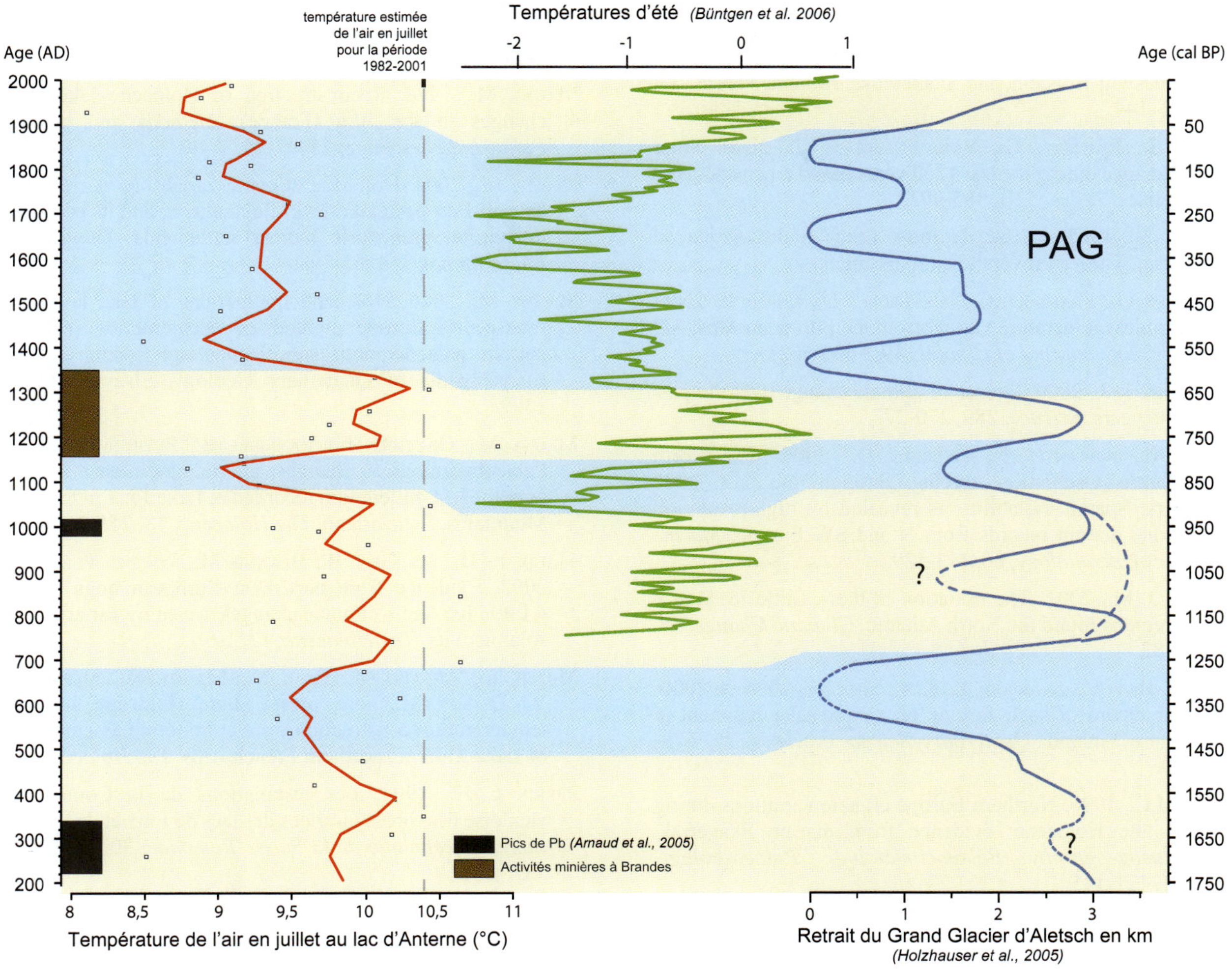

Figure 12 - Comparaison de la courbe des variations de températures de juillet établie au lac d'Anterne (Figure 10) avec la courbe des températures d'été reconstruites à partir d'études dendrochronologiques et densitométriques de troncs de mélèzes (Büntgen et al., 2006) et les fluctuations du Grand Glacier d'Aletsch (Holzhauser et al., 2005) dans les Alpes suisses. Les bandes bleutées soulignent trois phases de refroidissement.

sédimentologiques coïncident généralement avec des conditions climatiques favorables. En particulier, l'exploitation de la mine de Brandes dans le massif voisin de l'Oisans s'inscrit entre 1150 et 1350 AD (Bailly-Maître, 1996), soit au cours d'une période bénéficiant d'étés relativement plus chauds. Cependant, il importera de renforcer encore le corpus des données archéologiques et historiques avant de conclure à un impact possible du climat sur ces activités minières en milieu montagnard.

Bibliographie

Arnaud F., Lignier V., Revel M., Desmet M., Beck C., Pourchet M., Charlet F., Trentesaux A., Tribovillard N. 2002. Flood and earthquake disturbance of ^{210}Pb geochronology (Lake Anterne, NW Alps). *Terra Nova*, 14, 225–232.

Arnaud F., Revel-Rolland M., Chapron E., Desmet M., Tribovillard N., 2005. 7200 years of Rhône river flooding activity recorded in Lake Le Bourget: A high resolution sediment record of NW Alps hydrology. *The Holocene*, 15, 420-428.

Aubert S., 1932. Considérations sur le climat de la vallée de Joux. *Bulletin de la Société Vaudoise des Sciences Naturelles*, 57, 493-524.

Bailly-Maitre M.C., 1996. Brandes-en-Oisans: incidences d'un milieu montagnard sur une exploitation minière médiévale, colloque de la Société d'Archéologie Médiévale. *In* L'homme et la nature au Moyen Age (paléoenvironnement et sociétés européennes), Errance, 235-245.

BARBER K. E., CHAMBERS F. M., MADDY D., 2004. Late Holocene climatic history of northern Germany and Denmark: peat macrofossil investigations at Dosenmoor, Schleswig-Holstein, and Svanemose, Jutland. *Boreas*, 33, 132–144.

BARD E., RAISBECK G., YIOU F., JOUZEL J., 2000. Solar irradiance during the last 1200 years based on cosmogenic nuclides. *Tellus*, 52B, 985-992.

BOSSET E., 1962. Le lac de Joux. Etude hydrologique du bassin. Thèse, Université de Lausanne.

BÜNTGEN U., FRANK D. C., NIEVERGELT D., ESPER J., 2006. Summer temperature variations in the European Alps, AD 755-2004. *Journal of Climate*, 19, 5606-5623.

CROWLEY T. J., 2000. Causes of climate change over the past 1000 years. *Science*, 289, 270-277.

GIL I.M., ABRANTES F., HEBBELN D., 2006. The North Atlantic Oscillation forcing through the last 2000 years: Spatial variability as revealed by high-resolution marine diatom records from N and SW Europe. *Marine Micropaleontology*, 60, 113-129.

GROVE J. M., 2001. The initiation of the « Little Ice Age » in regions round the North Atlantic. *Climatic Change*, 48, 53-82.

HALTIA-HOVI E., SAARINEN T., KUKKONEN M., 2006. A 2000-year record of solar forcing on varved lake sediment in eastern Finland. *Quaternary Science Reviews*, 26, 678-689.

HASS H.C., 1996. Northern Europe climate variations during the late Holocene: evidence from marine Skagerrak. *Palaeogeography Palaeoclimatology Palaeoecology*, 123, 121-145.

HEIRI O., 2001. Holocene palaeolimnology of Swiss mountain lakes reconstructed using subfossil chironomid remains: past climate and prehistoric human impact on lake ecosystems. Ph.D. Thèse, Université de Berne, Berne, 113 p.

HOLZHAUSER H., MAGNY M., ZUMBÜHL H., 2005. Glacier and lake-level variations in west-central Europe over the last 3500 years. *The Holocene*, 15, 789-801.

HUGHES M. K., DIAZ H. F., 1994. Was there a « Medieval Warm Period », and if so, where and when ? *Climatic Change*, 26, 109-142.

HUGHES P. D. M., BLUNDELL A., CHARMAN D. J., BARTLETT S., DANIELL J.R.G., WOTJATSCHKE A., CHAMBERS F.M., 2006. A 8500 cal. year multi-proxy climate record from a bog in eastern Newfoundland : contributions of meltwater discharge and solar forcing. *Quaternary Science Reviews*, 25, 1208-1227.

LUND D. C., CURRY W., 2006. Florida current surface temperature and salinity variability during the last millennium. *Paleoceanography*, 21, 1-15.

MAGNY M., 1998. Reconstruction of Holocene lake-level changes in the Jura (France): methods and results. *Paläoklimaforschung*, 25, 67-85.

MAGNY M., 2004. Holocene climatic variability as reflected by mid-European lake-level fluctuations, and its probable impact on prehistoric human settlements. *Quaternary International*, 113, 65-79.

MAGNY M., 2006. Holocene fluctuations of lake levels in west-central Europe: methods of reconstruction, regional pattern, palaeoclimatic significance and forcing factors. Encyclopedia of Quaternary Geology, Elsevier, 1389-1399.

MAGNY M., GAUTHIER E., VANNIÈRE B., PEYRON O., 2008. Palaeohydrological changes and human-impact history over the last millennium recorded at Lake Joux in the Jura Mountains, Switzerland. *The Holocene*, 18, 255-265.

MAUQUOY D., VAN GEEL B., BLAAUW M., VAN DER PLICHT J., 2002. Evidence from northwest European bogs shows « Little Ice Age » climatic changes driven by variations in solar activity. *The Holocene*, 12, 1-6.

MILLET L., ARNAUD, F., HEIRI O., MAGNY M., VERNEAUX V., DESMET M., sous presse. Late Holocene summer temperature reconstruction from chironomid assemblages of Lake Anterne, northern French Alps. *The Holocene*.

PERRIN C.-H., 1904. Les installations de la Compagnie vaudoise des forces motrices des lacs de Joux et de l'Orbe. *Bulletin Technique de la Suisse Romande*, 30 (18), 329-337.

RENBERG R., BINDLER M.-L., BRÄNNVALL M.L., 2001. Using the historical atmospheric lead-deposition record as a chronological marker in sediment deposits in Europe. *The Holocene*, 11, 511–516.

STUIVER M., REIMER P.J., BARD E., BECK J. W., BURR G.S., HUGHEN K.A., KROMER B., MCCORMAC G., VAN DER PLICHT J., SPURK, M., 1998. Intcal98 radiocarbon age calibration, 24 000-0 cal BP. *Radiocarbon,* 40, 1041-1083.

VERSCHUREN D., LAIRD K.R., CUMMING B.F., 2000. Rainfall and drought in equatorial east Africa during the past 1100 years. *Nature*, 403, 410-414.

WALKER I.R., SMOL J.P., ENGSTROM D.R., BIRKS H.J.B., 1991. An assessment of Chironomidae as quantitative indicators of past climatic change. *Canadian Journal of Fisheries and Aquatic Science,* 48, 975–987.

LES ASSEMBLAGES DE CHIRONOMIDAE ET LES CORTÈGES POLLINIQUES, OUTILS DE RECONSTITUTIONS QUANTITATIVES DES CHANGEMENTS DU CLIMAT HOLOCÈNE

UNE APPROCHE CROISÉE AU COL DU PETIT ST BERNARD LAC « DESSUS-VERNEY », 2280 M

QUANTITATIVE RECONSTRUCTION OF HOLOCENE CLIMATE FROM CHIRONOMID AND POLLEN ASSEMBLAGES, LAKE DESSSUS-VERNEY (COL DU PETIT ST BERNARD, 2280 M A.S.L.) AS A CASE STUDY

LAURENT MILLET [1], ELENA ORTU [1], YANNICK MIRAS [2], OLIVER HEIRI [3], MICHEL MAGNY [1], JACQUES-LOUIS DE BEAULIEU [4].

[1] *Laboratoire de Chrono-Environnement, UMR 6249 du CNRS, 16 route de Gray, F 25 030 Besançon cedex.*

[2] *GEOLAB, UMR 6042 du CNRS, Université Blaise Pascal, 4 rue Ledru, F 63057 Clermont-Ferrand cedex.*

[3] *Palaeoecology, Laboratory of Palaeobotany and Palynology, Institute of Environmental Biology, Utrecht University, Budapestlaan 4, NL-3584 CD Utrecht, The Netherlands.*

[4] *IMEP, UMR 6116 du CNRS, Europôle Méditerranéen de l'Arbois, Bât.Villemin, BP 80, F 13545 Aix-en-Provence cedex 4.*

Contact : laurent.millet@univ-fcomte.fr

RÉSUMÉ

Les variations des températures moyennes de juillet pendant les 8000 dernières années ont été reconstituées quantitativement à partir des assemblages de Chironomidae et des cortèges polliniques de l'enregistrement du lac « Dessus-Verney » (2280 m, Alpes du nord, France). Les températures de l'air de juillet et janvier ont été inférées d'après les thanatocénoses de Chironomidae grâce à une fonction de transfert élaborée à partir de l'étude de la distribution actuelle des communautés de Chironomidae dans 114 lacs du Plateau et des Alpes Suisses. Les températures annuelles, de juillet, ainsi que les précipitations annuelles ont été reconstituées d'après les données polliniques par la méthode des analogues modernes appliquée à une base de données composée de 3000 spectres polliniques actuels.Les quantifications des températures de juillet déduites des deux bio-marqueurs ont été comparées à un enregistrement climatique choisi comme référence pour notre zone d'étude : les variations de niveaux de lacs dans le Jura, les Alpes du Nord, et le Plateau Suisse. Le pollen et les Chironomidae concordent pour indiquer une série de refroidissements centrés sur 1700, 2500, 3100, 5400 et 7800 cal. BP synchrones avec des phases de hauts niveaux lacustres. Alors que les assemblages de Chironomidae suggèrent, en accord avec de nombreux travaux antérieurs, un optimum climatique holocène situé entre 6000 - 7000 cal. BP, les cortèges polliniques ne permettent pas de mettre en évidence une tendance à long terme équivalente. Plusieurs pistes sont proposées pour l'amélioration de la pertinence des reconstitutions climatiques d'après les enregistrements polliniques : (1) l'augmentation de la base de données polliniques actuelle et (2) l'utilisation des reconstitutions quantitatives des températures estivales déduites des Chironomidae comme contrainte pour la sélection des meilleurs analogues polliniques modernes.

***MOTS-CLÉS** : CHIRONOMIDAE, POLLEN, HOLOCÈNE, PALÉOCLIMAT, TEMPÉRATURE.*

ABSTRACT

Changes in July air temperature during the the last 8000 years were inferred from subfossil chironomid and pollen data from Lake Dessus-Verney (2280 m a.s.l., Northern French Alps). July air temperature was inferred from chironomids using an inference model based on the distribution of chironomid assemblages in 114 Swiss lakes. July, January, annual temperatures and annual precipitation were reconstructed from pollen data using the Modern Analogue Technique applied to a modern data set composed of more than 3000 modern pollen spectra. July temperatures derived from both proxies were compared to a reference climate record for the region: the lake-level fluctuations in Jura, northern Alps and the Swiss Plateau. Pollen and Chironomids showed in concert a series of cold reversals at ca 1700, 2500, 3100, 5400 and 7800 cal. BP which were synchronous with high lake-level phases. Whereas chironomid suggest a Holocene climate optimum around 6000 - 7000 cal. BP in agreement with many previous studies, pollen failed to show equivalent long-term climate variability. This may result from a lack of good analogues in the modern training set. The study of new modern spectra and a constraint of the choice of analogues in the modern pollen data base using chironomid-inferred July temperature are needed to improve the results of pollen-inferred climate reconstruction in the Alpine area.

***KEYWORDS:** CHIRONOMIDAE, POLLEN, HOLOCENE, PALEOCLIMATE, TEMPERATURE.*

Introduction

L'amélioration de notre perception des changements paléoclimatiques nécessite l'exploration de nouveaux marqueurs mais aussi le perfectionnement continu des méthodes existantes pour la reconstitution quantifiée des paramètres du climat. Depuis les premiers travaux de Walker *et al.* (1991), les assemblages subfossiles de Chironomidae se sont imposés comme nouveaux biomarqueurs paléoclimatiques, et leur utilisation s'est aujourd'hui largement développée. Les peuplements de Chironomidae présentent en effet un grand potentiel intégrateur des conditions environnementales et climatiques. De récentes études ont montré que les températures estivales (température moyenne de l'air en juillet) étaient un des facteurs principaux de contrôle de la distribution des communautés à large échelle géographique (Brooks et Birks, 2001). Ces conclusions ont justifié la mise au point de fonctions de transfert permettant de reconstituer quantitativement les paléotempératures estivales à partir des préférences thermiques des différents taxa composant les assemblages subfossiles (Heiri, 2006). Cette méthode a montré toute son efficacité pour la reconstitution des changements du climat tardiglaciaire et holocène en Europe du nord et dans quelques sites alpins et jurassiens (par ex. Heiri *et al.*, 2003 ; Heiri et Millet, 2005 ; Velle *et al.,* 2005).

Le pollen est un des bio-indicateurs le plus largement exploité pour la quantification du paléoclimat (par ex. COHMAP Members, 1988 ; Peyron *et al.*, 2005) La méthode des «meilleurs analogues» (Guiot, 1990) est une des techniques les plus couramment employées dans le but d'estimer les paléotempératures et les paléoprécipitations holocènes. Cette technique est en constante évolution avec notamment l'amélioration du référentiel actuel pour l'application aux secteurs alpins de haute altitude (Ortu *et al.*, 2006 ; Ortu *et al.*, sous presse). De précédentes investigations ont démontré la complémentarité des Chironomidae et du pollen pour la reconstitution quantifiée des changements du climat pendant le Tardiglaciaire (Peyron *et al.*, 2005).

Les assemblages de Chironomidae et les cortèges polliniques ont été analysés en parallèle le long d'un enregistrement holocène alpin, le lac « Dessus-Verney » (alt. 2280 m) situé à proximité du Col du Petit St Bernard. Sur la base d'une comparaison croisée des reconstitutions paléoclimatiques déduites d'après ces deux bio-marqueurs avec un enregistrement climatique de référence (les variations de niveaux de lacs, Magny, 2004), cette étude vise à évaluer la validité respective de chacune des deux méthodes, leur complémentarité mais aussi de définir et proposer des perspectives pour leur perfectionnement.

I - Site d'étude et méthode

Le site d'étude, le lac « Dessus-Verney » est une petite dépression lacustre située au nord du Col du Petit Saint Bernard, à 2280 m d'altitude sur le versant septentrional du mont des Rousses (Figure 1). Le plan d'eau résiduel occupe le centre d'une petite tourbière. Une carotte de sédiment de 1 m de longueur a été prélevée sous une hauteur d'eau de 60 cm depuis un radeau de tourbe flottant à l'aide d'un carottier russe à main de type GYK.

Les cortèges polliniques ont été analysés à partir d'échantillons de 1 à 2 cm^3 prélevés tous les 5 cm le long de la carotte. L'intervalle d'échantillonnage a été réduit à 2,5 cm sur une courte portion à la base de l'enregistrement. Les échantillons de gyttja et de tourbe

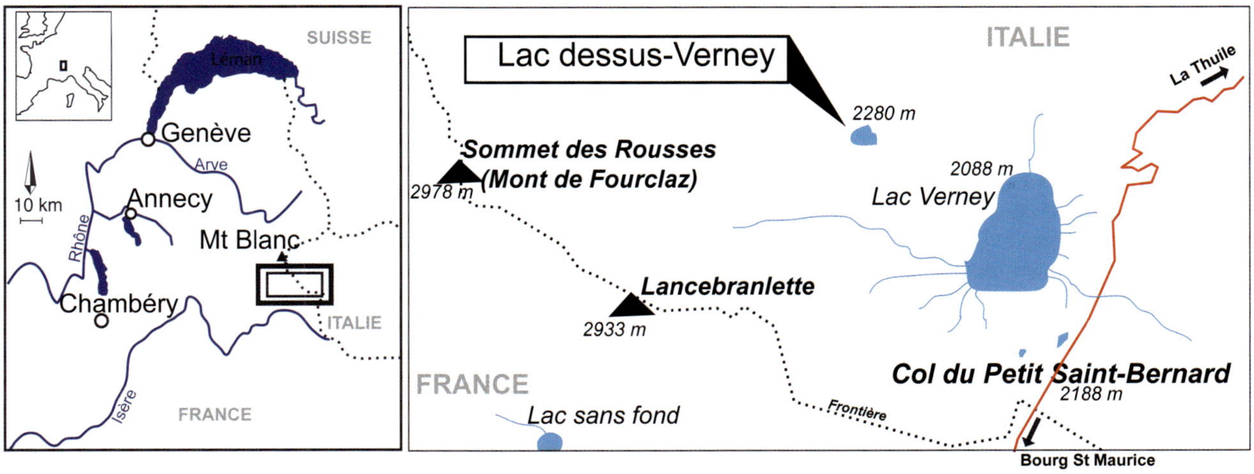

Figure 1 - Localisation géographique du lac de Dessus-Verney.

ont été préparés selon la méthode de Faegri et Iversen (1989). Un minimum de 400 grains de pollen de plantes vasculaires terrestres a été compté par niveau. Les pourcentages polliniques ont été calculés sur la base des sommes totales dont sont exclus le pollen de *Pinus*, le pollen des taxa aquatiques, hygrophytiques et les spores. La courbe « apophytes » regroupe la somme du pollen des Indicateurs Polliniques d'Anthropisation (IPA) (Behre, 1981 ; Court-Picon *et al.*, 2005). La séquence pollinique a été subdivisée en une succession de biozones (PAZ-1 à 5).

La méthode des « meilleurs analogues » (Guiot, 1990) a été appliquée aux assemblages polliniques afin de reconstituer quantitativement les variations de quatre paramètres climatiques : température annuelle, température de janvier, température de juillet et précipitations annuelles. La base de données qui comprend environ 3000 spectres polliniques a été complétée par 210 spectres prélevés dans les Alpes franco-italiennes pour l'application de la méthode aux secteurs de haute montagne. Sur la base du calcul de la distance de chord, la méthode sélectionne s (ici $s=8$) spectres polliniques modernes (distance < 0,63) et fournit une estimation du paléoclimat pour chaque niveau fossile. Les paramètres climatiques actuels ont été interpolés à partir des données météorologiques provenant des stations disponibles en utilisant un réseau de neurones. La reconstitution du paléoclimat se base sur la moyenne pondérée de ces valeurs climatiques actuelles.

Pour l'analyse des assemblages subfossiles de Chironomidae, 32 échantillons de 1 cm d'épaisseur on été prélevés tous les 2,5 cm le long de la séquence sédimentaire entre les profondeurs 95 et 10 cm. Les derniers centimètres de l'enregistrement, composés exclusivement de tourbe fibreuse se sont révélés stériles en capsules céphaliques de Chironomidae. Une moyenne de 86 spécimens par niveau a été identifiée au genre ou au groupe d'espèces à l'aide des clefs de détermination de Wiederholm (1983) et de Brooks *et al.* (2007). Le diagramme des abondances relatives a été réalisé grâce au logiciel TILIA-graph (Grimm, 1991). La subdivision en biozones (CAZ) de la succession des assemblages de Chironomidae s'appuie sur une analyse de *cluster* stratigraphiquement contrainte réalisée à l'aide du Logiciel ZONE (Lotter et Juggins, 1991). Le nombre de biozones statistiquement différentes a été évalué par la méthode des « bâtons brisés » (Bennett, 1996). La richesse taxonomique a été estimée par une analyse de raréfaction réalisée à l'aide du logiciel « *Analytic Rarefaction* » (http://www.uga.edu/strata/software/Software.html). Les températures moyennes de l'air du mois de juillet ont été reconstituées grâce à une fonction de transfert établie d'après la distribution de 91 taxa de Chironomidae dans les sédiments de surface de 100 lacs situés dans les Alpes Suisses entre 490 et 240 m d'altitude (Heiri et Lotter, 2005 ; Bigler *et al.*, 2006.). Après transformation des abondances relatives (racine carrée), les températures moyennes de l'air en juillet ont été calculées d'après une régression de type WA-PLS (Ter-Braak et Juggins, 1993) grâce au programme C2 (Juggins, 2003).

Neuf échantillons ont été envoyés au Laboratoire de Poznan pour datation radiocarbone AMS. Les âges radiocarbone ont été calibrés à deux sigma à l'aide de Calib 5.1 (Stuiver *et al.*, 1998). Sur l'ensemble de ces dates seules deux ont été finalement retenues et acceptées (Tableau 1, Miras *et al.*, 2006). Une combinaison possible entre effet réservoir et présence de schistes houillers stéphano-permiens fragmentés de manière infinitésimale dans les sédiments semble être la cause du vieillissement de la majorité (7 sur 9) des âges obtenus incohérents avec la stratigraphie pollinique (Miras *et al.*, 2006).

Datations radiocarbone et calibration des âges ; évaluation des résultats.

Site	Code laboratoire	Code échantillon (cm)	Nature de l'échantillon	Années non calibrées BP	Années calibrées BP	Années calendaire BC/AD	Evaluation
Dessus Verney	Poz-10372	Dv 94-95	Restes de plantes	1890±40	1901-1720	[49-230] AD	acceptée
	Poz-9614	*Dv 94-95*	*Tourbe*	*4295±35*	*4893-4827*	*2944-2878*	*refusée*[1]
	Poz-9650	*Dv 118-120*	*Tourbe*	*5890±40*	*6798-6634*	*4849-4685*	*refusée*[2]
	Poz-9651	*Dv 123-125*	*Tourbe*	*6640±40*	*7580-7458*	*5631-5509*	*refusée*[2]
	Poz-9655	Dv 131-132	Tourbe	4250±35	4868-4808	2919-2702	acceptée
	Poz-9652	*Dv 144-150*	*Tourbe*	*8760±50*	*9920-9555*	*7971-7606*	*refusée*[3]
	Poz-10373	*Dv 152-153*	*Restes de plantes*	*1250±60*	*1293-1056*	*894-657*	*refusée*[4]
	Poz-9653	*Dv 153-154*	*Tourbe*	*11550±60*	*13558-13264*	*11609-11315*	*refusée*[4]
	Poz-9654	*Dv 160-163*	*argile*	*12810±70*	*15440-14885*	*13491-12936*	*refusée*[4]

[1] incoherent avec la première occurrence de *Juglans* estimée à 2200 uncal. BP (Beug, 1975);

[2] incohérent avec l'installation de *Picea* datée dans la région de ca 3000 uncal. BP (David, 1993; Beaulieu et al., 1993; Brugiapaglia, 1996);

[3] incohérent avec le début du maximum d'*Abies* daté dans la région de 6200 uncal. BP (David, 1993);

[4] incohérent: les assemblages polliniques sont typiques de la période Atlantique;

Tableau 1 - Dates radiocarbone livrées par la séquence sédimentaire du lac de Dessus-Verney.

II - Résultats

BIOSTRATIGRAPHIES ET RECONSTITUTIONS CLIMATIQUES QUANTITATIVES

1 - La stratigraphie pollinique

L'interprétation du diagramme pollinique en termes de dynamique végétale a déjà été plus largement développée dans une publication précédente (Miras *et al.*, 2006, Figure 2) :

- **PAZ-1** (93-81 cm, 6 échantillons) : combinés à des valeurs assez fortes du rapport PA/T (60 à 70 %), les fréquences de *Pinus* qui domine les assemblages sont stables et fortes (entre 70 et 80 %) même si elles accusent une légère tendance à la baisse en fin de zone. La biozone est caractérisée par des pourcentages élevés de *Corylus* (maximum 30 %) et de *Betula* (maximum 20 %). Les occurrences régulières d'*Abies* attestent l'approche de cette essence dans le secteur du Petit Saint-Bernard. Sont également présentes des essences mésophiles de l'étage collinéen : *Quercus* mais aussi *Ulmus* et *Tilia* pour lesquelles la représentation pollinique est optimale. Le cortège pollinique herbacé est dominé par les Poaceae (moyenne : 15 %).

- **PAZ-2** (81-68 cm, 5 échantillons) : l'augmentation des fréquences d'*Abies* jusqu'à 40 % témoigne du développement des sapinières montagnardes. Parallèlement, les valeurs de *Corylus*, d'*Ulmus* et de *Tilia* décroissent nettement (quelques pourcents). La biozone est aussi caractérisée par l'apparition de *Pinus cembro* avec des fréquences autour de 10 %. Les pinèdes paraissent donc s'étendre à l'étage sub-alpin.

- **PAZ-3** (68-61 cm, 3 échantillons) : la biozone est marquée par les toutes premières occurrences de *Picea* qui suggèrent l'approche de cette essence dans le secteur du Petit Saint-Bernard. Cette dynamique s'accompagne d'un recul des fréquences polliniques d'*Abies* qui oscillent désormais autour de 20 %.

- **PAZ-4** (61-36 cm, 10 échantillons) : en dépit d'une décroissance progressive des taux de *Pinus* (de 60 à 40 %), le rapport PA/T reste assez fort (moyenne : ca 60 %) quoique très variable (minimum 40 %). La biozone est marquée par des fréquences élevées de *Picea* (jusqu'à 30 %), témoignage de l'installation des pessières. A l'étage montagnard, le sapin tend à régresser légèrement (stabilité des pourcentages d'*Abies* autour de 20 %) pendant que le hêtre se développe sensiblement. Parallèlement, les Poaceae progressent fortement (20 %). De très nombreuses apophytes (*Plantago* sp., *Artemisia*, *Rumex*) dont certaines font leur apparition (*Plantago lanceolata*) connaissent une hausse généralisée, témoignage de possibles activités anthropiques dans le secteur étudié.

- **PAZ-5** (36-0 cm, 10 échantillons) : la représentation pollinique maximale de *Picea* (de 20 à 45 %) suggère l'étendue des pessières aux étages montagnard et subalpin principalement au détriment des pinèdes comme le montre la baisse des fréquences de *Pinus* jusqu'à un minimum de 10 %. Les sapinières se maintiennent (taux d'*Abies* stabilisés vers 15 %). Les pourcentages d'*Alnus* et *Alnus viridis* augmentent (jusqu'à 12 et 5 % respectivement). Le pollen non arboréen progresse remarquablement (de 25 à 40 %) ; il est largement dominé par les Poaceae (jusqu'à 20 %) et par une présence optimale de très nombreuses rudéro-steppiques comme *Artemisia*, *Rumex*, et des marqueurs pastoraux tels *Plantago lanceolata*, *Potentilla*, ou *Bellis*-type. On remarque aussi les premières occurrences de *Cerealia*-type et de *Secale*. Enfin, *Castanea* et *Juglans* apparaissent de façon régulière.

Les reconstitutions paléoclimatiques obtenues à partir du pollen sont présentées par la figure 3. Nous nous bornerons ici à ne décrire en détail que les reconstitutions des températures de juillet qui seront ultérieurement comparées à celles inférées des assemblages de Chironomidae.

Pendant PAZ-1 (93-81 cm), les températures de juillet sont comprises entre 15 et 18 °C, les reconstitutions présentent une étroite marge d'erreur. La transition PAZ-1/PAZ-2 est marquée par une baisse abrupte des températures inférées qui sont ensuite comprises entre 11 °C et 15 °C. On peut noter que les valeurs reconstruites à la base de cette zone montrent une marge d'erreur importante avec une borne minimale vers 7°C à 80 cm. Pendant PAZ-3, on constate une baisse des températures de juillet qui passent de 15 à 10 °C avec une marge d'erreur inférieure ou égale à 7,5 °C. PAZ-4 est caractérisée par plusieurs fluctuations des températures de juillet qui oscillent entre 8 et 17 °C. Un événement froid identifié vers 45 cm est encadré par deux phases plus chaudes de 58 à 48 cm et de 42 à 36 cm. Pendant PAZ-5, d'une manière générale, les températures de juillet augmentent par rapport à la biozone précédente pour être comprises entre 12 et 16 °C. Un refroidissement important (3 °C d'amplitude) peut être noté à 35 cm, un autre plus ténu à 22 cm.

2 - Les assemblages de Chironomidae

Sur l'ensemble de la séquence, 15 taxa différents ont été identifiés (Figure 4). D'une façon générale, *Dicrotendipes* domine largement les assemblages avec des abondances relatives qui atteignent jusqu'à 90% dans certains échantillons. Ce taxon colonise fréquemment le littoral des grands lacs et les petits plans d'eau où il est associé avec les macrophytes aquatiques (Moller-Pillot et Buskens, 1990 ; Brodersen *et al.*, 2001). Dans la plupart des bases de données actuelles des fonctions de transfert climatiques, *Dicrotendipes* est classé parmi les taxa « tempérés » (par ex. Larocque *et al.*, 2001 ; Barley *et al.*, 2006).

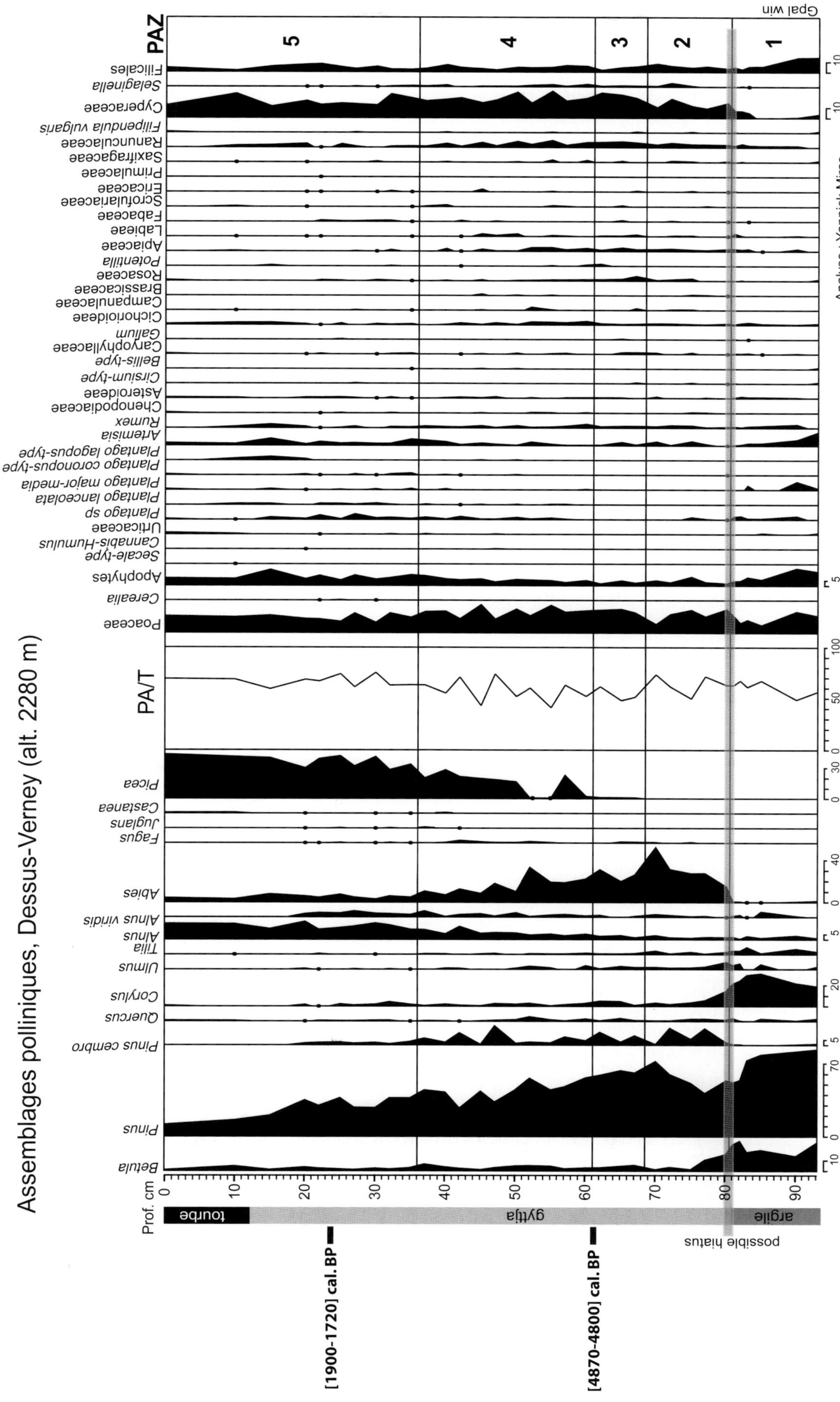

Figure 2 - Diagramme pollinique simplifié, d'après Miras et al. (2006).

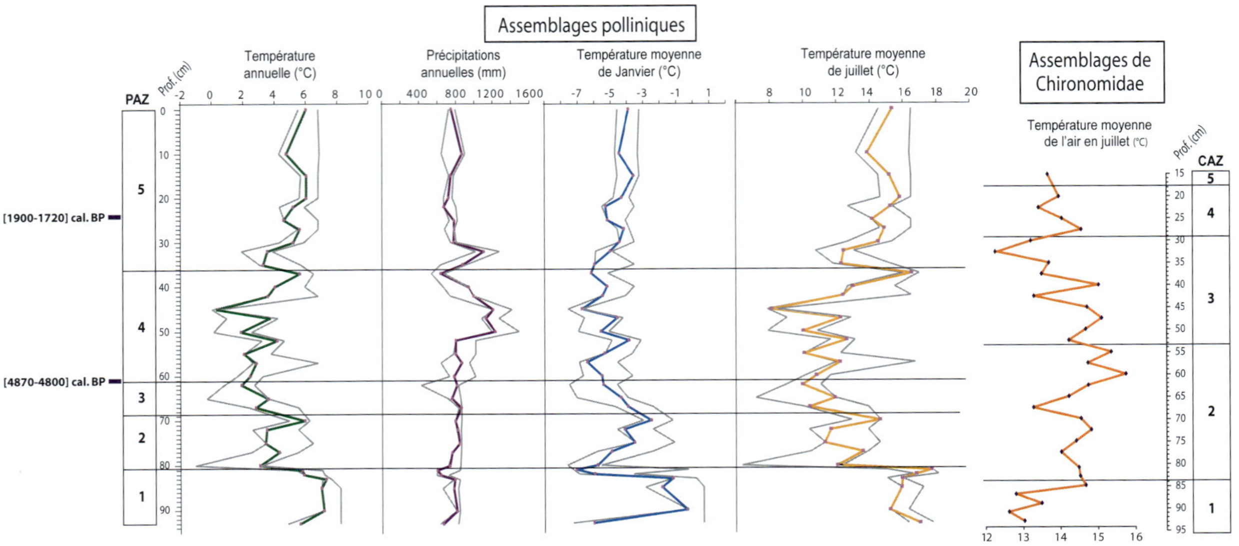

Figure 3 - Reconstitutions paléoclimatiques quantitatives d'après les cortèges polliniques et les assemblages de Chironomidae.

L'analyse de *cluster* a permis d'identifier 5 biozones d'après les fluctuations des abondances relatives des différents taxa (Figure 4).

- CAZ-1 (93-84 cm, 5 échantillons) : la faible richesse taxonomique suggère un habitat aquatique peu diversifié et des conditions climatiques contraignantes (Figure 4). La zone est largement dominée par *Dicrotendipes* dont l'abondance relative est toujours supérieure à 70%. La biozone est aussi caractérisée par la présence de *Psectrocladius sordidellus*-type (10-15%) et de *Cricotopus/Orthocladius* (<5%). Ces 3 taxa sont plus communément associés à la présence de macrophytes aquatiques dans la zone littorale des grands lacs et dans les petits plans d'eau (Moller-Pillot et Buskens, 1990 ; Brodersen *et al.*, 2001). Les assemblages évoquent donc un petit lac peu profond et assez homogène. Dans ces conditions de faible profondeur, la présence de *Tanytarsus lugens*-type à 163 (<1%) et à 161 cm (4%) suggère des températures estivales relativement fraîches (Hofmann, 1986).

- CAZ-2 (84-53,5 cm, 11 échantillons) : l'accroissement de la richesse taxonomique (environ 10) matérialise probablement une diversification de l'habitat aquatique et une amélioration des conditions climatiques. Malgré une baisse de ses abondances relatives vers une moyenne de 40 %, *Dicrotendipes* demeure l'un des taxa dominants (Figure 4). L'apparition et le développement rapide de nouveaux taxa parmi lesquels *Chironomus* gr. *plumo-*

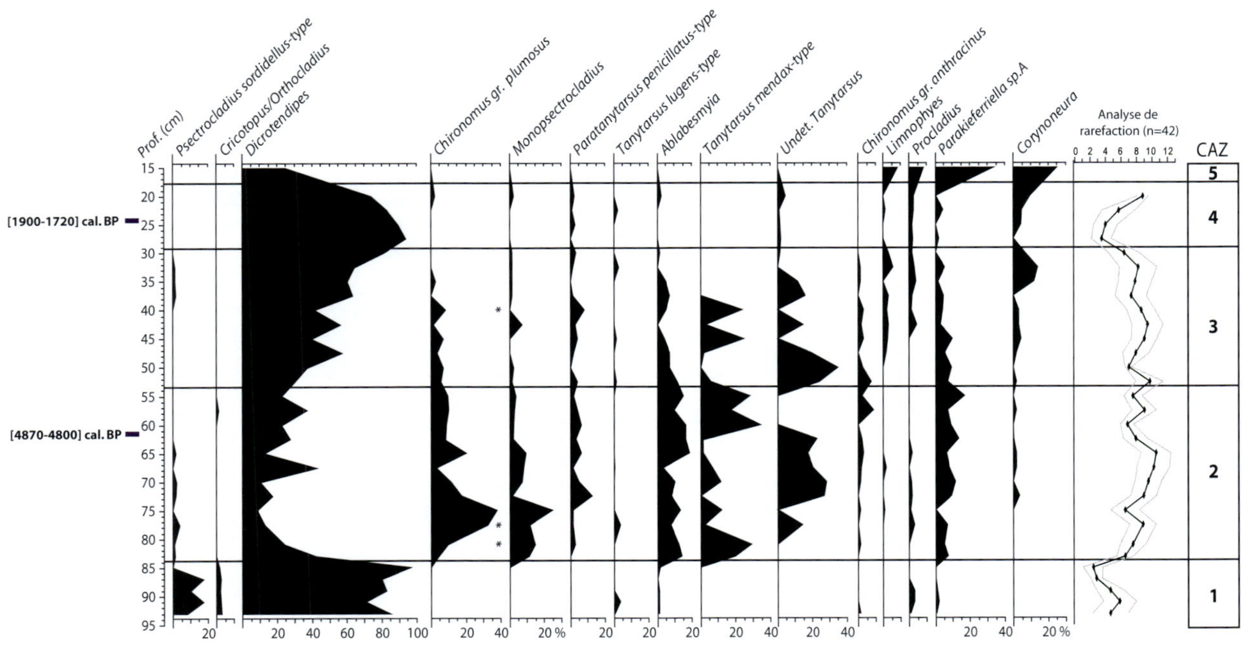

Figure 4 - Diagramme simplifié des assemblages de Chironomidae subfossiles.

sus (jusqu'à 37 %), *Monopsectrocladius* (jusqu'à 24 %) indiquent des sédiments avec une forte accumulation de matière organique (habitats de type « vases organiques ») et une dégradation des conditions d'oxygénation (hypoxie). Ces déductions sont corroborées par la présence de *Chaoborus* (Famille des Chaoboridae) attestée par l'identification de plusieurs mandibules (Figure 4). Mis à part *Dicrotendipes*, l'ensemble des taxa dominants de la biozone sont classés dans le groupe « thermophiles » des bases de données actuelles des fonctions de transfert. Ainsi, à la faveur d'une augmentation du niveau du petit plan d'eau et/ou de conditions climatiques plus favorables, le milieu aquatique se diversifie. Alors que la zone littorale est probablement colonisée par *Dicrotendipes*, *Ablabesmyia*, *Paratanytarsus* et plusieurs espèces de *Tanytarsus*, dans la zone plus profonde où les eaux sont probablement hypoxiques, les sédiments marqués par une forte accumulation organique sont colonisés par *Chironomus*, *Monopsectrocladius* et quelques *Chaoborus*.

- CAZ-3 (53,5-29 cm, 10 échantillons) : la biozone est caractérisée par une augmentation progressive des abondances relatives de *Dicrotendipes* qui atteignent plus de 80 % à la fin de la biozone alors que les taxa thermophiles apparus lors de la biozone précédente comme *Chironomus*, *Monopsectrocladius*, *Paratanytarsus* et *Tanytarsus* déclinent régulièrement (Figure 5). On remarque l'apparition à la fin de la biozone de *Corynoneura*, souvent associé aux macrophytes aquatiques, et de *Lymnophyes*, dont certaines espèces sont aussi terrestres ou semi-terrestres. Cette dynamique des assemblages associée à la baisse continue de la richesse taxonomique pendant la biozone suggère une homogénéisation des habitats aquatiques liée à des conditions climatiques progressivement plus contraignantes (refroidissement) potentiellement couplées avec un abaissement relatif du plan d'eau.

- CAZ-4 (29-17,5 cm, 4 échantillons) : la biozone est caractérisée par les fortes abondances relative de *Dicrotendipes* (moyenne de 83 %). La richesse taxonomique est faible, et, dans le prolongement de la dynamique amorcée lors de la biozone précédente, de nombreux taxa disparaissent ou ne sont présents que très sporadiquement (Figure 5). Les assemblages de Chironomidae de cette biozone suggèrent la prévalence d'un bas niveau du plan d'eau.

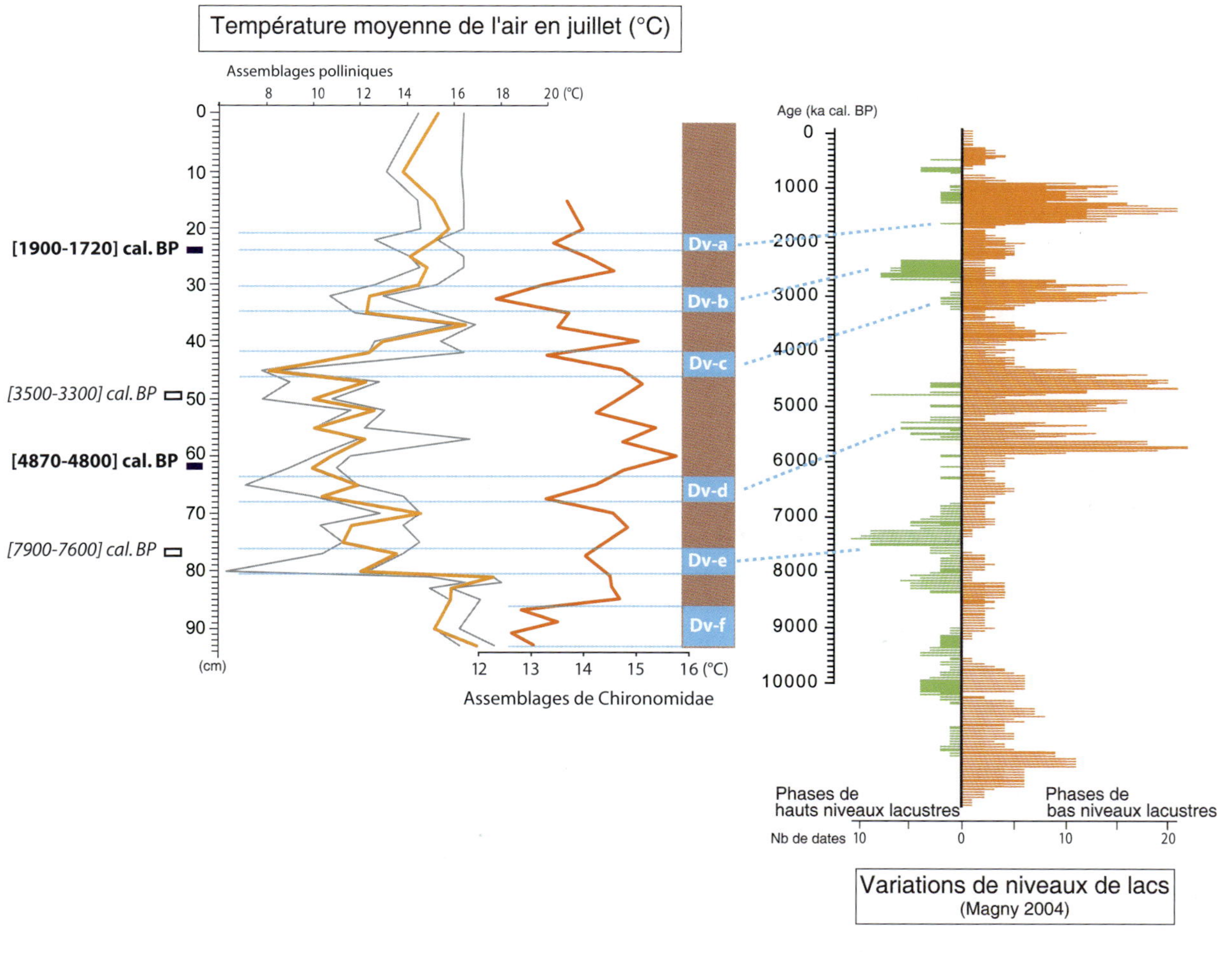

Figure 5 - Comparaison croisée des reconstitutions des températures estivales déduites du pollen et des Chironomidae avec la distribution des dates radiocarbone des hauts et des bas niveaux lacustres dans le Jura, les Alpes du nord et le Plateau Suisse (d'après Magny, 2004).

- **CAZ-5** (17,5-15 cm, 1 échantillon) : cette biozone n'est représentée que par un unique échantillon, elle est caractérisée par les plus fortes abondances relatives de *Limnophyes* (8%) et de *Corynoneura* (25 %) pour l'ensemble de l'enregistrement. Cette composition taxonomique particulière est le premier signe du comblement du lac qui sera ensuite remplacé par une tourbière comme le montre l'accumulation de tourbe fibreuse au sommet de la carotte d'où aucune capsule céphalique de Chironomidae n'a pu être extraite.

Les températures moyennes de l'air en juillet reconstituées sont comprises entre 12°C à 16°C (Figure 3). L'enregistrement débute par une phase froide, correspondant à la biozone CAZ-1, marquée par des températures oscillant autour d'une moyenne de 13°C. Pendant CAZ-2 et la première moitié de CAZ-3 (jusqu'à 40 cm), les températures sont plus élevées (moyenne à 14,5°C) avec un maximum de 15,75°C atteint à 60 cm (Figure 3). Deux brefs événements froids peuvent être identifiés à 67,5 cm et 42,5 cm (13,3°C). La partie terminale de CAZ-3, comprise entre 40 et 29 cm, est marquée par des températures de l'air de juillet plus froides puisqu'elles varient autour de 13,20°C de moyenne (Figure 3). La fin de l'enregistrement (CAZ-4 et CAZ-5) est caractérisée par une augmentation relative des températures inférées qui atteignent une moyenne de 14°C.

III - Discussion

1 - Indépendance des reconstitutions

Avant de discuter les concordances et discordances éventuelles entre les signaux climatiques déduits des Chironomidae et des cortèges polliniques, il convient de s'interroger sur l'indépendance des reconstitutions déduites des Chironomidae par rapport au pastoralisme et à la dynamique de végétation locale.

La relation entre les communautés de Chironomidae et les conditions climatiques justifie les reconstitutions quantitatives des paleotempératures à partir des thanatocénoses grâce aux fonctions de transfert bâties sur l'étude d'un référentiel actuel.

Cependant, d'autres facteurs environnementaux et limnologiques locaux comme les conditions d'oxygénation (Quinlan et Smol, 2001), la nature de l'habitat aquatique (McGarrigle, 1981), et les relations inter-spécifiques (Millet *et al.*, sous presse) peuvent exercer une influence qui peut parfois devenir prépondérante sur les assemblages de Chironomidae. Dans ces contextes particuliers, les reconstitutions quantitatives des variations du climat déduites des Chironomidae peuvent être faussées. La dynamique du couvert végétal (limite forestière) et des pratiques agro-pastorales sur le bassin versant a déjà été reconnue comme origine potentielle de ce type de perturbation dans plusieurs archives lacustres alpines (Heiri et Lotter, 2003 ; Heiri *et al.*, 2003). De façon schématique, l'augmentation du couvert forestier et du pastoralisme peuvent conduire à un changement de nature, à une augmentation des apports en matière organique pour les systèmes lacustres, et à une dégradation consécutive des conditions d'oxygénation des eaux. Ces conditions peuvent devenir contraignantes pour la faune aquatique, et favoriser le développement de certaines espèces comme *Chironomus* gr. *plumosus* plus particulièrement adaptées à ces milieux. Comme dans les fonctions de transfert les optima thermiques de ces taxa sont élevés, leur développement conduit à une surévaluation des températures dans les reconstitutions.

A l'opposé de leurs effets supposés (sur-évaluations) sur les reconstitutions inférées d'après les Chironomidae, l'apparition vers 42 cm et le développement postérieur des indices de pastoralisme repérés dans le diagramme pollinique coïncident globalement avec des températures plus froides comme par exemple à 42,5 cm et entre 40 et 29 cm. Ainsi le développement du pastoralisme aux abords du lac Dessus-Verney ne semble pas exercer une influence suffisamment forte sur le biotope aquatique pour troubler le signal climatique reconstitué d'après les Chironomidae.

C'est pendant la biozone PAZ-2 (à partir de 81 cm), que les taux les plus élevés d'*Abies* (20 %) suggèrent, compte tenu de l'altitude du site (2280 m) et de l'histoire régionale des variations de la limite forestière (Brugiapaglia, 2007), une augmentation relative du couvert forestier sur le bassin versant avec probablement une formation clairsemée de sapins et de pins cembro. Ce développement supposé du couvert arboré sur le bassin-versant ne coïncide avec aucune variation significative des températures déduites des Chironomidae. L'augmentation des températures se produit à 85 cm, elle précède donc nettement l'accroissement des pourcentages d'*Abies*. C'est probablement l'augmentation des températures estivales qui favorisent, pour une part, l'élévation de la limite forestière dans le massif.

Cette confrontation du signal climatique déduit des Chironomidae avec la dynamique de la végétation et les indices du pastoralisme suggèrent finalement que ces changements de l'environnement local ne sont pas d'une intensité suffisante pour avoir engendré directement des modifications dans les assemblages et fausser ainsi la reconstitution quantitative des températures estivales.

2 - Concordances et discordances entre les deux types de reconstitutions

Le seul moyen d'évaluer et de discuter la validité

respective des reconstitutions quantitatives fournies par l'une ou l'autre des méthodes consiste à comparer les signaux déduits avec des enregistrements climatiques choisis comme références dans notre zone d'étude. Les reconstitutions paléoclimatiques obtenues à Dessus-Verney sont donc comparées avec la courbe des variations de niveaux de lac (Magny, 2004) sur la base des âges radiocarbone obtenus à 24,5 cm et 61,5 cm (intervalle calibré à deux sigma [1720-1900] et [4800-4870 BP], respectivement), et de la dynamique de végétation mise en évidence à Dessus-Verney et bien datée par ailleurs sur d'autres enregistrements proches :

- les premières véritables formations à *Picea* reconstituées à 50 cm à Dessus-Verney sont datées entre 3500 et 3300 cal BP au Lac du Clou situé à une altitude comparable (2370 m) et éloigné de seulement 13 km au sud (David, 1993) ;
- à 77 cm, le développement de forêts d'*Abies* à plus basse altitude combinée au recul des chênaies diversifiées et des formations à *Corylus* des vallées de plus basses altitudes est daté dans les Alpes du Nord entre 7900 et 7600 cal BP (David, 1993).

La confrontation des reconstitutions climatiques inférées des assemblages de Chironomidae et des cortèges polliniques permet d'identifier une série d'événements froids communs, de Dv-a à Dv-e, intercalés entre des phases plus chaudes (Figure 4). Par rapport aux repères chronologiques disponibles pour la séquence, les positions relatives de ces événements froids centrés respectivement aux environs de 1700, 2500, 3100, 5400, et 7800 cal. BP permettent de proposer une corrélation avec des phases de péjorations climatiques identifiées dans la courbe des niveaux de lacs (Magny 2004) et d'autres enregistrements climatiques européens (Haas *et al.*, 1998 ; Magny et Haas, 2004 ; Holzhauser *et al.*, 2005 ; Velle *et al.*, 2005). A l'inverse, les phases caractérisées par des températures plus élevées s'ajustent bien avec des périodes marquées par des bas niveaux lacustres.

Cependant, si dans la partie supérieure de l'enregistrement (de 0 à 45 cm), on constate une concordance entre les valeurs des températures reconstituées, la portion comprise entre 45 cm et 85 cm est marquée par une grande différence (de 2 à 3°C) des valeurs déduites d'après les deux proxies. Dans les reconstitutions inférées d'après le pollen, les températures sont nettement plus faibles pendant cette phase que dans le reste de l'enregistrement. A l'opposé, dans les quantifications dérivées des Chironomidae, les fortes abondances relatives de *Chironomus*, de *Monopsectrocladius* et de *Tanytarsus mendax*-type dans les assemblages conduisent à la reconstitution des températures les plus élevées de l'enregistrement. Ces taxa sont plus fréquemment trouvés dans les lacs de basse altitude, chauds, de la base de données de la fonction de transfert suisse (Heiri et Lotter, 2005). Le large consensus sur le caractère thermophile de ces taxa (par ex. Barley *et al.*, 2006 ; Larocque *et al.*, 2001) suggère que les reconstitutions de températures élevées déduites des Chironomidae ne semblent pas ici devoir être remises en cause. Les résultats fournis par les assemblages de Chironomidae sont par ailleurs en accord avec l'âge de l'optimum climatique holocène compris entre 6000 et 7000 cal. BP selon les sites (Velle *et al.*, 2005). Entre 45 et 85 cm, comme la majorité des analogues modernes des assemblages fossiles de pollen proviennent de formations supra-forestières, des températures plus faibles sont donc estimées pour cette partie de la séquence. L'interprétation des cortèges polliniques suggère la présence d'un milieu forestier ouvert. La dynamique de remplacement du sapin par l'épicéa en limite supérieure des forêts n'a sans doute aucun équivalent parmi les analogues modernes du référentiel. Les reconstitutions des températures estivales, mais aussi très probablement celles des autres paramètres climatiques inférées d'après les spectres fossiles, sont donc potentiellement faussées pour cette période. D'une façon générale, il est toujours difficile d'interpréter en termes de variations du climat des assemblages polliniques dominés par *Abies*. En effet, les sapinières ont presque disparu dans les Alpes Occidentales principalement en raison des déboisements pratiqués dès l'époque romaine (Küster, 1994 ; Ortu *et al.*, 2003).

Entre 85 et 93 cm, la composition des assemblages de Chironomidae (abondances relatives plus élevées de *Dicrotendipes*, *Psectrocladius* et *Tanytarsus* type *lugens*) conduit à la reconstitution d'un événement froid. Les cortèges polliniques conduisent au contraire à la reconstitution de températures plus élevées que dans la partie supérieure de l'enregistrement. Ces résultats peuvent être attribués à la dominance du pin dans les assemblages polliniques, responsables de la sélection d'analogues dans les formations à taïga, caractérisées par des températures estivales chaudes. En l'absence de repère chronologique fiable pour la base de la séquence aucune corrélation ne peut être proposée pour le dernier événement froid (Dv-f) probablement antérieur à 8000 BP. Pour cet événement, la validité des reconstitutions respectives fournies par les deux proxies ne peut donc pas être discutée.

3 - Perspectives méthodologiques

Même si cette étude suggère que les reconstitutions quantitatives déduites des assemblages de Chironomidae sont probablement fiables, de nombreuses améliorations de cette méthode encore jeune sont encore nécessaires. Une des pistes communément évoquée est la progression dans le niveau d'identification des spécimens pour l'instant limitée au genre pour la plupart des taxa (Brooks *et al.*, 2007). Un genre comme *Tanytarsus* dans l'enregistrement du lac de Dessus-Verney (Figure 4) peut en effet regrouper un grand nombre d'espèces aux exigences écologiques très variées. Les reconstitutions seront donc d'autant plus fines que le niveau d'identification sera précis. Ensuite, l'augmentation du référentiel actuel demeure indispensable. La base de données disponible pour les Alpes comprend une centaine de lacs, mais son domaine d'application reste encore restreint au versant nord du massif. De plus, le nombre de sites actuels de haute altitude reste encore limité malgré des contributions récentes.

A propos des quantifications proposées d'après le pollen, cette étude complète des travaux antérieurs pour montrer que des perfectionnements sont encore nécessaires pour améliorer la fiabilité des résultats dans les zones de haute montagne. Le signal climatique inféré sera d'autant plus pertinent que l'on disposera dans la base de données actuelle de « bons analogues » aux assemblages subfossiles. Un des moyens de développer la fiabilité des reconstitutions est donc d'améliorer le référentiel pollinique à partir d'échantillonnages de surface selon des transects altitudinaux. Cette stratégie permettra notamment de renforcer la représentation pollinique dans le référentiel actuel des sapinières résiduelles, formations végétales très répandues au cours de l'Holocène dans tout l'arc alpin et aujourd'hui quasi inexistantes dans les Alpes occidentales, mais que l'on peut encore trouver dans les Alpes orientales. Pour pallier le manque actuel de bons analogues et la difficulté de positionner le site d'étude par rapport aux variations de la limite supérieure des arbres dans le passé, une des solutions envisagée est de contraindre le choix parmi les analogues modernes des assemblages polliniques fossiles par les valeurs de températures de juillet reconstituées à partir des assemblages de Chironomidae. Cette étape permettrait de maintenir ainsi une cohérence dans la sélection d'analogues modernes dans des formations arborées ou asylvatiques contrôlées par ce facteur climatique. Une stratégie équivalente a déjà été testée et appliquée avec succès en combinant les assemblages polliniques et les variations de niveaux de lacs (Magny *et al.*, 2001).

Conclusion

La concordance avec la courbe des variations de niveaux de lac et d'autres enregistrements climatiques holocène européens, suggère, dans l'état actuel de la résolution chronologique de la séquence, la validité et la pertinence de la courbe des températures moyennes de juillet déduite des assemblages de Chironomidae. Les cortèges polliniques permettent de proposer des reconstitutions climatiques plus complètes avec, en plus des températures estivales, les températures annuelles, de janvier et les précipitations annuelles. Cependant, si les grains de pollen mettent bien en évidence la variabilité de haute fréquence et plus particulièrement la récurrence de plusieurs événements froids (Dv-a à Dv-e), des problèmes liés au manque de bons analogues actuels entraînent un biais dans la reconstitution de la variabilité climatique à long terme (optimum climatique holocène).

Outre l'enrichissement nécessaire du référentiel actuel, une reconstitution quantitative pertinente des variations du climat peut exploiter la complémentarité des deux bio-marqueurs en s'appuyant sur une stratégie «multiproxies». Contraindre le choix des analogues modernes des assemblages polliniques fossiles par les valeurs de températures de juillet reconstituées à partir des assemblages de Chironomidae apparaît comme une piste à explorer pour de futures investigations.

Remerciements

Cette étude a reçu le soutien financier d'un programme INTERREG 3 A : « Alpis Graia, Archéologie sans frontières au col du Petit Saint-Bernard ».

BIBLIOGRAPHIE

BARLEY E.M., WALKER I.R., KUREK J., CWYNAR L.C., MATHEWES R.W., GAJEWSKI K., FINNEY B.P., 2006. A northwest North American training set: distribution of freshwater midges in relation to air temperature and lake depth. *Journal of Paleolimnology*, 36, 295-314.

BEHRE K.E., 1981. The interpretation of anthropogenic indicators in pollen diagrams. *Pollen et spores*, 23, 225-245.

BENNETT K.D., 1996. Determination of the number of zones in a biostratigraphical sequence. *New Phytologist*, 132, 155–170.

BIGLER C., HEIRI O., KRSKOVA R., LOTTER A.F., STURM M., 2006. Distribution of diatoms, chironomids and cladocerans in surface sediments of thirty mountain lakes in south-eastern Switzerland. *Aquatic Sciences*, 68, 154-171.

BRODERSEN K.P., ODGAARD B., VESTERGAARD O., ANDERSON N.J., 2001. Chironomid stratigraphy in the shallow and eutrophic Lake Søbygaard, Denmark: Chironomid-Macrophyte co-occurrence. *Freshwater Biology*, 46, 253-267.

BROOKS S.J., BIRKS H.J.B., 2001. Chironomid-inferred air temperatures from Lateglacial and Holocene sites in north-west Europe: progress and problems. *Quaternary Science Reviews*, 20, 1723-1741.

BROOKS S.J., LANGDON P.G., HEIRI O., 2007. The identification and use of Palaearctic Chironomidae larvae in palaeoecology. Quaternary Research Association Technical Guide, 10, 276 pp.

BRUGIAPAGLIA E., 2007. Evoluzione altitudinale spazio-temporale degli alberi durante gli ultimi 12000 anni in valle d'Aosta (Italia). *Il Quaternario*, 20(2), 195-212.

COURT-PICON M., BUTTLER A., BEAULIEU J.L., 2005. Modern pollen-vegetation relationships in the Champsaur valley (French Alps) and their potential in the interpretation of fossil pollen records of past cultural landscapes. *Review of Palaeobotany and Palynology*, 135, 13-39.

COHMAP MEMBERS, 1988. Climatic changes of the last 18 000 years: Observations and model simulations. *Science*, 241, 1043-1052.

DAVID F., 1993. Evolution de la limite supérieure des arbres dans les Alpes françaises du nord depuis la fin des temps glaciaires. Thèse, Université d'Aix-Marseille III, Marseille.

FAEGRI K., IVERSEN, J., 1989. Textbook of Pollen analysis, 4th edition. Wiley and Sons, Chichester.

GRIMM E.C., 1991. TILIA and TILIA GRAPH Software. Illinois State Museum

GUIOT J., 1990. Methods and programs of statistics for paleoclimatology and paleoecology. *In* J. Guiot et L. Labeyrie (éd), Quantification des Changements Climatiques : Méthodes et Programmes. Institut National des Sciences de l'Univers (INSU-France), Monographie n° 1.

HAAS J.N., RICHOZ I., TINNER W., WICK L., 1998. Synchronous Holocene climatic oscillations recorded on the Swiss Plateau and at timberline in the Alps. *The Holocene*, 8, 301–304.

HEIRI O., 2006. Chironomid records - Postglacial Europe. *In* S.A. Elias (éd.) Encyclopedia of Quaternary Sciences, vol 1. Elsevier, Amsterdam, 390-398.

HEIRI O., LOTTER A.F., 2003. 9000 years of chironomid assemblage dynamics in an Alpine lake: long-term trends, sensitivity to disturbance and resilience of the fauna. *Journal of Paleolimnology*, 30, 273-289.

Heiri O., Lotter A.F., 2005. Summer temperature reconstruction in the Alps based on fossil assemblages of aquatic organisms: a review. *Boreas*, 34, 506-516.

HEIRI O., MILLET L., 2005. Reconstruction of Late Glacial summer temperatures from chironomid assemblages in Lac Lautrey (Jura, France). *Journal of Quaternary Science*, 20, 31-44.

Heiri O., Lotter A.F., Hausmann S., Kienast F., 2003. A chironomid-based Holocene summer air temperature reconstruction from the Swiss Alps. THE HOLOCENE, 13(4), 477–484.

HOFMANN W., 1986. Chironomid analysis. *In* Berglund, B.E. (Ed.), Handbook on Holocene Palaeoecology and Palaeohydrology. Wiley, Chichester, 715-727.

HOLZHAUSER H., MAGNY M., ZUMBÜHL H.J., 2005. Glacier and lake level variations in west-central Europe over the last 3,500 years. *The Holocene*, 15, 789–801.

JOWSEY PC., 1966. An improved peat sampler. *New Phytologist*, 65, 245-248.

JUGGINS S., 2003. C^2 User guide. Software for ecological and palaeoecological data analysis and visualisation. University of Newcastle, Newcastle upon Tyne.

KÜSTER H., 1994. The economic use of Abies wood as timber in central Europe during Roman times. Vegetation History and Archaeobotany 3, 25-32.

LAROCQUE I., HALL R.I., GRAHN E., 2001. Chironomids as indicators of climatic and environmental change: a 100-lake training set from a subarctic region of northern Sweden (Lapland). *Journal of Paleolimnology*, 26, 307–322.

LOTTER A.F., JUGGINS S., 1991. POLPROF, TRAN and ZONE: programs for plotting, editing and zoning pollen and diatom data. INQUA-Subcommission fot the study of the Holocene *Working Group on Data-Handling Methods, Newsletter*, 6, 4-6.

MAGNY M., 2004. Holocene climatic variability as reflected by mid-European lake-level fluctuations and its probable impact on prehistoric human settlements. *Quaternary International*, 113 (1), 65-79.

MAGNY M., HAAS J.N., 2004. A major widespread climatic change around 5300 cal. Yr BP at the time of the Alpine Iceman. *Journal of Quaternary Science*, 19, 423– 430.

MAGNY M., GUIOT J., SCHOELLAMMER P., 2001. Quantitative reconstruction of Younger Dryas to mid-Holocene paleoclimates at Le Locle, Swiss Jura, using pollen and lake-level data. *Quaternary Research,* 56, 170-180.

MCGARRIGLE M.L., 1980. The distribution of chironomid communities and controlling sediment parameters. *In* Murray, D.A. (éd.), L. Derravaragh, Ireland. Chironomidae. Ecology, Systematics, Cytology and Physiology. Pergamon Press, Oxford, 275-282.

MILLET L., ARNAUD F., HEIRI O., MAGNY M., VERNEAUX V. and DESMET M., sous presse. Late Holocene summer temperature reconstruction from chironomid assemblages of Lake Anterne, northern French Alps. *The Holocene.*

Miras Y., Millet M., Guiter F., Ponel P., de Beaulieu J-L., Gozlar T., 2006. Dynamique des écosystèmes et impact de l'homme dans le secteur du Col du Petit St-Bernard au cours de l'Holocène. Alpis Graia Archéologie sans frontières au col du Petit St-Bernard, actes du séminaire de clôture, 31-50.

Moller-Pillot H.K.M., Buskens R.F.M., 1990. De larven der Nederlandse Chironomidae (Diptera). Deel C: Autoekologie en verspreiding. *Nederlandse Faunistische Mededelingen*, 1C, 1–277.

Ortu E., Brewer S., Peyron O., 2006. Pollen-inferred palaeoclimate reconstructions in mountain areas: problems and perspectives. *Journal of Quaternary Science*, 21(6), 615-627.

Ortu E., David F., Caramiello R., 2003. Rôle de l'homme dans l'histoire de la végétation de la vallée Ellero (Alpes Maritimes ; Italie). *Comptes rendus Biologie, Académie des sciences*, Paris, 326, 631–637.

Ortu E., Peyron O., Bordon A., Beaulieu de J.L., Caramiello R., Siniscalco S., sous presse. Lateglacial and Holocene climate oscillations in the South-western Alps: an attempt at quantitative reconstruction. *Quaternary International*.

Peyron O., Bégeot C., Brewer S., Heiri O., Magny M., Millet L., Ruffaldi P., Van Campo E., and Yu G., 2005. Late-Glacial climatic changes in Eastern France (Lake Lautrey) from pollen, lake-levels, and chironomids. *Quaternary Research*, 64, 197-211.

Quinlan R., Smol J.P., 2001. Setting minimum head capsule abundance and taxa deletion criteria in chironomid-based inference models. *Journal of Paleolimnology*, 26, 327–342.

Stuiver M., Reimer P.J., Bard E., Beck J. W., Burr G.S., Hughen K.A., Kromer B., McCormac G., van der Plicht J., Spurk, M., 1998. Intcal98 radiocarbon age calibration, 24 000 - 0 cal BP. *Radiocarbon*, 40, 1041-1083.

Ter-Braak C.J.F., Juggins S., 1993. Weighted averaging partial least squares regression (WA PLS): an improved method for reconstructing environmental variables from species assemblages. *Hydrobiologia*, 269/270, 485–502.

Velle G., Brooks S.J., Birks H.J.B., Willassen E., 2005. Chironomids as a tool for inferring Holocene climate: an assessment based on six sites in southern Scandinavia. *Quaternary Science Reviews*, 24(12-13), 1429-1462.

Walker I.R., Smol J.P., Engstrom D.R., Birks H.J.B., 1991. An assessment of Chironomidae as quantitative indicators of past climatic change. *Canadian Journal Fisheries Aquatic Sciences,* 48, 975-987.

Wiederholm T., 1983. Chironomidae of the Holarctic region. Keys and Diagnoses. Part 1. Larvae. *Entomolologica Scandinavica Supplement*, 19, 1-457.

SIGNAUX TERRIGÈNES DANS LES GRANDS LACS SUBALPINS

UN MARQUEUR RÉGIONAL À HAUTE RÉSOLUTION DES CONDITIONS PALÉOHYDROLOGIQUES ?

TERRIGENOUS SIGNALS IN LARGE SUBALPINE LAKES: A REGIONAL HIGH RESOLUTION PROXY FOR PALEOHYDROLOGICAL PATTERNS ?

Fabien ARNAUD[1], Martin WESSELS[2], Emmanuel CHAPRON[3],
Marie REVEL-ROLLAND[4], Marc DESMET[1,5]

[1] *Laboratoire EDYTEM, Université de Savoie/CNRS, Campus scientifique, F 73376 Le Bourget du Lac cedex.*

[2] *Institute for Lake Research, Postbox 4253, Argenweg 50/1, D 88081 Langenargen.*

[3] *ISTO, Université d'Orléans/CNRS, F 45071 Orléans.*

[4] *Géoscience Azur, Université de Nice/CNRS, F 06000 Nice.*

[5] *INRP & ENTPE, Université de Lyon.*

Contact : fabien.arnaud@univ-savoie.fr

Résumé

Les fluctuations holocènes de la décharge détritique du Rhin et du Rhône ont été enregistrées dans les sédiments des lacs de Constance et du Bourget, situés aux débouchés de leurs cours alpins. Dans ces deux lacs, le sédiment est constitué d'un mélange de carbonate authigène et d'une fraction allochtone plus moins ou moins silicatée, en fonction de la nature du bassin versant. Dans ces conditions, la concentration en calcium ([Ca]) du sédiment peut être considérée comme inversement proportionnelle à la décharge détritique. Huit phases d'augmentation de la décharge détritique (baisse de [Ca]) ont ainsi été identifiées dans les sédiments du lac du Bourget. Dans ceux du Lac de Constance, cinq phases synchrones de celles du Bourget ont été documentées sur les derniers 5 000 ans. A l'échelle régionale, ces périodes de fort détritisme correspondent à des phases de haut niveau lacustre dans le Jura et les Préalpes françaises et d'avancées des glaciers dans les Alpes nord-occidentales. Les signaux sédimentaires détritiques des lacs subalpins contiennent très probablement une part difficilement quantifiable due aux activités humaines dans les bassins versants. Séparer les parts respectives des forçages climatique et anthropique dans ce type de signaux demeure un challenge pour mieux cerner à la fois l'évolution des conditions hydrologiques holocènes et celle des modes d'occupation des sols depuis le Néolithique.

***Mots-clés** : détritisme, paléohydrologie, Rhône, Alpes.*

Abstract

The Mid- to Late Holocene fluctuations in detrital input are recorded in the sediments of Lakes Constance and Bourget which are fed by two of the most important Alpine rivers: the Rhine and Rhône, respectively. The sediments in these lakes contain a mixture of autochthonous calcite and partly silici-clastic river-born material. Hence calcium (Ca) concentrations may be considered as inversely proportional to the detrital input. Eight Ca-depleted phases are recognised in Lake Bourget record over the last 7 200 years. Lake Constance record spans the last 5 000 years and exhibits five Ca-depleted phases, all of them being contemporaneous with the ones recorded in Lake Bourget. On a regional scale, those periods of enhanced detrital input correspond to phases of higher lake-level reported in Jura and French Prealps as well as advances in Alpine glaciers. Although they probably contain a hardly assessable anthropic part, the detrital input signals seem to be paced by Holocene changes in hydrological pattern. Disentangling the human- from the climate-trigered part of such signal will require further research in order to quantitatively reconstruct Holocene Alpine hydrology and climate.

***Keywords**: detritism, paleohydrology, Rhône, Alps.*

Introduction

L'Holocène n'a pas été une période aussi climatiquement stable que ne le laisse penser sa comparaison avec les périodes de très forte instabilité climatique qui caractérisent le Pléniglaciaire. De nombreuses archives naturelles holocènes présentent ainsi des indices de variabilité d'échelle séculaire à millénaire. Cette variabilité s'exprime entre autres par des variations de la taille des glaciers (Denton et Karlen, 1973 ; Holzhauser *et al.*, 2005), de la circulation atmosphérique (Stager et Mayewski, 1997 ; Magny *et al.*, 2003), de la circulation océanique (Bianchi et McCave, 1999), de l'intensité de la mousson (Guo *et al.*, 2000) ou encore de l'intensité de certains upwellings (de Menocal *et al.*, 2000). Cependant, très peu des reconstitutions climatiques publiées, basées sur des reconstitutions de températures, ne parviennent à rendre compte d'une variabilité pluriséculaire à millénaire (voir la synthèse pollinique de Davis *et al.,* 2003). Comme cela a été proposé par Magny *et al.* (2003), ou encore Mayewski *et al.* (2004), les changements de distribution géographique des précipitations pourraient ainsi avoir été le mode principal de la variabilité climatique holocène. Il y a donc un intérêt à reconstituer les schémas hydrologiques passés à haute résolution sur des séries continues. Les enregistrements sédimentaires des grands lacs subalpins pourraient en offrir l'opportunité.

Les Alpes nord-occidentales sont particulièrement bien situées pour une telle étude car (i) elles constituent la principale barrière orographique heurtée par les masses d'air qui apportent l'humidité de l'Atlantique Nord à l'Europe occidentale et concentrent ainsi les précipitations, (ii) les forts gradients altitudinaux qui les caractérisent induisent la mise en place d'un système de drainage complexe et de haute énergie qui collecte à la fois les eaux et les produits de l'érosion et finalement (iii) la question de l'évolution de la ressource en eau en zone de montagne est particulièrement cruciale dans le contexte actuel de changement climatique, pour des raisons à la fois sanitaires (approvisionnement en eau des populations) et économiques (enneigement).

L'étude des fluctuations holocènes du niveau de 25 lacs a permis à Magny (2004) de réaliser une synthèse de la variabilité hydrologique holocène dans l'avant-pays des Alpes nord-occidentales. Le grand nombre d'enregistrements indépendants qui la constituent confère à cette synthèse une grande robustesse. Dans le but de comparer une future reconstruction de l'hydrologie alpine holocène avec des enregistrements distants, il apparaît intéressant d'acquérir des enregistrements indépendants et complémentaires de cette série de référence.

L'étude de la fraction détritique des sédiments lacustres peut être utilisée pour reconstituer les schémas hydrologiques passés. En Scandinavie, Nesje et ses collaborateurs ont développé une méthode pour reconstituer la ligne d'équilibre des glaciers à travers le simple rapport entre les fractions organique et minérale des sédiments lacustres (Nesje *et al.*, 1994 ; Dahl et Nesje, 1996 ; Nesje *et al.*, 2001 ; Dahl *et al.*, 2003). Dans le cas de glaciers dont les fluctuations sont dictées par des changements de précipitation, ce groupe de chercheurs a pu reconstituer l'évolution des précipitations hivernales en Norvège au cours des derniers 10 000 ans (Nesje *et al.*, 2000). Dans les Alpes, une telle méthode est difficile à appliquer car elle nécessite des relations particulières entre les variables climatiques, le comportement des glaciers et le fonctionnement sédimentologique des lacs (Dahl *et al.*, 2003) qui sont rarement satisfaites dans un contexte alpin. A notre connaissance, seule l'étude du lac suisse Silvaplana (Leeman et Niessen, 1994 a, 1994 b) a permis, dans les Alpes, d'établir une relation quantifiée entre variations climatiques, sédimentation détritique et fluctuations glaciaires. Dans les Alpes françaises du nord, de récents résultats acquis sur le Lac de Bramant, dans le massif de Grandes Rousses ont montré également une relation entre fluctuation glaciaire et sédimentation lacustre, mais par une approche basée sur l'existence d'un seuil géomorphologique et non sur l'étude d'un marqueur en continu (Guyard *et al.*, 2007 ; Chapron *et al.*, 2008).

L'approche choisie dans cet article diffère de celle mise au point par l'école norvégienne en ceci qu'elle est basée sur l'étude de la fraction détritique de grands lacs de l'avant-pays plutôt que de petits lacs connectés directement à un glacier. Ce parti pris repose sur l'idée que de tels systèmes sont à même de moyenner le signal détritique sur une grande surface et ainsi de s'absoudre partiellement des problèmes de rétention locale des sédiments, qui sont courants en secteur montagneux. Nous cherchons ainsi à reconstituer l'évolution des flux détritiques au pied de la chaîne alpine et faisons dans un second temps l'hypothèse que ces flux détritiques dépendent essentiellement de l'activité hydrologique du principal affluent de chaque lac étudié. Une telle approche est particulièrement pertinente dans les grands lacs de l'avant-pays car (i) leurs eaux à la fois dures et tempérées favorisent la précipitation de calcite biogénique (Kelts et Hsu, 1978), et (ii) ils possèdent un basin versant qui fournit de grandes quantités de matériel silicaté, facilement distinguable du fond de sédimentation carbonatée. Considérant que les variations du flux de carbonate authigène sont d'un ordre de grandeur inférieur à celui du flux de matériel détritique, comme cela a été démontré dans le Lac du Bourget (Arnaud, 2003), en théorie, le flux détritique, dans ces lacs particuliers, est directement proportionnel au rapport de concentration des silicates sur les carbonates (Wessels, 1998 a ; Arnaud *et al.*, 2005).

Le lien entre variations du flux détritique et variables climatiques peut être considéré comme direct dans des environnements peu anthropisés comme la Scandinavie, ou les lacs de haute altitude. A contrario, dans la plupart des sites d'Europe continentale, ce lien a pu potentiellement être modulé par les activités humaines, depuis le Néolithique (Dearing et Jones, 2003). Toutefois, tout au long de la Préhistoire et de la Protohistoire, la population de l'Europe était dispersée et ne couvrait probablement pas la totalité de la surface des bassins versants alpins. Nous faisons l'hypothèse que ce peuplement diffus a pu induire des perturbations importantes à une échelle locale. A l'inverse, des perturbations enregistrées à l'échelle régionale, voire globale, devraient plutôt être attribuées à un forçage climatique. C'est pour cette raison que nous avons choisi de comparer les enregistrements de deux grands lacs, alimentés par des rivières importantes drainant des bassins versants étendus de 6000 et 4000 km² respectivement pour Constance et Le Bourget (dans le cas du Bourget, cette surface ne concerne que le bassin versant fournisseur de sédiment, *cf. infra*). L'idée est ici que dans de tels systèmes, le signal détritique doit être suffisamment tamponné pour ne pas être influencé au premier ordre par l'impact des activités humaines. Cette approche a été menée indépendamment sur les lacs de Constance (Wessels, 1998 a, 1998 b) et du Bourget (Arnaud *et al.*, 2005). Pour tester la pertinence régionale des signaux détritiques ainsi acquis, nous comparons dans cet article des données précédemment publiées du Lac de Constance avec de nouvelles données acquises sur la série du Lac du Bourget précédemment publiée, qui en améliore la résolution du signal détritique.

I - Matériel et méthodes

1 - Sites et séries sédimentaires étudiés

Les résultats présentés dans cet article sont une compilation de données de signal détritique acquises sur les sédiments des lacs de Constance et du Bourget. Ces lacs sont situés sur le flanc nord-ouest des Alpes. Ils sont tous les deux alimentés par d'importantes rivières et sont situés plusieurs centaines de kilomètres en aval de leur source.

a - Lac de Constance

Localisé aux confins de la Suisse, de l'Allemagne et de l'Autriche, le Lac de Constance est le deuxième plus grand lac de l'avant-pays alpin. La fraction détritique est ici issue du cours alpin du Rhin qui draine une superficie de 6000 km² avant de se jeter dans le Lac de Constance. Les terrains qu'il traverse et dont il draine les produits de l'érosion sont constitués de carbonates mésozoïques et de schistes faiblement métamorphisés (Wessels, 1998a, 1998b).

La série présentée ici (carotte BO 91/08) a été prélevée sur un site soumis aux *interflows* du Rhin. En raison de sa position distale, son taux de sédimentation moyen est relativement modéré (1,8 mm/an) ce qui a permis de couvrir les derniers 5000 ans avec une carotte de 9 m. Le sédiment est composé principalement de matériel détritique et de calcite bio-précipitée en raison de la consommation périodique de CO_2 au moment des inflorescences planctoniques (Kelts et Hsü, 1978). La fraction détritique est constituée elle-même d'un mélange de carbonates et de silicates. En faisant l'hypothèse que le contenu en carbonate de la fraction détritique était resté constant tout au long de l'Holocène, Wessels (1998 a, 1998 b) a utilisé le contenu en carbonate comme un indicateur de l'importance relative des fractions authigène et allochtone du sédiment et par conséquent, comme un marqueur quantitatif de la décharge détritique du Rhin. De plus l'étude sédimentologique a mis en évidence des niveaux caractérisés par de multiples dépôts grossiers et sombres, interprétés comme des marqueurs de périodes d'intense activité de crue du Rhin (Wessels, 1998a, 1998b).

La datation des sédiments du lac de Constance a été réalisée à partir de neuf fragments de bois prélevés dans cinq carottes couvrant le Tardiglaciaire et l'Holocène. Les âges ont été calibrés avec le programme calib 3.03 (Stuiver et Reimer, 1993) et corrélés d'une carotte à l'autre en utilisant un signal de susceptibilité magnétique. Subséquemment, cinq âges ont été rajoutés à l'occasion d'une nouvelle campagne de carottage. Pour la période de temps considérée ici, les derniers 5 000 ans, la chronologie repose au final sur 7 âges ^{14}C. Pour les détails concernant la chronologie, se référer à Wessels (1998 a).

b - Lac du Bourget

Le Lac du Bourget est le plus grand lac naturel de France. Son remplissage sédimentaire a fait l'objet de nombreuses études au cours de la dernière décennie, au travers notamment d'investigations géophysiques (Chapron, 1999 ; Chapron *et al.*, 1999 ; van Rensbergen *et al.*, 1999 ; Chapron *et al.*, 2005) et de sondages carottés (Chapron *et al.*, 1999, 2002 ; Arnaud *et al.*, 2005 ; Revel-Rolland *et al.*, 2005). Bien que le lac soit alimenté par trois principaux affluents, au niveau du site étudié ici, dans le bassin nord, la sédimentation détritique actuelle y est supposée être largement dominée par les apports du Rhône (Chapron, 1999). Cette observation a été récemment confirmée (Revel-Rolland *et al.*, 2005) et étendue à l'échelle des sept derniers millénaires (Arnaud *et al.*, 2005).

Le Rhône constitue l'exutoire naturel du lac, toutefois cette situation est inversée lors des crues majeures du fleuve, ce dernier déversant alors sa charge liquide

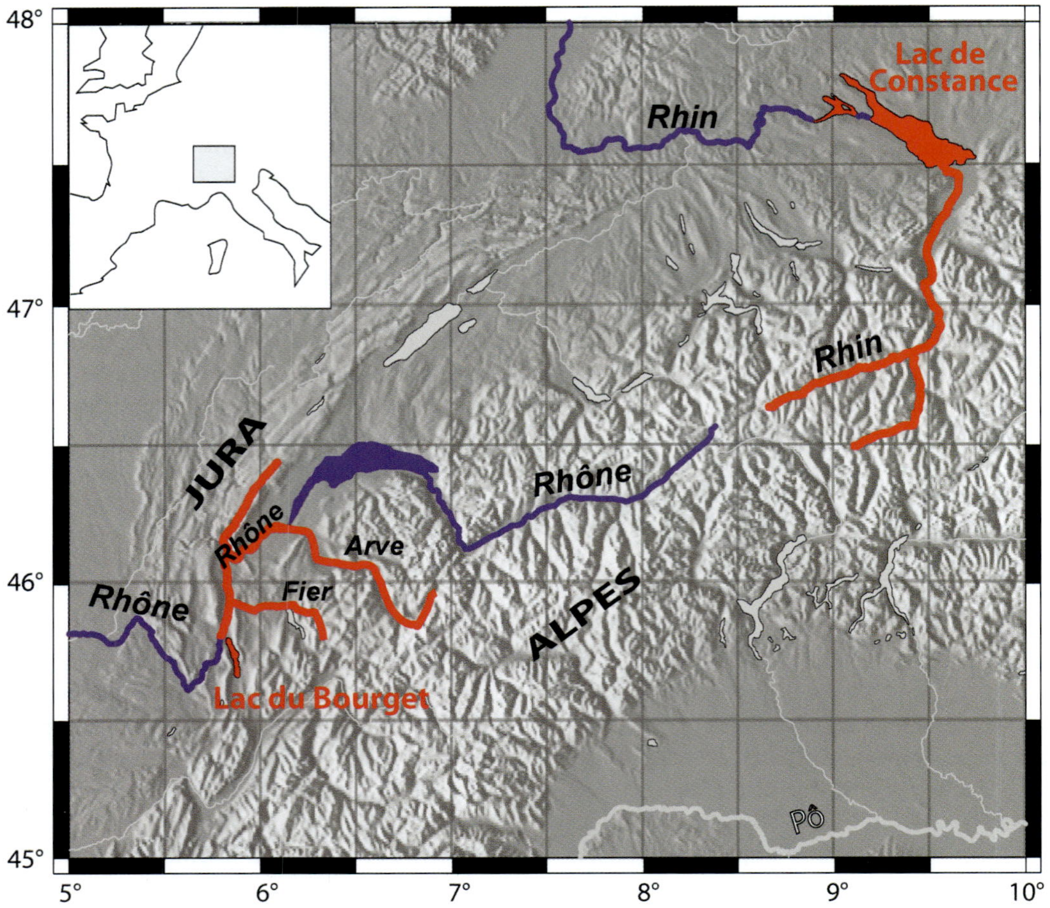

Figure 1 - Carte du nord-ouest des Alpes représentant la localisation des lacs de Constance et du Bourget ainsi que le cours de leurs principaux affluents : le Rhin et le Rhône. NB : le bassin versant fournisseur de sédiment du Rhône au niveau du Lac du Bourget est restreint au cours des ses affluents français (principalement Fier et Arve) en raison de l'effet de piégeage du Léman.

et solide dans le lac. Il est important de noter que les sédiments transportés par le Rhône à l'amont du lac Léman y sont piégés en totalité (*e.g.* Bravard, 1987). Le Lac du Bourget est ainsi placé idéalement pour avoir enregistré l'évolution de la décharge détritique du Haut-Rhône français. Les principaux affluents du Rhône ici considérés sont l'Arve (1980 km^2), qui draine le massif largement englacé et de nature essentiellement cristalline du Mont Blanc, et le Fier (1330 km^2) qui draine les terrains dépourvus de glacier et essentiellement carbonatés des massifs des Aravis et des Bauges. La totalité du bassin versant fournisseur de sédiment du Rhône qui alimente le Lac du Bourget lors des crues majeures, représente au final 4000 km^2.

Comme dans le cas de Constance, la série présentée ici (carotte LDB 01-I) a été prélevée sur un site soumis essentiellement aux *interflows* du Rhône (Chapron *et al.*, 1999, 2002). En raison de sa position distale, son taux de sédimentation moyen est relativement modéré (1,3 mm/an) ce qui a permis de couvrir les derniers 7200 ans avec une carotte de 9 m. Le sédiment est également composé de matériel détritique et de calcite bioprécipitée en raison de la consommation périodique de CO_2 au moment des inflorescences planctoniques (Kelts et Hsü, 1978). La fraction détritique est constituée elle-même d'un mélange de carbonates et de silicates.

Nous avons précédemment utilisé la susceptibilité magnétique (SM) de cette carotte comme un marqueur univoque de la décharge détritique rhodanienne (Arnaud *et al.*, 2005). Une telle interprétation était supportée par l'excellente corrélation ($R^2 = 0.9$, n = 98) de la susceptibilité magnétique avec le contenu en silicium, mais aussi d'une manière générale avec les concentrations de tous les cations associés aux silicates qui constituent ainsi autant de marqueurs du détritisme rhodanien. A l'inverse, le signal de SM est fortement anti-corrélé avec [Ca], qui est ainsi un marqueur de la production carbonatée autochtone. Toutefois, la prépondérance des carbonates authigènes dans l'unité inférieure de la carotte affaiblit le signal de SM qui n'offre pas la résolution nécessaire pour une interprétation fine de ses oscillations. Nous présentons donc dans cet article une nouvelle série de mesures géochimiques réalisées en continu sur scanner de carottes XRF, suivant un pas de 5 mm et présentant une bien meilleure résolution. Pour pouvoir comparer nos résultats avec ceux du lac de Constance, nous ne présentons ici que les résultats de mesure de [Ca].

Le modèle d'âge de LDB01-I utilisé ici est celui précédemment publié par Arnaud *et al.* (2005). Il est basé sur (i) la reconnaissance d'événements historiques et (ii) 6 âges ^{14}C sur macrorestes de végétaux terrestres. Cette chronologie a été confirmée subséquemment par l'obtention de deux âges supplémentaires sur une deuxième carotte (LDB 01-II), repositionnés à partir du signal de SM et publiés par Chapron *et al.* (2005).

2 - Procédures analytiques

a - Lac de Constance

Dans BO 91/08, la composition minéralogique du sédiment a été mesurée par diffraction des rayons X (Wessels, 1998a, 1998b). Les contenus en calcite, dolomite et quartz ont été calculés suivant la méthode exposée par Behbehani (1987), basée sur un rapport calcite/dolomite de 0,6 et une courbe de calibration. Les contenus relatifs en calcite autochtone ont été estimés à partir du rapport calcite/quartz, en faisant l'hypothèse que ce rapport est resté inchangé dans la fraction détritique au cours de l'Holocène et égal à celui mesuré dans les sédiments du Dryas Récent (Wessels, 1998a).

b - Lac du Bourget

Dans la carotte LDB01-I, le contenu en carbonates a été mesuré sur des échantillons discrets de 1 cm d'épaisseur, prélevés tous les 10 cm. Trois méthodes ont été utilisées sur trois aliquotes de chaque échantillon : l'analyse granulométrique différentielle, la pyrolyse Rock-Eval et la fluorescence des rayons X (XRF). Ces trois méthodes ont donné des résultats similaires qui ont été présentés dans un autre article (Arnaud, 2005) ; seuls les résultats de XRF seront présentés ici.

La fluorescence X permet de mesurer les concentrations relatives en éléments majeurs. Le contenu en carbonate a été calculé à partir de la mesure de la concentration en calcium (Ca) en posant l'hypothèse que la quasi-totalité du calcium est contenue dans les carbonates. L'excellente concordance des résultats acquis par les trois méthodes valide cette hypothèse (Arnaud, 2005).

En complément de cette analyse discrète, la carotte LDB01-I a été passée sur un scanner de carotte XRF afin d'obtenir des mesures géochimiques à haute résolution. Le scanner de carotte utilisé a permis de mesurer semi-quantitativement les abondances de plusieurs élément majeurs : potassium (K), calcium (Ca), titane (Ti), manganèse (Mn) et fer (Fe) et ce, suivant un pas de 5 mm (Arz *et al.*, 2001 ; Haug *et al.*, 2001 ; Zolitschka *et al.*, 2001). Seules les données de calcium seront utilisées ici, pour être cohérent avec les données de Constance.

Les résultats acquis sur le scanner de carottes sont semi-quantitatifs. Nous les avons calibrés par comparaison avec les données acquises en XRF également sur échantillons ponctuels. Ces deux séries présentent une très bonne corrélation ($R^2 = 0.82$, $n = 87$; Figure 2). Dans un deuxième temps le contenu en carbonates a été calculé à partir des données calibrées du scanner de carottes en faisant l'hypothèse que tout le calcium provient des carbonates.

Il a été montré dans le Bourget que la dilution des carbonates authigènes par les sédiments détritiques en provenance du Rhône était la première cause de variation du contenu en carbonate (Arnaud *et al.*, 2005). On peut donc raisonnablement poser l'hypothèse que le contenu en carbonates est inversement proportionnel aux apports détritiques.

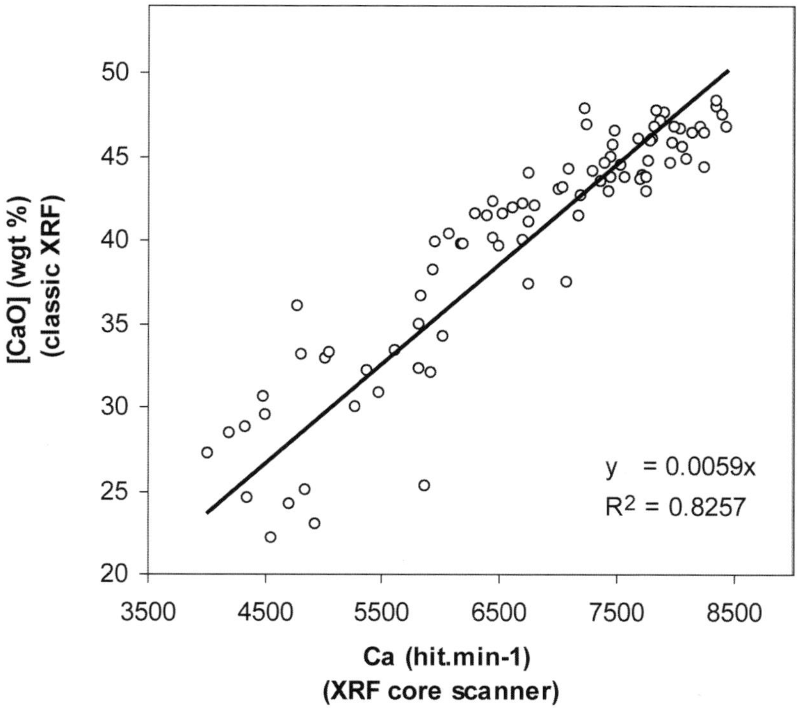

Figure 2 - Calibration des données du scanner de carottes XRF sur LDB01-I, par des mesures réalisées sur échantillons ponctuels.

II - Résultats

Les enregistrements des lacs de Constance et du Bourget présentent une tendance générale à la diminution de la contribution relative des carbonates authigènes et donc à l'augmentation des flux détritiques sur une période qui couvre à peu près les deux premiers tiers de l'Holocène. Dans le lac de Constance, le taux de carbonates authigènes atteint un minimum vers 1 700 cal. BP, puis conserve des valeurs faibles jusque vers la fin du XIXe siècle. Dans le lac du Bourget, cette tendance débute vers 5000 cal. BP, elle est particulièrement amplifiée autour de 2700 cal. BP et le taux de carbonate atteint un minimum vers 1 700 cal.

A une échelle millénaire à séculaire, les signaux détritiques du Bourget et de Constance présentent de grandes similitudes. Dans les lacs de Constance et du Bourget, durant les périodes 4 400 - 3 900, 3 400 - 3 200 et 2 700 - 2 500 cal. BP, les taux de carbonates deviennent très faibles, marquant des crises détritiques prononcées. La période de forts flux détritiques mise en évidence dans le Bourget entre 5 500 et 5 150 cal. BP est trop ancienne pour avoir été enregistrée dans BO 91/08. Toutefois, on note qu'elle est contemporaine de la période tripartite de haut niveau lacustre identifiée justement dans le Lac de Constance et précisément datée par dendrochronologie entre 5 550 et 5 320 cal. BP (Magny et Haas, 2004 ; Magny *et al.*, 2006 ; *cf.* rectangle blanc sur la figure 3).

Ces périodes sont marquées D, E, F et G, du plus

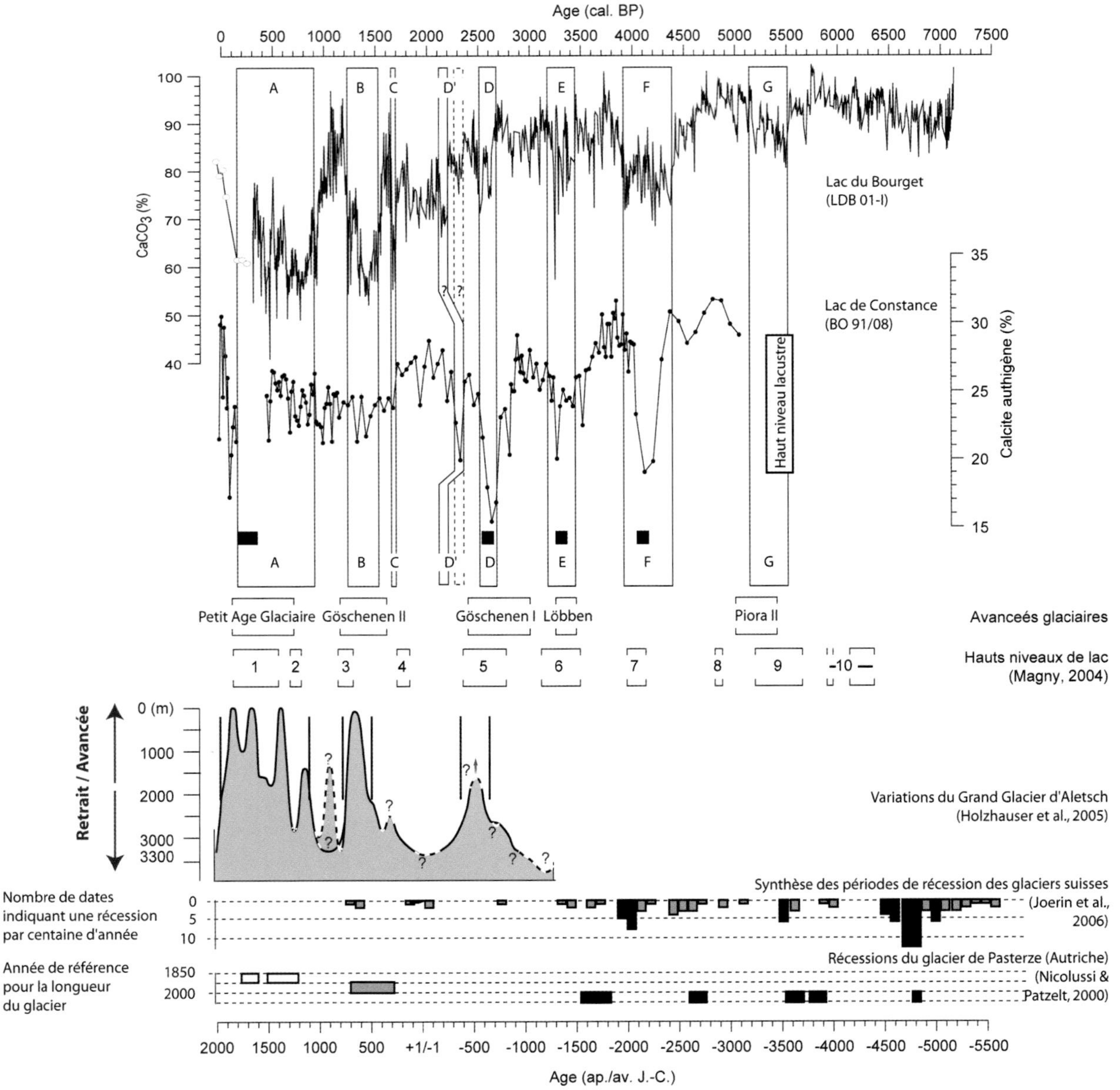

Figure 3 - Signaux « carbonates » des lacs du Bourget et de Constance au cours des derniers 7 200 ans. Pour comparaison, sont reportées les périodes de haut niveau lacustre dans le Jura et les Préalpes françaises (Magny, 2004), les avancées glaciaires alpines holocènes, la synthèses des variations de longueur du Glacier d'Aletsch (Holzhauser et al., 2005) ainsi que des chroniques de retrait glaciaire en Suisse (Joerin et al., 2006) et en Autriche (Nicolussi et Patzelt, 2000).

récent au plus ancien, dans la figure 3. On note de plus que dans BO 91/08 chacun de ces événements est marqué par l'occurrence de dépôts grossiers de crue (Wessels, 1998a, 1998b, *cf.* carrés noirs sur la figure 3).

Un épisode détritique supplémentaire pourrait être identifié vers 2300 cal. BP, mais il est difficile à corréler entre les 2 lacs, en grande partie à cause des incertitudes de datation. Deux possibilités de corrélation, sont proposées sur la figure 3 pour cet événement marqué D'.

Plus récemment au cours de l'Holocène, la date de 1700 cal. BP marque une chute prononcée des contenus en carbonate des sédiments des deux lacs (événement C sur la figure 3). Toutefois, cette concentration se stabilise ensuite dans le lac de Constance, autour de 20 à 25 %, alors que dans le Bourget, le signal détritique fluctue énormément. Ainsi, les périodes B (1500-1200 cal. BP, soit 450-750 ap. J.-C.) et A (900-150 cal. BP, soit 1050-1800 ap. J.-C.) sont-elles marquées par des valeurs remarquablement faibles de contenu en carbonates dans les sédiments du Bourget. A l'inverse, entre 1200 et 900 cal. BP (750-1050 ap. J.-C.), le taux de carbonates revient à des valeurs proches de celles mesurées pour la période peu détritique de l'Holocène moyen.

III - Interprétations paléohydrologiques

Dans les carottes LDB 01-I et BO 91/08, le facteur principal de variabilité du contenu en carbonate est la dilution de la fraction autochtone bio-précipitée par une quantité variable de matériel apporté par les affluents, c'est-à-dire, le Rhône et le Rhin (Wessels, 1998a, 1998b ; Arnaud *et al.*, 2005). Dans ce paragraphe, nous interpréterons donc les signaux de carbonates comme inversement proportionnels à la décharge détritique.

La synthèse des variations de niveau de lacs, dans le Jura et les Préalpes françaises, publiée en 2004 par Magny est actuellement la référence en termes de reconstruction paléohydrologique pour les Alpes nord-occidentales. Nous l'avons reportée sur la figure 3 afin de comparer les signaux du Bourget et de Constance avec un cadre paléohydrologique continu et discuter de leur représentativité régionale.

1 - De 7200 à 1700 cal. BP

La principale caractéristique de cette période, par ailleurs marquée par un détritisme réduit, est l'occurrence de trois périodes bien définies et bien corrélées d'un lac à l'autre, au cours desquelles le taux de carbonates chute. Ces périodes sont ici notées D, E et F et datées de 4400-3900 (2450-1950), 3400-3200 (1450-1250) et 2700-2500 (750-550) cal. BP (av. J.-C.). Dans le lac de Constance, ces périodes sont par ailleurs marquées par l'occurrence de niveaux de crue grossiers, ce qui démontre que la cause de ces augmentations de flux détritiques est d'origine hydrologique. A l'échelle régionale, ces épisodes correspondent aux périodes de haut niveau lacustre 7, 6 et 5, telles que définies par Magny (2004).

La phase détritique G, identifiée dans LDB01-I et marquée par une augmentation du niveau du lac de Constance (Magny et Haas, 2004; Magny *et al.*, 2006) est contemporaine de la phase de haut niveau lacustre 9 (Magny, 2004).

Les phases de haut niveau lacustre 8 et 10 définies par Magny (2004) ne semblent pas avoir d'équivalent dans nos enregistrements. Toutefois, la très bonne concordance temporelle des enregistrements considérés, entre 5500 et 2300 cal. BP nous incline à interpréter les signaux détritiques des lacs périalpins comme des enregistrements paléohydrologiques. Nous interprétons donc les périodes de fort détritisme G (5500-5100 cal. BP), F (4400-3900 cal. BP), E (3400-3200 cal. BP), D (2700-2500 cal. BP) et D' (ca. 2300 cal. BP) comme des périodes de renforcement des précipitations sur les Alpes nord-occidentales.

2 - De 1700 cal. BP à aujourd'hui

A partir de 1700 cal. BP, les deux lacs ont enregistré une augmentation drastique de la décharge détritique. Dans le lac du Bourget, cela s'est traduit par une augmentation du taux de sédimentation moyen qui passe alors de 0,9 à 2,1 mm/a (Arnaud *et al.*, 2005). Dans le même temps, l'épaisseur moyenne des lamines annuelles passe de 1,4 à 3,3 mm/a (Wessels, 1998a, 1998b). Ce changement pourrait être interprété comme un renforcement des précipitations.

Depuis 1700 cal. BP, le profil de carbonates authigènes du lac de Constance est remarquablement plat avec des valeurs oscillant entre 23 et 28 %. La série du Bourget en revanche présente une importante augmentation du Ca entre 1200 et 900 cal. BP (750-1050 ap. J.-C.). Il est tentant de mettre ce résultat en parallèle à la période de faible débit du Rhône, marquée par l'absence de dépôts de crue et par la mise en évidence d'un style fluviatile en méandres, voire de signes d'incisions, décrite par Bravard (1996) entre 1150 et 950 cal. BP (800-1000 ap. J.-C.). Cette concordance constitue un argument supplémentaire en faveur d'une interprétation paléohydrologique du signal détritique du Bourget.

La raison pour laquelle cette période relativement sèche n'a pas été enregistrée dans le Lac de Constance nous échappe. Cela pourrait être lié à une intensification de l'occupation humaine au sortir du Haut Moyen-âge, mais en l'absence de données supplémentaires, il semble impossible de conclure à ce sujet. On note toutefois que dans l'enregistrement de Constance, la période qui court de 1 200 à 1 100 ap. J.-C. est marquée par un amincissement des dépôts annuels qui passe en moyenne de 3,3 à 1,5 mm (Wessels, 1998 a, 1998 b).

Quoi qu'il en soit, depuis 1 700 cal. BP, seul l'enregistrement du Bourget fournit un signal paléohydrologique au front des Alpes nord-occidentales. Les phases détritiques ici mises en évidences à 1 500 - 1 200 cal. BP (450 - 750 AD) et 900 - 150 (1 050 - 1 800 AD) cal. BP sont sensiblement plus vieilles que les phases de haut niveau lacustre correspondantes (phases 3, 2 et 1 ; Magny, 2004), datées respectivement à 1 300 - 1 100, 750 - 650 et < 560 cal. BP. Dans cette partie de la carotte, les importants changements de flux détritiques ont sans doute résulté en des changements de taux de sédimentation importants, augmentant d'autant l'incertitude sur le modèle d'âge qui, faute de plus d'informations est fondé sur l'hypothèse d'un taux de sédimentation constant pour cette période (Arnaud *et al.*, 2005). Ceci pourrait expliquer le décalage apparent entre nos données et celles de Magny (2004).

IV - Discussion

Nous avons montré dans le paragraphe précédent que les signaux de concentration en carbonates des lacs de Constance et du Bourget reflètent la plupart des changements de conditions hydrologiques de deux des principaux fleuves alpins (le Rhin et le Rhône), au débouché de leur cours montagneux. Ces variations sont-elles interprétables comme des fluctuations climatiques ? Les déforestations d'origine humaine ont-elles pu intensifier, voire oblitérer les changements de flux détritiques d'origine climatique ?

1 - Signification régionale des signaux détritiques

L'adéquation des enregistrements de Constance et du Bourget, à la fois entre eux et avec le schéma régional établi par Magny (2004) sont un premier argument en faveur d'une interprétation climatique. De plus, la plupart des périodes de fort détritisme sont contemporaines des variations des langues glaciaires alpines. Les périodes d'avancée glaciaire dites de Piora II (5 400 - 5 000 cal. BP), Löbben (3 450 - 3 250 cal. BP), Göschenen I (3 000 - 2 400), Göschenen II (1 600 - 1 150) et du Petit Âge Glaciaire (700 - 100 cal. BP) sont ainsi quasiment synchrones des périodes détritiques G (5 500 - 5 100 cal. BP), E (3 400 - 3 200 cal. BP), D (2 700 - 2 500 cal. BP), B 1 500 - 1 200 cal. BP) et A (900 - 150 cal. BP).

La période détritique F (4 400 - 3 900 cal. BP) apparaît comme une exception dans ce schéma liant avancées glaciaires et renforcement du détritisme. Cette période correspond par ailleurs à la phase de haut niveau lacustre 7 de Magny (2004), qui elle aussi fait exception en ceci qu'elle est la seule qui ne soit pas associée à une période de baisse de l'activité solaire. Au contraire même, d'après la reconstitution établie par Solanki *et al.* (2004), cette période est l'une de celles pour lesquelles l'activité solaire a été la plus forte au cours de l'Holocène (Solanki *et al.*, 2004). Cependant, un refroidissement climatique semble avoir eu lieu à cette période, marquée notamment par l'événement 3 de débâcle d'iceberg dans l'Atlantique nord (Bond *et al.*, 2001), mais également par une baisse des température en Antarctique (Masson-Delmotte *et al.*, 2004). Ce changement pourrait ainsi être lié à une réorganisation globale des circulations atmosphérique et océanique.

Un événement climatique a sans doute eu lieu à cette période, mais il apparaît paradoxal qu'il se soit manifesté dans les Alpes à la fois par des conditions plus humides (augmentation de la décharge détritique et hausse relative de niveau) et par un retrait glaciaire marqué (Hormes *et al.*, 2001 ; Joerin *et al.*, 2006). Peut-être s'agit-il d'une période relativement chaude et humide, la question reste à notre sens ouverte.

2 - Forçage climatique ou impact anthropique

Les fluctuations de niveaux de lac, comme les variations de la longueur des glaciers sont indépendantes des activités humaines. La chronologie des événements détritiques des lacs subalpins, en phase avec ces deux marqueurs indépendants, répond ainsi probablement à un forçage climatique. Il est toutefois possible que les activités humaines aient affecté la relation entre forçage climatique et réponse du système hydrologique. Dans le but de mieux comprendre à la fois la variabilité climatique holocène et les interactions complexes entre climat et sociétés proto- voire préhistoriques, il apparaît nécessaire de distinguer dans l'évolution des flux détritiques, la part due aux activités humaines de celle due à la réponse aux changements climatiques. La multiplication d'enregistrements détritiques à haute résolution, tels que ceux présentés dans cet article pourrait contribuer à résoudre cette problématique. Au vu de notre expérience, il apparaît que les lacs choisis devront présenter des tailles de bassin versant variées dans le but de considérer les changements de flux détritique à différentes échelles. En effet, nous pensons que la concordance des signaux détritiques mise en évidence entre le Bourget et Constance est liée à leurs grandes surfaces de drainage (> 4 000 km^2) qui tend à tamponner les éventuelles modulations locales de la relation climat-érosion, attribuables aux activités humaines ou aux évolutions environnementales locales. L'étude de plusieurs enregistrements sédimentaires lacustres, présentant une large gamme de sensibilité aux perturbations locales devrait permettre (i) d'identifier les sources des éventuels flux de minéraux générés par l'homme au cours de l'Holocène et ainsi (ii) de mieux comprendre les mécanismes mis en jeu. Conjointement, un travail est nécessaire pour mettre au point des marqueurs susceptibles de différencier les flux détritiques causés par les activités humaines, de ceux forcés par des variables climatiques dans les bassins distaux tels que les lacs périalpins.

3 - Considérations sur l'évolution holocène du climat alpin

Pour les longueurs d'onde allant du siècle à plusieurs millénaires, les deux forçages principaux de la variabilité climatique holocène sont l'évolution des paramètres orbitaux et celle de l'activité solaire (Bradley, 2003). Le lien étroit entre évolution de l'activité solaire et variabilité séculaire à pluriséculaire du cycle hydrologique a été démontré par Magny dès le début des années 1990 (Magny, 1993), fixant les grandes lignes d'un schéma ultérieurement confirmé dans de nombreux sites (Magny *et al.*, 2003 ; Magny, 2004). Ce schéma est encore conforté par les données présentées dans cet article qui corroborent l'existence de périodes de haute activité hydrologique lors des minima solaires holocènes (Figure 3). Il faut toutefois relever une exception notable pour la période détritique qui court de 4400 à 3900 cal. BP, pour laquelle aucun baisse de l'activité solaire n'est signalée (*cf. supra*).

En permettant de travailler à haute résolution et en continu, notre approche offre la possibilité d'accéder à l'évolution pluriséculaire du cycle hydrologique. Cette évolution est marquée par une tendance à l'augmentation des flux détritiques au cours de l'Holocène, que nous interprétons comme une augmentation de l'activité hydrologique et qui peut être mise en regard de l'évolution de la couverture glaciaire dans les Alpes (Figure 3). En effet, les résultats acquis sur le Bourget sont en parfait accord avec les variations du glacier d'Aletsch au cours des trois derniers millénaires (Holzhauser et al., 2005). En outre, selon Joerin *et al.* (2006), qui ont travaillé à la reconstitution des phases de recul de trois grands glaciers suisses, les glaciers alpins ont occupé une position en retrait de leur position actuelle pendant la moitié de l'Holocène. Cette situation a été particulièrement fréquente au cours des deux premiers tiers de l'Holocène (Figure 3), ce qui est confirmé par les données de Nicolussi et Patzelt (2000) sur le glacier de Pasterzee en Autriche et cadre avec le schéma que nous proposons d'un début d'Holocène plus sec dans les Alpes nord-occidentales.

Au cours de l'Holocène, la tendance à l'augmentation des flux détritiques et, par conséquent, des flux hydriques, suit celle de l'insolation estivale de l'hémisphère nord (Figure 4), qui elle-même répond à l'évolution du cycle de précession des équinoxes (un demi cycle de précession s'est écoulé depuis le début de l'Holocène). Le lien entre insolation estivale de l'hémisphère nord et évolution des schémas de circulation atmosphérique a été évoqué par Rimbu *et al.* (2003) qui ont observé une migration vers le nord des systèmes dépressionnaires atlantiques depuis le début de l'Holocène. Cette migration s'est traduite notamment par l'aridification de l'Afrique du Nord, contrebalancée par l'augmentation des précipitations sur l'Europe du Nord (Hughes *et al.*, 2000). Pour les Alpes, nos résultats entrent dans ce schéma dont une des conséquences serait que le Petit Age Glaciaire devrait être la période la plus froide et humide de l'Holocène, puisqu'il correspond à la fois à un minima d'activité solaire et à un minima d'insolation estivale de l'hémisphère nord (Figure 4). Or c'est bel et bien ce que suggèrent les données recueillies sur les variations du front du Glacier d'Aletsch (Holzhauser *et al.*, 2005), en parfait accord avec la série du Bourget (Figure 3).

Conclusion

La cohérence des signaux enregistrés dans les lacs du Bourget et de Constance, pourtant distants de plusieurs centaines de kilomètres, plaide en faveur de la pertinence d'une telle approche pour reconstituer l'évolution à haute fréquence de l'activité hydrologique passée des principales rivières alpines. Il a ainsi été possible d'identifier 8 phases de plus fort détritisme au cours des derniers 7000 ans, chacune étant synchrone d'une période de haut niveau lacustre dans le Jura et les Préalpes françaises (Magny, 2004) et la plupart avec une phase d'avancée glaciaire.

La chronologie des différentes phases détritiques identifiées semble à l'évidence rythmé par un forçage climatique. Il est tout à fait possible que la pression anthropique croissante au cours de l'Holocène sur les sols de montagne ait modulé l'interaction climat - érosion. Toutefois, nous émettons l'hypothèse que l'importante surface des bassins versants considérés (> 4 000 km^2) a contribué à tamponner la part anthropique sur l'évolution du signal détritique.

Bien que notre approche semble pertinente pour identifier des périodes de détritisme exacerbé due à des changements d'ordre climatique, elle est loin de pouvoir fournir une reconstitution quantifiée des conditions hydrologiques passées. Distinguer, au sien du signal détritique, les parts respectives de l'homme et du climat

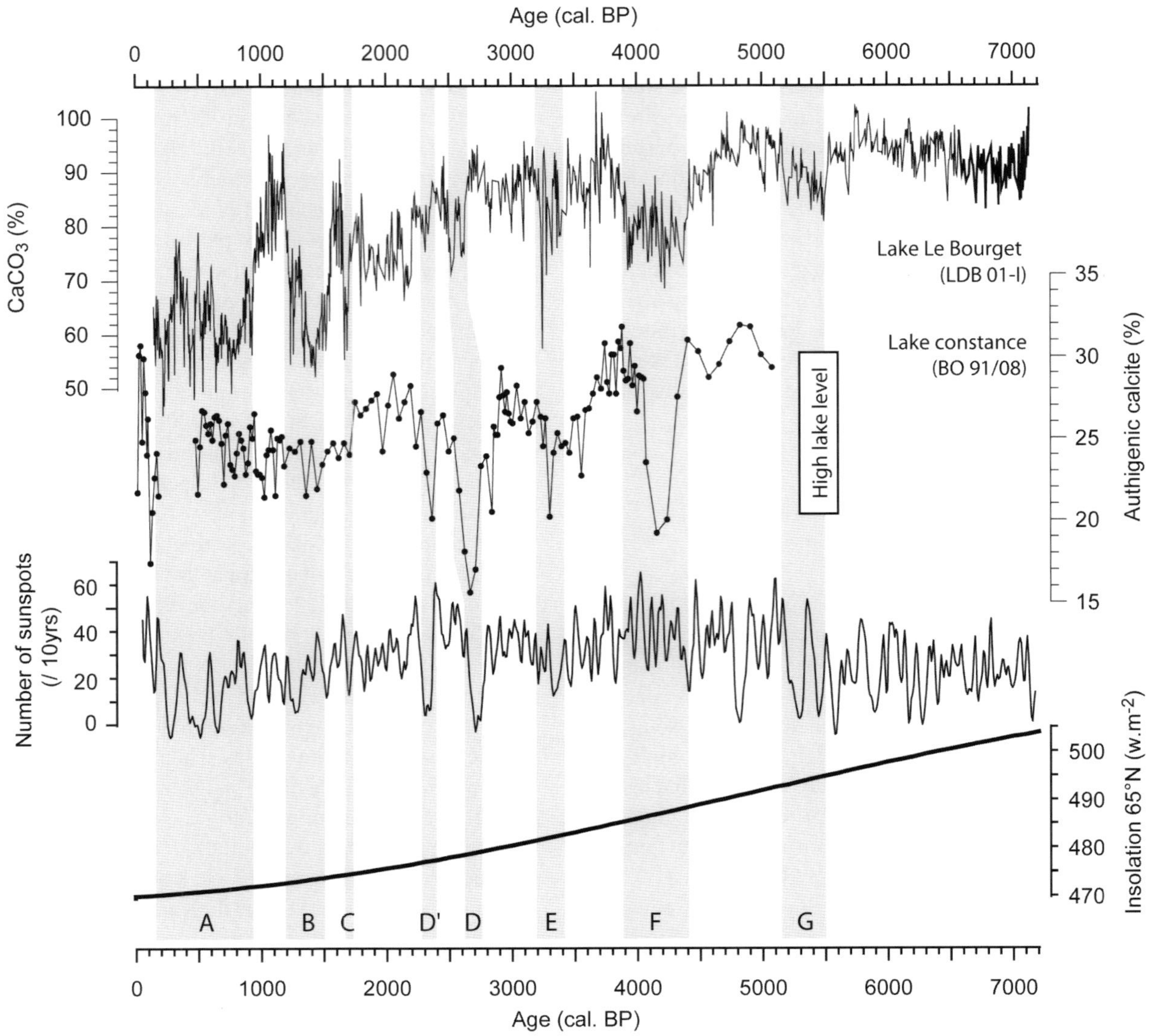

Figure 4 - Comparaison de la réponse détritique au front des Alpes avec l'évolution des mécanismes forçants potentiels : l'activité solaire (Solanki et al., 2004) et l'insolation estivale de l'hémisphère (Laskar, 1990), forcée essentiellement par la précession des équinoxes.

demeure un défi à relever. Des études géochimique et minéralogique approfondies, multipliées sur différents lacs situés à différentes altitudes d'un même bassin versant et couplées avec des modélisations à méso-échelle des processus d'érosion pourraient apporter une amélioration certaine de la méthode.

Sur un plan paléoclimatologique, nous démontrons, à la suite de Bradley (2003), que la variabilité climatique holocène doit être considérée comme la résultante de l'évolution à long terme de l'insolation (cycle de précession des équinoxes) et de celle, pluriséculaire de l'activité solaire. Il est notable que la modalité première de cette variabilité consiste en des réarrangements de la circulation atmosphérique, notamment au-dessus de l'Atlantique et ce quel que soit le paramètre forçant considéré : activité solaire (Magny *et al.*, 2003) ou paramètres orbitaux (Rimbu *et al.*, 2003). Enfin, la période 4 400 - 3 900 cal. BP échappe à ce schéma et mériterait à ce titre une étude approfondie afin de comprendre les mécanismes mis en jeu.

Remerciements

Les mesures sur le scanner de carottes de l'université de Brême ont pu être réalisées grâce au projet européen « Paleostudies » (n° contrat : HPRI-2001-00124). Frank Lamy et Holger Kuhlmann sont remerciés pour la gestion de ce projet. Cette étude a bénéficié d'un financement du programme interdisciplinaire du CNRS Eclipse.

BIBLIOGRAPHIE

ARNAUD F., 2003. Signatures climatique et anthropique dans les sédiments holocènes des lacs du Bourget et d'Anterne (Nord Ouest des Alpes). Thèse de doctorat, UST Lille 1. 196 p.

ARNAUD F., 2005. Discriminating the fingerprints of bio-induced and detrital sedimentary processes in particle size distribution spectra of hard water lake sediments. *Journal of Paleolimnology*, 2005, 34-4, 519-526.

ARNAUD F., REVEL M., CHAPRON E., DESMET M., TRIBOVILLARD N., 2005). 7200 years of Rhône river flooding activity in Lake Bourget, France: A High-resolution sediment record of NW Alps hydrology. *The Holocene,* 2005, 15, 15, 420-428

ARZ H.W., GERHARDT S., PÄTZOLD J., RÖHL U., 2001. Millennial-scale changes of surface- and deep-water flow in the western tropical Atlantic linked to Northern Hemisphere high-latitude climate during the Holocene. *Geology*, 2001, 29, 239-242.

BEHBEHANI A.R., 1987. Sedimentations- und Klimageschichte des Spät- und Postglazials im Bereich der Nördlichen Kalk-alpen (Salzammergutsee, Österreich). *Göttinger Arb. Geol. Paläontol.,* 1987, 34, 1-120.

BIANCHI G.G., MCCAVE I.N., 1999. Holocene periodicity in North Atlantic climate and deep-ocean flow south of Iceland. *Nature*, 1999, 397, 515-517.

BLAAUW M., VAN GEEL B., VAN DER PLICHT J., 2004. Solar forcing of climate change during the mid-Holocene: indications from raised bogs in the Netherlands. *The Holocene*, 2004, 14, 35-44.

BOND G., KROMER B., BEER J., MUSCHELER R., EVANS M. N., SHOWERS W., HOFFMAN S., LOTTI-BOND R., HAJDAS I., BONANI G., 2001. Persistent solar influence on North Atlantic Climate during the Holocene. *Science*, 2001, 294, 2130-2136.

BRADLEY R., 2003. Climate forcing during the Holocene. *PAGES Newsletter*, 2003, 11, 18–19.

BRAVARD J.-P., 1987. *Le Rhône, Du Léman à Lyon.* Editions La Manufacture. Lyon.

BRAVARD J.-P., 1996. Des versants aux cours d'eau, les implications des fluctuations paléohydrologiques à l'époque médiévale. *In* L'Homme et la Nature au Moyen-Âge, Actes du Ve Congrès International d'archéologie médiévale, Grenoble, éd. Errance, Paris, 171-179.

CHAPRON E., 1999. Contrôle climatique et sismo-tectonique de la sédimentation lacustre dans l'Avant-Pays Alpin (Lac du Bourget) durant le Quaternaire récent. *Géologie Alpine*, mémoire H.S., 30.

CHAPRON E., BECK C., POURCHET M, DECONINCK J.-F., 1999. 1822 earthquake-triggered homogenite in Lake Bourget (NW Alps). *Terra Nova,* 11, 86-92.

CHAPRON E., DESMET M., DE PUTTER T., LOUTRE M.-F., BECK C., DECONINCK J.-F., 2002. Climatic variability in the northwestern Alps, France, as evidenced by 600 years of terrigenous sedimentation in Lake Bourget. *The Holocene*, 2002, 12, 177-185.

CHAPRON E., ARNAUD F., NOËL H., REVEL-ROLLAND M., DESMET M., PERDEREAU L., 2005. Rhone River flood deposits in Lake Le Bourget: a proxy for Holocene environmental changes in the NW Alps, France. *Boreas*, 2005, 34, 404-416.

CHAPRON E., BAILLY-MAITRE M.-C., ANSELMETTI F., GUYARD H., ST ONGE G., DESMET M., CHAUVEL C., WINIARSKI T., MAGAND O., ARNAUD F., CHARLET L., DELINE P., MAGNY M., MÉLIÈRES M.-A., 2008. Impact des fluctuations glaciaires et des activités minières anciennes d'altitude sur la sédimentation lacustre proglaciaire Tardiglaciaire-Holocène dans le massif des Grandes Rousses (Alpes Occidentales, France).

DAHL S.O., NESJE A., 1996. A new approach to calculating Holocene winter precipitation by combining glacier equilibrium-line altitudes and pine-tree limits: a case study from Hardangerjokulen, central southern Norway. *The Holocene*, 1996, 6, 381-398.

DAHL S.O., BAKKE J., LIE Ø., NESJE A., 2003. Reconstruction of former glacier equilibrium-line altitudes based on proglacial sites: An evaluation of approaches and selection of sites. *Quaternary Science Reviews*, 2003, 22, 275-28.

DAVIS B. A. S., BREWER S., STEVENSON A. C., GUIOT J., Data Contributors, 2003. The temperature of Europe during the Holocene reconstructed from pollen data. *Quaternary Science Reviews*, 2003, 22, 1701-1716.

DEARING J. A., JONES R. T., 2003. Coupling temporal and spatial dimensions of global sediment flux through lake and marine sediment records. *Global and Planetary Change,* 2003, 39, 147-168.

DEMENOCAL P., ORTIZ J., GUILDERSON T., SARNTHEIN M., 2000. Coherent high- and low-latitude climate variability during the Holocene warm period. *Science*, 2000, 288, 2198-2202.

DENTON G. H., KARLEN W, 1973. Holocene climatic variations: their pattern and possible cause. *Quaternary Research,* 1973, 3, 155-205.

GUO Z., PETIT-MAIRE N., KROPELIN S., 2000. Holocene non-orbital climatic events in present-day arid areas of northern Africa and China. *Global and Planetary Change,* 2000, 26, 97-103.

Haig J.D., 1994. The role of stratospheric ozone in modulating the solar radiative forcing of climate. *Nature*, 1994, 370, 544-546.

GUYARD H., CHAPRON E., ST-ONGE G., ANSELMETTI F. S., ARNAUD F., MAGAND O., FRANCUS P., MÉLIÈRES M.-A., 2007. High-altitude varve records of abrupt environmental changes and mining activity over the last 4000 years in the Western French Alps (Lake Bramant, Grandes Rousses Massif). *Quaternary Science Reviews*, 2007, 26, 2644-2660.

HAUG, G.H., HUGHEN, K.A., SIGMAN, D.M., F, P.T., RÖHL, U., 2001. Southward migration of the Intertropical Convergence Zone through the Holocene. *Science*, 2001, 293, 1304-1308.

HOLZHAUSER H., MAGNY M., ZUMBÜHL H., 2005. Glacier and lake-level variations in west-central Europe over the last 3500 years. *The Holocene*, 2005, 15, 6, 789-801.

HORMES A., MÜLLER B. U., SCHLÜCHTER C., 2001. The Alps with little ice: evidence for eight Holocene phases of reduced glacier extent in the Central Swiss Alps. *The Holocene*, 2001, 11, 255-265.

JOERIN U., STOCKER T., SCHLÜCHTER C., 2006. Multicentury glacier fluctuations in the Swiss Alps during the Holocene. *The Holocene*, 2006, 16, 697-704.

KELTS K., HSÜ K. J., 1978. Freshwater carbonate sedimentation. *In* Lakes, Chemistry, Geology, Physics. A. Lerman éd., Springer-Verlag, New York, 295–323.

LASKAR J., 1990. The chaotic motion of the solar system: A numerical estimate of the chaotic zones. *Icarus*, 1990, 88, 266-291.

LEEMAN A., NIESSEN F., 1994a. Varve formation and the climatic record in an Alpine proglacial lake: calibrating annually-laminated sediments against hydrological and meteorological data. *The Holocene*, 1994, 4, 1-8.

LEEMAN A., NIESSEN F., 1994b. Holocene glacial activity and climatic variations in the Swiss Alps: reconstructing a continuous record from proglacial lake sediments. *The Holocene*, 1994, 4, 259-268.

MAGNY M., 1993. Solar influences on Holocene climatic changes illustrated by correlations between past lake-level fluctuations and the atmospheric ^{14}C record. *Quaternary Research*, 1993, 40, 1-9.

MAGNY, M., 2004. Holocene climatic variability as reflected by mid-European lake-level fluctuations, and its probable impact on prehistoric human settlements. *Quaternary International*, 2004, 113, 65-79.

MAGNY M., HAAS J.N., 2004. A major widespread climatic change around 5300 cal. yr BP at the time of the Alpine Iceman. *Journal of Quaternary Science*, 2004, 19, 423-430.

MAGNY, M., BÉGEOT, C., GUIOT, J., MARGUET, A., BILLAUD, Y., 2003. Reconstruction and palaeoclimatic interpretation of mid-Holocene vegetation and lake-level changes at Saint-Jorioz, Lake Annecy, French Pre-Alps. *The Holocene*, 2003, 13, 2, 265–275

MAGNY M., LEUZINGER U., BORTENSCHLAGER S., HAAS J.-N., 2006. Tripartite climate reversal in Central Europe 5600-5300 years ago. *Quaternary Research*, 2006, 65, 3-19.

MASSON-DELMOTTE V., STENNI B., JOUZEL J., 2004. Common millenial-scale variability of Antarctic and Southern Ocean temperatures during the past 5000 years reconstructed from the EPICA Dome C ice core. *The Holocene*, 2004, 14, 145-151.

MAYEWSKI P.A., ROHLING E.E., STAGER J.C., KARLÉN W., MAASCH K.A., MEEKER L.D., MEYERSON E.A., GASSE F., VAN KREVELD S., HOLMGREN K., LEE-THORP J., ROSQVIST G., RACK F., STAUBWASSER M., SCHNEIDER R.R., STEIG E.J., 2004. Holocene climate variability. *Quaternary Research*, 2004, 62, 243-255.

NESJE A., DAHL S.O., LOVLIE R., SULEBAK J. R., 1994. Holocene glacier activity at the southwestern part of Hardangerjokulen, central-southern Norway: evidence from lacustrine sediments. *The Holocene*, 1994, 4, 377-382.

NESJE A., LIE O., DAHL S.O., 2000. Is the North Atlantic Oscillation reflected in Scandinavian glacier mass balance? *Journal of Quaternary Science*, 2000, 15, 587-601.

NESJE A., MATTHEWS J. A., DAHL S.O., BERRISFORD M. S., ANDERSSON C., 2001. Holocene fluctuations of Flatebreen and winter-precipitation changes in the Jostedalsbreen region, western Norway, based in glaciolacustrine sediment records. *The Holocene*, 2001, 11, 267-280.

REVEL-ROLLAND M., ARNAUD F., CHAPRON E., DESMET M., GIVELET N., ALIBERT C., MCCULLOCH M., 2005. Sr and Nd isotope as a tracer of sources of clastic material, in the Bourget lake sediment (NW Alps, France) during the Little Ice Age. *Chemical Geology*, 2005, 224, 183-200.

RIMBU N., LOHMANN G., KIM J.-H., ARZ H. W., SCHNEIDER R., 2003. Arctic/North Atlantic Oscillation signature in Holocene sea surface temperature trends as obtained from alkenone data. *Geophysical Research Letters*, 2003, 30, 1280-1283.

SOLANKI S. K., USOSKIN I. G., KROMER B., SCHLÜSSLER M., BEER J., 2004. Unusual activity of the Sun during recent decades compared to the previous 11,000 years. *Nature*, 2004, 431, 1084-1087.

STAGER J. C., MAYEWSKI P. A., 1997). Abrupt early to mid-Holocene climatic transition registered at the equator and the poles. *Science*, 1997, 276, 1834-1837.

STUIVER M. & REIMER P.J., 1993. Extended C data base and revised CALIB 3.0 C age calibration program. *Radiocarbon*, 1993, 35, 215-230.

STUIVER, M., REIMER, P.J., BARD, E., BECK, J.W., BURR, G.S., HUGHEN, K.A., KROMER, B., MCCORMAC, F.G., VAN DER PLICHT, J., SPURK, M., 1998. INTCAL98 radiocarbon age calibration, 24,000-0 cal BP. *Radiocarbon*, 1998, 40, 1041-1083.

VAN GEEL B., BUURMAN J., WATERBOLK H.T., 1996. Archaeological and palaeoecological indications for an abrupt climate change in The Netherlands, and evidence for climatological teleconnections around 2650 BP. *Journal of Quaternary Science*, 1996, 11, 451-460.

VAN RENSBERGEN P., DE BATIST M., BECK C., CHAPRON E., 1999. High-resolution seismic stratigraphy of glacial to interglacial fill of a deep glacigenic lake: Lake Bourget, North Western Alps, France. *Sedimentary Geology*, 1999, 128, 99-129.

WESSELS M., 1998a. Natural environmental changes indicated by Late Glacial and Holocene sediments from Lake Constance, Germany. *Palaeogeography, Palaeoclimatology, Palaeoecology*, 1998, 140, 421-432.

WESSELS M., 1998b. Late-Glacial and postglacial sediments in Lake Constance (Germany) and their palaeolimnological implications. *Arch. Hydrobiology Special Issues Advanced Limnology*, 1998, 53, 411-449.

ZOLITSCHKA, B., MINGRAM, J., VAN DER GAAST, S., JANSEN, J.H.F., NAUMANN, R. (2001). Sediment logging techniques. *In* W. M. Last and J.P. Smol (éd), Tracking environmental change using lake sediments: basin analysis, coring, and chronological techniques. Developments in Paleolimnological Research. Kluwer, Dordrecht, 1-17.

LA SÉQUENCE TARDIGLACIAIRE-HOLOCÈNE DU LAC DE SAINT-POINT

JURA, FRANCE

DYNAMIQUE DE LA VÉGÉTATION ET ÉVOLUTION DU DÉTRITISME

The Late Glacial-Holocene sequence of lake Saint-Point (Jura Mountains, France): vegetation dynamic and detritism evolution

Aurélie LEROUX [1], Vincent BICHET [1], Anne-Véronique WALTER-SIMONNET [1], Michel MAGNY [1], Thierry ADATTE [2], Emilie GAUTHIER [1], Hervé RICHARD [1]

[1] *Laboratoire Chrono-environnement, UMR CNRS 6249, Université de Franche-Comté, 16, route de Gray, F 25030 Besançon cedex.*

[2] *Institut de Géologie, Université de Neuchâtel Rue Emile-Argand 11, CH 2007 Neuchâtel.*

Contact : aurelie.leroux@univ-fcomte.fr

Résumé

Une séquence sédimentaire (SP05, 12,5 m de long) a été forée dans la partie profonde du Lac Saint Point (850 m). Les analyses sédimentologiques mettent en évidence deux périodes de sédimentation : le Pléniglaciaire/Tardiglaciaire caractérisé par d'importantes teneurs en silicates (quartz, argiles), et l'Holocène dominé par la sédimentation carbonatée. Au début de l'Holocène (11 400 cal. BP) les flux de silicates et de carbonates détritiques décroissent brutalement suite au développement de la forêt dans le bassin versant. De 10 200 à 6800 cal. BP, les apports silicatés et le détritisme carbonaté sont stables, puis augmentent régulièrement jusqu'à 5000 cal. BP. Ces augmentations ne peuvent être entièrement assimilées à un impact anthropique puisque les données polliniques indiquent une activité anthropique continue seulement à partir de 4000 cal. BP. Le contrôle climatique apparaît dominant. A partir de 5000 cal. BP, les apports silicatés augmentent alors que le détritisme carbonaté se stabilise. Ce phénomène est la conséquence d'un changement de végétation au sein du bassin versant. Vers 1000 cal. BP, silicates et carbonates détritiques décroissent probablement en raison du développement de pâturages au détriment des cultures céréalières, plus sédimentogènes.

Mots clés *: séquence sédimentaire lacustre, détritisme, Holocène, carbonates, anthropisation, climat*

Abstract

A sediment sequence (SP05, 12.5 m long) was taken from the deep zone of the Lake Saint- Point (850 m a.s.l.). Sedimentological analyses highlight two main contrasted periods of sedimentation: the LGM/Late Glacial characterized by high silicates and quartz contain in sediment and the Holocene dominated by the carbonated fraction. At the beginning of the Holocene (11 400 cal. BP), silicate fraction flux abruptly decreased. The shift between the Late Glacial and the Holocene may be explained by forest development in the catchment area. From 10 200 to 6800 cal. BP, silicate and detrital carbonate fractions became steady. They both progressively increased till 5 000 cal. BP. These increases can not be totally attributed to an anthropic impact since pollen data indicate a continuous anthropic activities only from 4000 cal. BP. They resulted from a dominant climatic control. From 5000 cal BP, silicates still increased whereas detrital carbonate input became steady due to a change in vegetation affecting the catchment. During the last millennium, silicate and detrital carbonate decreased probably due to pastureland development to the detriment of cereal cultivation.

Keywords: *lake sediment sequence, detristism, Holocene, carbonates, human impact, climate*

Introduction

En domaine continental, les archives lacustres fournissent des enregistrements les plus continus des changements climatiques depuis le dernier maximum glaciaire (DMG). Ces géosystèmes influencés à la fois par les changements climatiques et les activités humaines représentent donc des objets d'étude adéquats pour une approche de l'impact anthropique sur l'environnement. Diverses études ont été menées sur les lacs d'Europe occidentale permettant d'aborder la variabilité climatique Holocène mais également l'influence humaine sur l'enregistrement sédimentaire (Bichet *et al.*, 1999 ; Magny, 2004 ; Wessels, 1998). De nombreux lacs jurassiens ont notamment été étudiés en termes de reconstitution des régimes hydrologiques à travers l'étude des niveaux de lac sur des enregistrements littoraux (Magny, 2001; Magny *et al.*, 2006; Magny *et al.*, 2003). Toutefois peu d'études y ont été menées sur le signal détritique de séquences lacustres profondes (Bichet *et al.*, 1999). Ce type d'enregistrement, de par sa continuité, offre la possibilité d'aborder à la fois influence climatique et anthropique à une résolution suffisamment élevée pour observer les mutations environnementales rapides.

Ainsi, le lac Saint-Point permet une reconstitution des apports détritiques à haute résolution. En effet, ce lac, bien que de taille modeste par rapport à ses homologues alpins (lac du Bourget, lac de Constance), présente également une sédimentation dominée par le détritisme qui, ici, revêt deux formes : les carbonates détritiques et les silicates. Dans ce contexte, la réponse détritique aux variations d'origine climatique et/ou anthropique ne pourra être abordée par le seul biais de l'évolution des teneurs en silicates.

I - Présentation du site

Le Lac Saint-Point (46°48.7N, 6°12.2E) est localisé dans la haute chaîne du Jura à une altitude de 850 m. Ce lac dont la surface couvre 7 km², est composé de 2 bassins séparés par un seuil situé à une profondeur de 21,5 m. La profondeur maximale du bassin amont est de 41 m, celle du bassin aval de 35,5 m (Figure 1). La géométrie de la cuvette lacustre est la résultante de la structure synclinale de la vallée du Doubs accentuée par le surcreusement de la calotte glaciaire du dernier maximum glaciaire (DMG) (Buoncristiani et Campy, 2004). Ce lac est majoritairement alimenté par le Doubs, vecteur principal d'apports en matériaux détritiques (Bichet *et al.*, 1999).

Le bassin versant présente une superficie de 247 km² et s'étage entre 850 m et 1463 m d'altitude. Les formations géologiques affleurant dans cette zone sont essen-

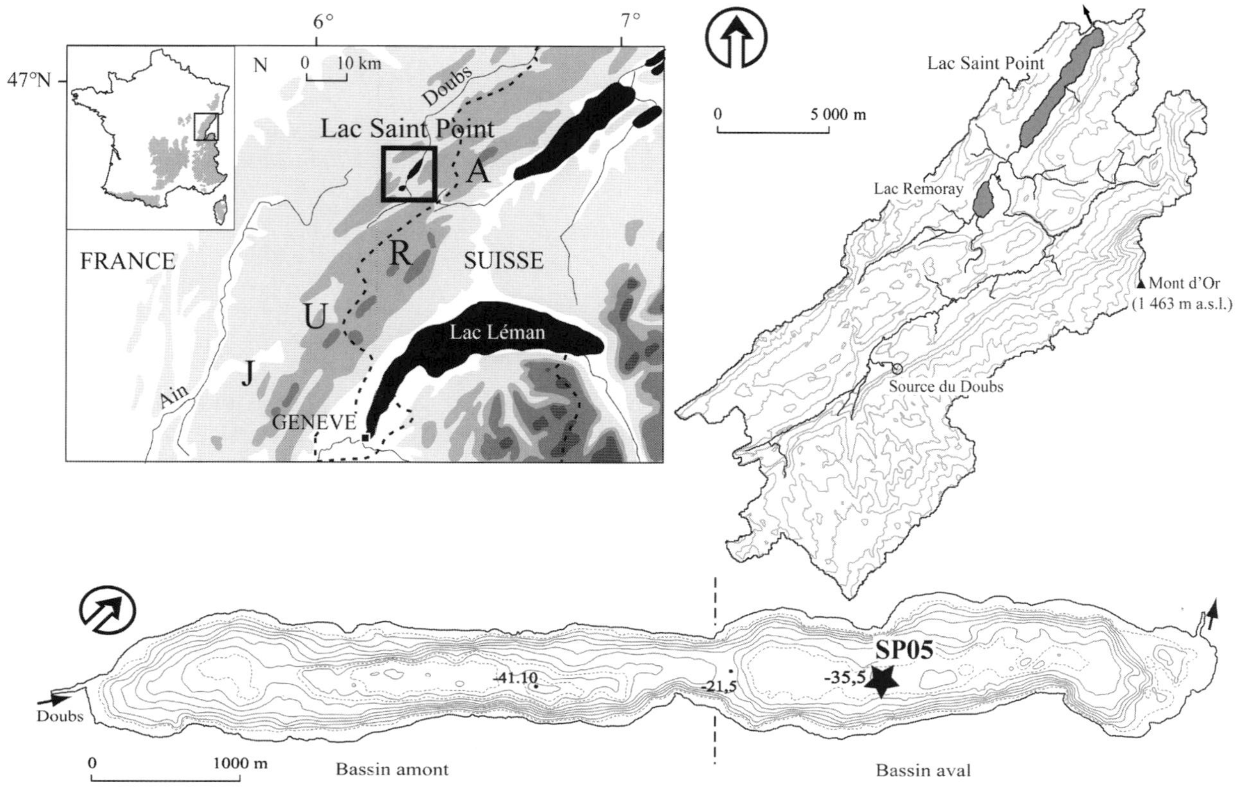

Figure 1 - Localisation du Lac Saint-Point, carte topographique du bassin versant, carte bathymétrique et localisation du forage.

tiellement des carbonates du Jurassique supérieur et du Crétacé inférieur. Dans ce contexte, la sédimentation lacustre est dominée par les carbonates détritiques et authigènes et, dans une moindre mesure, par la fraction silicatée (argiles pédogénétiques, résidu insoluble, apports éoliens).

Afin d'assurer l'acquisition d'une séquence non perturbée et continue, une campagne de sismique (seistec IKB haute résolution, université de Caen) a été effectuée préalablement au positionnement du forage. La carotte SP05 dont l'étude est présentée ici, mesure 12,5 m et a été prélevée dans la partie la plus profonde du bassin aval du lac.

La taille de son bassin versant, moindre par rapport à celles des lacs du Bourget et Constance, ainsi qu'un étagement altitudinal limité, confère au lac Saint-Point une réponse originale des différents flux détritiques aux influences climatiques et anthropiques.

II - Matériel et Méthodes

La chronologie de la séquence a été établie à partir de 24 datations radiocarbone (Tableau 1) réparties sur les sept mètres supérieurs de la séquence. L'ensemble des datations repose sur l'analyse de restes végétaux (bois et feuilles). Les âges obtenus ont ensuite fait l'objet d'une calibration à l'aide du programme CALIB 5.1 (Reimer *et al.*, 2002).

Cette chronologie a été complétée par l'analyse pollinique d'échantillons ponctuels (stratigraphie pollinique régionale) et l'identification minéralogique et géochimique du Laacher See Tephra (LST) (Van Der Bogaard, 1985 ; Hajdas *et al.*, 1995; Bossuet *et al.*, 1997).

Enfin, des mesures ^{137}Cs (Pennington *et al.*, 1976 ; Smith et Clark, 1986) ont permis de déterminer la chronologie de la séquence sur la période récente.

Les paramètres physiques tels que la gamma densité et la susceptiblité magnétique (SM) ont été mesurés suivant un pas de 5 mm à l'aide d'un Geotek Multi Sensor Core Logger System.

Des analyses en éléments majeurs (XRF, Université Lyon I), minéralogiques (DRX, Université de Neuchâtel, CH) et granulométriques (laser granulometer, LS230 Beckman-Coulter) ont été menées sur la roche totale. L'analyse pollinique de la séquence complète étant actuellement en cours, seules les données documentant la deuxième moitié de l'Holocène seront présentées dans cet article.

Bien que le pas d'échantillonnage ait été ajusté au modèle âge-profondeur, la résolution temporelle varie entre 60 (Holocène) et 200 ans / échantillon en raison de la faible accumulation de sédiment durant certaines périodes (Figure 2).

Méthodes de datation	Profondeur (cm)	Date radiocarbone (BP)	Ages intervalle 2σ (a Cal BP)	Réf. Laboratoire	Materiel
^{137}Cs	6.5	-	-36 (1 986)	-	Sédiment total
^{137}Cs	10.5	-	-13 (1 963)	-	Sédiment total
^{14}C	125	1 120±30	956 - 1 088	Poz-17040	Feuilles
^{14}C	126.5	1 100±30	952 - 1 062	Poz-17041	Feuilles
^{14}C	127.5	1 155±30	979 - 1 150	Poz-17041	Feuilles
^{14}C	157.4	1 775±35	1 604 - 1 817	Poz-17043	Feuilles
^{14}C	157.6	1 785±35	1 613 - 1 818	Poz-17051	Feuilles
^{14}C	185	2 145±35	2 033 - 2 305	Poz-17055	Feuilles
^{14}C	190.5	2 230±35	2 152 - 2336	Poz-17057	Feuilles
^{14}C	192.5	2 255±35	2 155 - 2 344	Poz-17068	Feuilles
^{14}C	193.5	2 195±35	2 124 - 2 324	Poz-17053	Feuilles
^{14}C	198.5	2 490±30	2 457 - 2 725	Poz-17054	Tiges
^{14}C	219.5	2 800±35	2 839 - 2 993	Poz-17067	Feuilles
^{14}C	220	2 975±35	3 059 - 3 319	Poz-17065	Feuilles
^{14}C	246.5	3 360±35	3 483 - 3 689	Poz-17064	Feuilles
^{14}C	250.5	3 500±35	3 688 - 3 871	Poz-17062	Feuilles
^{14}C	271.5	3 740±35	3 982 - 4 160	Poz-17063	Aiguilles
^{14}C	278.5	3 935±35	4 281 - 4 513	Poz-17061	Feuilles
^{14}C	290.5	4 130±35	4 566 - 4 821	Poz-17060	Feuilles
^{14}C	306.5	4 460±40	4 960 - 5 294	Poz-17059	Feuilles
^{14}C	337.5	4 850±40	5 476 - 5 657	Poz-18354	Feuilles
^{14}C	352.5	5 150±50	5 748 - 5 995	Poz-18356	Feuilles
^{14}C	483	6 500±50	7 308 - 7 507	Poz-18353	Feuilles
^{14}C	484	6 470±50	7 276 - 7 461	Poz-18357	Feuilles
^{14}C	501	6 980±50	7 695 - 7 932	Poz-18315	Feuilles
^{14}C (LST)*	671	11230±40	13 125±560	-	Macrofossiles
^{14}C	683	11730±60	13 426 - 13 733	60	Feuilles

Tableau 1 - Datations AMS radiocarbone et résultats du ^{137}Cs obtenus à partir de la carotte SP05, (Hajdas et al., 1995).*

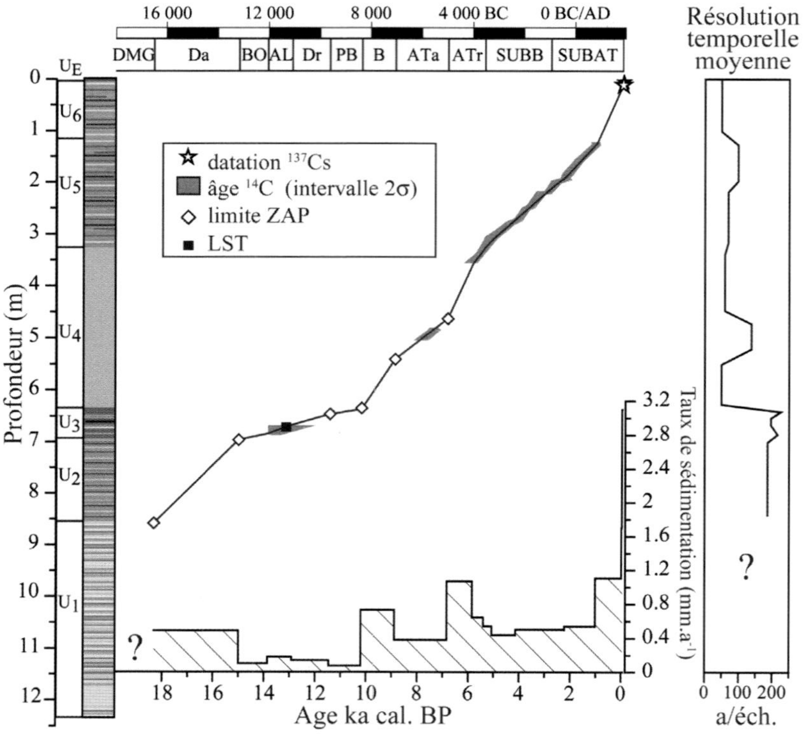

Figure 2 - Modèle âge-profondeur et taux de sédimentation obtenus à partir des différentes méthodes de datation, unités sédimentologiques, variation de la résolution temporelle des échantillons et zonation pollinique.
DMG : dernier maximum glaciaire,
Da : Dryas ancien,
BO : Bølling,
AL : Allerød,
Dr : Dryas récent,
PB: Préboréal,
B : Boréal,
ATa : Atlantique ancien,
ATr: Atlantique récent,
SUBB: Subboréal,
SUBBAT: Subatlantique.

III - Résultats

1 - Modèle âge-profondeur

Les éléments de chronologie disponibles indiquent que la séquence SP05 fournit un enregistrement de la sédimentation lacustre couvrant au minimum les 18 derniers millénaires (Figure 2). Les taux de sédimentation sont faibles et varient entre 0,07 mm/a (Préboréal) et 3,1 mm / an (période actuelle). La courbe âge-profondeur met en évidence des taux de sédimentation similaires durant la deuxième moitié de l'Holocène (à partir de 6000 cal BP) et le Dryas Ancien (18320 - 15000 cal. BP). De 15000 à 10200 cal. BP (Bølling-Préboréal), les taux de sédimentation sont faibles avec un minimum associé au Préboréal. Cette chute des taux précède une période de plus intense sédimentation à partir de 10200 cal. BP. Enfin, les derniers siècles enregistrent les plus forts taux de sédimentation avec des valeurs de l'ordre de 3,2 mm/a.

2 - Caractéristiques sédimentologiques

A partir des observations des caractéristiques sédimentologiques, la séquence a pu être divisée en 6 unités (Figure 3). Les unités 1 et 2 (U1 et U2) sont associées à la fin du DMG et au Dryas ancien (18300 - 15000 cal BP.). L'unité 3 (U3), très condensée, couvre la période s'étendant du Bølling au Boréal (environ 15000 - 10200 cal BP). Au sein de cette unité, un niveau gris millimétrique fréquemment observé dans les enregistrements lacustres régionaux et correspondant au LST a été identifié (Juvigne *et al.*, 1995; Bossuet *et al.*, 1997; Walter-Simonnet *et al.*, 2008). La sédimentation associée à la première moitié de l'Holocène (10200 - 5400 cal. BP) se traduit par un faciès particulier de craie lacustre (U4). Enfin les unités 5 et 6 (U5 et U6) se distinguent par leur couleur verdâtre, indicatrice d'un contenu en matière organique plus élevé que dans les unités précédentes (Corg, Figure 3)

Si la gamma densité décroît progressivement depuis la base vers le sommet de la séquence, un léger saut est toutefois observé au niveau de la transition Tardiglaciaire-Holocène (Figure 3). Le signal de SM, quant à lui, présente deux tendances croissantes séparées par un important saut s'effectuant au cours du Préboréal (Figure 3). Ce signal met également en évidence deux pics de SM associés à des dépôts de tephras. Si le plus ancien (situé à 6,45 m de profondeur) a été identifié comme étant le LST, le tephra le plus récent reste non caractérisé chimiquement en raison de la taille des échardes qui le compose (trop fines pour être analysées à la microsonde). Néanmoins, compte tenu de sa position stratigraphique et de la chronologie de la séquence, ce tephra semble être associé à l'éruption du Vasset-Killian (VKT, Figure 3) (Massif Central), tephra récemment décrit en Suisse (Blockley *et al.*, 2007).

Les résultats de l'analyse granulométriques indiquent que la sédimentation est dominée par la fraction < 50µm (Figure 3). La fraction plus grossière (> 50µm) n'apparaît que ponctuellement au cours du DMG et du

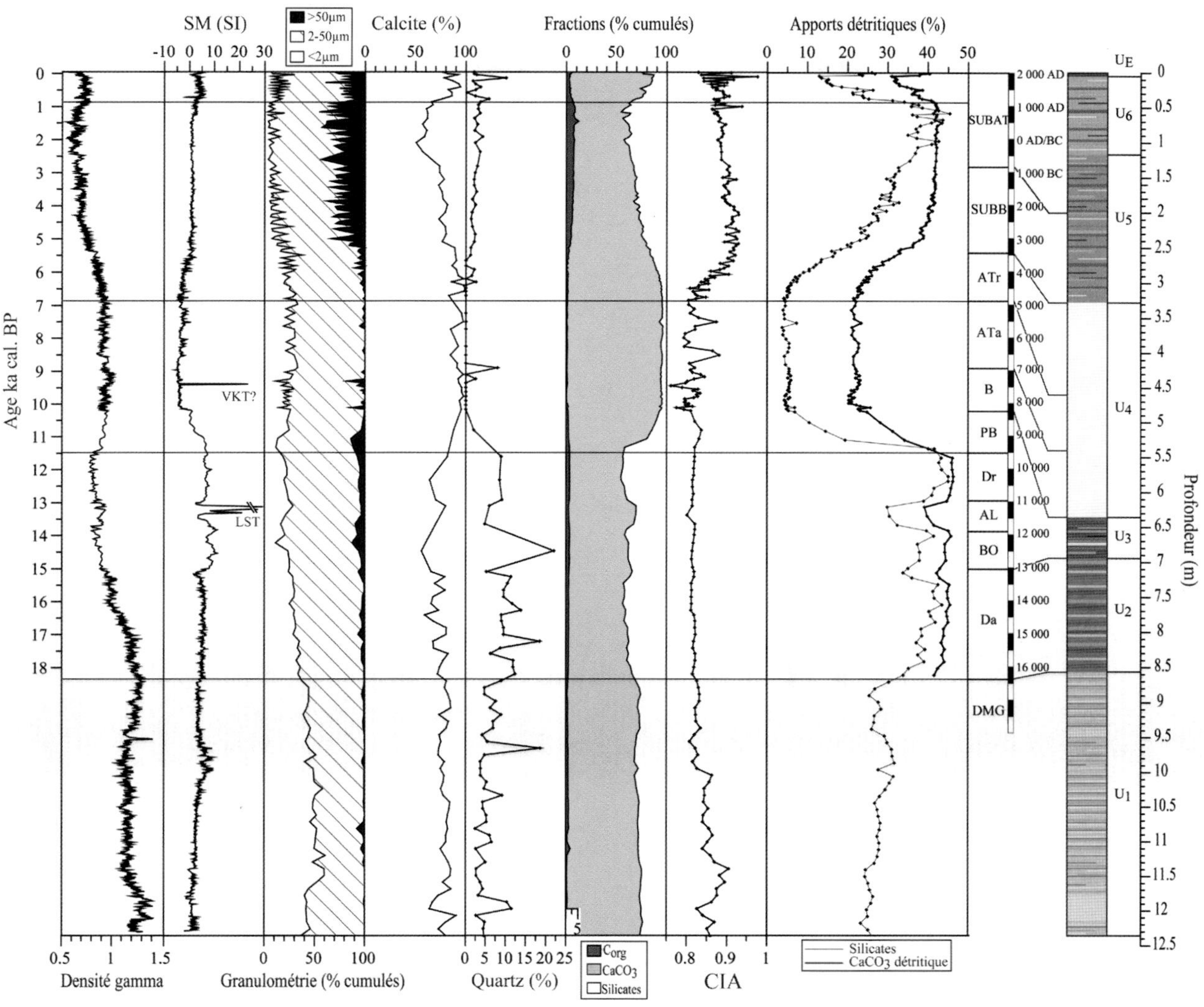

Figure 3 - caractéristiques sédimentologiques; SM et gamma densité ont été mesurées à l'aide d'un Geotek Multi Sensor Core Logger System; les pourcentages en calcite et quartz résultent de l'analyse DRX sur roche totale ; les pourcentages en carbonates, Corg et silicates ont été calculés à partir des résultats de l'analyse des éléments majeurs; CIA : indice d'altération chimique; le flux de carbonates détritiques a été calculé à partir des teneurs en Ca-Mg.

Tardiglaciaire, et devient plus importante à partir de 6 800 cal. BP. Notons qu'une légère diminution de sa contribution est enregistrée dans la partie supérieure de l'unité 6 (U6) aux environs du dernier millénaire.

La minéralogie de cette séquence est dominée par la calcite (50 à 99 %) associée au quartz et aux minéraux argileux (Figure 3). Dolomite, plagioclase et feldspath ne sont que des minéraux accessoires (moins de 3 %). Du DMG à 11 400 cal. BP, la teneur en calcite apparaît relativement constante avant d'augmenter à partir de 11 400 cal. BP (Préboréal). La première moitié de l'Holocène (11 400 - 5400 cal. BP) est caractérisée par les teneurs en calcite les plus élevées de la séquence. A partir de 5400 cal. BP, cette dernière décroît puis augmente au cours du dernier millénaire.

Ces principales transitions sont également observées dans l'évolution des teneurs en quartz du sédiment (Figure 3). Si du DMG à 11 400 cal. BP, la teneur en quartz est élevée (≅ 20%) et varie par pulses, les teneurs apparaissent encore plus élevées au cours du Tardiglaciaire. A noter que la première partie de l'Holocène se caractérise par une absence d'apport en quartz (à l'exception de 2 pics enregistrés vers 9000 cal. BP). A partir de 6500 cal. BP, une augmentation continue de la teneur en quartz est observée, néanmoins les teneurs demeurent très inférieures (≅ 3%) à celles prévalant au cours du DMG et du Tardiglaciaire (à l'exception de la période récente).

3 - Caractéristiques géochimiques

La relation entre Ca et Sr a permis la caractérisation des différents assemblages carbonatés (Figure 4). Ainsi, deux populations différentes associées respectivement au DMG / Tardiglaciaire et à l'Holocène ont été mises en évidence. La population DMG / Tardiglaciaire présente un cortège carbonaté à forte teneur en Sr contrairement à la population holocène caractérisée par des teneurs en Sr plus faibles. La relation entre Al_2O_3 et

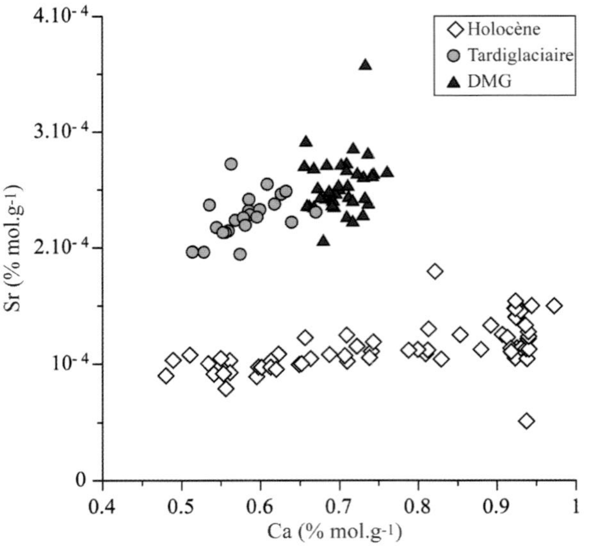

Figure 4 - Relation entre les concentrations en Ca et Sr (roche totale) selon les périodes (les valeurs Sr ont été obtenues par analyse ICPMS sur roche totale).

SiO_2 (Figure 5) met également en évidence deux populations distinctes associées aux mêmes périodes : une population DMG / Tardiglaciaire enrichie en silice et appauvrie en aluminium, et une population Holocène enrichie en aluminium.

Les différentes fractions (carbonates, silicates et matière organique, Figure 3) ont été calculées à partir de l'analyse en éléments majeurs et des valeurs de LOI (*Loss on ignition*, mesure du carbone minéral et organique). L'évolution des teneurs en carbonates et silicates calculée à partir de ces résultats apparaît en accord avec l'évolution minéralogique de la séquence et souligne une transition majeure dans la sédimentologie à partir de 11 000 cal. BP (Figure 3). Notons que la fraction organique demeure inférieure à 5% et connaît une légère augmentation à partir de 6000 cal. BP.

L'analyse en éléments majeurs a également permis de calculer le CIA ou *Chemical Index of Alteration*, (CIA = Al/(Al + K + Na + Ca*), où Ca* est le Ca associé aux plagioclases, négligeables dans ce contexte) (Nesbitt et Young, 1984). Cet indicateur de l'altération pédogénétique met en évidence 4 périodes (Figure 3). Du DMG au début de l'Holocène, le CIA décroît légèrement mais demeure toutefois élevé. A partir de 7000 cal. BP, les valeurs de CIA augmentent de manière continue suivant des oscillations à plus haute fréquence qu'au cours de la période précédente. Cette augmentation précède une période de décroissance de l'index (environs de 4000 cal. BP) qui présente toutefois des valeurs élevées. Enfin, au cours du dernier millénaire, ses oscillations se caractérisent par une plus grande amplitude et une plus forte fréquence.

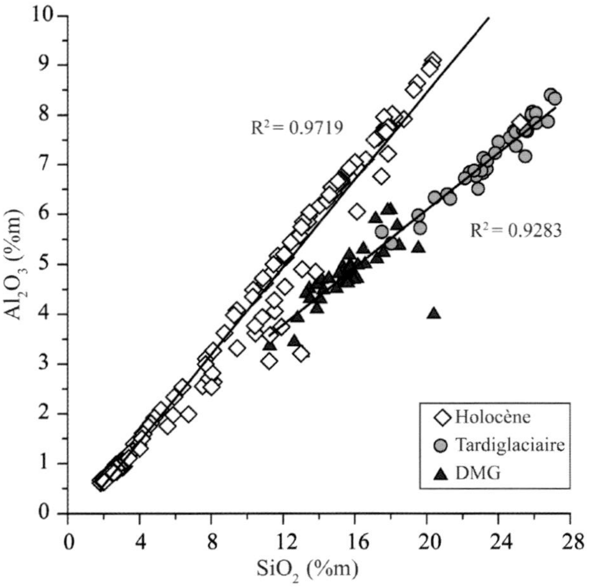

Figure 5 - Corrélations linéaires entre les teneurs en Al2O3 et SiO_2 (roche totale) selon les périodes.

4 - Caractérisation des différents apports détritiques.

Afin de reconstituer l'évolution de la décharge détritique, il est nécessaire de caractériser l'évolution du rapport carbonates authigènes / carbonates détritiques. Nous avons utilisé pour cela l'évolution de la concentration en éléments majeurs (Figure 6).

Le magnésium est associé aux carbonates détritiques du bassin versant (la composition des eaux du Doubs ne

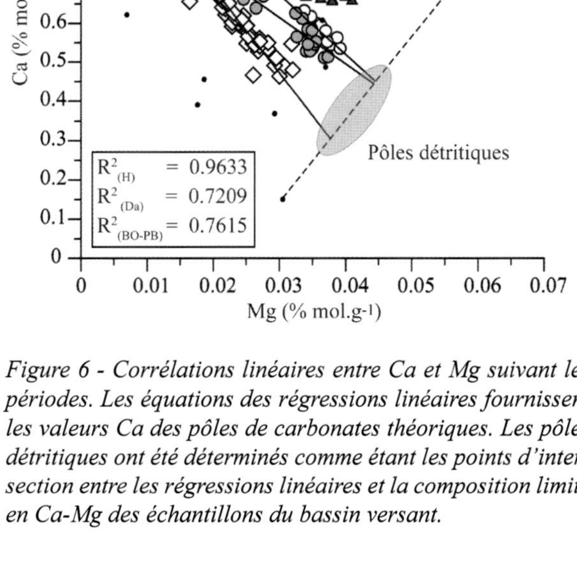

Figure 6 - Corrélations linéaires entre Ca et Mg suivant les périodes. Les équations des régressions linéaires fournissent les valeurs Ca des pôles de carbonates théoriques. Les pôles détritiques ont été déterminés comme étant les points d'intersection entre les régressions linéaires et la composition limite en Ca-Mg des échantillons du bassin versant.

permettant pas la précipitation de calcite magnésienne même en faible teneur (Calmels, 2007), en conséquence Mg peut être utilisé en tant qu'indicateur des carbonates détritiques.

Sachant que les apports en plagioclase et dolomite sont négligeables à partir du Tardiglaciaire, il est possible de calculer la proportion en carbonates détritiques à partir des régressions linéaires observées entre Ca et Mg. Ainsi, la teneur théorique en Ca de carbonates authigènes peut être calculée pour les différentes périodes. En supposant que le pôle carbonates détritiques a une composition limite correspondant à la teneur maximale en Mg et à la teneur minimale en Ca des roches du bassin versant, il est possible d'estimer la composition en Ca-Mg de ce pôle. Enfin, à partir de ces compositions théoriques des pôles et de la teneur en Ca des échantillons (Cas), les proportions en carbonates authigènes (Caa) et détritiques (Cad) sont déterminées suivant une équation de mélange à deux composants (Langmuir *et al.*, 1978) :

Cas = f * Caa + (1- f) * Cad, f étant la proportion en Caa du mélange.

Ainsi, les apports détritiques (silicates et carbonates) mettent en évidence les mêmes transitions soulignées par les différents paramètres (Figure 3). Du DMG au Tardiglaciaire, la contribution détritique est très élevée et représente près de 80 % de la sédimentation du lac, ce qui indique également une production authigène très limitée. Notons que cette proportion s'accroît au début du Tardiglaciaire (18 300 cal. BP). A 11 300 cal. BP, les apports chutent brutalement au profit de la production authigène (≅ 70 %). A partir de 6800 cal. BP, le détritisme croît à nouveau et atteint près de 70 %. Cette tendance s'inverse au cours du dernier millénaire avant une nouvelle croissance au cours du dernier siècle. Notons que les apports en carbonates détritiques demeurent stables à partir de 6000 cal. BP, alors que les apports silicatés augmentent continuellement.

5 - La végétation (de 7500 cal. BP à l'actuel)

Actuellement les données polliniques disponibles (Figure 7) documentent les 7500 dernières années. Les grains de pollen d'arbres (AP) sont dominants (≅ 90%) tout au long de la séquence étudiée. Néanmoins, une décroissance du couvert forestier semble débuter aux environs de 4000 cal. BP (environ 2000 BC) avec une diminution plus marquée à partir de 1400 cal. BP (550 AD). Cette chute majeure de la proportion de pollen d'arbre est synchrone de l'augmentation drastique des indices polliniques d'anthropisation (IPA, défini comme la somme des pollens de Cerealia, Apophytes, Juniperus et Cannabis). Notons que des indices anthropiques, bien que mineurs, sont enregistrés de manière plus précoce à environ 7200 cal. BP/5100 BC.

Concernant les assemblages polliniques, on observe une transition au niveau des espèces dominantes aux environs de 7000 cal. BP, avec le passage d'une forêt dominée par la chênaie mixte à une forêt de type résineux (*Abies* puis *Picea*). L'importance de la hêtraie-sapinière semble toutefois se réduire dès 4000 cal. BP.

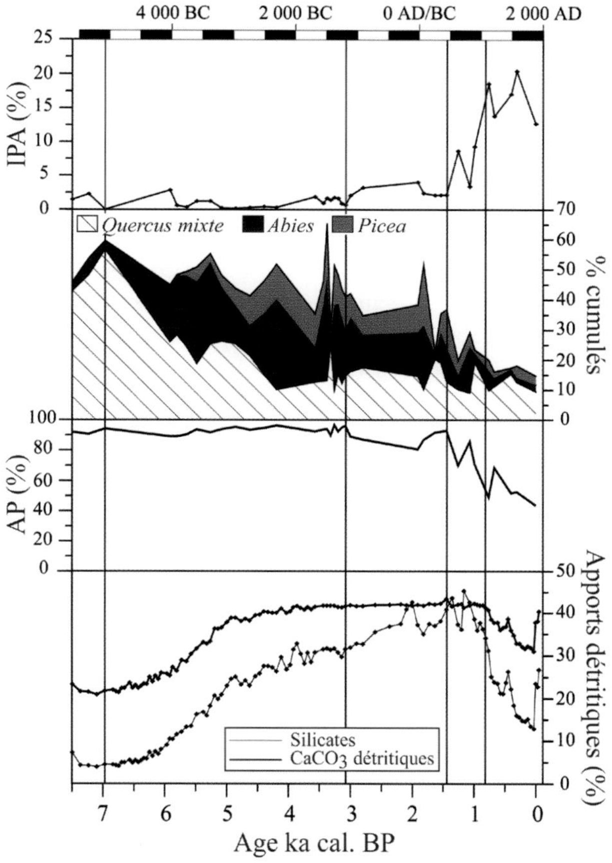

Figure 7 - Apports détritiques comparés aux données palynologiques couvrant les derniers 7500 cal. BP; AP: pollen d'arbres ; IPA : indice pollinique d'anthropisation (Cerealia, Apophytes, Juniperus et Cannabis).

II - Discussion

1 - Du DMG au Tardiglaciaire

Au cours de ces deux périodes, la signature des carbonates est dominée par les caractéristiques des roches du bassin versant (Sr élevé, Figure 4), néanmoins les fortes concentrations en quartz observées ne peuvent être attribuées dans leur totalité au résidu insoluble des carbonates du bassin versant (Figure 3). L'existence d'une contribution allochtone serait à l'origine de ces importantes teneurs en quartz. En effet, de précédentes études mettent en évidence une contribution éolienne effective jusqu'à 15 000 cal. BP en Europe occidentale

(Wessels, 1998) et notamment dans le Jura (Pochon, 1978). Considérant qu'aucun processus pédogénétique n'affecte les roches du bassin versant au cours de ces périodes en raison de l'extension de la calotte glaciaire, les hautes valeurs du CIA indiquent des apports éoliens provenant de sols formés au cours du précédent interstade. Ces particules ont été remaniées et mélangées au produit de l'érosion glaciaire au cours du DMG. A partir de 18300 cal. BP, l'augmentation des apports détritiques est la résultante de l'augmentation des flux hydriques associée au retrait de la calotte glaciaire ainsi qu'à la mise à l'affleurement de nouvelles surfaces de déplétion pour les particules éoliennes. En accord avec les travaux de Buoncristiani et Campy (2004) l'enregistrement sédimentaire du lac Saint-Point permet d'envisager une transition depuis un lac sous-glaciaire à un lac libre de toute glace aux environs de 18300 cal. BP.

Si la première partie du Tardiglaciaire (18300 - 15000 cal. BP) apparaît sédimentogène (taux de sédimentation de l'ordre de 0,5 mm / an, Figure2), sa seconde partie (15000 - 11470 cal. BP) est marquée par des taux de sédimentation très faibles (inférieurs à 0,1 mm / an) associés à des teneurs détritiques très élevées. Cette condensation de la séquence serait la conséquence d'un épuisement progressif des apports liés à la déglaciation et d'une production authigène très réduite, voire inexistante.

2 - La transition Tardiglaciaire-Holocène (vers 11 500 cal. BP)

Le début de l'Holocène (11500 - 10200 cal. BP) se caractérise par une chute drastique du détritisme synchrone d'une augmentation des taux de sédimentation (Figures 2 et 3). Ces deux phénomènes impliquent une augmentation de la production authigène, hypothèse en accord avec la transition observée entre une population de carbonates à fortes teneurs en Sr et la population Holocène appauvrie en Sr (Figure 4). Un changement notable est également observé dans la nature du cortège argileux à cette même transition. En effet, la fraction silicatée apparaît enrichie en Al (Figure 5) et les variations du CIA (Figure 3) à haute fréquence et amplitude indiquent une influence accrue des processus pédogénétiques au sein du bassin versant. Cette modification de la fraction silicatée est à mettre en relation avec un développement rapide du couvert forestier sur l'ensemble du bassin versant, développement induit par le réchauffement climatique Holocène. Bien que les données polliniques documentant cette transition ne soient pas encore disponibles, de nombreuses études dans le secteur (Cupillard *et al.*, 1994; Peyron *et al.*, 2005) mentionnent une transition rapide depuis une steppe (Dryas récent) vers une forêt composée de mésothermophiles (e.g *Pinus* et *Betula*) au cours du Préboréal (11400 - 10200 cal. BP), forêt évoluant par la suite en une chênaie mixte. Cette occupation affecte de manière drastique les apports détritiques en bloquant les flux hydriques, donc en réduisant l'érosion (Ursic et Dendy, 1965) et de fait les apports détritiques. Le faible étagement altitudinal de ce bassin versant le rend d'autant plus sensible aux changements de végétation. Cette diminution des apports détritiques est également la conséquence de la crise hydrologique qui affecte l'ensemble des lacs Jurassiens (Bichet *et al.*, 1999 ; Magny, 2001) à cette même période (baisse des niveaux lacustres). Enfin, l'importante diminution des apports en quartz serait la conséquence d'un épuisement des apports éoliens, voire un blocage des flux par le développement forestier. Cette période marque donc une transition majeure au sein de la séquence, transition imputable au changement climatique de manière directe (réduction des flux hydriques) et indirecte (développement du couvert forestier).

3 - La transition à 6800 cal. BP

Alors que la première partie de l'Holocène se caractérise par des apports détritiques faibles et une production authigène accrue (Figure 3), une nouvelle transition majeure s'effectue à partir de 6800 cal BP (Figure 3). En effet, la sédimentation évolue progressivement vers des dépôts à dominante détritique (contribution de l'ordre de 70-80 %). Cette période correspond également à la mise en place d'*Abies* (Figure 7). L'origine du développement de cette essence demeure controversée (Tinner et Lotter, 2006) car favorisée par des climats froids et humides mais également par l'ouverture du milieu par l'homme. Des traces d'anthropisation précoces et ténues sont identifiées dans cette séquence mais l'analyse palynologique doit être complétée avant de pouvoir envisager une anthropisation continue dès 7000 cal BP.

Ce développement progressif d'*Abies* est à l'origine d'un changement pédogénétique majeur. Ainsi l'augmentation des apports silicatés et l'évolution vers des valeurs plus élevées du CIA (Figure 3) sont les conséquences d'une érosion préférentielle de sol, les résineux produisant des sols plus épais et plus acides. Si les apports silicatés sont accentués par ce changement de végétation, le détritisme carbonaté n'augmente que jusqu'à environ 5000 cal. BP avant de se stabiliser et de décroître à partir du dernier millénaire. Cette stabilisation des flux en carbonates détritiques est la résultante de la dissolution des carbonates accentuée par la mise en place de sols plus épais et plus acides lors du développement d'*Abies*. La différence d'érodabilité du bassin versant générée par le passage d'une chênaie mixte à une hêtraie-sapinière modifie l'enregistrement détritique et tamponne les variations de type

hydrologiques observées au cours de cette période dans diverses zones (Arnaud *et al.*, 2008).

4 - 4000 cal. BP : début d'une anthropisation continue

A partir de 4000 cal. BP, *Abies* tend à décroître ainsi que l'importance du couvert forestier, évolutions synchrones d'une décroissance du CIA. Ainsi, la diminution de l'altération des sols est associée à une diminution de l'occurrence d'*Abies* dans le bassin versant. Or *Abies* est généralement la première essence affectée lors des défrichements, sa diminution indiquerait donc les prémisses d'une anthropisation du bassin versant. Cette ouverture progressive du milieu est associée à la présence continue de marqueurs anthropiques relativement faibles. De précédentes études (Gauthier, 2001, 2002) effectuées dans la Chaux d'Arlier (située à quelques kilomètres de Saint-Point à des altitudes similaires) mettent également en évidence un impact anthropique régulier à partir du Néolithique final. Ainsi, l'anthropisation serait à l'origine de l'augmentation des flux silicatés mais n'aurait aucun impact sur le détritisme carbonaté, le substrat étant protégé par des sols suffisamment épais. Ce n'est qu'à partir de 1400 cal. BP/600 AD que cette anthropisation connaît un essor considérable avec toutefois des périodes de déprise (1000 ans cal BP/950 AD ; 700 cal. BP/1250 AD). Etant donnée la résolution actuelle de l'analyse palynologique, il apparaît hasardeux de corréler précisément des événements tels que des déprises et des diminutions de flux détritiques. Néanmoins, l'augmentation de l'impact anthropique, bien qu'associée à une augmentation des flux détritiques, se traduit dès 750 cal. BP (1200 AD) par une réduction de ces derniers. Cette évolution atypique du détritisme pourrait être la conséquence d'une diminution de la culture céréalière au profit de l'élevage. En effet, l'augmentation des zones pâturées, moins sédimentogènes (Szilassi *et al.*, 2006), serait à l'origine de cette chute des flux détritiques.

Conclusion et perspectives

Le lac Saint-Point fournit une séquence continue permettant l'identification de transition climatiques et environnementales majeures depuis le DMG jusqu'à la période actuelle. Contrairement aux lacs du Bourget et de Constance, l'évolution des flux détritiques ne peut être interprétée par le seul biais des fluctuations hydrologiques.

En effet, si l'augmentation des apports détritiques à la transition DMG/Tardiglaciaire est la conséquence de l'augmentation des flux hydriques consécutive à la déglaciation, l'entrée dans la période Holocène se caractérise par une réponse sédimentaire contrôlée par le changement de végétation. La diminution drastique des différentes contributions détritiques apparaît imputable à la mise en place rapide d'un couvert forestier sur l'ensemble du bassin versant. Il s'agit donc là d'une réponse indirecte au réchauffement climatique caractéristique du début de l'Holocène. Dès lors, l'évolution de ce couvert forestier en termes d'abondance et espèces dominantes devient le facteur contrôlant la réponse sédimentaire. Ainsi, l'augmentation progressive des flux détritiques à partir de 6800 cal. BP est la conséquence du passage d'une forêt de type chênaie mixte à une forêt de résineux, ces derniers favorisant l'altération des roches du bassin versant. Néanmoins cette dynamique de la végétation peut être à la fois le reflet des variations climatiques et anthropiques. En effet, le développement des résineux peut s'effectuer soit à la faveur d'un refroidissement, soit d'une ouverture du milieu par l'homme. Toutefois, les premiers résultats de l'analyse pollinique n'indiquent qu'une faible anthropisation pour cette période, ce qui semble privilégier une origine climatique pour cette transition. En effet, l'impact anthropique sur la sédimentation lacustre ne semble significatif qu'à partir de 4000 cal. BP. Cette anthropisation atteint son paroxysme au cours du dernier millénaire et se traduit dans la sédimentation par un enregistrement atypique. En effet, alors que nombre d'études mettent en évidence une augmentation des flux détritiques consécutive à la mise en culture du bassin versant, les apports détritiques au lac Saint-Point diminuent. Cette évolution particulière serait le reflet d'un changement des pratiques agricoles à travers le développement des zones pâturées au détriment des cultures céréalières.

Considérant ces différents résultats, l'évolution du détritisme observée au lac Saint-Point apparaît soumise à un contrôle dominant de la végétation dès lors que cette dernière se développe. En effet, bien que de fonctionnement similaire aux systèmes du Bourget et de Constance, le faible étagement et la nature de son bassin versant lui confère une sensibilité accrue aux variations du couvert végétal.

Bibliographie

Bichet V., Campy M., Buoncristiani J.-F., Digiovanni C., Meybeck M., Richard H., 1999. Variations in Sediment Yield from the Upper Doubs River Carbonate Watershed (Jura, France) since the Late-Glacial Period. *Quaternary Research*, 51(3), 267-279.

Blockley S.P.E., Lane C.S., Lotter A.F., Pollard A.M., 2007. Evidence for the presence of the Vedde Ash in Central Europe. *Quaternary Science Reviews*, 26(25-28), 3030-3036.

Bossuet G., Richard H., Magny M., Rossy M., 1997. Nouvelle occurrence du Laacher See Tephra dans le Jura central. L'etang du Lautrey (France). Comptes Rendus de l'Academie des Sciences - Series IIA - *Earth and Planetary Science,* 325(1), 43-48.

Buoncristiani J.F., Campy M., 2004. Expansion and retreat of the Jura ice sheet (France) during the last glacial maximum. *Sedimentary Geology*, 165(3-4), 253-264.

Calmels D., 2007.Altération chimique des carbonates : influence des sources d'acidité sur les bilans globaux. Thèse, Université Paris Diderot.

Cupillard C., Magny M., Richard H., Ruffaldi P., Marguier S., 1994. Mesolithisation et néolithisation d'une zone de moyenne montagne: évolution du peuplement et du paysage de la haute vallée du Doubs, Laboratoire de Chrono-écologie, Besançon.

Gauthier E., 2001-2002. Analyse pollinique d'une tourbière au coeur de la nécropole protohistorique tumulaire de la Chaux d'Arlier (Doubs). *Revue Archéologique de l'Est,* 51, 417-428.

Hajdas I., Ivy-Ochs S.D., Bonani G., Lotter A.F., Zolitschka B., Schluchter C., 1995. Radiocarbon age of the Laacher See Tephra: 11 230 ± 40 BP. *Radiocarbon*, 37(2), 149-154.

Juvigne E., Kozarski S., Nowaczyk B., 1995. The occurrence of Laacher See Tephra in Pomerania, NW Poland. *Boreas*, 24(3), 225-231.

Langmuir C.H., Vocke Jr R.D., Hanson G.N. Hart S.R., 1978. A general mixing equation with applications to Icelandic basalts. *Earth and Planetary Science Letters*, 37(3), 380-392.

Magny M., 2001. Palaeohydrological changes as reflected by lake-level fluctuations in the Swiss Plateau, the Jura Mountains and the northern French Pre-Alps during the Last Glacial-Holocene transition: a regional synthesis. *Global and Planetary Change*, 30(1-2), 85-101.

Magny M., 2004. Holocene climate variability as reflected by mid-European lake-level fluctuations and its probable impact on prehistoric human settlements. *Quaternary International*, 113(1), 65-79.

Magny M., Aalbersberg G., Begeot C., Benoit-Ruffaldi P., Bossuet G., Disnar J.-R., Heiri O., Laggoun-Defarge F., Mazier F., Millet L., Peyron O., Vanniere B., Walter-Simonnet A.-V., 2006. Environmental and climatic changes in the Jura mountains (eastern France) during the Lateglacial-Holocene transition: a multi-proxy record from Lake Lautrey. *Quaternary Science Reviews*, 25(5-6), 414-445.

Magny M., Begeot C., Guiot J., Peyron O., 2003. Contrasting patterns of hydrological changes in Europe in response to Holocene climate cooling phases. *Quaternary Science Reviews*, 22(15-17), 1589-1596.

Nesbitt H.W., Young G.M., 1984. Prediction of some weathering trends of plutonic and volcanic rocks based on thermodynamic and kinetic considerations. *Geochimica et Cosmochimica Acta*, 48(7), 1523-1534.

Pennington W., Cambray R.S., Eakins J.D., Harkness D.D., 1976. Radionuclide dating of the recent sediment using fallout 137Cs as a tracer. *Nature*, 242, 324-326.

Peyron O., Begeot C., Brewer S., Heiri O., Magny M., Millet L., Ruffaldi P., Van Campo E., Yu G., 2005. Late-Glacial climatic changes in Eastern France (Lake Lautrey) from pollen, lake-levels, and chironomids. *Quaternary Research*, 64(2), 197-211.

Pochon M., 1978. Origine et évolution des sols du Haut Jura suisse. *Mémoires de la Société helvétique des Sciences Naturelles*.

Reimer P.J., Hughen K.A., Guilderson T.P., McCormac G., Baillie M.G.L., Bard E., Barratt P., Beck J.W., Buck C.E., Damon P.E., Friedrich M., Kromer B., Ramsey C.B., Reimer R.W., Remmele S., Southon J.R., Stuiver M., Van der Plicht J., 2002. Preliminary report of the first workshop of the intcal04 radiocarbon calibration/comparison working group. *Radiocarbon*, 44(3), 653-661.

Smith F.B., Clark M.J., 1986. Radionuclide deposition from the Chernobyl cloud. *Nature*, 322(6081), 690-691.

Szilassi P., Jordan G., van Rompaey A., Csillag G., 2006. Impacts of historical land use changes on erosion and agricultural soil properties in the Kali Basin at Lake Balaton, Hungary. CATENA, 68(2-3), 96-108.

Tinner W., Lotter A.F., 2006. Holocene expansions of Fagus silvatica and Abies alba in Central Europe: where are we after eight decades of debate? *Quaternary Science Reviews*, 25(5-6), 526-549.

Ursic S.J., Dendy F.D., 1965. Sediment yields from small watersheds under various land uses and forest covers. *In* U.S.D.o.A. Publication (Editor), Federal Inter-Agency Sedimentation Conference, 7-52.

Van Der Bogaard P.P., 1985. Laacher See tephra: a widespread isochronous late Quaternary tephra layer in central and northern Europe. *Geological Society of America bulletin*, 96(12), 1554-1571.

Walter-Simonnet A.-V., Bossuet G., Develle A.-L., Bégeot C., Benoît-Ruffaldi P., Magny M., Adatte T., Simonnet J.-P., Rossy M., Vannière B., Thivet M., Millet L., Régent B., C. Wackenheim, 2008. Chronologie et spatialisation de retombées de cendres volcaniques Tardiglaciaires dans les massifs des Vosges et du Jura, et le plateau suisse. *Quaternaire*, 19 (2), 117-132.

Wessels M., 1998. Natural environmental changes indicated by Late Glacial and Holocene sediments from Lake Constance, Germany. *Palaeogeography, Palaeoclimatology, Palaeoecology*, 140(1-4), 421-432.

Vecteurs fluviatiles

Au recto - Le Vieux Rhône et ses marges fluviatiles dans le secteur de Miribel.

UN ATLAS DU PALÉO-ENVIRONNEMENT DE LA PLAINE ALLUVIALE DU RHÔNE DE LA FRONTIÈRE SUISSE À LA MER

A Palaeo-environmental atlas of the Rhone River alluvial plain from the Switzerland border to the Mediteranean Sea

Jean-Paul BRAVARD [1], Mireille PROVANSAL [2], Gilles ARNAUD-FASSETTA [3], Simon CHABBERT [1], Pauline GAYDOU [1], Simon DUFOUR [2], France RICHARD [2], Sophie VALLETEAU [2], Gabriel MELUN [3], Paul PASSY [3]

[1] *Université Lumière-Lyon 2, UMR 5600 EVS, ZABR.*

[2] *Université de Provence, CEREGE.*

[3] *Université Paris-Diderot (Paris 7), UMR 8586 PRODIG.*

Contact : jean-paul.bravard@univ-lyon2.fr

Résumé

Cet article présente l'atlas du paléo-environnement récemment établi pour la plaine alluviale du Rhône, de la frontière suisse à la mer, sous la maîtrise d'ouvrage de la DIREN-Rhône-Alpes, et avec l'assistance du CETE-Méditerranée. Cet atlas prend en compte la dynamique fluviale qui s'est exercée tout au long de l'Holocène, et il a été conçu dans le but premier de contribuer à la connaissance des inondations du Rhône. A titre d'exemples, sont présentées les cartes de deux secteurs, le premier à l'amont, et le second à l'aval.

Mots-clés *: atlas, plaine alluviale, Holocène, Rhône.*

Abstract

This paper presents the atlas of palaeo-environment recently established for the alluvial plain of the Rhone River from the Swiss border to the Mediterranean Sea, under the leadership of the French DIREN-Rhône-Alpes and the assistance of the French CETE-Méditerranée. This atlas takes into account the Holocene fluvial dynamics and mainly aims at contributing to a better knowledge of Rhône River floods. As examples, two areas (upstream and downstream) are presented.

Keywords*: atlas, alluvial plain, Holocene, Rhône river.*

Introduction

La cartographie « hydromorphologique » des zones inondables a été créée en 1983 par le Ministère de l'Equipement. La connaissance des inondations est basée sur la morphologie des lits fluviaux. Cette méthode naturaliste définit des unités géomorphologiques et leur donne une signification en terme d'aléa inondation ; elle distingue habituellement trois types de lits : la plaine alluviale est composée d'un lit majeur perché par rapport au lit moyen, lui-même perché par rapport au lit mineur, chacun des lits étant séparé par un talus. L' « encaissant » comporte les terrasses, les versants et les colluvions (Masson *et al.*, 1996 ; Ballais, 2006). Schématiquement, cette distinction repose sur le fait que la construction de la plaine alluviale par le dépôt de sédiments fins l'a progressivement exhaussée et mise à l'abri des crues de forte fréquence. La légende de cette carte envisage la possibilité de l'existence de basses terrasses. Cette méthode identifie également les obstacles naturels influençant le fonctionnement de la plaine alluviale (axes d'écoulement hors lit mineur, l'érosion de berge, les bourrelets de berge, les talus, les forêts riveraines et les ripisylves) et les obstacles artificiels (ouvrages en lit mineur, station d'épuration, captage, urbanisation, embâcles). Sur les cartes figurent un fond de carte topographique IGN, les limites administratives, l'hydrographie, et les repères de crues historiques. Afin d'identifier les différentes unités géomorphologiques, la méthode s'appuie sur des missions de terrain ainsi que sur l'interprétation de photos aériennes. L'échelle des cartes est le 1/25 000e, complété par un zoom au 1/10 000e dans les secteurs à enjeu. La cartographie « hydromorphologique » a été principalement appliquée en Languedoc et en Provence (Chave *et al.*, 2006), ou encore dans la Marne (Marre *et al.*, 2006). Elle sert de support à la prévention des inondations car elle contribue à l'élaboration des plans de prévention des risques inondation.

Cet article propose une nouvelle méthode fondée sur des concepts adaptés à la vallée du Rhône, et plus généralement aux grands cours d'eau. Les crues du Rhône contemporaines s'écoulent en effet dans un lit mineur et un lit majeur qui ont été modifiés par les aménagements réalisés depuis plus de 200 ans (principalement depuis le milieu du XIXe siècle) pour les besoins de la navigation et de la production hydroélectrique. Les grandes étapes sont l'endiguement du Rhône réalisé entre la fin des années 1840 et les années 1920 et la construction d'ouvrages hydro-électriques entre 1892 et 1986. Il est en outre important de souligner que le lit majeur du Rhône n'est pas une surface alluviale homogène, lissée par les dépôts de crue. Cette configuration peut être localement complexe et influencer la dynamique de propagation des flux débordants en situation de crue. En effet, la plaine alluviale du Rhône a enregistré une série de phases de « métamorphoses » depuis la mise en place du fonctionnement post-glaciaire. Elles se traduisent par le couplage de variations du profil en long et de mutations du style fluvial (tresses, méandres) qui laissent leur empreinte dans la plaine alluviale. Ces changements, sous contrôle climato-anthropique, ont été suffisamment importants pour localement soustraire une partie notable de la plaine alluviale à l'inondation pour des crues centennales (type crue de 1856). Il a donc été décidé de retenir la période 1860-1870 comme période de référence pour l'établissement des conditions de l'inondation sur un lit majeur naturellement complexe mais alors encore peu modifié.

I - Méthodologie

1 - Les concepts sur lesquels est fondé l'atlas du paléo-environnement de la plaine alluviale du Rhône

La complexité de l'archivage rhodanien s'inscrit dans le cadre d'une dynamique qui s'est exercée environ 10 000 ans, soit la durée de l'Holocène.

Entre environ 16 000 et 10 000 BP (dates non calibrées), les phases suivantes peuvent être distinguées :

- Entre Seyssel et le confluent de l'Ain, le Rhône a occupé d'anciennes cuvettes glaciaires transformées en lacs après la fusion des glaces. Il y a accumulé des sédiments depuis au moins 15 000 ans.
- Depuis le début de la fusion du dernier grand glacier quaternaire issu des Alpes (vers 16 000 ans avant l'actuel ou BP), le Rhône s'est enfoncé dans sa plaine alluviale qui avait été construite en période de forte abondance sédimentaire par les eaux de fonte des glaciers ; du moins l'a-t-il fait à l'aval du confluent de l'Ain, où débutaient ces accumulations. Les nappes d'alluvions fluvio-glaciaires ont été ennoyées et fossilisées sous des sédiments plus récents. Un secteur-clé de la problématique des inondations est celui de Pierrelatte-La Palud, celui où la nappe ancienne, aux sols rouges, plonge insensiblement sous les alluvions récentes ; la délimitation des zones inondables y est difficile. En revanche, la partie aval de sa vallée a subi les effets de la remontée du niveau marin (+ 120 m environ), lui-même consécutif à la fusion des grandes calottes de glace ; le niveau actuel est pratiquement acquis

vers 6000 BP (Vella et Provansal, 2000 ; Bruneton *et al.*, 2001 ; Arnaud-Fassetta, 2004).

- Des découvertes faites sur les sites de Lyon et du confluent de la Drôme semblent indiquer que le Rhône amont et moyen a connu une phase de très fort creusement vers 12 000 - 11 000 BP dans une phase de réchauffement climatique et de très faible transport sédimentaire. Le niveau des eaux y était plusieurs mètres sous le niveau actuel, sans que l'on sache si cette situation a caractérisé la totalité de la plaine entre le confluent de l'Ain et Avignon dans une période où le niveau marin restait bas. La plaine alluviale du Rhône est ensuite remontée de plusieurs mètres, probablement sous l'effet des forts apports de sédiments liés à une courte mais intense crise érosive, celle dite du Dryas récent (vers 11 000 - 10 000 BP).

On peut *grosso modo* estimer que la dynamique de la plaine alluviale du Rhône prend un tour nouveau pendant **la période dite « holocène » (depuis 10 000 ans).** A l'exception de lacs résiduels localisés dans certains secteurs du Haut-Rhône (dans la région de La Balme à Morestel), la plaine alluviale est en place. A l'aval, le delta s'édifie progressivement entre 7 000 BP et la période historique moderne (Arnaud-Fasssetta et Provansal, 1999 ; Arnaud-Fassetta *et al.*, 2005 ; Vella *et al.*, 2005). Il faut cependant considérer que le fonctionnement du Rhône fut tout sauf statique pendant cette période, ce qui explique la complexité des unités de la plaine alluviale actuelle.

Depuis une trentaine d'années, il est admis que **les cours d'eau appartiennent à deux grands types de « styles » ou modèles, les cours d'eau à lit unique et les cours d'eau à chenaux multiples.**

- Les lits à chenal unique sont rectilignes (très rarement), ou sinueux ; une forte sinuosité est qualifiée de méandre.
- Les lits à chenaux multiples et bancs mobiles qui sont dus au dépôt de matériaux (charge de fond en général, soit des galets dans le cas du Rhône amont, sables et graviers sur le Rhône aval), le cours d'eau s'avérant incapable de transporter sa charge soit qu'elle soit trop importante, soit que la faiblesse de son débit ne le lui permette pas.

On considère que ces deux styles fluviaux peuvent coexister sur un même cours d'eau. Le premier style est lié à un cours d'eau possédant la capacité de bien évacuer sa charge solide, le second style à un cours d'eau engorgé de sédiments. Ces caractères sont liés au climat et à l'action humaine dans les bassins versants, ainsi qu'au « travail d'autoajustement » propre à la rivière (autocyclicité ; Schumm, 1977).

Lorsque deux cours d'eau au comportement différent confluent, le plus important des deux impose son style à l'autre. Puis, en général, la pente diminue vers l'aval, donc la capacité de transport de la rivière, qui dépose sa charge grossière. Le cours d'eau adopte donc un style à chenal unique.

Il est admis que **les deux grands types de styles fluviaux, méandres et tresses, peuvent se succéder dans le temps sur un même tronçon fluvial.**

Tel est le cas si le climat varie et/ou si l'occupation du bassin versant induit des modes d'occupation du territoire et des formes de protection végétale différents. En d'autres termes, sur un même tronçon, les tresses peuvent succéder aux méandres et inversement. On qualifie ces variations de fonctionnement et de paysages de « métamorphoses fluviales ».

Sur le Rhône, comme sur la plupart des fleuves européens, plusieurs métamorphoses fluviales se sont produites pendant l'Holocène et elles ont laissé leurs héritages dans les formes des fonds de vallées.

Le schéma général (très simplifié) est le suivant :

- 10 000 à 8 000 BP : tresses ;
- 8 000 à 2 800 BP : méandres, ce qui n'exclut pas des phases de tressage courtes (plus nettement marquées sur les affluents, très « réactifs », que sur le fleuve lui-même qui enregistre les variations de manière amortie ;
- 2 800 à 2 400 BP : tresses ;
- 2 400 BP à 1 400 ap. J.-C. : méandres ;
- 1 400 à 1 850 ap. J.-C. : tresses (le Petit Âge Glaciaire).

Les héritages anciens sont les moins bien conservés, ce qui explique que l'on insiste sur les trois derniers millénaires. Ces métamorphoses se translatent progressivement vers l'aval, à la vitesse du transit de la charge de fond (quelques km à dizaines de km par siècle ; Salvador, 1991 ; Arnaud-Fassetta, 1998) : elles affectent donc différemment les secteurs amont et aval de chaque affluent et du cours principal. Sur le Rhône aval, les phases les plus anciennes sont masquées par l'empilement sédimentaire lié à la montée du niveau de base (Bruneton, 1999).

La dynamique holocène ne s'exprime pas seulement par les changements de style fluvial (métamorphoses). La dynamique du lit du Rhône et de ses affluents s'exprime aussi par les variations du niveau des lits fluviaux par des processus d'enfoncement (incision) et d'exhaussement (aggradation). En effet, les périodes de l'Holocène caractérisées par un déficit relatif de la charge solide (de fond) connaissent une incision des lits fluviaux ; inversement, les périodes d'excès ne connaissent pas seulement une métamorphose au profit du style en tresses, mais aussi une dynamique d'exhaussement qui peut atteindre plusieurs mètres. Dans le delta, les défluviations (changements de lit) des différents bras sont une réponse morphologique aux modifications des apports sédimentaires et du relief de la plaine (Arnaud-Fassetta, 1998, 2004).

Les effets de cette dynamique sur l'inondabilité actuelle de la plaine alluviale sont très sensibles puisque la hauteur relative des unités spatiales conditionne la mise en eau lors des crues inondantes.

- Les plus hautes unités alluviales, construites ou encore actives au début de l'Holocène, et perchées par l'effet de l'enfoncement du lit fluvial, ne sont plus inondables à l'époque contemporaine (elles sont hors lit majeur). Elles sont pourtant considérées comme « alluvions modernes » sur les cartes géologiques.
- Dans le lit majeur, une partie des unités spatiales est faiblement inondable : ce sont les basses terrasses perchées par l'enfoncement du fleuve et/ou les surfaces progressivement surélevées par l'accumulation de limons de crue.
- Les surfaces récemment façonnées par le fleuve quand il possède un lit unique et mobile (dynamique d'érosion latérale en rive concave, d'accumulation en rive convexe) sont inondées pour des crues de forte fréquence. Elles s'apparentent au « lit moyen » de la carte hydro-géomorphologique.
- Le Rhône a connu la longue phase d'exhaussement et de tressage du Petit Âge Glaciaire qui a permis la remontée et l'élargissement du fleuve sur l'essentiel de son cours (Arnaud-Fassetta et Provansal, 1999 ; Provansal *et al.*, 2003). Cette phase s'achevait vers 1860-1870, période de levé des cartes de l'Atlas des Ponts et Chaussées. Il en résulte que la « bande active » de cette période appartient au lit mineur et, par ses bancs alluviaux plus ou moins colonisés par la végétation, également au « lit moyen ». En revanche, le statut de secteurs de la bande active du PAG abandonnés pendant cette période par le glissement latéral du fleuve, ou volontairement isolés par des digues est très particulier : certaines unités ont été perchées de quelques décimètres, voire plus, quand le fleuve a incisé son lit ; d'autres sont au contraire en contrebas du lit mineur lorsque ce dernier a continué à s'exhausser. C'est la raison pour laquelle il a paru nécessaire de distinguer ces sous-unités.

2 - Source des données

La vallée du Rhône possède un excellent document de référence qui est la *Carte topographique du cours du Rhône*, levée par les Ponts et Chaussées au 1/10 000e dont les relevés et la parution se sont échelonnés entre 1846 et 1870. Les feuilles, regroupées dans deux atlas, figurent les limites de la crue de mai 1856 considérée comme centennale (la crue de « référence » des PSS puis des PPRI actuels), ainsi que des cotes centimétriques permettant de différencier les unités spatiales de la plaine en fonction de leur altitude. Ces cartes ont été utilisées sur l'ensemble du tronçon et ont permis de dresser les minutes des feuilles de l'atlas du paléoenvironnement (Bravard *et al.*, 2007) ; elles donnent un état des lieux très fiable avant la période des grands aménagements.

D'autres documents ont été utilisés : cartes anciennes, cartes d'Etat major, cartes géologiques, photographies. Des visites de terrain ont permis de préciser les connaissances sur certains secteurs. Les acquis de la géoarchéologie ont été systématiquement mobilisés pour réaliser les planches de l'atlas du paléo-environnement.

3 - Restitution des résultats

L'atlas (Bravard *et al.*, 2007) couvre tout le cours français du fleuve, de Chancy-Pougny à l'embouchure et s'étend à l'ensemble de l'ancien lit majeur en incluant à la fois les inondations liées au fleuve et celles qui lui sont connexes (petits cours d'eau adjacents, plus ou moins permanents), ainsi que toutes les zones de confluences avec ses grands affluents.

Les cartes de l'atlas ont été produites à l'échelle du 1/25 000e sur l'ensemble du tronçon. Dans ce but, l'atlas des Ponts et Chaussées et les informations historiques ont été géoréférencés et placés dans un SIG ; le support est le « scan » de l'IGN. Le géoréférencement des cartes anciennes est délicat, étant donné l'absence de coordonnées Lambert II. Le logiciel utilisé pour ce travail est MapInfo version 7.5. Les données ont été structurées dans plusieurs tables :

- S_INON : la surface inondable, comprenant les unités géomorphologiques ;
- S_ENCA : surface de l'encaissant ;
- L_HYDR : les cours d'eau ;
- L_ENCA : limite de la plaine alluviale ;
- L_GEOM : anciens chenaux ;
- L_OANT : éléments d'occupation du sol qui modifient l'hydrodynamisme (ouvrages d'art, digues, front d'urbanisation) ;
- L_HIST : limite de la crue de 1856, des crues antérieures et postérieures, suivant les données
- L_ETUD : limite de la zone d'étude ;
- P_HIST : point d'information historique, repères de crue.

Toutes les tables ont été codées, selon le codage DIREN.

Les cartes produites sont à trois échelles :

- Le 1/100 000 pour une vision générale ;
- Le 1/25 000 pour une vision moyennement détaillée ;
- Le 1/10 000 pour les « zooms » (Lyon).

II - La légende de l'atlas

La légende de l'atlas (Figures 1a et 1b) a été élaborée pour la réalisation du syste d'informations géographiques. Elle comporte deux types d'éléments :

1 - Les informations de nature « surfacique »

Sur le plan taxonomique, cette légende est composée de 6 unités majeures, 20 sous-unités et 17 unités de rang inférieur emboîtées dans 4 des sous-unités, soit un total de 47 unités élémentaires. La conception de cette légende est telle que d'autres sous-unités peuvent être ajoutées aux unités existantes en fonction des progrès des connaissances. La logique de présentation va des unités les moins exposées aux inondations aux unités les plus exposées.

La plaine holocène inondée par des crues fortes à exceptionnelles. Cette catégorie rassemble des unités spatiales de la plaine alluviale relativement protégées pour les crues faibles, voire devenues non inondables au fil des siècles. Cette relative protection s'explique pour des raisons génétiques et par l'effet d'aménagements humains déjà efficaces vers 1860. On distingue plusieurs types :

- *Basse terrasse holocène non inondée en 1856 (011)* : ces surfaces ont été inondables pendant la première partie de l'Holocène et ont fait partie du lit majeur, mais en sont sorties : (1) Par l'incision du cours d'eau pour des raisons qui relèvent de la dynamique fluviale (balance flux d'eau-flux de sédiments ayant conduit à un déstockage alluvial) ; (2) Par la surrection de la région sous l'effet de la néotectonique et/ou du « rebond isostasique » consécutif à la disparition des masses de glace coalescente qui recouvraient les Alpes, le Jura et le piémont du Bas-Dauphiné lors de la dernière glaciation dite du Würm, jusque vers 16 000 BP. Ces surfaces sont susceptibles d'être inondées pour des crues de plus faible fréquence et l'ont peut-être été pendant les siècles qui ont précédé 1856.
- *Basse terrasse holocène non inondée en 1856 mais inondée depuis (012)* : Ces surfaces sont particulièrement sensibles à toute modification de la géométrie en 3D du lit majeur du fait des aménagements contemporains et de leurs impacts sur les écoulements.
- *Plaine alluviale inondée en 1856 (013)* : des surfaces situées sur les marges du lit majeur, inondées sous de faibles hauteurs d'eau pour la crue

Code	PLAINE ALLUVIALE	S_INON			
01	Plaine holocène inondée par des crues fortes à exceptionnelles	011	Basse terrasse holocène non-inondée en 1856		
		012	Basse terrasse holocène non-inondée en 1856 mais inondée depuis		
		013	Plaine alluviale inondée en 1856		
		014	Plaine alluviale protégée des inondations par des aménagements antérieurs à 1856		
		015	Cône de déjection inondable		
		016	Encaissant devenu inondable à l'Holocène		
02	Lit mineur à chenal unique	021	Stable à l'échelle de l'Holocène		
		022	Tendance à l'incision nette		
		023	Tendance à l'exhaussement net		
03	Plaine alluviale holocène inondée par des crues fortes à faibles (construction par dépôts de sédiments minéraux)	031	Zone d'aggradation nette, sans migration du chenal	0311	Plaine d'inondation distale "en gouttière"
				0312	Levée de berge / dune alluviale
		032	Zone construite par migration du chenal	0321	Avant 5000 BP
				0322	Entre 5000 et 2400 BP
				0323	Entre 2400 et 1500 BP
				0324	Entre 1500 et 500 BP
				0325	De 500 BP à l'actuel
				0326	Paléochenaux holocènes (Rhône/ Durance)
		033	Aggradation et migration de type deltaïque	0331	Plaine d'inondation
				0332	Paléochenaux holocènes
				0333	Cordons littoraux / bourrelets alluviaux
				0334	Etangs permanents / temporaires
				0335	Cône d'épandage de brèche
				0336	Zone de divagation / migration
		034	Aggradation et migration de type grande confluence		
04	Bande active à tresses fluviales	041	Bande active en 1860		
		042	Bande active au début du XIXe, isolée par des digues en 1860		
		043	Bande active pré-XIXe siècle isolée par des digues		
		044	Bande active du PAG abandonnée par migration, ou recoupement		
		045	Bande active holocène pré-PAG		
05	Plaine holocène à exhaussement organo-minéral (type arrière marais fluvial)	051	Marais tourbeux inondé	0511	Inondé par des crues fréquentes / remontées de nappes
				0512	Inondé par des crues exceptionnelles
				0513	Recouvert par apports détritiques récents
		052	Levée sablo-limoneuse		
06	Lac de surcreusement glaciaire				

Figure 1 a - Légende de l'atlas pour les objets de nature « surfacique ».

centennale de référence (quelques décimètres). Elles ont été perchées de manière relative par des alluvionnements répétés sur la longue durée ou par l'effet de l'incision du cours d'eau et/ou par la tectonique.

- *Plaine alluviale protégée des inondations par des aménagements antérieurs à 1860 (014)* : certains tronçons du Rhône ont fait l'objet d'aménagements destinés à lutter contre les inondations. Il s'agit de levées de terre qui n'empêchent pas les remontées phréatiques ou les inondations par l'aval.
- *Cône de déjections inondable (015)* : les affluents du Rhône sont des torrents ou des rivières torrentielles. Une partie des édifices torrentiels construits aux marges de la plaine alluviale sont inondables pour la crue de référence ; d'autres sont des héritages de formes construites antérieurement, par exemple lors de la dernière période froide. Ceux du Guiers, de l'Ain, de la Drôme, du Gardon, de la Durance étaient particulièrement actifs au milieu du XIXe siècle.
- *L'encaissant devenu inondable à l'Holocène (016)* : Dans certains secteurs, l'évolution des fonds a influencé celle de la ligne d'eau du fleuve en crue. Un dépôt alluvial a exhaussé le fond du chenal, augmenté la hauteur d'eau, à crue égale, et étendu la superficie inondée aux dépens de l'encaissant.

Lit mineur (style à chenal unique). Ce type de lit est en général étroit et relativement profond, subrectiligne ou sinueux ; les secteurs à vrais méandres sont courts. On rencontre ce type de lit dans les secteurs où le volume de charge de fond en transit est relativement limité. Là où il existait vers 1860, période de plus fort charriage, on est en droit de supposer qu'il a toujours existé à l'Holocène.

La distinction qui est ici proposée repose sur la tendance du profil en long sur le moyen ou le long terme. En effet, un exhaussement du lit, lié à des dépôts dans le chenal, augmente la hauteur des crues et des inondations ; en revanche, un enfoncement la réduit. Cette tendance peut avoir été constante ou avoir changé au cours de l'Holocène ; tout dépend des bilans sédimentaires successifs et du rôle joué par la tectonique qui peut favoriser l'enfoncement si elle est positive.

- *Lit stable à l'échelle de l'Holocène (021)* : Le lit du Rhône n'a pas évolué ou on ne possède pas d'information probante sur la question.
- *Tendance à l'incision nette (022)* : ce processus, qui réduit la hauteur et l'extension des débordements, peut être dû : (1) à un déficit de charge de fond, qui provoque une reprise de matériaux sur le fond. Ce processus a pu être interrompu à plusieurs périodes pendant l'Holocène par des réactivations du transport de charge de fond sous effet d'une érosion accrue (causalités climato-anthropiques) et d'une activité hydrologique renforcée ; (2) la surrection tectonique, qui provoque une modification des pentes et un réajustement du profil en long, lequel se fait par creusement ; (3) à des actions humaines contemporaines (XVIIIe-XIXe siècle) qui, en resserrant le lit dans un contexte de relative pénurie sédimentaire, augmentent les forces tractrices et provoquent un réajustement localisé mais qui peut se propager vers l'amont ou vers l'aval.
- *Tendance à l'exhaussement net (023)* : ce processus augmente la hauteur et l'extension spatiale des inondations. Ce type de lit se rencontre : (1) à l'aval des secteurs en tresses ou d'affluents à fort transport solide dont ils reçoivent leur alimentation en charge de fond ; (2) en théorie dans les secteurs subsidents (enfoncement sous contrôle tectonique), mais ce type de dynamique n'est pas identifié ou se produit à une vitesse trop lente pour affecter les processus liés à la dynamique fluviale ; (3) dans les tronçons aménagés à l'aide de digues dans des tronçons à fort transport solide.

La plaine alluviale holocène inondée par des crues fortes à faibles. A la différence du type (01), les unités de type (03) sont inondées sous des hauteurs d'eau supérieures et plus fréquemment. Ces secteurs de la plaine alluviale sont localisés en bordure d'un lit mineur unique ou en arrière d'une bande de tressage active. Le manque de données paléo-environnementales fait retenir le type simple (03). Ce fonctionnement peut relever de deux modes : (1) Un exhaussement sensible du lit mineur (type 02) ; ce cas est rare. NB : le type 04 (bande active en tresses) est plus fréquemment associé à des unités de type (05), mais on rencontre localement des unités de type 03 en arrière d'une bande active suite à une métamorphose fluviale ; (2) Ces unités ont en général été construites en marge d'un chenal stable ou par la migration latérale du chenal principal (lit unique) au cours de l'Holocène. Comme l'exhaussement de l'espace abandonné par migration est progressif, plus la migration du chenal est ancienne, plus la hauteur relative de l'unité sédimentaire est élevée. On distingue 4 situations :

- *Zone d'aggradation nette (exhaussement) de l'unité, sans migration latérale du chenal (031)* : ces unités spatiales très anciennes sont exhaussées sur la longue durée de l'Holocène, du moins depuis la fixation du chenal. Elles sont formées de bancs de galets datant de la phase de mobilité initiale, surmontés d'une épaisseur assez forte de sédiments fins. Sur le Rhône aval, entre Beaucaire-Tarascon et la mer, les apports sédimentaires fins abondants, fixés préférentiellement à proximité du chenal, sont à l'origine d'une plaine « en toit » : la bande active y est surélevée de plusieurs mètres au-dessus de la plaine d'inondation ou lit majeur. On peut donc y distinguer deux unités différentes qui semblent se mettre en place tardivement, à partir de l'époque moderne (Petit Age Glaciaire) :

. *La plaine d'inondation distale « en gouttière »* (0311) : elle est caractérisée par la persistance de zones humides en relation avec l'affleurement de la nappe phréatique et/ou le mauvais ressuyage des eaux d'inondation. Ces espaces ont souvent nécessité des travaux de drainage pour être mis en culture et habités. Ils présentent encore de fortes contraintes liées aux probles d'évacuation des eaux lors des crues.

. *Des levées de berges/dunes alluviales dans la zone proche du chenal (0312)* : ces secteurs linéaires, de largeur variable, ont été et sont encore le lieu d'une sédimentation abondante et plus grossière. Celle-ci peut être amplifiée par la rugosité due à la présence de la ripisylve. Le bon drainage de ces espaces surélevés explique la localisation des habitations isolées et de l'agriculture.

- *Zone construite consécutivement à la migration du chenal (032)* : ces unités ont été isolées par migration du chenal et dépôt de la charge de fond dans la convexité de la sinuosité. Les épaisseurs de sédiments fins déposés sur les bancs de galets, donc la hauteur relative de ces unités, dépendent surtout de leur ancienneté. On a distingué, pour simplifier, 5 périodes de construction des unités, les limites chronologiques étant considérées valables sur l'ensemble du Rhône :

. Construction depuis 5 000 ans au moins (0321).

. *Construction entre 5 000 et 2 400 BP (0322)* : cette dernière date correspond à la fin d'une période de forte activité fluviale (Premier Âge du Fer).

. *Construction entre 2 400 et 1 500 BP (0323)* : cette dernière date correspond à une autre rupture hydro-climatique majeure pour la 2e moitié de l'Holocène. La période est considérée comme calme sur le plan hydro-morphologique, les méandres sont le style fluvial unique.

. *Construction entre 1 500 et 500 BP (0324)* : le début de la période est actif sur le plan hydrodynamique, la période post 1000 BP est réputée calme, sauf certaines décennies des XIIIe-XIVe siècles.

. *Construction entre 500 BP et 1 860 (0325)* : Période dite du Petit Âge Glaciaire, à forte activité et crues débordantes fréquentes.

. Dans la plaine aval, entre Avignon et Tarascon-Beaucaire, une vaste cuvette alluviale située à l'est du massif de la Montagnette est parcourue par des chenaux ou « durançoles », qui étaient encore fonctionnels au cours de la période romaine, puis se sont progressivement colmatés. Ils conduisent actuellement les crues de Durance, directement vers la plaine du Trébon. Ils ont pu évacuer les crues du Rhône à une période indéterminée. En raison de leur indétermination chronologique, ils ont été cartographiés comme *Paléochenaux holocènes (Rhône/Durance 0326).*

- *Aggradation (exhaussement) et migration de type deltaïque (033)* : ces unités font l'objet d'une représentation particulière, en raison de leur proximité du niveau de base marin. Elles sont mises en place au fur et à mesure de la progradation deltaïque holocène, les plus méridionales étant les plus récentes (contemporaines du Petit Age Glaciaire). La pente longitudinale très faible a favorisé de fréquents déplacements des chenaux fluviaux, dont les inondations balaient toute la plaine deltaïque. La très faible altitude absolue (parfois négative) crée des probles de ressuyage et d'évacuation des eaux. On distingue six sous-unités dont le comportement est très différent vis-à-vis de l'aléa inondation :

. *Plaine d'inondation (0331)* : unité spatiale séparant les chenaux, inondée sous des hauteurs d'eau importantes, connaissant des probles de ressuyage et d'évacuation des eaux. Elle est caractérisée par des formations végétales spécifiques, en fonction du gradient de salinité.

. *Paléo-chenaux holocènes (0332)* : généralement des chenaux de lit mineur (chenal unique) à sinuosité plus ou moins marquée. Abandonnés par les avulsions successives, ils ont été colmatés, mais leur tracé subsiste, correspondant à des dépressions linéaires humides, parfois marécageuses. Le colmatage est d'autant plus important que ces chenaux sont anciens.

. *Cordons littoraux et berges alluviales (0333)* : on regroupe ici tous les espaces linéaires, correspondant aux points hauts du delta (généralement < 3 m NGF), qualifiés localement de « montilles ». Leur altitude et leur constitution sableuse en font des secteurs abrités des crues, même fortes, et bien drainés. Ils sont d'origine marine ou fluviale et peuvent avoir été déplacés ou déformés en dunes par le vent.

. *Etangs permanents (0334)* : ils s'apparentent aux unités 051, mais restent généralement inondés toute l'année, en raison de leur position altimétrique proche ou inférieure au niveau marin. Ils sont formés d'eau douce au nord du delta, d'eau salée voire sursalée au sud. Les inondations font varier la salinité.

. *Deltas de rupture de levée (ou crevasses) (0335)* : les crues anciennes ont fréquemment provoqué des ruptures de berges, entraînant la formation d'évantails digités, souvent sablo-limoneux, qui constituent des points hauts, mieux drainés, donc moins submersibles. Ils sont généralement situés à l'apex des sinuosités de la plupart des chenaux, actifs et fossiles.

. *Zone de divagation/migration (0336)* : la très faible pente longitudinale et l'abondance de la charge sédimentaire sont à l'origine de nombreux changements de tracé des bras du delta (défluviations ou avulsions). Ils entraînent l'apparition de diffluences, avec des vestiges de bras à fonctionnement temporaire. Les cordons sableux littoraux transverses ralentissent les écoulements et provoquent l'apparition de méandres aux convolutions complexes. Ces évolutions créent une topographie irrégulière de levées alluviales et de creux discontinus. Ces espaces peuvent présenter des difficultés de drainage lors des crues.

- *Aggradation et migration de type « grande confluence » (034)* : de vastes constructions caillouteuses en forme d'éventail ont été mises en place dans le corridor rhodanien ; elles sont exhaussées par des sédiments fins sur leurs marges. Certaines de ces unités sont très anciennes, comme celle de la Drôme qui a plus de 10 000 ans. Les cônes qui connaissent une dynamique de construction active sont en général inondables, sauf protection par des digues.

Bande active à tresses fluviales. Il s'agit du 2e grand type de style fluvial avec le type « lit unique ». Il s'agit d'un style à chenaux multiples, à bancs de galets, de graviers ou de sables mobiles et/ou îles stabilisées (boisées). Il caractérise le Petit Âge Glaciaire qui a duré du XVe au XIXe siècle., mais sans doute avec des phases de répit. La dynamique de tressage est caractérisée par des afflux de charge de fond qui excèdent en général la capacité de transport. Il en résulte une tendance de pas de temps multiséculaire à l'exhaussement et à l'élargissement de la bande active ; celle-ci peut occuper une largeur de 2 à 3 km dans les zones proches des apports importants. D'une manière générale, la bande active est entièrement inondable pour des débits de crue faibles. On peut cependant distinguer plusieurs types d'unités :

- *Bande active en 1860 (041)* : il s'agit de la bande active à chenaux mobiles et bancs de galets frais, remobilisés pour les hautes eaux.
- *Bande active au début du XIXe siècle., isolée par des digues en 1860 (042)* : cette unité est alors en voie de conquête grâce aux endiguements. Les digues insubmersibles protègent des inondations directes (cf unité 014) mais peuvent laisser l'exhaussement sablo-limoneux opérer. Les digues submersibles (revêtements de berge) stabilisent l'unité (en plan), mais laissent passer des débordements à forte vitesse, défavorables à l'accumulation de sédiments fins.
- *Bande active pré-XIXe siècle. isolée par des digues (043)* : cette unité est plus ancienne que la précédente et a en général enregistré un exhaussement sablo-limoneux, mais de faible ampleur.
- *Bande active du Petit Âge Glaciaire abandonnée par migration (044) :* il existe des unités de la bande d'activité moderne abandonnées sur les marges de la bande active du milieu du XIXe siècle ; la dynamique d'abandon est naturelle et ne fait pas appel à des endiguements sauf épis localisés que seule une étude d'archives permettrait de documenter. Ces unités sont caractérisées par la fixation des îles et par leur exhaussement ainsi que par le remblaiement en cours des chenaux qui, en plan, sont stabilisés.
- *Bande active pré-PAG (holocène) (045)* : cette unité correspond à l'enregistrement dans la plaine alluviale de processus de tressage anciens, en tout cas antérieurs au PAG. Il s'agit la plupart du temps d'unités spatiales construites lors de crises hydro-climatiques, comme au premier Âge du Fer et peut-être au Subboréal.

Plaine holocène à exhaussement organo-minéral (type arrière-marais fluvial). Les unités de ce type sont présentes dans les tronçons à fort exhaussement holocène net (cet exhaussement peut être entrecoupé de phases de creusement du lit et d'abaissement de la nappe phréatique, mais la tendance longue est à la capitalisation de l'exhaussement). L'exhaussement du lit explique la présence d'une nappe phréatique haute et des conditions d'hydromorphie favorisant la conservation de la tourbe. Ce type d'unité se rencontre dans deux grands domaines géographiques :

- à l'amont dans les anciennes cuvettes (ombilics) glaciaires localisées entre le Fier à l'amont et la cluse de La Balme. Après la déglaciation, la tendance a été au remblaiement par le cône de déjections du Rhône bien alimenté par ses tributaires (Arve, Valserine, Fier, *etc.*). Le Rhône a isolé deux cuvettes latérales dans lesquelles la sédimentation limono-organique dépasse 6 m en Chautagne et 10 m dans le marais de Lavours.
- à l'aval, dans la zone affectée par la montée relative du niveau marin.

On peut distinguer deux types de sous-unités spatiales :

- *Marais tourbeux inondés (051)* : ces marais, localisés sur les marges de la plaine, sont alimentés en eau par des débordements privés de leur charge en suspension, par des remontées phréatiques et par des apports karstiques issus des versants. On peut distinguer trois situations :
  . *Marais inondés par des crues fréquentes (0511).*
  . *Marais inondés par des crues exceptionnelles (0512).*

. *Marais recouverts par apports détritiques récents (0513)* : sur le bas Rhône, les apports sédimentaires des grandes inondations et les colluvions des versants ont atterri certains marais marginaux (plaine d'Arles).
- *Levées sablo-limoneuses (052)* : elles sont construites par les débordements sur la marge de la bande active ; les sables limoneux, très abondants, sont piégés par la végétation riveraine. Un gradient granulométrique en direction de l'unité (051) est caractéristique.

Lac d'origine glaciaire ou de surcreusement glaciaire. Le Rhône amont, entre Seyssel et Groslée, a été soumis au surcreusement glaciaire aux dépens de la molasse tendre logée dans les synclinaux. Des cuvettes lacustres ont subsisté plusieurs millénaires après la fonte du glacier würmien ; seule subsiste dans ce secteur la cuvette du lac du Bourget. Elle joue un rôle majeur dans l'écrêtement des crues, étant en communication avec le Rhône.

Logique d'assemblage des unités spatiales de la légende.
- Les unités 02 et 03 se construisent en relation étroite les unes avec les autres : le chenal à lit unique (02) migre latéralement et construit les unités de type 03.
- Les unités 04 et 05 sont en général associées : c'est le comportement de la bande active en tresses (04) qui conditionne le plus souvent celui des zones humides situées en arrière (05). La remontée marine a produit le même effet dans le secteur du delta.
- Lorsque le Rhône a subi une métamorphose fluviale, il a substitué un type de lit mineur à un autre (02 à 04, et inversement). Dans ce cas, la plaine alluviale juxtapose des unités héritées de la phase précédente et des unités fonctionnelles (par exemple : 02, 03 et 04). Ce dispositif, qui correspond à la réalité des faits, accroît la complexité de la plaine alluviale et des conditions de sa mise en eau par les crues inondantes.

2 - La légende des informations de nature linéaire

Elles correspond aux exigences et aux codes de la DIREN. Elle comprend :
- *Les cours d'eau en 1860* : ce sont les affluents du Rhône, selon le tracé de 1860. Ils sont intéressants pour la cartographie car ils forment des cônes de déjections plus ou moins importants, contribuent à apporter un débit solide et liquide au Rhône, et peuvent refléter la même dynamique que celui-ci (exemple du Séran en marais de Lavours qui forme une levée sablo-limoneuse sur ses berges, comme le Rhône).
- *La limite nette de la plaine alluviale* : elle correspond à la limite des alluvions modernes de la carte géologique. Elle sépare l'encaissant de la plaine alluviale.
- *Les digues* : ce sont les ouvrages construits en 1860 pour protéger la plaine alluviale des inondations ou de l'érosion. Elles peuvent être submersibles (revêtements de berge : enrochements, perrés, murs) ou insubmersibles, en surélévation sur la plaine.
- *Les anciens chenaux* : ce sont des chenaux de type méandre ou tresses qui ont été abandonnés par le Rhône par métamorphose fluviale, migration du Rhône, ou isolement par des digues. Ils peuvent être remis en eau pour des besoins actuels. C'est ce que l'on appelle les « lônes ». Elles sont représentées sur une carte par des parcelles longitudinales, souvent des prairies, plus humides, recouvertes par une forêt alluviale ou un marais. Les anciens chenaux ont un sol organo-minéral et un taux de matière organique supérieur au sol de la plaine alluviale.
- *La limite de la crue de 1856* : cette crue est la crue de référence sur le Rhône. A cette date, les changements hydrogéomorphologiques ou anthropiques influencent peu les écoulements.

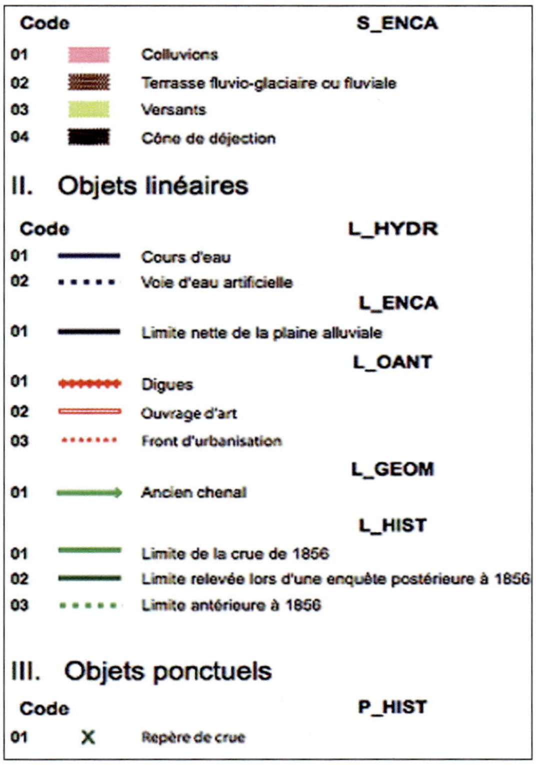

Figure 1 b - Légende de l'atlas pour les objets de nature «linéaire».

3 - Légende de « l'encaissant »

- *Les colluvions* sont des dépôts issus d'apports latéraux provenant de l'érosion aréolaire des versants.
- *Terrasse fluviale ou fluvioglaciaire* : c'est une terrasse en général plus haute de quelques mètres que les basses terrasses holocènes (+ 1 à 2 m pour ces dernières); elle est formée par l'incision du Rhône dans des dépôts fluviatiles anciens ou dans les dépôts liés à la fusion des glaciers quaternaires. Dans la région de Pierrelatte, la terrasse fluvio-glaciaire plonge sous la plaine holocène, pour rejoindre un niveau marin régressif de période froide environ 70 m sous le littoral du delta actuel.
- *Le versant* correspond à différents types de structures : escarpements de faille, en particulier sur le rebord du Massif Central, retombée de pli dans les roches calcaires, talus d'érosion en roche tendre, *etc.*
- *Cône de déjections* : Au niveau de l'arrivée dans le couloir rhodanien et de la confluence avec le Rhône, la pente de l'affluent devient plus faible, ce qui provoque le dépôt des matériaux transportés ; un cône torrentiel ou un cône alluvial (de pente plus faible) se forme. Avec le temps, les dépôts successifs se surélèvent et peuvent contribuer à soustraire le cône aux inondations ; le cône fait alors partie de l'encaissant.

III - Commentaire et interprétation des cartes de deux secteurs

Deux secteurs ont été sélectionnés, le premier à l'amont, qui enregistre plusieurs métamorphoses fluviales, le second à l'aval, dans un contexte qui met en valeur les nuances de la topographie (Figure 2)

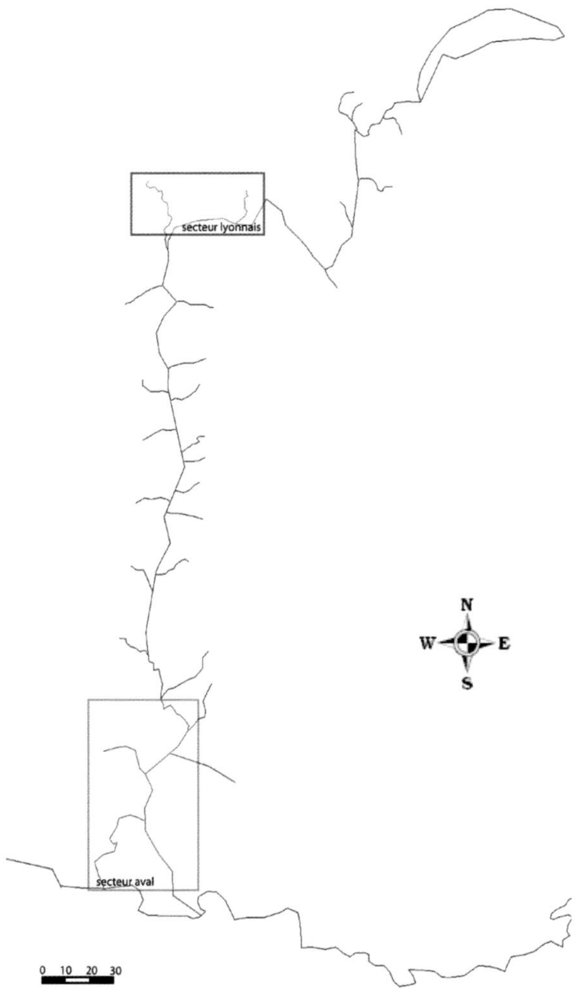

Figure 2 - Les 2 secteurs séléctionnés.

1 - Le secteur lyonnais

Les apports de l'Ain changent radicalement le comportement du Rhône du fait de son abondante charge de fond issue du déstockage des formations quaternaires du Jura et de sa basse vallée et de ses crues violentes qui peuvent atteindre 2400 m^3/s, soit autant que le Rhône à Loyettes. Il en résulte que l'Ain imposait au Rhône un comportement en tresses au Petit Âge Glaciaire. Ce tronçon de la plaine alluviale du Rhône associe cinq grands types d'unités qui se juxtaposent dans un ensemble unique à l'échelle du Rhône (Figure 3).

Au centre de la plaine, s'étend la *bande active de tressage du Rhône de l'époque moderne et contemporaine (041).* Relativement étroite jusqu'à Jons, elle s'élargit progressivement au niveau de Miribel (2500 m) puis se rétrécit pour ne plus faire que 300 m à la traversée de Lyon. Les hauteurs relatives de la crue par rapport à l'étiage sont en proportion de la largeur de la bande active. Elles sont de 5 m à Anthon, 4 m sous Villette-d'Anthon, 3,50 m à Jons et Jonage, 2,50 m à Thil et Beynost ; elles se relèvent logiquement vers l'aval avec 4 m à Neyron et plus de 6 m à l'entrée dans Lyon. Dans le tronçon amont, sous Balan et Niévroz, la bande active a abandonné des surfaces en tresses qui sont perchées de 1 m environ au-dessus de la *bande active fonctionnelle (044).* En 1848, commencent des travaux qui se terminent en 1857 : il s'agit du canal de Miribel destiné à concentrer les eaux d'étiage pour faciliter la navigation. Volontairement, les digues submersibles qui chenalisent le cours du Rhône n'affectent pas l'inondabilité de la plaine mais les crues commencent à surcreuser la partie amont du canal et à accumuler les sédiments à Vaulx-en-Velin à l'entrée dans Lyon ; le processus est reconnu en 1875 responsable d'une aggravation des inondations à Vaulx. Le « basculement » du canal de Miribel a débuté à cette époque.

Fond topographique : SCAN 25 ® - © IGN, « reproduction interdite », protocole MEDAD -MAP -IGN 2007.

Figure 3 - Zoom sur le secteur lyonnais (entre Lyon et le confluent de l'Ain).

Sur la marge de la bande active, se développe *une zone inondable plus ancienne façonnée par la migration latérale du fleuve au Moyen Âge (0312).* Sous Villette-d'Anthon (rive droite) et Balan (rive gauche), le Rhône a abandonné des méandres qui remontent au moins au XVe siècle pour les plus éloignés du chenal du XIXe siècle. La plaine située sous Jonage est également parcourue par un chenal du Rhône plaqué contre la «balme» dauphinoise au XIIIe-XIVe siècles. On retouve cette unité à l'Est de Vaulx-en-Velin ; elle a son équivalent en rive droite à l'aval immédiat de Thil. Cette unité, surélevée par les limons de crue, était à une altitude relative d'environ un mètre au-dessus des bancs caillouteux de la bande active du XIXe siècle ; elle fut inondée sous une faible hauteur d'eau en 1856 ; un secteur localisé à l'aval de Jonage resta même à l'abri des eaux pour cette crue (011). Cette unité est bien identifiée à l'entrée dans Lyon où un paléo-méandre a été daté 915+/-25 BP et 790+/-35 BP dans le quartier de Charpennes-Tonkin sur la marge d'un banc de convexité daté 860 +/- 150 BP. Un chenal médiéval se retrouve dans le quartier de Gerland ; son remplissage est daté 1580 ± 45 BP pour la date la plus ancienne (0324). Une métamorphose fluviale a donc été réalisée à la fin du Moyen Âge, sans doute au moment où débute le Petit Âge Glaciaire. Elle a été provoquée par des facteurs hydroclimatiques qui ont fortement accru le transport des sédiments grossiers ; les matériaux proviennent de l'Ain et de l'érosion latérale exercée au détriment de la bande de méandres médiévaux.

A Lyon, en rive gauche du Rhône, le secteur de la Guillotière est *un ancien secteur de tresses fluviales* daté de manière assez homogène sur les remplissages de trois bras (3 975 +/-65, 3 600 +/-60 BP et 3 590 +/ 80 BP) que l'on peut considérer comme contemporains (unité 045). C'est la stabilité de ce secteur (inondable) depuis sa formation qui a assuré la continuité de la traversée du Rhône dans Lyon. Une unité de même âge vient d'être découverte au nord de Villeurbanne.

Entre cette bande et la suivante, qui n'est pas inondable ou l'est faiblement (Villeurbanne), se tient un niveau intermédiaire, faiblement inondé car perché de 1 à 2 m au-dessus de la bande active. Il s'agit d'une très basse terrasse datée aux alentours de 6 000 - 5 000 BP à Balan, Villeurbanne et Lyon (0321) ; on l'a confondue avec la surface plus ancienne à l'est de Villeurbanne.

Sur les marges nord et sud de la plaine, des surfaces étendues n'ont pas été inondées en 1856, probablement parce que le fleuve a incisé son lit depuis la construction de ces espaces. Ils ont été formés par dépôt des alluvions caillouteuses du Rhône et par la migration du chenal pendant la première moitié de l'Holocène. Les formations sont les plus anciennes aux marges de la plaine alluviale : elles sont datées du Préboréal à La Boisse et Meyzieu (011), Villeurbanne (0321).

2 - Le secteur aval, d'Avignon à la mer

Le secteur aval (Figure 4) est caractérisé par les apports, abondants et grossiers, des affluents méditerranéens. On distingue 3 secteurs caractéristiques, qui conditionnent la mise en eau par les crues dans la plaine d'inondation.

D'Avignon à Beaucaire-Tarascon. Les défilés de Villeneuve-lès-Avignon / Avignon et Beaucaire / Tarascon constituent des points fixes pour l'écoulement. Ils induisent un resserrement du chenal, qui s'approfondit, avec un renforcement de la pente longitudinale. Dans la plaine d'Aramon-Boulbon, les apports caillouteux de la Durance et du Gardon correspondent à des zones de confluence majeures (034), très mobiles, à chenaux divagants (L GEOM), qui ont déporté le Rhône vers la rive opposée. Sur le fleuve, la pente longitudinale affaiblie et le barrage naturel formé par le défilé en aval ont favorisé deux types de fonctionnement, en fonction de l'abondance des apports sédimentaires :

- soit le méandrage du lit mineur avec tendance à l'exhaussement (022), associé à une zone d'aggradation nette en rive droite (031), ou à une zone de migration du chenal en rive droite. (032). Les paléo-méandres abandonnent des formes fluviales (paléo-chenaux, levées alluviales), qui conditionnent la mise en eau par les crues. Ce fonctionnement est encore attesté à la fin de l'époque médiévale ;
- soit le développement d'une bande active de tressage (04), attesté entre la fin du XVIIIe siècle et 1860. Une partie de cette dernière est abandonnée par migration avant 1860 (044) ou réduite par les premiers endiguements à la confluence avec la Durance (042). En 1860, la bande active du Rhône (041) est délimitée par des digues dans les secteurs à enjeux.

Dans la basse vallée du Gardon, la crue de référence (2002) a affecté une partie des terrasses encaissantes (S-ENCA).

De Beaucaire-Tarascon à la diffluence deltaïque. La contrainte structurale s'efface à l'aval du défilé de Beaucaire, l'encaissant s'écarte du chenal, amorçant le grand triangle deltaïque. L'affaiblissement progressif du profil en long (0,03 %) et la diffluence aval réduisent l'hydro-dynamisme et favorisent l'accumulation sédimentaire. Le chenal recoupe localement les nappes caillouteuses pléistocènes, qui plongent vers le sud et déterminent la position durable des principaux seuils. L'exhaussement de la bande active de tressage au cours du Petit Age Glaciaire (Pichard, 1999) construit une topographie «en toit» qui domine la plaine d'inondation de plusieurs mètres. Sa mobilité (042) est réduite

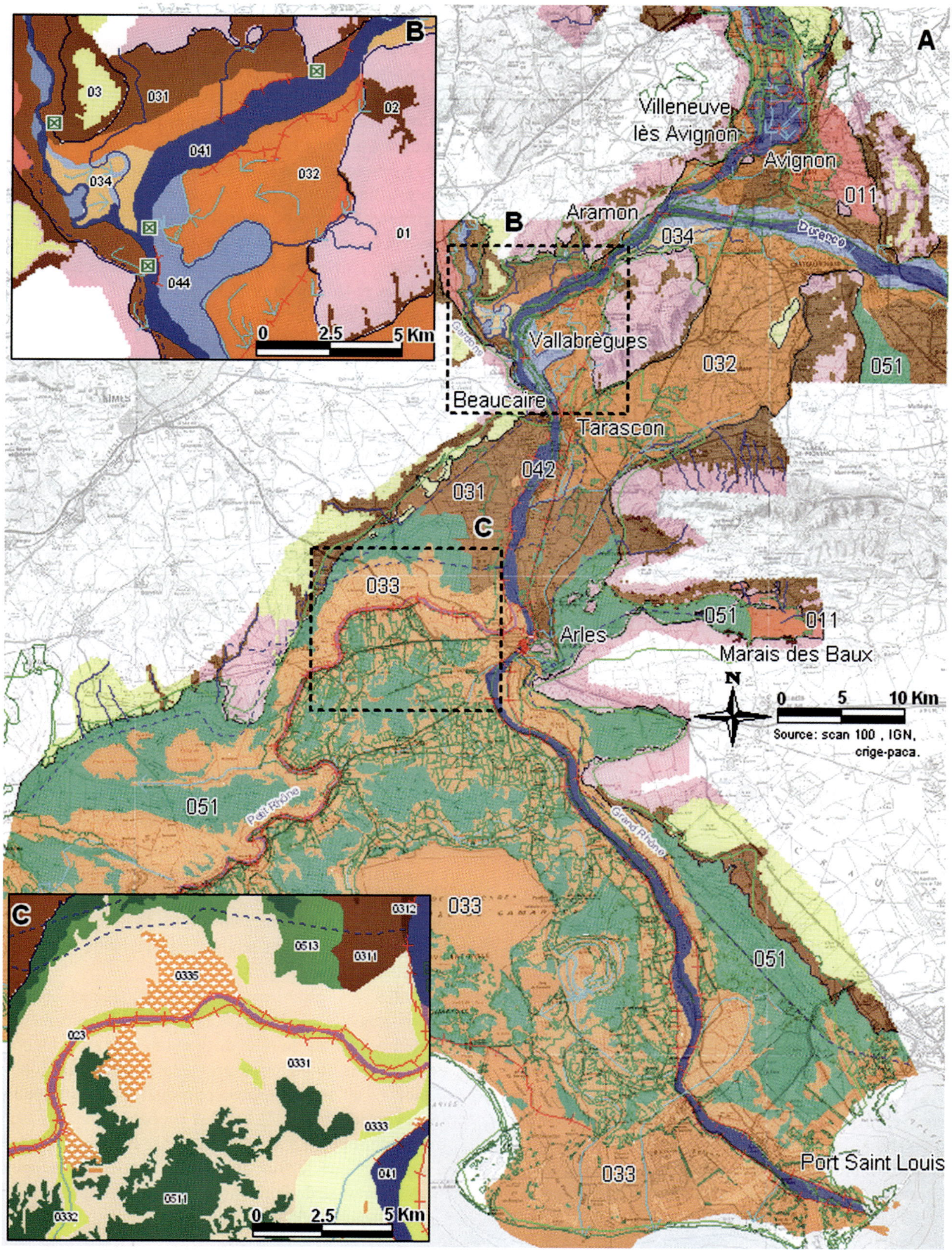

Fond topographique : SCAN 25 ® - © IGN, « reproduction interdite », protocole MEDAD -MAP –IGN 2007.

Figure 4 - Zoom sur le secteur aval (entre Avignon et la mer).

par les premiers endiguements et par le bourrelet de berge limoneux édifié par les crues. Les brèches ouvertes lors des crues de 1840 et 1856 justifient le confortement définitif des digues après 1856. A l'amont en rive gauche, la plaine présente les traces de divagations anciennes du chenal (032), amplifiées par les apports des Durançoles (Bruneton, 1999). Ailleurs, la plaine moderne, achevée au cours du Petit Age Glaciaire, comprend un bourrelet alluvial large et haut (0312) et une plaine d'inondation (0311) en « gouttière », où les inondations se propagent de plus en plus loin et où le ressuyage naturel est très long. La crue de 2003 atteint une position extrême, à l'extrémité orientale du Marais des Baux (unité 012). Latéralement, les apports alluviaux recouvrent progressivement les marais à sédimentation organo-minérale (0512, passant à 0513).

Le delta, de la diffluence aux embouchures. Le delta correspond au champ d'inondation du Rhône, comme en témoignent les limites de la crue de 1856. L'affaiblissement de la pente de la plaine (< 0,001 %) explique son fonctionnement particulier, caractérisé par l'accumulation sédimentaire, l'affinement granulométrique (disparition des galets), la mobilité latérale des bras fluviaux, la contrainte du niveau de base, à mesure de la remontée marine holocène, qui contrarie actuellement la sortie des eaux et les possibilités de ressuyage des sols.

La localisation du Grand Rhône actuel date de 1712. En 1860, son chenal présente un tressage à bancs sableux mobiles (041), aboutissant à une embouchure en propagation rapide (80 m/an ; Maillet, 2005). Le Petit Rhône est caractérisé par un chenal unique à méandres en exhaussement (023). La plaine deltaïque est organisée en « casiers », limités par les levées alluviales des anciens bras et les cordons littoraux hérités, où la propagation des inondations est complexe. La plaine d'inondation par exhaussement (0331) et les étangs temporaires ou permanents (0334) sont les plus sensibles aux inondations. Le ressuyage s'y heurte à la présence de nappes permanentes, salées ou saumâtres. Les paléo-chenaux (0332), les cordons littoraux et les bourrelets alluviaux (0333), les deltas de rupture de levée (0335), associés aux brèches dans les bourrelets alluviaux (Arnaud-Fassetta, 2007), les zones de divagation (0336) forment les points hauts (+ 1 à 3 m), mieux drainés, recelant des lentilles d'eau douces. Ils portent les habitats et des cultures. L'inondabilité y est contrainte par une topographie de détail très complexe, où les différences d'altitudes restent inférieures à 1 m.

La montée séculaire du niveau marin et les surcotes, plus fréquentes et plus hautes au cours du XXe siècle (Suanez *et al.*, 1997 ; Ullmann *et al.*, 2007), constituent une entrave importante au bon écoulement des eaux de crues, aggravant le risque d'inondation à proximité des embouchures.

IV - Discussion : les applications potentielles de l'atlas du paléo-environnement

Cet atlas du paléo-environnement holocène de la plaine alluviale du Rhône a été conçu dans le but premier de contribuer à la connaissance des inondations du Rhône. L'atlas doit être un véritable « outil de référence » à la disposition de tous les acteurs publics ou privés. Classiquement les atlas des zones inondables présentent une information sur les zones inondables, par les plus grandes crues, et sur les conditions probables de l'inondation (éléments structurant du lit majeur). Elle est élaborée par analyse de photographies aériennes, travail de terrain, recherche de documents d'archives mais ne nécessite pas de modélisations mathématiques. Dans le cas du Rhône, compte tenu des connaissances disponibles, de l'importance des enjeux et de la complexité de la démarche engagée, il a semblé justifié à la DIREN de bassin d'élargir la démarche pour élaborer des « cartes informatives sur le risque inondation », à l'image de ce que propose la future directive européenne sur la gestion des risques liés aux inondations et de ce qui a été fait sur plusieurs grands fleuves européens.

La sensibilité différenciée de ces unités spatiales à l'inondation, en termes de hauteur d'eau, de localisation préférentielle et de vitesse des courants est sans doute porteuse d'implications dans le domaine sociétal. De prochains travaux vont explorer cette voie prometteuse.

Enfin, les planches de cet atlas proposent une vision nouvelle de l'espace rhodanien. L'assemblage spatial des unités du lit et de la plaine met en évidence des tronçons homogènes qui sont des « secteurs fonctionnels » au sens hydromorphologique et écologique (Roux *et al.*, 1982). Il est fort probable que le fonctionnement passé a été structuré par ces assemblages d'unités et que le fonctionnement actuel des nappes souterraines garde la mémoire de ces héritages.

Remerciements

Cet atlas a été réalisé sous la maîtrise d'ouvrage de la DIREN Rhône-Alpes (Délégation de Bassin Rhône-Méditerranée) et a bénéficié de l'assistance à maîtrise d'ouvrage du CETE Méditerranée. Les auteurs remercient Madame Geneviève Golaszewski (DIREN) et Monsieur Christophe Esposito (CETE-Méditerranée) de leur soutien et de leur collaboration constructive. La coordination a été assurée par la Zone Atelier Bassin du Rhône.
Les chercheurs suivants ont apporté une collaboration à cet atlas : Claire Combe (UMR 5600), Jean-François Berger (CNRS-CEPAM, Sophia-Antipolis), Jacques-Léopold Brochier (Centre d'Archéologie protohistorique de Valence), Odile Franc (Institut National de Recherche en Archéologie Préventive, Lyon), Bernard Gauthiez (Université Jean-Moulin-Lyon 3), Hélène Bruneton (Université Aix-Marseille 1), Judith Volcot (professeur certifiée, Paris).

BIBLIOGRAPHIE

ARNAUD F., REVEL M., CHAPRON E., DESMET M., TRIBOVILLARD N., 2005 : 7200 years of Rhone river flooding activity in Lake Le Bourget: A high-resolution sediment record of NW Alps hydrology. *The Holocene*, 15, 3, 420-428.

ARNAUD-FASSETTA G., 1998 : Dynamiques fluviales holocènes dans le delta du Rhône. Thèse de géographie physique, Université de Provence (Aix-Marseille 1). Presses Universitaires du Septentrion, Lille, 329 p.

ARNAUD-FASSETTA G., 2004. The upper Rhône Delta sedimentary record in the «Arles-Piton» core: analysis of delta-plain subenvironments, avulsion frequency, aggradation rate and origin of sediment yield. *Geografiska Annaler A - Physical Geography*, 86, 4, 367-383.

ARNAUD-FASSETTA G., 2007 : L'hydrogéomorphologie fluviale, des hauts bassins montagnards aux plaines côtières : entre géographie des risques, géoarchéologie et géosciences. Dossier d'habilitation à diriger des recherches (HDR), université Paris-Diderot (Paris 7), volume 2 : synthèse scientifique.

ARNAUD-FASSETTA G., PROVANSAL M., 1999. High frequency variations of water flux and sediment discharge during the Little Ice Age (1586-1725 AD) in the Rhône Delta (Mediterranean France). Relationship to the catchment basin. *Hydrobiologia*, 410, 241-250.

ARNAUD-FASSETTA G., BRUNETON H., BERGER J.-F., BEAUDOUIN C., BOÈS X., PROÇVANSAL M., 2005. A ~8000-yr record of palaeohydrology and environmental change in fluviatile-influenced sediments from the urban Arles-Piton core, upper Rhône Delta, France. *Zeitschrift für Geomorphologie*, 49, 4, 455-484.

BALLAIS J.-L., 2006 : La cartographie hydrogéomorphologique. *Bulletin de l'association des géographes français*, 4, 461-468.

BRAVARD J.-P., 1986 : Le Haut Rhône, du Léman à Lyon. Lyon, La Manufacture.

BRAVARD J.-P., 1995 : Géoarchéologie des vallées de Rhône-Alpes depuis le Tardiglaciaire. In Bravard J.-P. & Prestreau M. (éd.) : Dynamique du paysage - Entretiens de géoarchéologie, *Documents d'Archéologie en Rhône-Alpes*, 15, 129-150.

BRAVARD J.-P., 1997 : Tectonique et dynamique fluviale du Würm à l'Holocène à la confluence Saône-Rhône (France). *Géographie Physique et Quaternaire*, 51, 3, 315-326.

BRAVARD J.-P., 2004 : Le risque d'inondation dans le bassin du haut Rhône : Quelques concepts revisités dans une perspective géohistorique. *In* Burnouf J., Leveau P. (dir.), Fleuves et marais, une histoire au croisement de la nature et de la culture, (Archéologie et histoire de l'art, 19), Paris, Éditions du CTHS, 397-408.

BRAVARD J.-P., MAGNY M., 2002 : Les Fleuves ont une histoire. Paléo-environnement des rivières et des lacs français depuis 15 000 ans. Paris, Editions Errance. Magny

BRAVARD J.-P., VÉROT-BOURÉLY A., FRANC O., avec la coll. de ARLAUD C., 1997. Paléodynamique du site fluvial de Lyon depuis le Tardiglaciaire. Service Régional de L'Archéologie de Rhône-Alpes, *Document d'Archéologie en Rhône-Alpes*, 15, 177-201.

BRAVARD J.-P., PROVANSAL M., ARNAUD-FASSETTA G., CHABBERT S., GAYDOU P., DUFOUR S., RICHARD F., VALLETEAU S. MELUN G., PASSY P., 2007. Cartographie du paléoenvironneemnt de la plaine alluviale du Rhône de la frontière suisse à la mer. Rapport pour la DIREN Rhône-Alpes, 63 pages et atlas au 1/25 000e et au 1/100 000e

BRUNETON H., 1999. Evolution holocène d'un hydrosyste nord-méditerrranéen et de son environnement géomorphologique, les plaines d'Arles, Thèse de doctorat, Université d'Aix-Marseille I.

BRUNETON H., ARNAUD-FASSETTA G., PROVANSAL M., SISTACH D., 2001. Geomorphological evidences for fluvial change during the Roman period in the lower Rhône valley (southern France). *Catena*, 45, 287-312.

CHAVE S., BALLAIS J-L., 2006. From hydrogeomorphology to hydraulics computations : a multidisciplinary approach of the flood hazard diagnosis in the Mediterranean zone. Z. Geomorph. N. F., Berlin-Stuttgart, 523-540.

MAILLET G., 2005. Relations sédimentaires récentes et actuelles entre un fleuve et son delta en milieu microtidal : Exemple de l'embouchure du Rhône. Thèse de doctorat, Université de Provence, Aix-Marseille 1.

MANDIER P., 1984. Signification dynamique et climatique des formations et terrasses fluviatiles quaternaires dans les Alpes et leur périphérie. Rapport. Bull. A.F.E.Q., 1/2/3, 113-118.

MANDIER P., 1984. Le relief de la moyenne vallée du Rhône au Tertiaire et au Quaternaire, Orléans, éd. BRGM, Doc. 151, 3t.

MASSON M., GARRY G., BALLAIS J.-L., 1996. Cartographie des zones inondables, approche hydrogéomorphologique. Les Editions Villes et Territoires, Paris La Défense.

PICHARD G, 1999. Espaces et Nature en Provence. L'environnement rural, 1540, 1789. Thèse de doctorat, Université de Provence (Aix-Marseille 1).

PROVANSAL M., BERGER J.-F., BRAVARD J.-P., SALVADOR P.-G, ARNAUD-FASSETTA G., BRUNETON H., VÉROT-BOURRÉLY A., 1999. Le régime du Rhône dans l'Antiquité et au Haut Moyen Âge. *Gallia*, 56, 13-32.

PROVANSAL M., VELLA C., ARNAUD-FASSETTA G., SABATIER F., MAILLET G., 2003. Role of the fluvial sediment input in the mobility of the Rhône delta coast, (France), *Géomorphologie, relief, environnement*, 4, 271-282.

ROUX A.-L., 1982. Cartographie polythématique appliquée à la gestion des eaux. Lyon, CNRS Editions.

SALVADOR P.-G., 1991. Le the de la métamorphose fluviale dans les plaines alluviales du Rhône et de l'Isère - Bassin de Malville et ombilic de Moirans - Bas Dauphiné. Thèse de géographie physique, université Jean Moulin (Lyon 3).

SALVADOR P.G., 1999. L'édification holocène de la plaine alluviale du Rhône dans le bassin de Malville-St-Brenaz (Ain, Isère). *Géomorphologie*, 1, 3-22.

SALVADOR P.-G., BERGER J.-F., GAUTHIER E., VANNIÈRE B., 2004. Holocene fluctuations of the Rhône river in the alluvial plain of the Basses Terres (Isère, Ain, France). *Quaternaire*, 15, (1-2), 177-186.

SALVADOR P.-G., BERGER J.-F., FONTUGNE M., GAUTHIER E., 2005. Etude des enregistrements sédimentaires des paléoméandres du Rhône dans le secteur des Basses Terres (Ain, Isère, France). *Quaternaire*, 16, (4), 315-327.

SALVADOR P.-G., VÉROT-BOURRÉLY A., BRAVARD J.-P., FRANC O., MACÉ S., 2002. Les crues du Rhône à l'époque gallo-romaine dans la région lyonnaise, in Les fleuves ont une histoire, paléoenvironnement des rivières et des lacs français depuis 15 000 ans, sous la dir. de J.-P. Bravard et M. Magny, éd. Errance, 215-222.

SCHUMM S.A., 1977. The Fluvial System. Wiley, New-York.

SUANEZ S., PROSPER-LAGET V., PROVANSAL M., 1997. Variations relatives du niveau marin dans le delta du Rhône et à Marseille. Implications climatiques et/ou tectoniques. *CR Acad. Sci.,* II a, 324, 639-646.

TELES V., BRAVARD J.-P., MARSILY G. (DE), PERRIER E., 2001. Modelling of the construction of the Rhône alluvial plain since 15,000 years BP. *Sedimentology*, 48, 1209-1224.

ULLMANN A., PIRAZZOLI P.A., TOMASIN A., 2007. Sea surges in Camargue : trend over the XXth century. *Continental Shelf Research,* 27, 922-934.

VELLA C., 1999. Perception et évaluation de la mobilité du littoral holocène sur la marge orientale du delta du Rhône. Thèse de géographie physique, université de Provence (Aix-Marseille 1).

VELLA C., PROVANSAL M., 2000. Relative sea-level rise and neotectonics events during the last 6500 years on the southern eastern Rhône delta, France. *Marine Geology*, 170, 27-39.

VELLA C., FLEURY T.-J., RACCASI G., PROVANSAL M., SABATIER F., BOURCIER M., 2005. Evolution of the Rhône delta plain in the Holocene. *Marine Geology*, 222-223, 235-265.

LA CHRONOLOGIE FLUVIALE POSTGLACIAIRE DU HAUT BASSIN RHODANIEN

THE POSTGLACIAL FLUVIAL CHRONOLOGY OF UPPER RHONE BASIN

JEAN-FRANÇOIS BERGER [1], PIERRE-GIL SALVADOR [2], ODILE FRANC [3],
AGNÈS VEROT-BOURRELY [3], JEAN-PAUL BRAVARD [4]

[1] UMR 6130 CNRS-UNSA, CEPAM, Sophia Antipolis.
[2] Université des Sciences et Technologie de Lille, UPRES-EA 4019, Villeneuve d'Ascq.
[3] INRAP Rhône-Alpes-Auvergne, Bron.
[4] Université Lumière-Lyon 2, UMR 5600, Bron.
Contact : berger@cepam.cnrs.fr

RÉSUMÉ

Une base de données intégrant les enregistrements fluviaux fossiles d'une dizaine de cours d'eau a été établie à l'échelle du haut bassin rhodanien entre Aoste (38) et Lyon (69), sur un tronçon d'une centaine de kilomètres comprenant 112 sites d'investigation géoarchéologiques. Elle repose sur une codification préalable des séquences alluviales étudiées prenant en compte de façon simultanée les styles fluviaux, l'énergie des flux liquides et solides des lits fluviaux, et les dynamiques pédosédimentaires actives dans la plaine alluviale (taux d'accrétion, pédogenèses, turfigenèses...). L'analyse de la fréquence de 272 dates radiocarbone et chronoculturelles disponibles sur les quinze derniers millénaires permet l'établissement d'un cadre paléohydrologique de référence, constitué de 32 phases majeures. L'abondance de la documentation recueillie depuis 4 300 cal BP s'explique par le biais taphonomique (meilleure conservation des archives pédosédimentaires récentes) et par le forçage des sociétés sur l'hydrosystème (surreprésentation de certains épisodes de forte activité hydrosédimentaire). A l'échelle régionale, les périodes de dérèglement hydrologique et de stabilité rhodaniens correspondent aux phases de fluctuation du niveau des lacs jurassiens et préalpins, de décharge détritique du Rhin et du Rhône enregistrées dans les lacs de Constance et du Bourget et aux avancées et retraits glaciaires dans les Alpes occidentales. La bonne concordance avec les principales débâcles glaciaires de l'Atlantique Nord implique une étroite relation avec l'évolution de la circulation thermohaline et des mouvements atmosphériques atlantiques.

***MOTS-CLÉS** : HAUT RHÔNE, PALÉODYNAMIQUE FLUVIALE, ENVIRONNEMENTS DE DÉPÔT, TURFIGENÈSE, PALÉOSOLS, POSTGLACIAIRE, RADIOCARBONE.*

ABSTRACT

A database integrating fossil fluvial records of ten or so river courses was established at the upper Rhone basin scale between Aoste (38) and Lyon (69), a 100 km long section containing 112 sites of geoarchaeological investigation. It was based on a preliminary coding of fluvial environment taking into account in simultaneous ways fluvial styles, the energy of liquid and solid flows and the active pedosedimentary dynamics of floodplains (accretion rate, pedogenesis, peat formation rate...). Statistical analysis of 272 radiocarbon and chronocultural dates available for the last fifteen millenniums allows to build a palaeohydrological reference framework, constituted of 32 major phases. We explained the abundance of documentation collected since 4 300 cal BP. by taphonomical biases (a better conservation of recent fluvial archives) and by the Society forcing on the hydrosystem (surrepresentation of some episodes of high hydrosedimentary activity). At the regional scale, periods of increased fluvial activity and stability of the upper Rhone valley show many convergences with the Jurassian and Northern Alps lakes fluctuations, the detrital discharges of Rhine and Rhone rivers recorded in the Constance and Bourget lakes and movements of Alpine glaciers. The good relation with the main glacial routs of Northern Atlantic implies a close link with Atlantic thermohaline circulation and atmospheric masses movements.

***KEYWORDS** : UPPER RHONE RIVER, FLUVIAL PALAEODYNAMIC, ENVIRONMENTAL DEPOSITS, PEAT FORMATION, PALAEOSOILS, POSTGLACIAL PERIOD, RADIOCARBON.*

Introduction

Les sédiments alluviaux représentent une riche source d'information sur l'évolution de la paléodynamique et des paléoenvironnements fluviaux. Replacés dans un contexte morphologique, ils ont permis de proposer plusieurs hypothèses sur les fluctuations hydroclimatiques depuis le dernier englacement würmien, d'après la succession de phases de stockage et de déstockage sédimentaire sur le piémont alpin. L'idée d'une alternance de cycles plus humides ou plus secs depuis le Tardiglaciaire s'est progressivement mise en place. Cependant l'impact des sociétés influence clairement l'évolution du système fluvial depuis au moins l'Holocène moyen et plus sûrement depuis l'Antiquité d'après les marqueurs comme le détritisme, l'occupation du sol, les aménagements agraires et les diagrammes paléobotaniques d'anthropisation (Bravard *et al.*, 1997, Berger, 2003 ; Salvador *et al.*, 2005 ; Arnaud *et al.*, 2005 ; Berger *et al.*, 2007). La pratique interdisciplinaire, l'intégration récente de méthodes géophysiques à haute résolution et l'analyse multiscalaire et systémique des bassins versants aident à évaluer les effets des perturbations d'origine anthropique sur les environnements fluviaux. Elle permet ainsi de mieux caractériser l'évolution du régime hydroclimatique enregistrée par le système fluvial et l'origine des sources sédimentaires érodées en amont.

Le contrôle chronostratigraphique est un second facteur limitant dans les lits fluviaux. Il devient même essentiel dans ce type d'environnement très mobile qui nécessite une connaissance spatio-temporelle des formations fluviales que seule peut nous apporter l'étude géoarchéologique systématique de coupes et de carottes, documentées précisément d'un point de vue topographique, morphologique et chronologique. Au cours des 25 dernières années, l'utilisation des méthodes radiochronométriques s'est considérablement accrue dans le haut bassin du Rhône dans le cadre de plusieurs programmes du CNRS (ZABR, Eclipse), des Ministères de la Recherche (ANR) et de la Culture (PCR « Crémieu » du SRA), et de l'Université Lyon 2 menés sur une douzaine de bassins versants à la sortie des Alpes du Nord. Près de 200 dates radiocarbone ont été effectuées en contexte fluvial. Dans le même temps, l'explosion des opérations d'archéologie préventive (INRAP, ville de Lyon) liée à l'aménagement du territoire, notamment dans les plaines alluviales fortement urbanisées de la confluence Saône-Rhône (Bravard *et al.* 1992, 1997 ; Franc *et al.,* 2007), dans des sites fluviaux archéologiquement sensibles (Vienne-Saint-Romain-en-Gal et Aoste) (Bravard *et al.*, 1989 ; Salvador *et al.*, 2005) ou dans les zones d'aménagement de la CNR (opération archéoRhône, Salvador *et al.*, 1993) a mis au jour à proximité ou dans les lits fluviaux de nombreux aménagements anthropiques bien documentés et datés. Ces opérations ont produit une riche documentation évènementielle sur les périodes d'aménagement du Rhône et de ses tributaires ainsi que sur la contrainte et le risque fluvial associés pour les sociétés riveraines. Ces différentes sources d'information, obtenues dans des contextes géographiques (bassins versants de taille et de lithologie différentes), archéologiques (sites urbains, ruraux de *villae* ou simplement agraires...) et pédosédimentaires variés (terrasses, chenaux, *oxbow lakes*, levées, plaines proximales à distales...), constituent aujourd'hui une base de données très importante, regroupée sur un espace géographique relativement restreint et cohérent à la sortie des Alpes du Nord (quelques milliers de km^2). Leur potentiel pour restituer l'histoire paléohydrologique du haut bassin du Rhône est testé dans le cadre de cette étude à la suite d'une codification préalable des archives fluviales et de leur traitement en fréquence cumulée.

I - La région d'étude

La haute vallée du Rhône est caractérisée depuis la fonte du glacier würmien par une tendance au remblaiement d'une chaîne d'ombilics glaciaires, sans que la progradation de la «vague» sédimentaire fluviatile holocène ait toutefois pu dépasser la dépression des Basses Terres au sortir du Bugey jurassien (Bravard, 1986). En revanche, plus en aval, la plaine du Rhône est soumise aux dynamiques de remblaiement/incision et au jeu des métamorphoses fluviales contrôlées par la balance sédiments-flux hydriques, elle-même sous le contrôle des fluctuations climatiques et de l'action humaine, facteurs auxquels on propose d'ajouter le rôle du réajustement isostasique qui a suivi la fusion du dernier glacier (Berger *et al.*, sous presse ; Bravard *et al., infra*).

1 - Les Basses Terres dauphinoises, la confluence Rhône-Guiers et le bassin de Malville

Le glacier rhodanien a joué un rôle fondamental dans le façonnement de la vallée du Haut-Rhône. Il est à l'origine d'une morphologie en ombilics et verrous glaciaires qui se succèdent entre le Val du Bourget et l'amphithéâtre morainique de Grenay-Lagnieu. Les dépressions des Basses Terres (100 km^2) et de Malville (35 km^2) appartiennent à ce dispositif. Elles s'inscrivent entre la terminaison méridionale du Jura plissé, formant les chaînons calcaires du Bugey (600-800 m d'altitude), le plateau molassique à recouvrement morainique des Terres Froides (300-450 m), qui constitue l'extrémité septentrionale du Bas-Dauphiné, et l'Ile Crémieu, vaste plateau calcaire de forme triangulaire dont la surface topographique s'abaisse régulièrement vers le Sud-Est. Les deux ombilics sont remblayés par des formations glacio-lacustres argileuses à sableuses. Dans la dépression des Basses Terres (Figure1, n°3), ces dépôts sont préservés en niveaux de basses terrasses (230 - 208 m) sur la périphérie de la cuvette, alors que le sommet du remblaiement est constitué des alluvions grossières du Rhône et du Guiers qui s'accumulent sur environ 10 m d'épaisseur depuis au moins la période boréale. Elles délimitent en surface une large plaine alluviale (4 à 5 km) séparée dans sa partie amont en deux couloirs par la butte molassique des Avenières. Dans la dépression de Malville (Figure 1, n°5), les dépôts glacio-lacustres supportent d'importantes formations fluvio-glaciaires organisées en niveaux de terrasses (230 - 215 m) et deux cônes de déjection tardiglaciaires. Le Rhône a recoupé l'ensemble des dépôts pour aménager une plaine alluviale étroite à l'amont (largeur inférieure à 500 m) mais qui s'ouvre à l'aval pour atteindre une largeur supérieure à 2 km. Le cours du Rhône franchit en défilé le verrou calcaire séparant les deux ombilics (défilé de Malarage). La pente du fleuve, de l'ordre de 1 ‰ dans la partie amont de l'ombilic des Basses Terres s'abaisse rapidement entre 0,6 et 0,1 ‰, ce que l'on explique en partie par la présence du verrou calcaire de Sault-Brenaz, qui ferme l'ombilic de Malville et constitue un niveau de base local. Il faut aussi prendre en compte le caractère inachevé du remblaiement de la cuvette des Basses Terres, bloquant encore à l'Holocène récent la charge grossière en provenance de l'amont. Ces différents contrôles confèrent au fleuve un style fluvial rectiligne ou méandriforme récurrent, le tressage restant confiné quand il se développe et, dans la limite des connaissances actuelles, dans la partie amont de la plaine alluviale des Basses Terres. De nombreux paléochenaux sont encore aujourd'hui préservés en surface du remblaiement fluviatile. Le module du Rhône à la station de Sault-Brenaz est de 454 m^3/s et de 2450 m^3/s en crue centennale (1921 - 2000), pour un bassin versant de 15 400 km^2. Sur tout le secteur d'étude, le Guiers est le seul affluent dont les apports sont significatifs. Il draine un bassin versant d'une superficie un peu supérieure à 575 km^2, ouvert sur les flancs du massif de la Chartreuse dans les calcaires et les molasses de l'avant-pays alpin (pente de 7,7% à l'amont et de 0,6 % à la confluence) (Figure 1, n°4). D'une longueur de 50 km, cette rivière de piémont au régime pluvio-nival débite environ 16 m^3/s. Elle fournit encore aujourd'hui au Rhône une charge solide évaluée entre 10 000 et 20 000 m^3/an (IRS, 2001), qui a probablement joué un rôle déterminant à l'époque antique lors de l'autocapture du Rhône dans la vallée des Basses Terres.

2 - Les petits bassins versants de l'Isle Crémieu : la Bourbre et le Girondan

Le bassin de la Bourbre est localisé au sud de la région d'étude, entre le plateau calcaire des monts d'Annoisin (ou de Crémieu) et les collines molassiques, encombrés de reliques morainiques, des Terres froides dauphinoises qui culminent à 400 - 500 m d'altitude. Son bassin versant est légèrement inférieur à 600 km^2 et son débit moyen est inférieur à 10 m^3/s. (Figure 1, n°1 et 2). Le passage d'une langue secondaire du glacier rhodanien lors de la dernière glaciation a creusé un large ombilic dans sa partie aval, au niveau de la ville actuelle de Bourgoin-Jallieu. Ce secteur, à très faible pendage, est occupé aujourd'hui par de vastes marécages, traversés par la Bourbre et quelques uns de ses affluents, drainés de façon intensive depuis le début du XIXe siècle. Son remblaiement basal est constitué de formations glacio-lacustres argileuses à sableuses tardiglaciaires, puis de formations lacustro-palustres holocènes à dominante tourbeuse sur une épaisseur moyenne de 4 à 5 m, dans lesquelles s'interstratifient les lits fluviaux successifs de la Bourbre à remplissage sablo-limoneux. Le Girondan est une petite rivière localisée dans la partie occidentale de l'Isle Crémieu, dont le bassin versant d'une vingtaine de km^2 comprend principalement des formations calcaires jurassiques et des moraines. Il traverse, avant de se jeter dans le Rhône, le marais du Grand Plan qui a fait l'objet de nombreuses études géoarchéologiques (Berger *et al.*, 2003).

3 - La confluence Saône-Rhône et la plaine de Vaise

Au niveau de Lyon, le Rhône, jusque-là sous forte influence alpine et jurassienne, et de direction essentiellement est-ouest, vient buter contre le rebord oriental du Massif Central pour adopter une orientation méridienne en direction de la mer Méditerranée. L'influence massif centralienne et continentale, dans les sédiments transportés et dans son régime, se fait alors sentir avec l'arrivée de la Saône, qui franchit un dernier verrou granito-gneissique avant la confluence. Ce verrou a une importance capitale dans la mise en place des dépôts en amont de la Saône car le Rhône a pu, par sa forte charge récurrente, faire facilement barrage à son affluent et induire des dépôts particuliers. L'enregistrement sédimentaire dans les réservoirs que sont les plaines d'inondation et l'interprétation hydroclimatique que l'on peut en faire sont donc tributaires de tous ces contextes fondés à la fois sur la structure, la lithologie, l'hydrologie, auxquels s'ajoute une dimension temporelle eu égard à l'influence glaciaire encore très présente (charge en transit, dépôts loessiques).

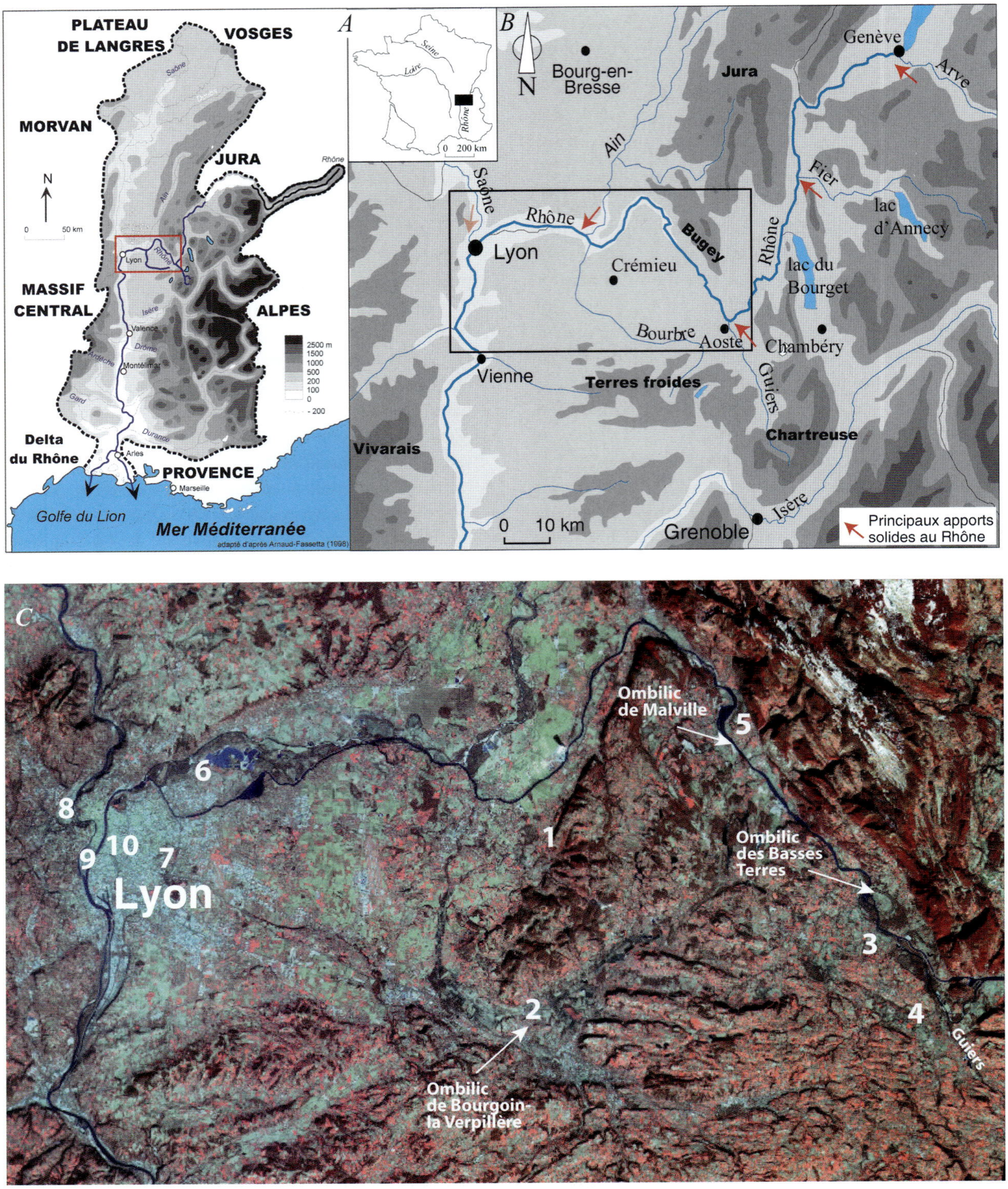

Figure 1 - Carte de localisation des zones étudiées.

A/Localisation de la zone d'étude.

B/La région du haut bassin rhodanien et ses principaux cours d'eau pourvoyeurs de charge solide,

C/Les sites d'étude sur fond d'image satellitale Spot panchro :

1. *Basse vallée du Girondan et marais du Grand Plan,*
2. *Cuvette de Bourgoin-la Verpillère et ombilic de la Bourbre,*
3. *Ombilic des Basses Terres dauphinoises,*
4. *Confluence Rhône-Guiers,*
5. *Ombilic de Malville,*
6. *Plaine de Miribel-Jonage,*
7. *Plaine de l'Est lyonnais,*
8. *Plaine de Vaise,*
9. *Presqu'île lyonnaise,*
10. *Rive gauche du Rhône à Lyon.*

Dans les larges plaines de l'Est lyonnais (Figure 1, n°7), un étagement de terrasses et de nappes alluviales, correspondant à des périodes de forte dynamique fluviale, ainsi que des phases d'incision des lits et de pédogenèse des versants, ont pu être mis en évidence.

Les réservoirs dans lesquels les observations géochronologiques, exploitées dans cet article, ont pu être faites depuis ces vingt-cinq dernières années, correspondent pour le Rhône à la plaine de Miribel-Jonage en amont de Lyon (Bravard *et al.*, 1991) (Figure 1, n°6), à sa rive gauche (Lyon 7e arrondissement) dans la traversée de la ville (Figure 1, n°10), et à la presqu'île (Lyon 2e) entre Rhône et Saône (Bravard *et al.*, 1997) (Figure 1, n°9). Pour la Saône, outre la presqu'île lyonnaise, la plaine de Vaise (Lyon 9e), en rive droite de la rivière, constitue une entité originale entourée par les reliefs du Massif Central une centaine de mètres plus haut (Franc *et al.*, 2007) (Figure 1, n°8). Ces versants et les petits cours d'eau tributaires ont, eux aussi, une histoire sédimentaire complexe en lien avec les occupations humaines et pour une part sous l'influence de la Saône. Ces versants ont leur pendant dans la plaine de l'Est lyonnais sur substrat moraino-lœssique où des observations comparables ont pu être faites (Franc, 2005).

II - Méthodes de datation utilisées

Trois méthodes ont été utilisées pour dater les formations fluviales du haut bassin rhodanien. Deux concernent les méthodes absolues (radiocarbone, dendrochronologie) et une, les méthodes de la typochronologie archéologique. La méthode biostratigraphique (notamment les zonations polliniques) a été rejetée car elle est jugée beaucoup trop imprécise du point de vue chronologique par rapport aux autres modes de datation.

1 - Les datations chronoculturelles en contexte archéologique

A l'encontre des objections de Macklin et Lewin (2003) et de Thorndycraft et Benito (2006), nous avons eu recours aux dates chronoculturelles pour dater les formations alluviales holocènes. Ces auteurs pensent que les dates archéologiques apportent un biais dans les enregistrements alluviaux en surreprésentant les périodes d'occupation des milieux fluviaux et qu'elles présentent une forte possibilité de contexte perturbé (position secondaire). Ils estiment également que leur élimination permet de mieux révéler les signatures climatiques. Selon nous, l'absence de prise en compte de ces dernières peut à l'inverse sous-représenter les évènements hydrosédimentaires associés aux périodes de forte fréquentation des milieux fluviaux à l'Holocène.

Dans le cas du haut Rhône, un quart des datations de formations fluviales provient de milieux archéologiques. Ne pas les intégrer à l'analyse régionale serait donc préjudiciable pour reconstituer une histoire continue de la paléodynamique fluviale. Elle éliminerait ou diminuerait de fait les périodes de forçages sociétaux sur les hydrosystèmes. Le choix de tracer dans la base de données les dates archéologiques (Tableau 4) permet de corriger en partie ce biais anthropique. Nos connaissances parallèles sur les phases d'emprise et de déprise culturelle du bassin rhodanien le complètent également (Berger *et al.*, 2007 a et b).

De plus, le contexte des sources archéologiques est souvent sûr car les dates proposées reposent le plus souvent sur des ensembles archéologiques cohérents et homogènes (sols d'occupation, remblais, bâtiments) interstratifiés dans les séquences fluviales de berge ou les alluvions de plaine alluviale proximale à distale et sur des assemblages céramiques souvent importants (plusieurs dizaines à plusieurs centaines de tessons). La précision des dates dépend des céramiques d'importation et du nombre d'éléments datant (formes, décors, estampilles, engobes). Elle oscille entre la décennie au mieux et le siècle. Ces fourchettes apparaissent bien souvent beaucoup plus précises que celles restituées lors de la calibration des dates radiocarbone, à l'exception de dates présentant un faible écart-type (<30 ans), recoupant la courbe de calibration dans sa meilleure configuration (fort pendage). Quelques assemblages céramiques identifiés en contexte secondaire, dans des remplissages de chenaux, sont plus sujettes à caution (sites du Girondan ou du cône Guiers-Bièvre). Elles sont indiquées dans la catégorie « contexte-position » de la date de la base de données. Cependant les dates obtenues dans ces contextes ont révélé une bonne cohérence stratigraphique et aucune opposition avec les dates radiocarbone ou chronoculturelles d'ensembles clos associés, elles ont donc été acceptées et comptabilisées dans les traitements statistiques.

2 - Les datations par le radiocarbone

Elles représentent la part principale de la base de données (200 dates, soit 75 %) et se répartissent de façon inégale entre les milieux archéologiques (40 %) et le hors-site (60 %). Jusqu'au milieu des années 1990 la méthode conventionnelle a dominé, avec des écarts-types souvent importants (>100 BP). Depuis une dizaine d'années, le développement de la méthode AMS permet de dater des masses réduites de débris végétaux (2 mg) et de réduire la déviation standard des dates radiocarbone. Elle a ainsi multiplié le potentiel chronologique des formations fluviatiles, pauvres en macrorestes végétaux, mais en contrepartie elle a augmenté le risque d'une contamination d'éléments végétaux isolés et de petite taille depuis des horizons plus anciens ou plus récents, par le biais des processus de bio-pédoturbation, de recreusement anthropiques ou de sapement alluvial (phénomène observé dans le chenal du Marais, dans les Basses Terres dauphinoises). Ces phénomènes ont faussé l'attribution chronologique d'une dizaine de dates radiocarbone, qui a été rejetée de la base de données. L'AMS a aussi permis de déterminer à l'espèce les débris végétaux afin de réduire les incertitudes sur les datations absolues. Les datations radiocarbone sur charbons ou débris ligneux non carbonisés privilégient aujourd'hui les espèces arborées à durée de vie courte. On rejette les fragments d'arbres réputés pour leur longévité (chêne, hêtre ou charme) car des risques de vieillissement de plusieurs siècles sont alors possibles («effet vieux bois»). Les dates sur graines terrestres, feuilles, épillet, fruits (production annuelle) sont également privilégiées. Pour les résidus ligneux, on choisit avant tout les bourgeons, fragments d'écorce ou de branchettes pour la même raison. Les espèces hydro-hygrophiles, les sédiments tourbeux ou les gyttja (*bulk*) sont aujourd'hui exclus car ils peuvent avoir absorbé et fixé de vieilles matières organiques présentes à l'état dissoute dans l'eau des aquifères, ce qui les vieillit dans la majorité des cas (Andree *et al.*, 1986). L'effet réservoir est en effet presque impossible à maîtriser en milieu dulçaquicole terrestre.

3 - Les datations dendrochronologiques

Elles sont très rares dans la base de données (3 dates, soit 1,10%) et ne concernent que quelques aménagements de berges, des réseaux hydrauliques ou des puits (planches, palplanches, pieux...) et quelques troncs d'arbre fossilisés dans des formations gravelo-caillouteuses après transport. Leur apport est précieux car elles documentent avec précision (< 10 ans) quelques évènements hydrosédimentaires.

III - La base de données

À chaque date radiocarbone ou culturelle sont associées des informations qui facilitent les traitements statistiques en aval. En tout 14 critères ont été retenus. Ils incluent des informations sur la localisation géographique (site, unité physiographique), la taille et le nom du bassin-versant, l'environnement de dépôt, sa position stratigraphique, l'altitude de l'échantillon, le contexte de la date et la méthode de datation, le type de matériau daté et l'origine archéologique ou naturelle du site d'étude, enfin l'auteur. Deux ne seront pas présentés car ils sont en cours de documentation (Tableau 4).

Les critères documentent en priorité les aspects géographiques : noms des sites étudiés et zone physiographique concernée. Trois principales régions d'étude peuvent être isolées et donc traitées séparément : deux ont un régime exogène (A et B), la troisième (C) enregistre directement les fluctuations hydrosédimentaires micro-régionales de piémont.

A - Les Basses Terres dauphinoises et le bassin de Malville qui représentent le secteur amont de notre étude, à la sortie des Alpes du Nord (Figure 1, n°3 à 5). Le Rhône y est directement et abondamment alimenté endébit et charge solide par des affluents de rive gauche importants comme l'Arve (un peu en amont, avec un bassin cristallin), le Fier ou le Guiers qui convergent dans les Basses Terres en construisant un vaste cône de déjections.

B - Le site de la confluence Saône-Rhône à Lyon (Figure 1, n°6 à 10), qui enregistre les apports de deux bassins importants : l'Ain tout d'abord et la Saône qui draine une grande partie de la Bourgogne et des rebords occidentaux du Jura.

C - Les petits affluents nord-dauphinois issus des plateaux calcaires et molassiques de basse altitude, dont le régime est représentatif de la pluviométrie et de l'état des paysages micro-régionaux (point culminant vers 400 m) (Figure 1, n°1 et 2).

Les informations concernant l'environnement de dépôt et le contexte sédimentaire de la date sont cruciales pour discuter des changements de la paléodynamique fluviale. Ils ont été divisés en cinq principales catégories qui décrivent le style fluvial et la position du dépôt dans la plaine alluviale (Tableau 2). La catégorie A renvoie plus précisément au style fluvial en distinguant les faciès à bancs d'accrétion latérale, engendrés par des chenaux sinueux actifs, des faciès à bancs de tressage caillouteux. Lors d'observations ponctuelles, hors stratigraphie, il n'est pas toujours possible de trancher entre les deux, ce qui nous conduit à inclure une catégorie plus neutre («sédimentation grossière»), traduisant une haute énergie des courants tractifs pouvant se rattacher aux deux styles fluviaux. La dernière sous-catégorie traduit la fin de l'encaissement d'un cours d'eau sinueux, lorsque le début de son remblaiement par des alluvions chargées en matériaux organiques permet de dater cet état du système fluvial. Cette date ne représente alors qu'un terminus *post-quem* à l'incision. Il est quasiment impossible de caler autrement les phases d'incision linéaire qui érodent dans l'axe des lits fluviaux, mais une chronologie plus précise peut être obtenue ; elle correspond à la fourchette temporelle entre le toit de la formation fluviale précédente et le début du remblaiement postérieur à la phase d'incision. Des aménagements de berge par les hommes peuvent

Environnements de dépôt		Nb dates	%
A. sédimentation de chenaux actifs	1.bancs de tressage caillouteux	27	9,93%
	2.sédimentation grossière	41	15,07%
35,66%	3.alluv. par banc d'accrétion latérale	16	5,88%
	4. Lit incisé (début remblaiement)	13	4,78%
B.dépôts de remblaiement de paléochenaux	1. remblaiement grossier	3	1,10%
	2. remblaiement minéral accéléré	13	4,78%
	3. remblaiement minéral lent homogène	7	2,57%
19,21%	4. Dépôt organo-minéral ou tourbe	28	10,29%
	5. limon crayeux et travertins	1	0,37%
C.dépôts de plaine alluviale (levée et plaine proximale)	1. Dépôts de crue fins	36	13,24%
	2. Dépôt de crue grossier	25	9,19%
	3. Dépôts homogènes massifs bioturbés	2	0,74%
	4. Dépôts organo-minéraux	10	3,68%
32,60%	5. Paléosol cumulique épais	2	0,74%
	6. Paléosol bien drainé	7	2,57%
	7. Paléosol hydromorphe-tourbeux	8	2,94%
D.dépôts de marais distal	1. Tourbe pure	7	2,57%
	2. Tourbe avec inondites interstratifiées	1	0,37%
7,92%	3. Dépôts minéraux prédominants	8	2,94%
	4. Tourbe évoluée-pédogénéisée	3	1,10%
E. Versants, petits vallons latéraux	1.remblaiement grossier	1	0,37%
	2. remblaiement minéral accéléré	1	0,37%
	3. remblaiement minéral lent homogène	1	0,37%
	4. Colluvions	1	0,37%
5,16%	5. Dépôt organo-minéral ou tourbe	1	0,37%
	6. Incision	1	0,37%
	7. Paléosol	8	2,94%
total		272	100,00%
Catégorisation des environnements fluviaux retenus pour l'analyse		Nb dates	%
1. Phases de forte activité hydrosédimentaire (décharges torrentielles ou tressage, A1-A2-B1-C2-E1)		97	35,66%
2. Phases d'activité hydrosédimentaire du haut BV du Rhône (globale) (A1,A2,A3,B1,B2,B3,C1,C2,C3,D2,D3,E1,E2,E3,E4)		195	71,69%
3. Phases d'activité hydrosédimentaire des grands bassins versants signal éxogène (>1000 km2)		159	58,46%
4. Phases d'activité hydrosédimentaire des petits/moyens bassins versants micro-régionaux (<1000 km2)		113	41,54%
5. Phases de turfigenèse (B4,B5,C4,C7,D1,E5)		55	20,22%
6. Phase de pédogenèse des plaines alluviales et d'incision des lits (A4,C5,C6,D4,E6,E7)		34	12,50%

Tableau 1 - Les différents environnements de dépôt et catégorisations des environnements fluviaux du haut bassin rhodanien.

Type de matériaux datés		%
Charbons	47	17,28%
graines	5	1,84%
troncs	28	10,29%
bois	86	31,62%
tourbe	12	4,41%
paléosol-limon organique	6	2,21%
os (5)-coquilles (1)	6	2,21%
débris végétaux	13	4,78%
céramique, monnaie	66	24,26%
dendrochronologie	3	1,10%
total	272	100,00%
Taille du bassin versant		**%**
1-10 km²	12	4,41%
10-100 km²	44	16,18%
100-1000 km²	57	20,96%
>1000 km²	159	58,46%
total	272	100,00%

Tableau 2 - Types de matériaux datés et tailles des bassins versants.

aussi documenter ces épisodes avec une chronologie encore plus précise.

La catégorie B documente la dynamique de remblaiement des paléochenaux, coupés partiellement des chenaux actifs lors d'avulsions (Tableau 2). Leur remplissage est lent en général (plusieurs siècles à un millénaire), mais s'accélère lors de périodes de détritisme accru, associées à la fréquence des crues. Leur étude, fondée sur une démarche séquentielle et interdisciplinaire a permis de définir les différentes ambiances pédosédimentaires enregistrées par les bras-morts (Salvador *et al.*, 2005). Ils présentent un gradient entre les faciès minéraux purs et les faciès organiques à crayeux, qui traduit la densité et la vitesse de dépôt du détritisme exogène. Les remblaiements grossiers (sablo-gravillonneux, B 1) sont associés à des crues de très haute énergie, parfois corrélés à des processus de *crevasses-splays* (épandage par rupture de la levée fluviale). Les remblaiements minéraux accélérés (B 2) correspondent à des dépôts limono-sableux (suspension graduée à uniforme) épais, déposés en un laps de temps court, dont l'estimation peut être émise sur la base des modèles âges-profondeur, à condition d'avoir à disposition des séries de dates radiocarbone. Les dépôts minéraux lents et homogènes (B 3) sont le plus souvent associés à des dépôts de crue fins (suspension uniforme à décantation) et espacés dans le temps, ce qui permet leur homogénéisation par les processus secondaires de bioturbation (avec baisse corrélative de l'aquifère et les phénomènes d'oxydation associés). Le gradient organique (B 4) traduit l'absence (tourbe pure) ou la faible fréquence des crues (dépôts organo-minéraux), ainsi qu'un aquifère fluvial subaffleurant, permettant l'accumulation et la préservation de végétaux authigènes. Les faciès carbonatés authigènes (craies et travertins, B 5) représentent une variante de B4. Ils se forment lors de périodes à aquifères hauts, selon des mécanismes physico-chimiques proches de ceux caractérisant la construction des beines lacustres et sont marqués par une réduction non systématique du détritisme.

La catégorie C documente les dynamiques sédimentaires des plaines alluviales (Tableau 2). Ces dépôts enregistrent un gradient entre les faciès à structure sédimentaire préservée (un ou plusieurs dépôts de crue successifs) et les faciès à structure pédologique, caractérisant l'homogénéisation totale des sédiments de crue par des processus bio-pédologiques lors de l'arrêt plus ou moins long des crues inondantes. Le gradient granulométrique traduit selon le contexte, la proximité du chenal actif ou l'énergie de la crue (suspension graduée à décantation) (C 1 - C 2). Le gradient pédologique traduit le ralentissement de la vitesse d'exhaussement de la plaine. Si le taux de sédimentation est moins rapide que celui de la pédogenèse ou les crues espacées, les sols seront cumuliques (C 5). Ils sont fluviques lorsque la sédimentation est très ralentie à absente, avec un aspect rédoxique quand le drainage naturel (ou anthropique) est important (C 6), ou réductiques à histiques lorsque les aquifères sont hauts et contraignants (C 7).

La catégorie D documente les zones distales des plaines alluviales, occupées par des marais plus ou moins connectés aux lits fluviaux (Tableau 2). Ces milieux présentent un gradient entre les faciès tourbeux authigènes (histiques) et les faciès minéraux détritiques, à crues fréquentes (D 1 à D 3). Ils enregistrent également les fluctuations de l'aquifère fluvial qui détermine le degré de maturation de la tourbe (faciès fibrique à minéralisé, D 4 et D 5).

La dernière catégorie (E) concerne les petits bassins-versants de rangs inférieurs (0 à 1), souvent latéraux aux grandes plaines alluviales du haut Rhône (Tableau 2). Ils enregistrent des fluctuations purement locales, et présentent une très forte réactivité aux facteurs climatiques ou anthropiques, liée à leur surface restreinte et à leurs profils en long abrupts. Les signatures anthropiques sont souvent exacerbées dans ces petits bassins versants (Bravard *et al.,* 1992 ; Lespez, 2007). Dans l'axe de ces petits talwegs peut être distingué un gradient entre les faciès minéraux bruts (E 1 à E 3) et les faciès organo-minéraux, travertineux ou pédologiques (E 4, E 5, E 7) qui témoignent d'une stabilité des versants associée à l'arrêt du détritisme terrigène. Les phénomènes d'incision, souvent d'origine régressive, peuvent être très profonds et fortement entamer ou déblayer les formations antérieures.

L'observation d'horizons tourbeux synchrones, préservés dans les paléochenaux et les creux topographiques des plaines alluviales (environnements B, C, D et E) révèle une baisse durable du détritisme qui transite dans les lits fluviaux, notamment lorsqu'elle se concentre dans les points bas comme les paléochenaux. La minéralisation de ces tourbes traduit l'assèchement des plaines alluviales. La turfigenèse peut aussi être largement étendue dans les plaines distales en fin de période d'exhaussement fluvial, dans des configurations de lits étendus et encombrés et refléter alors les difficultés de l'écoulement. L'interprétation des pics de turfigenèse dépend donc du contexte pédosédimentaire.

Les périodes marquées par une répétition des processus d'avulsion dans des bassins-versants de taille variée traduisent l'exhaussement et la forte instabilité des lits fluviaux à style méandriforme associés à une forte injection de charge solide détritique, issue des versants amont. Elles sont marquées d'une flèche et d'un chiffre représentant le nombre d'occurrences synchrones identifiées dans le haut bassin du Rhône sur la figure de synthèse (Figure 5).

Deux cent soixante-douze dates radiocarbone et chronoculturelles ont été intégrées dans la base de données fluviale postglaciaire du haut Rhône. Une vingtaine de dates ont été préalablement rejetées car (1) leur environnement de dépôt était peu clair et donc difficile à intégrer dans une catégorie, (2) elles n'apportaient aucune information sur les dynamiques fluviales, (3) leur marge d'erreur était trop large (>200 BP), (4) la date était trop jeune pour être calibrée, (5) la date était incohérente avec le contexte chronostratigraphique (intrusion, déstockage sédimentaire / remaniement de matières organiques anciennes, effet « vieux bois »...).

Toutes les dates radiocarbone ont été calibrées en âge BP sur le logiciel Calib 5.01 pour standardiser les résultats. Nous avons choisi de travailler sur la base de la fourchette de calibration à 1 sigma (68,2 %), notamment pour affiner le phasage des fluctuations dans les périodes les plus documentées (séries numériquement importantes des 4 derniers millénaires). La réalisation d'histogrammes cumulatifs nous permet de visualiser directement des ensembles de dates en transformant l'intervalle de confiance de chaque date en classes de durée. Les dates transformées en classes sont cumulées et un histogramme de distribution est alors établi (Manen et Sabatier, 2003 ; Johnstone *et al.*, 2006 ; Starkel *et al.*, 2006 ; Thorndycraft et Benito, 2006). Nous avons eu recours à une macro d'Excel pour construire la courbe de probabilité cumulée sur laquelle l'axe X représente l'âge radiocarbone calibré et l'axe Y la probabilité de l'évènement par an (Manen et Sabatier, 2003). Le logiciel utilisé permet de cumuler des dates radiocarbone calibrées avec des dates culturelles. Il pondère chaque date en fonction de la durée de sa fourchette de calibration et/ou de son attribution chronoculturelle (la surface du rectangle représentant la date, restant identique). Cela accroît ainsi le poids des datations les plus précises et dilue celui des moins précises (Evin *et al.*, 1995). Ce processus a pour effet de resserrer et d'amplifier artificiellement certains pics de probabilité. Chaque unité représentée sur l'axe des ordonnées (Figure 5, de 0 à 20) correspond donc théoriquement à un cumul de 5 à 10 dates. Les principaux pics de la courbe sont supérieurs à 1, les pics secondaires sont compris entre 0,5 et 1 et les pics mineurs entre 0,1 et 0,5. Deux pics anormalement hauts apparaissent dans l'Antiquité (c. 1930 et 1850 cal BP). Ils présentent un coefficient supérieur à 20 qui a nécessité l'utilisation d'une échelle logarithmique. Ils s'expliquent par la concentration des dates, principalement chronoculturelles, issues des sites urbains de Lyon, d'Aoste et des abords de la villa du Vernai à Saint-Romain-de-Jalionas (échantillon >50) et doivent être considérés à ce titre comme un simple biais relatif à la structure de la base de données. De par la multiplication des points d'observation dans l'espace haut rhodanien, ces pics impliquent l'extension du phénomène détritique à l'échelle des piémonts nord-occidentaux des Alpes.

La courbe du radiocarbone résiduel dans l'atmosphère utilisée dans les processus de calibration (Stuiver *et al.*, 1998) peut avoir une influence sur la courbe de probabilité cumulée construite, surtout lorsqu'elle coïncide avec de longs plateaux radiocarbone. Dans ce cas précis, la courbe de calibration peut réduire, voire éliminer en partie certains pics qui apparaîtraient en situation normale (courbe oblique à pente abrupte). Ce biais « physique » et « statistique » est préjudiciable car il va diluer les pics majeurs regroupés dans les segmentations des plateaux dont on sait par ailleurs qu'elles correspondent avec les principales phases de dégradation hydroclimatique terrestres (Van Geel *et al.*, 1996 ; Magny, 2004). Des méthodes correctives ont été proposées récemment pour contourner ce biais (Johnstone *et al.*, 2006).

Cette étape illustre la distribution temporelle de toutes les dates intégrées à l'analyse dans la longue durée de la période postglaciaire. Elle peut être traitée selon les types d'environnement de dépôt prédéfinis et discutés dans le paragraphe précédent, pour discriminer les différentes formes d'aggradation fonctionnelles dans les plaines alluviales rhodaniennes, les rythmes de chacune et les phases de répit hydrosédimentaire, associées ou non à des paléosols, des formations tourbeuses et des encaissements des lits fluviaux.

IV - Résultats et discussion

1 - Sur la structure et la répartition de la base de données au sein des environnements fluviaux et la fiabilité des datations

L'histogramme des unités alluviales regroupées sous forme d'intervalles de classes de 500 ans depuis 15 000 cal BP (Figure 3) permet de dégager des éléments de réflexion sur la structure, l'historiographie et la validité de la base de données fluviales constituée. Une sectorisation en 3 zones chronologiques distinctes est immédiatement identifiée. La zone 1 (0 - 5 000 cal BP) présente un nombre minimum de 7 dates par demi-millénaire, la zone 2 (5 000 - 8 000 cal BP) une moyenne de 5 dates par demi-millénaire et la zone 3 (8 000 - 15 000 BP) une très forte irrégularité du nombre de dates avec 3 demi-millénaire non documentés (8 000 - 8 500, 11 500 - 12 000 et 13 000 - 13 500 cal BP). Le début de l'enregistrement continu des phases pédosédimentaires s'amorce à 8 000 cal BP (juste avant le Néolithique) et une rupture nette est observée entre 5 000 et 4 500 cal BP (Néolithique final 2), période à partir de laquelle le nombre de dates ne cesse d'augmenter jusqu'à la période antique (2000 - 1500 cal BP) qui montre une forte surreprésentation de ses effectifs (près de 75 dates). Elle est en grande partie due à la focalisation de la recherche archéologique régionale sur l'Antiquité, notamment au niveau du site de Lyon (*Lugdunum*), la grande métropole régionale de l'époque. Une forte concentration secondaire est à remarquer au cours du Bronze final et de l'Âge du Fer (près de 80 dates en 1500 ans, de nombreuses fouilles préventives). Le dernier demi-millénaire montre curieusement un fort déficit en dates (7) alors que les formations fluviales de cette période associées au Petit Age Glaciaire (PAG) sont les mieux conservées et les plus visibles dans le paysage actuel. L'intérêt très récent des études paléoenvironnementales pour le dernier millénaire et la composition essentiellement gravelo-caillouteuse de la plupart des formations fluviatiles de cette période explique en partie cette situation. Quant aux dates chronoculturelles, elles se répartissent en totalité dans la zone 1 (0 - 5 000 cal BP) (Figure 3). Leur poids augmente fortement à partir du Bronze final (3 500 - 3 000 cal BP) où il représente près d'un quart des dates et culmine au cours de la période antique et plus spécifiquement du haut Empire Romain (1 750 - 2 000 cal BP) au cours duquel il prédomine fortement avec près de 85 % des effectifs. La répartition des dates par taille de bassins versants montre clairement la prépon-

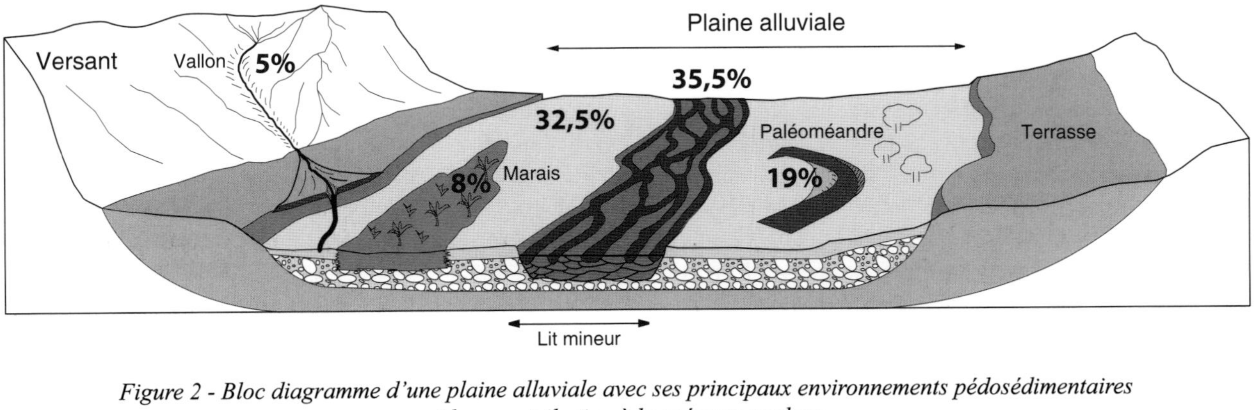

Figure 2 - Bloc diagramme d'une plaine alluviale avec ses principaux environnements pédosédimentaires et leur contribution à la présente analyse.

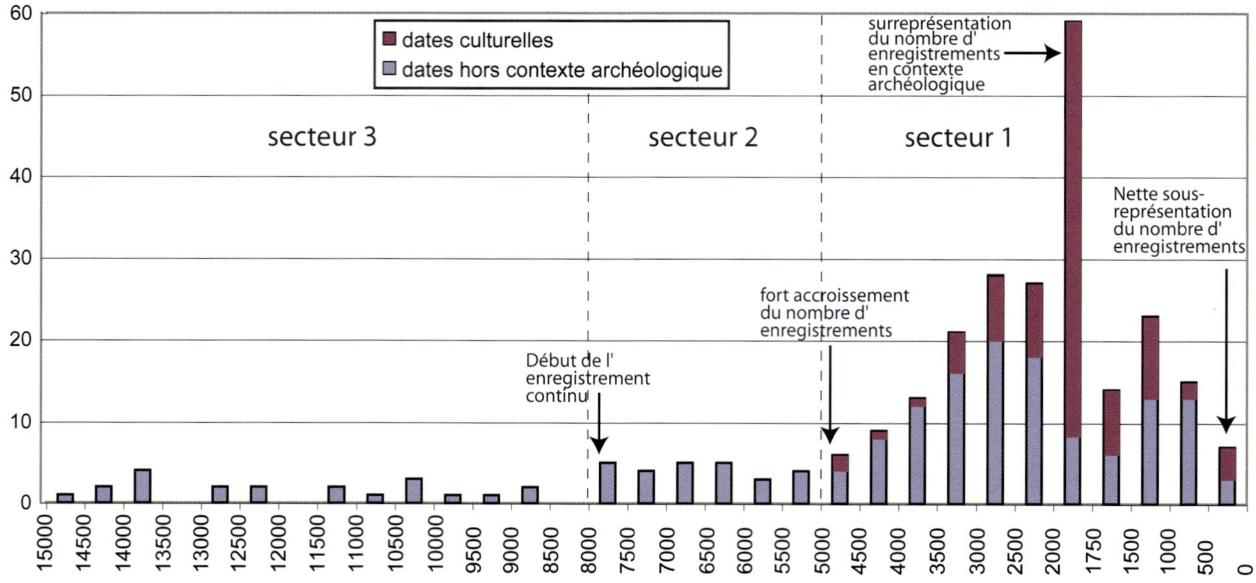

Figure 3 - Histogramme des formations alluviales du haut bassin rhodanien datées par demi-millénaire en âge calibré BP et part relative des datations sur matériaux archéologiques (la période correspondant à l'Antiquité romaine a été divisée en segments temporels de 250 ans du fait de sa surreprésentation).

dérance des études réalisées le long des cours d'eau de rang supérieur. Ils concentrent près de 60 % de l'information sur la paléodynamique fluviale du haut Rhône (Tableau 1). Les principaux affluents rhodaniens du nord-Dauphiné contribuent également fortement à la base de données (21 % pour la Bourbre et le Guiers).

Les matériaux utilisés sont variés (Tableau 1), mais les dates radiocarbone sur bois (31,62 %) et charbons (17,28 %) prédominent. Les datations chronoculturelles représentent près d'un quart des dates de formations pédosédimentaires (24,26 %), mais leur poids est nettement plus important à l'Holocène récent (Figure 3).

La fiabilité des dates sur matériaux organiques et archéologiques (Tableau 1) apparaît très importante. Elles représentent 95,6 % alors que seules 4,4 % ont été effectuées sur des matériaux peu à non fiables. On peut rappeler qu'une vingtaine de dates radiocarbone (7 à 8 % du total), jugées trop peu fiables, ont été préalablement écartées de la base de données.

En ce qui concerne les environnements sédimentaires, les dépôts de marais distal (Tableau 2, D), et ceux des versants et petits vallons latéraux aux principaux cours d'eau (Tableau 2, E) sont peu représentés dans la base de données (13 %), alors que les 3 autres environnements de dépôt se répartissent assez bien les données (A : 35,66 %, B : 19,21 % et C : 32,60 %). Un fort déséquilibre entre les données portant sur les phases d'activité hydrosédimentaire (195 dates, soit 71,69 % de l'effectif) et les données sur les paléo-pédogenèses et turfigenèses (29.31 %) est également observé. Il induit une plus forte amplitude des pics d'activité hydrosédimentaire et s'explique par la prédominance des contributions géomorphologiques des auteurs. Le taux important des formations traduisant une forte activité hydrosédimentaire (35,66 %) s'explique par la proximité des Alpes et du Jura (zone de piémont). Leurs profils en long pentus sont favorables à la progradation de charges de fond grossières lorsque le couple érosion/transport hydrologique est actif.

L'analyse de la fréquence et de la répartition des données absolues cumulées indique une claire tripartition de la base paléohydrologique constituée. La quantité, la variété, la fiabilité et la précision des contextes chronostratigraphiques entre 4300 cal BP et l'actuel (secteur 1, Figure 4) permet de proposer des phases de 50 à 200 ans. Les pics majeurs sont toujours supérieurs à un coefficient 2 et les pics secondaires sont compris entre 1 et 2. Les résultats apparaissent toujours quantitativement exploitables entre 7600 et 4300 cal BP (secteur 2, Figure 4), mais les pics majeurs, nettement moins prononcés, y oscillent entre un coefficient 0,5 et 1,2, la précision du phasage variant entre 100 et 300 ans. L'ensemble des composantes des paléo-milieux fluviaux n'y sont pas toujours également documentées. La chronologie de l'enregistrement apparaît discontinue entre 7600 et 15000 cal BP (secteur 3, Figure 4), ce qui handicape partiellement la précision du cadre chronostratigraphique, dont les phases varient entre 100 et 900 années. L'alimentation de la base de données haut-rhodanienne est alors quasi exclusivement le fait des rivières Saône et Ain sur le site de Lyon. La dynamique du Rhône en amont des bassins de Malville et des Basses Terres est encore trop peu documentée (Bravard *et al.*, 2002). Les pics y sont toujours inférieurs à 0,5, c'est-à-dire qu'ils sont constitués au maximum d'un cumul de 2 à 4 dates. Cependant l'alternance observée sur les 7500 ans du Tardiglaciaire et de l'Holocène ancien, entre phases de haut régime hydrosédimen-

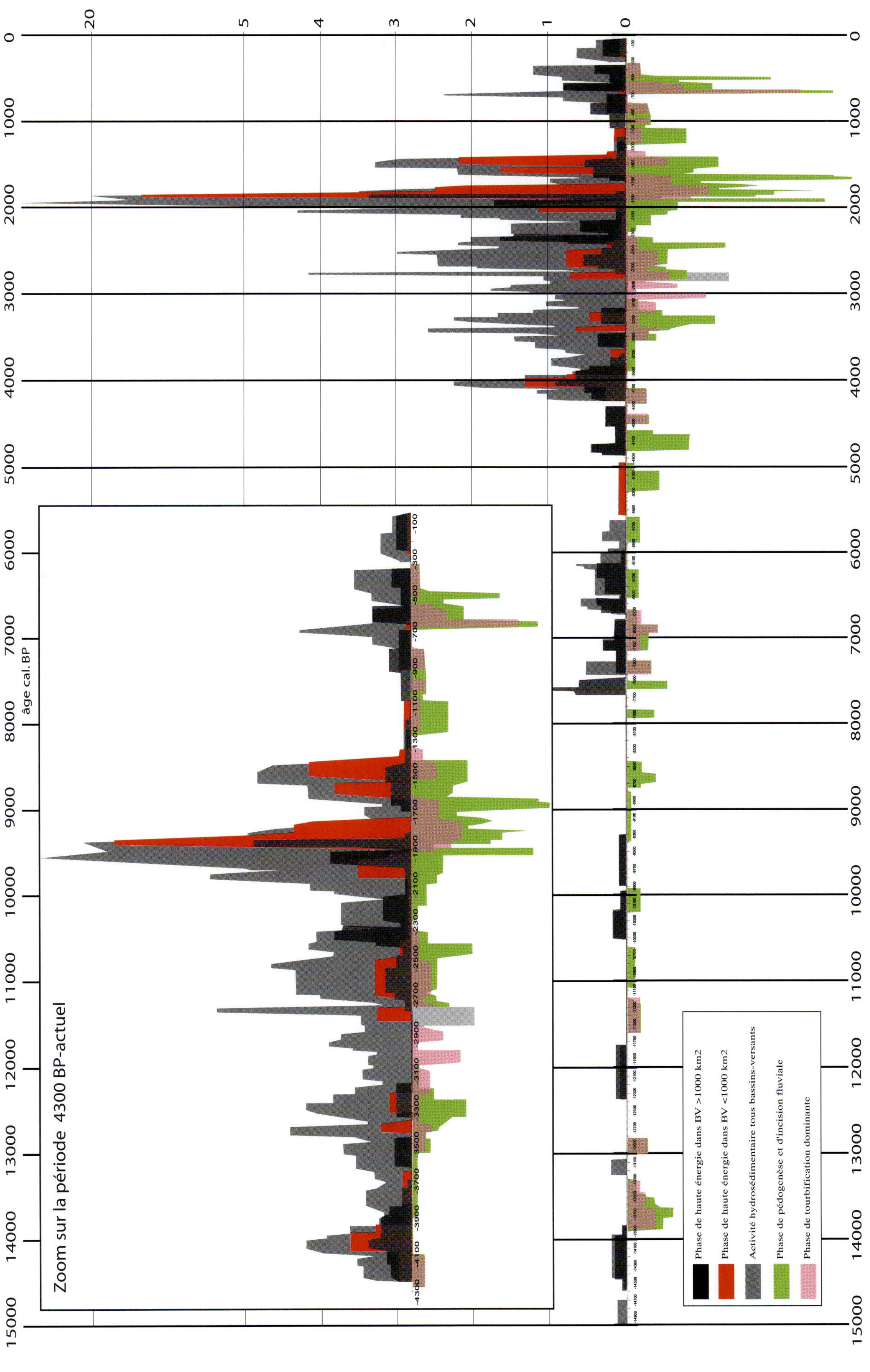

Figure 4 - Fréquence cumulée des indicateurs de haute énergie, d'activité hydrosédimentaire dans l'ensemble des bassins versants, de turfigenèse et de pédogenèse.

taire et phases de pédogenèse-turfigenèse, nous incite à considérer le cadre paléohydrologique présenté comme globalement acceptable. Cependant la précision du phasage et la description des dynamiques du système fluvial devront à l'avenir être approfondies par un élargissement du corpus pédosédimentaire.

2 - L'analyse multicritères et systémique des environnements fluviaux

a - Le zoom sur l'Holocène récent (4300 cal. BP-actuel)

Les informations qualitatives et quantitatives recueillies sur le terrain ou après analyses en laboratoire ont été intégrées dans un cadre spatio-temporel. Ainsi la taille des bassins versants et leur position au sein de l'hydrosystème haut-rhodanien jouent-ils un rôle majeur dans l'élaboration d'hypothèses sur la paléodynamique fluviale qui intègre l'origine des matériaux transportés par le Rhône et ses affluents, l'évolution des débits liquides (répartition annuelle) et de façon plus hypothétique celle des bilans hydriques. Le croisement des données permet de discriminer les secteurs des piémonts dauphinois, des secteurs allogènes situés plus en amont (Alpes du Nord) ou plus au nord dans les bassins de la Saône et de l'Ain. Le régime, voire le style des cours d'eau (méandrage avec ou sans aggradation des plaines alluviales, tressage, décharges torrentielles, incision accompagnée de la formation de paléosols...) peuvent être discutés dans les périodes les mieux documentées (4 derniers millénaires). L'action anthropique sur les flux sédimentaires (M.E.S., charge de fond) peut être envisagée pour certaines périodes, sous réserve de confrontations ultérieures avec les sources historiques, archéologiques et paléobotaniques.

La figure 4 illustre la somme des probabilités pour les 272 échantillons haut-rhodaniens, intégrant 5 critères hydrodynamiques et pédosédimentaires: (1) activité hydrosédimentaire de haute énergie dans les bassins-versants supérieurs à 1000 km^2 (Saône-Rhône), (2) activité hydrosédimentaire de haute énergie dans les bassins-versants supérieurs à 1000 km^2 (affluents rhodaniens du nord Dauphiné), (3) activité hydrosédimentaire tous bassins-versants cumulés, (4) paléopédogenèses et incisions fluviales, et (5) turfigenèses. La juxtaposition des périodes associées à des épisodes de haute à très haute énergie (couleurs rouge et noir) et d'aggradation fluviale en contexte de méandrage (couleur grise dominante) permet de distinguer les principales tendances dans l'évolution du régime hydrologique du Rhône et de ses affluents dauphinois et bourguignons. Trente quatre pics d'activité hydrosédimentaire globale (tous bassins-versants cumulés) sont recensés au cours des quinze derniers millénaires : 17 pics majeurs présentant un coefficient supérieur à 1, 9 pics secondaires à coefficient compris entre 0,5 et 1, et 8 pics mineurs reposant sur une à deux dates radiocarbone. L'analyse fait également apparaître 5 phases de forte activité hydrosédimentaire (« haute énergie ») dans les bassins-versants micro-régionaux de taille inférieure à 1000 km^2 du nord Dauphiné (1350-1600, 1730-1880, 2480-2700, 3200-3360 et 3800-4080 cal BP) et 18 phases de haute énergie dans les bassins-versants de rang supérieur à 1000 km^2 (Rhône-Saône) (50-230, 350-470, 560-650, 800-900, 1330-1520, 1800-2000, 2180-2420, 2480-2700, 3200-3320, 3460-3620, 3820-4080, 4760-4880, 6000-6300, 6550-6700, 7020-7150, 7500-7670, 10200-10500 et 13950-14350 cal BP).

Sur l'ordonnée opposée, la confrontation des données concernant les marqueurs paléosols/incisions fluviales (couleur verte) et turfigenèse (couleur rose) documente 33 pics de répit hydrosédimentaire et de pédogenèse : 15 pics majeurs présentant un coefficient compris entre 0,5 et 2 et 18 mineurs inférieurs à 0,5. Dans 17 cas, les processus de turfigenèse dominent la pédogenèse ou apparaissent seuls (300-470, 560-650, 800-900, 1380-1520, 1670-1880, 2480-2700, 2750-2820, 2890-2980, 3100-3200, 3400-3510, 4080-4250, 4400-4500, 6850-6950, 7280-7420, 11200-11600, 12820-13000 et 13300-13900 cal BP). Selon le contexte morphodynamique, ces pics peuvent être associés à des périodes de répit fluvial, en relation avec une baisse marquée du détritisme ou à l'aggradation du lit mineur (bande en tresses) qui s'accompagne d'une montée de la nappe phréatique et de la tourbification. Les deux aspects ne sont donc pas alors antinomiques, mais associés. Dans 16 cas, les processus de pédogenèse/incision prédominent (470-560, 900-1250, 1520-1670, 1880-1920, 2060-2180, 2420-2480, 2700-2750, 3200-3320, 3620-3880, 4520-4760, 4950-5280, 7500-7600, 7840-7930, 8430-9300, 9900-10200 et 10620-11080 cal BP). Ces dernières périodes pourraient être associées à des épisodes de forte baisse simultanée des débits et de la charge solide des cours d'eau, favorables à l'incision (déséquilibre en faveur des débits).

b - La paléodynamique fluviale entre 4300 et l'actuel

La prise en compte simultanée de l'ensemble des critères pédo et hydro-sédimentaires regroupés dans le tableau 3 permet de proposer un cadre paléohydrologique documenté, intégrant des cycles de forte activité ou de répit hydrologique, au sein d'une périodisation de la paléodynamique fluviale haut-rhodanienne en 32 phases principales (Figure 5). Six principales périodes pluriséculaires d'hydrologie abondante ressortent de l'étude entre 4300 cal BP et l'actuel (1, 3, 5, 7, 9, 11 et 13). La plupart étaient déjà connues par les travaux antérieurs (Bravard *et al.*, 1992, 1997 ; Salvador *et al.*, 2005 ; Berger *et al.*, sous presse), mais la présente analyse permet d'affiner leur chronologie absolue, de les

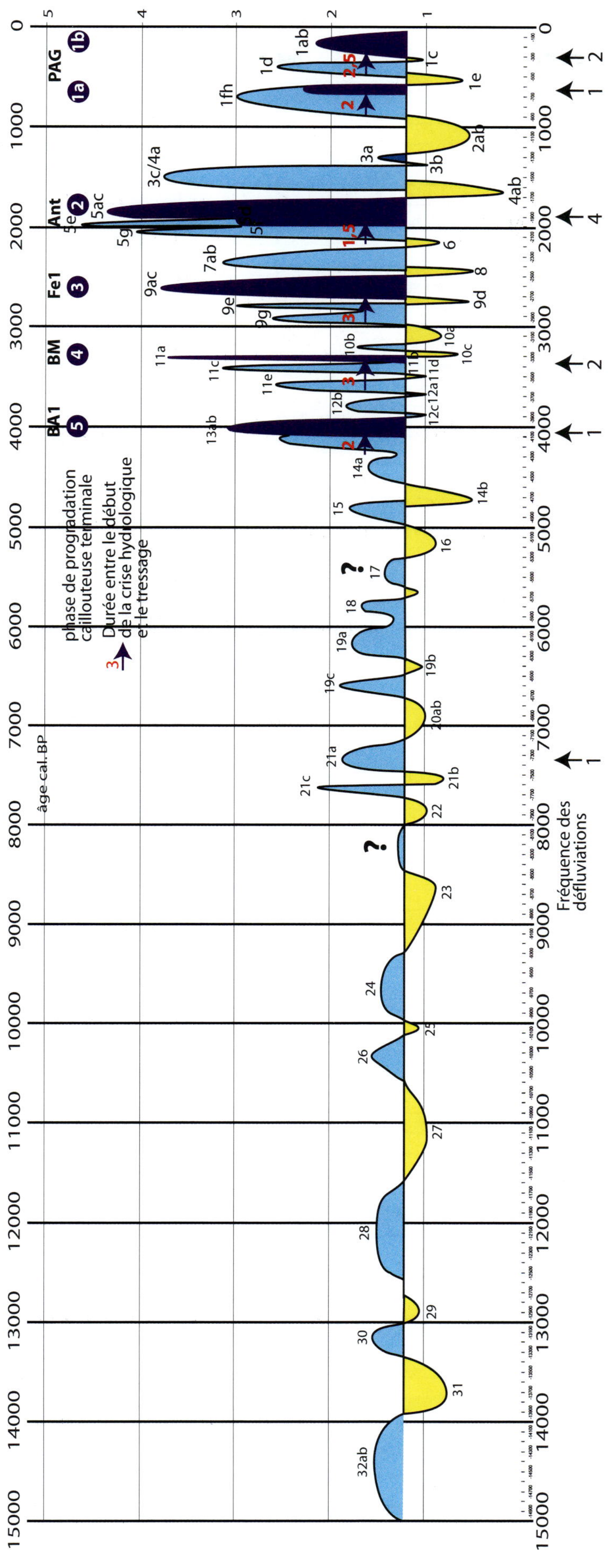

Figure 5 - Le cadre paléohydrologique du haut bassin rhodanien, ses 32 principales phases pédosédimentaires, et les principales périodes de défluviation et de progradation gravelo-caillouteuse dans les lits fluviaux..

Phase	chronologie	méandrage et aggradation	Haute énergie BV >1000km2	Haute énergie BV <1000km2	Turfigenèse	Pédogenèse/ incision
1a	50-230	xx	xx	x		
1b	230-300	xxx				
1c	300-350				x	
1d	350-470	xxx	x		x	
1e	470-560					xx
1f	560-650		xxx		xxx	
1g	650-780	xxxx	x			
1h	800-900		xx		xx	
2a	900-1080		x		xx	xx
2b	1080-1250				x	xxxx
3a	1250-1330	x	x			
3b	1330-1380		x	x	xx	
3c	1380-1520	x	xx	xxxx	xx	xx
3d/4a	1520-1600		x	xxx	x	xx
4b	1600-1670	x	x		x	xxxx
5a	1670-1730	xxx			xx	x
5b	1730-1800			xxxx	xx	xx
5c	1800-1880	x	xxxx	xxxxx	xxx	x
5d	1880-1920	xxx	x	x	x	xxxx
5e	1920-2000	xxxxx	xxx	xx		x
5f	2000-2060	xxxx	x	xx		
5g	2060-2100	xxxxx	x			xx
6	2100-2180	x				xx
7a	2180-2300	xxx	xx			
7b	2300-2420	xx	xxx		x	x
8	2420-2480	xx	x	x	x	xxx
9a	2480-2520	xxxxx	xx	xxx	xx	x
9b	2520-2650	xxx	xxx	xxx	xx	x
9c	2650-2700	xxxxx	xx	xxx	x	
9d	2700-2750	x			x	xx
9e	2750-2820	xxxxx		xx	xx	x
9f	2820-2890	xx			x	
9g	2890-2980	xxxx			xx	
10a	2980-3200	x			xx	x
10b	3200-3240	xx	xx	x	xx	xx
10c	3240-3320	x	xx	xx		xxxx
11a	3320-3360	xxxx	xx	xx	x	xx
11b	3360-3400	xx		x	x	x
11c	3400-3460	xxxxx		xx	xx	x
11d	3460-3520	xx	xx		xx	x
11e	3520-3620	xxxx	xx			x
12a	3620-3740	x		x		x
12b	3740-3820	xxx	x	x		x
12c	3820-3880	x	xx			x
13a	3880-4080		xxx	xxxx		
13b	4080-4250	xxx	x	xx	x	
14a	4300-4520		xx		x	
14b	4520-4760		x			xxx
15	4760-4880		xxx			
16	4950-5280			x		xx
17	5280-5580			x		
18	5580-5860	xx				x
19a	6000-6300	xx	xx			
19b	6300-6550	x	x			x
19c	6550-6700	xx	xx			
20a	6700-7020		x		xx	
20b	7020-7150		xx		x	x
21a	7280-7420	xx	x		xx	
21b	7500-7600		xx			xxx
21c	7600-7670		xxx			
22	7840-7930					xx
23	8430-9300					xxx
24	9300-9900		x			
25	9900-10200		x			xx
26	10200-10500		xx			
27	10620-11600				x	xx
28	11740-12380		x			
29	12820-13000				xx	
30	13070-13250	xx				
31	13300-13900				xxx	x
32a	13950-14350	x	xx			
32b	14700-15000	x				

Tableau 3 - Le phasage pédosédimentaire et chronologique du haut bassin rhodanien (en vert clair : phases d'accrétion dominante, en orange : phase de haute énergie dominante, en jaune : phase de pédogenèse associée à des décharges de haute énergie).

subdiviser en phases de durée souvent inférieure au siècle (polyphasage) et de décrire leur spécificité en termes de régime hydrosédimentaire.

La plus récente (1a/1h, Figure 5 et Tableau 3) s'étend entre 50 et 900 cal BP. Elle présente trois pics d'activité hydrosédimentaire bien distincts (1 ab, 1 d, 1 fh), séparées par des périodes de répit hydrosédimentaire (1c, 1e). La dynamique de méandrage et d'aggradation prédomine au cours de 2 périodes, vers 350-470 et 650-780 cal BP, tandis qu'un régime de forts apports hydrosédimentaires, associé au tressage du Rhône et de ses principaux affluents domine entre 50 et 230 cal BP. Ces résultats traduisent la progressive métamorphose de l'hydrosystème haut-rhodanien au cours du Petit Âge Glaciaire, d'un style méandriforme à la sortie du POM à un style tressé à partir de la fin du XVIIe siècle (Bravard, 1986). Elle est documentée et bien datée par ailleurs dans les archives locales et sur les cartes anciennes. La minoration de cet épisode hydrologique majeur de l'holocène récent sur la courbe de fréquence cumulée est le fruit d'un biais de la recherche (focalisation sur les périodes plus anciennes) et de la difficulté à dater les nappes gravelo-caillouteuses qui ont progradé dans les lits fluviaux au cours des derniers siècles. Autre originalité, cette étude identifie les prémisses du PAG dès la seconde moitié du XIe siècle par une période de forte activité associée au développement des tourbes, et par une première phase majeure comprise entre la fin du XIe et le second tiers du XIVe siècle (Leroy-Ladurie, 2004).

La seconde période (3 a/3 d) se situe entre 1250 et 1600 cal BP. Elle correspond à une activité hydrologique de haute énergie dans l'ensemble des bassins versants, avec une prédominance de la torrentialité dans les petits bassins des piémonts dauphinois entre 1380 et 1600 cal BP, plus ou moins synchrone des processus pédologiques. Cette apparente opposition des processus peut s'expliquer par la fréquence d'épisodes climato-météorologiques particulièrement intenses, au cours d'une période globalement plus sèche (Magny, 1995), favorable au développement de la pédogenèse dans les systèmes fluviaux. Le rôle accru des activités humaines sur les sols périphériques aux lits fluviaux (notamment par la répétition des feux) favorise sans doute la concentration des ruissellements sur certains versants entre la seconde moitié du IVe et le VIIe siècle. Cette observation avait déjà été vérifiée à une échelle plus locale dans les Basses Terres dauphinoises (Salvador *et al.*, 2005), dans les Terres Froides (Brochier *et al.*, 2007), dans les piémonts du Vercors et en Valdaine (Berger et Brochier, 2006). Cette crise hydrosédimentaire polyphasée se place à la charnière entre l'Antiquité tardive et le haut Moyen Âge.

La troisième période (5 a/5 g) s'étend entre 1670 et 2100 cal BP. Elle présente 3 pics bien distincts : 5 ac (1670-1880 cal BP), 5 e (1920-2000 cal BP) et 5 gf (2000-2100 cal BP), séparés par de courtes périodes de répit hydrosédimentaire marquées par de petits creux sur la courbe (5 d, 5 e f), respectivement centrées sur 2010 et 1900 cal BP (en association avec un pic de pédogenèse). Elle correspond à la fin de la période républicaine et au haut empire romain, marqués par une intensification des pratiques agraires dans les piémonts dauphinois et l'ensemble de la province de Narbonnaise (Berger *et al.*, 2007 a) qui peut expliquer la forte augmentation des matières en suspension (M.E.S.) transitant dans les lits fluviaux. Entre 2000 et 2100 cal BP (5 g), les processus de méandrage et d'aggradation prédominent à l'échelle régionale, à la suite d'une période de fort encaissement des lits fluviaux au cours de la phase précédente (6). Un haut régime de crue caractérise alors le haut bassin du Rhône, dans un contexte peu favorable à la tourbification et au développement pédologique dans les plaines alluviales (lits encaissés, aquifères encore bas, fréquence de l'alluvionnement). Entre 1920 et 2000 cal BP (5 e), les processus d'aggradation dominent encore, les flux de haute énergie apparaissent et se développent dans les organismes de rang supérieur (décharges torrentielles ? progradation caillouteuse ?), marquant le pic majeur de la période. Après un court répit (1880-1920 cal BP), le troisième pic d'activité hydrosédimentaire, nettement plus marqué, révèle un environnement de haute énergie, prédominant dans l'ensemble des bassins versants du haut bassin rhodanien (1670-1880 cal BP). Un régime torrentiel semble alors généralisé entre Aoste et Lyon. Il apparaît synchrone d'un pic de tourbification (Tableau 3, Figure 4), qui témoigne sans doute de la baisse des capacités de drainage des lits fluviaux, alors fortement exhaussés et très encombrés. Cette période correspond à une très forte instabilité des lits fluviaux rhodaniens, car en plus de la défluviation du cours du Rhône, enregistrée dans les Basses Terres dauphinoises (Bravard, 1983 ; Salvador *et al.*, 2005), 3 rivières nord-dauphinoises présentent alors des épisodes de défluviation de leur cours : la Bourbre, le Guiers et le Girondan (Berger *et al.*, 2005 et inédit). La fin de cette période (5 a, 1670-1730 cal BP) est marquée par la disparition des processus hydrosédimentaires de haute énergie, de pédogenèse, alors que la turfigenèse et l'aggradation restent importantes (Tableau 3). Un régime de fortes crues, associé à des aquifères encore hauts pourrait caractériser le IIIe siècle de notre ère. Il trouve un équivalent dans le delta du Rhône sur le site d'Arles entre 270 et 290 AD (Arnaud-Fassetta *et al.*, 2005).

Cette crise pluriséculaire des hydrosystèmes rhodaniens est largement enregistrée jusque dans le delta du Rhône (Provansal *et al.*, 1999 ; Bruneton *et al.*, 2001 ; Arnaud-Fassetta et Landuré, 2003) et même dans de petits cours d'eau du bassin de la Saône (Petit, 2006). Elle atteint également l'ensemble des affluents rhodaniens de rive gauche en moyenne vallée du Rhône ; région dans laquelle le croisement des données paléoenvironnementales et paléohydrologiques a permis de

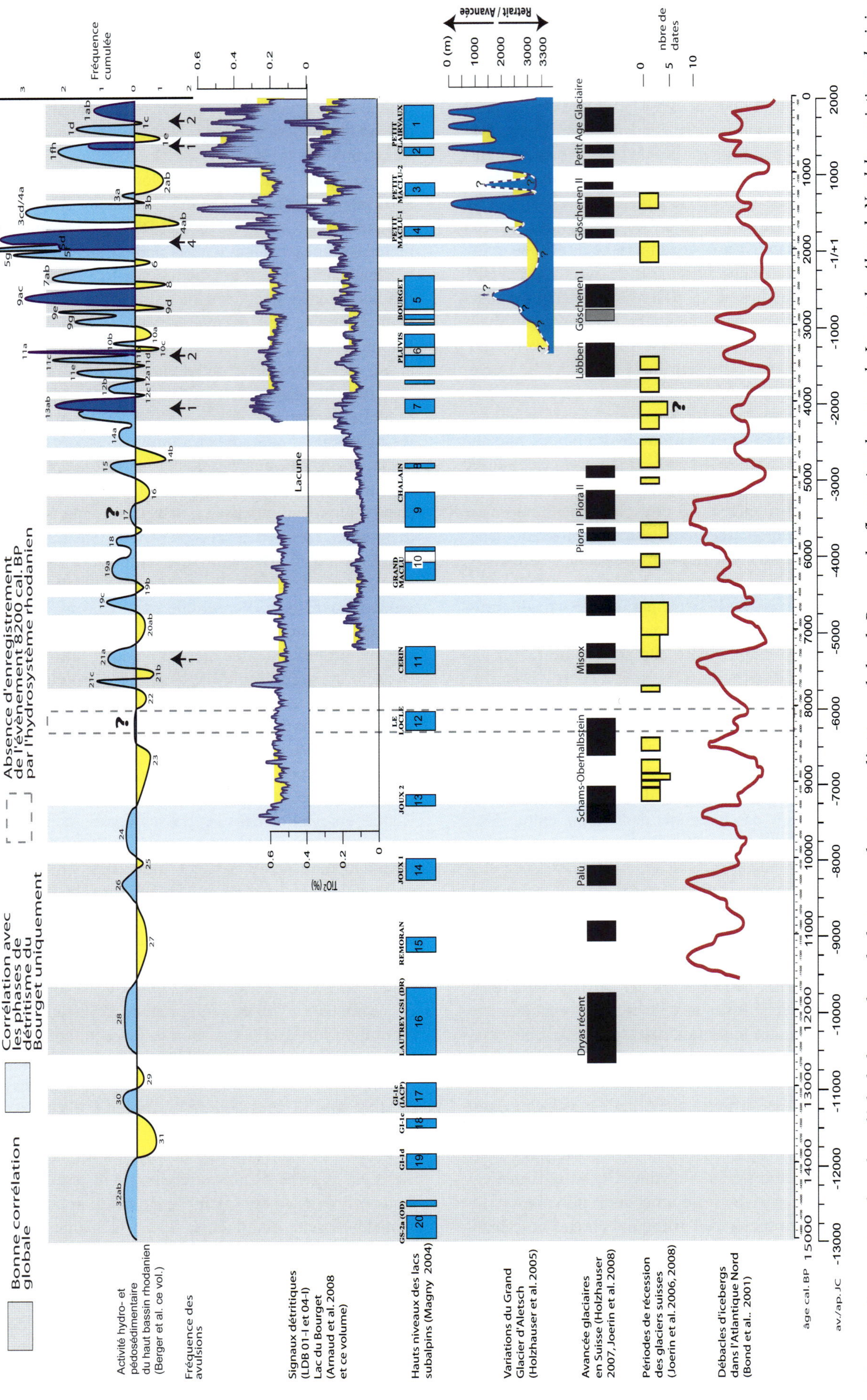

Figure 6 - Comparaison du cadre paléohydrologique haut rhodanien avec les signaux détritiques du lac du Bourget, les fluctuations lacustres du Jura et des Alpes du Nord, les variations glaciaires dans les Alpes suisses et les débâcles glaciaires dans l'Atlantique nord.

conclure à un forçage anthropique sur le fonctionnement des hydrosystèmes (Berger, 2003 ; Berger *et al.*, 2007 a). Les indicateurs paléohydrologiques et climatiques continentaux ne révèlent d'ailleurs aucun épisode majeur au cours de ces 4 siècles, à l'exception d'une petite transgression lacustre centrée sur les second et troisième siècles de notre ère (1700-1850 cal BP) et correspondant aux phases 5 a c.

La quatrième période de forte activité hydrosédimentaire est bipartite. Elle associe les phases 7 a b (2180-2420 cal BP) et 9 a g (2480-2980 cal BP), séparées par un court épisode de répit hydrologique (8), associé à un pic majeur de pédogenèse au milieu du premier millénaire BC. La phase 7 apparaît subdivisée en deux épisodes de haute énergie distincts dans les cours d'eau de rang supérieur, le premier centré sur 2200 cal BP, le second sur 2350 cal. BP. Les processus d'aggradation, peu représentés dans la première moitié de cette phase, deviennent dominants à partir de 2300 cal BP. Les paléosols et horizons tourbeux sont inexistants. Cette phase contemporaine du milieu du second âge du Fer n'avait pas encore été clairement décrite au niveau régional, à l'exception peut-être du bassin de Malville (Salvador *et al.,* 1993). La phase 9 est nettement polyphasée. Elle se caractérise par deux premiers pics d'aggradation et de turfigenèse très marqués mais de courte durée (9 e et 9 g) centrés sur 2780 et 2930 cal BP, puis par un long épisode dominé par les processus de haute énergie dans l'ensemble des bassins versants entre 2480 et 2700 cal BP (Tableau 3, Figure 4). Dans un premier temps, un régime de crue prédomine. Associé au développement des faciès tourbeux, il semble synchrone d'aquifères fluviaux hauts. La seconde moitié de cette crise hydrologique révèle un régime torrentiel, qui pourrait être associé au développement du tressage dans le haut bassin du Rhône d'après les observations de terrain réalisées sur le site de Lyon (Bravard *et al.*, 1997 ; Ayala et Vérot-Bourrély, 2008), à la confluence Rhône-Guiers (Berger *et al.,* 2005) ou sur plusieurs sites du Rhône moyen en Valdaine et Tricastin (Berger *et al.*, 2007 b). Au cours de cette crise hydrologique dite du «premier âge du Fer» ou de la «transition Subboréal-Subatlantique», le Rhône, très puissant, adopte une morphologie en tresses et dépose une importante charge graveleuse à l'emplacement de la Presqu'île à Lyon. Au pied de Fourvière, entre Saint-Jean et Saint-Georges, les dépôts sont mixtes, mêlant les alluvions caillouteuses de la Saône et du Rhône. L'identification d'une nouvelle période d'hydrologie abondante (9 g, synchrone du Bronze final 3) ne correspond pas au schéma classique d'une dégradation hydroclimatique située à la transition Bronze-Ier Fer (ou Subboréal-Subatlantique). La dégradation des écoulements s'amorce donc dès 2980 cal BP, à la suite d'une longue période de stabilité des plaines alluviales (10 a). Ces nouvelles données correspondent parfaitement aux données paléolimniques les plus récentes proposées par M.Magny pour le Jura et les Préalpes nord occidentales (Magny *et al.*, 2007) et aux décharges glaciaires identifiées par Bond dans l'Atlantique Nord (Bond *et al.*, 2001).

La cinquième période de forte activité fluviale correspond à la phase 11 (3320-3620 cal BP) (Tableau 3, Figure 4). Elle se compose de trois pics majeurs : 11 a (3320-3360 cal BP), 11 c (3400-3460 cal BP) et 11 e (3520-3620 cal BP). Les processus d'aggradation prédominent, principalement au cours de la première moitié de cette crise hydrologique (3620-3450 BP). Progressivement, se mettent en place des faciès grossiers associés à des processus de haute énergie qui culminent au cours de la dernière période (11 a, 3320-3360 BP), sans dépasser 50 % des occurrences. Deux creux prononcés dans la courbe d'activité globale (phases 11 b et 11 d), centrés sur 3380 et 3480 cal BP, témoignent de courts répits hydrosédimentaires. Cette crise hydrologique, associée traditionnellement à l'horizon culturel du « Bronze moyen », est particulièrement bien représentée en amont du site de Lyon, dans les lits du Rhône, du Guiers et du Girondan. Elle est associée à des recoupements de méandres et de possibles «*crevasses splays*» (Salvador *et al.*, 2005 ; Berger *et al.*, 2007 b), témoignant de l'encombrement des lits fluviaux et de l'énergie des crues. L'association d'un pic de turfigenèse entre 3510 et 3400 BP révèle probablement de hauts aquifères et un maximum d'humidité. L'absence de marqueurs d'anthropisation (Gauthier et Richard, 2007) et de sites archéologiques contemporains de cet épisode nous incite à penser que le signal identifié est avant tout climatique. La coïncidence de cet épisode avec les marqueurs paléohydrologiques, détritiques et glaciaires régionaux corrobore cette hypothèse (cf. *infra*).

La sixième période (13 a b) s'étend entre 3880 et 4250 cal BP. Elle est bipartite, un léger creux centré sur 4080 cal BP sépare clairement deux ensembles de données et permet d'envisager un court épisode de répit hydrologique (Tableau 3, Figure 4). La première phase (4250-4080 cal BP) associe les dynamiques d'aggradation fluviale et les écoulements de haute énergie dans les bassins versants de rang supérieur. Elle semble trouver son équivalent dans le bassin de l'Isère en aval de Grenoble, qui développe un style en tresses entre 4200 et 4350 cal BP (Bravard *et al.*, 2002). La seconde phase (4080-3880 cal BP) indique clairement la prédominance des signatures de haute énergie dans l'ensemble des lits fluviaux du haut bassin rhodanien. Ce second pic est nettement plus prononcé et témoigne sans doute de l'accentuation des phénomènes torrentiels autour principalement de 4000 cal BP. Le premier pic correspond à un vide culturel généralisé au Sud-Est de la France, observé entre 4250 et 4050 cal BP (Vital, 2005), à un pic détritique observé sur les lacs du Bourget et de Constance (Arnaud *et al.*, 2008) et à une forte activité hydrosédimentaire dans le bassin moyen du Rhône (Berger *et al.,* 2007 b). Le signal hydroclimatique semble ici prédominant d'autant plus qu'une phase de haut niveau lacustre a été mise en évidence dans les Préalpes nord-occidentales et le Jura par Magny (4150-3950 BP). Cet épisode ne trouve par contre aucun parallèle dans les avancées glaciaires nord-alpines, alors que les indices de récession des glaciers suisses sont développés (Joerin *et al.*, 2006). Le second pic pourrait correspondre à une crise climato-anthropique généralisée, d'après les données récentes issues principalement des études intégrées réalisées dans le bassin moyen du Rhône et les Alpes occidentales. Elle apparaît partiellement synchrone de la transgression lacustre nord-alpine et c'est d'ailleurs véritablement à partir de cette période que les indices de forte activité hydrosédimentaire s'accroissent considérablement dans le nord-Dauphiné sur la courbe de fréquence cumulée (Figures 4 et 5). Cette période, marquée par une forte activité érosive, est synchrone de traces d'anthropisation accrues et d'une véritable appropriation des milieux montagnards dans la seconde moitié du Bronze ancien 1 (Court-Picon *et al.*, 2007) et du développement des premières agglomérations associant de grandes structures de stockage céréalier vers 4050-4000 BP (Berger *et al.*, 2007b). Elle correspond d'ailleurs à l'échelle régionale à une forte augmentation du régime des feux, décelée depuis les plaines jusqu'aux Préalpes calcaires du sud. Cette fragilisation des écosystèmes forestiers correspond à une crise hydrosédimentaire centrée sur 4050-3950 cal BP dans les cours d'eau du Tricastin et de la Valdaine (Berger *et al.*, 2007b) et sur 3900-4000 cal BP dans le lac du Bourget (Arnaud *et al.*, 2008). Elle semble moins marquée dans les bassins supérieurs du Rhin au niveau du lac de Constance (Wessels, 1998). Les effets d'un impact météoritique sur l'Europe centro-occidentale dont les effets semblent maximaux sur une bande comprise entre le Proche Orient et le Nord-Ouest du bassin méditerranéen devront être discutés (Courty, 1998). Cette hypothèse fait encore aujourd'hui l'objet de vives discussions, mais pourrait permettre de répondre à certaines interrogations socio-environnementales relatives à cette période (absence de période froide synchrone en Europe centrale, maximum de l'activité solaire, haut régime des feux, hiatus culturel de la transition Néolithique final-Bronze ancien...).

On peut se demander si les six principales périodes d'hydrologie abondante discutées ci-dessus ne présentent pas les critères d'autant de métamorphoses de leur style fluvial, depuis un lit encore incisé jusqu'au tressage et à l'élargissement du lit fluvial. Dans un premier temps, les phases d'aggradation prédominent (fréquence des crues, exhaussement progressif du lit et de la plaine alluviale), puis la charge de fond gravelo-caillouteuse prograde depuis l'amont, comme le modèle du PAG nous l'illustre parfaitement à partir du XVIIe siècle (Bravard, 1986). L'affinement chronologique de cette étude nous permet de proposer une période de transit de la charge grossière en décalage de 2 à 3 siècles par rapport au début de chaque période d'hydrologie abondante sur la base des principaux pics de forte activité hydrosédimentaire (« haute énergie ») identifiés (Figure 5). Ces phases correspondent bien aux principales avulsions datées sur le Rhône et ses principaux affluents dauphinois de rive gauche (Figure 5) ce qui corrobore l'image de plaines alluviales très encombrées par des apports massifs d'alluvions. Ces périodes de métamorphose étaient avérées pour le PAG et sont envisagées pour le Ier Age du Fer et le Néolithique final-Bronze ancien (Bravard *et al.*, 1992 ; Berger *et al.*, sous presse). Elles présentent sans doute un temps de retour encore plus court au vu du schéma aujourd'hui proposé.

c - *Les fluctuations de la paléodynamique fluviale du Rhône et l'évolution holocène du climat nord-alpin et de ses piémonts occidentaux*

Perçue avec une précision séculaire, la chronologie des cycles hydrologiques régionaux présentée dans cet article offre la possibilité d'une comparaison avec les données les plus récentes de la paléohydrologie alpine. Sa confrontation avec les indicateurs paléohydrologiques et glaciaires régionaux (Alpes du Nord, Jura) et globaux (évènements de Bond dans l'Atlantique Nord) montre une bonne intégration dans le cadre pluriséculaire du cycle hydrologique de la partie ouest de l'Europe centrale, tel qu'il a été défini par Magny (2004) et ses liens avec la circulation atmosphérique de l'Atlantique Nord, régulée par les décharges glaciaires du continent nord-américain et du Groenland (Figure 6). Ces travaux ont abouti à l'hypothèse du développement de périodes de haute activité hydrologique lors des minima solaires holocènes (Magny, 2004), et confirmé l'indépendance, jusqu'à très récemment, des enregistrements lacustres et glaciaires d'altitude par rapport aux activités humaines.

Les principales phases de détérioration des conditions hydrosédimentaires se retrouvent du début du Tardiglaciaire (HR (Haut Rhône) 32 a b, 15 000 - 14 000 cal BP, Dryas ancien) au PAG (HR 1 a / 1 h, 50 - 900 cal BP). On note que 16 phases de haut niveau lacustre sur 20 correspondent avec les périodes d'hydrologie abondante de la haute vallée du Rhône, qu'une n'est que partiellement synchrone (phase 3) et que trois ne trouvent pas de correspondance (les phases 13, 15 et 18 de Magny, 2004). De plus, cinq épisodes de forte activité hydrosédimentaire ne sont pas synchrones avec les transgressions lacustres mais montrent des correspondances avec les principales phases détritiques enregistrées dans le lac du Bourget, les phases HR 5 e / g (1920 - 2100 cal BP), 14 a (4300 - 4520 cal BP), 18 (5580 - 5860 cal BP), 19 c (6550 - 6700 cal BP) et 24 (9300 - 9900 cal BP), et avec certaines phases d'amélioration des conditions climatiques dans les Alpes du Nord, marquées par un fort retrait glaciaire (cf. vers 2000, 3700 et 4500 cal BP) et de bas niveaux lacustres. Pour expliquer ces signatures détritiques, il nous faut envisager un régime climatique différent comme une répétition d'évènements climato-météorologiques de forte intensité au sein de phases climatiques globalement plus sèches (et chaudes ?), associées à un bilan hydrique négatif ; et envisager également une action humaine sur les sols.

Par ailleurs, 14 phases de forte activité hydrosédimentaire concordent avec les maxima de débâcle glaciaire identifiées dans l'océan nord-atlantique entre 100 et 10300 cal BP (phase HR 1ab, 1fh, 3a, 3cd, 7a/b, 9g/e, 11a/e, 13ab, 17, 18, 19c, 21a/c, 24 et 26) (Figure 6). Cette relation régulière implique un lien étroit depuis l'Holocène ancien entre la circulation océanique nord-atlantique et la circulation atmosphérique sur l'Europe de l'Ouest. Comme les Alpes nord-occidentales, qui constituent le bassin amont de l'hydrosystème du Rhône, représentent la principale barrière orographique aux masses d'air qui apportent l'humidité nord-atlantique, une augmentation du régime des *Westerlies* implique celle de la pluviométrie et donc des débits liquides dans le bassin rhodanien.

La correspondance est bonne de l'Holocène ancien au Tardiglaciaire (HR 21b à 32ab), malgré le manque de robustesse du schéma paléohydrologique constitué sur le haut Rhône (pics reposant sur seulement 1 à 4 dates radiocarbone). Les épisodes 21a et 21c (7200-7650 cal BP) apparaissent synchrones d'un pic détritique majeur dans le lac du Bourget, des épisodes lacustre de Cerin et glaciaire de Misox, ainsi que d'une débâcle majeure dans l'Atlantique Nord. Cet épisode est considéré comme une des principales périodes de dégradation climatique de l'Holocène (comme le PAG, avec un temps de retour de 2300 ans), ayant fortement impacté la néolithisation de l'Europe occidentale et centrale (Berger, 2006). La phase 26 (8400-8000 cal BP) est aussi en phase avec la transgression de Joux 1, l'épisode glaciaire de Palü et une débâcle nord-atlantique. La correspondance reste bonne pour la phase 28 qui trouve un équivalent au lac du Lautrey (Jura) et à l'avancée glaciaire du Dryas récent (c. 11700-12500 cal BP). L'épisode froid intra-Bölling (IACP) est aussi identifié de manière synchrone à la transgression observée au Lautrey à la même époque. Enfin la dernière phase de forte activité hydrosédimentaire sur le haut Rhône correspond aux trois dernières périodes de haut niveau lacustre dansle lac de Lautrey, associées au Dryas ancien.

Il faut cependant évoquer l'absence, le mauvais enregistrement ou la destruction par l'hydrosystème rhodanien d'évènements bien identifiés par ailleurs comme le «8200 cal BP event» (entre HR 22 et 23) et la phase de dégradation majeure de l'Holocène moyen centrée sur 5300 cal BP (HR 17). Leur absence ou nette sous-représentation dans la chronostratigraphie régionale apparaît incohérente, compte tenu de la régularité d'apparition et de la bonne concordance des autres phases d'hydrologie abondante régionales. On peut penser, à titre d'explication, que leur matérialisation sur le terrain en nappes gravelo-caillouteuses, les rend difficile à individualiser et à dater, la profondeur d'enfouissement des nappes ne permettant pas une approche stratigraphique facilitant leur identification (formations emboîtées...).

A l'alternance des phases humides et sèches, observée depuis la fin de la période glaciaire, se rajoute une seconde tendance caractéristique de la variabilité hydroclimatique holocène, celle d'une humidification climatique régionale croissante depuis l'Holocène moyen. Cette hypothèse, en lien avec la migration vers le nord des systèmes dépressionnaires atlantiques depuis le début de l'Holocène (Rimbu *et al.*, 2003), repose en grande partie sur la baisse de l'insolation estivale de l'hémisphère nord (précession des équinoxes). L'augmentation du détritisme, qui montre une vraie rupture dans le lac du Bourget comme à l'échelle des hydrosystèmes rhodaniens et préalpins occidentaux (Figure 6) à partir de 4200 cal BP, peut être interprétée comme une réponse à cette humidification climatique (Arnaud *et al.*, 2008). Cependant, cette signature est aussi à analyser sous l'angle de l'anthropisation qui, à partir du Néolithique final 2 (Campaniforme, Fontbouisse) et plus encore de la seconde moitié du Bronze ancien 1 (c. 4050-3850 cal BP), accentue la pression sur les paysages jusque dans la montagne (exploitation métallurgique et pastorale) (Court-Picon *et al.*, 2007 ; Walsh *et al.*, sous presse).

Les oscillations hydrosédimentaires observées seraient-elles alors le reflet d'une combinaison entre ces deux forçages à différentes échelles de temps et d'espace selon le développement et l'emprise des sociétés, ou seraient-elles simplement le fruit d'une pression accrue des sociétés sur les paléo-milieux alpins et dauphinois (forçage agraire ?), qui se traduirait par une augmentation de l'érosion sur les versants et des M.E.S. dans les cours d'eau ? La généralisation des décharges sédimentaires grossières dans les lits fluviaux de rang inférieur et la possible métamorphose des principaux cours d'eau régionaux vers le tressage au cours de 6 périodes de l'Holocène récent entre 4000 et 250 cal BP (Figures 5 et 6) pourrait refléter en partie cette seconde hypothèse. Le fait qu'elles correspondent précisément aux principaux pics détritiques du lac du Bourget (Figure 6) implique que la configuration du lit du Rhône en amont de la Chautagne est un facteur influençant fortement l'enregistrement de ses crues majeures. Plus le plancher alluvial du Rhône est élevé (Qs+>Ql+) en lien avec l'érosion active à l'amont, plus le détritisme augmente dans le lac. La progradation caillouteuse précoce de la fin du Moyen Age central explique ainsi en grande partie l'explosion du détritisme à partir de 900/800 cal BP.

Cette étude apporte également des éléments nouveaux pour discuter les principales périodes de stabilité des plaines alluviales du haut Rhône. Cet aspect est souvent négligé dans les études de géomorphologie fluviale. Certaines sont particulièrement bien représentées, (1) parce qu'elles correspondent à un pic de pédogenèse et d'encaissement des lits fluviaux, (2) parce que ce pic est synchrone d'une forte diminution des processus hydrosédimentaires souvent représentée par

N° éch.	Echantillon-Site	Mat. Archéo	Envir. Dépôt	Nom Bassin Versant	Taille du BV	Matériau	réf. labo	14C/culturelle	Cal. BP 2 sig	Cal. BP 1 sig	Ref. auteur
1	rue Sgt Berthet Lyon 69009	non	C1	Saône	>1000 km2	bois	Ly-26 OXA-4406	17560±180 BP	21274-20293	20964-20463	INRAP-O.Franc
2	Boulevard Périphérique Nord Lyon 69009	non	C1	Saône	>1000 km2	coquilles	Ly-197 (OxA)	15265 ± 125 BP	18865-18126	18783-18555	INRAP-O.Franc
3	Place de Paris Lyon 69009	non	B4	Saône	>1000 km2	déb. végét.	Ly-6107	11900 ± 120 BP	14006-13461	13903-13634	INRAP-O.Franc
4	Place de Valmy Lyon 69009	non	B4	Saône	>1000 km2	déb. végét.	Ly-6544	11880 ± 120 BP	13987-13447	13877-13877	INRAP-O.Franc
5	Place de Valmy Lyon 69009	non	B4	Saône	>1000 km2	déb. végét.	Ly-6545	11600 ± 140 BP	13746-13215	13603-13310	INRAP-O.Franc
6	Varennelès-Mâcon	non	C7	Saône	>1000 km2	tourbe	Ly-849	11850±190 BP	14093-13302	13880-13467	J. Combier
7	Boulevard Périphérique Nord Lyon 69009	non	E3	Ru de Balmont	1-10 km2	charbon	Ly-196 (OxA)	11235 ± 95 BP	13277-12942	13230-13053	INRAP-O.Franc
8	Boulevard Périphérique Nord Lyon 69009	non	E6	Duchère	1-10 km2	os	OxA-6014 (Ly-237)	9510 ± 100 BP	11169-10562	11076-10608	INRAP-O.Franc
9	ZAC des Feuilly, Saint-Priest (69)	non	E6	Les Luêpes	1-10 km2	charbon	Ly-9398	8950 ± 65 BP	10239-9800	10205-9932	INRAP-O.Franc
10	ZAC de Viuz, Faverges (74)	non	E6	L'Eau Morte	10-100 km2	charbon	Ly-2453(GrA)	7860 ± 50 BP	8974-8543	8751-8586	INRAP-O.Franc
11	ZAC des Feuilly, Saint-Priest (69)	non	E6	Les Luêpes	1-10 km3	charbon	Ly-953(OxA)	7795 ± 85 BP	8973-8408	8695-8447	INRAP-O.Franc
12	57 rue Marietton Lyon 69009	non	D4	Saône	>1000 km2	charbon	Ly-3693(GrA)	7060 ± 40 BP	7965-7795	7941-7851	INRAP-O.Franc
13	Villa Montel 2 Lyon 69009	non	D4	Saône	>1000 km2	charbon	Ly-2179(OxA)	6700 ± 35 BP	7650-7494	7605-7515	INRAP-O.Franc
14	Boulevard Périphérique Nord Lyon 69009	non	E6	Duchère	1-10 km2	charbon	Ly-6810	4955 ± 115 BP	5936-5334	5886-5590	INRAP-O.Franc
15	Boulevard Périphérique Nord Lyon 69009	non	E6	Duchère	1-10 km2	charbon	Ly-279 (OxA)	4510 ± 60 BP	5435-4965	5295-5054	INRAP-O.Franc
16	Boulevard Périphérique Nord Lyon 69009	non	E6	Duchère	1-10 km2	charbon	Ly-278 (OxA)	4145 ± 65 BP	4839-4452	4820-4581	INRAP-O.Franc
17	Jean Jaurès/Père Chevrier Lyon 69007	non	A2	Rhône	>1000 km2	bois	Ly-11496	4250 ± 35 BP	4868-4651	4859-4730	INRAP-O.Franc
18	îlot du Repos/Trois Pierres Lyon 69007	non	A2	Rhône	>1000 km2	charbon	Ly-4993	3975 ± 65 BP	4785-4184	4526-4298	Bravard et al, 1997
19	rue de la Paix Villefranche-s-Saône (69)	non	A2	Le Morgon (Saône)	10-100 km2	charbon	Ly-4031(OxA)	3665 ± 35 BP	4135-3890	4080-3927	INRAP-O.Franc
20	Jaboulay/Sébastien Gryphe Lyon 69007	non	A2	Rhône	>1000 km2	déb. végét.	Ly-5951	3590 ± 80 BP	4144-3649	4065-3729	Bravard et al, 1997
21	Horand II lot V, Lyon 69009	non	E1	Ruisseau des Planches	10-100 km2	bois	Arc 93, ARC 1064	3445 ± 50 BP	3836-3581	3824-3638	O. Franc & J. Argant
22	Boulevard Périphérique Nord Lyon 69009	oui	E5	Ru de Balmont	1-10 km2	charbon	Ly-7381	3125 ± 50 BP	3448-3218	3435-3265	INRAP-O.Franc
23	Vaise (Lyon 9e) / Est Lyonnais	oui	E6	Saône	>1000 km2	céramique	Chrono-culturel	Age du Bronze	4100-2750	4100-2750	INRAP-O.Franc
24	Gerland/Debourg Lyon 69007	non	C1	Rhône	>1000 km2	déb. végét.	Ly-378 (OxA)	2150 ± 50 BP	2310-2001	2301-2058	INRAP-O.Franc
25	Grand Bazar Lyon 69002	non	C1	Rhône	>1000 km2	charbon	Ly-3694(GrA)	2115 ± 40 BP	2300-1989	2146-2009	INRAP-O.Franc
26	Vaise (Lyon 9e)	oui	E4	Saône	1-10 km2	céramique	Chrono-culturel	Ile s. AD	1850-1750	1850-1750	INRAP-O.Franc
27	Chevreul/Anvers et Salvat Lyon 69007	oui	A2	Rhône	>1000 km2	céramique	Chrono-culturel	Antiquité tardive	1650-1450	1650-1450	INRAP-C. Cécillon
28	Gerland/Jean Jaurès Lyon 69007	non	B4	Rhône	>1000 km2	lim. org.	Ly-9160	1580 ± 45 BP	1558-1371	1519-1415	INRAP-O.Franc
29	Gerland/Jean Jaurès Lyon 69007	non	B4	Rhône	>1000 km2	lim. org.	Ly-8294	1235 ± 40 BP	1267-1066	1256-1089	O. Franc & J. Argant
30	Messin (Basses Terres)	non	B4	Rhône	>1000 km2	tourbe	Gif 11842	3810 ± 40 BP	4406-4086	4283-4097	PCR Crémieu
31	Payerne (Basses Terres)	non	B4	Rhône	>1000 km2	tourbe	Gif. 11860	3970 ± 40 BP	4527-4294	4518-4410	PCR Crémieu
32	Le Molard (Basses Terres)	non	B4	Rhône	>1000 km2	tourbe	Gif. 11862	2815 ± 35 BP	3057-2797	2956-2871	PCR Crémieu
33	Le Molard (Basses Terres)	non	B2	Rhône	>1000 km2	bois	Gif.A-102036	3050 ± 70 BP	3438-3007	3360-3163	PCR Crémieu
34	Le Molard (Basses Terres)	non	B1	Rhône	>1000 km2	bois	Gif.A-102037	3310 ± 70 BP	3694-3387	3629-3464	PCR Crémieu
35	Le Molard (Basses Terres)	non	B4	Rhône	>1000 km2	charbon	Ly-3754(Gra)	2975 ± 35 BP	3319-3005	3213-3078	PCR Crémieu
36	Les Marais (Basses Terres)	non	B2	Rhône	>1000 km2	lim. org.	Gif. 11861	1305 ± 45 BP	1305-1093	1288-1182	PCR Crémieu
37	Les Marais (Basses Terres)	non	B4	Rhône	>1000 km2	bois	Gif.A-102038	1420 ± 70 BP	1515-1181	1385-1285	PCR Crémieu
38	Le Mauvais (vallée Avenières)	non	B4	Rhône	>1000 km2	tourbe	Gif. 12028	6065 ± 35 BP	7137-6797	6978-6864	PCR Crémieu
39	Bréviaire (Basses Terres)	non	B2	Rhône	>1000 km2	bois	VERA-7414	1860 ± 35 BP	1875-1714	1861-1736	Desvenain, 2000
40	Le Bouchage-Les Aymes	non	B4	Rhône	>1000 km2	tourbe	ETH-5970	1250 ± 70 BP	1297-1001	1270-1089	Jurasz,Amoros, 1991
41	Le Bouchage-Les Aymes	non	B2	Rhône	>1000 km2	bois	ETH-5971	3345 ± 75 BP	3823-3402	3682-3478	Jurasz,Amoros, 1991
42	Champagneux	non	A2	Rhône	>1000 km2	tourbe	Ly-2778	6330 ± 140 BP	7500-6897	7423-7029	Bravard, 1983
43	Champagneux	non	A2	Rhône	>1000 km2	bois	Ly-2779	8560 ± 190 BP	10159-9129	9887-9310	Bravard, 1983
44	Avenières-Grand marais	non	B4	Rhône	>1000 km2	tourbe	Ly-2851	1260 ± 170 BP	1520-798	1308-980	Bravard, 1983
45	Avenières-Grand marais	non	A2	Rhône	>1000 km2	tronc	Ly-24	5520 ± 270 BP	6933-5665	6627-5994	Bravard, 1983
46	Brégnier-cordon (Basses Terres)	non	A2	Rhône	>1000 km2	tronc	Ly-2775	1660 ± 110 BP	1820-1344	1694-1416	Bravard, 1983
47	Brégnier-cordon (Basses Terres)	non	A2	Rhône	>1000 km2	tronc	Ly-2776	1420 ± 140 BP	1686-1005	1515-1180	Bravard, 1983
48	Brégnier-cordon (Basses Terres)	non	A2	Rhône	>1000 km2	tronc	Ly-2777	1050 ± 120 BP	1256-732	1078-795	Bravard, 1983
49	Brégnier-cordon (Basses Terres)	non	A2	Rhône	>1000 km2	tronc	Gif. 11876	2345 ± 35 BP	2485-2213	2398-2330	PCR Crémieu
50	Brégnier-Cordon-Champ Collet	non	B4	Rhône	>1000 km2	bois	GIFA 40311	575±45 BP	653-523	638-537	PCR Crémieu
51	Brégnier-Cordon-Champ Collet	non	B1	Rhône	>1000 km2	déb. végét.	GIFA 40312	610±45 BP	661-540	650-553	PCR Crémieu
52	Brégnier-Cordon-Champ Collet	non	B2	Rhône	>1000 km2	bois	Ly-4281(SacA-7927)	410±35 BP	521-322	511-339	PCR Crémieu
53	Brégnier-Cordon-Champ Collet	non	B2	Rhône	>1000 km2	bois	Ly-4280(SacA-7926)	420±35 BP	528-329	514-344	PCR Crémieu
54	Le Gelot (Basses Terres)	non	B2	Rhône	>1000 km2	bois	GIFA 40315	2040±45 BP	2119-1896	2056-1932	PCR Crémieu

Tableau 4 - Base de données des dates archéologiquesd dans le Haut Rhône (partie 1).

N° éch.	Echantillon-Site	Mat. Archéo	Envir. Dépôt	Nom Bassin Versant	Taille du BV	Matériau	réf. labo	14C/culturelle	Cal. BP 2 sig	Cal. BP 1 sig	Ref. auteur
55	Le Puisat	oui	C6	Bourbre	100-1000 km2	charbon	Ly-3391(Oxa)	4160±35 BP	4829-4576	4821-4627	PCR Crémieu
56	Chamagnieu-Les Cariaux	non	D1	Bourbre	100-1000 km2	bois	Ly-3392 (Oxa)	2790±35 BP	2966-2788	2945-2852	PCR Crémieu
57	Chamagnieu-Les Cariaux	non	D1	Bourbre	100-1000 km2	bois	Ly-13230	2405±50 BP	2702-2342	2667-2350	PCR Crémieu
58	Chamagnieu-Les Cariaux	non	A3	Bourbre	100-1000 km2	bois	Ly-13231	2625±35 BP	2840-2623	2767-2738	PCR Crémieu
59	Chamagnieu-Les Cariaux	non	A3	Bourbre	100-1000 km2	graine	Ly-4171 (SacA-7917)	1915 ± 30 BP	1945-1742	1887-1825	PCR Crémieu
60	Chamagnieu-Les Cariaux	non	A3	Bourbre	100-1000 km2	graine	Ly-4272 (SacA-7918)	1910 ± 30 BP	1929-1740	1883-1824	PCR Crémieu
61	Chamagnieu-Les Cariaux	non	A3	Bourbre	100-1000 km2	bois	Ly-13233	1880±45 BP	1923-1711	1877-1739	PCR Crémieu
62	La Setive (cuvette Bourgoin)	non	D3	Bourbre	100-1000 km2	bois	Ly-13886	2810±45 BP	3061-2790	2963-2854	PCR Crémieu
63	La Setive (cuvette Bourgoin)	oui	D2	Bourbre	100-1000 km2	bois	Ly-13887	2110±50 BP	2303-1949	2146-2003	PCR Crémieu
64	La Setive (cuvette Bourgoin)	oui	A2	Bourbre	100-1000 km2	bois	Ly-13884	2470±40 BP	2713-2363	2703-2467	PCR Crémieu
65	La Setive (cuvette Bourgoin)	oui	A2	Bourbre	100-1000 km2	bois	Ly-13885	2205±50 BP	2341-2068	2309-2152	PCR Crémieu
66	La Setive (cuvette Bourgoin)	non	D3	Bourbre	100-1000 km2	bois	Ly-13889	2835±35 BP	3063-2857	2988-2878	PCR Crémieu
67	La Setive (cuvette Bourgoin)	oui	A2	Bourbre	100-1000 km2	bois	Ly-3753 (Gra)	1840±40 BP	1875-1638	1821-1723	PCR Crémieu
68	La Setive (cuvette Bourgoin)	oui	C2	Bourbre	100-1000 km2	bois	Ly-3960 (Gra)	1525±30 BP	1518-1346	1506-1355	PCR Crémieu
69	La Setive (cuvette Bourgoin)	non	A2	Bourbre	100-1000 km2	bois	Ly-3961 (Gra)	2515±30 BP	2739-2488	2721-2503	PCR Crémieu
70	Bourgoin-ZM F19	oui	C6	Bourbre	100-1000 km2	charbon	Poz-21182	4160±40 BP	4831-4571	4821-4627	INRAP-PCR Crémieu
71	Bourgoin-ZM S169	non	D1	Bourbre	100-1000 km2	bois	POZ-21119	4490±30 BP	5297-4987	5281-5050	INRAP-PCR Crémieu
72	Bourgoin-ZM S396	non	D1	Bourbre	100-1000 km2	bois	POZ-21120	1660±30 BP	1691-1422	1602-1528	INRAP-PCR Crémieu
73	Bourgoin-ZM S59/us 8b	non	D4	Bourbre	100-1000 km2	charbon	POZ-21121	460±30 BP	537-483	523-502	INRAP-PCR Crémieu
74	Bourgoin-ZM S402/Us 33	non	A1	Loudon	1-10 km2	tronc	POZ-21122	1665±30 BP	1692-1446	1604-1532	INRAP-PCR Crémieu
75	Bourgoin-ZM S15 ter	non	D3	Bourbre	100-1000 km2	charbon	POZ-21123	3155±35 BP	3450-3271	3440-3355	INRAP-PCR Crémieu
76	Bourgoin-ZM S15 bis	non	B4	Bourbre	100-1000 km2	charbon	POZ-21124	1825±30 BP	1862-1636	1813-1723	INRAP-PCR Crémieu
77	Bourgoin-ZM S15 ter/T2	oui	B4	Bourbre	100-1000 km2	bois	POZ-21126	1615±30 BP	1562-1412	1546-1418	INRAP-PCR Crémieu
78	Bourgoin-ZM S142/T1	oui	A2	Bourbre	100-1000 km2	bois	POZ-21130	1855±30 BP	1867-1717	1824-1734	INRAP-PCR Crémieu
79	Bourgoin-ZM S142/T24	oui	A2	Bourbre	100-1000 km2	charbon	POZ-21129	1570±30 BP	1529-1394	1516-1413	INRAP-PCR Crémieu
80	Bourgoin-ZM S104/P6	non	A2	Bourbre	100-1000 km2	charbon	POZ-21135	1230±35 BP	1262-1067	1237-1084	INRAP-PCR Crémieu
81	Bourgoin-ZM S142-28/29	oui	D3	Bourbre	100-1000 km3	charbon	Poz-	3755±35 BP	4235-3988	4221-4008	INRAP-PCR Crémieu
82	Bourgoin-ZM S391/1	oui	A3	Loudon	1-10 km2	bois	POZ-21135	1610±30 BP	1556-1412	1540-1418	INRAP-PCR Crémieu
83	La Verpillère-la Verné-C9	oui	C4	Bourbre	100-1000 km2	charbon	Ly-11869	2445 ± 30 BP	2701-2357	2683-2364	INRAP-O.Franc
84	La Verpillère-la Verné-C8	non	C2	Bourbre	100-1000 km2	céramique	Entre 2 dates proches	Fer 1	2750-2400	2750-2400	INRAP-O.Franc
85	La Verpillère-la Verné-C7	non	D3	Bourbre	100-1000 km2	céramique	Chrono-culturel	Fer 1récent	2533-2400	2533-2400	INRAP-O.Franc
86	La Verpillère-la Verné-C11-4	non	D3	Bourbre	100-1000 km3	céramique	Entre 2 dates proches	Fer1-2	2533-2400	2533-2400	INRAP-O.Franc
87	La Verpillère-la Verné-S57/60	oui	D3	Bourbre	100-1000 km2	céramique	Chrono-culturel	Néo Moy Bourg	6150-5750	6150-5750	INRAP-O.Franc
88	SRJ-Girondan T25 (9)	oui	C1	Girondan	10-100 km2	bois	Ly-8987	1525±50 BP	1524-1319	1513-1351	Berger in Royet et al.2001
89	SRJ-Girondan T56 (5)	oui	A1	Girondan	10-100 km2	céramique	Chrono-culturel	Républ.-augustéen	2050-1925	2050-1925	Berger in Royet et al.2001
90	SRJ-Girondan T56 (4b)	oui	A2	Girondan	10-100 km2	céramique	Chrono-culturel	Républicain	2050-1950	2050-1950	Berger in Royet et al.2001
91	SRJ-Girondan T56 (7a)	oui	A4	Girondan	10-100 km2	céramique	Entre 2 dates proches	haut-empire	1875-1800	1875-1800	Berger in Royet et al.2001
92	SRJ-Girondan T56 (7a)	oui	C6	Girondan	10-100 km2	céramique	Entre 2 dates proches	haut-empire	1875-1800	1875-1800	Berger in Royet et al.2001
93	SRJ-Girondan T56 (6a)	oui	A4	Girondan	10-100 km2	céramique	Entre 2 dates proches	Tibéro-claudien	1925-1900	1925-1900	Berger in Royet et al.2001
94	SRJ-Girondan T38	oui	A4	Girondan	10-100 km2	bois	Ly-8805	2050±40 BP	2122-1901	2095-1949	Royet 1998
95	SRJ-Girondan T56 (9b berge)	oui	C6	Girondan	10-100 km2	graine	Pa 2312	1780±35 BP	1817-1609	1774-1622	Berger in Royet et al.2002
96	SRJ-Girondan T56 (9ab lit)	oui	B5	Girondan	10-100 km2	céramique	Chrono-culturel	fin IIIe-début IVe s.	1675-1625	1675-1625	Berger in Royet et al.2002
97	SRJ-Girondan T56 (8)	oui	C1	Girondan	10-100 km2	céramique	Chrono-culturel	mi IIe s.-IIIe s.	1800-1650	1800-1650	Berger in Royet et al.2001
98	SRJ-Girondan T56 (4a)	oui	C6	Girondan	10-100 km2	céramique	Entre 2 dates proches	centre écarts-types	2211-2050	2211-2050	Berger in Royet et al.2001
99	SRJ-Girondan T56	oui	A2	Girondan	10-100 km2	céramique	Chrono-culturel	haut-empire	1900-1850	1900-1850	Berger in Royet et al.2001
100	SRJ-Girondan T56	oui	C7	Girondan	10-100 km2	céramique	Chrono-culturel	haut-empire	1850-1650	1850-1650	Berger in Royet et al.2001
101	SRJ-Girondan T2-m94,5	non	D3	Girondan	10-100 km2	lim. org.	Ly-9964	6385±45 BP	7424-7248	7414-7266	Berger in Royet et al.1998
102	SRJ-Girondan T56 (3a)	oui	C2	Girondan	10-100 km2	céramique	Chrono-culturel	Néo récent	5550-4950	5550-4950	Berger in Royet et al.2001
103	SRJ-Girondan T26	non	C2	Girondan	10-100 km2	céramique	Entre 2 dates	Fer	2700-1970	2700-1970	Berger in Royet et al.1998
104	SRJ-Girondan T26	oui	C7	Girondan	10-100 km2	céramique	Chrono-culturel	BF3B	2850-2700	2850-2700	Berger in Royet et al.1998
105	SRJ-Pont romain T5/T6	non	A2	Girondan	10-100 km2	charbon	Ly-4119(SacA-6948)	3190±35 BP	3472-3357	3443-3383	Berger, Royet inédit
106	SRJ-Pont romain T5/T6	non	A2	Girondan	10-100 km2	graine	Ly-4120(SacA-6949)	3045±45 BP	3367-3081	3336-3213	Berger, Royet inédit
107	SRJ-Pont romain T5/T6	non	C2	Girondan	10-100 km2	charbon	Ly-4117(SacA-6946)	3670±35 BP	4138-3896	4081-3928	Berger, Royet inédit
108	SRJ-T3-m300-centre marais	oui	B4	Girondan	10-100 km2	charbon	Ly-1138(Oxa)	1565±50 BP	1550-1349	1518-1409	Berger, Royet inédit
109	SRJ-Pont romain T5/T6	non	D1	Girondan	10-100 km2		Entre 2 dates proches	centre écarts-types	3898-3468	3898-3468	Berger, Royet inédit

Tableau 4 - Base de données des dates archéologiquesd dans le Haut Rhône (partie 2).

N° éch.	Echantillon-Site	Mat. Archéo	Envir. Dépôt	Nom Bassin Versant	Taille du BV	Matériau	réf. labo	14C/culturelle	Cal. BP 2 sig	Cal. BP 1 sig	Ref. auteur
110	SRJ-Pont romain T5/T6	oui	A2	Girondan	10-100 km2	charbon	Lyon 2275	1545±35 BP	1523-1359	1515-1388	Berger, Royet inédit
111	SRJ-Pont romain T5/T6	oui	C2	Girondan	10-100 km2	charbon	Ly-4118(SacA-6947)	120 ± 30 BP	23-265	11-270	Berger, Royet inédit
112	SRJ-Pont romain T5/T6	non	C2	Girondan	10-100 km2	charbon	Lyon 2272	720±35 BP	726-567	688-657	Berger, Royet inédit
113	SRJ-T4-m450-centre marais	non	C6	Girondan	10-100 km2	charbon	Gif-102 203	11780±90 BP	13810-13418	13749-13508	Berger in Royet et al.2001
114	SRJ-T3-m2-centre marais	non	C7	Girondan	10-100 km2	paléosol	Gif-11880	940±30 BP	925-791	916-797	Berger in Royet et al.2001
115	SRJ-T2-centre marais	non	C7	Girondan	10-100 km2	tourbe	LU-4494	1240±100 BP	1314-940	1269-1069	Berger in Royet et al.2001
116	SRJ-T57 nord-exutoire marais	non	A3	Girondan	10-100 km2	bois	Ly-4123(SacA-6952)	12610 ± 60 BP	15145-14474	15007-14704	Berger, Royet inédit
117	SRJ-T57bis-1,30	oui	A2	Girondan	10-100 km3	graine	Ly-4121(SacA-6950)	1875 ± 30 BP	1880-1726	1872-1741	Berger, Royet inédit
118	SRJ-T57 nord-exutoire marais	non	C2	Girondan	10-100 km2	bois	Ly-2748	3805±35 BP	4383-4085	4242-4101	Berger, Royet inédit
119	SRJ-T57 nord-exutoire marais	non	C1	Girondan	10-100 km2		entre 2 dates	centre écarts-types	2304-1903	2304-1903	Berger, Royet inédit
120	SRJ-Pont romain T5/T6	non	D1	Girondan	10-100 km2	charbon	entre 2 dates	centre écarts-types	1330-690	1330-690	Berger, Royet inédit
121	SRJ-T57 nord-exutoire marais	oui	C7	Girondan	10-100 km2	céramique	Chrono-culturel	fin haut Moyen Age	1050-950	1050-950	Berger, Royet inédit
122	Avenières-PDC	non	B4	Pissoud-Huert	10-100 km2	bois	Saca 7492	715±30 BP	720-566	682-659	Eclipse 2-F.Arnaud
123	Avenières-PDC	non	C2	Pissoud-Huert	10-100 km2	bois	Saca 7496	1580±30 BP	1535-1403	1518-1416	Eclipse 2-F.Arnaud
124	Avenières-PDC	non	C2	Pissoud-Huert	10-100 km2	bois	Saca 7495	1550±30 BP	1524-1375	1515-1397	Eclipse 2-F.Arnaud
125	Avenières-PDC	non	C6	Pissoud-Huert	10-100 km2	charbon	Saca 7488	1740±30 BP	1715-1562	1698-1614	Eclipse 2-F.Arnaud
126	Avenières-PDC	non	B2	Pissoud-Huert	10-100 km2	bois	Saca 7490	1850±30 BP	1865-1715	1822-1736	Eclipse 2-F.Arnaud
127	Avenières-PDC	non	B2	Rhône	>1000 km2	bois	Saca 7491	1935±30 BP	1949-1820	1923-1830	Eclipse 2-F.Arnaud
128	Avenières-PDC	non	B4	Pissoud-Huert	10-100 km2	bois	Saca 7494	1600±30 BP	1546-1410	1531-1417	Eclipse 2-F.Arnaud
129	Avenières-PDC	non	A3	Rhône	>1000 km2	bois	Saca 7487	2050±30 BP	2114-1931	2053-1950	Eclipse 2-F.Arnaud
130	Avenières-PDC-S7-T4	non	A3	Rhône	>1000 km2	bois	Saca 9743	1910±30BP	1929-1740	1883-1824	Eclipse 2-F.Arnaud
131	Avenières-PDC-S2/-0,80m	non	C2	Rhône	>1000 km2	charbon	Saca 9744	2075±30BP	2129-1950	2106-1996	Eclipse 2-F.Arnaud
132	Avenières-PDC-S9-T10	non	D1	Pissoud-Huert	10-100 km2	bois	Saca 9745	695±35 BP	690-561	678-570	Eclipse 2-F.Arnaud
133	Avenières-PDC	oui	A3	Rhône	>1000 km2	bois	Saca 7486	2665±30 BP	2844-2744	2784-2750	Eclipse 2-F.Arnaud
134	Cessieu-Bourbre	oui	C5	Bourbre	100-1000 km2	céramique	Chrono-culturel	BF1	3350-3200	3350-3200	PCR Crémieu
135	Cône Guiers-Aoste Prébrulé (15)	non	A1	Guiers-Bièvre	100-1000 km2	bois	Ly-4279(SacA-7925)	3695±40 BP	4149-3914	4089-3977	PCR Crémieu
136	Cône Guiers-Aoste Prébrulé (12)	non	A4	Guiers-Bièvre	100-1000 km2	bois	Ly-12675	3105±45 BP	3440-3213	3380-3265	PCR Crémieu
137	Cône Guiers-Aoste Prébrulé	non	A3	Guiers-Bièvre	100-1000 km2	bois	Ly-12118	3220±40 BP	3556-3366	3469-3391	PCR Crémieu
138	Cône Guiers-Aoste Prébrulé (28)	non	A3	Guiers-Bièvre	100-1000 km2	charbon	Ly-4278(SacA-7924)	3085±40 BP	3386-3209	3361-3263	PCR Crémieu
139	Cône Guiers-Aoste com 1 (10)	non	A1	Guiers-Bièvre	100-1000 km2	charbon	Ly-2681(GrA)	2705±35 BP	2863-2753	2844-2765	PCR Crémieu
140	Cône Guiers-Aoste com 1 (ph. 7)	oui	C1	Guiers-Bièvre	100-1000 km2	céramique	Chrono-culturel	haut-empire	1950-1750	1950-1750	PCR Crémieu
141	Cône Guiers-Aoste Prébrulé (21)	non	B3	Guiers-Bièvre	100-1000 km2	charbon	Ly-12674	2110±50 BP	2303-1949	2146-2003	PCR Crémieu
142	Cône Bièvre-sond1-ech 8	non	A1	Guiers-Bièvre	100-1000 km2	bois	Ly-13364	2495±35 BP	2735-2367	2713-2493	PCR Crémieu
143	Cône Bièvre (la ville)	oui	A1	Guiers-Bièvre	100-1000 km2	céramique	Chrono-culturel	haut-empire	1950-1850	1950-1850	PCR Crémieu
144	Cône Guiers-Aoste la Planche	oui	C7	Guiers-Bièvre	100-1000 km2	céramique	Chrono-culturel	fin haut empire-début bas empire	1750-1550	1750-1550	Inrap-S.Bleu
145	Cône Guiers-Aoste la Planche S1	oui	B1	Guiers-Bièvre	100-1000 km2	céramique	Chrono-culturel	haut-empire	1875-1825	1875-1825	Inrap-S.Bleu
146	Cône Guiers-Aoste la Planche S1	oui	A2	Guiers-Bièvre	100-1000 km2	céramique	Chrono-culturel	haut-empire	1875-1850	1875-1850	Inrap-S.Bleu
147	Cône Guiers-Aoste Rivollet	oui	A1	Guiers-Bièvre	100-1000 km2	amique incinérati	Chrono-culturel	Flavien	1875-1775	1875-1775	PCR Crémieu
148	Cône Guiers-Aoste Rivollet	oui	A1	Guiers-Bièvre	100-1000 km2	céramique	Chrono-culturel	haut-empire	1950-1890	1950-1890	PCR Crémieu
149	Cône Guiers-Aoste Rivollet	oui	C5	Guiers-Bièvre	100-1000 km2	céramique	Chrono-culturel	début bas empire	1700-1600	1700-1600	PCR Crémieu
150	Cône Guiers-Aoste com 2 (19)	oui	B2	Guiers-Bièvre	100-1000 km2	bois	Ly-4274 (SacA 7920)	215±35 BP	312-139	302-150	PCR Crémieu
151	Cône Guiers-Aoste route Belley	non	A2	Guiers-Bièvre	100-1000 km2	charbon	Ly-11640	2280±65 BP	2460-2123	2350-2159	O.Franc,INRAP
152	Rhône-Cordon gravière	non	A2	Guiers-Bièvre	>1000 km2	tronc	Gif-11876	2345±35 BP	2485-2213	2434-2330	O.Franc, PCR Crémieu
153	Cône Guiers-Aoste Malvais 604	oui	A2	Guiers-Bièvre	100-1000 km2	bois	Ly-9191	2175±30 BP	2312-2069	2302-2129	B.Helly-SRA
154	Cône Guiers-Aoste Prébrulat 305	oui	A4	Guiers-Bièvre	100-1000 km2	bois	Ly-9192	4140±35 BP	4824-4537	4813-4583	B.Helly-SRA
155	Cône Guiers-Aoste com 1	oui	A2	Guiers-Bièvre	100-1000 km2	céramique	Chrono-culturel	haut-empire	1850-1750	1850-1750	PCR Crémieu
156	Cône Guiers-Aoste com 1 (S2-US24)	oui	B4	Guiers-Bièvre	100-1000 km2	charbon	Ly-12676	420±50 BP	535-317	520-334	PCR Crémieu
157	Cône Guiers-Aoste com 2	oui	C7	Guiers-Bièvre	100-1000 km2	bois	Ly-4275(SacA-7921)	1600±30 BP	1546-1410	1531-1417	PCR Crémieu
158	Cône Guiers-Aoste com 2	oui	A2	Guiers-Bièvre	100-1000 km2	bois	Ly-4273(SacA-7919)	1680±30 BP	1692-1526	1612-1540	PCR Crémieu
159	Cône Guiers-Aoste com 2	oui	A2	Guiers-Bièvre	100-1000 km2	céramique	Chrono-culturel	fin Ier-début IIe s.	1875-1825	1875-1825	PCR Crémieu
160	Cône Guiers-Aoste com 2	oui	A2	Guiers-Bièvre	100-1000 km2	bois	Ly-13363	1945±30 BP	1980-1823	1931-1865	PCR Crémieu
161	Chasse-sur-Rhone-gare de triage	non	A1	Rhône	>1000 km2	os	Ly-630	14350±290BP	18450-16295	17759-16781	INRAP-O.Franc inédit
162	Rue Marietton-Lyon 9e	non	A1	Rhône	>1000 km2	déb. végét.	Ly-Oxa 219	12215±210 BP	14947-13692	14562-13819	Bravard et al, 1997

Tableau 4 - Base de données des dates archéologiquesd dans le Haut Rhône (partie 3).

N° éch.	Echantillon-Site	Mat. Archéo	Envir. Dépôt	Nom Bassin Versant	Taille du BV	Matériau	réf. labo	14C/culturelle	Cal. BP 2 sig	Cal. BP 1 sig	Ref. auteur
163	La Boisse-Le pré Rands	non	A4	Rhône	>1000 km2	tronc	Arc 484	9960±70 BP	11710-11234	11601-11258	Vicherd 1990
164	Meyzieu-la Rubina	non	A1	Rhône	>1000 km2	tronc	Ly-5439	9120±135 BP	10666-9894	10505-10175	Bravard 1991
165	Villeurbanne-Grand Poste	non	A1	Rhône	>1000 km2	tronc	Ly-3746	9090±150 BP	10651-9743	10502-9949	Bravard 1985
166	Villeurbanne-Grand Poste	non	A4	Rhône	>1000 km2	déb. végét.	Ly-3747	8150±150 BP	9449-8646	9399-8792	Bravard 1985
167	Rhône-Balan-Ain	non	A4	Rhône	>1000 km2	déb. végét.	Ly-3820	5580±140 BP	6672-6003	6540-6214	Bravard 1997
168	Rhône-Beynost-Ain	non	A1	Rhône	>1000 km2	tronc	Ly-6217	5655±60 BP	6617-6305	6498-6322	Bravard 1997
169	Rhône-La Boisse-Ain	non	A1	Rhône	>1000 km2	tronc	Ly-5797	5820±65 BP	6781-6468	6718-6540	Bravard 1997
170	Rhône-Pl. Terreaux-Lyon	non	A1	Rhône	>1000 km2	tronc	Ly-6311	6790±62 BP	7755-7516	7673-7588	Bravard et al, 1997
171	Rhône-Pl. Terreaux-Lyon	non	A1	Rhône	>1000 km2	tronc	Ly-6582	6690±67 BP	7665-7441	7612-7501	Bravard et al, 1997
172	Rhône-Pl. Terreaux-Lyon	non	A1	Rhône	>1000 km2	tronc	Ly-6581	6684±91 BP	7684-7426	7618-7474	Bravard et al, 1997
173	Rhône-Rue Childebert-Lyon	non	A3	Rhône	>1000 km2	tronc	Arc-768	5795±50 BP	6728-6482	6662-6535	Bravard et al, 1997
174	Rhône-Thiers parc	non	B4	Rhône	>1000 km2	bois	Ly-4994	6150±60 BP	7241-6887	7157-6983	Bravard 1997
175	Rhône-Villeurbanne-République	non	A2	Rhône	>1000 km2	bois	Ly-5371	6059±80 BP	7161-6737	7141-7131	Bravard 1997
176	Rhône-Palais de Justice	non	A1	Rhône	>1000 km2	tronc	Ly-5798	5450±70 BP	6399-6013	6314-6132	Bravard 1997
177	Rhône-La Boisse-Hirondelles	non	B3	Rhône	>1000 km2	déb. végét.	Ly-4935	4975±75 BP	5894-5596	5857-5608	JL Peiry
178	Rhône-Le Fontanil	non	A4	Rhône	>1000 km2	tronc	Gif-7253	4450±70 BP	5291-4875	5281-4967	A.Marguet
179	Rhône-Pressensé	non	A2	Rhône	>1000 km2	bois	Ly-5440	4150±110 BP	4961-4412	4828-4536	Bravard 1997
180	Rhône-Rue Childebert-Lyon	non	A1	Rhône	>1000 km2	bois	Arc 760	3770±50 BP	4347-3980	4235-4013	Bravard et al. 1997
181	Rhône-Vaulx-Michonnes	non	A1	Rhône	>1000 km2	bois	Ly-3569	3690±100 BP	4402-3725	4218-3885	R.Vilain
182	Rhône-Meyzieu-Simandres	non	A1	Rhône	>1000 km2	tronc	Ly-3327	3600±160 BP	4407-3488	4145-3693	Bravard 1997
183	Rhône-Pasteur	non	A1	Rhône	>1000 km2	tronc	Ly-5242	3600±60 BP	4085-3722	4057-3832	Bravard 1997
184	Rhône-Thil-le Bourbier	non	A2	Rhône	>1000 km2	tronc	Ly-5796	3055±60 BP	3385-3078	3358-3175	Bravard 1997
185	ilôt Charavay-Lyon Vaise	non	B4	Saône	>1000 km2	déb. végét.	Ly-7556	3060±65 BP	3436-3073	3402-3073	Bravard 1997
186	Rhône-Chevrier/St Jérôme	oui	C3	Rhône	>1000 km2	céramique	Chrono-culturel	BF1-2a	3300-3050	3300-3050	Rahatsoz et al. 1997
187	Rhône-Quartier St-Jean	oui	A1	Rhône	>1000 km2	tronc	Chrono-culturel	?	2711-2541	2711-2541	Arlaud et al. 1994
188	Rhône-Pl. Poncet-Lyon	non	A1	Rhône	>1000 km2	tronc	Arc 137	2410±55 BP	2703-2343	2677-2351	Becker et al, 1989
189	Rhône-Emeraudes	non	A4	Rhône	>1000 km2	tronc	Ly-5442	2895±75 BP	3317-2847	3159-2928	Bravard 1997
190	Rhône-Vaulx-P95-96	non	A1	Rhône	>1000 km2	tronc	Ly-3567	2570±120 BP	2919-2347	2778-2470	R.Vilain
191	Rhône-Pl. Terreaux-Lyon	non	A1	Rhône	>1000 km2	tronc	Ly-6312	2251±52 BP	2348-2148	2339-2159	Bravard et al, 1997
192	Rhône-Emeraudes	non	A3	Rhône	>1000 km2	déb. végét.	Ly-5441	2240±65 BP	2355-2063	2336-2157	Bravard 1997
193	Rhône-Niévoz	non	A3	Rhône	>1000 km2	charbon	Ly-3451	2100±140 BP	2360-1713	2305-1904	Bravard 1997
194	Talweg Vaise-Horand	oui	E7	Planches	10-100 km2	céramique	Chrono-culturel	La Tène ancien	2475-2425	2475-2425	Bellon et al. 1994
195	Rhône-Palais Grillet	oui	A4	Rhône	>1000 km2	céramique	Ly-5659	2015±150 BP	2339-1624	2296-1814	Ayala et al. 1992
196	Villeurbanne-Stalingrad	non	A1	Rhône	>1000 km2	bois	Ly-5243	860±150 BP	1063-544	921-678	Bravard 1990
197	Vaux-en-Velin-les Simandières	non	A4	Rhône	>1000 km2	tronc	Ly-3326	580±150 BP	897-296	692-471	Bravard 1984
198	Rhône-Pl. la Bourse	oui	A3	Rhône	>1000 km2	céramique	Chrono-culturel	Augustéen	1980-1935	1980-1935	Arlaud et al, 2000
199	Rhône-Lyon-République	oui	C1	Rhône	>1000 km2	céramique	Chrono-culturel	Moyen Age classique	750-650	750-650	Arlaud et al, 2000
200	Rhône-Lyon-République	oui	C2	Rhône	>1000 km2	céramique	Chrono-culturel	Moderne	450-350	450-350	Arlaud et al, 2000
201	Rhône-Lyon-République	oui	C2	Rhône	>1000 km2	céramique	Chrono-culturel	Moderne-Contemp.	250-50	250-50	Arlaud et al, 2000
202	Rhône-Pl. Terreaux-Lyon	oui	A2	Rhône	>1000 km2	céramique	Chrono-culturel	bas Moyen Age	650-450	650-450	Arlaud et al, 2000
203	Rhône-Malville-Chamboud	non	C1	Rhône	>1000 km2	charbon	Gif-6818	2470±50 BP	2714-2362	2705-2464	Archéorhône, 1986 in Salvador, 1991
204	Rhône-Malville-Chamboud	non	C1	Rhône	>1000 km2	charbon	Gif-6819	5300±100 BP	6295-5898	6192-5945	Archéorhône, 1986 in Salvador, 1991
205	Rhône-Malville-Chamboud	non	C1	Rhône	>1000 km2	charbon	Gif-6820	2270±50 BP	2352-2152	2345-2164	Archéorhône, 1986 in Salvador, 1991
206	Rhône-Malville-Chamboud	oui	C1	Rhône	>1000 km2	charbon	Gif-6821	3190±70 BP	3577-3254	3547-3342	Archéorhône, 1986 in Salvador, 1991
207	Rhône-Malville-Chamboud	oui	C1	Rhône	>1000 km2	charbon	Ly-4121	3650±170 BP	4497-3510	4231-3722	Archéorhône, 1986 in Salvador, 1991
208	Rhône-Malville-Buffières	non	B4	Rhône	>1000 km2	tourbe	Ly-4982	2440±60 BP	2710-2352	2695-2358	Archéorhône, 1986 in Salvador, 1991
209	Rhône-Malville-Les Brotteaux	oui	B2	Rhône	>1000 km2	bois	Gif-7219	3500±60 BP	3961-3633	3844-3694	Archéorhône, 1986 in Salvador, 1991
210	Rhône-Malville-Les Brotteaux	non	B2	Rhône	>1000 km2	bois	Gif-7219	1060±60 BP	1168-798	1054-927	Archéorhône, 1986 in Salvador, 1991
211	Rhône-Malville-l'Ile-sous-Quirieu	non	B3	Rhône	>1000 km2	bois	Ly-4123	850±80 BP	922-672	899-688	Archéorhône, 1986 in Salvador, 1991
212	Rhône-Malville-Pré-de-la-Cour	oui	C1	Rhône	>1000 km2	charbon	Gif-6973	3000±80 BP	3371-2960	3325-3077	Archéorhône, 1986 in Salvador, 1991
213	Rhône-Malville-Pré-de-la-Cour	oui	C1	Rhône	>1000 km2	charbon	Ly-3655	2830±130 BP	3333-2741	3139-2786	Archéorhône, 1986 in Salvador, 1991
214	Rhône-Malville-Pré-de-la-Cour	oui	C1	Rhône	>1000 km2	charbon	Ly-3656	2590±120 BP	2925-2351	2842-2487	Archéorhône, 1986 in Salvador, 1991
215	Rhône-Malville-En Pierret	oui	C1	Rhône	>1000 km2	charbon	Ly-4116	2980±100 BP	3381-2879	3323-3005	Archéorhône, 1986 in Salvador, 1991
216	Rhône-Malville-les Barlières	oui	B4	Rhône	>1000 km2	os	Ly-3774	2780±120 BP	3319-2618	3060-2759	Archéorhône, 1986 in Salvador, 1991
217	Rhône-Malville-les Barlières	oui	E2	Rhône	>1000 km2	os	Ly-3775	1710±140 BP	1925-1334	1813-1421	Archéorhône, 1986 in Salvador, 1991

Tableau 4 - Base de données des dates archéologiquesd dans le Haut Rhône (partie 4).

N° éch.	Echantillon-Site	Mat. Archéo	Envir. Dépôt	Nom Bassin Versant	Taille du BV	Matériau	réf. labo	14C/culturelle	Cal. BP 2 sig	Cal. BP 1 sig	Ref. auteur
218	Rhône-Malville-les Barlières	non	B4	Rhône	>1000 km2	bois	Ly-3776	2630±110 BP	2956-2363	2867-2499	Archéorhône, 1986 in Salvador, 1991
219	Rhône-Malville-les Barlières	non	B3	Rhône	>1000 km2	bois	Ly-3777	3340±110 BP	3854-3359	3700-3446	Archéorhône, 1986 in Salvador, 1991
220	Rhône-Malville-les Barlières	non	B4	Rhône	>1000 km2	bois	Gif-6823	2660±50 BP	2866-2720	2842-2743	Archéorhône, 1986 in Salvador, 1991
221	Rhône-Malville-les Barlières	non	B3	Rhône	>1000 km2	bois	Gif-6974	2820±60 BP	3138-2779	3056-2847	Archéorhône, 1986 in Salvador, 1991
222	Rhône-Malville-les Barlières	non	B3	Rhône	>1000 km2	bois	Gif-6975	2890±60 BP	3212-2865	3142-2930	Archéorhône, 1986 in Salvador, 1991
223	Rhône-Malville-les Barlières	non	B3	Rhône	>1000 km2	bois	Gif-6976	3340±60 BP	3718-3411	3638-3481	Archéorhône, 1986 in Salvador, 1991
224	Rhône-Malville-les Barlières	non	B4	Rhône	>1000 km2	bois	Dendrochrono		3056-3005	3056-3005	Archéorhône, 1986 in Salvador, 1991
225	Rhône-Malville-Chalépont	non	C1	Rhône	>1000 km2	bois	Gif-6822	2410±50 BP	2702-2344	2673-2351	Archéorhône, 1986 in Salvador, 1991
226	Rhône-Malville-Chalépont	non	C4	Rhône	>1000 km2	tourbe	Gif-6977	3230±60 BP	3611-3346	3554-3381	Archéorhône, 1986 in Salvador, 1991
227	Rhône-Malville-Chalépont	oui	C4	Rhône	>1000 km2	bois	Gif-6978	1910±60 BP	1988-1714	1929-1741	Archéorhône, 1986 in Salvador, 1991
228	Rhône-Malville-Chalépont	non	C4	Rhône	>1000 km2	bois	Gif-6979	2520±60 BP	2749-2365	2738-2493	Archéorhône, 1986 in Salvador, 1991
229	Rhône-Malville-Chalépont	oui	C4	Rhône	>1000 km2	bois	Gif-4118	1820±110 BP	1999-1422	1875-1615	Archéorhône, 1986 in Salvador, 1991
230	Rhône-Malville-Chalépont	oui	C4	Rhône	>1000 km2	bois	Gif-4119	1540±100 BP	1691-1286	1530-1342	Archéorhône, 1986 in Salvador, 1991
231	Rhône-Malville-Chalépont	non	C4	Rhône	>1000 km2	bois	Gif-4120	1260±110 BP	1353-939	1284-1074	Archéorhône, 1986 in Salvador, 1991
232	Rhône-Malville-Chalépont	non	C4	Rhône	>1000 km2	tourbe	Arc-377	6450±90 BP	7558-7174	7430-7278	Archéorhône, 1986 in Salvador, 1991
233	Rhône-Malville-Chalépont/Port-Bigara	non	C4	Rhône	>1000 km2	bois	Ly-4124	5970±100 BP	7156-6555	6930-6676	Archéorhône, 1986 in Salvador, 1991
234	Rhône-Malville-Chalépont/Port-Bigara	non	C4	Rhône	>1000 km2	bois	Ly-4125	9900±100 BP	11762-11156	11600-11207	Archéorhône, 1986 in Salvador, 1991
235	Parc Saint-Georges, Lyon (69005)	non	A2	Saône-Rhône	>1000 km2	bois	UL-3204	10250±130 BP	12589-11401	12353-11724	Inrap-UMR 5600 A.Vérot-Bourrély
236	Parc Saint-Georges, Lyon (69005)	non	B4	Saône-Rhône	>1000 km2	lim. org.	UL-3203	10940±130 BP	13133-12728	13000-12822	Inrap-UMR 5600 A.Vérot-Bourrély
237	Parc Saint-Georges, Lyon (69005)	non	A2	Saône-Rhône	>1000 km2	tronc	UL-3205	12250±140 BP	14803-13807	14439-13921	Inrap-UMR 5600 A.Vérot-Bourrély
238	Parc Saint-Georges, Lyon (69005)	oui	A3	Saône-Rhône	>1000 km2	bois	Ly-12977	2030±35 BP	2109-1896	2038-1928	Ayala et al, 2008
239	Parc Saint-Georges, Lyon (69005)	oui	C1	Saône-Rhône	>1000 km2	bois	Ly-12976	2110±35 BP	2295-1992	2131-2009	Ayala et al, 2008
240	îlot Clément V Lyon (69005)	non	C2	Saône-Rhône	>1000 km2	bois	Ly-5900	2200±50 BP	2339-2065	2308-2151	Inrap, O.Franc
241	îlot Clément V Lyon (69005)	oui	C1	Saône-Rhône	>1000 km2	bois	Ly-5899	2140±50 BP	2308-1995	2299-2013	Inrap, O.Franc
242	Lyon- Parc de la Bourse	oui	A4	Rhône	>1000 km2	déb. végét.	Ly-Oxa 3945	2020±60 BP	2133-1830	2043-1896	Arlaud et al, 2000
243	Lyon- Parc de la Bourse	oui	B2	Rhône	>1000 km2	céramique	Chrono-culturel	augustéen	1960-1940	1960-1940	Arlaud et al, 2000
244	Lyon- Parc de la Bourse	oui	C2	Rhône	>1000 km2	céramique	Chrono-culturel	augustéen	1960-1940	1960-1940	Arlaud et al, 2000
245	Lyon- Parc de la Bourse	oui	C1	Rhône	>1000 km2	céramique	Chrono-culturel	augustéen	1960-1940	1960-1940	Arlaud et al, 2000
246	Lyon- Parc de la Bourse	oui	C2	Rhône	>1000 km2	céramique	Chrono-culturel	Auguste/Tibère	1980-1910	1980-1910	Arlaud et al, 2000
247	Lyon- Parc de la Bourse	oui	C2	Rhône	>1000 km2	céramique	Chrono-culturel	Tibère/début Claude	1930-1905	1930-1905	Arlaud et al, 2000
248	Lyon- Parc de la Bourse	oui	C1	Rhône	>1000 km2	céramique	Chrono-culturel	claudien	1915-1905	1915-1905	Arlaud et al, 2000
249	Lyon-Palais-Grillet	oui	C2	Rhône	>1000 km2	os	Ly-5659	2015±150 BP	2339-1624	2296-1814	Ayala et al, 1992
250	Lyon-Palais-Grillet	oui	C1	Rhône	>1000 km2	céramique	Chrono-culturel	augustéen	1960-1940	1960-1940	Ayala et al, 1992
251	Lyon-Palais-Grillet	oui	C2	Rhône	>1000 km2	céramique	Chrono-culturel	Auguste/Tibère	1980-1910	1980-1910	Ayala et al, 1992
252	Lyon - métro Bellecour-A. Poncet	oui	C2	Rhône	>1000 km2	céramique	Chrono-culturel	flavien	1880-1850	1880-1850	Vérot et al, 1989
253	Lyon - parc A. Poncet	non	A2	Rhône	>1000 km2	bois	Arc 137	2410 ± 55 BP	2703-2343	2677-2351	Becker et al, 1989
254	Lyon - parc A. Poncet	oui	C1	Rhône	>1000 km2	céramique	Chrono-culturel	Ile-IIIe s.	1850-1650	1850-1650	Becker et al, 1989
255	Lyon-Opéra	oui	C1	Rhône	>1000 km2	bois	dendrochrono		1851-1852	1851-1852	Bravard et al, 1997
256	Lyon-Opéra	oui	C1	Rhône	>1000 km2	bois	Arc 525	1905±50 BP	1966-1715	1924-1742	Bravard et al, 1997
257	Lyon - parc de la République	oui	C1	Rhône	>1000 km2	céramique	Chrono-culturel	augustéen	1980-1930	1980-1930	Arlaud et al, 2000
258	Lyon - parc de la République	oui	C2	Rhône	>1000 km2	céramique	Chrono-culturel	augustéen	1960-1940	1960-1940	Arlaud et al, 2000
259	Lyon - parc de la République	oui	C1	Rhône	>1000 km2	céramique	Chrono-culturel	Tibérien	1930-1910	1930-1910	Arlaud et al, 2000
260	Lyon - parc de la République	oui	C1	Rhône	>1000 km2	céramique	Chrono-culturel	Tibérien et post	1930-1900	1930-1900	Arlaud et al, 2000
261	Lyon - parc de la République	oui	C2	Rhône	>1000 km2	céramique	Chrono-culturel	claudien-néronien	1910-1890	1910-1890	Arlaud et al, 2000
262	Lyon - parc de la République	oui	C2	Rhône	>1000 km2	céramique	Chrono-culturel	2eme moitié Ier s.	1900-1850	1900-1850	Arlaud et al, 2000
263	Lyon - parc de la République	oui	C1	Rhône	>1000 km2	céramique	Chrono-culturel	haut-empire	1850-1750	1850-1750	Arlaud et al, 2000
264	Lyon- 41-43 rue Président E. Herriot	oui	C1	Rhône	>1000 km2	céramique	Chrono-culturel	2eme moitié augustéen	1960-1940	1960-1940	Inrap, A.Vérot-Bourrély
265	Lyon- 41-43 rue Président E. Herriot	oui	C1	Rhône	>1000 km2	céramique	Chrono-culturel	claudien-néronien	1910-1880	1910-1880	Inrap, A.Vérot-Bourrély
266	Lyon - 83 rue de la République, rue Bellecordière	oui	C1	Rhône	>1000 km2	céramique	Chrono-culturel	Tibérien	1930-1910	1930-1910	Inrap, A.Vérot-Bourrély
267	Lyon - 6-8 rue Tony Tollet	oui	C2	Saône (Rhône)	>1000 km2	céramique	Chrono-culturel	augustéen précoce	1990-1970	1990-1970	Inrap, A.Vérot-Bourrély
268	Lyon - 6-8 rue Tony Tollet	oui	A2	Saône (Rhône)	>1000 km2	céramique	Chrono-culturel	augustéen	1980-1930	1980-1930	Inrap, A.Vérot-Bourrély
269	Lyon - Ilot 24, 7-11 Rue de la Monnaie	oui	C2	Saône	>1000 km2	céramique	Chrono-culturel	claudien-néronien	1920-1890	1920-1890	S.A.M. de Lyon, J.-P. Bravard
270	Lyon-Kiosque Bellecour	oui	C1	Saône / Rhône ?	>1000 km2	céramique	Chrono-culturel	haut-empire	1900-1750	1900-1750	S.A.M. de Lyon, J.-P. Bravard
271	Lyon - Fac catholiques, 25 rue du Plat	oui	C1	Saône	>1000 km2	céramique	Chrono-culturel	haut-empire	1970-1890	1970-1890	S.A.M. de Lyon, J.-P. Bravard
272	Rhône-Chevrier/Rochette	oui	C3	Rhône	>1000 km2	céramique	Chrono-culturel	Campaniforme	3030-2040	3030-2040	Cecillon et al. 2000

Tableau 4 - Base de données des dates archéologiquesd dans le Haut Rhône (partie 5).

un creux marqué sur la courbe et (3) parce qu'elle correspondent à des phases de changement des conditions climatiques sur l'Europe centro-occidentale qui se traduisent par une forte baisse du détritisme dans le lac du Bourget, par des retraits glaciaires dans les Alpes, et/ou par des régressions lacustres dans le Jura et les Alpes du Nord (HR 1e, 2ab, 4ab, 6, 10a, 12a/12c, 14b, 16, 20ab, 22, 23, et 31). La phase HR 1e correspond à un épisode de répit au sein du PAG, centré sur la fin du XVe siècle. La phase HR 2ab peut être associée au petit optimum médiéval (POM) que nos données permettent de dater entre 900 et 1250 cal BP. Il correspond à une forte diminution de l'activité fluviale sur l'ensemble du cours du Rhône (Bravard *et al.*, 1997 ; Arnaud-Fassetta et Landuré 2003 ; Berger et Brochier, 2006). HR 4ab est centré sur 1600 cal BP (le IVe siècle de notre ère). La phase HR 6 est centrée sur 2150 BP et correspond bien au maximum de retrait glaciaire dans les Alpes, de même qu'avec une longue phase de régression lacustre qui court jusqu'à 1850 cal BP (la « période chaude romaine » ou *Roman Warm Period*). La disparition des formations tourbeuses de la haute vallée du Rhône entre 1920 et 2300 cal BP est également une indication indirecte du bas niveau des aquifères fluviaux au cours de cet épisode pluriséculaire. La phase 10a est particulièrement bien enregistrée entre 2980 et 3200 cal BP et correspond à l'optimum du Bronze final, commun à l'ensemble des séries présentées. Les phases HR 14b (4520-4760 cal BP) et HR 16 (4950-5280 cal BP) montrent chacune un pic important, corroboré par la baisse simultanée du niveau des lacs et de l'extension des glaciers (contemporain du Néolithique final). La phase HR 20ab (6700-7150 cal.BP) correspond à un optimum dans les Alpes où les glaciers sont très déficitaires et à une longue phase de bas niveaux lacustres. Les phases HR 22 (7840-7930 cal.BP) et 23 (8430-9300 cal.BP) révèlent une longue stabilité des hydrosystèmes rhodaniens entre la fin du Boréal et le début de l'Atlantique ancien, correspondant toujours à des optima dans les contextes glaciaires d'altitude et les environnements lacustres. La dernière phase particulièrement nette d'évolution pédologique dans les plaines du haut Rhône (HR 31, 13300-13900 cal BP), correspond à l'épisode du Bölling, la première phase de réchauffement postglaciaire accélérée.

Conclusion

La base de données fluviale du haut bassin rhodanien permet aujourd'hui d'explorer les dynamiques spatiales et temporelles de ses cours d'eau postglaciaires et de présenter une synthèse paléohydrologique précise et polyphasée, présentant une rythmicité au cours des quinze derniers millénaires. L'histogramme de distribution des dates cumulées a déjà fait ses preuves dans d'autres contextes fluviaux européens et en contexte lacustre (Magny, 2004). Son utilisation, combinée à une analyse multicritères intégrant les environnements de dépôts et la taille des bassins versants, permet de décrire avec précision les principales métamorphoses du système fluvial, ainsi que leurs rythmes et magnitudes, et de discriminer les impacts régionaux et locaux. Dix-huit phases de forte activité hydrosédimentaire sont identifiées entre 14200 et 200 cal BP. Leur concordance avec les principaux cadres paléohydrologiques établis pour les Alpes du Nord et le Jura, les fluctuations glaciaires d'altitude dans les Alpes occidentales, et les débâcles glaciaires dans l'Atlantique Nord confirme la validité de la méthode utilisée et révèle que les milieux fluviaux nord-alpins et dauphinois sont de bons marqueurs des fluctuations hydroclimatiques postglaciaires. Dans le cadre de futures recherches, notre analyse révèle le besoin de compléter la base de données paléohydrologique pour les périodes antérieures à 7500 cal BP et de développer les études paléopédologiques dans les plaines d'inondation. Elles permettront d'affiner le cadre chronostratigraphique et spatial pour le Tardiglaciaire et l'Holocène ancien et la chronologie des périodes de répit hydrologique, favorables au développement pédologique. Le début des Âges des métaux (autour de 4300 cal BP) correspond à une rupture importante dans la relation Société-Milieu. A partir de cette période, le fonctionnement naturel de l'hydrosystème rhodanien subit un forçage anthropique discontinu dépendant de l'impact agropastoral sur les milieux amont et du développement de l'hydraulique dans les basses plaines et les cuvettes lacustro-palustres des piémonts. Cependant pour mieux répondre aux questionnements sur l'origine du détritisme alpin et préalpin, il est indispensable de développer des analyses multi-proxies intégrées, à haute résolution chronométrique (modèles âges-profondeur) dans des lacs et les paléochenaux fluviaux, permettant de discuter simultanément l'état du couvert végétal, l'intensité des pratiques agropastorales, le régime et l'intensité des flux hydriques et solides, et l'origine des sources sédimentaires.

Remerciements

Les auteurs remercient les coordinateurs du GDR JurAlp de les avoir invités à participer aux échanges sur les paléoenvironnements alpins et jurassiens holocènes lors du workshop d'Aix-en-Provence de novembre 2007, ainsi que les nombreux responsables de fouilles archéologiques dans le cadre desquelles des observations géoarchéologiques ont pu être réalisées. Cette synthèse intègre les résultats de nombreux programmes du CNRS (ZABR, Eclipse 2), du ministère de la recherche (ANR Pygmalion) et de la Culture (PCR Crémieu), ainsi que ceux de fouilles programmées (le Vernai à Saint-Romain-de-Jalionas) et préventives concentrées dans l'agglomération lyonnaise (INRAP, ville de Lyon). Elle profite aussi du développement récent du laboratoire Artémis d'Orsay qui a favorisé la multiplication des dates AMS par le biais des quotas SHS et INSU du CNRS et du laboratoire de Lyon 1.

Bibliographie

Arnaud F., Wessels M, Chapron E. Revel-Rolland M., Desmet M., 2008. Signaux terrigènes dans les grands lacs subalpins : un marqueur régional à haute résolution des conditions paléohydrologiques ?. *Collection EDYTEM*, 6, Cahiers de Paléoenvironnement, 77-88.

Arnaud F., Revel M., Chapron E., Desmet M., Tribovillard N., 2005. 7200 years of Rhône river flooding activity in Lake Bourget, France: a high-resolution sediment record of NW Alps hydrology. *The Holocene*, 15, 420-428.

Arnaud-Fassetta G., Bruneton H., Berger J.F., Beaudouin U., Boes X., Provansal M., 2005. A similar to 8,000-yr record of palaeohydrology and environmental change in fluvial-influenced sediments from Arles-Piton core, upper Rhone Delta, France. *Zeitschrift für Geomorphologie*, 49, 455-484.

Ayala G., Verot-Bourrely A., 2008. Lyon Saint-Georges (69 - 5e ardt.) : approche géo-archéologique d'un site fluvial dans l'Antiquité. *In* Archéologie et environnement dans la Méditerranée antique, études réunies par Françoise DUMASY et François QUEYREL, Genève, Droz, (Ecole pratique des hautes études, Sciences historiques et philologiques. *Hautes études du monde gréco-romain*, (42), 247-262 et pl. XVI.

Berger J.-F., 2003. La " dégradation des sols " à l'Holocène dans la moyenne vallée du Rhône : contextes morpho-climatique, paléobotanique et culturel (chap. 3 et 4). *In* : Van der Leeuw S., Favory F., Fiches J.L. (Eds), Archéologie et systèmes socio-environnementaux. Etudes multiscalaires sur la vallée du Rhône dans le programme Archaeomedes, CNRS-CRA 27, Sophia-Antipolis, 43-161.

Berger J.F., Royet R., Argant J., Forest V., 2003. Une villa gallo-romaine en milieu humide : Le Vernai à Saint Romain-de-Jalionas (Isère). *In* : Favory F., Vignot A. (Eds), Actualités de la recherche en Histoire et Archéologie agraires. Presses Universitaires de Franche-Comté Besançon, 157-172.

Berger J.-F., *et al.*, 2005. Programme Collectif de Recherche « Peuplement et Milieu en bas Dauphiné (Isle Crémieu) de l'apparition de l'agriculture à l'époque moderne », rapport intermédiaire de la triennale 2006-2008 Lyon, Ministère de la Culture et de la Communication, SRA-Rhône-Alpes, 220 p.

Berger J.-F., 2006. Sédiments, dynamique du peuplement et climat au Néolithique ancien. *In* : J. Guilaine (Eds.) : Populations néolithiques et environnements, Errance, Paris, 155-212.

Berger J.-F., Brochier J.-L., 2006. Les apports de la géoarchéologie à la connaissance des paysages et des climats de l'époque médiévale en moyenne vallée du Rhône *In* : Maufras O. (Ed.), Habitats, nécropoles et paysages dans la moyenne et basse vallée du Rhône (VIIe-XVe s.) : contributions des travaux archéologiques sur le tracé du TGV Méditerranée à l'étude des sociétés rurales médiévales. DAF98, Éditions de la MSH, Paris, 163-208.

Berger J.F., Nuninger L., Van Der Leeuw S., 2007a. Modeling the role of resilience in socio-environmental co-evolution: the Middle Rhone Valley between 1000 BC and ad 1000. *In* : Kolher T., Van der Leeuw S. (Eds), Modeling Socioecological Systems. Sarre, Santa-Fé, 41-59.

Berger J.F., Brochier J.L., Vital J., Delhon C., Thiébault S., 2007b. Nouveau regard sur la dynamique des paysages et l'occupation humaine à l'Âge du Bronze en moyenne vallée du Rhône. *In*: Richard H., Magny M., Mordant C. (Eds), Environnements et cultures à l'Âge du Bronze en Europe occidentale. Éditions du CTHS, Paris, 260-283.

Berger J.F., Bravard J.P., Brochier J.L., Franc O., Salvador P.G., Vérot-Bourrely A., sous presse. La géo-archéologie fluviale dans la vallée du Rhône (Seyssel-Donzère). Bilan de 25 ans de recherche. *In* : XXXe Colloque International de l'Association Française pour l'Etude de l'Âge du Fer Saint-Romain-en-Gal, 25-28 mai 2006.

Bond G., Kromer B., Beer J., Muscheler R., Evans M.N., Showers W., Hoffman S., Lotti-Bond R., Hajdas I., Bonani G., 2001. Persistent solar influence on North Atlantic Climate during the Holocene. *Sciences*, 294, 2130-2136.

Bravard J.-P., 1983. Une auto-capture du Rhône par déversement dans les Basses-Terres du Bas-Dauphiné (Isère, Ain). *Revue de Géographie de Lyon*, 58(4), 369-381.

Bravard J.-P., 1986 : Le Rhône du Léman à Lyon. Lyon, Ed. La Manufacture,

Bravard J.-P., Le Bot-Helly A., Helly B., Savay-Guerraz H., 1990. Le site de Vienne (38), Saint Romain (69), Sainte Colombe (69). L'évolution de la plaine alluviale, de l'Age du Fer à la fin de l'Antiquité : proposition d'interprétation. *In* : "Archéologie et Espaces", Xème Rencontres d'Archéologie et d'Histoire, Antibes, 19-21 Oct. 1989. Editions ADAPRA, Juan-les-Pins, 437-452.

Bravard J.P., Burnouf J., Vérot-Bourrely A., 1989. Géomorphologie et archéologie dans la région lyonnaise ; questions et réponses d'un dialogue interdisciplinaire. *Bulletin de la Société Préhistorique française*, 10/12, 429-440.

BRAVARD J.-P., PEIRY J.-L., GADIOLET P., 1991. La formation de la plaine alluviale holocène du Rhône à l'amont de Lyon. *Physio-Géo*, 22/23, 167-172.

BRAVARD J.P., VÉROT-BOURRELY A., SALVADOR P.G., 1992. Le climat d'après les enregistrements sédimentaires fluviatiles étudiés sur les sites archéologiques. *Les Nouvelles de l'Archéologie*, 50, 7-13.

BRAVARD J.P., VÉROT-BOURRELY A., FRANC O. ARLAUD C., 1997. Paléodynamique du site fluvial de Lyon depuis le Tardiglaciaire. *In* : J.P. Bravard J.P., Prestreau M. (Eds), Dynamique du paysage : entretiens de géoarchéologie. DARA 15, Lyon 177-201.

BRAVARD J.P., PEIRY P.G., SALVADOR P.G., 2002. La diversité des enregistrements morphosédimentaires tardiglaciaires et holocènes dans quelques vallées du piémont des Alpes du Nord (Arve, Haut-Rhône, Isère). *In* : Bravard J.P., Magny M. (Eds), Les paléoenvironnements fluviatiles et lacustres en France depuis 15 000 ans, Errance, Paris, 205-214.

BRAVARD J.P., PROVANSAL M., ARNAUD-FASSETTA G., CHABBERT S., GAYDOU P., DUFOUR S., RICHARD F., VALLETEAU S., MELUN G., PASSY P., 2008. Un atlas du paléo-environnement de la plaine alluviale du Rhône de la frontière suisse à la mer (*ce volume*).

BROCHIER J.-L., BOREL J.-L., DRUART, J.-C., 2007. Paleoenvironmental variations from 1000 BC to 1000 AD and late antiquity and medieval climatic optima on northwestern Alps piedmont at Colletière, Paladru Lake, France. *Quaternaire*, 18, 253-270.

BRUNETON H., ARNAUD-FASSETTA G., PROVANSAL M., SISTACH, D., 2001. Geomorphological evidence for fluvial change during the Roman period in the lower Rhone valley (southern France). *Catena*, 45, 287-312.

COURT-PICON M., WALSH K., MOCCI F., SEGARD M., PALET-MARTINEZ J.M., 2007. Occupation de la montagne et transformation des milieux dans les Alpes méridionales au cours de l'Âge du Bronze: approche croisée des données palynologiques et archéologiques en Champsaur et Argentiérois (Hautes-Alpes, France). *In* : Richard H., Magny M., Mordant C. (Eds), Environnements et cultures à l'Âge du Bronze en Europe occidentale, Éditions du CTHS, Paris, 89-106.

COURTY, M.A.,1998. The soil record of an exceptional event at 4000 B.P. in the Middle East. In: Natural Catastrophes during Bronze Age Civilisations. Archaeological, ecological, astronomical and cultural perspectives. B.J. Peiser, T. Palmer & M.E. Mailey (eds). BAR International Series, Oxford, England. *Archaeopress*, 728, 93-108.

EVIN J., FORTIN P., OBERLIN C., 1995. Calibration et modes de représentation des datations radiocarbone concernant le Néolithique de l'Est et du Sud-Est de la France. *In* : J.-L. Voruz dir. Chronologies néolithiques de 6000 à 2000 ans avant notre ère dans le Bassin Rhodanien. Colloque d'Ambérieu-en-Bugey, 19-20 sept.1992, Soc. Préh. Rhodanienne, Doc. Duy dépt. D'anthropologie et d'écologie de l'Univ. De Genève, 20, 31-39

FRANC O., 2005. Reconstitution paléo-environnementale à partir du contexte géomorphologique de quatre sites archéologiques de la plaine de l'Est lyonnais (Rhône, France). *Quaternaire*, 16 (2), 95-105.

FRANC O., VÉROT-BOURRELY A., BRAVARD J.P., 2007. Géographie et géo-archéologie du site de Lyon. In : Le Mer A.C., Chome C. (Eds), Lyon 69/2, Carte Archéologique de la Gaule, Pré-inventaire archéologique. Ministère de l'Education Nationale, Ministère de la Recherche, Ministère de la Culture et de la Communication, Maison des Sciences de l'Homme, Paris, 95-108.

HOLZHAUSER H., MAGNY M., ZUMBÜHL H., 2005. Glacier and lake-level variations in west-central Europe over the last 3500 years. *The Holocene*, 15 (6), 789-801.

HOLZHAUSER H., 2007. Holocene glacier fluctuations in the Swiss Alps. *In* : Richard H., Magny M., Mordant C. (Eds), Environnements et cultures à l'Âge du Bronze en Europe occidentale, Éditions du CTHS, Paris, 29-43.

JOERIN U., STOCKER T., SCHLÜCHTER C., 2006. Multicentury glacier fluctuations in the Swiss Alps during the Holocene. *The Holocene*, 16, 697-704.

JOERIN U., NICOLUSSI K., FISCHER A., STOCKER T.F., SCHLÜCHTER C., 2008. Holocene optimum events inferred from subglacial sediments at Tschierva Glacier, Eastern Swiss Alps. *Quaternary Science Reviews*, 27, 337–350.

JOHNSTONE E., MACKLIN M.G., LEWIN J., 2006. The development and application of a database of radiocarbone-dated Holocene fluvial deposits in Great Britain. *Catena*, 66, 14-23.

LE ROY LADURIE E., 2004. Histoire humaine et comparée du climat. Canicules et glaciers, XIIIe-XVIIIe s. Fayard, La Flèche, 740p.

LESPEZ L., 2007. Les dynamiques des systèmes fluviaux en Grèce du Nord au cours des 7 derniers millénaires : vers une approche multi-scalaire des interactions Nature/Société. *Géomorphologie*. Relief, processus, environnement, 1, 49-66.

MACKLIN M.G., LEWIN J., 2003. River sediments, great floods and centennial-scale Holocene climate change. *Journal of Quaternary Science*, 18, 101-105.

MAGNY M., 1995. Une histoire du climat. Des derniers mammouths au siècle de l'automobile. Errance, Paris, 176 p.

MAGNY M., 2004. Holocene climatic variability as reflected by mid-European lake-level fluctuations and its probable impact on prehistoric human settlements. *Quaternary International*, 113, 65-79.

MAGNY M., HAAS J.N., 2004. A major widespread climatic change around 5300 cal. yr BP at the time of the Alpine Iceman. *Journal of Quaternary Science*, 19, 423-430.

MAGNY M., BOSSUET G., GAUTHIER E., RICHARD H., VANNIÈRE B., BILLAUD Y., MARGUET A., MOUTHON J., 2007. Variations du climat pendant l'äge du bronze au centre-ouest de l'Europe: vers l'établissement d'une chronologie à haute résolution. *In* : Richard H., Magny M., Mordant C. (Eds), Environnements et cultures à l'Âge du Bronze en Europe occidentale, Éditions du CTHS, Paris, 13-28.

MANEN C., SABATIER P., 2003. Chronique radiocarbone de la Néolithisation en Méditerranée nord-occidentale. *Bull. de la Soc. Préh. Fr.*, tome 100, 3, 479-504.

PETIT C., CAMERLYNCK C., DEWEIRDT E., DURLET C., GARCIA J.P., GAUTHIER E., OLLIVE V., RICHARD H., WAHLEN P., 2006. Géoarchéologie du site antique de Molesme en vallée de Laigne (Côte-d'Or). Mise en évidence de l'impact anthropique sur la sédimentation alluviale. *Gallia*, 63, 263-281.

Provansal M., Berger, J.F., Bravard, J.P., Salvador, P.G, Arnaud-Fassetta G., Bruneton H., Verot-Bourrely A., 1999. Le régime du Rhône et les mutations des environnements fluviaux du lac de Genève à la mer. *Gallia*, 56, 13-32.

Richard H., Gauthier E., 2007. Bilan des données polliniques concernant l'Âge du Bronze dans le Jura et le nord des Alpes, *in*: Richard H., Magny M., Mordant C. (éd.), Actes du 129e congrès des CTHS, Besançon, avril 2004, Environnements et cultures à l'Âge du Bronze en Europe occidentale, Paris, Éditions du CTHS, 71-88.

Rimbu N., Lohmann G., Kim J.-H., Arz H.W. & Schneider R., 2003. Arctic/North Atlantic Oscillation signature in Holocene sea surface temperature trends as obtained from alkenone data. *Geophysical Research Letters*, 30, 1280-1283.

Salvador P.G., Bravard J.P., Vital J., Voruz J.L., 1993. Archaeological evidence for Holocene floodplain development in the Rhône valley, France. *Z. Geomorph N.F.*, Supp. Bd. 88, 81-95.

Salvador P.G., Berger J.F., Fontugne M., Gauthier E., 2005. Etude des enregistrements sédimentaires des paléoméandres du Rhône dans le secteur des Basses Terres (Ain, Isère, France). *Quaternaire*, 16 (4), 315-327.

Stuiver M., Reimer P.J., Bard E., Beck J.W., Burr G.S., Hughen K.A., Kromer B., McCormac F.G., Van Der Plicht J., Spurk, M., 1998. INTCAL98 radiocarbon age calibration, 24,000-0 cal BP. *Radiocarbon*, 40, 1041-1083.

Thorndycraft V.R., Benito G., 2006. Late Holocene fluvial chronology of Spain: The role of climatic variability and human impact. Catena 66, 31-41.

Van Geel B., Buurman J., Waterbolk H.T., 1996. Archaeological and palaeological indications of an abrupt climate change in the Netherlands and evidence for climatological teleconnections around 2650 BP. *Journal of Quaternary Science*, 11, 451-460.

Van Geel B., Buurman J., Waterbolk H.T., 1996. Archaeological and palaeological indications of an abrupt climate change in the Netherlands and evidence for climatological teleconnections around 2650 BP. *Journal of Quaternary Science,* 11, 451-460.

Vital J., 2005. Modalités et contexte d'évolution des formes architecturales à la fin du Néolithique et au début de l'Âge du Bronze en moyenne vallée du Rhône. *In* : CTHS (Ed.), Architectures protohistoriques en Europe occidentale du Néolithique final à l'Âge du Fer, Paris, 365-388.

Walsch K., Mocci F., Court-Picon M., Palet-Martinez J.M., Talon B., Py V., à paraître. Dynamique du peuplement et activités agropastorales durant l'Âge du Bronze dans les massifs du haut Champsaur et de la vallée de Freyssinières (Hautes-Alpes). D.A.M.

Wessels M., 1998. Late-Glacial and postglacial sediments in Lake Constance (Germany) and their palaeolimnological implications. *Arch. Hydrobiology*, Special Issues Advanced Limnology, 53, 411-449.

GRANDES SÉQUENCES
ET PRINCIPALES RUPTURES MORPHOGÉNIQUES
EN HAUTE PROVENCE

LES COMPLEXES SÉDIMENTAIRES
DES PETITS ORGANISMES TORRENTIELS
DE MOYENNE DURANCE

THE MAJOR SEQUENCES AND PRINCIPAL MORPHOGENIC RUPTURES IN HAUTE PROVENCE. SEDIMENTARY SEQUENCES OF THE MINOR TORRENTIAL SYSTEMS OF THE MIDDLE DURANCE

Cécile MIRAMONT [1], Clément BOUTTERIN [1], Olivier SIVAN [2],
Hélène BRUNETON [3], Murielle MANTRAN [4]

[1] IMEP (Institut Méditerranéen d'Ecologie et de Paléoécologie), UMR 6116 du CNRS, Bâtiment Villemin, Europôle Méditerranéen de l'Arbois, BP 80, F 13545 Aix-en-Provence cedex 04.

[2] INRAP (Institut National de Recherches Archéologiques Préventives/CEPAM, UMR 6130 du CNRS), 24 avenue de la Grande Bégude Immeuble le Mozart, F 13770 Venelles.

[3] CEREGE (Centre Européen de Recherche et d'Enseignement des Géosciences de l'Environnement), UMR 6635 du CNRS, Europôle Méditerranéen de l'Arbois, BP 80, F 13545 Aix en Provence cedex 04.

[4] INRA Antilles, Domaine Duclos, Unité Agro-Pédo-Climatologique, F 97100 Petit Bourg.

Contact : cecile.miramont@free.fr

RÉSUMÉ

Les datations radiocarbone d'une vingtaine de coupes naturelles dans les petits organismes torrentiels des Alpes du Sud mettent clairement en évidence une bi-partition dans l'évolution de la morphogenèse de la période 14 500 cal BP à aujourd'hui. De 14 500 à 7000 cal BP une sédimentation importante caractérise les zones de piémont. Les taux de sédimentation, assez faibles de 14 500 à 11 700 cal BP deviennent plus élevés de 11 700 à 9000 cal BP et très forts de 9000 à 7500 cal BP. Ces processus géomorphologiques, comme d'autres proxies paléoenvironnementales, témoignent d'une d'humidité importante. Un arrêt de la sédimentation alluviale dans les secteurs d'amont a lieu vers 7000 cal BP. Peu de données documentent la période suivante. Une phase d'incision majeure a lieu antérieurement au dépôt d'une basse terrasse caillouteuse attribuée au Petit Age Glaciaire. Globalement la période postérieure à 7000 cal BP est caractérisée par des flux hydrologiques qui permettent un transit sédimentaire vers les zones d'aval.

***MOTS-CLÉS** : TAUX DE SÉDIMENTATION, ALPES DU SUD, HOLOCÈNE, TARDIGLACIAIRE*

ABSTRACT

This article presents a synthesis of radiocarbon dates obtained on charcoals and subfossil woods in more than twenty sections in alluvial infill from little torrents in the Southern Alps. This synthesis points out that the period 14 500 - 0 cal BP is bi-partite. From 14 500 to 7000 cal BP alluvial accumulation tendency is dominant. Sedimentation rates are low from 14 500 à 11 700 cal BP, higher from 11 700 to 9000 cal BP, and highest from 9000 to 7500 cal BP. These data evidence humid conditions during the period 14 500 - 7000 cal BP. Sedimentation process stops around 7000 cal BP and the following millennia are poorly documented. An important incision occurs before (or at the beginning of) the Little Ace Age.

***KEYWORDS**: SEDIMENTATION RATE, SOUTHERN ALPS, HOLOCENE, LATE GLACIAL*

Introduction

Les changements de la morphogenèse fluviale depuis le Tardiglaciaire dans les Alpes du Sud (Figure 1) sont aujourd'hui bien connus grâce à de nombreux travaux (Jorda *et al.*, 2002 ; Miramont *et al.*, 2004 ; Sivan *et al.*, 2002, 2006). Ces recherches ont porté essentiellement sur l'étude des remblaiements alluviaux de petits bassins versants (rang 3-4) inscrits dans des terrains marneux (« terres noires » du Callovien- Oxfordien) très sensibles à l'érosion et caractérisés par des temps de réponses très courts aux fluctuations climatiques (région du Buëch, des Préalpes de Digne, de l'Ubaye). La particularité de ces accumulations sédimentaires est de contenir de nombreux lits de charbons de bois et de nombreux gisements de souches d'arbres subfossiles (*Pinus sylvestris* sp.). Les données disponibles sont issues de coupes naturelles situées à proximité immédiate des piémonts. L'objectif est ici de présenter un état des connaissances de la chronologie des enregistrements sédimentaires alluviaux. La synthèse des datations disponibles permet de calculer des taux de sédimentation et de discuter de leur variabilité au cours du Tardiglaciaire et de l'Holocène.

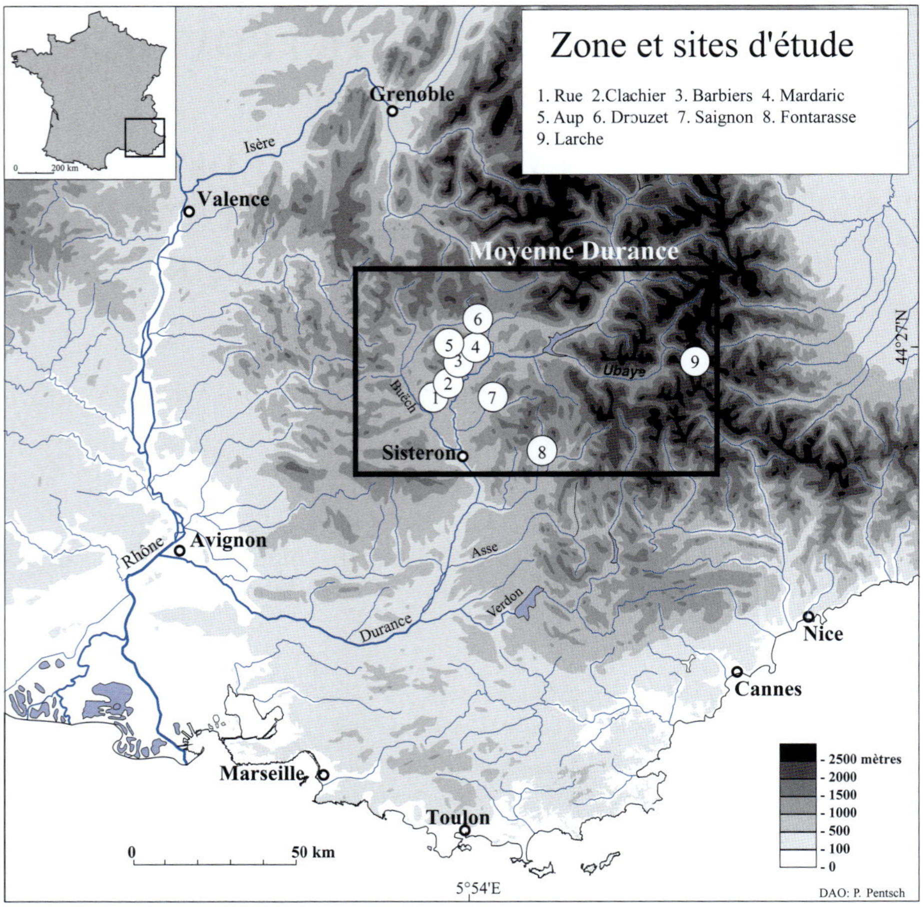

Figure 1 - Localisation des sites étudiés.

I - Sites, matériel et méthode

Vingt et une coupes bien datées appartenant à neuf bassins versants ont été sélectionnées (Figure 1). Les sites d'étude appartiennent à la région de la Moyenne Durance. Six sites sont localisés dans les Préalpes du Buëch : le bassin versant du Drouzet situé entre le massif du Dévoluy et l'unité du Ceüse-Aujour, et les bassins versants des torrents de Rue, du Clachier, des Barbiers, de l'Aup et du Mardaric développés sur le flanc méridional de la Montagne de St Genis (Figure 2). Le bassin du Saignon (vallée du Sasse) s'inscrit dans la marge orientale du bassin de Laragne. Le torrent de Fontarasse appartient aux Préalpes de Digne et le torrent de Larche est situé dans les Alpes internes de l'Ubaye. Ces bassins se développent entre 700 et 1700 mètres d'altitude. Les versants sont caractérisés par la présence de « badlands » souvent dominés par des escarpements de calcaire tithonique qui dessinent des synclinaux perchés (Montagne d'Oule et de St Genis). Des lambeaux de versants réglés, des manteaux d'éboulis cryoclastiques et de hauts glacis d'accumulation périglaciaires pléistocènes séparent les bassins versants (Figure 2). En contrebas des glacis pléistocènes se développent de vastes glacis-cônes coalescents qui constituent l'héritage alluvial post-würmien le plus remarquable dans les paysages subalpins (« *Remblaiement Postglaciaire Principal* » RPP ; Jorda, 1980). Signalons que ces remblaiements, très épais dans les bassins latéraux, n'ont jamais été retrouvés le long des organismes principaux. Enfin, un bas niveau de terrasse alluviale caillouteuse est généralement présent, emboîté de plusieurs mètres à plusieurs dizaines de mètres en contrebas du toit des RPP.

Soixante treize datations radiocarbone obtenues sur charbons et bois subfossiles et deux datations sur vestiges archéologiques pouvant permettre de caler précisément les étapes de la mise en place des remplissages alluviaux ont été retenues.

Les datations radiocarbone ont été calibrées (2 sigmas) à l'aide du logiciel Calib version 5.0.1 (Stuiver et Reimer, 1993 ; Reimer *et al.*, 2004 ; Stuiver *et al.*, 2005). Pour chaque coupe stratigraphique, les taux de sédimentation ont été calculés entre deux niveaux datés en prenant en compte le milieu de l'intervalle de calibration. L'âge du sommet (ou de la base) des remplissages a été calculé en extrapolant les taux de sédimentation (Tableau 1).

Il faut noter que les taux de sédimentation obtenus représentent des valeurs moyennes entre deux niveaux stratigraphiques mais que leur variabilité entre ces niveaux est vraisemblablement importante. Les recherches antérieures soulignent en effet le caractère discontinu de la sédimentation qui se produit par accumulation de dépôts de crue pouvant atteindre jusqu'à un mètre d'épaisseur (Sivan, 2002 ; Miramont, 1998). Néanmoins, cette méthode fournit la seule estimation possible des vitesses de dépôt. Par ailleurs, l'analyse des stratigraphies montre que, sauf exception, les niveaux alluviaux se superposent sans reprise d'incision intermédiaire ce qui autorise le calcul des taux de sédimentation sans que ne se pose le problème de lacunes d'érosion.

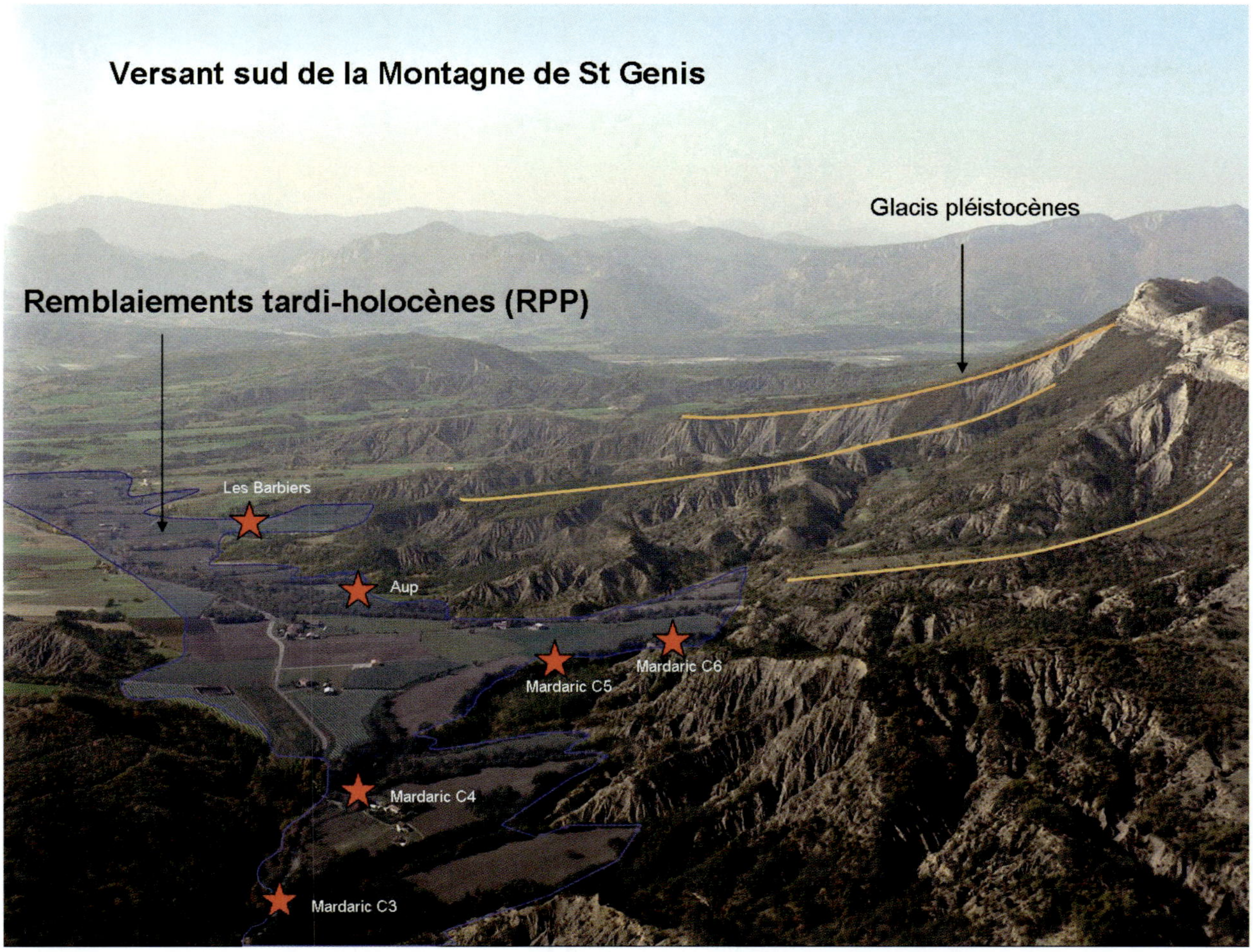

Figure 2 - Les paysages du flanc sud de la Montagne de St Genis (commune de Lazer, Hautes-Alpes).

II - RÉSULTATS : LES RYTHMES PLURI-SÉCULAIRES DE LA SÉDIMENTATION ALLUVIALE

La figure 3 présente les taux de sédimentation calculés et la figure 4 propose un schéma d'évolution des paysages depuis la fin du Pléistocène.

Depuis les 15 derniers millénaires, deux principales périodes se distinguent : la période 14 500 - 7000 cal BP durant laquelle les processus de sédimentation alluviale dominent largement, puis la période post - 7000 cal BP durant laquelle les épisodes de dépôts sont rares et où apparaissent des phénomènes d'incision linéaire majeurs.

Code Laboratoire	Date radiocarbone BP	Matériel daté	Auteur	Age étalonné 2 sigma cal BP		Age utilisé (cal. BP) *en italique : âge extrapolé*	hauteur dans la coupe (cm)	taux de sédi-mentation (cm/an) *en italique : extra-polation*
				Borne inf.	Borne sup.			
Larche								
						11743	0	
AA12300	9025+/-70	Bois (*Pinus sylvestris sp*)	Sivan (2002)	9911	10371	10141	1200	*0,7*
?	8055+/-75	Bois (*Pinus sylvestris sp*)	Sivan (2002)	8643	9235	8939	2100	0,7
AA12302	6785+/-65	Charbon	Sivan (2002)	7512	7757	7635	3500	1,1
		Tessons modernes				150	3700	0,0
Fontarasse								
?	7910+/-50	Bois	Rousset et Guiomar(1999)	8598	8978	8788	0	
LY-10081	3895+/-35	Bois (*Pinus sylvestris sp*)	Sivan (2002)	4185	4422	4304	600	0,1
Saignon Coupe 1 (La Pierre du Trou)								
AA8895	8335+/-80	Bois (*Pinus sylvestris sp*)	Miramont (1998)	9094	9517	9306	0	
AA9721	7800+/-70	Bois (*Pinus sylvestris sp*)	Miramont (1998)	8414	8948	8681	2000	3,2
AA8898	7520+/-80	Bois (*Pinus sylvestris sp*)	Miramont (1998)	8171	8506	8339	2500	1,5
						7984	3000	*1,5*
Saignon Coupe 4A (Les Prayets)								
GIF3879	8230+/-150	Bois (*Pinus sylvestris sp*)	Delibrias *et al.* (1984)	8773	9525	9149	0	
AA8897	7805+/-70	Bois (*Pinus sylvestris sp*)	Miramont (1998)	8417	8965	8691	500	1,1
GIF3877	7320+/-140	Bois (*Pinus sylvestris sp*)	Delibrias *et al.* (1984)	7869	8400	8135	700	0,4
GIF5309	1980+/-100	charbon	Delibrias *et al.* (1984)	1697	2299	*1998*	1000	0,0
Saignon Coupe 4B (Les Prayets aval))								
AA8896	8460+/-60	Bois (*Pinus sylvestris sp*)	Miramont (1998)	9313	9543	9428	0	
AA9444	8650+/-60	Bois (*Pinus sylvestris sp*)	Miramont (1998)	9522	9885	9704	0	0,0
AA9145	8275+/-60	Bois (*Pinus sylvestris sp*)	Miramont (1998)	9034	9438	9236	400	0,9
						8546	1000	*0,9*
Saignon Coupe C5/6								
AA9144	9135+/-85	Bois (*Pinus sylvestris sp*)	Miramont (1998)	10175	10551	10363	0	
AA8894	8765+/-65	Bois (*Pinus sylvestris sp*)	Miramont (1998)	9550	10131	9841	500	1,0
						9336	1000	*1,0*
Charanc								
AA10222	8290+/-70	Bois (*Pinus sylvestris sp*)	Sivan (2002)	9036	9465	9251	200	
AA10223	7685+/-70	Bois (*Pinus sylvestris sp*)	Sivan (2002)	8381	8593	8487	1300	1,4
LGQ1075	6920+/-190	Bois (*Pinus sylvestris sp*)	Rosique (1996)	7435	8155	7795	1600	0,4
AA10226	6895+/-100	Charbon (*Pinus*)	Sivan (2002)	7581	7932	7757	1900	7,8
						7685	2500	*7,8*
Drouzet								
	12503+/-29	Bois (*Pinus sylvestris sp*)	Kromer (non publié)	14280	14942	14611	0	
H25772	11800+/-29	Bois (*Pinus sylvestris sp*)	Kromer (non publié)	13557	13773	13665	150	0,2
Aup								
Poz-5101	8060 +/- 50	Charbon (*Pinus*)	Boutterin (en cours)	8730	9125	8928	0	
Sc-1786	7650 +/- 70	Bois (*Pinus sylvestris sp*)	Boutterin (en cours)	8358	8586	8472	330	0,7
Poz-5102	7570 +/- 40	Charbon (*Pinus*)	Boutterin (en cours)	8323	8430	8377	390	0,6
Poz-5104	7300 +/- 40	Tourbe	Boutterin (en cours)	8019	8180	8100	480	0,3
SC-1785	7100 +/- 70	Bois (*Pinus sylvestris sp*)	Boutterin (en cours)	7752	8043	7898	610	0,6
Poz-5105	7020 +/- 50	Charbon (*Pinus*)	Boutterin (en cours)	7734	7953	7844	1030	7,8
		Céramique sigillée	Morin (2003)				1370	0,0
Mardaric Coupe 6								
LY-10505	9550+/-60	Bois (*Pinus sylvestris sp*)	Sivan (2002)	10691	11132	10912	0	
LY-10506	9350+/-50	Bois (*Pinus sylvestris sp*)	Sivan (2002)	10419	10702	10561	600	1,7
LY-10507	9075+/-65	Bois (*Pinus sylvestris sp*)	Sivan (2002)	9956	10484	10220	1100	1,5
						9701	2000	*1,5*
Mardaric Coupe 5 (Moulin)								
AA12291	10090 +/- 75	Bois (*Pinus sylvestris sp*)	Sivan (2002)	11330	11983	11657	0	
Sc-1800	10110 +/- 80	Charbon (*Pinus*)	Boutterin (en cours)	11351	12038	11695	30	0,0
Sc-1801	9370 +/- 80	Charbon (*Pinus*)	Boutterin (en cours)	10291	11059	10675	540	0,5
AA12289	8890 +/- 55	Bois (*Pinus sylvestris sp*)	Sivan (2002)	9777	10191	9984	850	0,4
AA12290	8740 +/- 65	Bois (*Pinus sylvestris sp*)	Sivan (2002)	9544	10118	9831	1100	1,6
						9488	1400	*1,6*
Mardaric Coupe 4								
AA42665	10002+/-65	Bois (*Pinus sylvestris sp*)	Sivan (2002)	11256	11756	11506	0	
AA12293	9335+/-70	Bois (*Pinus sylvestris sp*)	Sivan (2002)	10295	10715	10505	1000	1,0
AA12292	8755+/-75	Bois (*Pinus sylvestris sp*)	Sivan (2002)	9546	10146	9846	1500	0,8
						9179	2000	*0,8*
Mardaric coupe 3								
AA12297	11965+/-100	Bois (*Pinus sylvestris sp*)	Sivan (2002)	13617	14051	13834	0	
AA12298	9625+/-75	Bois (*Pinus sylvestris sp*)	Sivan (2002)	10745	11195	10970	800	0,3
						7005	1700	*0,3*
Mardaric coupe 2								
AA12296	11820+/-90	Bois (*Pinus sylvestris sp*)	Sivan (2002)	13436	13853	13645	0	
AA12299	10115+/-90	Bois (*Pinus sylvestris sp*)	Sivan (2002)	11331	12049	11690	700	0,4
Mardaric Gardes								
AA12295	12170+/-100	Bois (*Pinus sylvestris sp*)	Sivan (2002)	13774	14399	14087	0	
Sc-1802	11630 +/- 90	Charbon (*Pinus*)	Valleteau (2006)	13295	13693	13494	200	0,3
Sc-1804	9570 +/- 110	Charbon (*Pinus*)	Valleteau (2006)	10589	11198	10894	890	0,3
Sc-1805	9000 +/- 80	Charbon (*Pinus*)	Valleteau (2006)	9792	10370	10081	1040	0,2
						8088	1400	*0,2*

Code Laboratoire	Date radiocarbone BP	Matériel daté	Auteur	Age étalonné 2 sigma cal BP		Age utilisé (cal. BP) *en italique : âge extrapolé*	hauteur dans la coupe (cm)	taux de sédi-mentation (cm/an) *en italique : extra-polation*
				Borne inf.	Borne sup.			
Mardaric Trouquet								
Poz-5617	12260 +/- 60	Charbon (*Pinus*)	Beaumont (2004)	13941	14473	14207	170	
Poz-5616	11460 +/- 60	Bois (*Pinus sylvestris sp*)	Beaumont (2004)	13207	13425	13316	520	0,4
Poz-5615	9140 +/- 50	Bois (*Pinus sylvestris sp*)	Beaumont (2004)	10220	10483	10352	700	0,1
Poz-5618	8870 +/- 50	Bois (*Pinus sylvestris sp*)	Beaumont (2004)	9745	10179	9962	800	0,3
						9257	1000	*0,3*
Poz-5614	4820 +/- 50	Charbon (*Pinus*)	Beaumont (2004)	5333	5654	5494	1000	
Coutons								
AA-12430	7620+-45	Bois (*Pinus sylvestris sp*)	Sivan (2002)	8362	8537	8450	0	
LY10508	7435+/-50	Bois (*Pinus sylvestris sp*)	Sivan (2002)	8174	8367	8271	60	0,3
AA42668	7286+/-50	Charbon	Sivan (2002)	7998	8187	8093	540	2,8
						8050	700	*2,8*
Barbiers amont								
H26070	11045+-28	Bois (*Pinus sylvestris sp*)	Kromer (non publié)	12896	13057	12977	0	
AA-12166	10605+-55	Bois (*Pinus sylvestris sp*)	Sivan (2002)	12398	12806	12602	400	1,1
AA-12429	10350+-55	Bois (*Pinus sylvestris sp*)	Sivan (2002)	11985	12565	12275	800	1,2
						12075	1000	*1,2*
Barbiers aval								
AA11543	9415+/-70	Bois (*Pinus sylvestris sp*)	Sivan (2002)	10428	11068	10748	0	
AA42667	8604+/-67	Charbon	Sivan (2002)	9474	9737	9606	700	0,6
						9442	800	*0,6*
Les Vollaires								
Sc1797	11800+/-130	Bois (*Pinus sylvestris sp*)	Boutterin *et al.* (sous presse)	13368	13927	13648	0	
?	11836+/-84	Bois (*Pinus sylvestris sp*)	Boutterin (2002)	13454	13862	13658	20	0,0
Sc1787	11620 +/- 90	Charbon (*Pinus*)	Boutterin *et al.* (sous presse)	13287	13684	13486	50	0,2
Sc1793	11440 +/- 80	Charbon (*Pinus*)	Boutterin *et al.* (sous presse)	13146	13441	13294	121	0,4
Sc1796	10270 +/- 80	Charbon (*Pinus*)	Boutterin *et al.* (sous presse)	11654	12390	12022	323	0,2
Sc1795	9990 +/- 90	Charbon (*Pinus*)	Boutterin *et al.* (sous presse)	11228	11952	11590	349	0,1
?	10024 +/- 61	Charbon (*Pinus*)	Boutterin (2002)	11267	11806	11537	460	2,1
Sc1791	7510 +/- 90	Végétaux indéterminé	Boutterin *et al.* (sous presse)	8066	8516	8291	935	0,1
Sc1790	7030 +/- 70	tourbe	Boutterin *et al.* (sous presse)	7699	7970	7835	1195	0,6
AA 42669	6390 +/- 53	Charbon (*Pinus*)	Boutterin (2002)	7179	7426	7303	1280	0,2
						5905	1500	*0,2*
Cuculianne								
						14360	0	
Gif-5315	7170+/-160	charbon	Delibrias *et al.* (1984)	11768	12951	12360	200	*0,1*
Gif-5313	10600+/-220	Bois	Delibrias *et al.* (1984)	7179	7426	7303	850	0,1
						5946	1050	*0,1*

Tableau 1 - Datations radiocarbone et dates archéologiques dans les sites étudiés.

1 - La variabilité des taux de sédimentation au cours du Remblaiement Postglaciaire Principal (14500 - 7000 cal BP)

La période 14500 - 7000 cal BP enregistre plusieurs épisodes de sédimentation alluviale dont l'enchaînement global est à l'origine du «*Remblaiement Postglaciaire Principal*». Trois principaux épisodes se distinguent :

De 14500 à 11700 cal BP. Les nombreuses datations obtenues à la base des stratigraphies, au contact avec le substratum rocheux, montrent que la sédimentation démarre dès 14500 cal BP dans les parties aval des bassins versants. Les taux de sédimentation sont assez faibles (inférieurs à 0,5 cm / an). Les dépôts correspondent à des séquences sédimentaires limoneuses peu épaisses témoignant d'apports réguliers dans des fonds de vallons engorgés par des écoulements mal organisés. Seul le torrent des Barbiers connaît un épisode sédimentaire important entre 12300 et 12800 cal BP. Ces dépôts contiennent des souches d'arbres fossilisées (*Pinus sylvestris* sp), en formation assez dense, qui constituent les vestiges de la reconquête végétale tardiglaciaire. L'analyse dendrochronologique des séquences de cernes atteste de conditions de croissance difficiles liées sans doute à l'instabilité et au mauvais drainage des fonds alluviaux (Sivan *et al.*, 2006). Le démarrage de la sédimentation est, vraisemblablement, la conséquence de l'ouverture progressive des *impluvium* torrentiels sur les versants.

De 11700 à 9000 cal BP. Les taux de sédimentation deviennent assez élevés (entre 0,5 et 1,5 cm / an) dans la majorité des bassins versants (Barbiers, Mardaric, Saignon, Larche). Ceci peut résulter de la formation, dans les têtes de bassins, d'une arborescence de petits chenaux qui favorisent une augmentation de l'activité érosive de manière exponentielle.

De 9000 à 7500 cal BP. Les taux de sédimentation atteignent leurs maximums (supérieurs à 2 ou 4 cm / an). La sédimentation a lieu essentiellement à proximité des versants. Les caractéristiques colluvio-alluviales des dépôts (bouillies de calcschistes) traduisent l'importance de l'activité érosive sur les versants. Les écoulements ne sont pas suffisants pour évacuer le matériel vers l'aval. Les travaux antérieurs ont montré que la sédimentation se réalise de manière rétrogradante, diachronique depuis l'aval vers l'amont (Miramont *et al.*, 2004). Cette évolution est vraisemblablement associée à la poursuite de l'extension des bassins de réception sur les versants.

2 - Postérieurement à 7000 cal BP

La sédimentation s'arrête dans l'ensemble des bassins. Localement, des sols bruns forestiers se développent. Ils sont attribués à « l'optimum bioclimatique » de l'Atlantique (Jorda *et al.*, 2002). Dans leur partie aval, deux bassins enregistrent une reprise d'incision linéaire (torrent du Mardaric - coupe du Trouquet et torrent du Charanc) et un nouvel épisode de sédimentation intervient aux environs de 5599-5700 cal BP. Mais dans les autres bassins, aucun indice d'une dynamique similaire n'a été trouvé. Dans les torrents de l'Aup et du Saignon, des vestiges gallo-romains coiffent en concordance les dépôts datés entre 8000 et

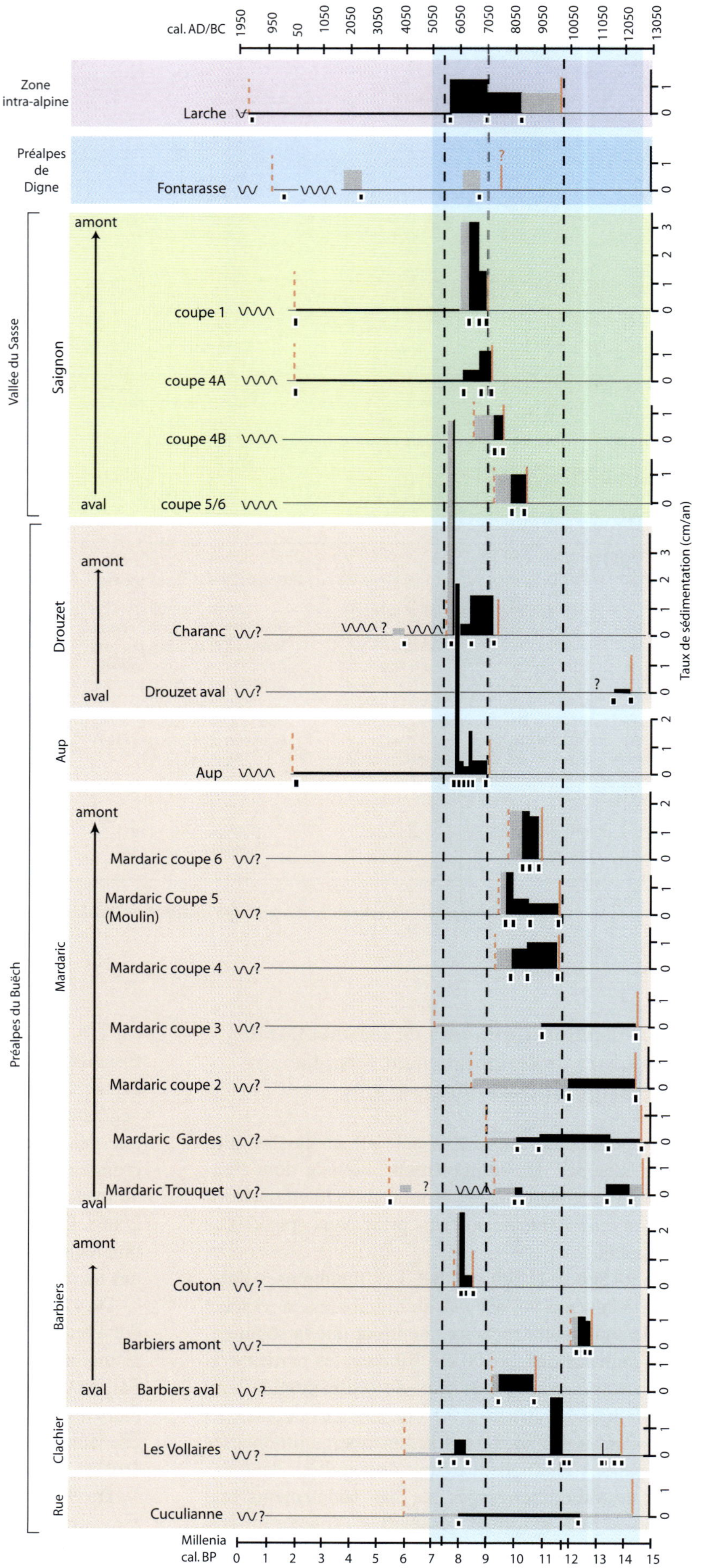

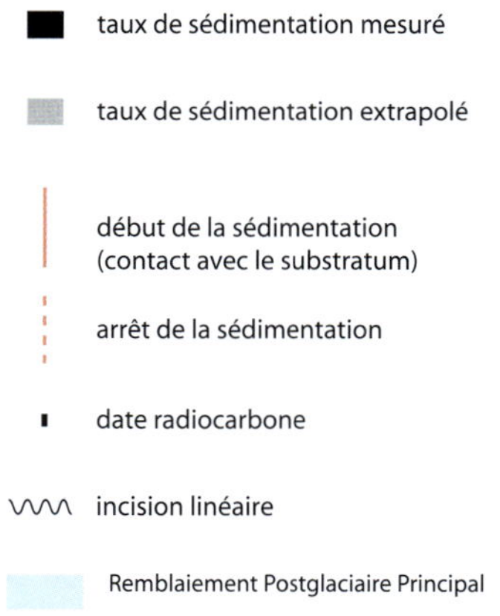

Figure 3 - Taux de sédimentation verticaux dans les bassins versants étudiés.

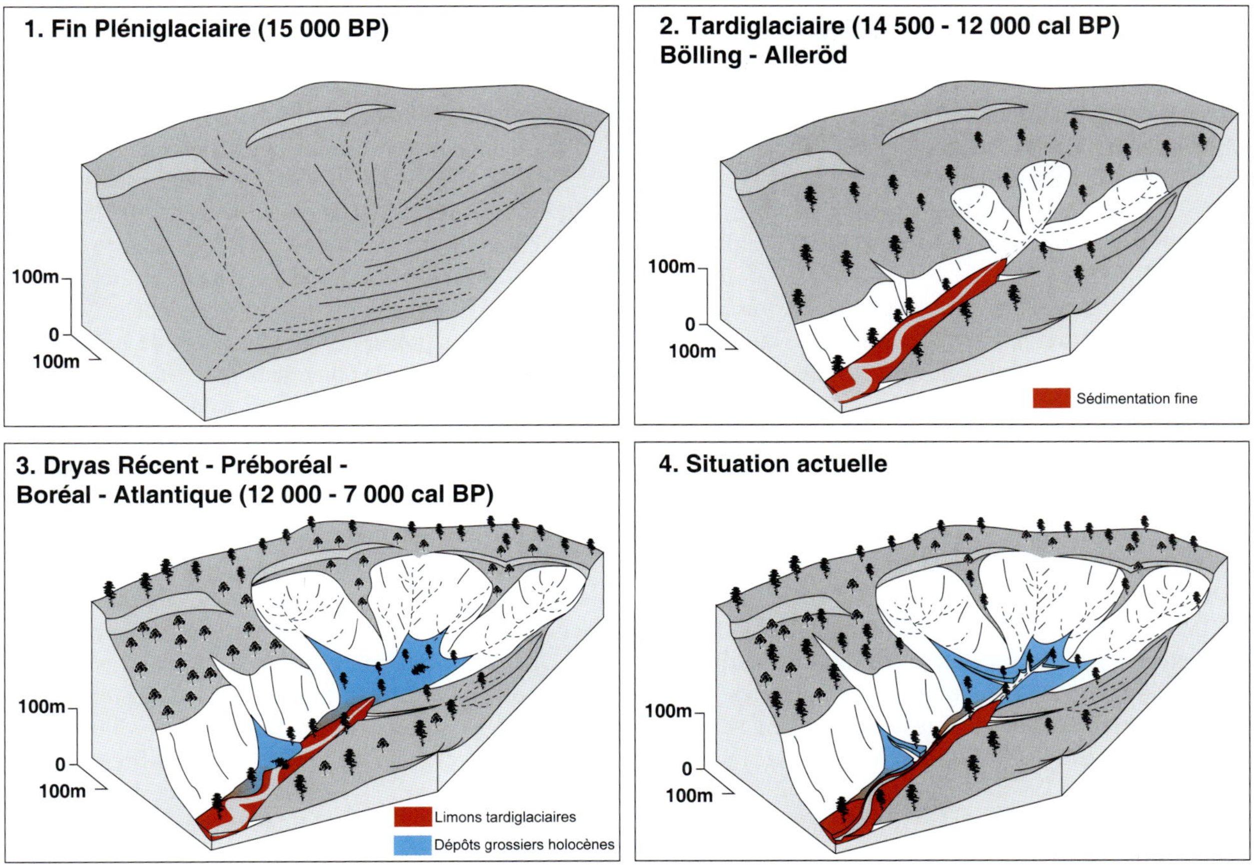

Figure 4 - Scénario d'évolution des bassins versants depuis la fin du Pléniglaciaire.

7500 cal BP. Seuls les torrents des Préalpes de Digne (torrent de Fontarasse, Figure 3.) et quelques torrents dans la vallée de l'Ubaye ou de la Bléone (Jorda *et al.*, 2002) présentent un enregistrement sédimentaire vers 4300 cal BP.

Une phase d'incision majeure sépare la fin de la mise en place des RPP d'une basse terrasse caillouteuse étagée ou emboîtée de plusieurs mètres en contrebas. Cette phase d'incision est la conséquence d'une concentration des écoulements dans un chenal unique et d'une diminution radicale du rapport charge solide / débit liquide. Le démarrage de cette incision est difficile à caler chronologiquement d'autant plus qu'il est possible qu'elle soit diachronique au sein d'un même bassin versant. La présence de vestiges néolithiques (Morin, 2003) et gallo-romains au sommet des coupes à proximité des talwegs actuels (bassin du Saignon et bassin de l'Aup) suggère qu'elle s'est développée postérieurement à l'Antiquité, même si les processus de concentration des écoulements ont pu s'amorcer plus tôt. Plus au Sud, dans le massif du Luberon où un schéma d'évolution morphodynamique similaire a été étudié, cette phase d'incision majeure est datée entre les XIIIe et XVIIe siècles (Ollivier, 2006).

La terrasse inférieure, caillouteuse, domine de 0,5 à 2 mètres le fond des talwegs actuels. Elle constitue souvent le lit d'inondation exceptionnel des torrents. Son faciès caillouteux très grossier contraste avec les dépôts à dominante limoneuse des RPP. Elle contient peu d'éléments de datation hormis quelques morceaux de tuiles et tessons de céramique très récents (XIX - XXe siècles). Elle est attribuée à la fin du Petit Age Glaciaire. Ce dépôt précède une reprise d'incision généralisée des talwegs qui intervient depuis le début du XXe siècle à la suite des reboisements spontanés et artificiel (plantations ONF) des pentes et aux changements des volumes et des régimes de précipitation depuis la fin du Petit Age Glaciaire.

3 - Interprétation

L'histoire de la morphogenèse dans les Alpes du Sud depuis la fin du Pléistocène apparaît ainsi bi-partite. Durant la période 14 500 - 7000 cal BP, les processus de sédimentation dominent très largement favorisant le stockage du matériel érodé dans les organismes torrentiels de petite taille. Les estimations des budgets sédimentaires montrent que les RPP constituent 50 à 75 % du matériel érodé sur les versants (Beaumont, 2004 ; Mantran, 2006). Au cours des millénaires suivants, les enregistrements sédimentaires sont généralement absents dans les bassins versants étudiés. Le matériel érodé sur les versants transite vers l'aval, grâce à des écoulements plus compétents, dans des cours d'eau vraisemblablement plus chenalisés. Dans les zones aval, lorsque les conditions topographiques l'ont permis (barrage morainique, présence d'une dépression d'origine glaciaire ou fluvio-glaciaire), des processus de sédimentation ont pu localement avoir lieu. C'est le cas dans la partie aval du bassin du Mardaric ou dans la dépression de Lazer (Boutterin *et al.*, 2005). Mantran (2006) montre que ces flux représentent 46,5 % des volumes érodés au cours de l'ensemble de l'Holocène (Figure 5).

Trois paramètres peuvent expliquer la variabilité de la sédimentation passée : la variabilité naturelle du climat (volumes et régimes pluviométriques), les conséquences des aménagements fluviaux et des modes de mise en valeur des versants (impacts sur la végétation), et les changements des paramètres géomorphologiques internes au bassin qui influencent les modalités des cycles de sédimentation/érosion.

Les forts taux d'accumulation sédimentaire enregistrés lors de la période 14 500 - 7000 cal BP peuvent être associés à des conditions d'humidité importante, ce dont témoigne la végétation des lacs et tourbières à l'échelle régionale (Muller *et al.*, soumis), les hauts niveaux des lacs méditerranéens et du nord de l'Afrique (Bruneton *et al.*, 2001 ; Magny *et al.*, 2002) et l'évolution du couvert végétal (Jalut, 2005). Dans certains bassins, les faciès sédimentaires évoquent une occurrence élevée d'épisodes de précipitations de type orageux. Il faut noter un bon synchronisme entre les épisodes de forte sédimentation qui ponctuent les premiers millénaires de l'Holocène et certains changements climatiques majeurs reconnus par ailleurs. C'est le cas en particulier pour l'événement de 8200 cal BP (Alley *et al.*, 1997) qui est synchrone des plus forts taux de sédimentation enregistrés au cours de l'Holocène.

L'arrêt des processus de versants et de la sédimentation alluviale sur les piémonts post 7000 cal BP peut être interprété par une diminution de l'humidité et / ou un changement des régimes pluviométriques. Les précipitations permettent aux écoulements, dorénavant concentrés dans un chenal étroit, de s'encaisser dans les dépôts du RPP qui engraissaient la base des versants.

Au cours des millénaires suivants, les nappes caillouteuses localisées dans les zones d'aval semblent témoigner de régimes pluviométriques plus agressifs.

Une des principales ruptures morphodynamiques (arrêt de la sédimentation post 7000 cal BP) intervient au moment où les sociétés néolithiques s'implantent régionalement (Morin, 2003). S'il est difficile d'imaginer un impact de ces sociétés sur les régimes des cours d'eau, on peut noter que les hommes du Cardial au Chasséen s'installent sur les surfaces planes des sommets des RPP, profitant ainsi de nouveaux territoires à proximité de rivière qui ne débordent plus.

En revanche, si on admet que la phase d'incision verticale majeure qui aboutit à la mise en terrasse des dépôts du RPP intervient, comme dans le Luberon, au cours de l'époque Moderne, on peut se poser la question du rôle des défrichements et de la mise en valeur intensive des pentes sur l'équilibre hydrodynamique des cours d'eau. Il n'est pas exclu qu'une chenalisation des cours d'eau sur leur cône de déjection ait eu pour conséquence leur enfoncement rapide et définitif dans les dépôts antérieurs.

Enfin, il faut évoquer le rôle, souvent négligé, des paramètres géomorphologiques internes au système fluvial. Il est possible que l'ouverture progressive des *impluviums*

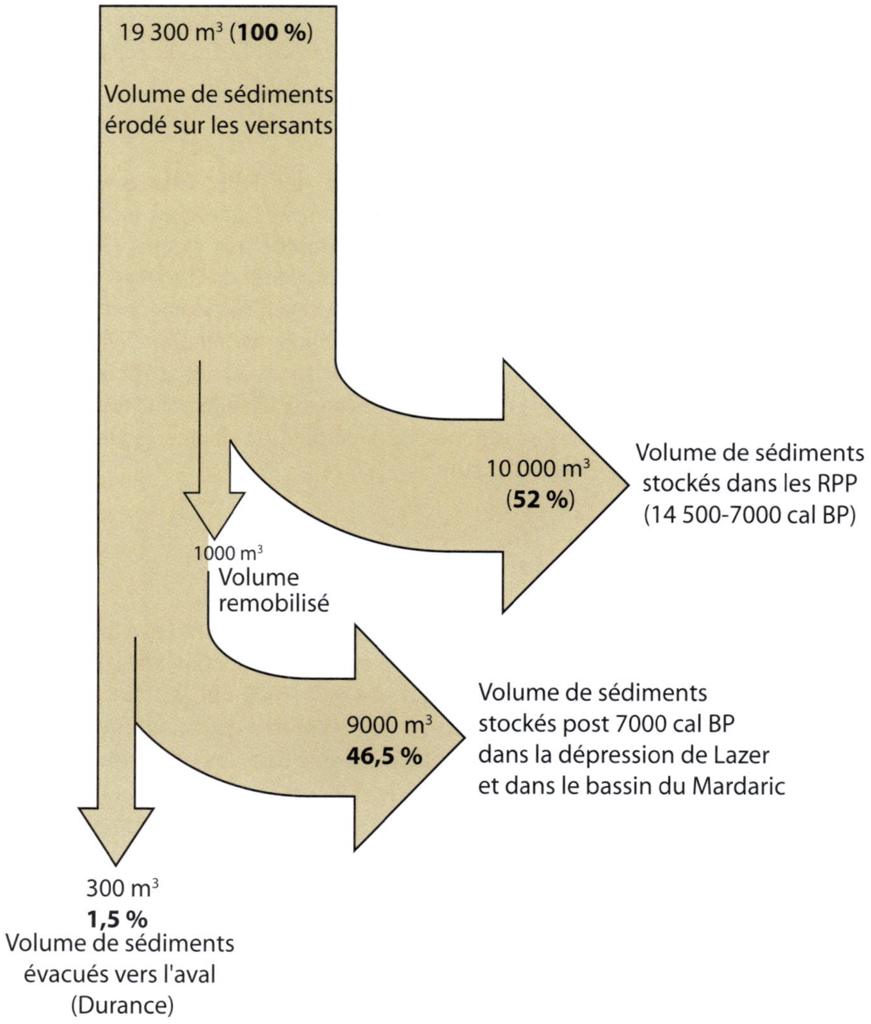

Figure 5 - Bilan sédimentaire dans le torrent du Mardaric d'après Mantran (2006).

torrentiels sur les versants au cours des premiers millénaires de l'Holocène provoque le franchissement d'un seuil dans les dynamiques hydro-sédimentaires : lorsque la taille du bassin de réception est suffisante, les flux hydriques vont acquérir la compétence nécessaire à l'évacuation vers l'aval du matériel érodé sur les versants. Dès lors que les eaux sont chenalisées dans les talwegs, avec un espace de liberté réduit, les processus d'aggradation de la plaine alluviale deviennent difficiles voire impossibles.

CONCLUSION

Le calcul des variations des taux de sédimentation dans plus d'une vingtaine de coupes met clairement en évidence une bi-partition de la période 14500 cal BP à aujourd'hui. De 14500 à 7000 cal BP, une sédimentation importante caractérise les zones de piémont. Les taux de sédimentation, assez faibles de 14500 à 11700 cal BP deviennent plus élevés de 11700 à 9000 cal BP et très forts de 9000 à 7500 cal BP. Cette évolution traduit une augmentation des processus d'érosion sur les versants et de flux hydriques incapables d'évacuer le matériel érodé. Ces processus géomorphologiques, comme d'autres proxies paléoenvironnementales, témoignent d'un contexte d'humidité importante. Un arrêt de la sédimentation alluviale dans les secteurs d'amont a lieu vers 7000 cal BP. Les millénaires postérieurs sont encore mal documentés. Localement des nappes alluviales apparaissent dans les secteurs d'aval. Une phase d'incision majeure, mal datée, a lieu antérieurement au dépôt d'une basse terrasse caillouteuse attribuée au Petit Age Glaciaire Globalement la période postérieure à 7000 cal BP est caractérisée par des flux hydrologiques qui permettent un transit sédimentaire vers les zones d'aval.

Pour compléter la chronologie, les travaux de recherche doivent à l'avenir s'efforcer de mieux percevoir les dynamiques sédimentaires en aval des sites étudiés dans des secteurs où la conservation de dépôts postérieurs à la période 7000 cal BP a pu être possible. Par ailleurs, il est nécessaire de poursuivre les efforts de quantification des volumes de matériel érodé/sédimenté au cours de l'Holocène. Enfin, la richesse en archives paléoenvironnementales des RPP (arbres subfossiles *in situ*, lits de charbons de bois) permettra d'affiner la chronologie de l'évolution des paysages passés et d'avancer de nouvelles pistes de réflexions sur les facteurs responsables de l'évolution (rôle des feux en particulier).

Remerciements

Les auteurs remercient chaleureusement B. Kromer et S. Talamo d'avoir mis à leur disposition des datations radiocarbone encore non publiées.

BIBLIOGRAPHIE

ALLEY R.B., MAYEWSKI P.A., SOWERS T., STUIVER M., TAYLOR K.C., CLARK P.U., 1997. Holocene climatic instability: a prominent, widespread event 8200 yr ago. *Geology*, 25, 483-486.

BEAUMONT L., 2004. Fonctionnement d'un petit hydrosystème des Alpes du Sud au cours du Postglaciaire (le Mardaric). Mémoire de Maitrise, Université d'Aix-Marseille I.

BOUTTERIN C., 2002. Le facteur feu dans la morphogenèse postglaciaire des Alpes du Sud : le versant Sud de la montagne de Saint-Genis. Mémoire de Maîtrise, Université d'Aix-Marseille I.

BOUTTERIN C., MIRAMONT C., MULLER S.D. VALLETEAU S., EDOUARD J.-L. sous-presse. Le rôle du feu dans l'histoire des paysages sudalpins de moyenne montagne entre 12000 et 7000 ans BP. Approche méthodologique. *In* Galop D. (dir.), Paysages et Environnement. De la reconstitution du passé aux modèles prospectifs. Besançon, Presses universitaires de Franche-Comté, 2008, (*Annales Littéraires* ; série « Environnement, sociétés et archéologie »).

BOUTTERIN C., MIRAMONT C., MULLER S.D., EDOUARD J.-L. 2005. Le rôle du feu dans l'histoire des paysages méditerranéens sud-alpins de moyenne montagne. Exemple de la dépression de Lazer. *In* L'érosion entre société, climat et paléoenvironnement, table ronde en l'honneur du Professeur René Neboit-Guilhot, Clermont Ferrand, mars 2004, Presse Universitaires Blaise Pascal, coll. Nature & Sociétés, 393-400.

BRUNETON H., MIRAMONT C., ANDRIEU V., 2001. Deux enregistrements morphosédimentaires des rythmes climatiques en domaine méditerranéen du Tardiglaciaire à l'Atlantique (bassin du Saignon - Alpes du Sud, Marais des Baux - Basse Provence). *Quaternaire*, 12, 1-2, 10-125.

DELIBRIAS G., GABERT J., JORDA M., 1984. Données nouvelles sur la chronostratigraphie et l'évolution paléomorphologique postglaciaire des Alpes du Sud (Moyenne Durance). *Comptes Rendus de l'Académie des Science.*, 299, II, 263-266.

JALUT G., 2005. Le climat, la végétation et l'homme en Méditerranée à l'Holocène. In Guilaine J. (dir). Populations néolithiques et environnements. Errance, 213-240.

JORDA M., MIRAMONT C., ROSIQUE T., SIVAN O. 2002. Evolution de l'hydrosystème durancien (Alpes du Sud, France) depuis la fin du Pléniglaciaire supérieur. *In* Bravard J.-P. et Magny M. (dir.), Histoire des rivières et des lacs de Lascaux à nos jours. Errance, Paris, 239-249.

JORDA, M., 1980. Morphogénèse et évolution des paysages dans les Alpes de Haute-Provence depuis le Tardiglaciaire. Facteurs naturels et facteurs anthropiques, *Bull. A.G.F.* 472, 295-304.

MAGNY M., 2006. Holocene climate variability as reflectedby mid-European lake-level fluctuations andits probable impact on prehistoric human settlements. *Quaternary International*, 113, 65–79.

MAGNY M., MIRAMONT C., SIVAN O., 2002. Assessment of the impact of climate and anthropogenic factors on Holocene Mediterranean vegetation in Europe on the basis of palaeohydrological records. *Palaeogeography Palaeoclimatology, Palaeoecology*, 186, 47-59.

MANTRAN M., 2006. Spatialisation et modélisation des volumes sédimentaires dans le bassin versant du Mardaric, Hautes Alpes. Mémoire de Master 1, Université d'Aix-Marseille I.

MIRAMONT C., ROSIQUE T., SIVAN O., EDOUARD J.L., MAGNIN F., TALON B. 2004. Le cycle de sédimentation "postglaciaire principal" des bassins marneux sub-alpins : état des lieux. *Méditerranée*, 71-84.

MIRAMONT, C., 1998. Morphogénèse, activité érosive et détritisme alluvial holocènes dans le bassin de la moyenne Durance. Thèse, Université d'Aix-Marseille I.

MORIN A., 2003. Prospection thématique néolithique pluriannauelle 2001-2003 dans la vallée du Buëch et les Baronnies orientales : vallée du Céans et Laragnais (Hautes-Alpes). Rapport scientifique 2001-2003. Service Régional de l'Archéologie, DRAC PACA, Aix-en-Provence, 491 p.

MULLER S.D., NAKAGAWA T., BEAULIEU J.-L. DE, COURT-PICON,M., CARCAILLET C., MIRAMONT C., ROIRON P., BOUTTERIN C., ALI A.A., BRUNETON H., 2007. Postglacial migration of silver fir (Abies alba Mill.) in the southwestern Alps. *Journal of Biogeography*, 34, 876-899.

MULLER S., MIRAMONT C., COURT-PICON M., DE BEAULIEU J.-L., BRUNETON H., BOUTTERIN C., SCHEVIN P., soumis. Past dynamics of wetland plant communities in the central French Alps : biogeographical and paleoclimatic implications. *Journal of vegetation Science*.

OLLIVIER V., 2006. Continuités, instabilités et ruptures morphogéniques en Provence depuis la dernière glaciation. Travertinisation, détritisme et incisions sur le piémont sud du Grand Luberon (Vaucluse, France). Relations avec les changements climatiques et l'anthropisation, Thèse, Université de Provence.

REIMER P.J., BAILLIE M.G.L., BARD E., BAYLISS A., BECK J.W., BERTRAND C., BLACKWELL P.G., BUCK C.E., BURR G., CUTLER K.B., DAMON P.E., EDWARDS R.L., FAIRBANKS R.G., FRIEDRICH M., GUILDERSON T.P., HUGHEN K.A., KROMER B., MCCORMAC F.G., MANNING S., BRONK RAMSEY C., REIMER R.W., REMMELE S., SOUTHON J.R., STUIVER M., TALAMO S., TAYLOR F.W., VAN DER PLICHT J., WEYHENMEYER C.E., 2004. IntCal04 Terrestrial Radiocarbon Age Calibration. *Radiocarbon*, 46, 1029-1058.

ROSIQUE T., 1996. Morphogenèse et évolution des paléoenvironnements alpins de la fin des temps glaciaires au début de l'Holocène. Thèse de Doctorat, Université d'Aix-Marseille-1, 288 p.

ROUSSET C., GUIOMAR M., 1999. Le début de la torrentialité dans le bassin versant de la Fontarasse, près de Barles (Alpes-de-Haute-Provence, France), marqueur d'une rupture climatique de l'Holocène ancien. *C. R..Acad. Sci.*, 328, 541-546.

SIVAN O., 2002. Activité érosive et évolution des paléoenvironements alpins postglaciaires. Etude dendrogéomorphologique des gisements de troncs subfossiles dans les Alpes du sud. Thèse, Université d'Aix-Marseille I.

SIVAN O., MIRAMONT C., EDOUARD J.-L., 2006 - Rythmes de la sédimentation et interprétations paléoclimatiques lors du Postglaciaire dans les Alpes du Sud. ^{14}C et dendro-géomorphologie, deux chronomètres complémentaires. In : Allee Ph., et Lespez L. (dir). L'érosion entre société, Climat et Paléoenvironnement. Table ronde de Clermont-Ferrand en l'honneur de R. Neboit-Guilhot (25-27 mars 2004), Clermont-Ferrand, Presses universitaires Blaise-Pascal, 2006.

SIVAN O., MIRAMONT C., JORDA M., ROSIQUE M., EDOUARD J-L., 2002. Rythmes et ruptures de la morphogenèse tardi- et postglaciaire des bassins versants sud-alpins (Moyenne Durance). In Richard H. et Vignot A. (dir). Equilibres et ruptures dans les écosystèmes durant les 20 derniers millénaires en Europe de l'Ouest, Besançon : Presses Universitaires Franc-Comtoises, 35-44.

STUIVER M., REIMER P.J., 1993. Extended ^{14}C data base and revised CALIB 3.0 ^{14}C age calibration program. *Radiocarbon,* 35, 215-230.

STUIVER M., REIMER P. J., REIMER R. W., 2005. CALIB 5.0.

VALLETEAU S., 2006. Les feux du Tardiglaciaire et du début de l'Holocène dans le bassin versant du Mardaric, Hautes Alpes. Impact sur la dynamique de sédimentation. Mémoire de Master 1, UFR de géographie, Université de Provence 1, 78 p.

GRANDES SÉQUENCES HOLOCÈNES ET DISCONTINUITÉS SÉDIMENTAIRES DANS LE DELTA DU RHÔNE

Holocene long-sequences and sedimentary discontinuities of the Rhône delta

Claude VELLA [1], Thomas Jules FLEURY [1], Bernard GENSOUS [2,3],
Caroline LABAUNE [2,3], Michel TESSON [2,3]

[1] *CEREGE (Centre Européen de Recherche et d'Enseignement des Géosciences de l'Environnement), UMR 6635 du CNRS, Europôle Méditerranéen de l'Arbois, BP 80, F 13545 Aix En Provence cedex 04.*

[2] *Laboratoire BDSI-IMAGES, Dynamique et Genèse des Environnements Sédimentaires Marins.*

[3] *GDARGO, 14 rue de Théza, F 66100 Perpignan.*

Contact : vella@cerege.fr

Résumé

La quantification des séquences sédimentaires holocènes du delta du Rhône est obtenue par calcul d'accumulation verticale, par mesure de la progradation horizontale de la plaine deltaïque et estimation du volume total accumulé. Nous utilisons pour cela un ensemble de données : profils sismiques haute résolution réalisés sur la plate-forme interne, carottes sur la plaine deltaïque et cartographie géomorphologique à haute résolution chronologique des cordons littoraux. Les variations du stockage sédimentaire sont fortement contraintes par les forçages géomorphologiques (position des embouchures, variation du niveau marin relatif). Le calcul des volumes effectué sous-estime fortement le stockage sédimentaire si l'on se réfère aux apports actuels. Cela est probablement lié au trop faible nombre de données carottées à terre, à l'incertaine corrélation des faciès sismiques et à la difficulté d'estimer la porosité des sédiments dans la colonne sédimentaire. La période 2800/2525 cal BP semble cependant clairement identifiée comme période de rapide stockage et progradation deltaïque et pourrait correspondre à la détérioration climatique du premier Age du fer identifiée ailleurs dans le bassin versant et en Europe. Cette tendance, moins marquée, se prolongera durant le second âge du Fer. L'apparent fonctionnement antithétique du bassin versant durancien amont avec les apports sur le delta du Rhône est à noter, mais le caractère non exhaustif de la quantification de l'accumulation sédimentaire sur le plateau continental interne laisse à l'état d'hypothèse cette observation.

Mots-clés : *quantification, taux de sédimentation, volumes sédimentaires, Holocène, tardiglaciare.*

Abstract

We quantify the Holocene Rhone delta evolution by the assessment of sediment vertical accumulation, horizontal progradation of the delta plain, and volumes of the sedimentary sequences. We use for this purpose a 3D reconstruction with a GIS program and as input data a geomorphologic map with high chronological resolution, many high resolution seismic profiles located in the internal platform, and some cores. The calculation of the volumes we obtain underestimates strongly the sedimentary storage if we refer to the usual quoted values. This is probably linked to the lack of cores onshore and in the shelf to calibrate the seismic facies, and also to the difficulty in assessing the porosity of sediments in the column. However the period 2800/2525 cal BP seems clearly identified as a period of fast sediment storage and deltaic progradation which could correspond to the climatic deterioration of the first Iron Age known upstream in the Rhone catchment area. The same trend appears also during the second Iron Age but with a lower impact. The antitetic apparent functioning of the Durancian upstream watershed with the contributions on the delta of the Rhône is to be noted, but the not exhaustive character of the quantification of the sedimentary accumulation on the internal continental shelf does not allow to confirm this hypothesis.

Keywords: *quantification, sedimentation rates, sedimentary volumes, Holocene, late Glacial.*

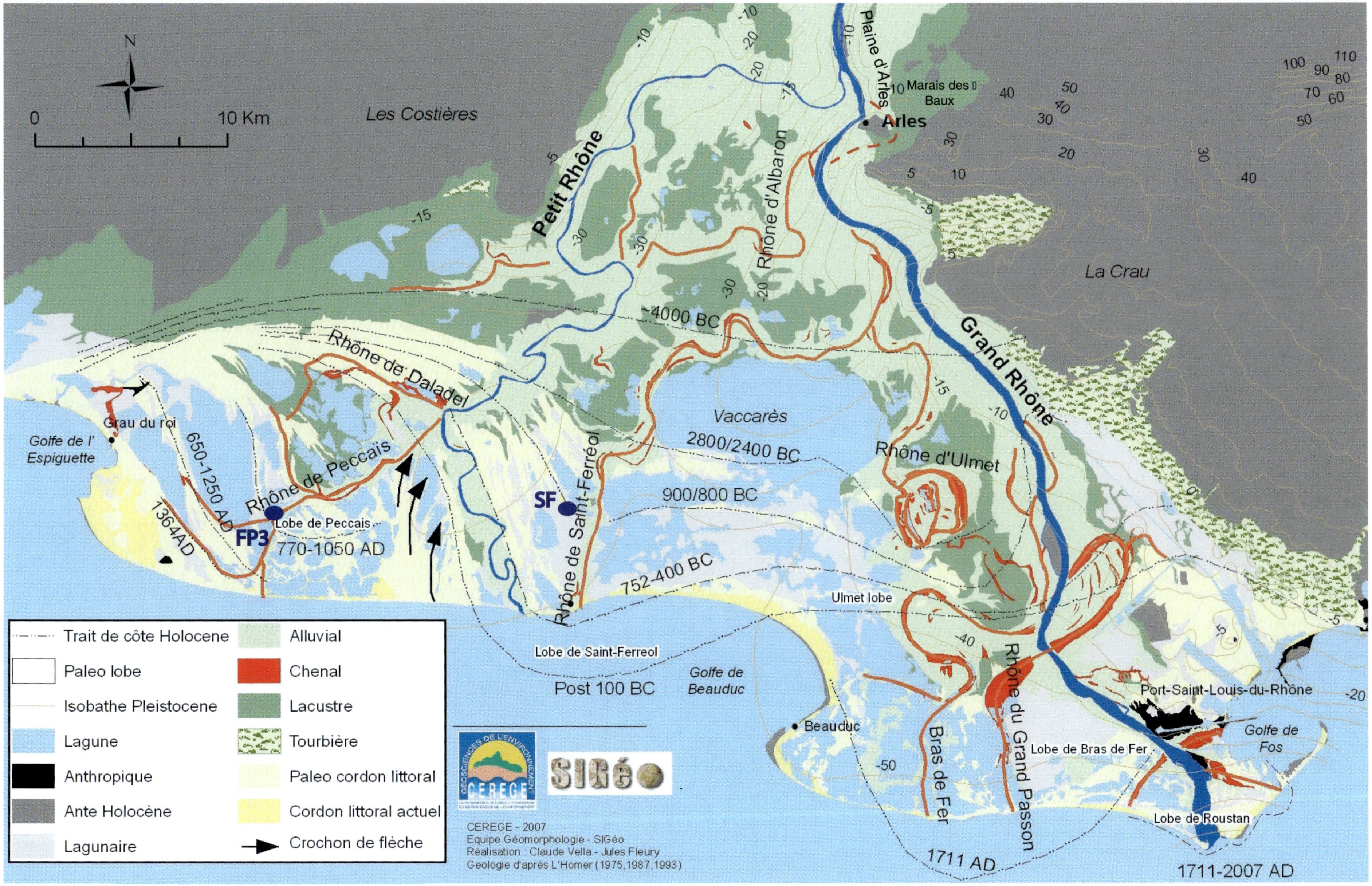

Figure 1 - Carte géomorphologique du delta du Rhône. La chronologie des cordons a été établie à partir de carottages de sub-surface (cf. Tableau 1). Le trait de côte à 4 000 BC est estimé à partir des données carottées (Oomkens, 1970 ; Pons et al., 1979). Notez l'érosion du lobe de Saint-Ferréol et la redistribution sédimentaire vers l'ouest (crochon de flèche) sous l'effet de la dérive littorale dominante. Les carottages SF et FP sont respectivement localisés sur les lobes de Saint-Ferréol et Peccaïs.

Introduction

Le delta du Rhône constitue avec le plateau continental du golfe du Lion le réceptacle principal de la sédimentation produite dans le bassin versant rhodanien durant la déglaciation et l'Holocène. Il devrait donc intégrer les processus sédimentaires de l'ensemble du bassin versant. Cependant les contraintes géomorphologiques et climatiques favorisent la création de séquences holocènes très dilatées, et par essence discontinues, du fait des contrôles majeurs eustatiques d'une part, et des dynamiques des embouchures d'autre part, agissant sur la vitesse et la distribution spatiale de la sédimentation. La difficulté est donc d'investiguer les dépôts étalés sur une très large plateforme continentale interne s'étalant de Perpignan à Marseille et sur une plaine deltaïque dont l'accumulation sédimentaire maximale est de 70 m, répartis sur une surface de 1500 km^2 environ. La périodisation de ces dépôts est encore plus complexe même si en mer des travaux de reconnaissances systématiques des accumulations sont entrepris depuis plus de 30 ans à partir de moyens géophysiques comme la sismique réflexion. Cependant, une partie de ces dépôts ont récemment fait l'objet de datations (Berné *et al.*, 2007). A terre, les forages carottés et datés ayant traversé l'ensemble des formations holocènes sont peu nombreux et sont situés au centre du delta du Rhône. Deux campagnes de travaux assez anciens ont reconnu et daté ces dépôts : ceux effectués par les pétroliers (Oomkens, 1970) et ceux réalisés pour le rapport Camargue (Pons *et al*, 1979). Cependant, ces travaux étaient difficilement comparables car si la géométrie des dépôts avait été restituée dans le cadre des travaux d'Oomkens selon des principes géologiques stratigraphiques classiques bien transposables aux théories de stratigraphie séquentielle, les travaux du rapport Camargue se sont plus attachés à la description paléoécologique des milieux de sédimentation. Deux forages récents effectués dans le cadre du GDR Marges, de l'ANR ARMILIT et du programme européen Eurodelta, permettent désormais de réunir ces travaux dans un cadre stratigraphique commun. De plus, en mer, depuis la plate-forme continentale interne jusqu'au littoral actuel, des profils « sismique réflexion » à haute résolution (HR) permettent des raccordements stratigraphiques et des délimitations 3D de prismes sédimentaires holocènes. Enfin, à partir de la cartographie des formes visibles en sub-surface de la plaine deltaïque, de leur datation et interprétation, on effectue une analyse 2D de la croissance des dépôts.

I - Méthodes

Trois méthodes ont été utilisées pour calculer un taux de sédimentation facilement comparable aux données établies dans la partie amont du bassin versant.

L'une d'elles est basée sur une croissance de la surface de la plaine deltaïque en m^2. La progradation du delta a été établie à partir de la délimitation des cordons littoraux sur la carte géomorphologique (Figure 1) et de leur datation en sub-surface (carottages de 1 m à 1.5 m). L'intégration sous SIG (Système d'Information Géographique) de ces données permet de calculer une surface de progradation du lobe entre les deux cordons et entre deux dates. Cette méthode est cependant limitée par l'absence de données se rapportant à l'épaisseur de la partie progradante car l'espace d'accumulation potentiel entre le niveau de l'eau et le fond de la zone marine à colmater est très variable selon qu'un précédent corps sédimentaire colmate partiellement ou non cet espace. Les deux lobes à ce jour les mieux datés et les mieux identifiés, sont le lobe de Saint Ferréol et celui de Peccaïs. La vitesse de progradation en m^2 est donc la plus fiable sur ces deux lobes.

La deuxième méthode est basée sur le calcul d'un taux d'accumulation vertical en cm/an obtenu à partir de datations radiocarbone récentes (faible marge d'incertitude radiocarbone) sur deux carottages récents SF et FP 3 réalisés dans les lobes deltaïques de Peccaïs et de Saint-Ferréol. Un taux moyen d'accumulation cal BP est calculé à partir des dates calibrées. Cette méthode est très fortement limitée par le nombre d'analyses radiocarbone mais surtout par l'absence de contrôle des contraintes géomorphologiques comme le nombre d'embouchures distribuant le sédiment, la variation de la distance entre l'embouchure et le point de carottage. En effet la variation des taux de sédimentation selon les milieux est extrêmement forte. Ainsi, actuellement, le taux de sédimentation varie entre 0,2 cm / an et 20 cm / an depuis la plateforme au sommet du prodelta à proximité de l'embouchure (Radakovitch *et al.*, 1999). Cependant, *a posteriori*, à partir de la carte géomorphologique du delta (post 4600 cal BP), nous pouvons réinterpréter la variation du taux de sédimentation vertical par rapport aux embouchures fossiles identifiées sur la cartographie.

La troisième méthode intègre les 3 dimensions de l'espace à partir de l'interprétation stratigraphique et sédimentologique des carottages précédents qui permet de scinder les carottages en grandes unités sédimentaires en se basant sur les surfaces d'érosion majeures comme les surfaces de ravinement et les changements nets, de granularité. Ainsi, nous pouvons distinguer des corps sédimentaires différents appartenant à des prismes deltaïques distincts. Un lobe deltaïque est constitué, à sa base, d'une sédimentation fine marine prodeltaïque comportant peu de faciès sableux, associée à une malacofaune macrobenthique marine typique, passant progressivement vers le haut à des

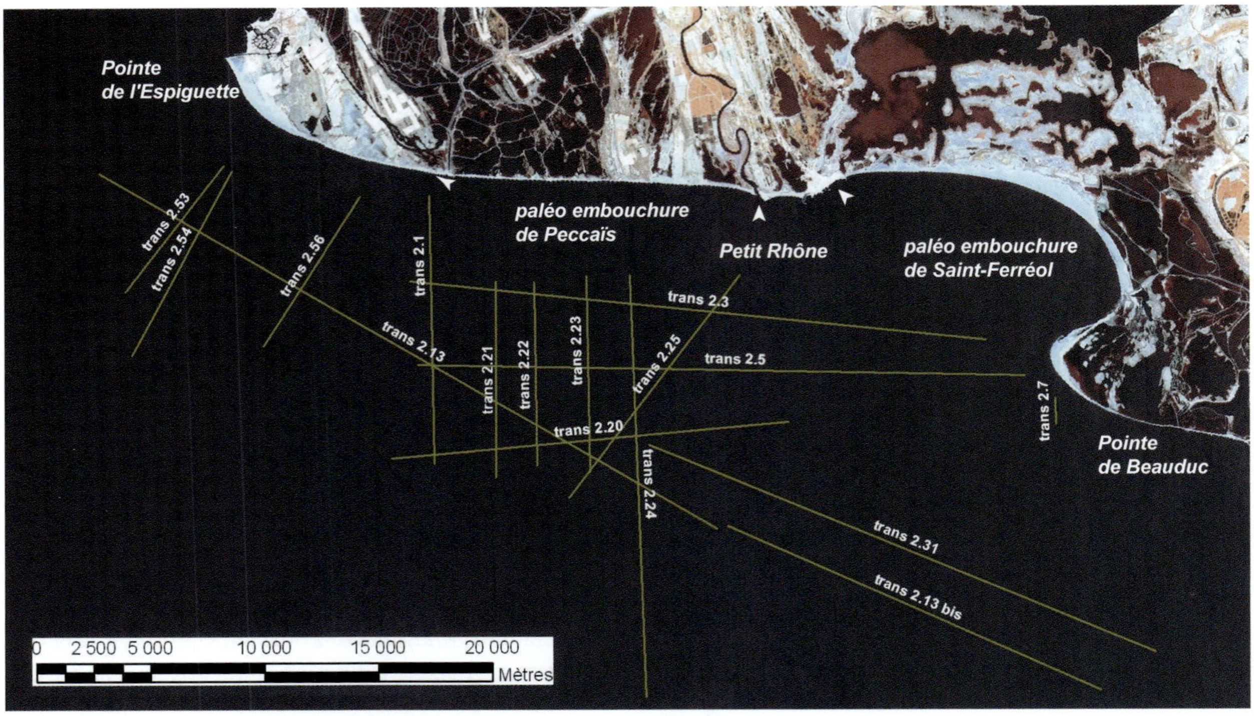

Figure 2 - Carte des positions des profils sismiques (tracés) réalisés dans le cadre de la campagne à la mer Translit2. La couverture sismique, dense à l'ouest du petit Rhône, permettra de bien contraindre le prisme sédimentaire P2 issu des apports fluviaux de Saint-Ferréol.

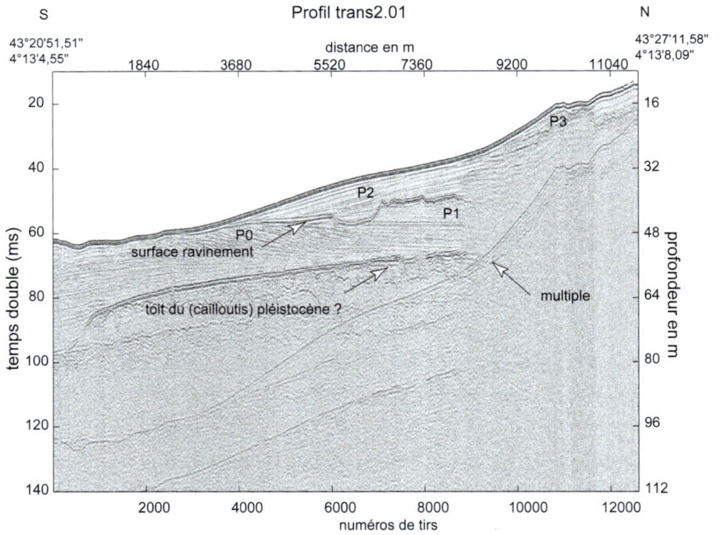

Figure 3 - Profil sismique réflexion Trans2.01 interprété. Les trois principaux prismes identifiés durant la campagne Translit sont superposés sur ce profil Nord-Sud. La surface de ravinement au sommet du prisme 1 est nettement visible sur la partie médiane du profil. Un chenal à la base du prisme 2 est inscrit dans le prisme 1 semble avoir été lui aussi affecté par l'érosion. Un dernier prisme P0, très mal contraint sur les autres profils, avec des clinoformes (surface de réflexion) orientés vers le nord, est bien identifiable sous la surface de ravinement distale. Le multiple est un artefact lié à l'enregistrement d'un second train d'onde. Il correspond en général au réflecteur topographique, exagéré, du fond.

faciès sableux fins, puis de plus en plus grossiers des environnements de la plage et des cordons. Lorsque le cordon émerge, il est associé à des faciès tourbeux ou limoneux, mais de faible épaisseur, et à alternance très rapide. Ces corps sédimentaires associés aux autres forages réalisés permettent de délimiter des prismes sédimentaires sur la plaine. En mer, la géométrie des prismes est plus aisée à obtenir à partir des profils sismiques HR réalisés lors de la campagne Translit2. Cela nous apporte une image assez dense des limites stratigraphiques ; cependant, la corrélation des corps est basée uniquement sur des faciès sismiques car il est difficile de carotter en mer ces prismes sédimentaires relativement épais et souvent sableux. De plus, la restitution de la géométrie des prismes dépend de la couverture par les profils sismiques (Figure 2), de la résolution sismique et de la qualité de l'enregistrement (Figure 3).

Les datations radiocarbone sont calibrées avec le logiciel calib 5.01 pour les datations sur coquilles marines ; le delta R est de 237 ans (Siani *et al* ., 2000). Un âge moyen cal BP a été calculé à partir du logiciel *cal online* pour les datations sur échantillon d'origine continentale (bois, charbons) et pour les datations sur échantillon d'origine marine à partir de la moyenne des dates cal BP obtenues par calib 5.01.

Les données chronologiques et les limites des lobes d'embouchures et des prismes sédimentaires ont été intégrées dans une base SIG (logiciel ArcGIS 9.2 et son extension 3D Analyst) après interprétation géomorphologique, datation radiocarbone et pointage graphique des limites des corps sédimentaires. La géométrie 3D des séquences sédimentaires est obtenue par conversion de la profondeur des réflecteurs sismiques identifiés pour la partie marine et par des profondeurs déduites des carottages à terre. Ces limites de séquences sont ensuite interpolées sur l'emprise géographique de chaque lobe. Nous obtenons ainsi un ensemble de surfaces 3D qui par différence nous permet d'obtenir le volume actuel de chaque séquence.

II - Résultats

1 - Calcul de progradation surfacique

Trois lobes ont été ciblés pour ce calcul, les lobes de Saint-Ferréol, Peccaïs et l'ensemble Grand Passon/Bras de fer (Figure 1, Tableau 1). Le choix de ces lobes a été fixé par la présence en surface de cordons facilement identifiables permettant une délimitation des surfaces entre les cordons datés par carottages. Ces données ont été interprétées en termes de cartographie géomorphologique (Figure 1) et ont fait l'objet d'une confrontation aux données archéologiques, sédimentaires, eustatiques (Vella, 1999 ; Vella *et al.*, 2005 ; Rey *et al.*, 2006). Un quatrième lobe, lobe d'Ulmet, contemporain du lobe de Saint Ferréol n'a pas été inclus dans le calcul du fait des conditions lentes de progradation associant peu de cordons identifiables en surface du delta. Ce lobe a cependant fourni une part importante de sédiment mais probablement dans la zone sous-marine sous forme prodeltaïque, ce qui ne fait pas l'objet ici de calcul. Il ne faut cependant pas exclure un rôle important de ce type d'apport compte tenu de l'influence, dans la progradation de la plaine, de l'espace d'accumulation potentiel (Vella *et al*, 2005).

Pour le lobe de Saint-Ferréol, la carte des surfaces progradante (Figure 4) confirme la surface très importante de ce lobe qui occupe tout le centre du delta. Avec 375 millions de m^2, sa forme lobée symétrique à très large base s'appuie sur une ligne de rivage délimitée de manière imprécise sur la rive nord du Vaccarès. Le premier cordon véritablement visible est celui du cordon des sables se prolongeant à l'est par le cordon de Mornès. Cette seconde limite permet de calculer une première surface de 128 millions de m^2. Les autres surfaces sont parfaitement bien délimitées par une succession de cordons à l'exception de la partie terminale du lobe, érodée, à l'est, dans le golfe des Saintes-Marie suite à l'avulsion du chenal vers 1950 cal BP. Le chenal perdurera très longtemps mais sous une forme mineure en voie de colmatage par la suite.

Deux phases mineures de vitesse de progradation sont mises en évidence sur ce lobe. Ce sont les deux premières phases de progradation entre 7000 et 4600 cal BP et entre 4600 et 2800 cal BP. Les vitesses de progradation sont alors inférieures ou égales à 50 000 m^2/an. Ces phases correspondent, pour la première, à quasiment tout le Néolithique et pour la seconde, à la fin du Néolithique et à l'Age du Bronze dans son ensemble. Si la première phase est probablement mal circonscrite du fait de l'absence de limite morphologique comme origine de la progradation du lobe, la seconde progradation est calculée à partir de limites morphologiques claires et de nombreuses datations radiocarbone concomitantes.

A contrario, deux phases majeures de progradation, à l'échelle du delta du Rhône, sont identifiées. La première, maximale, est comprise entre 2800 et 2525 cal BP et couvre entièrement le premier Âge du Fer. Le taux de progradation annuel est alors d'environ 337 000 m^2/an. La seconde période de progradation suit immédiatement la précédente, entre 2525 et 1950 cal BP. Elle couvre donc le second Âge du Fer et le début de la période gallo-romaine. Le taux de progradation est deux fois moins rapide 150 000 m^2/an cal BP. Cependant, la fin de cette période est mal calée chronologiquement du fait de l'érosion d'une partie du lobe de Saint Ferréol.

Pour le lobe de Peccaïs, malgré sa taille beaucoup plus réduite (126 millions de m^2) et sa morphologie déviée très différente du précédent lobe, les progradations calculées à la période gallo-romaine et médiévale entre 1950 et 436 cal BP sont nettement supérieures aux progradations observées avant le 1er Age du Fer sur le lobe de Saint Ferréol par exemple. Et alors que globalement la décroissance de la vitesse de progradation

Lobe	Trait de côte	Nature échantillon	Code laboratoire	Latitude	Longitude	Profondeur en cm	Age BP	Age calibré	Age cal BP	d13C	Nom du site	Références
St Ferréol	1	Bois	GdA-15610	43°36.5144'	4°21.2838'	750	6195 +/-115	5299-5018 BC	7089 +/-140	-	Touradon	Rey *et al*., 2006
St Ferréol	2	Bois	Ly-7761	43°31.545'	4°29.989'	185	4035 +/-55	2845-2420 BC	4544 +/-89	-	Mornés	Arnaud Fassetta, 1998
St Ferréol	3	Bois	beta 164694	43°29.700'	4°32.702'	170	2680 +/-40	906-796 BC	2802 +/-35	-27	Bois des Rièges	Vella *et al*., 2005
St Ferréol	4	Bois	Ly-8683	43°27.598'	4°30.484'	120	2420 +/-55	752-400 BC	2525 +/-130	-	Etang de batayolles	Vella *et al*., 2005
St Ferréol	5	historique	-	-	-	-		100BC-100 AD	1950	-	-	Vella *et al*., 2005
Peccaïs	1	Bois	GdA-578	-	4°13.7114'	48	1065 +/-30	920-1060 AD	991 ± 40	-	Flèche Fangassier	Rey *et al*., 2006
Peccaïs	2	historique	-	-	-	-	-	1408	542	-	Cordon de Listel	Rey *et al*., 2006
Peccaïs	3	historique	-	-	-	-		1530	436	-	Cordon de Figuerasse	Rey *et al*., 2006
Bras de Fer	1	bois	Lyon1314-OXA	43°27.762'	4°39.606'	163	2620 +/-45	832-764 BC	2753 +/-24	-24,26	Cabane Rouge	Vella *et al*., 2005
Bras de Fer	2	historique	-	-	-	-	-	-	200	-	-	Vella *et al*., 2005

Tableau 1 - Chronologie radiocarbone des cordons littoraux des lobes de Saint-Ferréol, Peccaïs, Bras de Fer. GdA-Gliwice Radiocarbon Laboratory ; Ly-Laboratoire de radiocarbone de Lyon , Beta analytic-Miami , Lyon OXA Laboratoire de radiocarbone de Lyon sous traité à Oxford radiocarbon laboratory. Les latitudes et longitudes sont exprimées au format WGS 84.

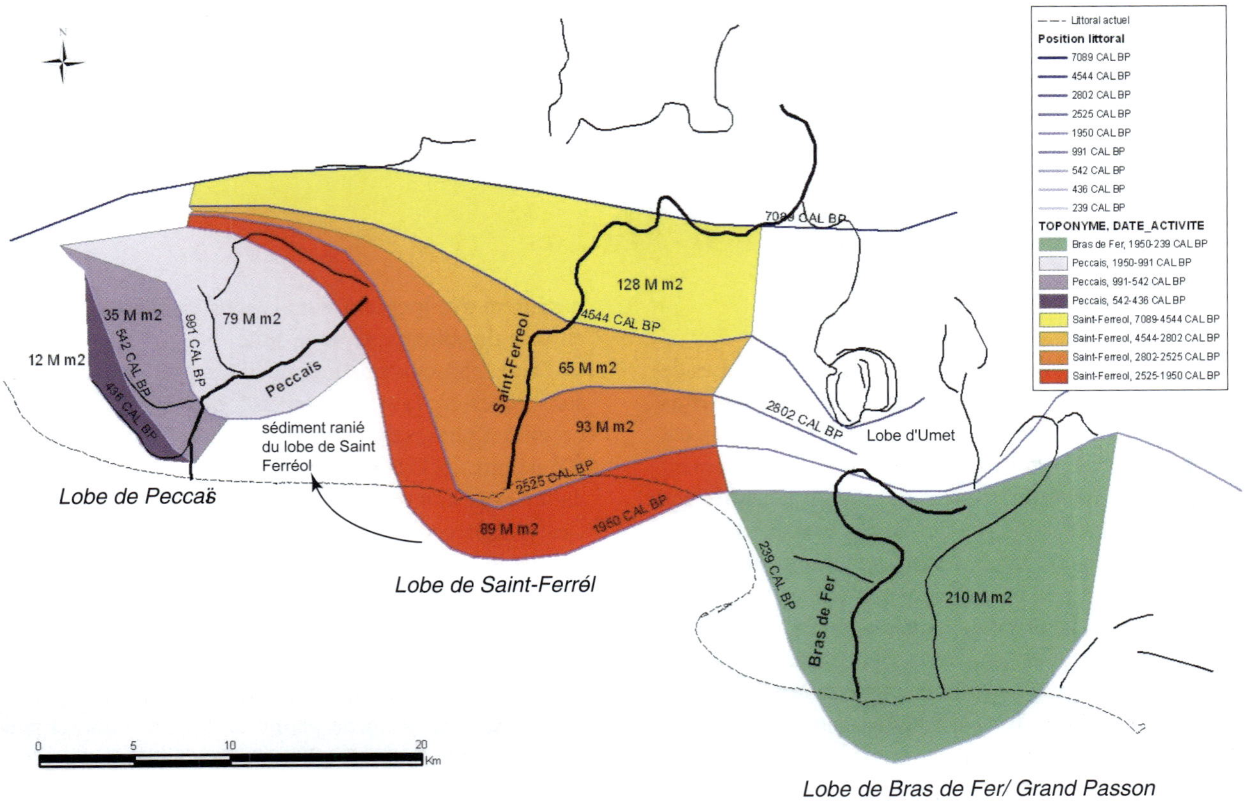

Figure 4 - Carte des surfaces progradantes des 3 principaux lobes biens délimités par des cordons littoraux. Le lobe de Saint-Ferréol emboîté à l'est dans le lobe d'Ulmet est artificiellement contraint à l'est. Notez la forme symétrique du lobe de Saint-Ferréol contrairement à celui de Peccaïs, de formé déviée, très fortement influencé par la dérive littorale dominante. La partie du delta située entre le lobe de Peccaïs et de Saint-Ferréol n'est pas intégrée dans le calcul des surfaces étant donné qu'il s'agit en très grande majorité de matériel issu du remaniement de la partie orientale du lobe de Saint-Ferréol.

perdure jusqu'en 542 cal BP, elle dépasse à nouveau 100 000 m²/an entre 542 et 436 cal BP.

Enfin, pour le système bras de Fer/Grand Passon, mal calé chronologiquement (1950-236 cal BP), mal circonscrit à son origine, la progradation calculée est d'environ 123 000 m²/an entre la période romaine et le XVIIIᵉ siècle. Cette vitesse de progradation est la troisième par ordre d'importance. Elle est sans aucun doute très fortement influencée par les apports du Petit Age Glaciaire comme les travaux de Maillet *et al.* (2006) l'ont montré à partir de la confrontation des données bathymétriques et cartographiques de la période moderne.

2 - Calcul du taux vertical de sédimentation

Deux carottages ont été utilisés pour calculer l'accrétion des dépôts holocènes, le carottage SF centré sur le lobe de Saint-Ferréol et le carottage FP3 centré sur le lobe de Peccaïs.

Le carottage SF est composé de deux séquences sédimentaires. La première séquence est tronquée : il s'agit de dépôts de plaine deltaïque (sables, limons et tourbes) reposant sur le substrat pléistocène de cailloutis rhodano-duranciens. Les dépôts immergés de prodelta sont absents à la base. Le sommet est très nettement raviné par une surface d'érosion. Cette séquence avait été clairement identifiée dans les précédents forages mais mal datée. La seconde séquence est une séquence deltaïque quasi complète depuis le prodelta à la base, aux cordons émergés au sommet.

Les taux verticaux de sédimentation calculés à partir des datations radiocarbone (Tableau 2) sont extrêmement variables (compris entre 0,004 et 12 cm/an cal BP) et mettent en évidence le rôle déterminant du contrôle géomorphologique par rapport à une éventuelle variation des flux globaux d'apports sédimentaires depuis le bassin versant. Ainsi, à la base du carottage entre 10 000 et 12 000 cal BP les taux sont relativement homogènes. Ils correspondent à des taux compris entre 0,004 et 2,74 cm/an et sont donc caractérisés par un facteur de variabilité d'environ 8. Cette variabilité est liée aux dépôts de plaine deltaïque émergée ou semi émergée de marais, lagunes et cordons littoraux, les faciès tourbeux étant ceux qui généralement correspondent au plus faible taux de sédimentation, à l'exception de la datation sur tourbe à environ 37 m de profondeur. Celle-ci couronne en fait un dépôt silteux immergé à fort taux d'accrétion.

Les taux compris entre 8559 et 6889 cal BP sont quant à eux caractérisés par de très faibles vitesses d'accumulation comprise entre 0,004 et 0,3 cm / an. Les dépôts correspondent à des faciès prodeltaïques (limons sableux) proximaux, mais suffisamment éloignés de l'embouchure pour faire chuter le taux d'accrétion.

Enfin, les taux compris entre 4887 et 2883 cal BP sont des plus variables, caractérisés par un facteur 57 de variation, ils correspondent à nouveau à des faciès deltaïques émergés ou immergés depuis probablement la base d'un front deltaïque aux cordons littoraux. Le caractère globalement sableux (limons sableux ou parfois sables grossiers) est typique de ce type de dépôts. L'accrétion annuelle est comprise entre 0,2 et 12 cm / an.

Le carottage FP3, de 31 m de long, n'a pas atteint le toit des cailloutis pléistocènes situé probablement 20 m plus bas. La séquence sédimentaire recoupée correspond à une séquence complète deltaïque depuis le prodelta, à un chenal alluvial sur une plaine émergée. Les variations de la sédimentation dans le chenal sont exclues des calculs étant soumises à une dynamique alluviale interne. Cependant la base de la séquence est probablement composite et fortement influencée par les apports du lobe de Saint Ferréol.

Les taux de sédimentations calculés (Tableau 3) sont donc très faibles à la base (0,1 cm / an) et augmentent peu à peu selon le modèle précédent au fur et à mesure que le trait de côte et l'embouchure approchent du point de carottage.

Lorsque l'embouchure est en situation proximale, le taux de sédimentation atteint un maximum d'environ 6 cm / an durant l'Antiquité tardive (entre 1014 et 970 cal BP).

Profondeur échantillon	Nature échantillon	Alti NGF	Age BP	Code labo	Age cal BP	Age min cal BC	Age max cal BC	Taux de sed. cal BP	Taux de sed max cm/an	Taux de sed. min cm/an
-44,73	fragment bois	-44,29	10110+/-50	Poz-6192	11709± 198	9400	10000	0,743	2,260	0,365
-43,6	débris végétaux	-43,16	10030+/-60	Poz-6182	11557± 170	9350	9690	0,566	0,963	0,856
-42,83	débris végétaux	-42,39	9940+/-60	Poz-6175	11421± 132	9270	9600	0,731	0,709	0,803
-39,78	bois	-39,34	9650+/-60	Poz-6184	11004± 143	8840	9220	1,015	1,700	0,850
-39,1	tourbe	-38,66	9580+/-35	Poz-3937	10937± 128	8800	9140	0,349	0,327	0,356
-37,5	tourbe	-37,06	9290+/-50	Poz-6174	10478± 77	8310	8690	2,747	6,663	2,538
-32,17	débris organiques	-31,73	9100+/-50	Poz-6190	10284 ± 54	8230	8480	0,670	0,481	0,650
-30,87	tourbe	-30,43	8970+/-50	Poz-6188	10090± 111	7960	8280	0,004	0,004	0,004
-30,81	coquille marine : *Spisula subtruncata*	-30,37	8330 +/-50	Poz-10491	8559	6466	6753	0,009	0,010	0,009
-30,78	coquille marine : *Spisula subtruncata*	-30,34	8000 +/-50	Poz-10490	8238	6174	6404	0,031	0,031	0,031
-30,36	coquille marine : *Mytilus galloprovincialis*	-29,92	6650+/-40	Poz-10489	6889	4820	5059	0,280	0,281	0,280
-23,35	coquille marine : *Astarte sulcata*	-22,91	4510+/-35	Poz-10488	4387	2321	2555	0,272	0,278	0,266
-22,12	coquille marine : *Astarte sulcata*	-21,68	4175 +/-30	Poz-10486	3935	1879	2092	0,219	0,194	0,250
-21,91	coquille marine : *Lunatia guillemini*	-21,47	4115 +/-35	Poz-10485	3839	1771	2008	9,776	11,683	7,044
-17,12	débris végétaux	-16,68	3515+/-35	Poz-6185	3790± 52	1730	1940	2,187	2,215	2,082
-6,71	charbon quercus pubescens	-6,27	3090+/-35	Poz-6186	3314± 42	1260	1440	0,215	0,196	0,283
-6,2	débris végétaux	-5, **métrie en m**76	2920+/-35	Poz-3936	3077± 65	1000	1260	1,351	1,704	1,173
-2,81	bois : Abies	-2,37	2730+/-35	Poz-6183	2826± 34	801	971	12,000	36,000	36,000
-2,45	débris végétaux	-2,01	2725+/-35	Poz-6173	2823± 33	800	970	0,281	0,306	0,253

Tableau 2 - Taux d'accrétion calculé à partir de la chronologie radiocarbone du carottage SF- Lobe de Saint-Ferréol. Poz-Poznan radiocarbon laboratory, détermination coquilles marines Michel Bourcier (Centre d'océanologie de Marseille), détermination charbons et bois Brigitte Talon, Institut Méditerranéen d'Ecologie et de Paléoécologie (IMEP). Les taux maxima et minima de sédimentation sont calculés à partir de l'écart maximal et minimal de temps entre les dates calibrées AD / BC. Le taux de sédimentation cal BP est calculé à partir de la date calibrée BP.

Profondeur échantillon en m	Nature échantillon	Altimétrie en m NGF	Age BP	Code laboratoire	Age cal BP	Age min cal AD/BC	Age max cal AD/BC	Taux de sed. en cm/an cal BP
30,94	Coquilles : *Turitella communis*	-30,63	7240+/-50	Ly-3668 (sacA-6149)	7497	5830 BC	6020 BC	0,41
28,77	bois	-28,46	4705 +/-35	Lyon-4513(SacA-8659)	3501	3371 BC	3630 BC	0,82
25,83	bois	-25,52	2555 +/-30	Ly-3834 (SacA-6530)	2724	594 BC	797 BC	0,95
23,27	Coquilles : *Gastrana fragilis*	-22,96	2405 +/-30	Ly-3637 (SacA-6148)	1768	10 AD	190 BC	1,32
21,36	Coquilles : *Echinocardium cordatum*	-21,05	2125 +/-30	Ly-3636 (SacA-6147)	1432	140 AD	340 AD	1,5
20,43	Débris bois	-20,12	1705 +/-30	Ly-3833 (SacA-6529)	1014	252 AD	411 AD	2,01
17,66	Coquilles : *Gastrana fragilis*	-17,35	1650 +/-30	Ly-3633 (SacA-6143)	971	670 AD	820 AD	1,82

Tableau 3 - Taux d'accrétion calculé à partir de la chronologie radiocarbone du carottage FP3- Lobe de Peccaïs. SacA- Datation à Saclay via Laboratoire de radiocarbone de Lyon dans le cadre du programme Arthémis, détermination coquilles Philippe Geniez. Les taux maxima et minima de sédimentation sont calculés à partir de l'écart maximal et minimal de temps entre les dates calibrées AD / BC. Le taux de sédimentation cal BP est calculé à partir de la date calibrée BP.

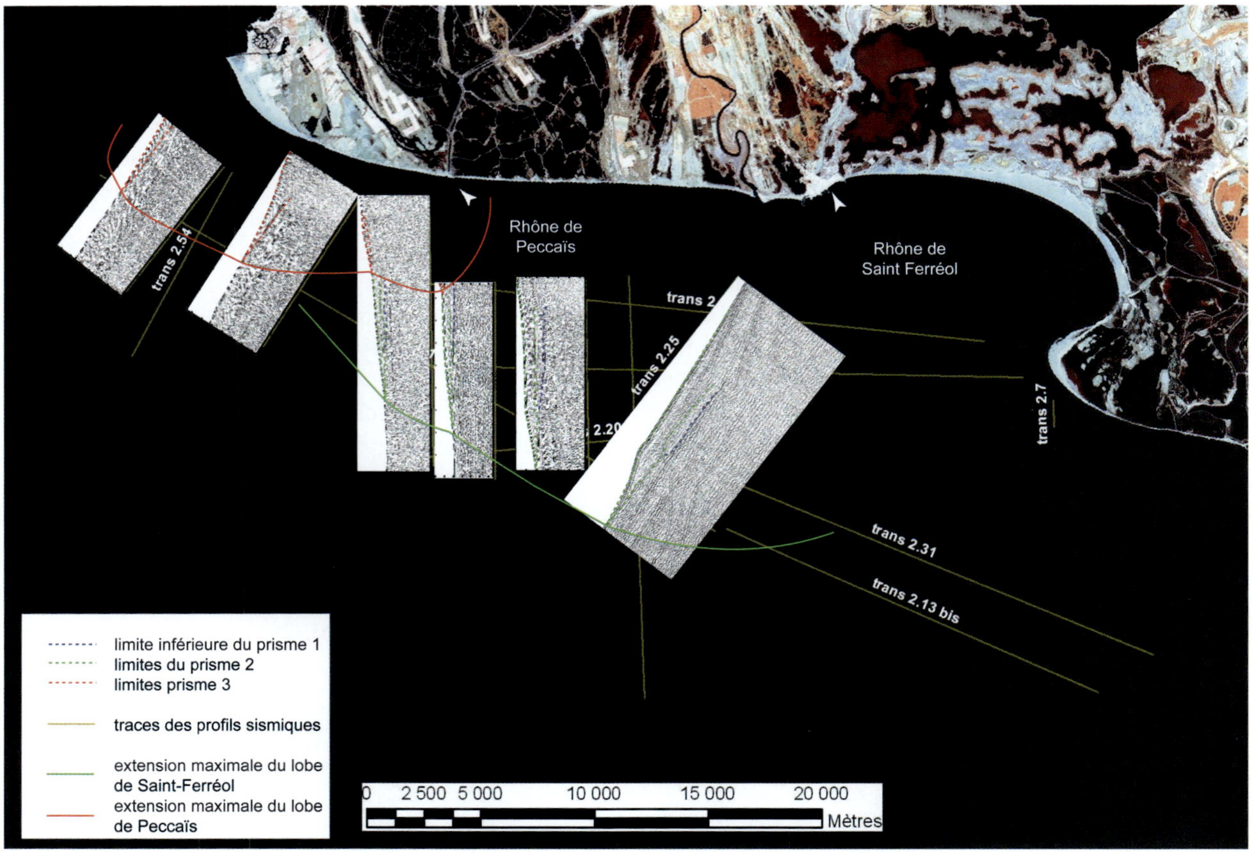

Figure 5 - Carte des profils sismiques réflexion interprétés. **S***eule une partie des profils interprétés sont positionnés sur cette carte pour des questions de lisibilité. Notez l'extension maximale du prisme 2 dans l'axe du chenal fossile du Rhône de Saint-Ferréol. La dissymétrie en mer du prisme 3 est tout à fait conforme à la morphologie déviée du lobe et des chenaux du Rhône de Peccaïs.*

3 - Calcul de volume des prismes sédimentaires

Les volumes sédimentaires ont été calculés par une approche SIG à partir de l'interpolation des profils sismiques réalisés en mer, des carottages, et de la carte des lobes deltaïques.

Trois prismes sédimentaires principaux ont été déterminés dans le secteur occidental du delta du Rhône (Figure 5). Les deux prismes supérieurs sont raccordés au lobe de Saint-Ferréol et de Peccaïs du fait de leur proximité, de leur morphologie et de la disposition des réflecteurs sismiques. Ainsi, une symétrie des réflecteurs, sur les profils trans2-03 et 05 de part et d'autres de l'axe du chenal fossile de Saint-Ferréol, permet de clairement identifier le prisme 2 (Figure 6) et de la raccorder à ce chenal. De proche en proche grâce aux recoupements des profils, le prisme est délimité. Ce prisme est assez bien cartographié à l'exception de sa partie orientale où les données sismiques et carottées sont moins nombreuses. De plus, les apports probables sub-contemporains du Rhône d'Ulmet brouillent l'interprétation stratigraphique. Ainsi le volume calculé correspond environ à la moitié du lobe de Saint Ferréol, nous avons donc multiplié par 2 le résultat pour approcher le volume réel de ce prisme. Le prisme 3, ou celui de Peccaïs, semble quant à lui le plus complet et le plus régulier par rapport au tracé des cordons qui le limitent en surface.

Le prisme 1 (Figure 7 a) est probablement le moins bien contraint par les profils sismiques. Les raccordements des surfaces sommitales et basales de ce prisme sont probablement le plus sujet à caution. Ainsi on obtient une forme étonnante s'épaississant sur les grands côtés d'un triangle, normalement de moins en moins épais vers le large et le sud ouest mais anormalement fin vers le nord est et les probables sources sédimentaires. Enfin la surface supérieure de ce prisme est très fortement ravinée, ce qui constitue d'ailleurs le critère principal d'identification de ce prisme, mais contribue probablement aussi à sa forme étrange ainsi qu'à la sous-estimation des volumes initiaux accumulés. Les deux autres prismes mieux contraints présentent une forme classique, lenticulaire, bien bombée au centre (Figure 7 b et 7 c).

Le tableau 4 indique pour chaque prisme son âge probable à partir du raccordement des prismes aux carottages SF, FP3 et aux lignes de rivages constituant les lobes de Saint-Ferréol et de Peccaïs. A partir des volumes estimés, une masse annuelle de dépôts a été calculée afin de comparer cette masse aux volumes connus apportés par le fleuve actuel. Le passage d'un volume à une masse a été obtenu à partir d'une densité de 2,65 et d'une porosité de 80 %. Les masses annuelles obtenues (Tableau 4), entre 1,6 et 0,33 millions de tonnes/cal BP sont nettement en-dessous des estimations des apports actuels du fleuve, environ 8 millions de tonnes en moyenne de charge solide totale (Antonelli, 2002) alors que celles-ci sont considérées comme en nette diminution depuis la fin du XIXe siècle (Maillet *et al.*, 2006 a). Cependant, Maillet *et al.* (2006 b) estiment les bilans de sédimentation dans la zone 0/-20 m à 0,47 millions de tonnes/an pour la période 1995-2003. De plus, les variations probablement assez importantes de porosité des sédiments en fonction de la granularité, de leur position dans la stratigraphie et de leur âge expliquent probablement aussi en partie l'écart entre les valeurs obtenues.

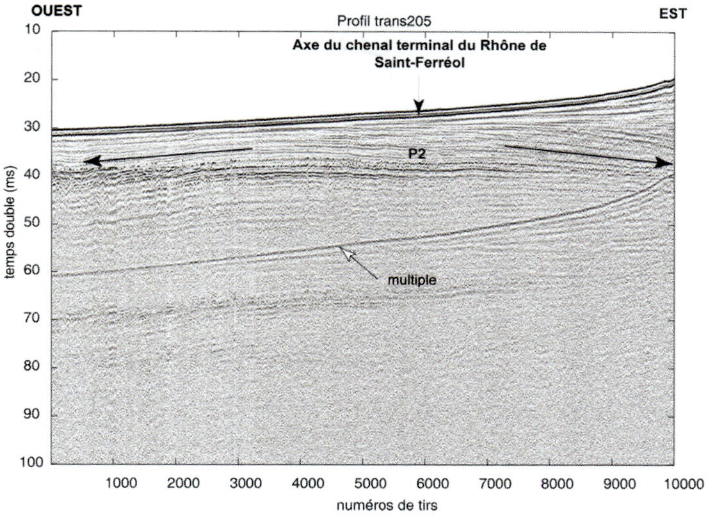

Figure 6 - Profil sismique réflexion Trans2.05 interprété. Les clinoformes (surface réflexive) du prisme 2 sont de direction opposée sur ce profil Est-Ouest recoupant en travers le lobe fossile de Saint-Ferréol. Cette morphologie lenticulaire, axée sur le chenal fluvial fossile permet sans aucun doute de rattacher ce prisme 2 au lobe délimité à terre à partir des cordons.

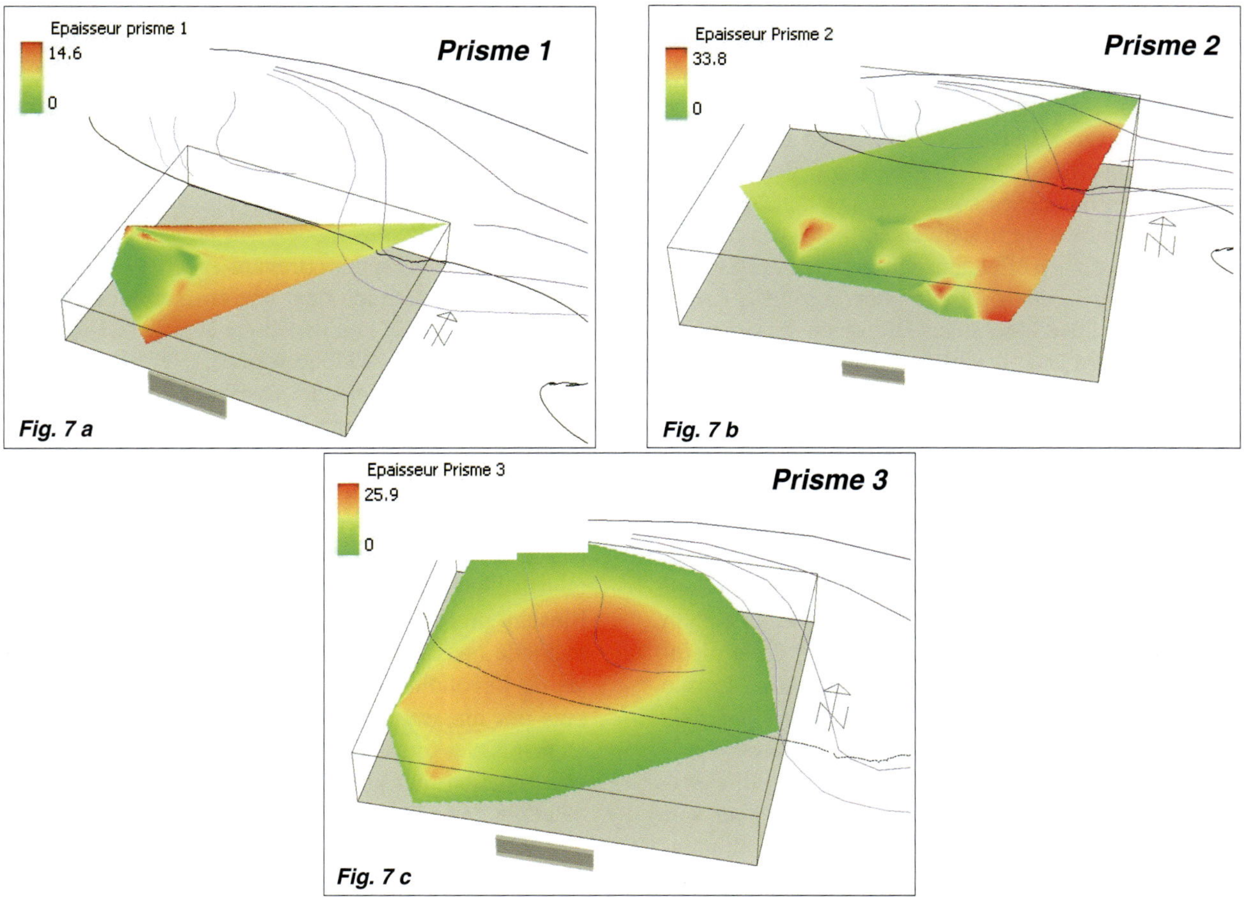

Figure 7 - Prismes 3D reconstitués à partir des profils sismiques et des carottages. Le prisme 1 (Figure 7a) très mal contraint semble s'épaissir vers le large, il peut s'agir d'un artefact lié à l'interprétation des profils exagérés par l'interpolation sous SIG. Cependant, il est possible que l'accumulation du prisme 1 provienne d'une chenal alluvial situé plus à l'est et dont le dépôt centre (maximum d'épaisseur) pourrait se situer sur le plateau continental interne. Le prisme 2 (Figure 7b) est volontairement contraint de façon dissymétrique, le volume total du prisme obtenu dans le tableau 4 est multiplié par 2 pour obtenir un volume plus proche de la réalité. Notez le dépôt centre au niveau de l'axe du chenal et au centre du lobe, ce qui est tout à fait conforme à l'architecture deltaïque théorique. Le prisme 3 (Figure 7c) de forme lenticulaire devrait être plutôt dissymétrique compte tenu de la forme du lobe à terre. Il s'agit sans aucun doute d'un artefact d'interpolation.

Prisme	Volume total en m3	Âge cal BP	durée cal BP	Volume annuel en m3	masse en t	masse en t/an cal BP
P1	1 012 155 701	10090-11709	1619	625 173	536 442 521	331 342
P2	13 274 001 094	1950-8559	6609	2 008 473	7 035 220 580	1 064 491
P3	2 680137 215	2695-398	2297	1 166 799	1 420 472 724	618 403

Tableau 4 - Estimation des volumes pour les prismes sédimentaires identifiés par sismique et carottage. Le volume total du prisme P2 a été multiplié par 2 après estimation sous SIG du demi volume initial compte tenu des limites cartographiques imposées au prisme sédimentaires.

Discussion et Conclusion

La comparaison des différentes méthodes de quantification de l'accumulation sédimentaire deltaïque (Figure 8) démontre partiellement le rôle des contrôles eustatiques et géomorphologiques dans la variation de la sédimentation. Il faut pour cela, d'une part tenir compte de la position des carottages par rapport à l'embouchure (mécanismes de colmatage de l'espace marin préalable permettant l'émersion puis l'avancée de la plaine), et d'autre part de la variation du niveau marin relatif. Ainsi dans un premier temps, les prismes sédimentaires de la plate-forme interne sont construits dans un contexte d'élévation du niveau marin (Gensous et Tesson, 2003), et les modèles âge/profondeur de ces prismes (Berné *et al.*, 2007) confirment la bonne adéquation avec les courbes globales de variation du niveau marin (Bard *et al.*, 1996). Cependant les premiers dépôts holocènes sous la plaine deltaïque sont quant à eux moins significativement liés à ces courbes du niveau relatif. En effet, alors qu'une rapide élévation du niveau marin relatif semble intervenir de -41 m et -30 m entre 11 090 et 9730 cal BP (datations sur corail extra site ; Bard *et al.,* 1990) le prisme P1 et sa plaine deltaïque associée se mettent en place. En revanche la surface de ravinement très nette au sommet du prisme P1 visible sur les profils sismiques et dans le carottage SF, est très étroitement liée à l'accélération de l'élévation du niveau marin mise en évidence entre un point local, les Renaïres, situé sur la partie orientale du Golfe de Fos, et un point de la courbe de la Barbade (Bard *et al.*, 1990). Le contrôle eustatique jouerait ici à plein dans l'architecture des dépôts du delta et de la plate-forme. Dans un deuxième temps, l'important espace d'accumulation potentiel créé par la rapide montée du niveau marin fait chuter le taux d'accumulation verticale. Il faut attendre la diminution de la vitesse d'élévation du niveau marin à partir de 8500 cal BP pour voir le volume d'accumulation annuel augmenter, et attendre encore presque 2 millénaires vers 7000 cal BP pour voir la plaine deltaïque prograder d'abord lentement, et ce, durant 4 millénaires (Figure 7).

Enfin, alors que la courbe locale de la variation du niveau marin (Vella et Provansal, 2000) marque un second très fort ralentissement, les différentes mesures de la sédimentation restent constantes. C'est seulement en fin de période de ralentissement que le taux d'accumulation verticale, puis la progradation deltaïque augmentent très fortement. Cet épisode correspondant au premier Age du Fer, n'est donc pas lié à la courbe d'élévation du niveau marin relatif, et si le rapprochement de l'embouchure du point de carottage joue probablement une rôle important dans la variation verticale de la sédimentation cela n'explique pas totalement le bond de progradation de la plaine qui aurait pu intervenir pour les autres phases de progadation des différents cordons composant le lobe de Saint-Ferréol. Il s'agit ici probablement d'un épisode détritique qui à ce jour était mal cerné chronologiquement sur le delta du Rhône et qui avait été seulement reconnu qualitativement (Arnaud-Fassetta, 1998). En revanche, l'épisode, décrit comme un changement climatique majeur plus froid et plus humide, est bien identifié en Europe centrale et septentrionale (Lamb, 1982 ; Magny, 1993 ; Dark, 2006 ; Magny *et al.*, sous presse) et bien qu'enregistré de façon plus modéré sur le bassin versant du Rhône moyen et amont (Bravard *et al.*, 1997 ; Berger *et al.*, 2007) il se traduit par une crise érosive majeure (Berger *et al.*, 2007) ou détritique dans le sud-est de la France (Bruneton, 1999 ; Provansal, 1992). A contrario, en Languedoc, cet épisode érosif ou détritique semble moins nettement marqué (Devillers et Provansal, 2003).

Des trois méthodes proposées pour estimer le bilan sédimentaire holocène du delta du Rhône, la quantification des surfaces progradantes de la plaine émergée, pour les lobes de Saint-Ferréol et de Peccaïs, est pour l'instant probablement la plus fiable. Cependant, cette méthode nous limite aux périodes relativement récentes de l'évolution du delta. Les calculs des volumes, puis des masses, sont probablement les plus prometteurs mais les prismes sédimentaires doivent être mieux contraints en mer et à terre par des carottages et des datations radiocarbone. En l'état actuel, cette méthode a conduit à sous-estimer les apports annuels bien qu'il faille distinguer apports fluviatiles totaux et sédimentation dans la zone deltaïque. En effet, une part de la sédimentation est dispersée sur le plateau distal ou même vers l'extérieur. L'extrême variabilité des taux verticaux de sédimentation rend compte d'une influence déterminante des contraintes géomorphologiques que sont la position des embouchures non constante dans le temps et l'espace, et la variation du niveau marin relatif.

Du point de vue des variations probables des flux

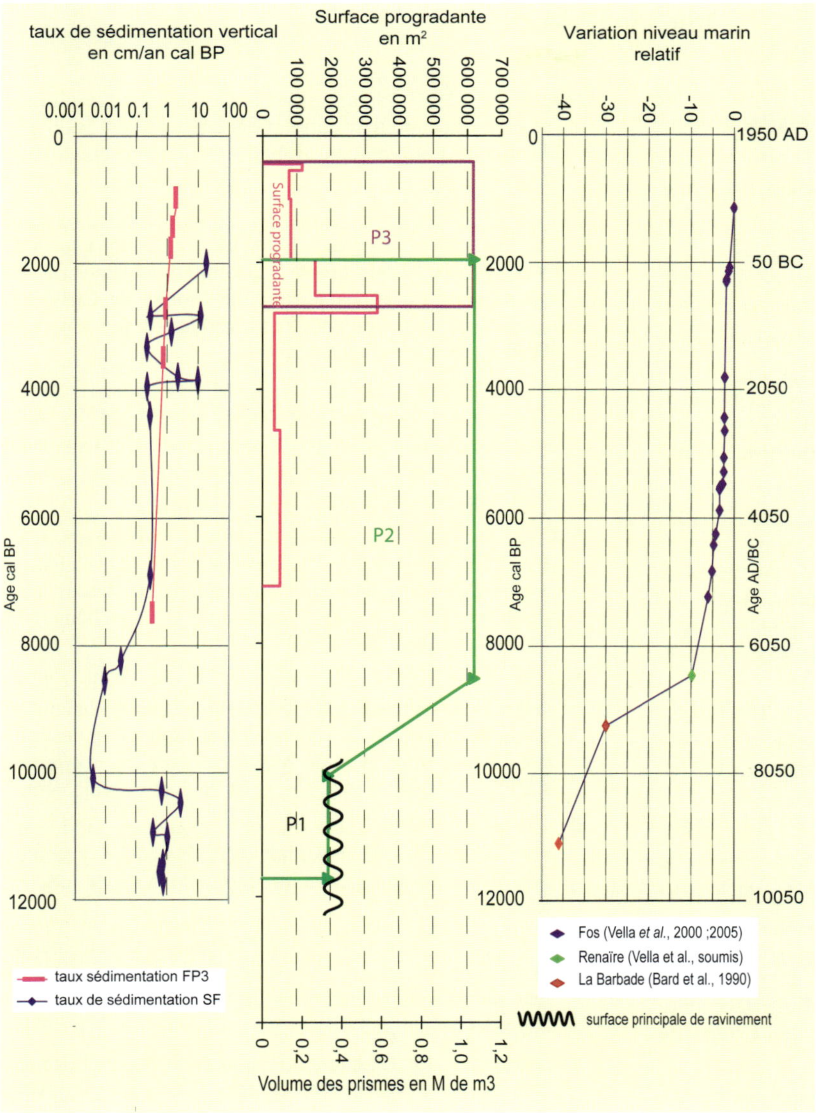

Figure 8 - Comparaison des quantifications des stocks sédimentaires sur le delta du Rhône à la courbe de la variation du niveau marin relatif. Le taux de sédimentation vertical est très fortement influencé par le milieu de dépôts et la position des embouchures par rapport au point de carottage. En revanche les surfaces progradantes totalement indépendante des issus des carottages profonds rendent compte d'une accélération de la progradation durant le 1er Age du Fer. La courbe du niveau marin influence nettement le taux d'accrétion vertical par le biais de l'espace crée par son élévation. Volumes accumulés dans les prismes et rythme d'accumulation sont eux aussi très fortement influencés par la variation eustatique.

sédimentaires, deux faits ont été mis en évidence dans cette étude :

- Le premier Age du Fer correspond clairement à un épisode de très rapide progradation en lien probable avec une phase détritique. Cet événement est pour la première fois clairement identifié, quantifié et contraint chronologiquement sur le delta du Rhône. Dans cette étude, le second Age du fer est caractérisé lui aussi par une phase de progradation rapide, moindre que la précédente, alors que le Petit Age Glaciaire moins bien cerné chronologiquement a été par ailleurs mis en évidence comme la dernière phase de progradation rapide du delta (Maillet *et al.*, 2006 a).
- Le comportement sédimentaire du delta du Rhône semble en décalage complet avec le comportement aval des petits bassins versant duranciens (Miramont *et al.*, 2008). Alors que durant le Tardiglaciaire et la première partie de l'Holocène, le stockage est important en tête de bassin versant, la seconde partie de l'Holocène est caractérisée par une incision des dépôts et un faible stockage. Il est cependant prématuré pour convenir d'une faiblesse des exportations vers l'aval durant la première période du fait d'un stockage car l'ensemble des dépôts de la plate-forme n'ont pas encore été réellement quantifiés. Et l'existence de plusieurs prismes rendent compte de l'existence de fortes accumulations sédimentaires (Berné *et al.*, 2007, Labaune *et al.*, sous presse). Durant la seconde période, l'exportation d'une part importante de matériel est aussi envisageable depuis l'amont par remaniement et incision des premiers dépôts et / ou par transit de la charge dans les chenaux incisés.

Remerciements

Cette étude a été financée par le GDR MARGES, le programme européen Eurodelta (contract EVK3-CT-2001-20001), l'ANR ARMILIT n° NT_NV_27/2005 ; les travaux de terrains ont été réalisés grâce à l'aide logistique de la Réserve Nationale de Camargue (merci à Eric Coulet) et du domaine de la Palissade (merci à JC Briffaut). Les auteurs remercient Philippe Dussouillez (CEREGE), Brigitte Talon (IMEP), Michel Bourcier (COM), Philippe Blanchemanche (UMR 5140 : Archéologie des Sociétés Méditerranéennes), Philippe Plantevin (SOACSY), Philippe Geniez, l'équipage du Théthys II et les moyens CIRMAT/CIRMED, Monsieur Michel Guillemard (CETE) pour sa maîtrise du carottage CPS, la Compagnie des Salins du midi et des salines de l'est, Madame et Monsieur Flandrin pour l'accès aux zones de carottage, ainsi que Monsieur le directeur de port Gardian.

Bibliographie

Antonelli C., 2002 Flux sédimentaires et morphogenèse récente dans le chenal du Rhône aval. Thèse de l'université de Provence, Aix en Provence.

Arnaud - Fassetta G., 1998. Dynamiques fluviales holocènes dans le delta du Rhône. Thèse université de Provence, Aix en Provence.

Bard E., Hamelin B., fairbanks R., G., Zindler A., 1990. Calibration of the ^{14}C timescale over the past 30 000 yers using mass spectrometric U-Th ages from Barbados corals. *Nature*, 345, 405-410.

Bard E., Hamelin B., Arnold M., Motaggioni L., Cabioch G., Faure G., Rougerie F., 1996. Deglacial sea-level record from Tahiti corals and timing of global meltwater discharge. *Nature*, 382, 241-244.

Berger J.-F., Brochier J.-L., Vita J., Delhon C., Thiébault S., 2007. Nouveau regard sur la dynamique des paysages et l'occupation humaine à l'Âge du Bronze en moyenne vallée du Rhône. *In* Richard H., Mordant C. (éd), Le Temps, Actes du 129e congrès des CTHS, Besançon, avril 2004, Emprises, déprises et rythmes agricoles à l'Âge du Bronze, Paris, Éditions du CTHS, 260-283.

Berné S., Jouet G., Bassetti M. A., Dennielou B., Taviani M., 2007. Late Glacial to Preboreal sea-level rise recorded by the Rhône deltaic system (NW mediterranean). *Marine Geology,* 245, 65-88.

Bravard J.P., Verot-Bourrely, Franc O., 1997. Paléodynamique du site fluvial de Lyon depuis le tardiglaciaire. *In* Bravard, Presteau (éd). *Documents d'Archéologie Rhône-Alpes*, 15, 177-201.

Bruneton H., 1999. Evolution Holocene d'un hydrosystème nord-méditerranéen et de son environnement géomorphologique : La plaine d'Arles et l'interface entre le massif des Alpilles et le Rhône. Thèse de l'Université de Provence, 363 p.

Dark P., 2006. Climatic deterioration and land use change in the first millennium BC : Perspectives from the British palynological records. *Journal of Archeological Science,* 33, 1381-1395.

Devillers B., Provansal M., 2003. La morphogenèse d'un système cultivé depuis le néolithique récent : les petits bassins versants de la moyenne vallée de l'Hérault, France. *Géomorphologie*, 2, 83-98.

Gensous B., Tesson M., 2003. L'analyse des dépôts postglaciaires et son application à l'étude des séquences de dépôt quaternaire terminal sur la plate-forme au large du Rhône (Golfe du Lion). *Bull. Soc. Géol. Fr.*, 174, 401-419.

Labaune C., Tesson M., Gensous B., (sous presse) Variability of the transgressive stacking pattern under environmental changes control: Example from the Post-Glacial deposits of the Gulf of Lions inner-shelf, Mediterranean, France. *Continental Shelf Research.*

Lamb, 1982 . Climate, history and the moderne word, London Routledge,.

Magny M., 1993. Solar influences on Holocene climatic changes illustarted by correlations between past lake-level fluctuations and the atmospheric, ^{14}C record. *Quaternary Research,* 40, 1-9.

Magny M., Peyron O., Gauthier E., Rouèche Y., Bordon A., Billaud Y., Chapron E., Marguet A., Pétrequin P., Vannière B., (sous presse). Quantitative reconstruction of climatic variations during the bronze an early iron ages based on pollen and lake-level data in the NW Alps, France. *Quaternary International.*

Maillet G., Vella C., Provansal M., Sabatier F., 2006a. Connections between the Rhône river and its delta (part 2) : evolution of the Rhône river mouth since the beginning of the 18th century, Géomorphologie : relief, processus, environnement, 2, 125-140.

Maillet G., Vella C., Berné S., Friend P. L., Amos C.L., Fleury T. J., Normand A., 2006b. Morphological changes and sedimentary processes induced by december 2003 flood event at the present mouth of the Grand Rhône river. *Marine geology*, 234, 159-177.

Miramont C., Boutterin C., Sivan O ; Bruneton H. (2008). Grandes séquences et principales ruptures morphogéniques en Haute Provence. : Les complexes sédimentaires des petits organismes torrentiels de Moyenne Durance. *Collection EDYTEM*, 6, 145-154, Cahiers de Paléoenvironnement.

Oomkens E., 1970. Depositional sequences and sand distribution in the postglacial Rhône delta complex. *In* Deltaic sedimentation modern and ancient, ed. J.P. Morgan, 198-211.

Pons A., Tony C., Triat H., 1979. Edification de la Camargue et histoire holocène de sa végétation. *In* recherches sur les communautés halophiles de Camargue. *Terre et vie,* 2, 18-30.

Provansal M., 1992. Le rôle du climat dans la morphogenèse à la fin de l'Age du fer et dans l'Antiquité en Basse Provence. *Les nouvelles de l'archéologie*, 50, 21-26.

Radakovitch O., Charmasson S., Arnaud M., Bouisset P., 1999. 210Pb and Caesium accumulation in the Rhône delta sediments. *Estuarine, Coastal and Shelf Science*, 48, 77-92.

Rey T., Lefevre D., Vella C., 2006. Données nouvelles sur les lobes deltaïques du paléogolfe d'Aigues-Mortes à l'Holocène (Petite Camargue, France). *Quaternaire*, 16, 4, 329-338.

Siani G., Paterne M., Arnold M., Bard E., Métivier B., Tisnerat N., Bassinot F., 2000. Radiocarbon reservoir ages in the Mediterranean Sea and Black Sea. *Radiocarbon*, 42, 271-280.

Vella C., Fleury J., Raccasi G., Provansal M., Sabatier F. Bourcier M., 2005. New chronology of Rhône delta sedimentary bodies. *Marine Geology*, 222-223, 235-265.

Vella C., Provansal M., 2000. Relative sea-level rise and neotectonic events during the last 6500 yr on the southern eastern Rhône delta, France. *Marine Geology*, 170, 27-39.

Végétation et Sols

Au recto - Le Mont Outheran dans le Massif de la Chartreuse.

ESQUISSE AU CHARBON DE BOIS DES PAYSAGES D'ALTITUDE DES ALPES DU SUD

FRANCE

A CHARCOAL PORTRAIT OF A HIGH ALTITUDE LANDSCAPE IN THE SOUTHERN FRENCH ALPS: A PEDOANTHRACOLOGICAL STUDY OF VEGETATION CHANGE DURING THE HOLOCENE

Brigitte TALON

Aix-Marseille Université (Université Paul Cézanne), Institut Méditerranéen d'Ecologie et de Paléoécologie (IMEP UMR CNRS/IRD), Bâtiment Villemin, Europôle de l'Arbois, BP 80, F 13545 Aix-en-Provence cedex 04.

Contact : brigitte.talon@univ-cezanne.fr

Résumé

L'analyse pédoanthracologique s'appuie sur l'identification et la datation des fragments de charbons de bois présents dans les sols. Cette discipline permet de reconstituer, avec une grande précision spatiale, l'histoire de la végétation ligneuse incendiée. Appliquée à l'étude de la zone supraforestière des Alpes internes du sud, elle nous a permis de reconstituer l'histoire des paysages de la zone supraforestière en relation avec les activités anthropiques principalement. Tous les prélèvements de sols effectués (33), répartis entre 1950 m et 2919 m d'altitude dans l'étage asylvatique, contiennent des charbons de bois, qui témoignent de l'importance des feux dans la mise en place des structures actuelles du paysage. L'analyse anthracologique révèle que Pinus cembra L. et Larix decidua Mill. occupaient toute l'étendue asylvatique d'altitude. Entre 2400 m et 2700 m, la végétation est composée principalement d'une lande à Juniperus et Ericaceae, clairsemée de pins cembro et de mélèzes : la limite supérieure des arbres atteint l'altitude de 2700 m. Ces résultats indiquent un abaissement de la limite supérieure des arbres de près de 500 m depuis 5 000 BC. L'âge des charbons, compris entre 5 000 BC et l'actuel, montre que les changements dans la végétation et la structure du paysage sont liés principalement aux activités agro-pastorales. La zone supra-forestière actuelle est le résultat de l'action conjuguée des activités anthropiques et des conditions climatiques.

***Mots clés** : Alpes internes sud occidentales, anthropisation, charbon de bois, feu, Holocène, limite supérieure des arbres, Pinus cembra.*

Abstract

Pedoanthracological analysis is based on the identification and dating of charcoal fragments buried in soil. This method makes it possible to reconstruct with high spatial accuracy the history of burnt ligneous vegetation. When applied to the uppermost belt of the southern inner French Alps, it allows us to reconstitute the landscape history related to human activities. All of the samples (thirty four) derived from the treeless belt between 1950 m and 2919 m provided charcoal fragments. The latter are the testimony to the role of burning episodes in the establishment of present vegetational structures. Anthracological analysis shows that the upper forest belt as a whole was colonized by arolla pine (Pinus cembra L.) and larch (Larix decidua Mill.): up to 2400 m, forest communities were relatively closed and dominated by the arolla pine. Between 2400 m and 2700 m, plant communities consisted mainly of a Juniperus and Ericaceae heath, with scattered arolla pines and larches: the treeline reached 2700 m. Results show that the upper forest limit was about 500 m higher than today. Charcoal datings ranging from 5 000 BC to present demonstrate that agro-pastoral activities are responsible for vegetation changes and landscape structures. The present upper forest belt is the consequence of both human activities and climatic conditions.

***Keywords**: inner southern-western Alps, human activity, charcoal, fire, Holocene, treeline, Pinus cembra.*

Introduction

Les Alpes du sud, contrairement aux Alpes du nord, présentent des paysages très ouverts, plus arides. Les hameaux habités en permanence dépassent fréquemment 1800 m d'altitude (le plus célèbre est St-Véran, à 2010 m). La plupart des vallées présentent des contrastes de versants très marqués. Les forêts au-dessus de 2000 m d'altitude sont rares en versant sud, mais recouvrent la plupart des versants nord jusqu'environ 2400 m. La principale essence forestière est le mélèze, qui forme par endroits des forêts quasiment monospécifiques, mais les forêts mixtes de mélèze et de pin cembro sont fréquentes. Ces paysages familiers sont en train de lentement se modifier, sous les effets conjugués de la déprise agricole et du réchauffement climatique. Les mélèzes (*Larix decidua* Mill.) et les pins (*Pinus cembra* L., *Pinus uncinata* Mill.) colonisent les espaces ouverts désormais libérés de toute pression agro-pastorale. Le pin cembro connaît sous les forêts de mélèzes (appelées mélézins) une dynamique sans précédent, tandis que localement, le sapin s'étend comme s'il reprenait une place autrefois perdue. Les essences ligneuses sont partout en pleine progression altitudinale. On peut s'interroger sur les causes d'un tel phénomène. Deux facteurs principaux sont avancés pour expliquer cette dynamique : le changement climatique global, et la déprise agricole, amorcée au début du siècle dernier. Les écosystèmes d'altitude, étroitement liés aux conditions climatiques, répondraient de manière prononcée au réchauffement climatique observé et annoncé (Beniston, 2003). L'étude du marqueur le plus sensible, la limite supérieure des arbres (Tranquillini, 1979 ; Holtmeier, 1993) pourrait permettre d'apprécier l'ampleur des conséquences du réchauffement climatique sur la végétation : la remontée biologique actuelle est un exemple actuel de variation de la limite supérieure des arbres.

Nous nous sommes donc intéressés à l'histoire de la colonisation des versants des vallées alpines méridionales par la végétation forestière, et tout particulièrement aux variations de la limite supérieure de cette végétation au cours de l'Holocène pour tenter de comprendre l'altitude qu'elle atteint aujourd'hui et anticiper sur l'altitude qu'elle pourrait atteindre dans les décennies à venir. La résolution spatiale des analyses paléoécologiques n'est pas toujours satisfaisante quand il s'agit de reconstituer les fluctuations altitudinales précises de la limite supérieure des arbres dans les Alpes (Ponel *et al.*, 1992 ; Amman et Wick, 1993 ; Tessier *et al.*, 1993 ; Oeggl et Wahlmüller, 1994; David, 1995, 1997 ; Tinner *et al.*, 1996 ; Haas *et al.*, 1998 ; Nakagawa *et al.*, 000). Les sites propices à de telles investigations (tourbières, lacs) devenant rares au-dessus de 2400 m (Bortenschlager, 1993), l'analyse des charbons de bois conservés dans les sols peut devenir une source de données supplémentaire et complémentaire sur les fluctuations passées de la limite supérieure des arbres. Les charbons extraits de ces sols peuvent non seulement être datés par le radiocarbone, mais aussi être botaniquement identifiés (Thinon, 1992 ; Cherubini *et al.*, 1995 ; Talon, 1997 a ; Carcaillet, 1996, 1998 ; Carcaillet *et al.*, 1998 ; Talon *et al.*, 1998 ; Thinon et Talon, 1998 ; Ali *et al.*, 2004 ; Carnelli *et al.*, 2004). Nous présentons ici les résultats d'une campagne de prospections pédoanthracologiques menée dans les prairies et les pelouses des étages subalpins supérieurs et alpins des Alpes internes du sud (Talon, 1997 a). Les objectifs étaient les suivants : (1) reconstituer l'altitude maximale atteinte sur les versants sud par les arbres au cours de la reconquête postglaciaire Holocène et préciser la nature de ces arbres, (2) comprendre l'aire de distribution actuellement très fragmentée du pin cembro sur l'ensemble de la zone étudiée et enfin, (3) tenter de faire la part des facteurs environnementaux (climat, altitude...) et anthropiques dans la mise en place des paysages actuels.

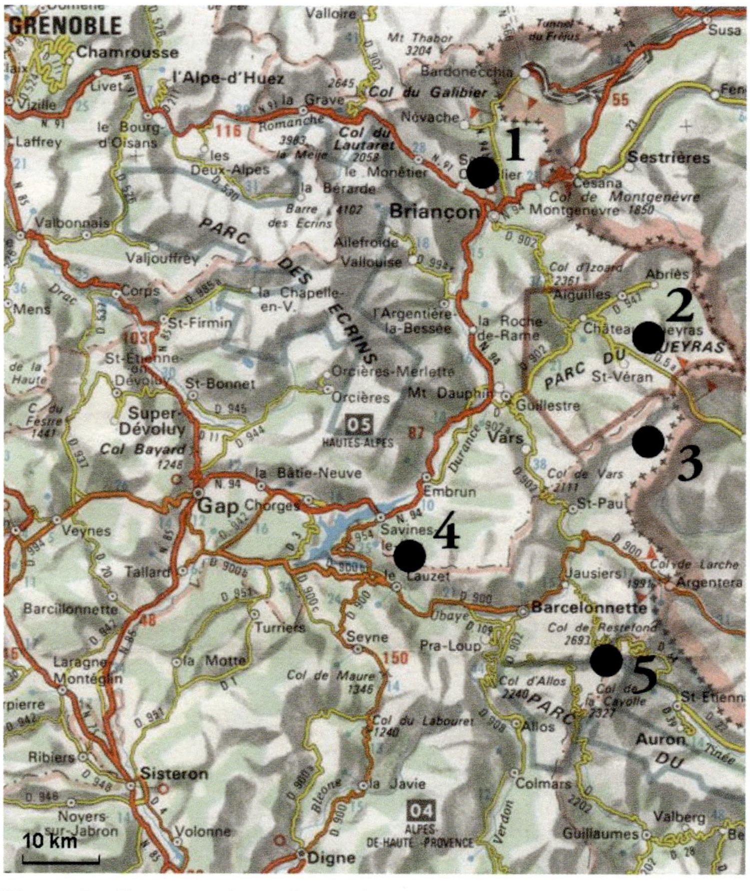

Figure 1 - Situation géographique des sites étudiés. (1) : Lac Cristol ; (2) Queyras, vallée de l'Aigue Agnelle ; (3) Haute Ubaye ; (4) Parpaillon ; (5) Col de Restefond et vallon de Sestrières. (IGN France).

I - SITE D'ÉTUDE

L'aire étudiée se trouve au coeur des Alpes sud-occidentales françaises (Figure 1), que l'on sépare traditionnellement des Alpes occidentales du nord par la « limite des cols » (col de la Croix-Haute, col Bayard et col du Lautaret). La zone interne, ou zone intra-alpine, s'étend du nord au sud sur près de 100 km, du Briançonnais à la Haute Tinée. Ce secteur des Alpes françaises est caractérisé par un climat relativement xérique, à tendance continentale marquée (Ozenda, 1985). Les sites d'études sont répartis le long d'un transect nord-sud, du Briançonnais (Lac Cristol 44°59'N-6°36'E) à la Haute Tinée (Col de Restefond et vallon de Sestrières 44°20'N-6°48'E) en passant par le Queyras (Vallée de l'Aigue Agnelle 44°42'N-6°55'E), la vallée de l'Ubaye (Maljasset 44°35'N-6°52'E), et le Massif du Parpaillon (44°29'N-6°39'E) (Figure 1).

Les principales espèces arborescentes subalpines actuelles sont les pins (*Pinus sylvestris* L., *P. uncinata*, *P. cembra*) et le mélèze. La limite actuelle des forêts en versant nord est à 2400 m. Les versants sud au-dessus de 2000 m sont pour la plupart entièrement déboisés et dévolus aux prairies de fauche et/ou aux pâturages. Les contrastes de versants sont de ce fait très marqués (Figure 2).

Figure 2 - Contraste de versants dans la Vallée de l'Aigue Agnelle (Queyras). Les versants sud, en pente douce, sont cultivés et pâturés du fond de la vallée aux crêtes sommitales. Les versants nord, plus abrupts, sont restés boisés jusque vers 2400 m d'altitude (mélèzes).

II - MATÉRIEL ET MÉTHODE

Pour quatre des sites étudiés (Cristol, Queyras, Haute Ubaye et Restefond), nous avons réalisé des transects altitudinaux de fosses pédologiques, de la limite actuelle des forêts (environ 2000 m en versant sud) aux points les plus élevés (col, crête) des pelouses alpines (environ 2900 m). Seul le site de Parpaillon n'a fait l'objet que de prélèvements ponctuels. Ce sont au total 33 prélèvements qui ont été analysés, soit environ une tonne de terre qu'il a fallu tamiser.

Un prélèvement pédoanthracologique consiste à creuser une fosse pédologique jusqu'au matériel parental et à prélever une quinzaine de litres de terre, par niveau de 10 à 15 cm d'épaisseur. Les charbons n'étant pas visibles à l'œil nu dans la plupart des sols d'altitude, le profil est échantillonné sur toute sa hauteur, sans *a priori*. Les échantillons de sol une fois séchés et pesés sont tamisés à l'eau sur une colonne de trois tamis (5 mm, 2 mm et 400 µ) (Carcaillet et Thinon, 1996). Chaque refus de tamis est séché puis trié. Les charbons recueillis ont en moyenne une taille comprise entre 1 mm et 400 µm pour les sols les plus pauvres en charbons et situés les plus hauts en altitude, mais nous en retrouvons fréquemment dans le tamis de 2 mm pour les sols échantillonnés entre 2000 m et 2400 m. Les charbons sont identifiés au microscope optique épiscopique, aux grossissements 500x et 1000x. L'identification se fait à l'aide des descriptions anatomiques des bois des atlas xylologiques (Jacquiot, 1955 ; Jacquiot *et al.*, 1973 ; Schweingruber, 1990) et par comparaison avec les charbons de l'anthracothèque de référence (IMEP UMR CNRS 6116). Les identifications des charbons des sols de haute altitude atteignent rarement le rang spécifique et beaucoup restent inidentifiables. La précision des identifications dépend beaucoup de la taille et de l'état de conservation des charbons (plus ils sont petits et abîmés, plus c'est difficile) mais aussi de la nature du taxon à identifier. C'est ainsi que le mélèze et l'épicéa, dont les exigences écologiques sont très différentes mais dont l'anatomie du bois est très proche, sont impossibles à distinguer sur de tout petits charbons (Talon, 1997b). Ils seront notés *Larix/Picea* dans les résultats, mais seront interprétés le plus souvent comme étant du mélèze, compte tenu des altitudes défavorables à l'épicéa auxquelles ils ont été trouvés.

III - Résultats

Le résultat le plus inattendu a été de trouver des charbons de bois dans tous les sols analysés, même aux altitudes les plus hautes (Tableau 1). La constance de ces occurrences supprime le caractère accidentel de la présence des charbons dans les sols d'altitude (feux de bergers ou de chasseurs lors d'une halte, par exemple). La plupart ont pu être identifiés : *Larix/Picea*, *Pinus cembra*, des ligneux constitutifs de la lande à genévrier et éricacées (*Juniperus*, *Vaccinium*, *Arctostaphylos*, et Ericacées indéterminées). Les deux essences les plus abondantes, que ce soit qualitativement, en termes de fréquence d'apparition dans les transects, ou quantitativement, en nombre de fragments, sont le mélèze/épicéa et le pin cembro. Ils sont toujours accompagnés des petits ligneux caractéristiques de la lande (éricacées, genévrier).

Le pin cembro a été trouvé dans tous les sites étudiés, et dans quasiment tous les sols. Or, cette espèce est aujourd'hui absente des sites étudiés aux mêmes altitudes, ou représentée par de rares individus, comme au lac Cristol.

Afin de rendre les données quantitatives comparables d'un sol à un autre et d'un site à un autre, nous avons calculé la concentration totale en charbons de chaque sol (ASG, ou anthracomasse spécifique générale) en rapportant la quantité totale de charbons récoltée (> 400 µm), exprimée en mg, à la quantité de terre tamisée (< 5 mm) exprimée en kg. Nous obtenons ainsi la richesse en charbon par kilo de terre. Tous les sols ont été rangés par ordre d'altitude, indépendamment de leur situation géographique (Figure 3). Les anthracomasses spécifiques, vraiment très variables d'un sol à l'autre, sont présentées sur une échelle logarithmique. Il apparaît nettement sur la figure que la concentration en charbons diminue à mesure que l'on s'élève en altitude, et ce dans les quatre transects réalisés. La décroissance survient de façon abrupte, vers 2400 m environ, quel que soit le site d'étude. Une deuxième chute a lieu vers 2700 m. Au-delà de cette altitude, les quantités de charbons récoltées sont infimes, mais des charbons sont bel et bien là.

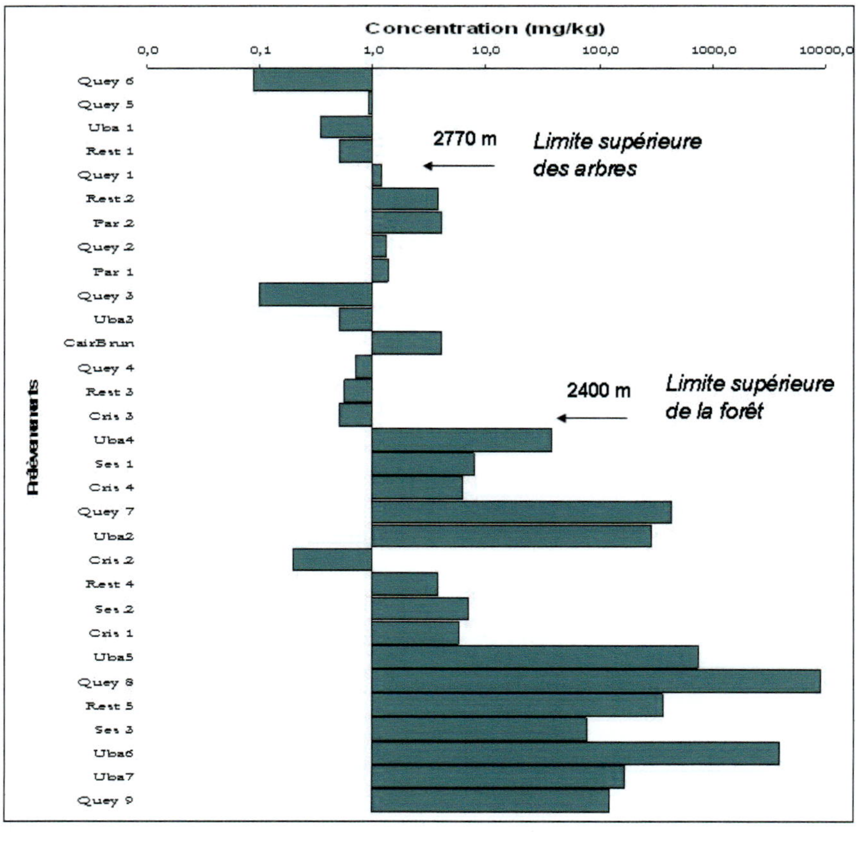

Figure 3 - Diminution de la concentration en charbons dans les sols avec l'élévation en altitude, tous transects confondus. L'échelle logarithmique des valeurs de concentrations permet de déceler deux seuils correspondant respectivement à la limite supérieure des forêts et la limite supérieure des arbres.

Secteurs	**Prélèvements**	**Altitude**	**Exposition**	***Larix/Picea***	***Pinus cembra***	***Ericaceae***	***Juniperus***	***Salix***	***Vaccinium***	***Rosaceae***	***Pinus sylv./uncinata***	***Betula***	***Arctostaphylos***	***cf. Ononis***	***Rhododendron***	***Pinus sp.***
Fréquences d'apparition %				91	80	54	51	17	17	17	14	9	9	9	6	6
Cristol	Cris 3	2450	ENE		rien d'identifiable											
	Cris 4	2400	E	x	x	x										
	Cris 2	2310	NO		x											
	Cris 1	2250	SE	x	x	x	x									
Queyras	Quey 6	2919	SO	x												
	Quey 5	2870	SO	x		x		x		x						
	Quey 1	2775	NO	x	x											
	Quey 2	2670	S	x	x		x		x							
	Quey 3	2665	N	x												
	Quey 4	2635	S	x	x		x									
	Quey 7	2400	SO	x	x	x	x		x	x						
	Quey 8	2200	O	x	x	x	x	x	x	x		x				
	Quey 9	1950	N	x	x	x	x			x	x					x
Haute Ubaye	Uba 1	2850	S	x		x										
	Uba3	2650	S	x	x						x					
	Uba4	2430	N	x	x	x										
	Uba2	2330	NO	x	x	x	x		x				x	x		
	Uba5	2210	O	x	x	x							x			x
	Uba6	2050	O	x	x	x	x			x	x					
	Uba7	1970	E	x	x	x	x	x			x					
Parpaillon	Par1	2670	SE	x	x											
	Par2	2675	SE	x	x											
Restefond	Rest 1	2810	ESE	x	x											
	Rest 2	2685	NO	x	x		x	x								
	Cair 1	2650	NO	x	x	x	x									
	Cair 2	2650	S	x	x	x	x	x				x	x	x		
	Cair 3	2650	SO	x	x	x	x								x	
	Rest 3	2500	S	x	x	x						x				
	Rest 4	2300	N	x	x	x										
	Rest 5	2100	NO	x	x	x	x			x				x	x	
Sestrières	Ses 1	2440	E	x	x						x					
	Ses 2	2270	S	x			x		x							
	Ses 3	2070	SE	x	x	x	x	x	x							

Tableau 1 - Résultats des identifications présentés en présence/absence. Les fréquences d'apparition expriment le nombre de prélèvement sur les 33 réalisés dans lequel le taxon a été identifié. Les sols d'un même transect ont été rangés par ordre d'altitude croissante.

Vingt neuf fragments de charbon identifiés ont été traités dans un bain d'hexamétaphosphate de sodium pendant 24 heures pour en extraire les acides humiques, avant d'être envoyés à dater par le radiocarbone (technique AMS) au National Science Foundation Arizona AMS Facility Laboratory, Tucson (USA) et au Poznań Radiocarbon Laboratory (Pologne). Pour chaque site, la sélection des charbons s'est effectuée sur la base de l'essence identifiée, de la masse de chaque fragment (> 1 mg), et de leur localisation au sein du profil. Le choix a surtout été contraint par la taille des fragments, souvent trop petite pour atteindre la masse limite de 1 mg de carbone en dessous de laquelle la datation n'est plus possible. Ceci explique la rareté des datations disponibles pour les sols situés au-delà de 2400 m d'altitude. Les dates obtenues ont été calibrées avec le programme Calib Rev 4.4.2 (Stuiver et Reimer, 1993). Trois périodes de feu se distinguent nettement : (1) 5 000 à 4 500 cal. BC, (2) 3 000 à 1 000 cal BC et (3) entre 100 et 1 900 cal AD (Figure 4).

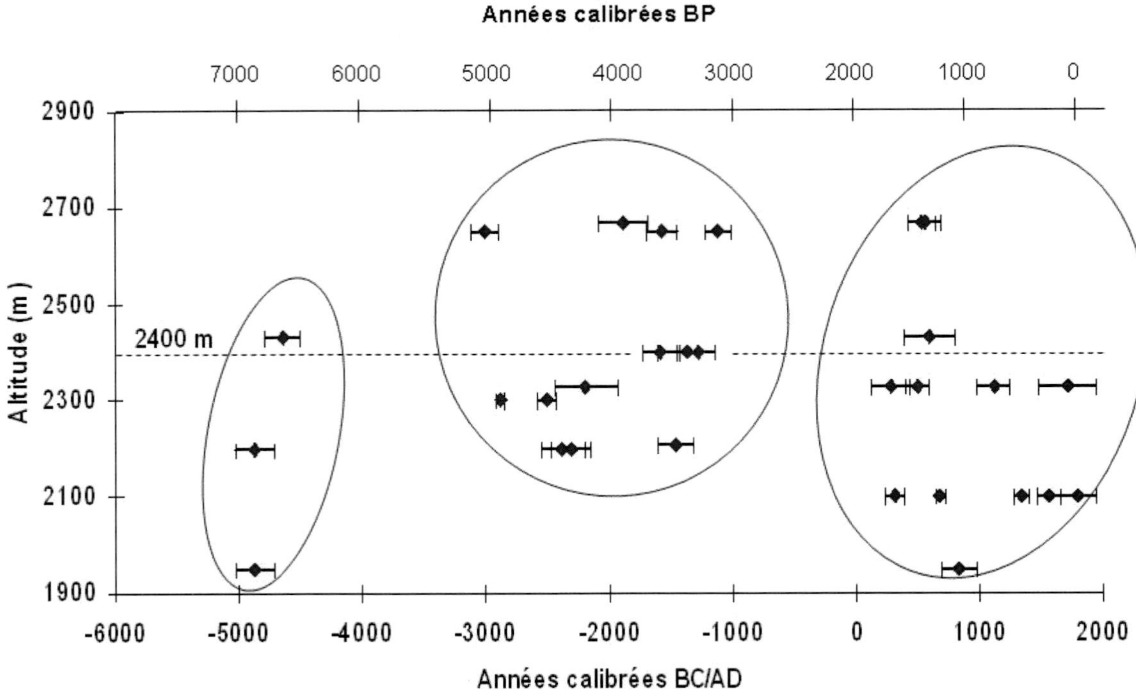

Figure 4 - Chronologie des événements de feux basée sur l'ensemble des datations AMS (dates calibrées) obtenues dans le cadre de cette étude(Carcaillet et Talon, 2001 ; Talon et al., 1998 ; Talon, non publiées). La fréquence des feux augmente à partir de 3 000 BC dans toute l'actuelle zone supraforestière.

IV - Discussion

1 - Limite supérieure des forêts et des arbres

La chute des concentrations en charbons avec l'altitude (Figure 3) s'observe dans tous les transects étudiés mais s'exprime chaque fois selon des modalités différentes selon les sites, liées aux caractéristiques stationnelles et à l'histoire particulière de chaque vallée. La haute résolution spatiale des données pédoanthracologiques permet de rendre compte de cette hétérogénéité des enregistrements de charbons dans les sols (Touflan et Talon, accepté). L'altitude moyenne de 2400 m correspond à un seuil au-dessus duquel les concentrations chutent brusquement. Ce seuil peut correspondre à l'altitude maximale atteinte par la limite supérieure des forêts au cours de l'Holocène. Ce résultat confirme celui des études paléoécologiques réalisées à proximité de la zone d'étude (Beaulieu, 1977; Wegmüller, 1977; Fauquette et Talon, 1995 ; David, 1997 ; Edouard *et al.,* 2002) ou en Suisse (Carnelli *et al.,* 2002 par ex.). Entre 2400 m et 2770 m, les concentrations en charbons, beaucoup plus faibles, traduisent l'ouverture du milieu et la plus grande rareté des arbres. Nous sommes dans ce qu'on appelle la zone de combat (« kampfzone »), mosaïque végétale composée essentiellement de végétaux suffrutescents (*Juniperus, Vaccinium, Rhododendron, Arctostaphylos*) et de conifères isolés (*Larix/Picea* et *Pinus cembra*). La limite supérieure des arbres se situait donc dans notre secteur d'étude entre 2700 m et 2800 m d'altitude.

Au-dessus de 2800 m, les analyses anthracologiques ont permis d'identifier *Larix/Picea*, des petits ligneux (éricacées, rosacées) et très localement un saule (à 2919 m d'altitude). La quantité de charbons recueillie est trop faible pour raisonnablement étendre la limite supérieure des arbres jusqu'à des altitudes aussi extrêmes (2919 m). Nous préférons parler alors de limite d'espèces potentiellement arborescentes. Comment être certains que ces charbons ne proviennent pas d'un apport éolien ? Ils mesurent entre 1 mm et 500 microns et sont a priori très légers. Mais ces charbons ont une caractéristique. Ils présentent un aspect vitrifié, compact, sans aucune porosité. A taille équivalente, ils sont beaucoup plus denses qu'un charbon non vitrifié et n'ont pu pour cette raison être emportés par les courants de convection qui se forment inévitablement lors d'un feu. Ce phénomène de vitrification reste mal compris. Nous avons obtenu involontairement des charbons partiellement vitrifiés en carbonisant à haute température (600°C) du bois encore vert. Les parties vitrifiées étant moins sensibles à la fragmentation, ce sont elles que l'on retrouve dans les sols. Ces charbons, enfouis *in situ* sont donc les témoins de feux locaux. Leur présence dans les sols atteste de la destruction d'essences potentiellement arborescentes au-delà de 2700 m d'altitude, partout où il a été possible de faire des prélèvements.

2 - Distribution présente et passée du pin cembro

L'aire de répartition actuellement très fragmentée du pin cembro dans les Alpes du sud a longtemps été interprétée comme le reflet de ses exigences écologiques mais aussi comme le résultat des activités anthropiques et de ses difficultés à régénérer une fois le milieu ouvert (Bono et Barbero, 1971 ; Contini et Lavarelo, 1982 ; Rameau *et al.*, 1993 ; Chas, 1994). Nos résultats révèlent que cet arbre était très répandu dans tous les sites d'altitude pendant la première partie de l'Holocène, quels que soient le substrat (calcschistes, schistes lustrés, quartzites, flysch) et l'exposition (versants sud, mais aussi ouest ou nord). Le pin cembro a formé avec le bouleau (*Betula* sp.) et les éricacées la limite supérieure des forêts jusque vers 5600 BP, période à laquelle il commence à régresser au profit du mélèze (Talon, 1997a ; Ali *et al.*, 2005).

Les dates obtenues sur des charbons de pin cembro montrent que la majorité d'entre elles se situent entre 1731-1449 BC et l'actuel, en pleine période d'exploitation du milieu par les communautés humaines. Les plus anciennes sont antérieures à 5040-4729 BC. La régression de cet arbre s'est faite de façon progressive, et il n'a totalement disparu du paysage qu'après le Moyen Age (1478-1954 cal. AD pour la date la plus récente). Nous pouvons donc affirmer que sa distribution aujourd'hui discontinue résulte non pas d'exigences écologiques particulières, mais des pratiques humaines de gestion du milieu par le feu depuis plus de 6000 ans.

3 - Origine des feux : climatique ou anthropique ?

L'omniprésence des charbons de bois trouvés dans les sols de l'actuelle zone supraforestière révèle l'importance des feux dans la mise en place des formations végétales actuelles. Les feux sont plus fréquents à partir de 3000 cal BC (Figure 4), en accord avec les travaux récents (Carcaillet et Talon, 2001 ; Ali *et al.*, 2005). Sur les 29 dates AMS obtenues, seules trois sont antérieures à 4500 cal BC et correspondent au Néolithique ancien, période climatiquement favorable. Les autres sont centrées autour du Néolithique final (3000-2000 BC), qui coïncide avec la détérioration climatique de Piora 2, de l'âge du Bronze (2000-1000 BC), qui a connu un épisode climatiquement défavorable vers 1700 BC (Magny, 1995) et de l'âge du Fer (1000-200 BC), qui correspondrait à une nouvelle période de détérioration climatique (Provansal, 1995). Aucun feu n'a été enregistré dans nos sols pendant l'optimum climatique de l'époque romaine (200-0 BC) (Braudel, 1995). Le troisième ensemble de datations couvre la période comprise entre 200 BC et l'actuel, qui a connu des variations climatiques courtes, comme la détérioration du Haut Moyen Âge, vers 700 AD (Magny, 1995), l'Optimum médiéval (950-1045 AD) (Esper *et al.*, 2002) et enfin le Petit Age Glaciaire. Le nombre de datations disponibles pour cette étude (29) est insuffisant pour établir des correspondances plus précises entre données climatiques et épisodes de feu, mais il ne semble pas, à première vue, que les feux aient été contraints ou favorisés par les conditions climatiques. Si nous ne pouvons pas exclure une origine naturelle des feux, nos résultats nous incitent, en revanche, à penser que la majorité d'entre eux ont pour origine le mode de gestion du milieu par l'homme depuis le Néolithique. A l'appui de cette hypothèse, des prospections archéologiques récentes, qui soutiennent l'idée d'une date relativement précoce des premières pénétrations en haute montagne par des groupes humains issus de régions méridionales, consécutivement au reflux de l'englacement Würmien dans les Alpes du Sud (Walsh et *al.*, 2005 ; Walsh et Richer, 2006). Cependant, d'après ces auteurs, cette fréquentation précoce serait uniquement le reflet d'une présence saisonnière de groupes de chasseurs et non d'une occupation permanente du milieu. La fréquentation de la zone subalpine n'est vraiment devenue importante (en fréquence et durée) que pendant le troisième et le second millénaire BC, c'est-à-dire au Néolithique final et au début de l'âge du Bronze (Barge *et al.,* 1998 ; Walsh *et al.,* 2007). L'usage du feu pour la gestion des pratiques agropastorales a eu un profond impact sur la végétation à proximité des établissements humains, et a donné naissance à de grandes quantités de charbons (Clark *et al.,* 1989 ; Barbero *et al.,* 1990; Carcaillet, 1998 ; Carcaillet *et al.,* 1998). L'origine anthropique et/ou climatique des feux ne devra donc pas être trouvée sur la seule base des données pédoanthracologiques.

4 - Reconstitution de l'image de la végétation en fonction de l'altitude

L'étude pédoanthracologique des différents sites répartis le long d'un axe nord sud, du Briançonnais à la Haute Tinée, révèle l'ampleur des modifications survenues dans la composition de la végétation ligneuse à sa limite altitudinale supérieure depuis 5000 BC. Elle montre également que l'image de la végétation entre 2000 m et 2900 m varie peu d'un site à l'autre.

Vers 2000 m d'altitude, les charbons de mélèze dominent ceux du pin cembro dans les assemblages anthracologiques (Haute Ubaye, Restefond). Dans l'Ubaye et le Queyras, le pin de type sylvestre entre également dans la composition de ces peuplements. Entre 2200 m et 2400 m d'altitude, le pin cembro et le mélèze forment des peuplements mélangés, mais ce sont les charbons de pin cembro les plus fréquents. Ce résultat a été confirmé depuis par l'étude récente menée sur les forêts subalpines d'ubac du Queyras (Talon *et al.,* 2006 ; Touflan et Talon, accepté). Cette zone altitudinale aurait été dominée par le pin cembro. Le bouleau apparaît également dans les assemblages à 2200 m dans la vallée de l'Aigue Agnelle et à 2400 m en Haute Tinée. En raison du caractère pionnier de cette essence, sa présence marque un certain degré d'ouverture du milieu. Entre 2400 m et 2700 m d'altitude, donc au-dessus de la limite supérieure potentielle des forêts actuelles, les deux conifères sont toujours présents, ensemble, mais sans dominance marquée de l'un ou de l'autre, à l'exception du seul site de Parpaillon, où les charbons de *Larix/Picea* sont les plus abondants. L'omniprésence du mélèze mais aussi des végétaux constitutifs de la lande à fruticées (éricacées principalement) indique un milieu très ouvert. Au-delà de 2700 m d'altitude, la faible quantité de matériel récolté ne nous autorise pas à raisonner sur les importances relatives de ces taxons dans les sols. La présence de charbons dans les sols est réduite à quelques fragments, souvent vitrifiés. Mélèze et pin cembro ont cependant pu être identifiés. Une question se pose concernant la physionomie de ces taxons : le port prostré semble le plus plausible, associé à une réduction de la reproduction par voie sexuée.

Conclusion

Les résultats de ce travail montrent que toute la zone supraforestière actuelle (comprise entre 2400 m et 2900 m) était occupée jusque vers 5 000 cal BC par des essences ligneuses (*Pinus cembra*, *Betula* et *Larix* pour les taxons arboréens les plus fréquents, *Juniperus* et diverses éricacées pour la strate sous-arbustive). La limite des forêts atteignait 2400 m d'altitude et celle des arbres montait jusqu'à 2700 m. Aujourd'hui, la position de la limite des arbres traduit un abaissement d'au moins 500 m sur les versants exposés au sud et la composition des forêts témoigne des modifications subies : le mélèze est répandu partout tandis que l'aire du pin cembro s'est considérablement fragmentée. *Pinus cembra* était jusque vers la moitié de l'Holocène le conifère le plus abondant entre 2000 m et 2400 m d'altitude dans toutes les Alpes internes occidentales. Sa raréfaction est liée pour une grande part au manque de compétitivité de cette essence face à la concurrence du mélèze, essence pionnière qui a su profiter des défrichements anthropiques de la deuxième moitié de l'Holocène. La disparition totale de certaines vallées et des nombreuses stations où le pin cembro était autrefois l'essence dominante illustre l'ampleur des conséquences des activités anthropiques sur un milieu altitudinal écologiquement sensible. Ces dernières, qui se manifestent par une augmentation des occurrences de feu à partir de l'âge du Bronze, ont contribué, par leur ampleur et leur durée, à la mise en place des paysages actuels. Aujourd'hui, en raison du changement climatique en cours et de la déprise agricole sans précédent, ces paysages sont de nouveau en pleine mutation.

Remerciements

Je tiens à remercier Jean Pierre Bouchot, Antoine Nicault, Christopher Carcaillet et Michel Thinon, sans l'aide desquels ce travail considérable n'aurait pas pu être réalisé. Cette étude a été financée par le programme de recherche pluridisciplinaire « Histoire, évolution et dynamique des limites supraforestières en relation avec les changements climatiques et l'action de l'homme » du Ministère de l'Environnement (DRAEI 93019).

Bibliographie

Ali A. A., Roiron P., Guendon J.-L., Terral J.-F., 2004. Subalpine vegetation dynamics in the southern French Alps during the Holocene : evidence from plant imprints and charcoal preserved in travertine sequences. *Arctic, Antarctic and Alpine Research*, 36, 42-48.

Ali A. A., Carcaillet C., Talon B., Roiron P., Terral, J.-F., 2005. Pinus cembra L. (arolla pine), a common tree in the inner French Alps since the early Holocene and above the present treeline : a synthesis based on charcoal data from soils and travertines. *Journal of Biogeography*, 32, 1659-1669.

Amman B., Wick L., 1993. Analysis of fossil stomata of conifers as indicators of the alpine tree line fluctuations during the Holocene. *In* Oscillations of the Alpine and Polar Tree Limits in the Holocene. B. Frenzel, éd., *Paläoklimaforschung*, 9, 175-185.

Barbero M., Bonin G., Loisel R., Quézel P., 1990. Changes and disturbances of forest ecosystems caused by human activities in the western part of the mediterranean basin. *Vegetatio*, 87, 151-173.

Barge H., Ancel B., Rostran P., Guendon J.L., 1998. La mine des Clausis à St-Véran (Hautes-Alpes) : exploitation et aire de réduction du minerai de cuivre d'époque préhistorique. *In* C. Mordant, M. Pernot et V. Rychner (éd.), L'atelier du bronzier en Europe du XXe au VIIe siècle avant notre ère. Paris : Actes du colloque International Bronze 1996. CTHS, 71-81.

Beaulieu J.-L. de, 1977. Contribution pollenanalytique à l'histoire tardiglaciaire et Holocène de la végétation des Alpes méridionales françaises. Thèse d'Etat, Université Aix-Marseille 3, Marseille.

BENISTON M., 2003. Climatic change in mountains regions : a review of possible impacts. *In* Diaz H.F. (Ed.), Climate variability and change in high elevation regions : past , present, future. Kluwer Academic Publishers, Netherlands, 5-31.

BONO G., BARBERO M., 1971. À propos des cembraies des Alpes cottiennes italiennes, maritimes et ligures. *Allionia*, 17, 97-120.

BORTENSCHLAGER S., 1993. Das höchst gelegene Moor der Ostalpen «Moor am Rofenberg» 2760 m. *Dissertationes Botanicae*, 196, 329-334.

BRAUDEL, F. 1995. The Mediterranean and the Mediterranean World in the age of Philip II. California : University of California Press.

CARCAILLET C., 1996. Evolution de l'organisation spatiale des communautés végétales d'altitude depuis 7 000 B.P. dans la vallée de la Maurienne (Alpes de Savoie, France): une analyse pédoanthracologique. Thèse, Université d'Aix-Marseille 3, Marseille.

CARCAILLET C., 1998. A spatially precise study of fires, climate and human impact within the Maurienne Valley, North French Alps. *Journal of Ecology*, 86, 384-396.

CARCAILLET C., TALON B., 2001. Soil carbon sequestration by Holocene fires inferred from soil charcoal in the dry French Alps. *Arctic, Antarctic, and Alpine Research*, 33, 3, 282-288.

CARCAILLET C., TALON B., BARBERO M., 1998. Pinus cembra et incendies pendant l'Holocène, 300 m au-dessus de la limite actuelle des arbres dans le Massif de la Vanoise (Alpes du nord-ouest). *Ecologie*, 29 (1-2), 277-282.

CARCAILLET C., THINON M., 1996. Pedoanthracological contribution to the study of the evolution of the upper treeline in the Maurienne valley (North French Alps) : methology and preliminary data. *Review of Palaeobotany and Palynology*, 91, 399-416.

CARNELLI A. L., THEURILLAT J.-P., THINON M., VADI, G., TALON B., 2004. Past uppermost tree limit in the Central European Alps (Switzerland) based on soil and soil charcoal. *The Holocene*, 14, 393-246.

CHAS E., 1994. Atlas de la flore des Hautes-Alpes. Conservatoire botanique national de Gap-Charance, Gap, France.

CHERUBINI P., BERLI S., SCHOCH W., 1995. Analisi antracologiche per la ricostruzione della storia della vegetazione e negli incendi boschivi negli ultimi 7000 anni nelle Centovalli (Ticino, Svizzera). *Bolletino della Societa Ticinese di Scienze Naturali*, 83, 113-120.

CLARK J.S., MERKT J., MULLER H., 1989. Post-Glacial fire, vegetation, and human history on the Northern Alpine forelands, south-western Germany. *Journal of Ecology*, 77, 897-925.

CONTINI L., LAVARELO Y., 1982. Le pin cembro. Répartition, écologie, sylviculture et production. INRA, Paris, 197 p.

DAVID F., 1995. Vegetation dynamics in the Northern French Alps. *Historical Biology*, 9, 269-295.

DAVID F., 1997. Holocene tree limit history in the northern French Alps: stomata and pollen evidence. *Review of Palaeobotany and Palynology*, 97, 227-237.

EDOUARD J.L., GUIBAL F., NICAULT A., RATHGEBER C., TESSIER L., THOMAS A., WICHA S., 2002. Arbres subfossiles (*Pinus cembra*, *Pinus uncinata* et *Larix decidua*) et évolution des forêts d'altitude dans les Alpes françaises au cours de l'Holocène. Approche dendrochronologique. Actes du colloque international « Equilibre et rupture dans les écosystèmes depuis 20 000 ans en Europe de l'Ouest », 18-22 septembre 2000, Besançon, Presses Universitaires Francomtoises, 403-411.

ESPER, J., E.R. COOK, F.H. SCHWEINGRUBER. 2002. Low-frequency signals in long tree-ring chronologies for reconstructing past temperature variability. *Science*, 295, 2250-3.

FAUQUETTE S., TALON B., 1995. Histoire de la végétation forestière d'un site du Briançonnais : le Lac de Cristol (Hautes-Alpes, France). *Compte rendus de l'Académie des Sciences Paris*, (II a), 321, 255-262.

HAAS J.N., RICHOZ I., TINNER W., WICK L. , 1998. Synchronous Holocene climatic oscillations recorded on the Swiss Plateau and at timberline in the Alps. *The Holocene*, 8, 301-309.

HOLTMEIER F.-K., 1993. The upper timberline: ecological and geographical aspects. "Ecologia delle foreste d'alata quota". Atti del XXX Corso di Cultura in Ecologia, 1-26.

JACQUIOT C., 1955. Atlas d'anatomie des bois des conifères. Centre technique du bois, Paris.

JACQUIOT C., TRENARD Y., DIROL D., 1973. Atlas d'anatomie des bois des Angiospermes (essences feuillues). Centre technique du bois, Paris.

MAGNY, F. 1995. Une Histoire du climat. Errance, Paris.

NAKAGAWA T., EDOUARD J.-L., BEAULIEU J.-L. DE, 2000. A scanning electron microscopy (SEM) study of sediment from Lake Cristrol, southern French Alps, with special reference to the identification of Pinus cembra and other alpine Pinus species based on SEM pollen morphology. *Review of Palaeoecology and Palynology*, 108, 1-15.

OEGGL K., WAHLMÜLLER N., 1994. A mesolithic seasonal dwelling site in the high-alpine region of the eastern Alps. *In* Aspects of archaeological palynology: methodology and applications" (O. K. Davis, éd.), *A.A.S.P. Contributions Series*, 29, 147-160.

OZENDA P., 1985. La végétation de la chaîne alpine dans l'espace montagnard européen. Masson, Paris.

PONEL P., BEAULIEU J.-L. DE, TOBOLSKI K., 1992. Holocene palaeoenvironnements at the timberline in the Taillefer Massif, French Alps: a study of pollen, plant macrofossils and fossils insects. *The Holocene*, 2, 117-130.

PROVANSAL M., 1995. The role of climate in landscape morphogenesis since the Bronze Age in Provence, southeastern France. *The Holocene*, 5, 3,348-53.

RAMEAU J.-C., MANSION D., DUME G., TIMBAL J., LECOINTE A., DUPONT P., KELLER R., 1993. Institut pour le Développement Forestier, Paris, Flore forestière française : guide écologique illustré, vol. 2.

SCHWEINGRUBER F.H., 1990. Anatomie europaïscher Hölzer - Anatomy of European woods. Eidgenössische Forschungsanstalt für Wald, Schnee und Landschaft, Birmensdorf. Haupt, Bern und Stuttgart.

STUIVER M., REIMER P.J., 1993. Extended 14C database and revised CALIB radiocarbon calibration program. RADIOCARBON, 35, 215-230.

TALON B., 1997a. Evolution des zones supra-forestières des Alpes sud-occidentales au cours de l'Holocène. Analyse pédoanthracologique. Thèse, Université d'Aix-Marseille 3, Marseille.

TALON B., 1997b. Etude anatomique et comparative de charbons de bois de *Larix decidua* Mill. et de *Picea abies* (L.) Karst. *C. R. Acad. Sci. Paris, Sciences de la vie*, 320, 581-588.

TALON B., CARCAILLET C., THINON M., 1998. Études pédoanthracologiques des variations de la limite supérieure des arbres au cours de l'Holocène dans les Alpes françaises. *Géographie physique et Quaternaire,* 52, 193-206.

TALON B., EDOUARD J-L., GUIBAL F., 2006. Monviso: Mise en réseau des parcs naturels régionaux du massif du Mont Viso. Rapport interne, programme INTERREG III-Alcotra. 46 p.

TESSIER L., BEAULIEU J.-L. DE, COÛTEAUX M., EDOUARD J.-L., PONEL P., ROLANDO C., THOMAS A., THINON M., TOBOLSKI, K. , 1993. Holocene palaeoenvironment at the timberline in the Alps (Taillefer Massif, French Alps): a multidisciplinary approach. *Boreas*, 22, 244-254.

THINON M., 1992. L'analyse pédoanthracologique. Aspects méthodologiques et applications. Thèse d'Etat, Université d'Aix-Marseille 3, Marseille.

THINON M., TALON B., 1998. Ampleur de l'anthropisation des étages supérieurs dans les Alpes du sud : données pédoanthracologiques. *Ecologie*, 29, 323-328.

TINNER W., AMMANN B., GERMANN, P., 1996. Treeline fluctuations recorded for 12,500 years by soil profiles, pollen and plantmacrofossils in the Central Swiss Alps. *Arctic and Alpine Research*, 28, 131-147.

TOUFLAN P., TALON B., accepté. Etude pédoanthacologique à haute résolution spatiale de l'histoire Holocène d'une forêt subalpine (Alpes du sud, France). Données préliminaires. *Ecologia mediterranea.*

TOUFLAN P., TALON B., accepté. What is the spatial reliability of soil charcoal analysis : the case of subalpine forest soils. *Ecoscience.*

TOUFLAN P., TALON B., WALSH K., soumis. Soil charcoal analysis: a reliable tool for spatially precise studies of past forest dynamics. A case study in the French Southern Alps. *Ecoscience* (soumis 2008).

TRANQUILLINI W., 1979. Physiological ecology of the alpine timberline. Springer-Verlag, Berlin-Heidelberg, *Ecological studies*, 31.

WALSH K., MOCCI F., COURT-PICON M., TZORTIS S., PALET-MARTINEZ J-M., 2005. Dynamique du peuplement et activités agro-pastorales durant l'âge du Bronze dans les massifs du Haut Champsaur et de l'Argentierois (Hautes-Alpes). *Documents d'Archéologie méridionale*, 28, 25-44.

WALSH K., MOCCI F., PALET-MARTINEZ J.M. 2007. Nine thousand years of human/landscape dynamics in a high altitude zone in the southern French Alps (Parc National des Ecrins (Hautes-Alpes, 05). *Preistoria Alpina*, 42, 9-22.

WALSH K., RICHER S., 2006. Attitudes to altitude: changing meanings and perceptions within a «marginal» Alpine landscape – the integration of palaeoecological and archeological data in a high-altitude landscape in the French Alps. *World Archeology*, 38, 3: 436-454.

WEGMÜLLER S., 1977. Pollenanalytische Untersuchungen zur spät- und postglazialen Vegetations- geschichte der französischen Alpen (Dauphiné). Verlag Paul Haupt Bern, 185 p.

CERNES D'ARBRES ET CHRONOLOGIES HOLOCÈNES DANS LES ALPES FRANÇAISES

TREE-RING CHRONOLOGIES IN THE FRENCH ALPS

JEAN-LOUIS EDOUARD, ANDRÉ THOMAS

Institut Méditerranéen d'Ecologie et de Paléoécologie - UMR CNRS 6116,
Europôle de l'Arbois, Pavillon Villemin, BP 80, F 13345 Aix-en-Provence cedex 4.
Contact : jean-louis.edouard@univ-cezanne.fr

RÉSUMÉ

De longues chronologies ont été développées dans les Alpes françaises du Sud à partir des bois subfossiles, des bois de construction, et des arbres vivants sur les espèces subalpines principalement Pinus cembra et Larix decidua, sous forme de chronologies encore flottantes pour la période holocène jusqu'au premier millénaire de notre ère et d'une nouvelle chronologie couvrant la période 750 AD à aujourd'hui dans le Briançonnais. L'analyse des bois et des séries de cernes suggère des forêts d'altitude pérennes à structures d'âge variés, comportant de très vieux arbres au cours des millénaires, et pendant le dernier millénaire fortement perturbées par l'impact de l'homme comme le mettent en évidence les abattages d'arbres utilisés dans les constructions traditionnelles.

***MOTS CLÉS** : DENDROCHRONOLOGIE, HOLOCÈNE, DERNIER MILLÉNAIRE, ANTHROPISATION, LONGUE CHRONOLOGIE, PINUS CEMBRA, LARIX DECIDUA, ALPES FRANÇAISES*

ABSTRACT

Long chronologies were developed in the French Alps South from subfossiles wood, timber, and trees live on subalpine species mainly Pinus cembra and Larix decidua, in the form of floating yet chronologies for the period Holocene until the first millennium AD and a new chronology covering the period from 750 AD to present in the Briançonnais. The analysis of wood and series growth ring, suggests perennial mountain forests with varied age structure and very old trees over the millennia, and in the last millennium strongly influenced by human impact with cutting trees used for traditional habitat.

***KEY WORDS** : DENDROCHRONOLOGY, HOLOCENE, LAST MILLENIUM, HUMAN IMPACT, LONG CHRONOLOGY, PINUS CEMBRA, LARIX DECIDUA, FRENCH ALPS*

Introduction

L'histoire de la forêt durant l'Holocène dans les Alpes françaises est encore principalement reconstituée à partir des analyses polliniques (Beaulieu, 1977 ; Coûteaux, 1984 ; Beaulieu *et al.*, 1994 ; David, 1997 ; David, 2001 ; Court-Picon, 2007). Les macrorestes végétaux, charbons de bois et les restes d'insectes fournissent aussi beaucoup de données pour comprendre l'évolution des écosystèmes forestiers d'altitude (Talon *et al.*, 1998 ; Ponel *et al.*, 2001 ; Ali *et al.*, 2005). Ces données paléoécologiques contribuent aussi aux reconstructions des fluctuations climatiques au cours des dix derniers millénaires. De plus en plus de recherches utilisent les cernes de croissance des arbres pour préciser et comprendre les changements d'environnements en montagne (Matthews, 2002). Pour cela, de longues chronologies pouvant couvrir tout l'Holocène sont développées, comme par exemple en Europe, dans les Pays scandinaves (Eronen *et al.*, 2002a ; Eronen *et al.*, 2002b ; Grudd *et al.*, 2002) et dans les Alpes suisses et autrichiennes (Holzhauser, 1997 ; Grabner *et al.*, 2001 ; Büntgen *et al.*, 2005 ; Nicolussi *et al.*, 2005). Les recherches paléoclimatiques et paléoenvironnementales concernant le dernier millénaire font l'objet de nombreuses recherches en utilisant les bois des constructions traditionnelles et les chronologies qui sont établies constituent une source d'information considérable (Büntgen *et al.*, 2004 ; Büntgen *et al.*, 2005 ; Büntgen *et al.*, 2006). Beaucoup d'investigations sont focalisées sur les fluctuations glaciaires et climatiques à partir des bois conservés dans les moraines à haute altitude (Holzhauser, 1997 ; Nicolussi et Patzelt, 2000). D'autres études utilisant les bois subfossiles ont pour objectif la reconstitution de l'histoire de la forêt, de la dynamique passée des écosystèmes le long de gradients altitudinaux et latitudinaux (Tessier *et al.*, 1993 ; Nicolussi *et al.*, 2005). Ces reconstitutions tentent de documenter les variations spatiales des écosystèmes forestiers en relation avec le facteur climatique, et dans le cas de l'Holocène récent, avec le facteur humain (Court-Picon, 2007). La collecte des bois subfossiles dans plusieurs sites localisés dans les Alpes françaises a rendu possible une approche dendrochronologique (Tessier *et al.*, 1993 ; Edouard *et al.*, 2002). L'objectif est ici de faire un bilan sur les chronologies holocènes dans les Alpes françaises en incluant les longues chronologies sur le dernier millénaire et d'esquisser une évolution des forêts des Alpes françaises du sud durant l'Holocène à une altitude supérieure à la limite supérieure forestière actuelle, à partir d'une brève analyse des caractéristiques des arbres vivants, bois subfossiles et bois de construction ainsi que des signaux enregistrés par les cernes.

I - Aires d'étude

1 - Sites des bois subfossiles de la période holocène

Cinq sites principaux dans les Alpes françaises, localisés dans l'étage subalpin et à la limite supérieure de la forêt, ont fait l'objet de prélèvements de plus de 20 bois subfossiles, auxquels s'ajoutent d'autres sites n'ayant fourni que quelques bois chacun, entre Tarentaise et Mercantour (Edouard *et al.*, 2002). Sont présentés ici deux de ces sites localisés dans les Alpes françaises du Sud (Figure 1) :

- Le lac Cristol (vallée de La Clarée, Briançonnais, 44.994° N, 6.59° E), dans la zone alpine interne, au climat à caractère continental avec une saison chaude courte (altitude), et un été relativement humide (Ozenda, 1985) ;
- Le lac Long Inférieur (vallée des Merveilles, massif du Mercantour, 44.06° N, 7.46° E), dans le massif du Mercantour, à l'extrémité sud des Alpes françaises, marquée par une forte influence du climat méditerranéen maritime.

Les sites sont localisés à 2050 m dans le Mercantour (Lac Long Inférieur) et à 2250 m dans le Briançonnais (Lac Cristol). La végétation environnante est une pelouse subalpine. Elle est soumise à l'impact des troupeaux de moutons durant l'été et l'automne (juin à octobre). La limite supérieure de la forêt est 150 à 200 m au-dessus des deux sites mais de très vieux arbres isolés subsistent à proximité du lac Long Inférieur. Dans les deux sites, les versants sont colonisés progressivement depuis 50 à 100 ans par le mélèze (*Larix decidua* Mill.) principalement mais aussi par le pin cembro (*Pinus cembra* L.) dans le vallon de Cristol.

Des troncs subfossiles sont conservés dans les tourbières peu profondes (< 2 m) ou dans les sédiments de deux petits lacs, affleurant à la surface de la tourbe ou du sédiment, ou faiblement enfouis, et apparaissant à la faveur de l'érosion des berges ou des chenaux parcourant les secteurs tourbeux (Figure 2).

2 - Sites des arbres vivants et des artefacts de la période du dernier millénaire

Les vieux arbres vivants (Figure 3) ou morts et conservés dans les pentes en surface, ayant servi à la construction des longues chronologies de plus de 400 ans pour la période historique du dernier millénaire ainsi que les artefacts issus des constructions ont été échantillonnés principalement dans les Alpes du Sud. Onze nouveaux sites du Briançonnais au Mercantour, et deux essences subalpines, le mélèze (6 sites) et le pin

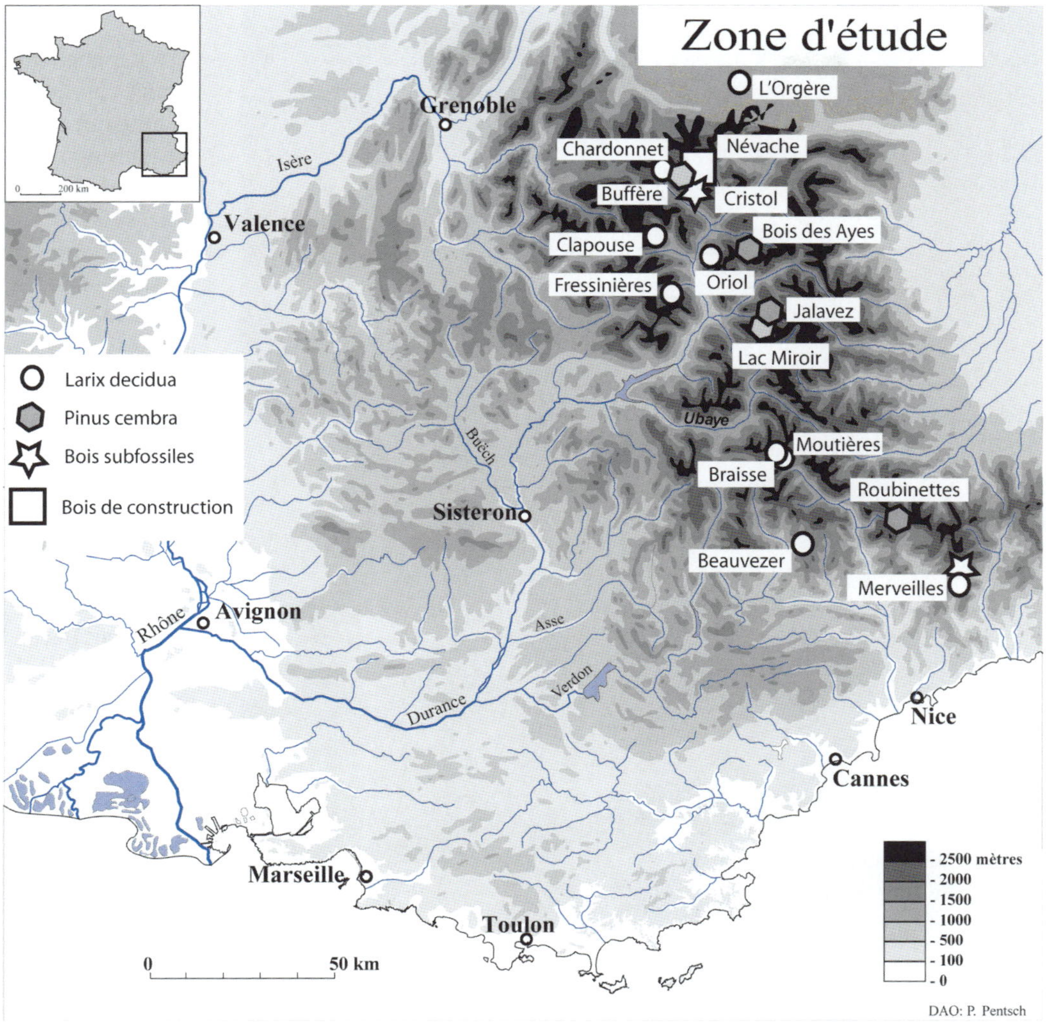

Figure 1 - Localisation des sites des arbres vivants, des bois subfossiles et bois de construction.

Figure 2 - Bois subfossiles extraits du lac Cristol, Briançonnais (photo JLE).

Figure 3 - Vieux mélèze de plus de 500 ans, Briançonnais (photo JLE).

cembro (5 sites), ont fourni le matériel pour la construction de chronologies de plus de 400 ans, soit 212 arbres. Le tableau 1 récapitule les principales caractéristiques des sites, tous localisés dans l'étage subalpin, le plus souvent en limite supérieure de la forêt, entre 2100 et 2300 m d'altitude. Ces sites sont de type prébois (Chardonnet, Oriol dans le Briançonnais), ou sont caractérisés par des arbres isolés dans des formations de type glacier rocheux (vallon de la Braïsse dans le Mercantour).

Les artefacts, eux, proviennent de plusieurs bâtiments traditionnels de la vallée de la Clarée, (Névache, Briançonnais, 45.013° N-6.571° E), à des altitudes comprises entre 1850 et 2100 m, au cœur du mélézin (principalement dans sa partie supérieure), donc près de la limite actuelle de la forêt.

Site	Espèce	Massif	Longitude	Latitude	Altitude
L'Orgère	Larix decidua	Maurienne	6.68166	45.2194	2100
Chardonnet	Larix decidua	Briançonnais	6.538	45.029	2180
Buffère	Pinus cembra	Briançonnais	6.575	45.009	2100
Clapouse	Larix decidua	Briançonnais	6.43057	44.8678	2150
Oriol	Larix decidua	Briançonnais	6.598	44.796	2180
Bois des Ayes	Pinus cembra	Briançonnais	6.675	44.826	2200
Fressinières	Larix decidua	Briançonnais	6.489	44.718	2150
Jalavez	Pinus cembra	Queyras	6.803	44.667	2270
Lac Miroir	Pinus cembra	Queyras	6.47	44.38	2300
Braisse	Larix decidua	Mercantour	6.81	44.29	2100
Moutieres	Larix decidua	Mercantour	6.838	44.29	2100
Roubinettes	Pinus cembra	Mercantour	7.233	44.133	2100
Beauvezer	Larix decidua	Mercantour	6.65006	44.1154	2100
Merveilles	Larix decidua	Mercantour	7.44977	44.0508	2200

Tableau 1 - Sites des arbres vivants, des bois subfossiles et bois de construction. Caractéristiques des chronologies correspondantes.

II - Méthode

Plusieurs étapes jalonnent la construction des longues chronologies depuis le prélèvement sur le terrain jusqu'à l'élaboration des chronologies de sites et au traitement des données « cernes ». On insiste ici sur la construction de ces longues chronologies pour souligner l'importance de ce travail de recherche dans l'approche dendrochronologique des problématiques de paléoenvironnement.

1 - Les prélèvements

Arbres vivants : 2 à 3 carottes ont été extraites de chaque arbre : 3 carottages faits à 120° à partir de l'amont ou 2 carottages parallèlement aux courbes de niveau. Un nombre variable d'arbres (15 à 30, parfois plus) ont été sondés selon les sites, selon l'état du bois de cœur (les vieux arbres sont souvent pourris au centre) et la possibilité de trouver des arbres très vieux.

Bois subfossiles et bois de construction : environ 230 sections de bois subfossiles (troncs, souches et branches) ont été prélevées et analysées, 170 dans le lac Cristol et 60 dans le lac Long Inférieur. Après une préparation classique (séchage, découpe des sections, ponçage), les bois ont été identifiés sur la base de leurs caractéristiques anatomiques (Schweingruber, 1990). Ces bois étant des résineux, leur séchage a été possible sans altération de la structure (donc sans déformation des cernes), le ponçage de toute la surface des sections offrant ensuite l'avantage de suivre les cernes sur toute la circonférence avec un gain de fiabilité.

Plus de 600 pièces de bois de construction ont été prélevées sur des ruines et bâtiments traditionnels. Ces artefacts ont été préparés de la même façon (séchage excepté).

2 - Interdatation *(crossdating)* et mesures

Les séries de cernes (ou chronologies élémentaires) correspondant à deux ou trois rayons par section, et par arbre, ont été interdatées, puis mesurées en utilisant le système standard de mesure Lintab-TSAP-Rinntech. La chronologie moyenne de chaque individu, ou chronologie individuelle (bois subfossile, arbre vivant ou artefact) est ensuite calculée à partir des chronologies élémentaires. Le bon synchronisme des chronologies individuelles des arbres vivants est alors vérifié tandis que sont recherchés les synchronismes entre les bois subfossiles, et entre les bois de construction, non datés. Pour cela, des routines statistiques et graphiques sont utilisées principalement basées sur les variations de haute fréquence des largeurs des cernes impliquant la standardisation des données brutes et le coefficient de corrélation (TSAP, Rinn, 1996 ; Dendron II, Lambert, 2005). Les chronologies de cernes synchronisées constituent des groupes dont la moyenne est calculée. Dans le cas des arbres vivants, une chronologie moyenne de site est obtenue et datée à partir de l'année de prélèvement. Dans le cas des bois de construction, des chronologies moyennes de groupes sont confrontées aux chronologies de site pour obtenir une date calendaire absolue, et dater ensuite chaque composante du groupe à l'année près. Dans le cas des bois subfossiles, des chronologies moyennes de groupes, sont ensuite calées chronologiquement par la datation radiocarbone d'un arbre de chaque groupe, et sont dénommées chronologies flottantes.

La mise en évidence des synchronismes est rendue délicate par les nombreuses perturbations qui affectent la croissance des arbres : perturbations cycliques de la tordeuse chez le mélèze, perturbations liées à des phénomènes de compétition entre arbres, à des événements tels que chablis ou intervention directe de l'homme (Schweingruber, 2007). Les séquences de cernes présentent donc des changements abrupts de croissance, des séquences de cernes minces, expressions de stress, ou des lacunes (cernes absents). Tout cela doit être maîtrisé pour obtenir des séries de cernes complètes et exactes. Il s'agit d'un travail de recherche qui doit conduire à la mise en place d'une chronologie absolue à partir de l'actuel, ou calendrier annuel de croissance couvrant la plus longue période possible.

3 - Caractéristiques des séries de cernes

Différentes caractéristiques simples, classiques en dendrochronologie, ont été utilisées pour décrire et traduire les signaux enregistrés dans les cernes en termes d'environnement, notamment forestier : largeur moyenne, sensitivité moyenne (Fritts, 1976), années extrêmes (définies comme la moyenne $\pm$ un écart-type). Ces données sont calculées en utilisant les logiciels 3pbase (Guiot et Goeury, 1996) et TSAP (Rinn, 1996) pour tenter de comparer les croissances au cours de l'Holocène. Des descripteurs des bois ou des arbres prélevés sont aussi pris en compte : présence/absence de la moelle, présence/absence de l'écorce, présence/absence de l'aubier, nombre de cernes d'aubier.

III - Résultats et discussion

une esquisse sur l'histoire des forêts d'altitude au cours des derniers 8000 ans

1 - Chronologies holocènes jusqu'à l'an mille : les forêts d'altitude vues à partir des bois subfossiles

La répartition des dates radiocarbone et des longueurs des séries de cernes a déjà été exposée et commentée dans Edouard *et al.*, 2002. Ces résultats sont toujours d'actualité. Rappelons cependant quelques points avant d'apporter de nouvelles données concernant les caractéristiques de croissance des arbres en limite supérieure de la forêt.

a - Les espèces

Parmi les troncs subfossiles, le pin cembro (*Pinus cembra* L.) et le mélèze (*Larix decidua* Mill.) sont les espèces forestières les plus fréquentes. Celles-ci, caractéristiques de l'étage subalpin de la zone interne et méridionale des Alpes françaises, sont en mélange dans les deux sites du Briançonnais et du Mercantour, dans un rapport 2/3-1/3 en faveur du pin cembro dans le site de Cristol, et équilibré dans le site du lac long inférieur. Cinq bois de sapin (*Abies alba*) et un de pin sylvestre (*Pinus sylvestris / Pinus uncinata*) ont été trouvés dans le lac Long Inférieur témoignant de la présence de ces deux essences à une altitude supérieure à celle à laquelle on peut les trouver aujourd'hui.

b - Les dates radiocarbone et les chronologies flottantes

Trente sept dates se rapportent au site du lac Cristol : *Pinus cembra* (26), *Larix decidua* (10), non identifié (1), et dix dates au site du Lac Long Inférieur (Figure 3) : *Larix decidua* (9) et *Abies* (1).

Dans le site du lac Cristol (Figure 4), les dates radiocarbone couvrent une période comprise entre 7746-7472 cal BP (5796-5522 BC) et 919-742 cal BP (1031-1208 AD). Les dates des pins cembros sont comprises entre 6525-6196 cal BP (4575-4246 BC) et 2714-2330 cal BP (764-380 BC) avec une fréquence plus élevée entre 6525-6196 cal BP (4575-4246 BC) et 5282-4861 cal BP (3332-2911 BC). Les mélèzes sont datés entre 7746-7472 cal BP (5796-5522 cal BP) et 919-742 cal BP (1031-1208 AD), et sont bien représentés au début de l'Atlantique, dans la période historique, et sont plus rares pendant le Subboréal.

Dans le site du lac Long Inférieur, les mélèzes sont datés entre [8029]-7654 cal BP ([6079]-5704 BC) et 499 cal BP (1426-1637 AD).

Dans le site du lac Cristol, cinq chronologies flottantes de pin cembro et trois chronologies flottantes de mélèze ont été construites regroupant chacune de 3 à 13 arbres. Leurs longueurs vont de 200 à près de 900 ans, quatre chronologies (deux de mélèze, deux de pin cembro) dépassant les 500 ans, avec un maximum à 862 ans pour une chronologie de pin cembro placée vers 3628-3360 cal BP (1679-1411 BC) vers la fin du Subboréal (âge des Métaux) mais la réplication est faible (seulement 3 à 13 arbres). Malgré des dates radiocarbone très proches, certaines chronologies pourraient être contemporaines ; mais ni visuellement ni statistiquement, il n'y a d'évidence de synchronisme.

Au site du lac Long Inférieur, il y a dans l'état actuel du travail seulement trois chronologies flottantes de mélèze qui représentent des vieux arbres, entre 300 et 800 ans, les dates radiocarbone les plus récentes (921-673 cal BP (1035-1104 AD) à 524-313 cal BP (1426-1637 AD) étant considérées à part, car elles concernent des bois synchrones des arbres composant la longue chronologie du sites des Merveilles qui est situé à proximité.

c - Synchronisme entre sites

Des chronologies de pin cembro du site du lac Cristol (Briançonnais) ont été synchronisées avec un niveau de confiance maximum avec des chronologies de pin cembro du massif de Belledonne, situé à l'ouest dans les Alpes occidentales externes vers 3628-3360 cal BP (1679-1411 BC). De même, des chronologies individuelles de mélèze du site du lac Cristol se synchronisent avec des chronologies de mélèze du site du Lac Long supérieur, dans le massif du Mercantour, à 5587-5317 cal BP (3637-3367 BC), 1924-1632 cal BP (26-318 AD) et 919-742 cal BP (1031-1208 AD). Ces synchronismes attestent de l'existence d'un signal commun fort à l'échelle régionale, de type climatique.

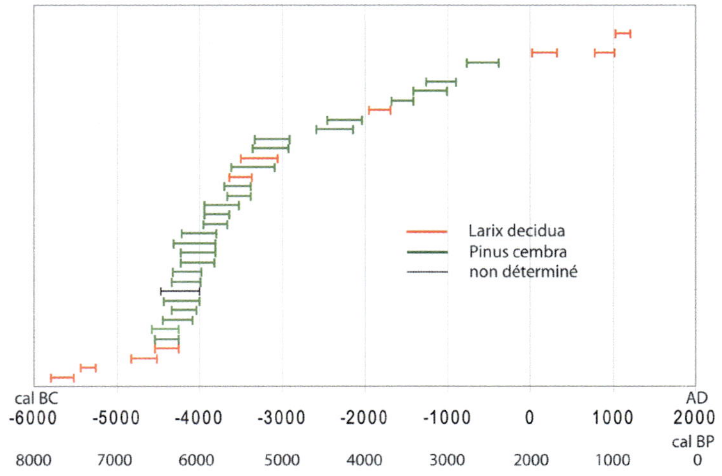

Figure 4 - Répartition des dates radiocarbone des bois subfossiles au cours de l'Holocène. Site du lac Cristol (2245 m), Briançonnais.

d - Âge des arbres et caractéristiques de croissance

Du fait de l'érosion et de l'altération subies par les bois subfossiles au cours du temps, les séries de cernes sont le plus souvent incomplètes. Leurs longueurs représentent donc un âge minimum des arbres. Aussi la structure d'âge de la forêt appréhendée par les bois subfossiles ne peut être évidemment qu'indicative.

La classe 100 - 200 cernes comporte l'effectif le plus nombreux dans les deux sites (46 %). Dans le site du lac Cristol, la distribution des longueurs des chronologies individuelles des pins cembro (plus nombreux que les mélèzes), au sein des groupes d'arbres composant les chronologies flottantes suggère une structure forestière constituée de plusieurs classes d'âge. Les séries individuelles de pin cembro, de 200 à 400 cernes, sont nombreuses (22, soit 40 %), la plus longue atteignant 445 ans vers 6172 - 5768 cal BP (4222 - 3818 BC). Les longues séries individuelles de mélèze, de plus 300 cernes, sont également bien représentées (4) avec un maximum de 687 cernes vers 5587 - 5317 cal BP (3637 - 3367 BC).

Au lac Long Inférieur, presque tous les mélèzes prélevés fournissent des séries de plus de 300 cernes avec un maximum de 775 cernes vers 4787 - 4280 cal BP (2837 - 2312 BC)

Ces données, au moins dans le site du lac Cristol, qui présente un gros effectif de bois subfossiles, attestent la présence d'une forêt mélangée, mâture, avec la présence de très vieux arbres, au cours des derniers 7000 ans dans l'étage subalpin supérieur.

e - La comparaison des croissances

La comparaison des croissances entre les bois subfossiles holocènes et les arbres vivants a été testée malgré le petit effectif d'arbres subfossiles. Elle est basée, d'une part sur 23 pins cembro et 18 mélèzes subfossiles prélevés sur le site du lac Cristol (Briançonnais), toutes périodes confondues (antérieures au dernier millénaire) et, d'autre part sur 47 pins cembro et 34 mélèzes vivants près du site. Tous les arbres ont plus de 150 ans.

La largeur moyenne des cernes est significativement plus petite chez les deux espèces durant la période couverte par les arbres subfossiles (environ 0,6 à 0,7 mm) qu'aujourd'hui (0,9 à 1,1 mm), et cela principalement entre 6781 - 6470 cal BP (4831 - 4520 BC) et 5282 - 4861 cal BP (3332 - 2911 BC) ainsi que vers 3363 - 2951 cal BP (1413 - 1001 BC). Le faible niveau de croissance exprimé par la largeur moyenne des cernes pourrait être expliquée par les caractéristiques des bois collectés (absence des premiers cernes et des derniers cernes par altération) et par les conditions écologiques locales de l'époque. Le principal facteur serait alors le facteur édaphique. Les arbres poussent près du rivage du lac et la croissance pourrait être affectée par les variations de niveau lacustre, qui conditionnent le niveau de l'eau dans les sols. Le facteur climatique pourrait bien sûr influencer la croissance des arbres en induisant des faibles croissances sur des périodes de durées variables.

La sensibilité moyenne du pin cembro était semblable à celle d'aujourd'hui (0,16), quelle que soit la période, mais la sensitivité moyenne du mélèze était plus faible (0,22) qu'aujourd'hui (0,28) avec une tendance positive en se rapprochant du présent. Le pin cembro ferait preuve d'une plasticité telle que ses exigences en termes climatiques auraient toujours été satisfaites (Wieser, 2007). La plus faible sensibilité du mélèze pour la période holocène jusqu'au 1er millénaire pourrait être mise en relation là aussi avec des exigences climatiques toujours satisfaites et, de plus, avec l'absence de cycles de la tordeuse ou, s'ils ont existé, par leur faible impact sur la croissance lié à des pullulations d'intensité faible.

La fréquence des années extrêmes chez le pin cembro est aussi semblable à l'actuel alors qu'elle est plus faible qu'aujourd'hui chez le mélèze. Les mêmes raisons que pour la sensibilité peuvent être avancées pour le mélèze.

f - Les dates de naissance et de mort des arbres

S'agissant des dates de naissance et de mort des arbres, les positions relatives de la moelle des arbres du groupe synchronisé donné en exemple (Figure 5) indique une succession de générations sur le site au cours d'une période de plus de 200 ans. En revanche, l'absence fréquente par érosion des derniers cernes empêche de connaître la succession dans le temps des dates relatives de mort des arbres.

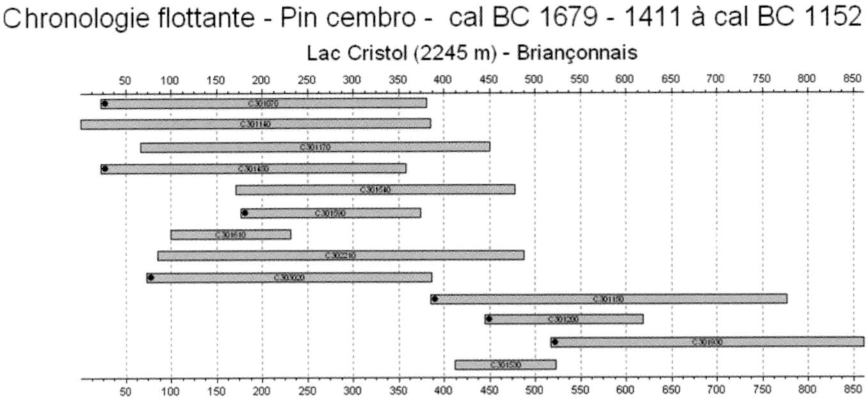

Figure 5 - Chronologie flottante de bois subfossiles holocènes du site du lac Cristol (Briançonnais).

Ces résultats doivent être considérés avec précaution en raison du faible nombre d'arbres et de la longueur de la période considérée.

2 - Chronologies du dernier millénaire : les forêts d'altitude vues à partir des arbres vivants et des bois de construction

a - Les longues chronologies établies à partir des arbres vivants

Ce sont des chronologies de mélèze et de pin cembro. Aux quelques chronologies de mélèze établies par Serre (1978), Tessier (1986), Belingard et Tessier (1997) et Guibal (non publié), s'ajoutent 11 nouvelles chronologies : 7 dans le Briançonnais-Queyras et 3 dans le Mercantour (Edouard, 2007). Les chronologies commencent principalement soit dans la seconde moitié du XIVe siècle, soit au cours du XVe siècle, à l'exception de deux chronologies du Mercantour qui approchent ou dépassent les mille ans.

Les données brutes des chronologies des sites du Chardonnet, de l'Oriol et de Fressinières, par exemple, montrent une diminution des largeurs au cours du temps, caractéristique de la tendance d'âge. Elles reflètent une homogénéité d'âge des arbres qui entrent dans la composition de ces chronologies et qui s'exprime nettement dans la chronologie moyenne du Briançonnais (Tableau 2).

Les chronologies de chaque essence, situées dans le Briançonnais sont significativement corrélées entre elles. La corrélation entre les chronologies de pin cembro et de mélèze est beaucoup plus faible, mais elle est significative. Il en est de même dans le Mercantour. Les corrélations entre les chronologies de chaque essence du Briançonnais et du Mercantour sont significatives, notamment les chronologies localisées dans le Briançonnais et la haute Tinée. Ces longues chronologies traduisent, compte tenu des sites forestiers considérés, la permanence d'îlots forestiers à caractère naturel, de prébois près ou en limite supérieure de la forêt sur les derniers siècles, malgré une très forte pression anthropique (système sylvo-pastoral de montagne) (Motta, 2004 ; Edouard, 2007).

b - Les longues chronologies établies à partir des bois de construction

Ce sont exclusivement des chronologies de mélèze. Une chronologie, en cours d'élaboration, provient de bâtiments situés dans le Mercantour. La longue chronologie présentée ici a été établie à partir de bois de plusieurs chalets situés dans la vallée de Névache (Figure 6). Elle couvre la période 750-1894 AD avec un hiatus entre 1303 et 1357 (Figure 7). Cette chronologie est parfaitement synchronisée avec les chronologies d'arbres vivants du Briançonnais pour la période moderne et avec la chronologie des Merveilles, notamment pour la période médiévale.

Site	Auteur	Espèce	Début	Fin	Durée	Nb d'arbres
L'Orgère	Tessier (1986)	Larix decidua	1353	1973	620	26
Chardonnet	Edouard	Larix decidua	1492	2006	514	18
Buffère	Edouard	Pinus cembra	1594	2000	406	38
Clapouse	Guibal	Larix decidua	1557	1995	438	14
Oriol	Edouard	Larix decidua	1381	1989	608	18
Bois des Ayes	Edouard	Pinus cembra	1475	2006	531	25
Fressinières	Edouard	Larix decidua	1474	1992	518	20
Jalavez	Edouard	Pinus cembra	1575	1998	423	23
Lac Miroir	Edouard et Pernin	Pinus cembra	1564	2000	436	11
Braisse	Edouard	Larix decidua	1417	2000	583	26
Moutieres	Edouard	Larix decidua	1414	1995	581	18
Roubinettes	Edouard	Pinus cembra	1540	2000	460	15
Beauvezer	Belingard (1997)	Larix decidua	1160	1992	571	8
Merveilles	Serre (1978)	Larix decidua	988	1974	986	28

Tableau 2 - Longues chronologies des arbres vivants (Pinus cembra et Larix decidua) dans les Alpes françaises.

Cette chronologie est actuellement composée de 84 bois sélectionnés à partir d'environ 300 bois de construction analysés, les bois sélectionnés provenant de 12 chalets d'alpage ou ruines.

Figure 6 - Grange traditionnelle en mélèze, caractérisée par la technique d'empilage des bois (« blockbau ») dans la vallée de la Clarée, Briançonnais (photo JLE).

c - Régénérations, morts et perturbations de croissance des arbres du subalpin

Régénérations : le travail est en cours car comme les carottages de beaucoup d'arbres vivants n'ont pas atteint la moelle, l'estimation du nombre de cernes manquants au centre doit être faite pour apprécier la période de naissance de l'arbre à quelques années près. Les courbes brutes des arbres vivants les plus vieux des différents sites montrent plutôt une contemporanéité de naissance, mais ce n'est qu'une image tronquée de la réalité des derniers siècles.

En revanche si l'on considère les chronologies de cernes des arbres utilisés dans les constructions et classées en fonction de la date calendaire du premier cerne (Figure 8 b), on voit que se dessine un continuum de régénération des arbres depuis le IXe siècle jusqu'au XVIIe siècle. Cette observation sera étudiée de façon plus approfondie après traitement d'un plus grand nombre de bois.

Dates de mort des arbres données par les dates d'abattage (impact sur la forêt) : les dates de mort des arbres issus des constructions sont des dates d'abattage et ne rendent pas compte de la mortalité naturelle des arbres des forêts d'altitude au cours du dernier millénaire. Les graphes montrent des phases d'abattage (présence des cernes d'aubier figurés en noir) sur presque tout le dernier millénaire pendant plus de 700 ans, depuis le milieu du XIIe jusqu'à la première moitié du XIXe siècle (Figure 9 a et 9 b). Comme pour les périodes de régénération, l'interprétation et la signification de ce résultat sont pour l'instant limitées par le nombre de bois pris en compte.

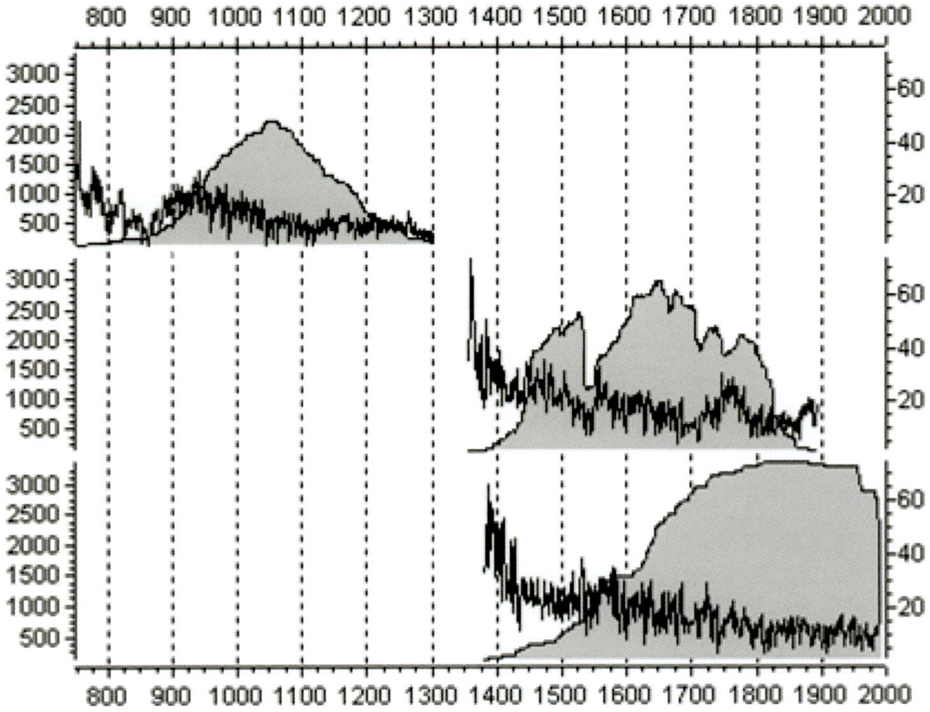

Figure 7 - Chronologie des bois de construction de la vallée de la Clarée (Briançonnais) et chronologie moyenne des arbres vivants du Briançonnais (Larix decidua, 750 AD - 1303 AD et 1357 AD - 1992 AD), largeur des cernes exprimées en 1/1000 mm.

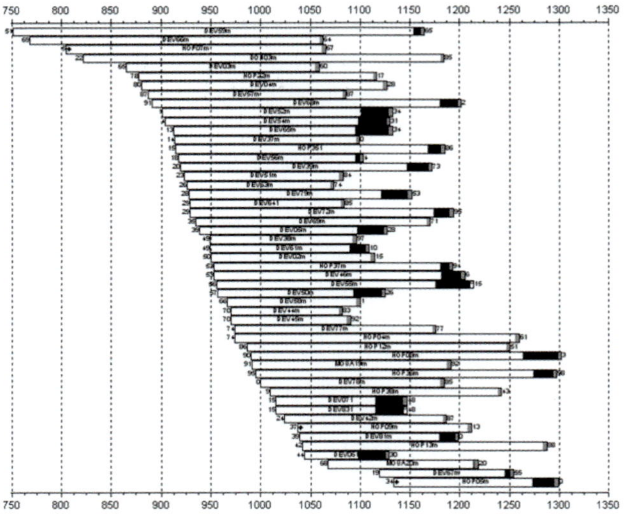

Figure 8 - Dates de naissance d'arbres provenant de bois de construction de la vallée de la Clarée (Briançonnais) pendant la période médiévale (Larix decidua, 751 AD - 1303 AD).

Mise en évidence de perturbations de croissance : la variabilité interannuelle de la croissance des mélèzes, que ce soit dans les carottes des arbres vivants ou dans les sections des bois de construction, est marquée par des chutes de croissance drastique selon une cyclicité de l'ordre de 8 à 10 ans, et d'un point de vue anatomique par des caractéristiques spécifiques (bois final mince, cerne pâle, etc.). Ces chutes de croissance et perturbations de la structure du cerne sont caractéristiques de l'impact de la tordeuse. Cette cyclicité est ici présente tout au long des 1200 dernières années, comme en Suisse (Esper *et al.*, 2007). La figure 10 en donne un exemple pour la période médiévale. Ce point fait l'objet d'une analyse plus approfondie en cours d'élaboration.

Les cycles de la tordeuse sont très régulièrement présents, avec de forts impacts sur la croissance sur les mélèzes subfossiles les plus récents du site du lac Long inférieur et sur les bois de construction de la période médiévale dans le Briançonnais. Durant tout le dernier millénaire, la tordeuse a un impact permanent sur la croissance des mélèzes aussi bien dans le Briançonnais que dans le Mercantour.

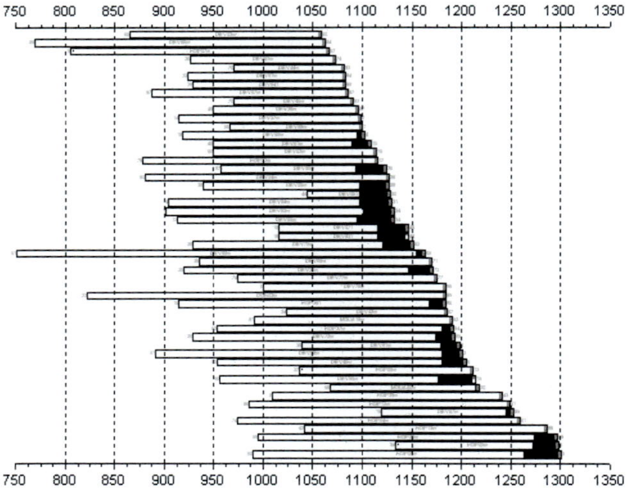

Figure 9a - Dates d'abattage d'arbres provenant de bois de construction de la vallée de la Clarée (Briançonnais) : occupation humaine et impact sur la forêt d'altitude pendant la période médiévale (Larix decidua, 751 AD - 1303 AD).

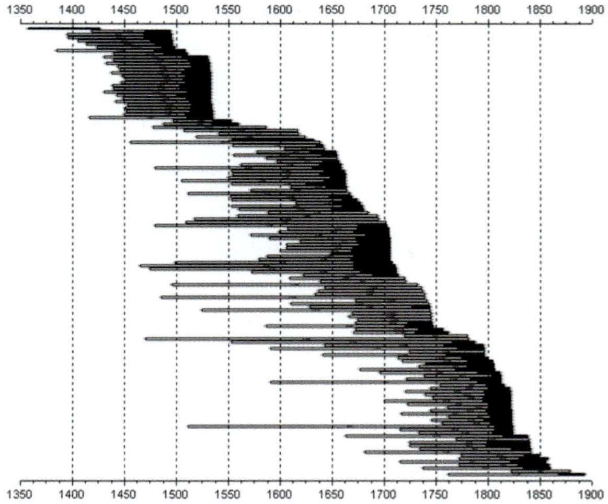

Figure 9b - Dates d'abattage d'arbres provenant de bois de construction de la vallée de la Clarée (Briançonnais) : Occupation humaine et impact sur la forêt d'altitude pendant la période moderne (Larix decidua, 1357 AD - 1994 AD).

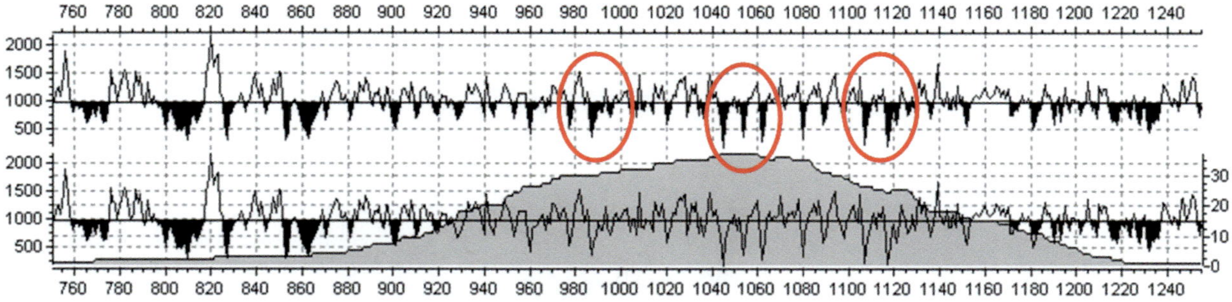

Figure 10 - Cycles de tordeuse enregistrés par les arbres provenant de bois de construction de la vallée de la Clarée (1800 - 2100 m, Briançonnais) pendant la période médiévale (Larix decidua, 751 AD - 1255 AD).

CONCLUSION

Si la réalisation d'une chronologie continue sur tout l'Holocène comme celle obtenue en Autriche pour le cembro, est encore loin d'être achevée, les chronologies de pin cembro et de mélèze se mettent progressivement en place dans les Alpes françaises au fur et à mesure de nouvelles campagnes de prélèvements, soit en remontant à partir de l'actuel (fort enrichissement des chronologies sur les 1200 dernières années), soit en étoffant les chronologies de bois subfossiles. Dans le domaine de la paléoclimatologie, l'évolution des chronologies flottantes vers une chronologie continue est une des conditions pour développer les analyses des variations de hautes et basses fréquences et les relier aux variations du climat et aux autres influences. Dans le domaine de l'histoire de l'environnement en montagne, les résultats dendrochronologiques obtenus, associés aux résultats des autres disciplines paléoécologiques montrent que la présence forestière en altitude s'avère quasi permanente sur toute la période Holocène jusqu'au Moyen Âge dans les deux régions particulièrement étudiées du Briançonnais et du Mercantour. La répartition chronologique des bois s'accorde bien avec les données polliniques (Nakagawa *et al.*, 2000) et les données anthracologiques (Talon *et al.* 1998 ; Touflan et Talon, accepté). Ces forêts d'altitude sont dominées d'abord par le mélèze pendant l'Atlantique, puis par le pin cembro dès la fin de l'Atlantique et pendant le Subboréal puis, de nouveau, par le mélèze pendant la période historique.

Les données dendrochronologiques suggèrent des forêts à structure d'âges variés, par la succession de générations d'arbres et la présence d'arbres âgés à très âgés, témoignant ainsi d'une grande pérennité, et donc caractéristique d'une dynamique naturelle au moins pour les périodes antérieures au Subatlantique pendant lesquelles la pression anthropique était nulle ou encore modérée (âge du Bronze, par exemple).

Les comparaisons de croissance, les dates de naissance des arbres et les dates de mort apportent des données encore trop rares pour préciser les caractéristiques de ces forêts, la densité du couvert forestier et ses variations restant une information inaccessible.

Les bâtiments traditionnels fournissent indirectement des données précieuses sur l'occupation humaine (habitat, activité minière, par exemple), l'impact de l'homme sur la forêt, et sur les caractères des forêts d'altitude pendant les périodes médiévale et moderne (dates d'abattage). Enfin, cet ensemble de données dendrochronologiques contribue aux recherches paléoenvironmentales et paléoclimatiques basées sur une approche multiproxy (Guiot *et al.* 2005 ; Holzhauser *et al.*, 2005).

Remerciements

Nous remercions toutes les personnes qui ont été impliquées dans le travail sur le terrain dont Mr Pentsch, auteur du fond de carte sud-est de la France. Ce travail qui représente une synthèse provisoire a été financé par plusieurs programmes nationaux PEVS-C.N.R.S., EGPN-Ministère de l'Environnement, ECLIPSE. Les datations par le radiocarbone ont été réalisées dans plusieurs laboratoires : Université Claude Bernard, Lyon - (France) ; Université de l'Arizona, Tucson (USA) ; Université du Pays de Galles, Swansea (UK) ; Université Technique de Silésie, Gliwice (Pologne).

BIBLIOGRAPHIE

ALI A. A., CARCAILLET C., TALON B., ROIRON P., TERRAL J.F., 2005. Pinus cembra (arolla), a common tree in the inner French Alps since the early Holocene and above the present tree line: a synthesis based on charcoal data from soils and travertines. *Journal of Biogeography,* 32, 1659-1669.

BEAULIEU (DE) J. L., 1977. Contribution pollenanalytique à l'histoire tardiglaciaire et holocène de la végétation des Alpes méridionales. Thèse, Université d'Aix-Marseille III.

BEAULIEU (DE) J.L., 1994. History of vegetation, climate and human action in the French Alps and the Jura over the last 15 000 years. *Dissertationes Botanicae*, 234, 253-275.

BELINGARD C., TESSIER L., 1997. Trees, man and climate over the last thousand years in the Southern French Alps. *Dendochronologia*, 15, 73-87.

BÜNTGEN U., ESPER J., SCHMIDHALTER M., FRANK D. C., TREYDTE K., NEUWIRTH B. A., WINIGER M., 2004. Using recent and historical larch wood to build a 1300-year Valais-chronology. *Trace*, 2, 85-92.

BÜNTGEN U., ESPER J., FRANK D. C., NICOLUSSI K.A., SCHMIDHALTER M., 2005. A 1052-year tree-ring proxy for Alpine summer temperatures. *Climate Dynamics*, 25, 141-153.

BÜNTGEN U., BELLWALD I., KALBERMATTEN H., SCHMIDHALTER M., FRANK D.C., FREUND H., BELLWALD W., NEUWIRTH B., NÜSSER M., ESPER J., 2006. 700 years of settlement and building history in the Lötschental, Swiztzerland. *Erdkunde*, 60, 96-112.

COURT-PICON M., 2007. Mise en place du paysage dans un milieu de moyenne et haute montagne du Tardiglaciaire à l'époque actuelle. Thèse, Université de Franche-Comté.

COÛTEAUX M. 1984. Présence, datages et signification phytosociologique de macrorestes de Pinus et de pollens de Pinus Cembra L. à 2050 m dans le vallon de La Lavey (Massif des Ecrins, Isère, France). *Revue de PaléoBiologie,* (vol. sp.) 55-62.

DAVID F., 1997. Holocene tree limit history in the northern French Alps, stomata and pollen evidence. *Review of Palaeobotany and Palynology*, 97, 227-237.

David F., 2001. Etablissement des étages de la végétation holocène : vers la modélisation complète d'un massif. *Comptes Rendus de l'Académie des Sciences de la Vie*, 324, 273-278.

Edouard J.L., Guibal F., Nicault A., Rathgeber C., Tessier L., Thomas A., Wicha S., 2002. Arbres subfossiles (Pinus cembra, Pinus uncinata et Larix decidua) et évolution des forêts d'altitude dans les Alpes françaises au cours de l'Holocène. Approche dendrochronologique. *In* Equilibres et ruptures dans les écosystèmes durant les 20 derniers millénaires en Europe de l'Ouest, Actes du colloque international de Besançon, Richard H. & Vignot A. (éd.). Presses universitaires Franc-Comtoises, Annales Littéraires 730, série « Environnement et archéologie » 3, 403-411.

Edouard J.-L., 2007. Les très vieux arbres vivants et les arbres morts, témoins et vestiges des forêts du passé dans les Alpes du Sud : lecture dendrochronologique d'un patrimoine naturelle et humain. *In* Catalogue de l'exposition « Bois et Charpentes », P. Bernardi (éd.). Edition du Fournel, 9-16.

Eronen M., Zetterberg P., Briffa K.R., Lindholm M., Meriläinen J. S., Timonen M., 2002 a. The supra-long Scots pine tree-ring record for Finnish Lapland: Part 1, chronology construction and initial inferences. *The Holocene*, 12-6, 673-680.

Eronen M., Zetterberg P., Briffa K.R., Lindholm M., Meriläinen J., S., Timonen M., 2002 b. The supra-long Scots pine tree-ring record for Finnish Lapland: Part 2, interannual to centennial variability in summer temperatures for 7500 years. *The Holocene*, 12-6, 673-680.

Esper J., Büntgen U., Frank D. C., Nievergelt D., Liebhold A., 2007. 1200 years of regular outbreaks in alpine insects. *Proceedings of the Royal Society,* B. 274, 671-679.

Fritts H.C., 1976. Tree-ring and climate. Academic Press, New-york.

Grabner M., Wimmer R., Gindl W., Nicolussi K., 2001. A 3474-years alpine tree-ring record from the Dashstein, Austria. *In* Kaennel Daubertin M., Bräker O.U. (éd.), International Conference Tree Ring and People, Davos.

Grudd H., Briffa K. R., Karlen W., Bartholin T.S., Jones, P.D., Kromer B. 2002. A 7400-years tree-ring chronology in northern Swedish Lapland: natural climatic variability expressed on annual to millennial timescales. *The Holocene*, 12-6, 657-665.

Guiot J., Goeury C., 1996. PPPBASE, a software for statistical analysis of palaeoecological and palaeoclimatological data. *Dendrochronologia,* 14, 295-300.

Guiot J., Nicault A., Rathgeber C., Edouard J.L., Guibal F., Pichard G., Till C., 2005. Last millenium summer-temperature in western Europe based on proxy data. *The Holocene,* 15-4, 489-500.

Holzhauser H., 1997. Fluctuations of the Grosser Aletsch Glacier and the Gorner Glacier during the lat 3200 years: new results.Glacier fluctuations during the Holocene. Frenzel et al. (Eds.), *Paläoklimaforschung*, 24, 35-58.

Holzhauser H.P., Magny M., Zumbühl H. J., 2005. Glacier and lake-level variations in west-central Europe over the last 3500 years. *The Holocene,* 6, 789-801.

Lambert G.N., 2006. Dendrochronologie, Histoire et Archéologie, modélisation du temps. Le logiciel Dendron II et le projet Historic Oaks. Habilitation à diriger des recherches, Université de Franche-Comté.

Matthews J.A., 2002. Special Issue on the European Commission Research, Analysis of Dendrochronological Variability and Associated Natural Climates in Eurasia – the last 10 000 years (Advance-10K). *The Holocene*, 12, 639-794.

Motta R., 2004. Reconstruction de l'histoire de peuplements forestiers suivant un gradient altitudinal dans la haute vallée de Suze (Piémont, Italie). Thèse, Université Paul Cézanne.

Nakagawa T., Edouard J.L., Beaulieu (de) J.L. 2000. SEM (Scanning Electron Microscope) pollen analysis in the lake Cristol, French southern Alps : the use of SEM enables more reliable pollen identification of Pinus cembra and other Pinus species of the region. *Review of Palaeobotany and Palynology,* 108, 1-15.

Nicolussi K., Patzelt G., 2000. Discovery of early-Holocene wood and peat on the forefield of the Pasterze Glacier, Eastern Alps, Austria. *The Holocene,* 10-2, 191-199.

Nicolussi K., Kaufmann M., Patzelt G., van der Plicht J., Thurner A., 2005. Holocene tree-line variability in the Kauner Valley, Central Eastern Alps, indicated by dendrochronological analysis of living trees and subfossil logs. *Veget. Hist. Archaeobot.*, 14, 221-234.

Ozenda P., 1985. La végétation de la chaîne alpine dans l'espace montagnard européen. Editions Masson, Paris.

Ponel P., Parchoux F., Andrieu-Ponel V., Juhasz I., Beaulieu de J. L., 2001. A late-glacial-Holocene fossil insect succession from Vallée des Merveilles, French Alps, and its palaeoecological implications. *Arctic and Alpine Research*, 33, 476-484.

Rinn F., 1996. TSAP Reference Manual. Version 3.0.

Schweingruber F.H., 1990. Anatomy of European Woods. Bern, Haupt.

Schweingruber F.H., 2007. Wood structure and environment. Springer.

Serre F., 1978. The dendroclimatological value of European larch in the French maritime Alps. *Tree-Ring Bulletin*, 38, 25-33.

Talon B., Carcaillet C., Thinon M., 1998. Etudes pédoanthracologiques des variations de la limite supérieure des arbres au cours de l'Holocène dans les Alpes françaises. *Géographie Physique et Quaternaire,* 5-2, 195-208.

Tessier L., 1986. Chronologie de mélèzes des Alpes et Petit Age Glaciaire. *Dendrochronologia*, 4. 97-113.

Tessier L., Beaulieu de J.-L., Couteaux M., Edouard J.-L., Ponel P., Rolando C., Thinon M., Tobolski K., 1993. Holocene palaeoenvironments at the timberline in the French Alps - a multidisciplinary approach. Boreas, 22, 244-254.

Touflan P., Talon B., accepté. Histoire et dynamique d'une forêt subalpine (Alpes du Sud, Queyras) en vue de la reconstitution des paysages du passé. *In* Paysages et Environnement. De la reconstitution du passé aux modèles prospectifs, Galop D. Annales Littéraires ; Série « Environnement, sociétés et archéologie », Besançon, Presses universitaires de Franche-Comté, 171-184.

Wieser G., Tausz M., 2007. Trees at their Upper Limit. Treelife Limitation at the Alpine Timberline. Plant Ecophysiology, Dordretcht, Springer.

LES SÉQUENCES PÉDO-SÉDIMENTAIRES DU COL DU PETIT-SAINT-BERNARD DANS LEUR CONTEXTE ARCHÉOLOGIQUE

PREMIÈRE APPROCHE

SEDIMENT SEQUENCES AT THE ALPINE PASS OF PETIT- SAINT-BERNARD AND THEIR ARCHAEOLOGICAL CONTEXT

BERNARD MOULIN [1], Pierre-Jérôme REY [2]

[1] *Centre d'Archéologie Préhistorique du Rhône aux Alpes, F 26000 Valence.*

[2] *Laboratoire EDYTEM, Université de Savoie/CNRS, Campus scientifique, F 73376 Le Bourget du Lac cedex.*

Contact : bernard.moulin26@wanadoo.fr

RÉSUMÉ

Les stratigraphies mises au jour lors des travaux de prospection sur les versants français et italien du Col du Petit-Saint-Bernard ont montré l'existence de séquences pédosédimentaires holocènes bien différenciées en fonction des différents contextes altitudinaux. Deux grands types de séquences dominent largement : les séquences de bas de versant et les séquences d'altitude. Aux altitudes les plus basses (vers 900 m - 1100 m principalement ; parfois plus haut sur le versant italien), ces séquences sont en général bien dilatées ; elles renferment fréquemment un sol brun fersiallitique enfoui, tronqué, recouvert de dépôts colluviaux dans lesquels s'insèrent les horizons archéologiques du Néolithique, de la Protohistoire et de l'époque romaine. Au-dessus de 1900 m, les séquences reconnues sont en général beaucoup plus condensées, rarement à podzols, beaucoup plus fréquemment à stagnosols, et montrent fréquemment des récurrences dans les cycles de pédogenèse. Les données chronologiques actuellement disponibles tendraient à placer la formation de ces pédogenèses d'altitude dans la seconde moitié de l'Holocène.

***MOTS CLÉS** : ALPES, HOLOCÈNE, PÉDOGENÈSE, SOLS ENFOUIS, SOLS FERSIALLITIQUES, STAGNOSOLS, PODZOLS, DYNAMIQUE DE VERSANTS.*

ABSTRACT

The stratigraphy updated during the survey on the French and Italian hillsides of the Pass of Petit-Saint-Bernard showed the existence of Holocene pedosedimentary sequences well differentiated according to the altitude contexts. Two main types of sequences dominate widely : the sequences of bottom of hillside and the sequences of height. At the lowest heights (towards 900 m - 1100 m mainly ; sometimes higher on the Italian hillside), these sequences are generally well dilated ; they contain frequently a brown fersiallitic soil buried, truncated, covered with colluvial deposits into which fit the archaeological horizons of the Neolithic, Protohistoric, and Roman periods. Above 1900 m, recognized sequences are generally much more condensed, rarely with podzols, much more frequently with stagnosols, and show frequently recurrences in the cycles of soil formation. The chronological data would tend to place the formation of these soils of in the second half of Holocene.

***KEYWORDS**: ALPES, HOLOCENE, BURIED SOILS, FERSIALLITIC SOILS, PODZOLS, ALPINE SLOPE DYNAMIC.*

Introduction

Les travaux de prospection et sondages « *Occupations et circulations préromaines autour du col du Petit-Saint-Bernard* » menés sur les deux versants du col dans le cadre du programme européen « INTERREG III ALCOTRA 2000-2006 - Alpis Graïa/Archéologie sans frontières » ont apporté une moisson de données archéologiques inédites permettant d'appréhender l'occupation humaine et la fréquentation des divers étages altitudinaux depuis la Préhistoire sur cet axe transalpin qu'est le col du Petit-Saint-Bernard (Rey et Moulin, 2006 ; Rey *et al.* 2008 ; Rey *et al.* à paraître).

Alors que des études ont été menées dans les environs immédiats du col dans le but de préciser les paléoenvironnements holocènes et l'impact de l'homme sur les écosystèmes à partir de séquences lacustres, palustres (Miras *et al.* 2006 ; Millet *et al.*, 2008) et terrestres (Talon, 2006), un travail a été entrepris dans le contexte spécifique de ces prospection-sondages sur un territoire beaucoup plus large (1700 km^2), comprenant les deux versants du col et ses abords entre 900 et 2700 m : en Tarentaise, sur les communes de Bellentre (BL), Les Chapelles (LC), Bourg-Saint-Maurice (BSM), Séez (SZ) et Montvalézan (MVLZ) ; au Val d'Aoste sur les communes de La Thuile (LTH), Pré-Saint-Didier (PSD) et Morgex (MX). Les secteurs prospectés et sondés concernent principalement des zones particulièrement favorables au piégeage sédimentaire : ensellements, plateaux d'altitude, terrasses, replats à flanc de versant, dont le contexte géomorphologique (Quenard, 2006) a été précisé parallèlement.

Le col du Petit-Saint-Bernard constitue une dépression d'axe Nord-Est / Sud-Ouest située au contact de la zone houillère briançonnaise, constituée de pélites, grès et conglomérats (sud-est du col, Mont Valezan et au-delà) et de l'unité sub-briançonnaise du Petit-Saint-Bernard, d'extension très limitée, comprenant des calcschistes, des marnes et des calcaires noirs (le Combottier, le Talou, secteur nord-ouest du col jusqu'au sommet des Rousses). Plus au nord (La Thuile), l'absence de l'unité sub-briançonnaise met en contact direct la zone briançonnaise et la zone valaisanne (unité du Roignais-Versoyen). Cette dernière, présente sur toute la partie nord du secteur prospecté, du Versoyen au Vallon du Breuil et au-delà, comprend plusieurs entités de lithologie très variée : granitoïdes de Pointe Rousse, schistes noirs et roches vertes (prasinites, serpentinites, etc.) du Versoyen, « Flysch » de Tarentaise (Debelmas *et al.,* 1991). Les dépôts glaciaires würmiens nappent fréquemment le substrat rocheux, surtout dans les secteurs de basse altitude (Bourg-Saint-Maurice, Séez, Montvalezan). Le contexte écologique et climatique a été précisé sur le

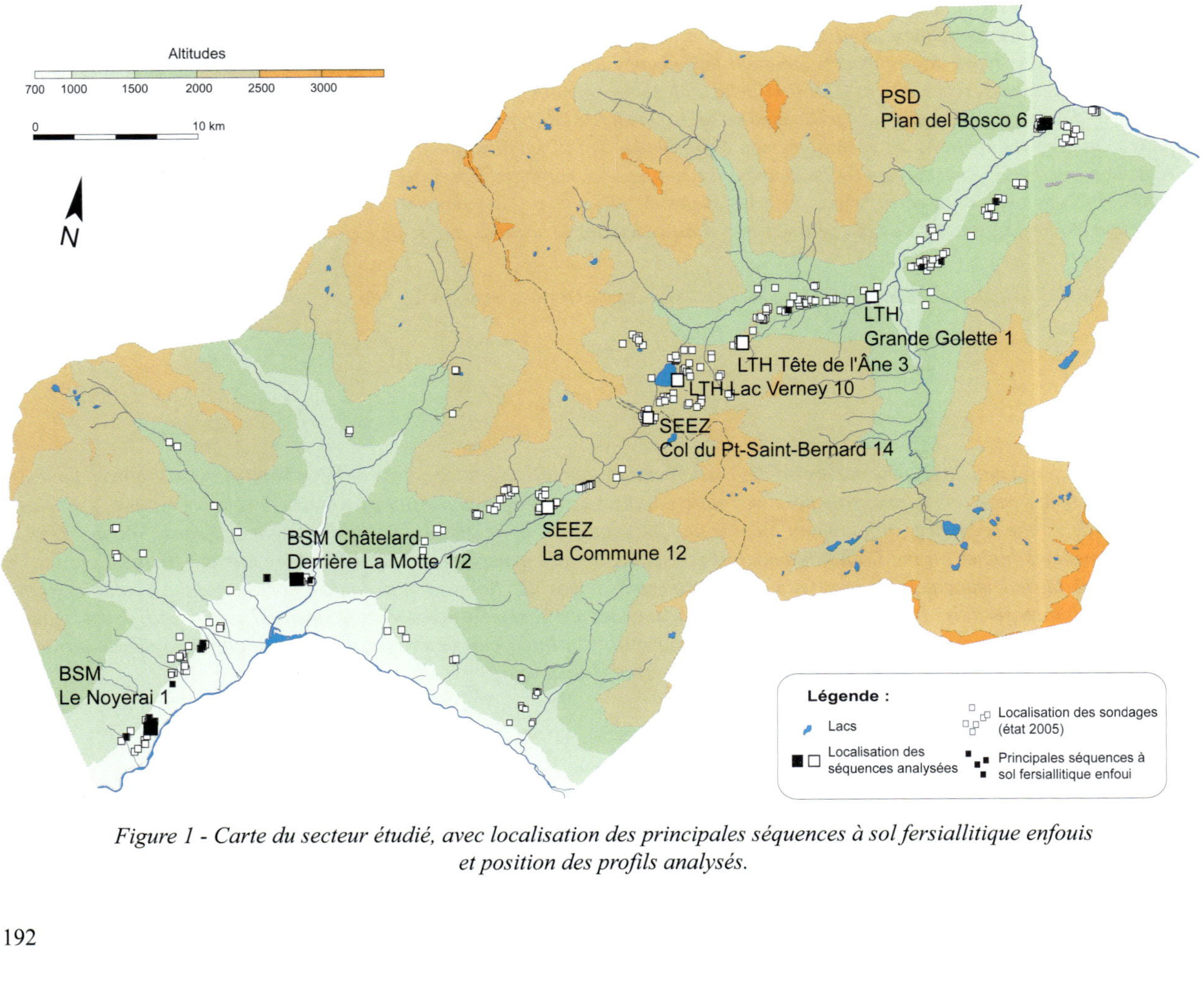

Figure 1 - Carte du secteur étudié, avec localisation des principales séquences à sol fersiallitique enfouis et position des profils analysés.

versant français du col (Gapillout, 1975).

La documentation systématique des séquences stratigraphiques mises au jour dans ces sondages a rapidement montré l'importance des questions pédologiques dans l'enregistrement sédimentaire des dépôts pour la compréhension de la dynamique des versants durant l'Holocène, aussi bien dans les secteurs les plus bas de la zone d'investigation que plus haut en altitude. Rappelons que dans les Alpes suisses, en contexte de sites archéologiques néolithiques et protohistoriques, la question des sols enfouis avait attiré très tôt l'attention : déjà Jayet et Sauter s'interrogèrent sur la nature des « terres rouges » valaisannes et proposèrent alors de les utiliser comme repères stratigraphiques (Jayet, 1945 ; Jayet et Sauter, 1953). Depuis, l'étude des séquences pédo-sédimentaires est devenue véritablement à l'ordre du jour dans les travaux récents en milieu alpin et périalpin qui intègrent les études archéologiques dans leur cadre environnemental (sites de Collombey/Barmaz, Guélat *et al.*, 1995 ; Sierre / Creux-de-Chippis et Brig-Glis / Waldmatte en Valais, Guélat *et al.*, 1998).

Les travaux de terrain ont consisté en une description systématique des sondages et en un échantillonnage des profils les plus représentatifs. Les données exhaustives concernant la description des sondages (fiches d'inventaire) ont été présentées dans des documents préliminaires (Rey *et al.*, 2003 ; Rey *et al.*, 2006 ; Rey et Moulin, 2007). Plus de 650 sondages ont été effectués entre 2004 et fin 2007, les deux-tiers de ceux-ci ayant atteint le toit des dépôts morainiques et offrent ainsi un échantillonnage très large des séquences holocènes, surtout implantées à proximité de l'itinéraire du col (Figure 1).

I - Les différents contextes pédo-sédimentaires rencontrés

Le transect altimétrique du col du Petit-Saint-Bernard, de Bellentre à Pré-Saint-Didier, montre les profils pédo-sédimentaires-types rencontrés au col et sur ses deux versants (Figure 2) : dans les zones de basse altitude, sur les premiers replats dominant l'Isère et sur les versants (communes de Bellentre, Les Chapelles, Bourg-Saint-Maurice, Séez), à des altitudes comprises entre 900 m et 1100 m, les séquences pédo-sédimentaires sont bien développées (1 à 2,5 m en moyenne, exceptionnellement jusqu'à 4,7 m dans les ensellements) et les sols holocènes, de teinte brun-rouge à brun-orangé (sols bruns fersiallitiques), sont tronqués et scellés sous des séquences colluviales, parfois des niveaux d'occupation (Figure 3). L'horizon d'altération de teinte brun rougeâtre, développé sur un substrat limono-sableux reposant au sommet des dépôts morainiques ou fluvio-glaciaires, montre fréquemment un gradient d'intensité et de couleur sur quelques décimètres d'épaisseur. Cet horizon correspond à l'horizon de décarbonatation, lorsque ces sols se sont développés sur un substrat en partie carbonaté, ce qui n'est le cas qu'assez rarement, et d'oxydation du fer, particulièrement favorisées sur des matériaux drainant tels que ceux présents ici (moraines et fluvio-glaciaire). A des altitudes plus élevées (1450 m -1800 m), les sols enfouis de ce type, moins fréquemment rencontrés, évoluent vers des sols moins profondément enfouis, de teinte jaune-orangé (exemples de SZ-Les Tollets et de MTVZ-Corny d'en haut). Des sols enfouis de teinte brun-rouge, équivalents à ceux rencontrés côté français, sont également présents sur le versant italien (communes de La Thuile, Morgex, Pré-Saint-Didier), à des altitudes comprises entre 1200 m et 1850 m.

Sur l'adret du versant français du col, versant sud du Clapet (commune de Séez), Le Talou, au-dessus de La Colonne (vers Le Betachet), le Combottier, entre 1500 m et 2200 m, on rencontre des accumulations sédimentaires épaisses et assez mal stratifiées sur de nombreux petits replats à flanc de versant sur un substrat assez friable et en partie carbonaté : calcschistes du Lias moyen, marnes noires schisteuse du Lias supérieur (Debelmas *et al.*, 1991). Il s'agit de colluvions fines surmontant des dépôts de ruissellement et des alluvions et des colluvions fines. Les observations faites au Talou comme au Combottier, entre 1400 m et 1800 m, suggèrent que l'on se trouve vraisemblablement en présence de sols fersiallitiques peu marqués, développés sur des séquences de texture fine et tronqués, recouverts de dépôts limono-sableux peut-être liés au développement de prés irrigués. Ces épaisses formations, qui résultent de la désagrégation de ce substrat particulièrement fissile, apparaissent comme un cas particulier des séquences de versant.

Aux altitudes supérieures à 1900 m, au-dessus de la limite actuelle des arbres (col, abords du col, vallon du Breuil), d'autres types de séquences pédo-sédimentaires sont très largement représentées (Figure 3) ; ce sont des séquences moins développées (le plus souvent moins d'un mètre) présentant généralement, sous l'humus actuel (horizon A_0), un horizon gris clair, parfois même complètement blanchi (horizon E ou A_{2g} - horizon albique). La présence d'un horizon d'accumulation de matière organique (horizon B_h-B_s) sous l'horizon blanchi n'est rencontrée de manière indiscutable que dans des cas assez rares (SZ-les Gouillons). Les horizons inférieurs plus dilatés, de teinte rouille, passant graduellement de l'un à l'autre (horizons BC et C ; horizon placique), présentent d'assez forte variation selon les profils : horizon rouille fortement marqué (SZ-les Gouillons), horizon bariolé à mouchetures rouilles (ensellement du col). Ces sols sont à classer en majorité dans les sols hydromorphes, caractérisés

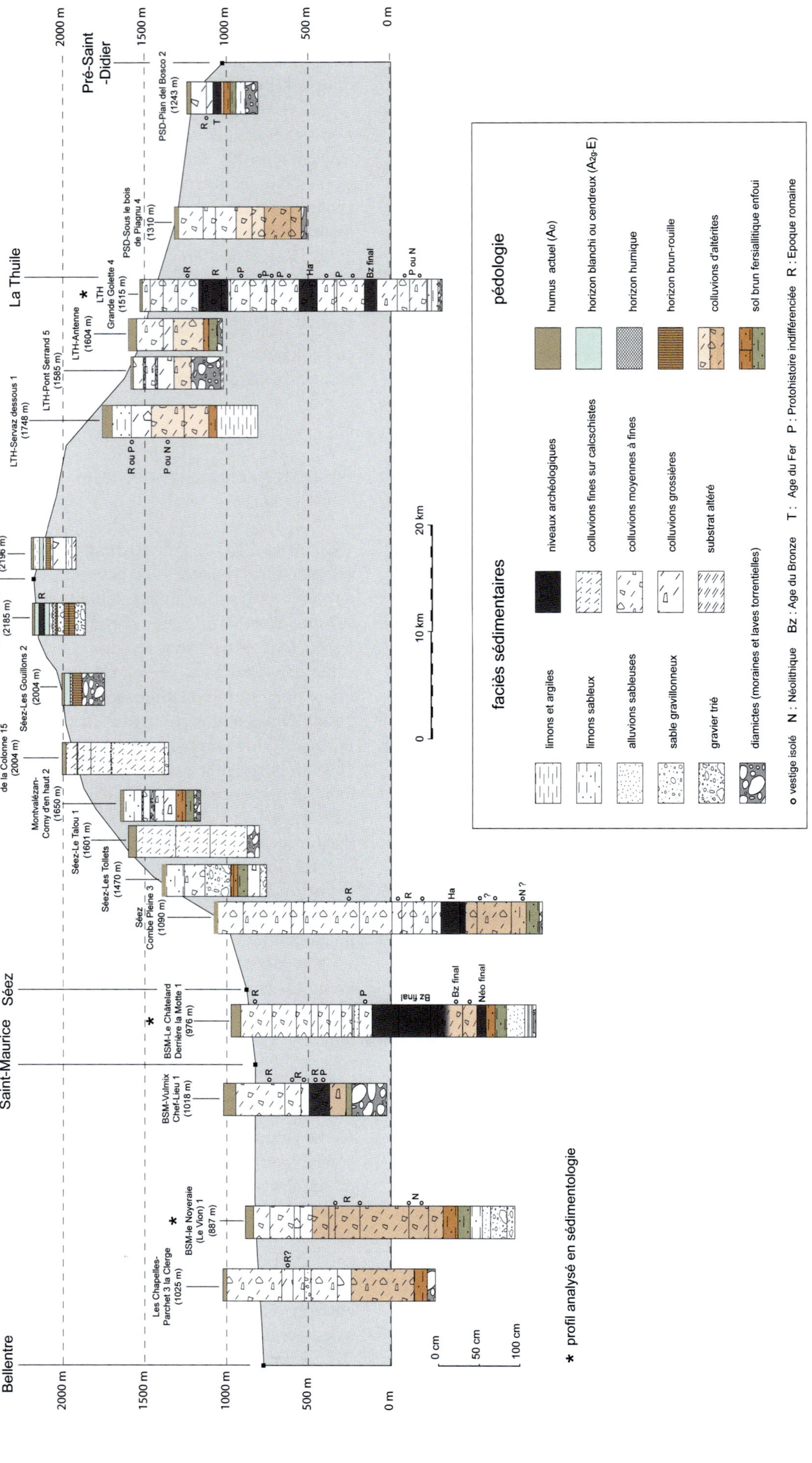

Figure 2 - Profil transversal du col du Petit St Bernard, de Bellentre (Tarentaise), à l'Ouest, à Pré-Saint-Didier (Val d'Aoste), à l'Est.

par la réduction et la ségrégation locale du fer liées à une saturation des pores en eau, et plus particulièrement dans les sols hydromorphes de type stagnogleys ou stagnosols à horizon stagnique blanchi. Duchaufour (1983) note que « *les stagnogleys évolués de montagne, sous l'influence d'une végétation acidifiante, manifestent presque toujours une évolution podzolique liée à la très forte acidification (pH inférieur à 4 en surface) et à la persistance de composés organiques agressifs* » ; ces sols se caractérisent par une décoloration complète de l'horizon A2g liée à une élimination complète du fer (« albic stagnosols ») alors que les stagnogleys peu évolués présentent un horizon A2g généralement de teinte gris clair ou gris-bleuté (fer ferreux), voire beige (coexistance du fer ferreux et du fer ferrique). Dans les cas où un horizon d'accumulation de matière organique plus ou moins développé est présent sous l'horizon blanchi franchement défini (SZ-les Gouillons), ces sols se rapprochent des podzols (podzols hydromorphes), combinant les processus de podzolisation et d'hydromorphie. Les séquences de stagnosols montrent parfois des récurrences (LTH-Lac Verney 10 ; LTH-Versant Nord du col 2 ; LTH-dessous le Lac Verney 4 ; LTH-Verney dessus 2). Dans de rares cas, des séquences sédimentaires plus longues, caractéristiques de zones moins stables, piègent à plusieurs reprises des amorces de sols interstratifiés dans des alluvions (LTH-sous le Mont Belvédère 8). Dans certains cas (LTH-Verney-Dessus 1 et 2 ; LTH-Plan Veyle 8, 13 et 22 ; LTH-Versant Nord du col 2), ces sols sont scellés sous des sols alluviaux, dans lesquels les apports cycliques d'alluvions fines enfouissent des horizons humifères, donnant ainsi en sommet de séquence des profils à horizons minéraux et organiques intercalés.

Huit profils ont fait l'objet d'analyses sédimentologiques ; ces profils sont les suivants :

- BSM-le Châtelard, Derrière-la-Motte (DLM), sondage 1 (976 m) (Figure 4) ;
- BSM-le Noyerai-le Vion, sondage 1 (887 m) (Figure 5) ;
- SZ-la Commune, sondage 12 (1889 m) ;
- SZ-Col du Petit-Saint-Bernard, sondage 14 (2185 m) (Figure 8) ;
- LTH-Grande Golette, sondage 1 (1516 m) (Figure 6) ;
- LTH-Lac Verney, sondage 10 (2110 m) (Figure 8) ;
- LTH-Tête de l'Âne, sondage 3 (2045 m) ;
- PSD-Pian del Bosco, sondage 6 (1232 m).

Les analyses ont porté sur les points suivants :

- la granulométrie des fractions inférieures à 2 mm :
  - la granulométrie des fractions sableuses (2 mm-64 µm) a été effectuée par tamisage selon la méthode classique ;
  - l'étude des fractions limono-argileuse (< 64 µm) a été effectuée par méthode laser au Malvern ;
- la chimie des fractions inférieures à 0,5 mm : les analyses chimiques ont été effectuées selon le protocole suivant :
  - la teneur en carbonates est mesurée à l'aide du calcimètre de Müller ;
  - la teneur en matière organique est obtenue par combustion au four à 1 000°C, avec correction du carbone lié aux carbonates ;
  - la valeur des phosphates est obtenue par méthode colorimétrique (réaction au molybdate d'ammonium) et les résultats sont donnés en unité de couleur (u.c.) ;
  - la valeur en matière organique fine (matière humique) est obtenue par réaction au fluorure de sodium et les résultats sont également donnés en unité de couleur (u.c.) ;
  - le pH est mesuré au pH-mètre sur une solution de chlorure de potassium ;
- la composition de la fraction moyenne (0,5-1 mm) : elle a été déterminée par décompte sous la loupe binoculaire sur la base d'un comptage de 150 à 200 grains par échantillon.

II - CARACTÉRISTIQUES GÉNÉRALES DES SÉDIMENTS ÉTUDIÉS

Les sédiments analysés montrent, du point de vue granulométrique, que la matrice varie peu dans la plupart des profils étudiés (fraction inférieure à 2 mm) : du sable limoneux, dans la majorité des cas, au limon sableux. Les courbes granulométriques cumulatives sont en général peu redressées dans ces sédiments, caractéristiques des séquences de mise en place colluviale.

Les carbonates sont très peu présents dans les séquences considérées. Ceci tient pour une grande part aux faciès à dominante silicatée du substrat (dépôts morainiques) constituant la base des profils, mais aussi aux processus de pédogenèse qui ont éliminé le peu de carbonates potentiellement présent dans certains horizons. Les seuls niveaux carbonatés rencontrés dans lesquels la teneur en carbonates est conséquente (plus de 40 %) correspondent aux accumulations carbonatées d'origine pédogénétique des horizons C/Ca.

Les analyses de pH montrent que les profils étudiés se répartissent en deux groupes bien distincts :

- les profils dont le pH est compris entre 7 et 8, donc légèrement basiques, ceci malgré les teneurs basses ou nulles en carbonates, caractérisant les profils de basse ou moyenne altitude, caractéristiques des sols enfouis tronqués sous des séquences colluviales (BSM-DLM 1, BSM-le Noyerai-le Vion, LTH-Grande Golette 1 et PSD-Pian del Bosco 6) ;

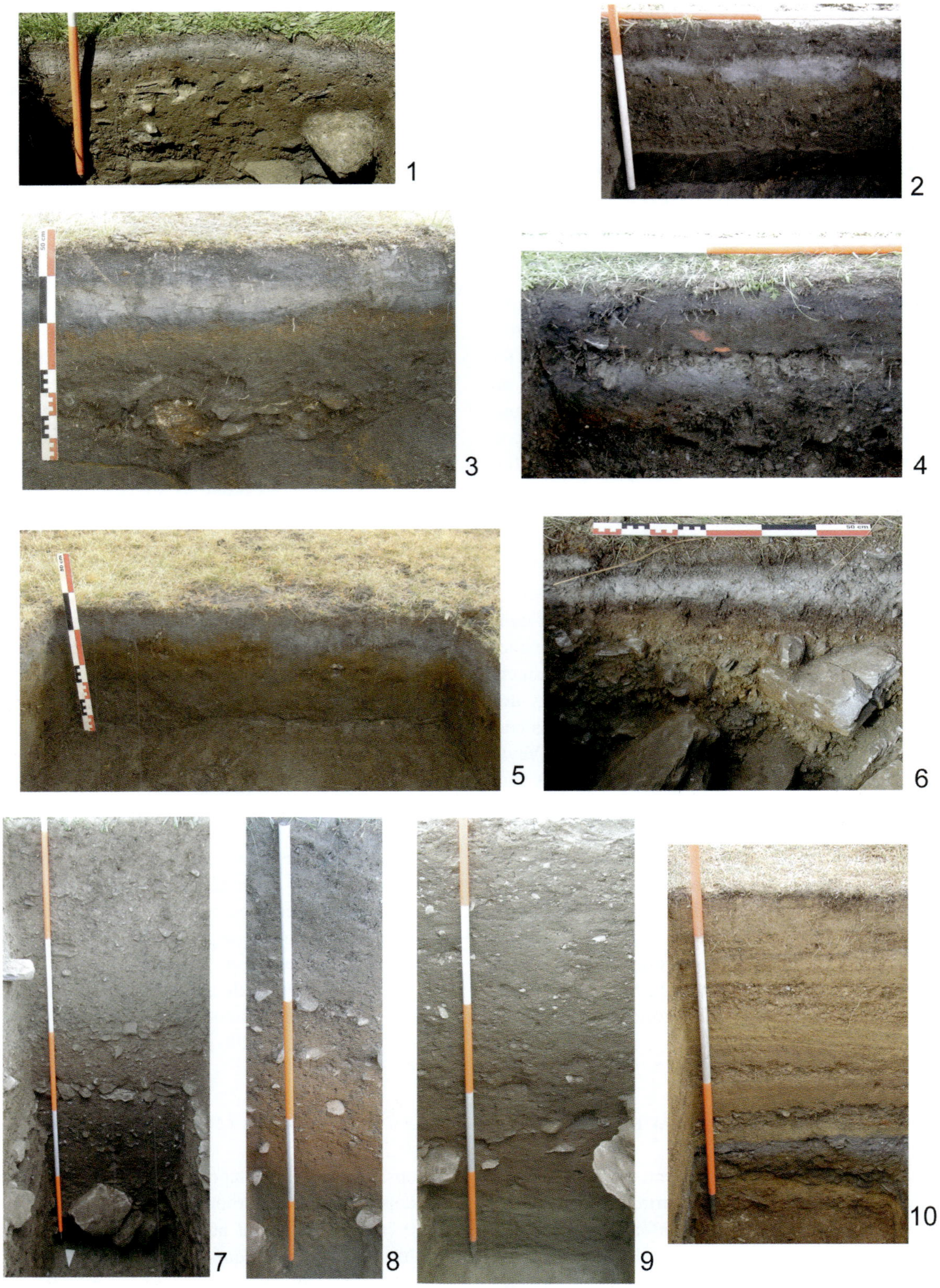

1) Plan de Beaupré-1 ; 2) Col-4 ; 3) Col-17 ; 4) Col-14 ; 5) Col-20 ; 6) Les Gouillons-2 ; 7) BSM / Le Châtelard-ELM ; 8) Les Chapelles-L'Epine-1 ; 9) BSM / Côte du Moulin 2 10) LTH - sous le Mont Belvédère-8

1, 2, 3, 4, 5, 6 : sols avec horizon blanchi ("horizon albique") plus ou moins développé,caractéristiques d'hydromorphie (+ podzolisation dans les cas les plus évolués) ; **7, 8, 9** : sols fersiallitiques enfouis tronqués, scellés sous des niveaux archéologiques et des séquences colluviales ; **10** : stagnogley scellé sous séquence alluviale d'altitude à sédimentation rapide

Figure 3 - Principales séquences-types de sols rencontrées.

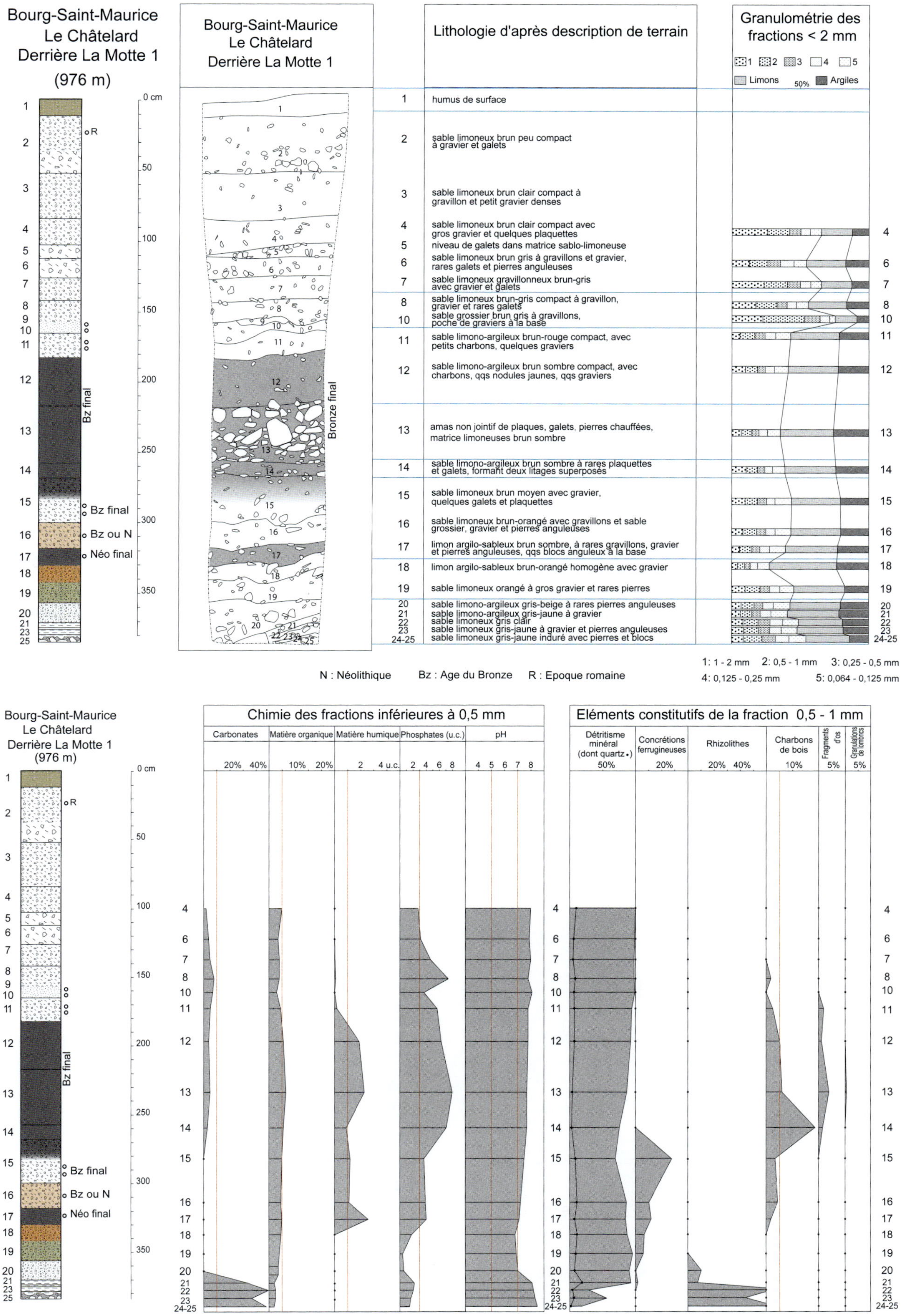

Figure 4 - Résultats d'analyses sédimentologiques du profil BSM-Derrière La Motte 1.

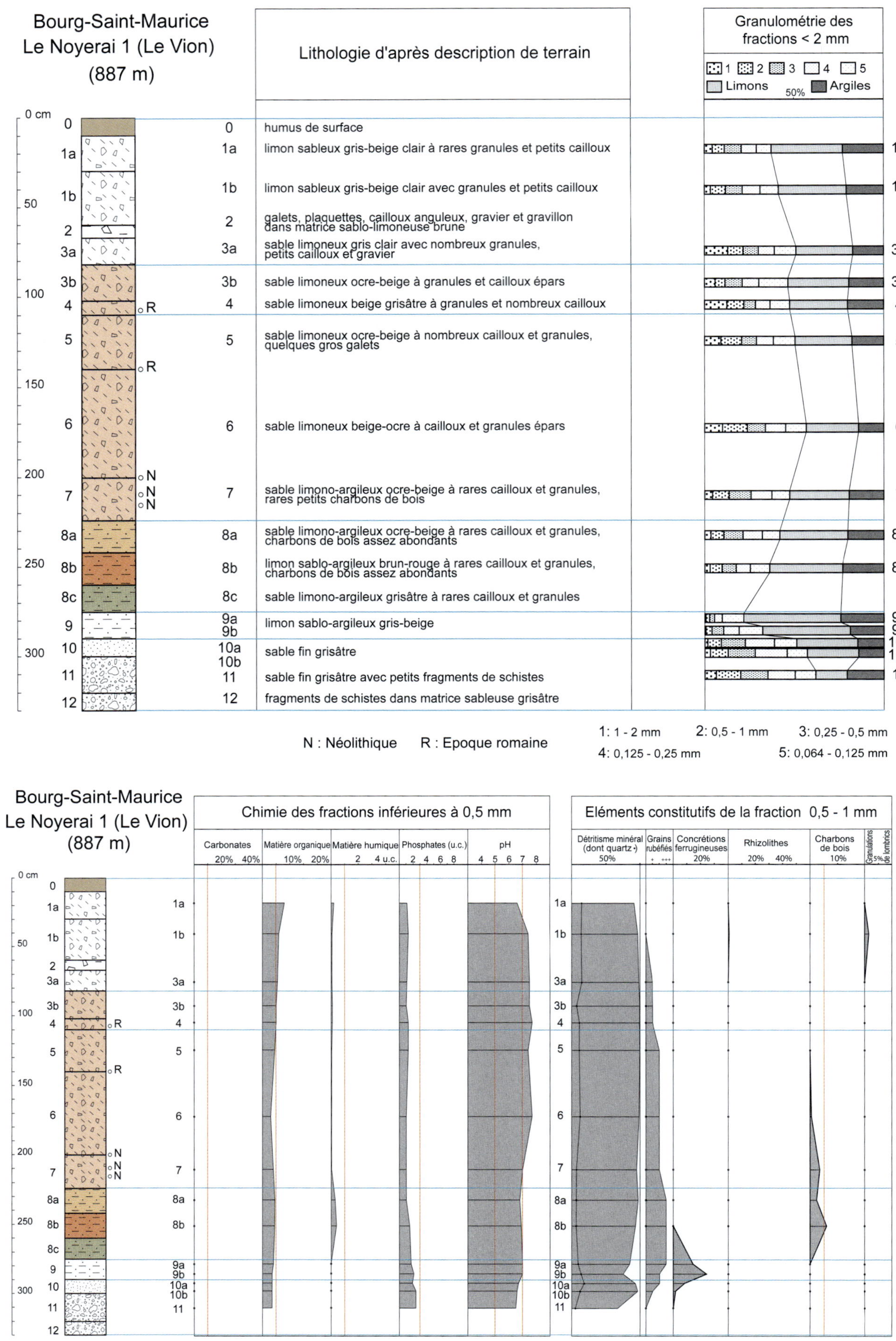

Figure 5 - résultats d'analyses sédimentologiques du profil BSM-Noyerai-LeVion.

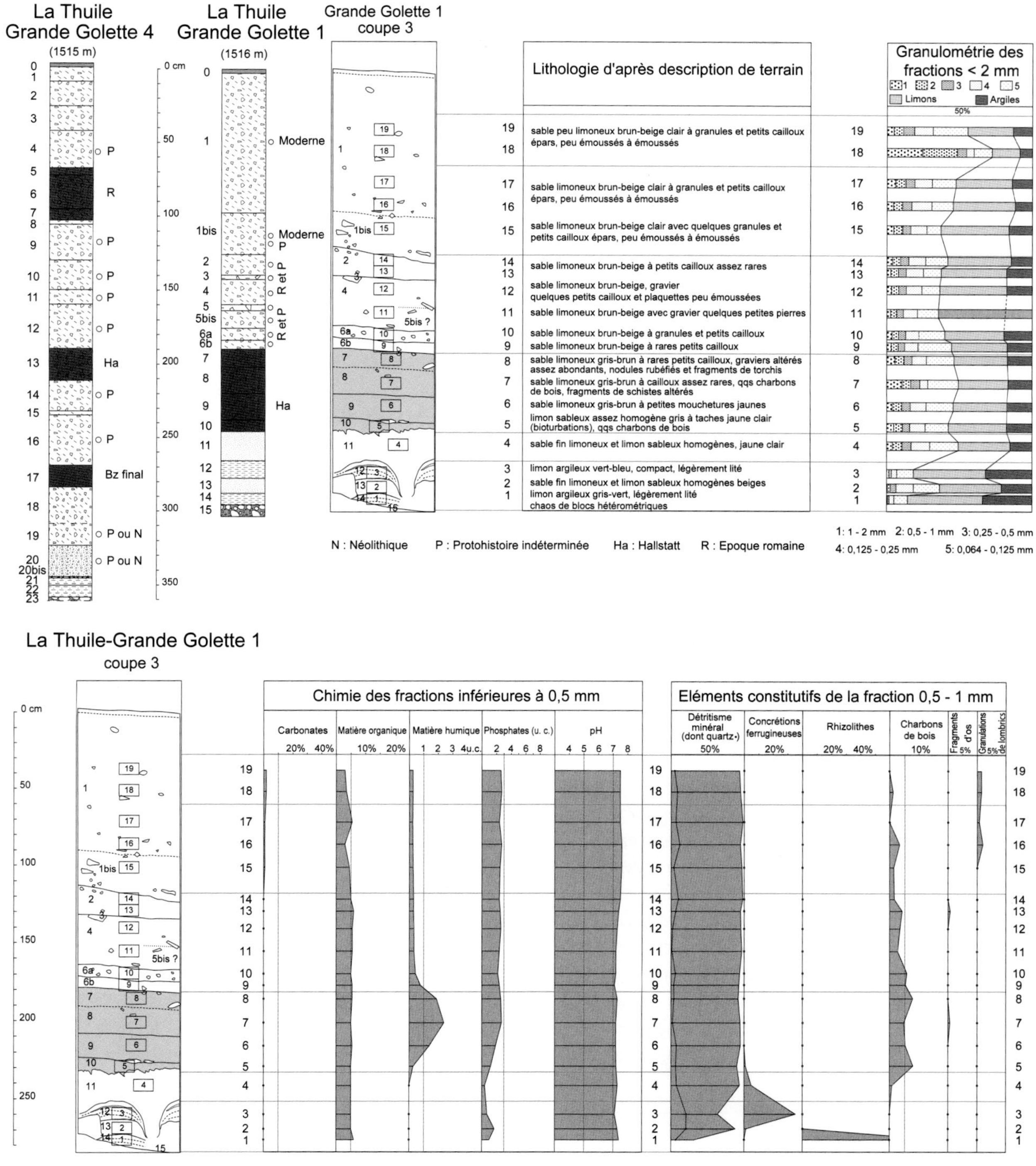

Figure 6 - Résultats d'analyses sédimentologiques du profil LTH-Grande-Golette 1.

- les profils dont le pH est compris entre 4 et 5, donc franchement acides, caractéristiques des sols d'altitude (SZ-Col du Petit-Saint-Bernard 14, LTH-Lac Verney 10, LTH-Tête de l'Âne 3, SZ-la Commune 12).

Dans les profils à séquences colluviales surmontant des sols enfouis (BSM-DLM 1, BSM-le Noyerai-le Vion, LTH-Grande Golette 1), la matière organique ne montre que très peu de variations le long des profils analysés (autour de 5% de matière organique), malgré la présence de niveaux archéologiques conférant une teinte grise plus ou moins marquée à certaines strates (BSM-DLM 1, LTH-Grande Golette 1, SZ-La Commune 12) ; cette régularité vient d'autre part confirmer que la partie supérieure des sols enfouis, riche en matière organique, a bien disparu par troncature. La présence anthropique se marque, par contre, par la hausse de la matière organique dans certains échantillons du profil de Pian del Bosco 6. Dans les profils d'altitude (LTH-Lac Verney 10 ; SZ-Col du Petit-Saint-Bernard 14 ; LTH-Tête de l'Âne 3), les teneurs en matière organique, très fortes dans la couche humifère de surface, montrent un gradient décroissant rapide dans le premier décimètre sous la surface.

Les fortes teneurs en matière humique sont fréquemment en rapport avec les niveaux archéologiques (BSM-DLM 1, LTH-Grande Golette 1, PSD-Pian del Bosco 6) et sont responsables de la teinte sombre de ces sédiments, mais certains horizons archéologiques (SZ-La commune 12, couche 4 par exemple) ne se distinguent pas par cette caractéristique. Dans deux séquences (BBSM-DLM 1 et PSB-Pian del Bosco 6), les niveaux archéologiques se caractérisent par des hausses en phosphates, ce qui n'est pas le cas dans d'autres profils (LTH-Grande Golette 1, LTH-Tête de l'Âne 3, SZ-La Commune 12).

III - Acquis et éléments de discussion

1 - Les séquences sédimentaires à sol brun fersiallitique enfoui

Comme il a été mentionné plus haut, les séquences à sol brun fersiallitique enfoui ont été rencontrées sur un assez large éventail altitudinal : si les profils les plus caractéristiques ont surtout été reconnus dans les zones les plus basses prospectées (900 m - 1200 m), des cas moins fréquents ont été observés à des altitudes plus élevées (1500 m - 1890 m) et la question se pose de savoir si certains niveaux orangés observés à la base de séquences situées plus haut (niveau 13 de LTH-Lac Verney 10, 2110 m ; niveaux 10 et 11 de LTH-Verney dessus 2, 2262 m ; LTH-Ponteilles 2, 2302 m ; SZ-Chapelle du col 2, 2170 m ; MTVZ-La Rosière 1, 1890 m) ne participent pas de processus proches.

Les séquences de sol enfoui analysées, formées après la déglaciation sur des substrats morainiques ou fluvioglaciaires, présentent toutes des indices d'un sol enfoui tronqué plus ou moins profondément : l'horizon humifère A n'est jamais conservé ; l'horizon brun-rouge (Bt) d'altération du fer a été bien conservé dans chacun des cas étudiés, à l'exception de Grande Golette 1 où la troncature a été plus basse (seul l'horizon C a été conservé). Dans les profils où il a été conservé, cet horizon d'altération Bt a été mis en évidence macroscopiquement sur le terrain par la teinte brun-rouge du sédiment et à la loupe binoculaire par la présence de grains rubéfiés dans certains profils ; le sédiment y est totalement décarbonaté et la texture est généralement plus riche en particules fines que dans les strates sous-jacentes. L'horizon de précipitation des carbonates (horizon C ou Ca) a été mis en évidence (teneur en carbonates élevée, importance des rhizolithes) à plusieurs reprises.

Ce type de sols enfouis (sols bruns fersiallitiques) témoignent d'une période de relative stabilité du versant sous climat contrasté, marqué par l'opposition d'une saison humide relativement froide et d'un été chaud et sec (Bresson, 1975 ; Duchaufour, 1983) ; les conditions essentielles de la rubéfaction sont d'autre part un matériau très filtrant, riche en résidus insoluble. Ce type de sols enfouis trouve des parallèles à Brig-Glis / Waldmatte (Haut Valais, Suisse) dans un contexte assez similaire à celui du col du Petit-Saint-Bernard (Moulin, 2004 ; Guélat et Rentzel, 2005) où un calage chronologique a permis de proposer des durées maximales de l'ordre de un à deux millénaires pour la formation de ces sols (Guélat *et al.,* 1998).

Les tentatives de datation des pédogenèses de type fersiallitique sur les versants du col du Petit-Saint-Bernard (*terminus post quem* et *terminus ante quem*) se basent pour l'instant sur un nombre de dates trop faible pour être représentatif. Les niveaux archéologiques apparaissent toujours au-dessus de l'horizon de pédogenèse (Figure 7). Des vestiges en place bien datés scellent ces sols dans quatre cas : ce sont le sondage 4 de MX-Molliex, avec un foyer daté du Néolithique final, le site de BL-les Vignettes, où une fosse du Néolithique moyen s'implante sur un fin niveau de

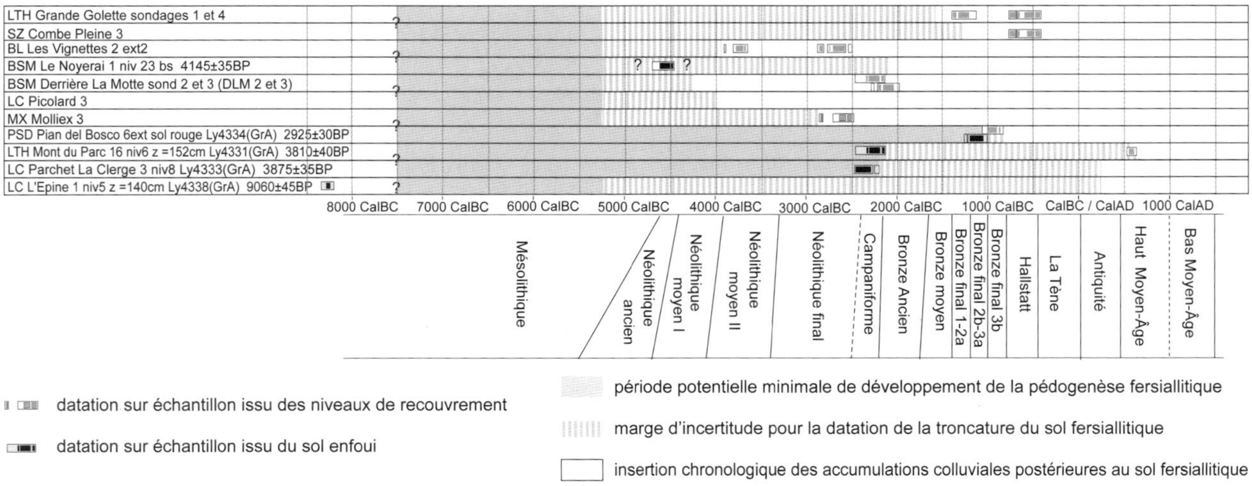

Figure 7 - Tableau de position chronologique des sols fersiallitique enfouis.

colluvions d'altérites qui surmonte le sol rubéfié, un empierrement daté de la fin du Bronze final 3 à PSB-Pian del Bosco et enfin une grande structure de combustion hallstattienne à LTH-Grande Golette 1. Dans plusieurs cas, le sol tronqué est scellé par des colluvions renfermant des vestiges du Néolithique moyen et final (BSM-DLM 3 ; BSM-Côte du Moulin 2 ; LC-Picolard) ou du Néolithique indéterminé (BSM-Le Noyerai 1). L'obtention d'un terminus pour le démarrage de la pédogenèse est difficile du fait que les premiers dépôts qui sumontent les formations glaciaires sont souvent peu dilatés et ne contiennent guère de charbons au-dessous du sol enfoui. La date de LC-l'Epine 1 (9060±45 BP = 8350-8210 cal BC) reste ambiguë car le charbon daté est issu du niveau de pédogenèse et peut donc aussi bien être lié au fonctionnement du sol qu'à la mise en place des dépôts supportant la pédogenèse. Si les durées de formation de ces sols restent non précisées pour l'instant, les éléments de datation, et en particulier les trois dates les plus récentes obtenues sur un micro charbon issu du sol enfoui (Figure 7) semblent indiquer que ce type de pédogenèse pourrait continuer à se développer jusqu'à la fin du IIIe millénaire, voire peut-être encore plus tardivement dans le cas du Pian del Bosco, s'il ne s'agit pas d'un charbon percolé. Avant même les modifications climatiques, on peut se demander si ce ne sont pas les changements induits par le développement des activités humaines qui déterminent la fin de la formation des sols fersiallitiques. La troncature systématique de ces sols, sur les versants, les replats et même dans les ensellures est un phénomène généralisé sur tout le secteur étudié. Aucun cas de sol enfoui avec son horizon humique n'a été observé. Dans un seul cas observé en Tarentaise, hors du secteur concerné ici (Aime, Dos de Borgas, sondage 2, couche 7) le niveau humifère pourrait avoir été conservé dans le comblement d'un ensellement, sur l'horizon rubéfié et sous les vestiges néolithiques (Rey, 2007 a). L'absence de récurrences de sol de ce type sur une même séquence, comme c'est le cas par exemple en Valais sur le site de Brig-Glis/ Waldmatte (Guélat, *et al,* 1998 ; Moulin, 2004 ; Guélat et Rentzel, 2005) doit aussi être mentionnée. L'âge de la troncature est délicat à déterminer ; il n'est pas forcément synchrone dans chacun des cas. Dans aucun des cas, l'importance temporelle du hiatus qui marque la troncature ne peut être évaluée avec précision.

En corollaire à la problématique des sols enfouis qui caractérisent la base de la plupart des séquences entre 900 m et 1500 m d'altitude, la question de l'ubiquité des colluvions dans toute cette frange altitudinale, de leur caractérisation, de leur statut, de leur position chronologique et de l'interprétation concernant les conditions sédimento-climatiques qui ont présidé à leur mise en place est également posée. En milieu terrestre, en l'absence de jalons chronologiques, plusieurs exemples ont montré la difficulté de corrélation dans le détail par lithofaciès, même à courte distance dans des études intra-sites (Moulin, 2004 ; Benkert *et al.*, 2003 ; Benkert *et al.*, 2004). De grandes tendances concernant l'évolution dans le temps des séquences colluviales ressortent toutefois : comme à Brig-Glis / Waldmatte (Moulin, 2004 ; Guélat *et al.*, 1998), les colluvions d'altérites, de teinte beige-rougeâtre et de nature décarbonatée, se sont constituées dans un premier temps par démantèlement et remaniement des sols fersiallitiques affleurant encore en surface, avant et durant les premières occupations néolithiques. Plus tard, quand les sols ont été scellés ou érodés selon le contexte topographique, les colluvions se sont progressivement formées à partir de matériaux plus frais, moins altérés, conférant alors aux dépôts une teinte gris-beige ; les carbonates y sont encore présents si le substrat en contient. Il ressort déjà que la majeure partie du comblement colluvial des principales ensellures (BSM-Le Châtelard - Derrière-la-Motte et Entre-la- Motte ; LTH-Grande Golette) liées à des verrous glaciaires est relativement tardive (postérieure au Bronze final), étant donné la position et la datation des occupations rencontrées sur ces sites. On peut dès à présent, sur la base des données disponibles, avancer la proposition que la mise en place des séquences de colluvions est à mettre en relation avec la présence humaine et l'importance des incendies.

D'après les premiers éléments de sériation chronologique des séquences sédimentaires documentées, pour l'instant surtout basés sur les vestiges archéologiques, il convient de souligner la faible épaisseur de la séquence sédimentaire conservée correspondant à la première partie de l'Holocène. Dans le seconde partie de l'Holocène, la dynamique sédimentaire se modifie de façon importante et se caractérise par des accumulations plus épaisses qui font suite à des troncatures érosives.

2 - Les séquences à sols blanchis

Les séquences condensées d'altitude ont été observées entre 1900 m et plus de 2700 m. Elles présentent localement de fortes variations d'aspect. Les séquences de SZ-les Gouillons (2000 m), sont à rattacher à de véritables podzols, avec un horizon humique Bh sous l'horizon blanchi : podzols actifs sous landes à *vaccinium*, podzols enfouis à faible profondeur, parfois sous fumiers modernes. Les séquences de LTH-sous le Belvédère 4 et 5, bien qu'avec un horizon humique moins marqué, sont à rapprocher de ces dernières. Sur le col lui-même et ses abords, les séquences présentent des sols de type stagnogley peu évolués et des stagnosols à horizon albique. Les horizons grisés sont systématiquement rencontrés sur le plateau du col et dans les secteurs voisins. Des horizons albiques sont moins fréquemment rencontrés, mais ils ont été observés à des altitudes assez élevées dans le Vallon du Breuil (LTH-Vallon du Breuil 5, 2516 m ; LTH-Bassassera 2737 m - cas exceptionnel-) et sur des replats à l'ubac du col à des altitudes un peu moins élevées (LTH-Versant sud

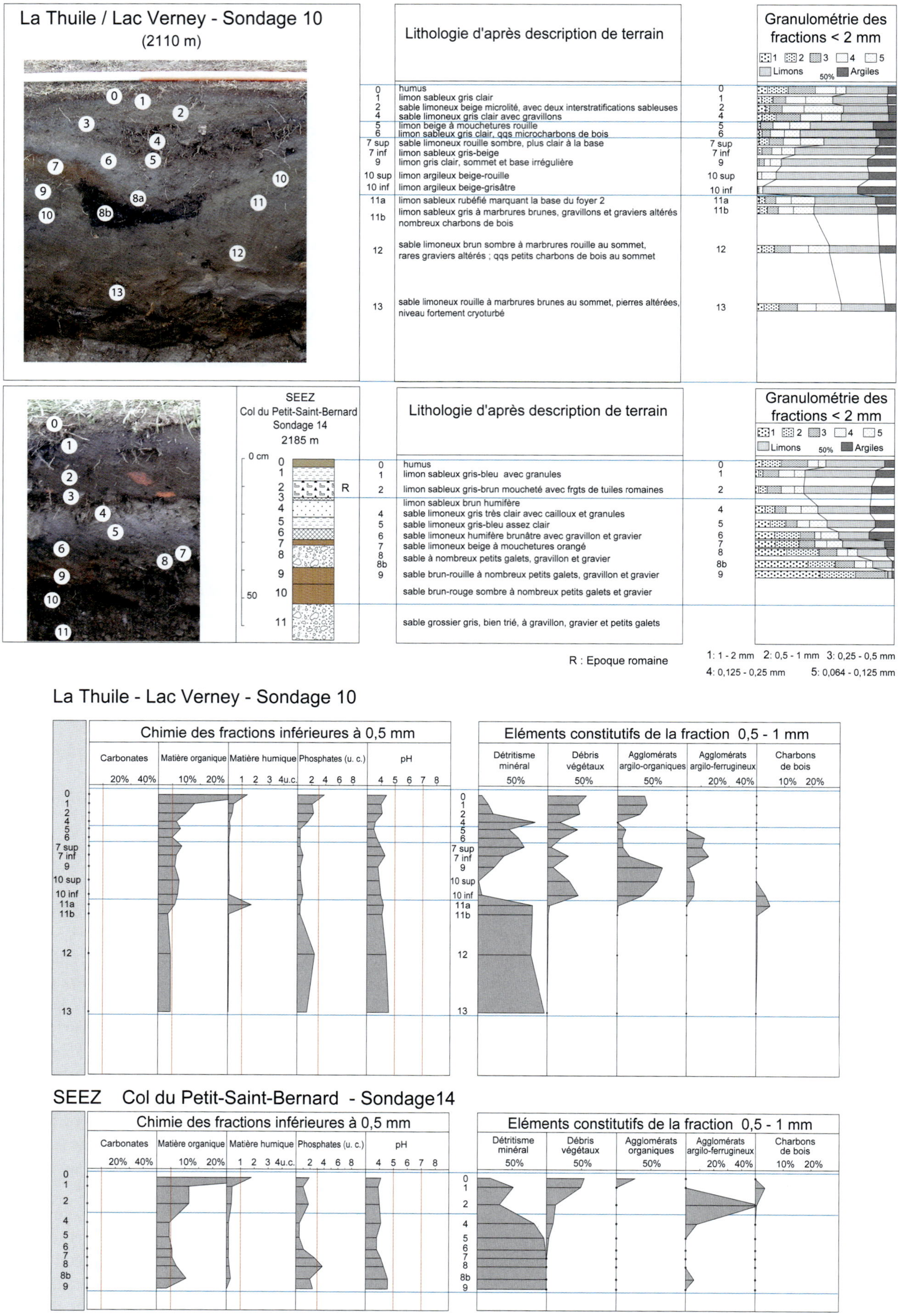

Figure 8 - Résultats d'analyses sédimentologiques des profils SZ-Col 14 et LTH-LacVerney 10.

du col 9, 2316 m ; LTH-Versant sud du col 12, 2204 m ; LTH-Versant sud du col 14, 2177 m), principalement dans des zones planes. Si dans d'assez nombreux cas, un seul horizon grisé ou blanchi est observé, des exemples de récurrence sont tout de même assez fréquents : doublets ou récurrences plus nombreuses (jusqu'à 5 niveaux gris superposés). Se posent alors, d'une part la question de la nature de ces récurrences (surimposition de phases de pédogenèses ; interruption de la formation des sols suite à une reprise d'une dynamique plus active liée au contexte local ou suite à une modification d'ordre climatique), d'autre part celle de l'âge de ces sols et de leur durée de formation et de fonctionnement. Les quelques cas où des éléments chronologiques apportent les premiers éléments pour une base de discussion sont les suivants (Figure 9) :

- SZ-Col du Petit-Saint-Bernard 14 : un horizon gris clair supérieur (niveau 1) se trouve sous l'humus actuel et surmonte le niveau renfermant les vestiges d'époque romaine. L'horizon inférieur (niveaux 4 et 5) est plus développé que l'horizon supérieur et le blanchiment plus prononcé.
- LTH-Plan-Veyle 3 : plusieurs horizons grisés ont été reconnus : L'horizon supérieur (niveau 2) se situe sous l'humus actuel ; le niveau 5a se situe sous l'occupation antique et sur les foyers protohistoriques ; le niveau 5c se situe sous les foyers du début du Bronze final ; l'horizon grisé inférieur (niveau 7) se situe plus bas.
- LTH-Tête de l'Âne 3 : un horizon grisé scelle le niveau archéologique qui renferme le foyer daté du Bronze ancien (3395 ± 35 BP = 1765 / 1616 cal BC) ; un horizon grisé se situe sous l'humus actuel.
- LTH-Lac Verney 10 : le foyer inférieur (niv. 11a3) est daté du Bronze ancien (3665 ± 65 BP = 2265 / 1833 cal BC) ; le foyer supérieur (niveau 8 a) est daté de la fin du Bronze final (2810 ± 45 BP = 1048 / 837 cal BC) ; la séquence montre 5 horizons grisés plus ou moins épais et plus ou moins blanchis (niveaux 1, 3, 6, 9, 11) ; le niveau 6 est l'horizon le plus blanchi.
- LTH-Sous le Mont Belvédère 3 : un horizon gris supérieur (niveau 2), relativement mince, recouvre les vestiges de la révolution française (niv. 3a-b) ; un horizon gris plus épais (niveau 4) est sous-jacent au niveau archéologique ;
- BSM-Plan de Beaupré 1 : le niveau blanchi (niveau 1) se situe immédiatement sous l'humus actuel ; les vestiges du Néolithique moyen (niveaux 3a et 3b) sont situés plus bas, sous le niveau 2 ;
- LTH-Plan-Veyle 2 : l'horizon grisé se situe sous l'humus ; deux foyers (3060 ± 40 BP = 1430-1210 cal BC et 2420 ± 40 BP = 760-390 cal BC) s'ouvrent sous ce niveau grisé ;
- SZ-La Commune 12 : un horizon blanchi se situe sous les niveaux du Néolithique récent/final ;
- MVLZ-Lac du Retour 2 : un horizon blanchi se situe sous la démolition d'une structure datée du Bronze final par ^{14}C.

L'ubiquité d'un niveau grisé supérieur plus ou moins développé immédiatement sous l'humus actuel dans les séquences d'altitude tendrait à montrer que le développement de stagnosol est une constante dans le contexte des conditions climatiques actuelles et qu'il s'agit là d'une évolution normale des sols entre 2000 m et 2400 m, exceptionnellement plus haut en altitude, sols dont la genèse semble liée à une saturation en eau lors des périodes de fonte de neige au printemps (J. Poulenard, communication personnelle) ; la présence de ces niveaux grisés ou blanchis, particulièrement marquée sur les replats, fréquemment liés à des combes à neige, vont dans le sens de cette interprétation. L'intérêt des séquences observées réside alors surtout dans leur enfouissement plus ou moins marqué, dans leur degré

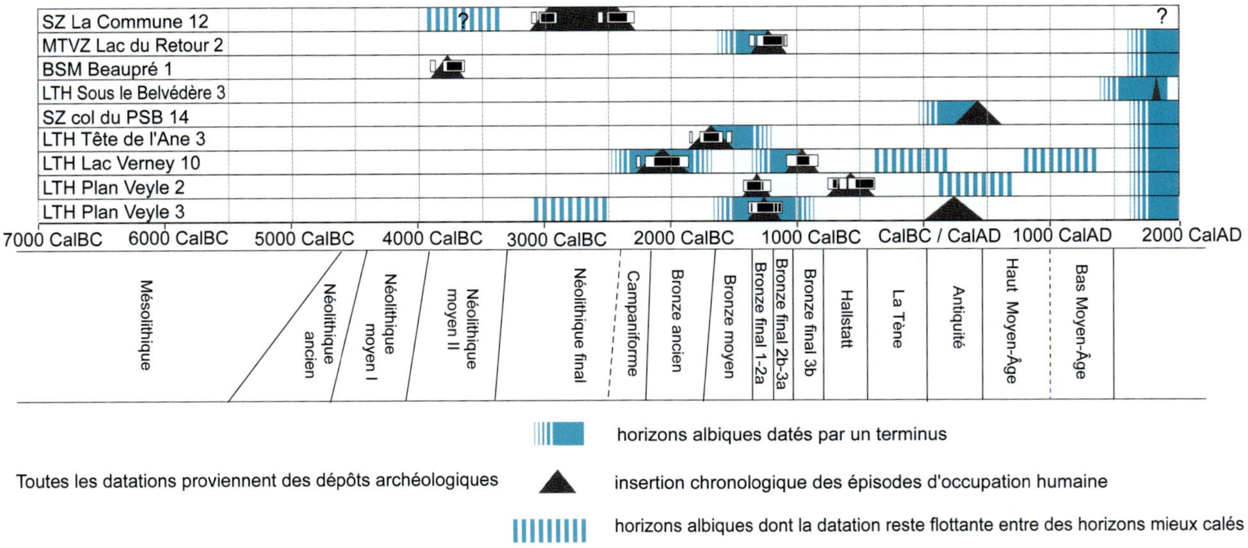

Figure 9 - Tableau de position chronologique des stagnosols des séquences d'altitude.

plus ou moins prononcé de blanchiment et surtout dans le cas assez fréquent de récurrences de ce type de sol. Dans ces derniers cas, on peut mettre en évidence des cycles de sédimentation de colluvions fines/arrêt de sédimentation et pédogenèse plus ou moins prononcée, essentiellement dans des séquences sédimentaires appartenant à la seconde partie de l'Holocène, dans lesquelles la présence interstratifiée de vestiges archéologiques appartenant à la Protohistoire et à l'Histoire permet de caler plus précisemment la sériation chronologique. Les déstabilisations des versants, responsables de la mise en place de ces séquences colluviales interstratifiées entre les stagnosols, pourrait être mises en rapport avec le développement des activités pastorales. La période concernée, période qui recouvre les quatre derniers millénaires, se caractérise également par une succession rapide de fluctuations glaciaires importantes et par une tendance générale à l'avancée des fronts glaciaires, bien enregistrée à proximité de notre zone d'étude par l'évolution du front du glacier du Ruitor (Deline et Orombelli, 2005) et par les débordements du lobe latéral du Miage (Orombelli, 1998). L'origine climatique et/ou anthropique de ces cycles colluvionnement/pédogenèse reste donc encore à interpréter. Les séquences à stagnosols reposent dans d'assez nombreux cas (SZ-Verney-dessus 2, par exemple) sur un niveau de base de teinte brun-ocre que l'on ne retrouve pas ensuite sous les récurrences postérieures. Il serait tentant de mettre en corrélation ce niveau ocre-orangé de base avec les séquences de sols fersiallitiques enfouis rencontrées plus bas en altitude, bien que les arguments chronologiques fassent encore actuellement défaut pour certifier cette corrélation. Ces observations, si elles se confirment par des datations, pourraient permettre de proposer l'hypothèse de l'existence d'un point de bascule dans la dynamique des pédogenèses des séquences d'altitude qui pourrait se placer entre la première et la seconde partie de l'Holocène. Des études paléo-environnementales (anthracologie et étude des phytolithes : Claire Delhon, Cépam, Valbonne ; analyses géochimiques : Jérôme Poulenard, CARRTEL, Chambéry ; micromorphologie : Benoit Chazerand, Laboratoire de Chrono-écologie, Besançon) sont en cours de démarrage sur les profils-types de ces séquences, aussi bien pour les profils à sols enfouis fersiallitiques que pour les stagnosols et les podzols et permettront de pousser l'étude de ces séquences pédo-sédimentaires plus avant en intégrant les données archéologiques et chronologiques. Un point supplémentaire concerne plus directement le cercle de pierres situé au Col du Petit-Saint-Bernard (Mezzena, 2006). Les auteurs s'accordent pour dire que le temps de formation des podzols est relativement long (Gillet, 1987), de l'ordre de quelques millénaires. Ce fait pourrait donc offrir une méthode assez simple pour discriminer les éléments originels de ce cercle de pierres. Ce monument semble, en effet, avoir subi de nombreuses « restaurations » entre le XIVe et le XXe siècle, restaurations dont il était jusqu'à présent difficile de cerner l'ampleur et l'extension réelle (Pinet, 2006).

Les études pédo-sédimentaires sur les versants du PSB viennent compléter les travaux déjà existants en relation avec des sites archéologiques, travaux qui restent encore peu développés en milieu alpin, surtout pour les séquences d'altitude. Citons les travaux effectués en altitude en Haut-Valais (abri de l'Alp Hermettji, 2600 m ; Curdy *et al.*, 2003 ; Guélat, 2006) qui ont mis en évidence la formation d'un ranker alpin, lors d'une phase de pédogenèse contemporaine de l'occupation mésolithique, interstratifiée dans une séquence sédimentaire principalement liée à des apports détritiques ; le ranker développé actuellement témoigne également d'un fort ralentissement du taux de sédimentation après les apports grossiers qui ont eu lieu durant la période qui va du Néolithique à la Protohistoire. Dans le cadre des prospections en haute vallée du Rhône (Curdy, 2007), des travaux effectués sur les séquences sédimentaires du Rotelsee, col du Simplon (2028 m ; Fierz-Dayer, 2007) mettent également en évidence la formation de sols au-dessus de 2000 m, vraisemblablement avant le Mésolithique, dans une séquence sédimentaire peu dilatée. A Belalp et à l'Arpette (Valais, Suisse), des podzols sont mis en évidence entre 2300 m et 2565 m d'altitude, montrant bien l'ancienne limite supérieure plus élevée atteinte par la végétation arborée au cours de l'Holocène (Carnelli *et al.,* 2004). Au lac supérieur de Fully (2135 m), l'étude sédimentologique des dépôts de beine (Fierz-Dayer et Moulin, 2006) montre un accroissement progressif de la sédimentation carbonatée durant l'Holocène avec un palier bien marqué (formation de craie lacustre) entre 6500/6000 et 5300 cal BC, témoignant d'un net réchauffement des eaux en milieu littoral, puis, pour les périodes plus récentes, d'une reprise de sédimentation plus détritique liée à l'érosion des versants. Dans un domaine plus périphérique par rapport au contexte qui nous concerne ici, à Saint-Aubin/Derrière-la-Croix et à Vaumarcus, sur les rives du lac de Neuchâtel, au pied du Jura, une phase de pédogenèse bien marquée, scellée sous les occupations du Néolithique, se place à l'Atlantique (Havlicek *et al.,* 2003). Les corrélations avec les données de la moyenne vallée du Rhône (Berger 1997, 2003, 2005 ; Berger et Brochier, 2000) restent à faire, mais paraissent prématurées au stade actuel de l'avancée de notre étude.

BIBLIOGRAPHIE

BENKERT A., EPINEY-NICOUD C., DAYER V., GENTIZON A.-L., HALLER M., MARCHI S., WAGNER C., 2003. La séquence chronostratigraphique de Brig-Glis / Gamsen, Waldmatte (Valais, CH). *In* Besse M. *et al.* (éd.). ConstellaSion. Hommage à Alain Gallay, Lausanne, Cahiers d'archéologie romande 95, 291-306.

BENKERT A., EPINEY-NICOUD C., DAYER V., GENTIZON A.-L., HALLER M., MARCHI S., WAGNER C., 2004. Brig-Glis / Gamsen 2. L'habitat protohistorique de Waldmatte. Volume 1 - Contexte chronostratigraphique et structures de l'habitat. Fouilles Archéologiques A9 Brig-Glis / Gamsen, Rapport scientifique 2004/ 02-1. Bureau ARIA, Sion.

BERGER J.-F., 1997. Géoarchéologie du bassin valdanais (Drôme). *In* Bravard J. P. et Presteau M. (éd.), Dynamique du paysage ; entretiens de géoarchéologie. Actes de la table ronde de Lyon 17 et 18 novembre 1995. (DARA 15), Service Régional de l'Archéologie, Lyon, 102-128.

BERGER J.-F., 2003. Les étapes de la morphogenèse holocène dans le sud de la France. *In* Van Der Leeuw S., Favory F., Fiches J.-L. (éd.). Archéologie et systèmes socio-environnementaux. Etudes multiscalaires sur la vallée du Rhône dans le programme ARCHAEOMEDES. Editions du CNRS, Paris, (Monographies du Centre de Recherche Archéologique 27), 87-167.

BERGER J.-F., 2005. Sédiments, dynamique du peuplement et climat au Néolithique ancient. *In* Guilaine J., Populations néolithiques et environnements. Séminaire du Collège de France. Editions Errance, Paris, 155-212.

BERGER J.-F., Brochier J. L., 2000. Evolution des paysages et des climats dans la moyenne vallée du Rhône et sa bordure préalpine de 13 000 à 5 000 BP. *In* Les derniers chasseurs-cueilleurs d'Europe occidentale, Actes du colloque international de Besançon, octobre 1998. Presses Universitaires Franc-Comtoises, Besançon, 37-57.

BRESSON L.-M., 1975. Rubéfaction récente des sols sous climat tempéré humide. Science du Sol 1, p. 3-22.

CARNELLI A.L., THEURILLAT J.-P., THINON M., VADI G., TALON B., 2004. Past uppermost tree limit in the Central European Alps (Switzerland) based on soil and soil charcoal. The Holocene 14, 3, 393-405.

CURDY PH., LEUZINGER-PICCAND C., LEUZINGER U., 2003. Zermatt Alp Hermettji et les cols secondaires du Valais. In: Besse M., Stahl-Gretsch L.-I., Curdy, Ph. (éd.). ConstellaSion. Hommage à Alain Gallay. Cahiers d'archéologie romande, 95, 73-88.

CURDY PH. 2007. Prehistoric settlement in middle and high altitudess in Upper Rhone Valley (Valais-Vaud, Switzerland): a summary of twenty years of research. Preistoria Alpina, 42, 99-108.

DEBELMAS J., CABY R. ET DESMONS J., 1991. Ste-Foy-Tarentaise. Feuille 728. Carte géologique de la France à 1 / 50 000. Bureau des Recherches Géologiques et Minières, Orléans.

DELINE PH., 1999. Les variations holocènes récentes du glacier du Miage (Val Veny, Val d'Aoste). Quaternaire 10 (1), 5-13.

DELINE PH., OROMBELLI G., 2005. Glacier fluctuations in the western Alps during the Neoglacial, as indicated by the Miage morainic amphitheatre (Mont Blanc massif, Italy). Boreas 34 (4), 456-467.

DAMBRINE E., 1987. Répartition, morphologie et fonctionnement des podzols de haute montagne cristalline sous climat tempéré. *In* Righi D., Chauvel A. (éd.). Podzols et podzolisation. Comptes rendus de la Table Ronde internationale, Poitiers, 10 et 11 avril 1986, Association Française pour l'Etude du Sol, 69-83.

DUCHAUFOUR PH., 1983. Pédologie. Tome 1 : Pédogenèse et classification. Masson, Paris.

FIERZ-DAYER E., MOULIN B. 2006. Lac supérieur de Fully. Rapport préliminaire de l'étude sédimentologique. Sion, Musée cantonal d'Histoire Naturelle, rapport non publié.

FIERZ-DAYER E. 2007. Simplon – Rotelsee. Etude sédimentologique et micromorphologique. Sondage 3 (coupe sud). Sion, Musées cantonaux, rapport non publié.

GAPILLOUT A., 1975. Carte écologique du bassin de Bourg-Saint-Maurice. *Document de Cartographie Ecologique*, 15, 41-58.

GUÉLAT M., HONEGGER M., RENTZEL PH., 1995. Nouvelles données sur la stratigraphie du site de Barmaz I (Collombey-Muraz VS). Analyse micromorphologique, confrontée à l'approche archéologique. *Annuaire de la Société Suisse de Préhistoire et d'Archéologie* 78, 131-144.

GUÉLAT M., MOULIN B., RENTZEL PH., 1998. Des sols enfouis dans les séquences de versant du Valais (Suisse). Caractérisation, durée des phases de pédogenèse et signification pour la chronologie régionale de l'Holocène. Actes du VIIIème Colloque International sur les Alpes dans l'Antiquité, Sion, 26-28 sept. 1997, *Bulletin d'Etudes Préhistoriques et Archéologiques Alpines*, 9. Société Valdôtaine de Préhistoire et d'Archéologie, 39-52.

GUÉLAT M., RENTZEL PH. 2005. Les sols enfouis dans les séquences de versant de Brig-Glis / Gamsen. Approche micromorphologique. Fouilles Archéologiques A9 Brig-Glis / Gamsen. Brig-Glis / Gamsen 4. Analyses spécialisées. Micromorphologie, paléobotanique et dendrochronologie, Juin 2005, Rapport scientifique 2005/01. Bureau ARIA, Sion, 21-50.

GUÉLAT M., 2006. Zermatt, VS. Etude géoarchéologique de l'abri d'Alp Hermettji. *In* Guélat M., Environnement et préhistoire. Quatres études géoarchéologiques. Valais et Chablais vaudois, Suisse.Musée cantonal d'archéologie, Sion, Suisse & La Murithienne, société valaisanne des sciences naturelles, p. 44-59.

GUILLET B., 1987. L'âge des podzols. In : Righi, D.et Chauvel (éd.), A.- Podzols et podzolisation. Comptes rendus de la Table Ronde internationale, Poitiers, 10 et 11 avril 1986, Association Francaise pour l'Etude du Sol et Institut National de Recherche Agronomique, 131-144.

HAVLICEK E., ROLLI M., BECZE-DEAK J., 2003. Etude paléo-environnementale. In : Wüthrich S. (éd.). Saint-Aubin/ Derrière la Croix. Un complexe mégalithique durant le Néolithique moyen et final, Neuchâtel, Service et Musée cantonal d'Archéologie, *Archéologie neuchâteloise,* 29, 113-181.

JAYET A., SAUTER M.-R., 1953. Observations géologiques et archéologiques récentes sur les terres rouges. *Bulletin de l'Institut national genevois,* 56, 151-166.

LEGROS J.-P., CABIDOCHE Y.-M., 1977. Les types de sols et leur répartition dans les Alpes et les Pyrénées cristallines. *Documents de cartographie écologique* 19, 1-19.

MEZZENA F., 2006. Il cromlech al colle del Piccolo San Bernardo. Ricerche 2003-2004. Alpis Graia, Archéologie sans frontières au col du Petit-Saint-Bernard. Séminaire de clôture, Aoste, 2-4 mars 2006, Projet Interreg III Alcotra 2000-2006, 31-50.

MIRAS Y., MILLET L., GUITIER F., PONEL PH., BEAULIEU DE J.-L., GOZLAR TH., 2006. Dynamique des écosystèmes et impact de l'homme dans le secteur du col du Petit Saint-Bernard au cours de l'Holocène. Alpis Graia, Archéologie sans frontières au col du Petit-Saint-Bernard. Séminaire de clôture, Aoste, 2-4 mars 2006, Projet Interreg III Alcotra 2000-2006, 61-68.

MOULIN B., 2004. Histoire sédimentaire d'un piémont en domaine intra-alpin, du Tardiglaciaire à l'actuel. Brig-Glis/Gamsen. Fouilles Archéologiques A9 Janvier 2004, Rapport scientifique non publié, Sion.

OROMBELLI G., 1998. Le torbe del Ruitor : una successione significativa per la storia olocenica dei ghiacciai e del clima nelle Alpi. *In* Ghelardoni, P (Ed.). Studi in onore di Mario Pinna. I Il clima e la storia del clima, Roma, Società Geografica Italiana, *Memorie della Società geografica italiana*, LV, 153-165.

OROMBELLI G., 2005. Il ghiacciaio del Ruitor (Valle d'Aosta) nella piccola età glaciale. *Geogr. Fis. Dinam. Quat. Suppl.* 7, 239-251.

PINET L., SIVAN O., 2006. Le cercle de pierres dressées au Col du Petit Saint-Bernard (Séez, Savoie ; La Thuile, Val d'Aoste) : étude des mégalithes. Alpis Graia, Archéologie sans frontières au col du Petit-Saint-Bernard. Séminaire de clôture, Aoste, 2-4 mars 2006, Projet Interreg III Alcotra 2000-2006, 69-75.

QUENARD S., 2006. Etude géomorphologique du secteur du Petit-Saint-Bernard (Haute Tarentaise, Savoie/Val d'Aoste, Italie). Alpis Graia, Archéologie sans frontières au col du Petit-Saint-Bernard. Séminaire de clôture, Aoste, 2-4 mars 2006, Projet Interreg III Alcotra 2000-2006, 347-359.

REY P.-J., avec la collaboration de ANDRÉ I., BOISSON, J., CASBONNE A., LINTON, J., MINOTTI M., 2003. Occupations Pré-romaines autour du col du Petit-Saint-Bernard. Prospection thématique intégrée au Programme INTERREG III B, Alpis Graïa, Archéologie sans frontières. Rapport d'activité 2003.

REY P.-J., avec des contributions de ANDRÉ I., CHARNOTET P., COLUMEAU PH., GRUEL K., MARTIN L., MOULIN B., QUENARD S., PERRET S., avec la collaboration de BOISSON, J., LINTON, J., MINOTTI M. (2006). Occupations Pré-romaines autour du col du Petit-Saint-Bernard. Prospection thématique intégrée au Programme INTERREG III B, Alpis Graïa/Archéologie sans frontières. Rapport d'activité 2004-2005.

REY P.-J., MOULIN B., 2005. Etude archéologique et sédimentaire de la montagne alpine : premier bilan de deux années de sondages autour du col du Petit-Saint-Bernard. *Bulletin d'Etudes préhistoriques et archéologiques alpines* 16, 51-76.

REY P.-J., MOULIN B., 2006. Occupations et circulations préromaines autour du Col du Petit-Saint-Bernard ; méthode et premiers résultats d'une étude archéologique et sédimentaire de la montagne alpine. Alpis Graia, Archéologie sans frontières au col du Petit-Saint-Bernard. Séminaire de clôture, Aoste, 2-4 mars 2006, Projet Interreg III Alcotra 2000-2006, 77-117.

REY P.-J., 2007. Occupations Pré-romaines autour du col du Petit-Saint-Bernard. Prospection thématique intégrée au Programme INTERREG III B, Alpis Graïa, Archéologie sans frontières. Rapport d'activité 2006.

REY P.-J., avec la collaboration de ANDRÉ I., TREFFORT J.-M., à paraître. Les versants du Petit-Saint-Bernard de la Préhistoire à l'Antiquité : nouvelles données sur les premières occupations de la montagne autour d'un passage alpin. Actes du Congrès du CTHS, Grenoble, avril 2006.

TALON B., 2006. Analyses anthracologiques au col du Petit-St-Bernard. Archéoanthracologie et Pédoanthracologie. Alpis Graia. Archéologie sans frontières au col du Petit-Saint-Bernard. Séminaire de clôture, Aoste, 2-4 mars 2006, Projet Interreg III Alcotra 2000-2006, 51-59.

ARCHÉOLOGIE, PEUPLEMENT ET PAYSAGES

Au recto - À 2212 m d'altitude, le site du Serre de l'Homme II en cours de fouille (L'Argentière-la-Bessée, Hautes-Alpes ; cliché K. Walsh, 2005).

ARCHÉOLOGIE DES VERSANTS DU PETIT-SAINT-BERNARD

PREMIÈRE APPROCHE DE LA DYNAMIQUE DE L'OCCUPATION HUMAINE AUTOUR D'UN GRAND PASSAGE ALPIN, DE LA PRÉHISTOIRE AU DÉBUT DU MOYEN ÂGE

HISTORY OF HUMAN SETTLEMENT FROM THE NEOLITHIC TO THE EARLY MIDDLE AGE AT THE ALPINE PASS OF PETIT-SAINT-BERNARD (CA 2000 M ASL)

PIERRE-JÉRÔME REY [1], JEAN-MICHEL TREFFORT [2],
BERNARD MOULIN [3], CHRISTINE OBERLIN [4], ISABELLE ANDRÉ [5]

[1] *Laboratoire EDYTEM, Université de Savoie/CNRS, Campus scientifique, F 73376 Le Bourget du Lac cedex.*
[2] *INRAP RAA, UMR 5594 ARTeHIS, Dijon.*
[3] *Centre d'Archéologie Préhistorique du Rhône aux Alpes, F 26000 Valence.*
[4] *Université Claude Bernard Lyon I, CDRC.*
[5] *Institut d'Archéologie et des Sciences de l'Antiquité, Université de Lausanne.*
Contact : pierre-jerome.rey@univ-savoie.fr

RÉSUMÉ

Le col du Petit-Saint-Bernard relie la vallée de la Tarentaise au Val d'Aoste et constitue l'un des principaux passages transalpins au sud du massif du Mont-Blanc. Débutées en 2003 dans le cadre du programme Interreg Alpis Graia, des campagnes de sondages archéologiques sont en cours sur les deux versants du col. Les objectifs de ce travail sont de développer la connaissance des premiers peuplements de la montagne alpine, d'enrichir la documentation très lacunaire du cadre chrono-culturel régional et de préciser la dynamique des circulations transalpines. La méthode d'intervention repose sur la réalisation de grandes séries de sondages manuels dans des secteurs favorables au piégeage sédimentaire. La zone d'étude couvre toute la hauteur des versants afin d'aborder la variabilité verticale des modalités d'occupation et d'exploitation du milieu. Cette contribution porte sur les données archéologiques recueillies de 2003 à 2006 qui se répartissent du Néolithique au haut Moyen-Âge. Les fluctuations chronologiques et verticales que l'on observe dans cet échantillonnage sont présentées en détail. La représentativité des données collectées est critiquée puis confrontée avec les données paléoenvironnementales locales et les données archéologiques issues d'autres vallées des Alpes occidentales et centrales.

***MOTS-CLÉS** : ALPES, MONTAGNE, COL, PEUPLEMENT, CIRCULATION, PASTORALISME, NÉOLITHIQUE, ÂGE DU BRONZE, ÂGE DU FER, ANTIQUITÉ, HAUT MOYEN-ÂGE.*

ABSTRACT

The Petit-Saint-Bernard mountain pass connects the valley of Tarentaise to the Val d'Aoste and is one of the main transalpine pass at the South of the Mont-Blanc. Begun in 2003 within the context of the Interreg program "Alpis Graia", campaigns of archaeological surveys are in progress on the two sides of the pass. The objectives of this work are to develop the knowledge of the mountain's first populating, to enrich the incomplete documentation of the chronological and cultural regional frame, and to document the dynamics of transalpine circulations. The method of intervention is based on the realization of large series of manual surveys in sectors favourable to the slow sedimentary accumulation. The zone of study covers all the height of hillsides to approach the vertical variability of the modalities of occupation and exploitation of the natural environment. This contribution uses the archaeological data from 2003 till 2006 which document the period from the Neolithic to the high Middle Ages. The chronological and vertical fluctuations that we observe in this sampling are presented in detail. The representativeness of the collected data is discussed. In spite of the weaknesses and the fragilities of the considered corpus, it shows a rather good coherence with the data from other valleys of the western and central Alps better documented. This report confirms the efficiency of the used method and allows to consider the collected data as a first approach of the dynamics of the populating of an Alpine micro-region.

***KEYWORDS**: ALPS, MOUNTAIN, PASS, POPULATING, CIRCULATION, PASTORALISM, NEOLITHIC, THE BRONZE-AGE, THE IRON-AGE, ANTIQUITY, HIGH MIDDLE AGES.*

INTRODUCTION

L'histoire du peuplement des vallées alpines reste largement méconnue dans les Alpes occidentales. Constitué majoritairement de découvertes anciennes dans lesquelles trouvailles isolées et sites funéraires (Bocquet, 1997) tiennent une large part, l'état des connaissances reflète souvent la carte des centres urbains actuels. Les habitats ne sont guère représentés que par quelques sites de hauteur rarement bien documentés, et les établissements de plein air restent quasi inconnus.

Le récent développement des approches paléoenvironnementales et des recherches sur les circulations des matériaux (roches vertes, silex, cuivre) montrent pourtant, dans la plupart des régions alpines étudiées, la précocité des impacts anthropiques et l'essor rapide des échanges transalpins. La grande mobilité des premiers peuplements et l'importance du rôle social des échanges expliquent ce développement parallèle, mais les itinéraires empruntés comme les modalités d'exploitation des milieux naturels demeurent encore assez mal définis.

Conditionnée par la pente, la diversité des substrats géologiques et la variabilité de l'exposition, la montagne alpine se présente comme une mosaïque de milieux bien différenciés, ordonnés suivant une stratification verticale. Ces différents étages bio-géographiques offrent un large potentiel pour les activités de production et de prédation, et vont rapidement être exploités de manière complémentaire dans le cadre de systèmes de plus en plus complexes. L'apparition d'un véritable contrôle vertical a parfois été avancée dès le Néolithique ou le Bronze (May, *in* Baudais *et al.,* 1987), mais cette hypothèse reste très discutée et semble plus vraisemblable à partir de l'Âge du Fer. Jusqu'à une date assez récente les étages inférieurs sont seuls concernés par la question de l'ancrage sédentaire, qui se développe avec de fortes disparités régionales et chronologiques ; alors que les étages supérieurs restent le domaine de la mobilité, souvent saisonnière, dans le cadre de parcours locaux ou plus larges.

Pour être bien perçue, l'occupation de la montagne doit donc être abordée à l'échelle d'un territoire assez vaste qui recouvre l'ensemble des étages d'altitude, et qui intègre un ou plusieurs axes de circulation.

Coordonné par la Surintendance des Biens Archéologiques de la Vallée d'Aoste et soutenu par le Service Régional de l'Archéologie Rhône-Alpes, le Conseil Général de la Savoie, la région valdôtaine, la commune de La Thuile et le SIVOM de Haute-Tarentaise, le programme européen Interreg «Alpis Graia» a permis de développer de 2003 à 2006 des études pluridisciplinaires sur le col du Petit-Saint-Bernard (PSB) et ses abords. Dans ce cadre, une opération de prospection à large échelle a été engagée sur une micro-région d'environ 1700 km² qui forme un transect à travers la chaîne alpine, autour du principal point de passage entre la Tarentaise et la Vallée d'Aoste. Les recherches ont été poursuivies en 2007 sur le seul versant français sous forme d'une opération programmée classique.

Cette contribution a pour but de présenter la méthode utilisée et de dresser un bilan synthétique des résultats archéologiques 2003-2006. Leur représentativité et leur signification pour l'histoire du peuplement seront discutées par la critique de l'échantillonnage, la confrontation aux données environnementales disponibles aux abords du col du PSB, et par leur mise en perspective avec les données issues d'autres vallées des Alpes occidentales et centrales. Enfin, les rapports entre fluctuations des données archéologiques et évolutions climatiques seront examinés de manière rapide.

I - ZONE D'ÉTUDE ET MÉTHODE DE TRAVAIL

Situé sur le flanc sud du massif du Mont-Blanc (Figures 1 et 4), le territoire étudié débute entre 800 et 1000 m d'altitude selon le versant, et se développe jusqu'au sommet de la crête frontalière vers 3000 m. Il se présente comme un paysage compartimenté et souvent très raide. Le succès historique du col du PSB provient en partie de son altitude réduite et de ses rampes d'accès assez douces dans la partie la plus élevée (Figure 2). Après la conquête romaine, il a été emprunté par une des grandes voies de communication impériales et plusieurs bâtiments ont été installés sur le plateau sommital. Pour les périodes plus anciennes, on ne connaissait en 2002 qu'un seul site occupé plusieurs fois depuis le Néolithique (Le Châtelard, BSM), ainsi qu'un poignard du Bronze ancien découvert hors contexte (Ougier-Simonin, 1995 ; Rey et Moulin, 2006).

Les prospections pédestres n'ont pas été employées pour plusieurs raisons : elles sont peu efficaces dans le contexte très végétalisé du Petit-Saint-Bernard, elles ne reflètent pas la totalité des sites conservés, elles n'apportent pas d'informations sur l'état de conservation des sites découverts, et enfin leur efficacité est tributaire de dynamiques sédimentaires très contrastées entre versants et plateaux d'altitude. Les grottes et les abris sont rares et de petites dimensions dans notre zone d'étude. Les structures ruinées en pierres sont nettement plus fréquentes mais n'ont été qu'exceptionnellement abordées, car leur étude nécessite beaucoup de temps et, par ailleurs, elles constituaient le thème d'un programme spécifique (Leveau et Segard, 2006).

La méthode de travail repose sur la multiplication de petits sondages manuels dans des secteurs sélectionnés après des repérages visuels rapides. Ces repérages préliminaires permettent de recenser les zones de piégeage sédimentaire, caractérisés par la faiblesse apparente de l'impact érosif et par une accrétion sédimentaire lente mais régulière. Il s'agit généralement de plateaux d'altitude, d'ensellements, du sommet de petits escarpements rocheux, de petites terrasses ou de larges replats à flanc de versant (Figure 3). Les sondages sont conduits dans la mesure du possible jusqu'au sommet des dépôts tardiglaciaires.

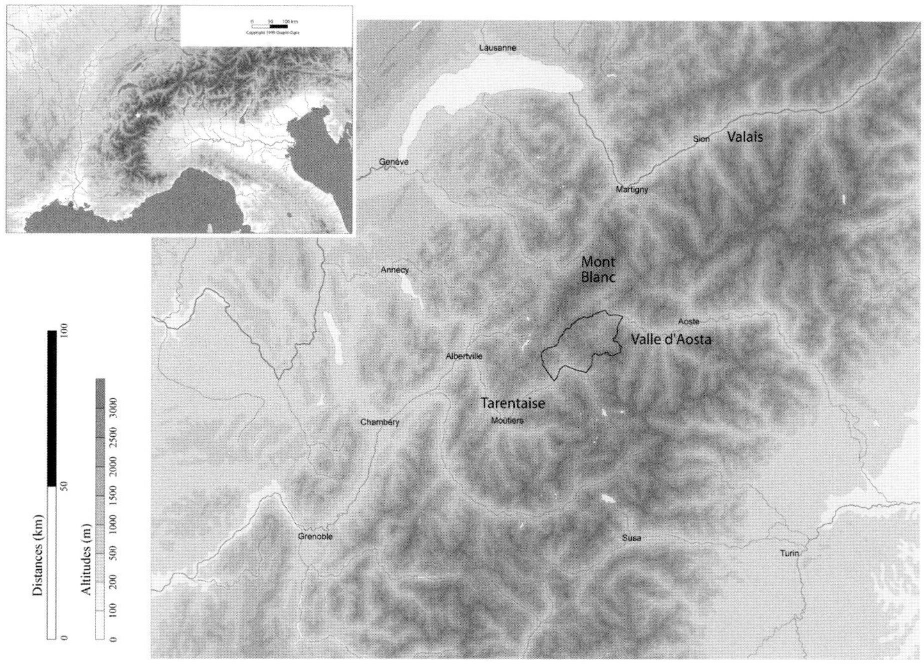

Figure 1 - Localisation de la zone étudiée dans les Alpes occidentales.

Indépendante des variations du couvert végétal et des conditions d'enfouissement des sites, cette approche stratigraphique des remplissages holocènes permet dans le même temps de caractériser et de dater les occupations, d'en préciser la taphonomie et le contexte pédo-sédimentaire. Ces travaux sont menés en collaboration avec B. Moulin (approche pédo-sédimentaire), S. Thiébault (CNRS UMR 7041 Arscan, étude anthracologique), D. Sordoillet (UMR 6565 Chrono-Ecologie, approche micromorphologique), S. Quenart et P. Deline (UMR 5204 Edytem, analyse des contextes géomorphologiques).

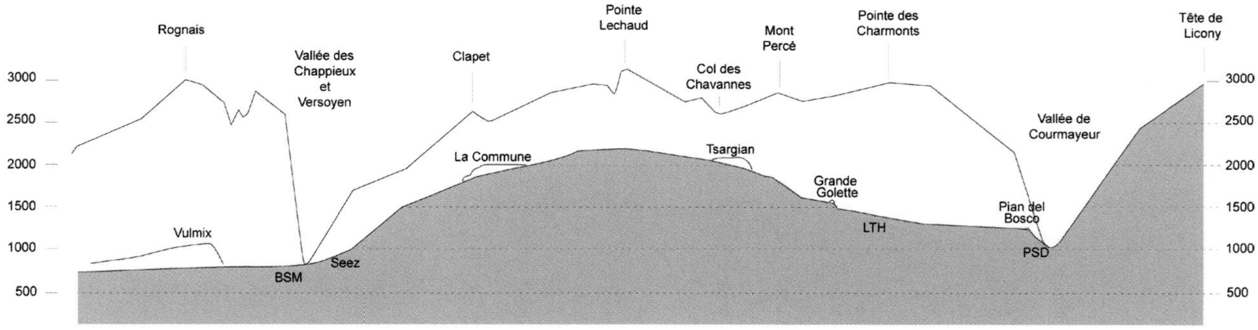

Figure 2 - Profil simplifié de l'itinéraire du col du Petit-Saint-Bernard et de la ligne de crête du versant nord.

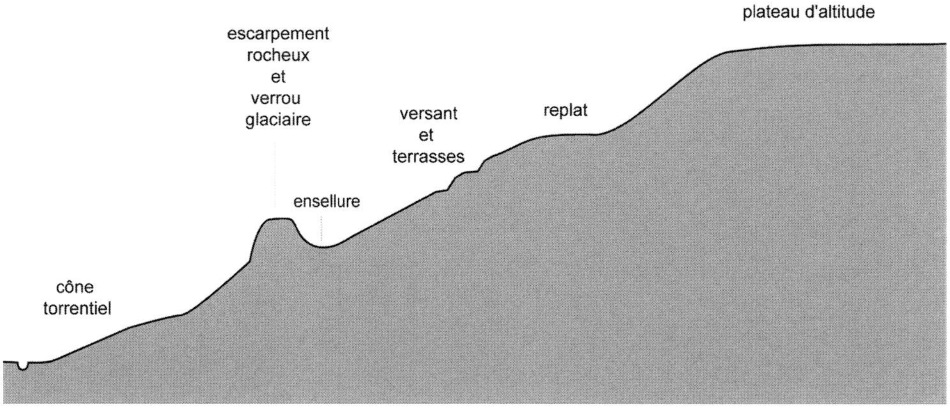

Figure 3 - Principaux contextes topographiques abordés par les sondages.

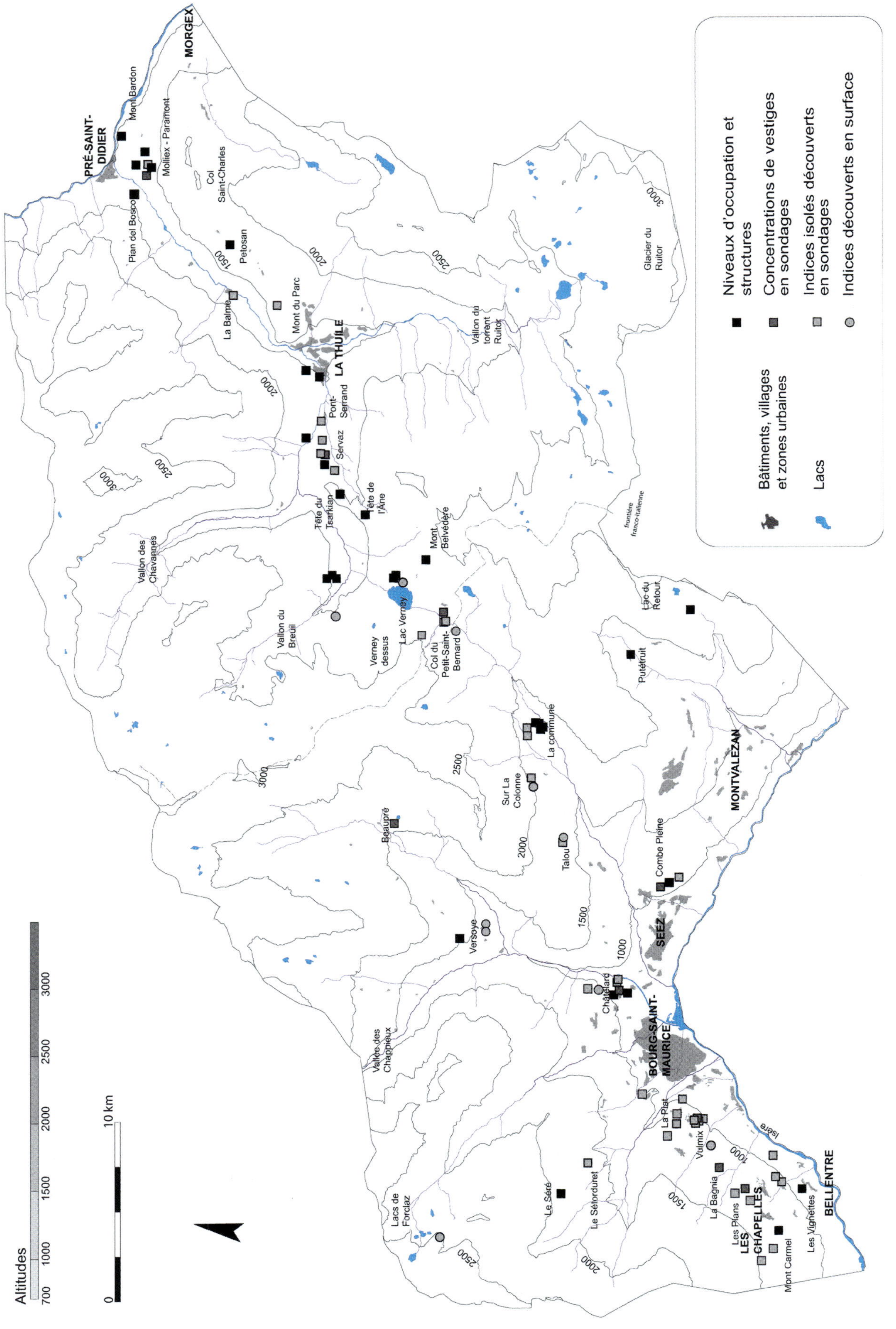

Figure 4 - Carte des principaux résultats archéologiques datés avec précision (campagnes 2003-2006).

II - Présentation des données

Les données archéologiques 2003-2006 sont issues de 508 sondages répartis dans 205 secteurs. Le nombre de sondages réalisés dans un même secteur varie de 1 à 17. Un secteur est arbitrairement considéré ici comme un espace dépourvu d'accident topographique de moins de 200 m de diamètre. Les communes concernées sont mentionnées de manière abrégée dans le texte (Bellentre : BL, Les Chapelles : LC, Bourg-Saint-Maurice : BSM, Seez : SZ, Montvalezan : MTVZ, La Thuile : LTH, Pré-Saint-Didier : PSD et Morgex : MX).

Divers types de sites rarement documentés ont pu être abordés au cours des 12 mois consacrés au terrain : des habitats sur replats de versant (SZ Combe pleine : Antiquité, Hallstatt et indices plus anciens, 1095 m ; LC Mont Carmel : indices antiques et protohistoire, 1290 m), des sites terrassés en pleine pente (BSM Versoye Créternas : Antiquité et indices de La Tène, 1586 m), des campements d'altitude sous abri (SZ La Commune 9 : Bronze final, Bronze ancien, Néolithique, 1904 m), ou en plein air (SZ La Commue 12 : Néolithique final, 1889 m ; BSM Beaupré 1 : Néolithique moyen II, 2130 m ; LTH La Thuile Lac Verney 10 : Bronze final et Bronze ancien, 2110 m), des implantations perchées à flanc de versant autour d'une petite anomalie topographique (PSD Pian del Bosco : Antiquité, Tène, Hallstatt et Bronze final, 1240 m ; LTH Grande Golette : Bronze final, Antiquité et Hallstatt, 1516 m ; BL Les Vignettes : Néolithique moyen, Campaniforme, 895 m) et des structures liées au pastoralisme (SZ La Commune 11 : Bronze Ancien, 1888 m ; MTVZ Lac du Retour 2 : Bronze final, 2238 m) ou à des activités artisanales (charbonnières par exemple, particulièrement nombreuses sur la commune de Morgex entre 1000 et 1400 m d'altitude).

Les données archéologiques 2003-2005 sont détaillées dans plusieurs publications (Rey *et al.* , 2005 ; Rey, 2006 b ; Rey et Moulin, 2006 ; Rey *et al.*, 2008 ; Rey et Treffort, à paraître).

Les résultats archéologiques peuvent être regroupés en trois catégories principales : structures et niveaux d'occupations et parfois stratifiés de manière complexe (foyers, enclos en pierres, charbonnières...), concentrations d'indices en position secondaire témoignant d'un remaniement de faible ampleur, et éléments isolés conservés dans des dépôts de colluvions. Compte tenu des contextes sondés, ces éléments isolés ne peuvent avoir migré sur une distance importante et seront acceptés ici comme des indices de peuplement.

Les niveaux d'occupations et structures forment un ensemble assez disparate qui comprend de manière non exclusive (Figure 7) des foyers isolés non rattachés à une couche d'occupation, des structures ruinées en pierre, des implantations perchées, des occupations de petits abris sous blocs et des sites de plein air en contexte d'accès aisé.

Dans un milieu caractérisé par la rareté des vestiges matériels et la conservation inégale des structures, la notion de site archéologique est difficile à employer car sa définition laisse une large part à la subjectivité. Dans les lignes qui suivent, le terme de site est conservé par commodité d'usage pour désigner toutes les données à l'exception des indices isolés.

De 2003 à 2006, 55 niveaux d'occupation et structures archéologiques, 14 concentrations de vestiges et 58 indices isolés ont été recensés (Figure 4). La précision de leur calage chronologique est très variable car le mobilier archéologique n'est pas systématiquement présent et n'est pas toujours très discriminant. Une première série de 39 analyses ^{14}C a été réalisée sur des couches ou des faits archéologiques pour affiner leur datation. Un seul résultat incohérent avec sa position stratigraphique a été écarté. Sur les 38 dates acceptées (Figure 5), plus de la moitié (22), sont confortées par une association avec du mobilier archéologique ou par leur succession stratigraphique logique.

III - Répartition chronologique et altitudinale des résultats chronologiques

D'après l'analyse des mobiliers et les résultats des dates ^{14}C, 40 sites ou structures, 12 concentrations d'indices et 24 découvertes isolées sont datés de manière suffisamment précise pour pouvoir être rattachés à une seule phase chronologique (Figure 5). La très grande majorité de ces résultats concernent les périodes antérieures au Moyen-Âge.

Le découpage chronologique de référence est celui de la moyenne vallée du Rhône, basé sur les travaux de Bintz, Beeching et Voruz (1995) pour la fin de la Préhistoire, et de Vital (2002) pour les phases protohistoriques. La correspondance entre périodes chronologiques et datations absolues apparaît sur la figure 9. Les datations sont présentées systématiquement après calibration cal BC/AD avec un intervalle à deux sigma.

La simple répartition des données selon les principales phases chronologiques (Figure 6) montre des fluctuations assez nettes.

Aucun élément mésolithique n'a été découvert, ni sur les versants ni au col du PSB malgré une cinquantaine de sondages sur le plateau et ses abords immédiats, sur des zones planes et de petites buttes proches des zones humides.

L'occupation des sites de pied de versant débute au Néolithique moyen dans le bassin de Bourg-Saint-Maurice. Un site d'altitude contemporain a été identifié à Beaupré (BSM, 2130 m) dans la vallée latérale du Versoyen.

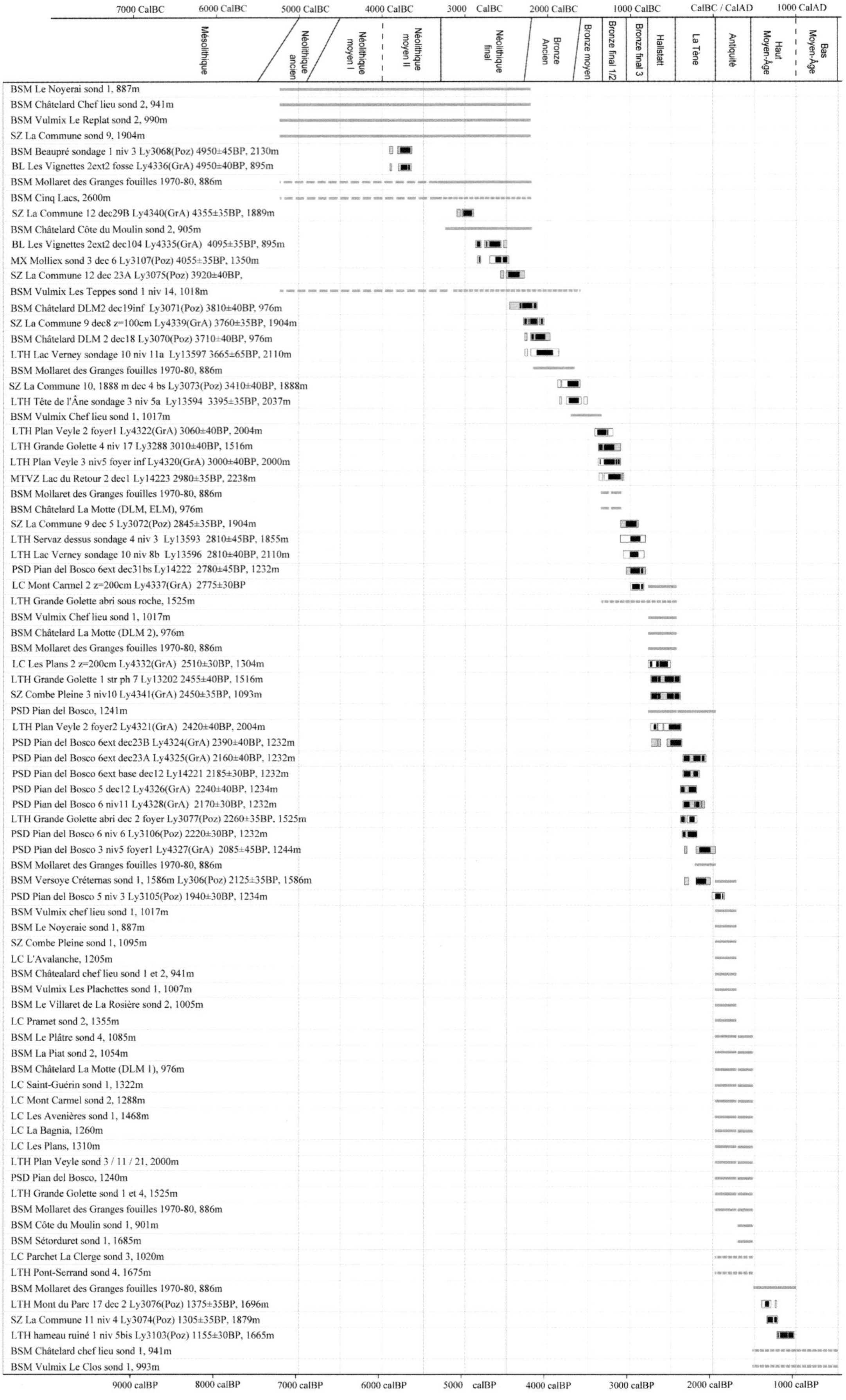

Figure 5 - Tableau chronologique des éléments de datation issus des données matérielles (barres grises) et des analyses ^{14}C (fond gris : datations confortées par une association avec du mobilier archéologique ou par leur succession stratigraphique logique ; fond blanc : datations isolées).

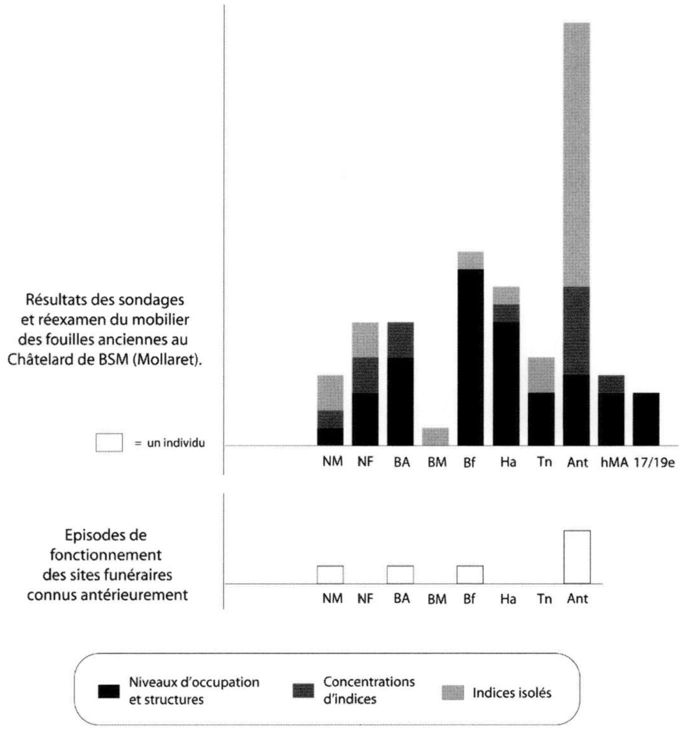

Figure 6 - Distribution par grandes périodes chronologiques des éléments de datation mis au jour sur les versants du col du Petit-Saint-Bernard.

Le premier développement important du nombre de découvertes au Néolithique final / Bronze ancien précède un hiatus quasi-total au Bronze moyen. Un nouvel essor est visible pendant le Bronze final / Hallstatt, suivi d'une diminution au second Âge du Fer et d'une hausse très prononcée durant l'Antiquité. Cette période se singularise par la proportion élevée des indices par rapport aux couches et structures, qui pourrait s'expliquer par un mauvais état général de conservation des niveaux d'occupations. En moyenne vallée du Rhône, un constat identique (Berger, 2003) est interprété comme une conséquence des crises érosives postérieures à l'Antiquité.

Quelques données ponctuelles concernent des périodes plus récentes (haut Moyen Âge et XVIIe / XIXe siècles).

L'examen de la dispersion altitudinale et chronologique de ces données (Figure 7) permet d'affiner ces premières observations. Du Néolithique moyen au Bronze ancien, une bipartition verticale s'observe entre un ensemble de sites en pied de versant en-dessous de 1100 m et un second groupe de découvertes en altitude entre 1800 et 2200 m.

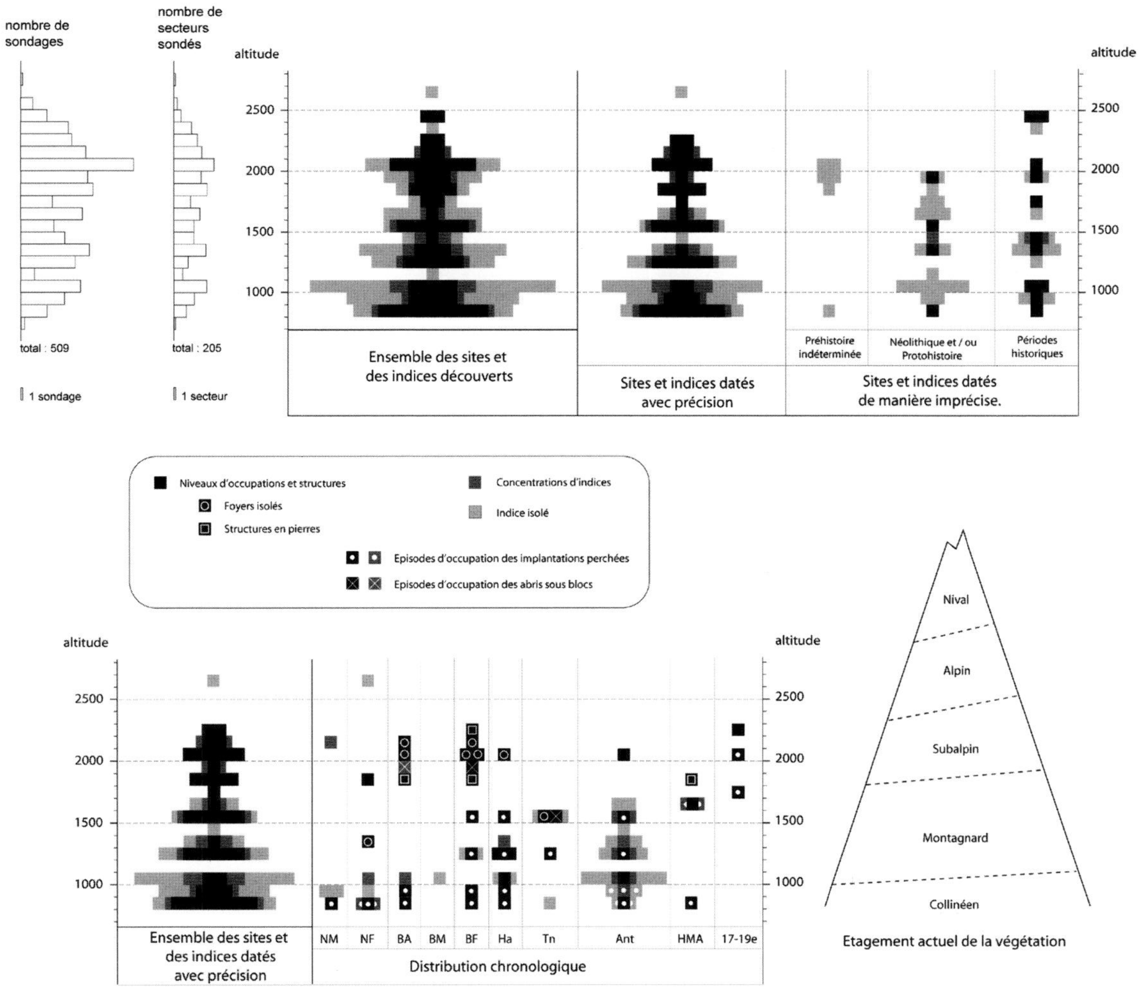

Figure 7 - Dispersion altitudinale et chronologique des données collectées en 2003-2006. En haut : répartition de l'ensemble des données selon la précision de leur calage chronologique ; en bas : répartition par grandes périodes des données datées avec précision.

A l'exception d'un foyer néolithique situé à basse altitude et hors de la vallée de La Thuile (Morgex Molliex 3) et de divers foyers et indices isolés découverts en altitude à proximité du plateau sommital du col, les occupations du Néolithique / Bronze Ancien se cantonnent au versant français.

La fréquentation des altitudes supérieures à 1800 m débute dès les premiers peuplements et intervient à la fois sur l'itinéraire du col et dans des alpages plus retirés (Figure 8). Un petit enclos en pierres découvert à 1879 m d'altitude à La Commune 10 (Seez) (Rey *et al.*, 2008), constitue le premier indice matériel du développement des pratiques pastorales dans la phase récente du Bronze ancien.

En basse altitude (en-dessous de 1100 m) les données disponibles ne semblent pas révéler un ancrage au sol très développé au Néolithique et au Bronze ancien (rareté des structures d'habitat, faible densité du mobilier) mais la validité de ce constat demeure discutable. Les sites occupés se trouvent à proximité de plusieurs sources salées dont la plus importante est celle de l'Arbonne, mais aussi sur l'itinéraire du vallon du Versoyen qui recèle des gisements de cuivre et des affleurements de roches vertes (Antoine *et al.* , 1992) dont l'exploitation est actuellement postulée (Pétrequin *et al.* , 2007), et enfin à proximité des accès au massif du Beaufortin, particulièrement riche en gisements de cuivre. Les premières implantations perchées du versant français semblent donc davantage liées au contrôle des ressources qu'à la surveillance de l'itinéraire transalpin, dont le fonctionnement est attesté dès le Néolithique par des éléments matériels d'obédience italienne découverts au col ou sur le versant français : une armature en silex découverte au col (Mezzena, 2006), et un tesson décoré provenant d'un petit abri sous bloc situé à 1900 m (Seez, La Commune 9 ; Rey et Moulin, 2006).

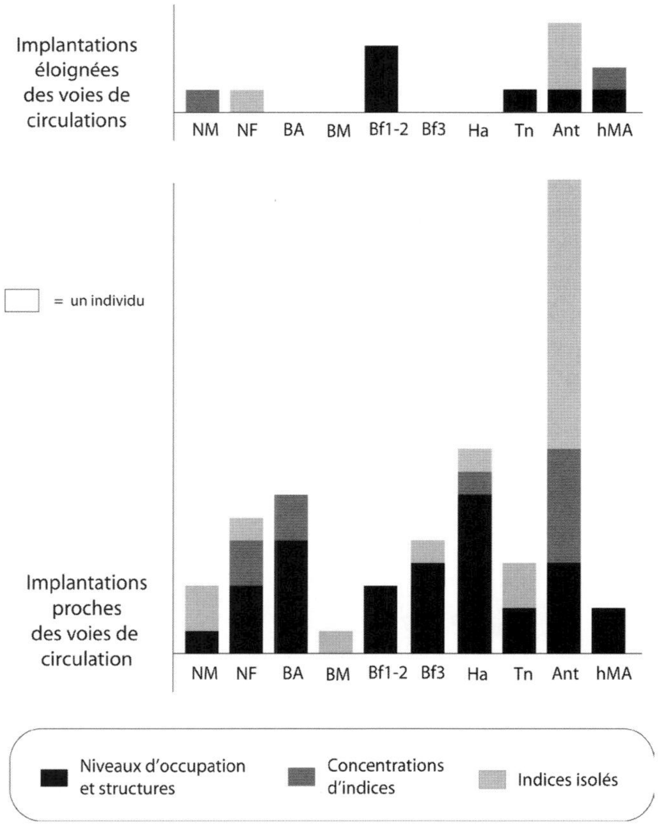

Figure 8 - Localisation des découvertes par rapport aux voies de circulation et par grandes périodes.

Au Bronze final, on observe un développement de l'occupation du versant italien, une montée des habitats dans l'étage montagnard et un investissement des zones à l'écart des voies de communication, limité toutefois au début du Bronze final (Figure 8). Les sites de Servaz dessus 4 (LTH) et du Lac du Retour 2 (MTVZ) témoignent du développement des activités pastorales en altitude. Au pied des versants, un habitat plus pérenne caractérisé par des dépôts épais et très riches en vestiges mobiliers se développe au Châtelard (BSM) dans la phase initiale du Bronze final, et peut-être également au Pian del Bosco (PSD) au Bronze final 3. Dans l'étage montagnard, la montée des habitats ne concerne qu'un type particulier de site : les implantations perchées à flanc de versant autour d'une anomalie topographique, qui offrent une bonne vision sur les itinéraires, et éventuellement des caractères défensifs plus ou moins prononcés. Des fluctuations rapides s'observent dans la localisation et le nombre des implantations perchées occupées (trois au Bronze final 1-2, une seule, différente des précédentes, au Bronze final 3) (Rey et Treffort, à paraître).

Au Hallstatt, l'investissement de l'étage montagnard semble s'accroître. Les implantations perchées de l'étage montagnard occupées au Bronze final sont à nouveau utilisées mais des sites d'accès aisé apparaissent également entre 1000 et 1400 m. Par contre, l'occupation semble se rapprocher des voies de communication et les secteurs éloignés sont délaissés (Figure 8). En altitude, on observe par contre un fléchissement du nombre de sites qui se maintiendra pendant tout l'Âge du Fer et, de manière atténuée, jusqu'à la fin de l'Antiquité.

Pendant La Tène, l'occupation des implantations perchées de l'étage montagnard se réduit au seul site du Pian del Bosco (PSD). Sa position topographique particulière en fait un véritable site portier dont l'occupation peut être au moins en partie liée au contrôle du col. Il est doté d'un rempart en pierres resté fonctionnel vraisemblablement jusqu'au début de l'Antiquité. Pendant la même période, des implantations d'accès aisé se développent entre 1500 et 1600 m parfois à l'écart des voies de circulation ; en revanche, on remarque une lacune quasi complète des données en moyenne et basse altitude.

L'Antiquité est caractérisée par un accroissement important du nombre des découvertes surtout sensible sur le versant français en contexte d'accès aisé. Ce phénomène touche plusieurs secteurs éloignés des itinéraires et concerne tous les étages d'altitude jusqu'à 1700 m. Les plus basses altitudes paraissent cependant légèrement sous-représentées. La plupart des implantations perchées occupées durant la Protohistoire sont réinvesties mais avec des intensités variables. La faible fréquentation des hautes altitudes pourrait légèrement s'atténuer mais, si l'on fait abstraction des bâtiments du col très liés aux circulations, un seul site antique est actuellement connu au-delà de 1700 m d'altitude.

Au haut Moyen-Âge, entre les VIIe et Xe siècles, plusieurs sites d'alpages indiquent un retour des occupations entre 1600 m et 1900 m d'altitude qui concerne plusieurs secteurs éloignés des voies de communication. Les altitudes inférieures ne livrent quasiment aucune donnée.

La période moderne n'est représentée que par quelques sites militaires d'altitude des XVIIe-XIXe siècles, liés au développement de la guerre en montagne (Rey, 2006 b), qui ont livré paradoxalement davantage de silex taillés que les sites néolithiques !

Enfin en-dessous de 1600 m d'altitude, il est possible d'observer l'évolution des contextes d'implantation dans la longue durée : au Néolithique, l'occupation semble se répartir de manière équilibrée entre implantations perchées et contextes d'accès aisé ; durant l'Âge du Bronze et au moins le Premier Fer, les implantations perchées paraissent nettement majoritaires, voire même utilisées de manière exclusive au Bronze final 1-2. Pendant l'Antiquité, les contextes d'accès aisé semblent prendre l'ascendant. Ensuite les données ne sont plus significatives, mais on remarque pendant les périodes historiques l'utilisation d'implantations perchées situées à des altitudes plus élevées qu'auparavant.

Durant la Protohistoire, les occupations des sites perchés des versants du PSB paraissent liées en priorité au contrôle des ressources minérales locales et aux dynamiques socio-économiques à large échelle qui affectent cette zone de contact entre les complexes nord-alpin et italique (Rey et Treffort, à paraître). Excepté dans le contexte particulier du Pian del Bosco (PSD), le lien avec un éventuel contrôle des circulations semble par contre peu pertinent à notre échelle d'observation, car les contacts transalpins se maintiennent durant les épisodes d'abandon des sites perchés.

De la Préhistoire à l'Antiquité, les quelques connaissances préalables issues des versants du PSB, et en particulier les épisodes de fonctionnement des sites funéraires (Figure 6), ne présentent aucune discordance importante avec les fluctuations des données issues des sondages.

IV - Représentativité de l'échantillonnage

Le principal intérêt de ce corpus est d'être issu d'une approche systématique. La démarche mise en œuvre permet de documenter de manière identique les différentes phases chronologiques.

Le taux de résultat positif reste relativement constant jusqu'à 2000 m d'altitude et les fluctuations verticales du nombre de découvertes reflètent assez bien les variations du nombre de sondages réalisés (Figure 7 en haut à gauche). A l'exception d'un petit pic entre 1000 et 1100 m d'altitude, la répartition verticale des données datées de manière imprécise est relativement régulière et ne semble pas pouvoir camoufler un biais susceptible de remettre en cause les tendances observées dans le corpus daté avec précision.

Notons également que la majorité des données proviennent de secteurs ensellés très favorables à l'accumulation sédimentaire et peu sensibles aux épisodes de troncature.

Mais au-delà de ces quelques atouts, le corpus considéré présente un certain nombre de faiblesses et de fragilités qu'il convient de garder à l'esprit.

Si la répartition verticale des sondages effectués est relativement régulière (Figure 7 en haut à gauche), leur répartition géographique reste généralement proche de l'itinéraire du col, même si elle touche quelques secteurs d'alpage plus éloignés (vallon du Breuil, vallon du Lac du Retour, alpages de l'Arbonne et Versoyen). Le versant des Chapelles est le seul qui commence à être couvert de manière régulière, au moins dans sa moitié inférieure.

Conséquence de la méthode mise en œuvre, les contextes géomorphologiques (Figure 3) ont été touchés de manière inégale : si les ensellures et les replats à flanc de versant sont bien documentés, les plateaux d'altitude restent sous-évalués en raison de leur superficie ; enfin les cônes torrentiels de fond de vallée n'ont pas été abordés, alors que l'on sait qu'ils font partie des implantations privilégiées par les populations préromaines.

La non-prise en compte, à de rares exceptions, des structures en pierres pourrait introduire un autre biais dans l'échantillonnage et explique peut-être en partie la baisse apparente de fréquentation des altitudes supérieures à 1600 m durant l'Âge du Fer et l'Antiquité.

Les villages actuels n'ont généralement pas été sondés alors qu'ils occupent fréquemment soit des cônes torrentiels, soit des emplacements de versant qui correspondent parfaitement aux critères de sélection. Les lacunes observées en-dessous de 1600 m pour La Tène, et en basse altitude pour l'Antiquité, résultent vraisemblablement en partie de la fixation des agglomérations sur les emplacements actuels souvent inaccessibles à notre méthode d'intervention (hypothèse validée pour l'Antiquité, car les sites actuels de Bourg-Saint-Maurice, Seez, Les Chapelles, La Thuile et Pré-Saint-Didier sont alors occupés). La même cause intervient sans doute dans l'absence de données que l'on constate au haut Moyen Âge en-dessous de 1600 m.

Les sites et structures recensés représentent des échelles de temps et des intensités d'utilisation très variables : certains habitats de versant ont pu être occupés de manière saisonnière ou permanente durant plusieurs générations par des groupes importants, alors que les structures en pierres des alpages ne concernent, sans doute, qu'un nombre limité de personnes ; enfin les foyers isolés en altitude peuvent ne correspondre qu'à un bivouac ponctuel. Ces foyers isolés représentent d'ailleurs près de la moitié des découvertes au-dessus de 1800 m d'altitude (Figure 7).

Les implantations perchées qui connaissent fréquemment de multiples épisodes d'occupations sont très fortement représentées dans les résultats archéologiques en-dessous de 1600 m d'altitude, alors que ces données ne proviennent que d'un nombre limité de sites distincts (les 4 locus du Châtelard de BSM et 4 autres implantations perchées).

Par ailleurs, si le total des données est assez élevé, elles ne représentent pourtant que moins d'une dizaine de découvertes pour chaque phase chronologique. Les tendances observées restent donc assez sensibles à l'acquisition de nouveaux résultats. La datation des occupations demeure tributaire de la précision variable des référentiels typo-chronologiques et des fluctuations de la courbe de calibration. Enfin 15 sites ou structures ne sont datés que par une seule analyse ^{14}C dont le résultat mériterait d'être étayé.

Il convient donc de rester prudent dans l'interprétation des données collectées. L'échantillonnage actuel de l'occupation humaine paraît le plus représentatif pour les implantations perchées situées à proximité de l'itinéraire du col.

V - Corrélations avec les données paléoenvironnementales locales

Une étude pédoanthracologique (Talon, 2006) et des analyses polliniques sur des séquences de tourbe (Miras *et al.* , 2006 ; Millet *et al,* 2008) ont été réalisées aux abords du col dans le cadre du projet Interreg Alpis Graia. La confrontation des données archéologiques et paléoécologiques n'est possible qu'au-dessus de 1800 m d'altitude et à moins de 2 km du col à vol d'oiseau (Figure 9).

Au Néolithique Ancien, une première occurrence de marqueurs pastoraux et de pollen de céréales mise en évidence dans les diagrammes polliniques proches du col ne trouve aucune traduction dans les résultats archéologiques.

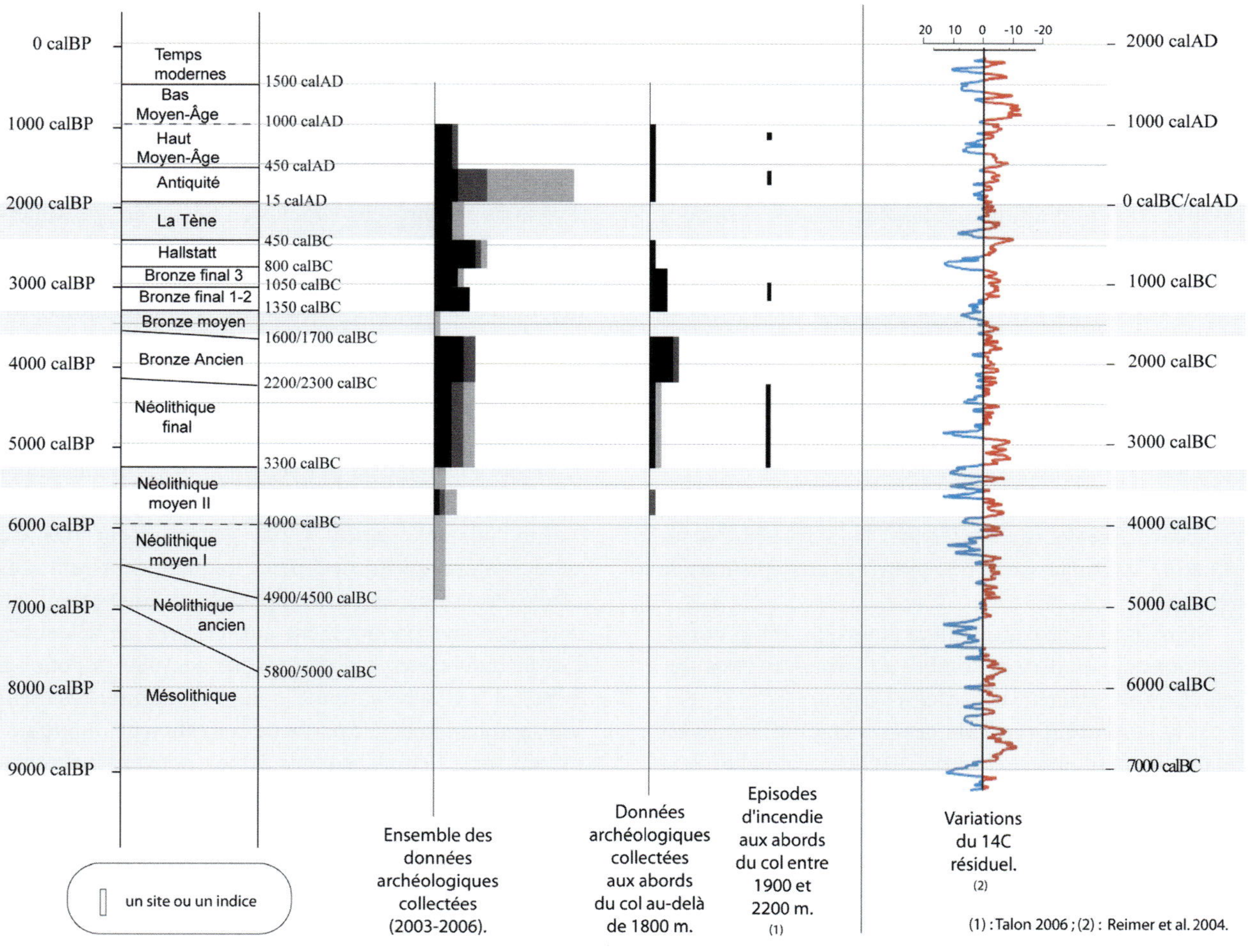

Figure 9 - Confrontation des données archéologiques avec la courbe des variations du radiocarbone résiduel atmosphérique.

Au Néolithique final / Bronze ancien, les diagrammes polliniques ne retracent aucun impact anthropique net dans la végétation alors que le Subboréal est bien représenté dans les séquences étudiées. Au même moment, une multiplication des feux observée au-dessus de La Rosière de Montvalezan, montre une ouverture du milieu dès 3000 cal BC à des altitudes assez comparables (Talon, 2006).

Les incendies se multiplient près du col dans la première moitié du Bronze final en concordance avec les données archéologiques, alors que les séquences polliniques du col ne documentent pas d'impact anthropique net avant la fin du Bronze final.

Les diagrammes polliniques montrent ensuite deux phases d'intensification des activités humaines : durant La Tène et au tout début de l'Antiquité, avec un net développement des céréales durant la période romaine. Des épisodes d'incendie sont également documentés au Bas Empire. La Tène n'est actuellement pas représentée dans les données archéologiques proches du col. Par contre, pour la période romaine, les bâtiments des mansios et leurs annexes vraisemblablement d'abord liés aux circulations, viennent compléter les résultats des sondages.

Les activités anthropiques restent ensuite bien marquées pendant le haut Moyen-Âge. Parallèlement une nouvelle multiplication des feux est détectée dans la deuxième moitié de cette période. Enfin les données polliniques indiquent une nette déprise accompagnée d'une régénération forestière qui intervient avant la fin du XIIe siècle.

La cohérence des résultats archéologiques avec les données environnementales est donc inégale : si les phases d'incendies documentées par B. Talon (Figure 9) se calquent sur des épisodes fortement représentés dans les résultats des sondages, l'impact anthropique perçu dans les données polliniques évolue souvent en contradiction avec les données archéologiques. Les lacunes de l'échantillonnage archéologique à proximité du col, le calage chronologique imparfait des séquences polliniques et l'impact local du trafic transalpin (Miras *et al.* 2006) constituent sans doute quelques pistes d'explications de ces distorsions.

VI - Confrontation aux référentiels archéologiques régionaux

Du fait des choix qui orientent les programmes de recherche, du hasard des opérations préventives et de l'avancement inégal des publications de synthèse, l'archéologie des vallées alpines présente des états documentaires disparates selon les régions et les phases chronologiques. La comparaison de l'évolution de deux régions sur une longue durée reste donc bien souvent délicate.

Pour le Mésolithique, le modèle proposé pour les cols des Alpes italo-suisses (Crotti, 2002), caractérisé par l'installation préférentielle des campements dans des zones de passage sur des petites éminences proches de zones humides ou de petits lacs, ne se vérifie pas au Petit-Saint-Bernard. La morphologie particulière du col qui se présente comme un plateau étroit dépourvu d'abri au vent pourrait être invoquée comme élément d'explication. L'absence quasi complète d'indices préromains sur le col (une seule armature néolithique ; Mezzena, 2006) vient appuyer cette hypothèse. Mais cette absence du Mésolithique se retrouve dans des secteurs plus abrités, situés légèrement en contrebas du col (SZ La Commune ; LTH rive du Lac Verney, Tête de l'Âne et Plan Veyle), alors que plusieurs sites néolithiques et protohistoriques y ont été découverts. Si une insuffisance de l'échantillonnage reste envisageable, l'explication de cette lacune pourrait également faire intervenir la répétition des crises érosives entre 8000 et 6000 BP, bien documentées en moyenne vallée du Rhône (Berger, 2003 ; Berger et Brochier, 2000). On remarquera cependant que cette lacune du PSB renvoie à un constat plus général dans les Alpes internes françaises (Bintz, 1999).

Le Néolithique moyen I correspond au premier essor important de l'occupation des vallées alpines. En Valais, Tarentaise et Maurienne, plusieurs sites sont occupés précocement et montrent des influences italiennes plus ou moins prégnantes (Baudais *et al.* , 1990 ; Rey, 2006 a). La présence probable de quelques tombes en ciste au Châtelard (BSM) (Rey et Treffort, à paraître) et le développement des premières occupations sur le versant français du PSB, s'inscrit bien dans cette tendance. Le caractère ténu des vestiges et la localisation de la plupart des sites à proximité des voies de communication sont cohérents avec l'hypothèse d'un faible ancrage au sol des premiers peuplements des Alpes françaises du Nord proposée par A. Beeching (2003).

Au Néolithique final / Bronze Ancien, l'essor du peuplement et l'investissement des zones d'altitude semblent des phénomènes assez larges qui ont été observés dans plusieurs régions alpines étudiées de manière approfondie : Valais (Curdy *et al.* , 1999 ; David-Elbiali, 2000), Trentin / Haut-Adige (Marzatico, 1999), Champsaur (Mocci *et al.*, 2005), haute vallée du Rhin (Primas, 1992). La bipartition verticale des zones investies par les premiers peuplements se retrouve à grande échelle dans la haute vallée du Rhône (Curdy, 2007). Les études larges conduites dans le Jura pour le Néolithique (Pétrequin *et al.*, 2004), et sur les piémonts nord-ouest des Alpes pour le Bronze ancien (Strahm, 1996) soulignent l'importance du contrôle des ressources minérales pour l'organisation du peuplement. Au PSB, les premières occupations qui interviennent-surtout sur le versant français, semblent respecter ce modèle.

Le Bronze Moyen correspond à une diminution générale du nombre de sites connus dans les Alpes occidentales (David-Elbiali, 2000 ; Bocquet, 1997). Mais l'ampleur de cette déprise est de plus en plus remise en question. La progression récente des connaissances (Ozanne et Vital, 1999 ; David-Elbiali, 2000) révèle des nuances régionales assez fortes et souligne le développement important des échanges avec l'Italie du Nord. L'explication du hiatus observé au PSB au Bronze moyen pourrait également être à rechercher dans l'altitude assez élevée de la zone d'étude ou dans l'impact des crises érosives postérieures.

Au Bronze final, les Alpes (Rychner, 1998 ; Bocquet, 1997 ; Mollo-Mezzena, 1997) comme le Jura (Pétrequin *et al.*, 2004) connaissent un essor général du peuplement. Pour la même période une montée en altitude vraisemblablement liée au développement des pratiques pastorales est bien documentée en Valais et dans les Alpes du Sud (Mocci *et al.*, 2005).

Dans la seconde moitié du Bronze final, la réduction du nombre des sites de hauteur du Petit-Saint-Bernard se retrouve dans le Jura (Petrequin *et al.*, 2004) et le Trentin. Loin de traduire une déprise, elle pourrait résulter d'une progression de la structuration sociale au niveau supra-régional (Marzatico et Tecchiati, 1998).

Au Hallstatt et en particulier au début de la période, la concentration des habitats autour des points névralgiques des lignes de communication constitue un constat assez fréquent, bien documenté dans le Jura (Petrequin *et al.*, 2004) et le Trentin Haut-Adige (Marzatico, 1999). Dans les massifs internes français, l'état des connaissances reste lacunaire, mais la répartition des quelques tumulus connus au Hallstatt ancien semble également suivre les principaux axes de communication avec l'Italie (Bocquet, 1997) (Maurienne, col du Lautaret, col de La Croix). L'essor des habitats dans l'étage montagnard est bien documenté en haute vallée du Rhône. Il est également perceptible de manière indirecte par la hausse très prononcée de l'altitude des sites funéraires (Curdy, 2007).

A partir du second Âge du Fer, on constate un développement assez général de l'anthropisation du paysage qui contraste avec la relative discrétion des données du PSB. Si les insuffisances de notre échantillonnage font partie des explications possibles de ce déficit particulièrement frappant en basse altitude, il convient également de considérer l'hypothèse d'une délocalisation des habitats dans les versants et les vallées latérales, dans des secteurs peu abordés par les sondages. Une multiplication des habitats à l'écart des grandes voies de communication est en effet particulièrement bien attestée dans le Trentin/Haut-Adige (Marzatico, 1999). Une évolution du même type pourrait intervenir dans les Alpes savoyardes d'après l'implantation des sites funéraires (Willigens, 1991), qui se multiplient dans les vallées secondaires à des altitudes supérieures à 1000 m. Ce phénomène est surtout sensible à la transition Premier / Second Âge du Fer, mais l'implantation du site des Allues en Tarentaise laisse entrevoir la possibilité d'un démarrage de cette évolution dès le Hallstatt C. Au PSB la découverte de quelques monnaies gauloises à Versoye ou dans les pentes raides dominant Bourg-Saint-Maurice semble aller dans le même sens. A proximité des passages transalpins, l'insécurité liée au développement des circulations de groupes armés dans la première moitié de La Tène pourrait participer à l'explication de ce phénomène.

Pendant l'Antiquité, l'intensification de l'anthropisation du paysage est un constat assez largement partagé dans les Alpes occidentales, en basse et moyenne altitude.

Au PSB, la baisse de l'utilisation des hautes altitudes constatée durant l'Âge du Fer semble se maintenir durant l'Antiquité. On peut s'interroger sur le rôle de la sous-documentation des structures en pierres dans ce déficit. De telles structures ne sont cependant pas très nombreuses aux abords du col (Leveau et Segard, 2006). Par ailleurs, une déprise semblable apparaît dans les résultats des programmes conduits dans les Alpes du sud (Walsh *et al.* , 2007), alors qu'ils documentent en priorité les structures en pierre pour les périodes protohistoriques et antiques. Une relative désaffection de la haute montagne apparaît également dans les données paléoenvironnementales de la même région (De Beaulieu *et al.* , 2003) de manière particulièrement nette durant la période romaine. On retrouve une réduction du nombre de sites en altitude, dans les données archéologiques et environnementales valaisannes, perceptible dès l'Âge du Fer (Curdy, 2007) et plus nette pendant l'Antiquité (Paccolat, 2004 ; Wick *et al.* , 2002). Ce phénomène, qui semble avoir une dimension assez générale pourrait être interprété comme une conséquence du développement des pratiques agricoles dans un contexte de sédentarité accrue qui s'accompagnerait d'une perte d'importance du pastoralisme (Mocci et al. , 2005).

Au cours du haut Moyen Âge, le réinvestissement des alpages touche de nombreux massifs montagneux. Une intensification des activités pastorales en altitude est par exemple bien documentée en plusieurs points des Alpes du Sud (Mocci *et al.* , 2005). Cette phase est suivie d'une déprise assez générale, mais qui apparaît précocement aux abords du PSB, avant la fin du du XIIe siècle, alors qu'elle intervient habituellement à la fin du XIIIe siècle en concordance avec le début du Petit Âge Glaciaire, d'après les documents historiques et les données polliniques issus d'autres massifs français (Miras *et al.* , 2006). Au PSB, les éléments d'explication sont peut-être à chercher dans la marginalisation de la voie transalpine concurrencée par le Mont-Cenis et le Montgenèvre à partir du VIIIe siècle (Leguay, 1983) et dans l'importante crise économique et politique du Xe siècle (Leguay, 1983). La décomposition du royaume de Bourgogne entraîne une désorganisation et une dilution des autorités politiques et religieuses. Ce délitement des structures sociales s'accompagne d'un développement des guerres privées, des incursions de pillage et de famines récurrentes. Le secteur du PSB pourrait avoir souffert durablement de cette conjoncture défavorable mais cette évolution reste toutefois à confirmer au-delà de la proximité immédiate de l'itinéraire, et par une étude plus systématique des structures pastorales.

Les tendances qui affectent la dispersion chronologique et verticale de notre corpus sont globalement assez cohérentes avec l'état des connaissances dans les vallées bien documentées des Alpes centrales et occidentales. Elles ne s'en distinguent nettement que sur deux points : l'absence du Mésolithique en altitude et le déficit en habitat du second Âge du Fer en basse et moyenne altitude, sans qu'il soit possible pour l'instant de proposer une explication bien étayée de ces lacunes. Dans l'état actuel de la documentation, et sans oublier les limites soulignées au chapitre précédent, on peut donc considérer notre échantillonnage comme une approche partielle de la dynamique du peuplement.

VII - Vestiges archéologiques et fluctuations climatiques

A l'échelle d'observation et de résolution chronologique de ce travail, l'évolution du nombre de découvertes archéologiques sur les versants du PSB semble suivre globalement les fluctuations climatiques jusqu'au Bronze moyen (Figure 9). Ainsi les deux occupations documentées pour le Néolithique moyen interviennent entre le XXXIXe et le XXXVIIe siècle dans un épisode de réchauffement inscrit entre les deux phases froides de Piora. L'essor Néolithique final / Bronze ancien correspond à une longue période de stabilité de conditions climatiques plutôt chaudes. La déprise du Bronze moyen intervient durant la phase de refroidissement de Löbben. A partir du Bronze final, les fluctuations de l'occupation humaine paraissent moins sensibles aux évolutions climatiques.

Cependant le relatif déterminisme climatique observé dans les périodes les plus anciennes doit être largement nuancé. Le climat plutôt favorable et assez stable de la première partie de l'Holocène ne se traduit pas par un essor du peuplement au Mésolithique, Néolithique ancien et Néolithique moyen I, et le développement de l'occupation humaine dans cette zone de montagne n'intervient qu'à la fin du IVe millénaire alors que débute le Néoglaciaire. Cette phase récente de l'Holocène s'achève au XIXe siècle avec la fin du Petit Âge Glaciaire et se caractérise par une succession rapide de fluctuations glaciaires importantes et par une tendance générale à l'avancée des fronts glaciaires, bien enregistrée à proximité de notre zone d'étude par l'évolution du front du glacier du Ruitor (Orombelli, 1998) et par les fluctuations du lobe latéral du Miage (Deline et Orombelli, 2005). Par ailleurs, la dynamique propre aux sites d'altitude ne montre pas une sensibilité plus évidente aux fluctuations climatiques, et la désaffection observée de l'Âge du Fer à l'Antiquité semble avoir d'autres explications. Le poids des évolutions économiques et sociales ne doit donc pas être négligé y compris durant les périodes les plus anciennes.

Conclusion

Les nombreux petits sondages réalisés sur les versants du col du Petit-Saint-Bernard ont permis de collecter un échantillonnage des occupations humaines du Néolithique au haut Moyen-Âge. Le corpus des données datées avec précision présente des fluctuations verticales et chronologiques dont les grandes tendances sont les suivantes.

Des origines à la fin de la période romaine, trois phases importantes d'anthropisation se dessinent : le Néolithique final / Bronze ancien, le Bronze final / Hallstatt, et l'Antiquité. Les premières occupations interviennent à la fois en basse et haute altitude. Les étages intermédiaires sont investis de manière croissante entre le Bronze final et le Premier Âge du Fer alors que les occupations semblent se concentrer à proximité des voies de circulation à partir du Bronze final 3. Une baisse de l'altitude maximale des sites intervient au Premier Âge du Fer et ne s'annule vraiment qu'au haut Moyen-Âge. Le second Âge du Fer est caractérisé par une lacune en moyenne et basse altitude qui n'est peut-être pas liée à une déprise générale. Les occupations se multiplient entre 1500 et 1600 m, et s'étendent à nouveau aux secteurs éloignés des voies de communication. Durant l'Antiquité l'accroissement du nombre de sites touche tous les étages d'altitude en-dessous de 1700 m. Enfin au haut Moyen Âge, on observe une réoccupation des alpages, mais les données perdent toute représentativité pour les altitudes inférieures.

Basés sur un corpus assez restreint, ces résultats demeurent fragiles et souffrent d'une faible résolution chronologique. Leur principal intérêt est de provenir d'une approche systématique des sites favorables au piégeage sédimentaire, qui permet une documentation régulière de toutes les phases chronologiques.

Malgré ces faiblesses, les tendances observées dans la dispersion chronologique et verticale des données montrent une assez bonne cohérence avec les résultats obtenus dans d'autres vallées des Alpes occidentales et centrales documentées de manière plus large. On remarquera en particulier les similitudes avec le modèle proposé par P. Curdy pour la haute vallée du

Rhône (Curdy, 2007). Ce constat valide l'efficacité de la méthode légère mise en œuvre, et permet de considérer les données du PSB comme une première approche de la dynamique du peuplement. Le territoire étudié demeure assez restreint à l'échelle des Alpes, mais il constitue actuellement l'une des rares régions documentées d'une manière comparable sur une très longue durée, de la Préhistoire à l'Antiquité.

Notre approche n'apporte par contre que des informations assez ponctuelles sur la question des circulations transalpines. S'il est maintenant attesté dès le Néolithique, le fonctionnement du col reste difficile à appréhender en raison de la pauvreté des ensembles mobiliers. L'analyse en cours des trois seules séries céramiques importantes (BSM Derrière La Motte, PSD Pian del Bosco, et LTH Plan Veyle) devrait à court terme apporter un éclairage ponctuel sur le début du Bronze final, La Tène ancienne et la céramique commune antique.

La très mauvaise conservation de la faune handicape l'approche de l'économie de subsistance, mais, à l'inverse, la bonne conservation des macro-restes carbonisés livre des premiers résultats prometteurs (Martin et Thiébault, 2007).

Malgré leur localisation le long de l'itinéraire, les épisodes d'occupation des implantations perchées semblent davantage liés au contrôle des ressources naturelles et à des évolutions à large échelle affectant la structuration sociale et territoriale, plutôt qu'à une volonté de contrôle direct des circulations ou à des contraintes climatiques. Ainsi, dans un tout autre contexte, les sites de hauteur de la région de Pontarlier, situés autour du principal axe de communication transjurassien, présentent des phases d'occupations tout à fait parallèles (Petrequin *et al.*, 2004) avec celles observées sur les implantations perchées des versants du PSB. Par rapport aux itinéraires des Alpes centrales (Della Casa, 2007), et même si l'échelle et la méthode d'observation sont loin d'être identiques, le secteur du PSB ne s'individualise nettement que par l'absence quasi totale du Bronze moyen.

De nouvelles séries de datations sont prévues pour améliorer le calage chronologique des occupations et diminuer la proportion des découvertes datées de manière imprécise. Une poursuite des travaux de terrain permettrait assez rapidement d'affiner encore le scénario du peuplement et de tenter de répondre à certaines des interrogations soulevées. Mais les limites de la démarche mise en œuvre ont été évoquées plusieurs fois. Pour restituer une image plus fidèle de la dynamique du peuplement sur les versants du PSB, il paraît maintenant nécessaire de développer les analyses environnementales dans les versants et en fond de vallée afin de disposer d'un transect altitudinal complet. Il serait également important de documenter l'évolution et l'archéologie des cônes torrentiels, de dater la création des villages actuels, de prendre en compte de manière plus large les structures en pierres situées en altitude, et enfin d'évaluer l'importance des troncatures sédimentaires. On notera à ce propos que les séquences des versants du PSB ne nous ont pas permis d'observer de traces de pédogenèses de la seconde moitié de l'Holocène, alors que de tels épisodes sont bien documentés dans la moyenne vallée du Rhône (Berger, 2003), mais également en contexte alpin dans le Valais (Gallay, 1995).

Bibliographie

Antoine P., Barfety J.-C., Vivier G., Debelmas J., Desmons J., Fabre J., Loubat H., Vautrelle C., 1992. Carte géologique de la France à 1/50 000, feuille 727 (Bourg-Saint-Maurice) et notice explicative. Orléans, BRGM édition.

Berger J.-F., 2003. Les étapes de la morphogenèse holocène dans le sud de la France. In : Van Der Leeuw, S., Favory F. et Fiches J.-L. (éd.), Archéologie et systèmes socio-environnementaux. Etudes multiscalaires sur la vallée du Rhône dans le programme ARCHAEOMEDES. Paris : Editions du CNRS, *Monographies du Centre de Recherche Archéologique*, 27, 87-167.

Berger J.-F. et Brochier J.-L., 2000. Evolution des paysages et des climats dans la moyenne vallée du Rhône et sa bordure préalpine de 13 000 à 5000 BP. *In* C. Cupillard et A. Richard (éd.), Les derniers chasseurs-cueilleurs d'Europe occidentale (13 500 - 5000 av. J.-C.), Actes du Colloque international de Besançon (Doubs, France), 23-25 octobre 1998, Collection *Annales Littéraires de l'Université de Franche-Comté*, 699, série « Environnement, sociétés et archéologie » 1, Presses Universitaires de Franche-Comté, 37-58.

Baudais D., Brunier C., Curdy P., David-Elbiali M., Favre S., Gallay A., May O., Moinat P., Mottet M., Voruz J.-L., Winiger A., 1990. Le néolithique de la région de Sion (Valais) : un bilan. *Bull. du centre genevois d'anthropologie*, 2, 1989-1990, 5-56.

Baudais D., Curdy P., David-Elbiali M., May O., 1987. Prospection Archéologique du Valais ; une approche du peuplement préhistorique. *Archéologie Suisse*, 10, 1, 2-12.

Beeching A., 2003. Mobilité et sociétés néolithiques dans les Alpes occidentales et la France méridionale. *Prehistoria Alpina*, 39, 175-187.

Bintz P., 1999. Peuplements et milieux du Paléolithique final au Mésolithique dans les Alpes du Nord françaises : dynamiques et occupations territoriales. *In* Della Casa P. (éd.), Papers of the international colloquium PAESE 97 in Zurich. *Universitätforschungen zur prähistorischen Archäologie*, 55. 11-24.

Bocquet A., 1997. Archéologie et peuplement des Alpes françaises du nord ; du Néolithique aux âges des métaux. *L'Anthropologie*, 101, 2, 291-393.

CURDY P., DAVID-ELBIALI M., HONEGGER M., 1999. Le peuplement du Mésolithique à la fin de l'Âge du Fer dans les Alpes de Suisse Occidentale. *In* Della Casa P. (éd.), Papers of the international colloquium PAESE 97 in Zurich. *Universitätforschungen zur prähistorischen Archäologie*, 55, 47-59.

Crotti P., 2002. Il popolamento mesolitico delle Alpi centrali e l'utilizzazione die settori di montagna. Atti della XXXIIIe Riunione Scientifica. Istituto Italiano di Preistoria e Protostoria, Firenze. 173-187.

DAVID-ELBIALI M., 2000. La Suisse occidentale au IIe millénaire av. J.-C. : chronologie, culture et intégration européenne. *Cahiers d'archéol. Romande*, 80. Lausanne.

DELLA CASA P., 2007. Transalpine pass routes in the Swiss Central Alps and the strategic use of topographic resources. *Preistoria Alpina*, 42, 109-118.

CURDY P., 2007. Prehistoric settlement in the Upper Rhone Valley. *Preistoria Alpina*, 42, 99-108.

DELINE P., OROMBELLI G., 2005. Glacier fluctuations in the western Alps during the Neoglacial, as indicated by the Miage morainic amphitheatre (Mont Blanc massif, Italy). *Boreas*, 34, 4, 456-467.

DE BEAULIEU J.-L. *et al.*, 2003. Changements environnementaux postglaciaires et action de l'homme dans le bassin du Buëch et en Champsaur (Hautes-Alpes, France) : premier bilan d'une étude pluridisciplinaire. *In* Muxart T., Vivien F.-D., Villalba B. et Burnouf J. (éd.), Des milieux et des hommes : fragments d'histoires croisées. Elsevier Ed., 93-102.

GALLAY A., 1995. Le contexte géographique d'une histoire. *In* A. Gallay (éd.), Dans les Alpes, à l'aube du métal ; archéologie et bande dessinée. Sion : Musées Cantonaux du Valais, 70 -78.

LEGUAY J.-P., 1983. La Saboïa des Francs et des Rodolphiens. *In* La Savoie des Origines à l'an Mil. Rennes : Ouest-France, 339-362.

LEVEAU P., SEGARD M., 2006. Le pastoralisme antique autour du col du Petit-Saint-Bernard. *In* Alpis Graia, Archéologie sans frontières autour du col du Petit-Saint-Bernard, projet Interreg III A, seminario di chiusura Aoste 2-4 mars 2006. Aoste, Musumeci S.p.A. ed. 400 p., 153-161.

MARTIN L., THIEBAULT S. avec coll. REY P.-J., 2007. Production et consommation végétale durant la Préhistoire récente : étude archéobotanique de quelques sites des Alpes occidentales. *In* Böetsch G. et Hubert A. (éd.), L'alimentation en montagne. Actes des IXe Universités d'été Anthropologie des populations alpines, Vallouise 3, 9 juillet 2006. Collection Anthropologie des populations alpines. Gap, Editions des Hautes-Alpes. 12-24.

MARZATICO F., 1999. Modelli insediativi ed aspetti dell'economia durante l'Età del Ferro nelle Alpi sud-orientali. *In* Della Casa P. (éd.), Papers of the international colloquium PAESE 97 in Zurich. *Universitätforschungen zur prähistorischen Archäologie*, 55. 47-59.

MARZATICO F., TECCHIATI U., 1998. The Bronze Age in Trentino and Alto Adige / SüdTirol. *Prehistoria Alpina*, 34. p. 27-60.

MEZZENA F., 2006. Il cromlech al colle del Piccolo San Bernardo ; ricerche 2003-2004. *In* Alpis Graia, Archéologie sans frontières autour du col du Petit-Saint-Bernard, projet Interreg III A, seminario di chiusura Aoste 2-4 mars 2006. Aoste, Musumeci S.p.A. ed. 400 p., 61-68.

MIRAS Y., MILLET L., GUITER F., PONEL P., DE BEAULIEU J.-L., GOZLAR T., 2006. Dynamique des écosystèmes et impact de l'homme dans le secteur du col du Petit Saint-Bernard au cours de l'Holocène. *In* Alpis Graia, Archéologie sans frontières au col du Petit-Saint-Bernard. Séminaire de clôture, Aoste, 2-4 mars 2006, Projet Interreg IIIA Alcotra 2000-2006, 31-50.

MOCCI F., PALET MARTINEZ J.-M., SEGARD M., TZORTZIS S., WALSH K., 2005. Peuplement, pastoralisme et modes d'exploitation de la moyenne et haute montagne depuis la Préhistoire dans le parc national des Ecrins : vallées du Haut Champsaur et de Freissinières. *In* Territoires et paysages de l'âge du fer au Moyen Âge : mélanges offerts à Philippe Leveau. Pessac : Ausonius Ed.,197-212.

MOLLO MEZZENA R., 1997. L'età del Bronzo e l'età del Ferro in valle d'Aosta. *In* La valle d'Aosta nel quadro della preistoria et protostoria dell'arco alpino centro-occidentale. Atti della XXXI Riunione Scientifica, Courmayeur 2-5 giugno 1994. Instituto Italiano di Preistoria e Protostoria, Firenze 1997, 139-223.

OROMBELLI G., 1998. Le torbe del Rutor : una successione significativa per la storia olocenica dei ghiacciai e del clima delle Alpi. *In* Ghelardoni P. (éd.), Il clima e la storia del clima ; Studi in onore di Mario Pinna. *Memorie della Società Geografica Italiana*, 55, 153-165.

OUGIER-SIMONIN P., 1995. Le site du Châtelard de Bourg-Saint-Maurice. *Bull. SHA* Aime, 17, 18-23.

OZANNE J.-C., VITAL J., 1999. Documents pour servir à l'identification des relations transalpines occidentales dans la seconde moitié de l'Âge du Bronze. *In* Beeching A. (éd.), Circulations et identités culturelles alpines à la fin de la Préhistoire. Matériaux pour une étude. Programme CIRCALP 1997-1998. *Travaux du CAP Valence*, 2. 519-553.

PACCOLAT O., 2004. Etablissements ruraux du Valais romain : état de la question. Actes du Xe colloque sur les Alpes dans l'Antiquité, Cogne 11-14 septembre 2003. BEPA, XV, 283-292.

PÉTREQUIN P., MAGNY M., BAILLY M., 2004. Habitat lacustre, densité de population et climat. L'exemple du Jura français. *In* Della Casa P., Trachsel M. (éd.), WES'04 - Wetland Economies and Societies. Proceedings of the International Conference, Zurich, 10-13 March 2004. Zurich : Musée suisse. *Chronos Verlag* (Collection Archaeologica 3), 143-168.

PÉTREQUIN P., PÉTREQUIN A.-M., ERRERA M., CROUTSCH C., CASSEN S., ROSSY S., 2007. Les carrières néolithiques du Mont Viso (Piémont, Italie) : un premier survol. *In* Besse M. (éd.), Sociétés Néolithiques ; des faits archéologiques aux fonctionnements socio-économiques. Actes du XXVIIe colloque interrégional sur le Néolithique. Neuchâtel, 1 et 2 octobre 2005. Lausanne, *Cahiers d'Archéologie Romande*, 108, 51-68.

PRIMAS M., 1992. Intensification : le paradigme alpin. In : Mordant C., Richard A. (éd.), L'habitat et l'occupation du sol à l'âge du bronze en Europe, Actes du colloque International de Lons-le-Saunier, 16-19 mai 1990. Paris : CTHS., 349-358.

REY P.-J., 2006 a. Le site du Chenet des Pierres aux Moulins de Bozel (Savoie, France) : une nouvelle séquence néolithique alpine. *In* Alpis Graia, Archéologie sans frontières autour du col du Petit-Saint-Bernard, projet Interreg III A, seminario di chiusura Aoste 2-4 mars 2006. Aoste, Musumeci S.p.A. éd. 400 p., 361-370.

Rey P.-J., 2006b. Fortifications des accès du col et guerres modernes : présentation de quelques éléments découverts en sondage. *In* Dufour N., Palumbo P., Vanni Desideri A. (éd.), : Le système de défense du col du Petit-Saint-Bernard entre XVIIe et XXe siècle. Projet Interreg IIIA, Alpis Graia, Archéologie sans frontières autour du col du Petit-Saint-Bernard. Arti Grafiche Duc Imp., Saint-Christophe (AO). 120 p., 103-119.

Rey P.-J., Moulin B. avec coll. Andre I., Boisson J., Linton J., Minotti M., Quenard S., 2005. Etude archéologique et sédimentaire de la montagne alpine : premier bilan de deux années de sondages autour du col du Petit-Saint-Bernard. *Bull. d'Etudes Préhistoriques Alpines*, XVI, 51-76.

Rey P.-J., Moulin B., 2006. Occupations et circulations pré-romaines autour du col du Petit-Saint-Bernard ; méthode et premiers résultats d'une étude archéologique et sédimentaire de la montagne alpine. *In* Alpis Graia, Archéologie sans frontières autour du col du Petit-Saint-Bernard, projet Interreg IIIA, seminario di chiusura Aoste 2-4 mars 2006. Aoste, Musumeci S.p.A. ed. 400 p., 77-118.

Rey. P.-J., Andre I., Treffort J.-M., 2008. Les versants du Petit Saint-Bernard de la Préhistoire à l'Antiquité : nouvelles données sur les premières occupations de la montagne autour d'un passage transalpin. *In* Garcia D. et Richard H., éd. Le peuplement de l'arc alpin. Actes du congrès du CTHS à Grenoble 7-16 avril 2006. Paris, Éd. du CTHS. 149-175.

Rey. P.-J. et Treffort J.-M. avec coll. Andre I., à paraître. Il sito neolitico e protostorico del Châtelard de Bourg-Saint-Maurice (Savoia) : insediamento a carattere difensivo e zona sepolcrale al piede del colle del Piccolo S. Bernardo. Atti del Convegno internazionale Il Piemonte e le Alpi occidentali all'alba della storia, Torino, Fondazione CRT, 13 e 14 aprile 2007.

Rychner V., 1998. Données sur l'histoire et les cultures de l'Âge du Bronze en Suisse. *In* La Suisse du Paléolithique à l'aube du Moyen Âge (SPM) vol. III ; Âge du Bronze. Bâle : SSPA Ed., 103-134.

Strahm C., 1996. Le Bronze ancien dans le sud-ouest de l'Allemagne. In : Mordant C., Gaiffe O. (éd.), Cultures et sociétés du Bronze ancien en Europe. Actes du 117e Congrès National des Sociétés Savantes, Clermont-Ferrand, 1992. CTHS, Paris, 1996, 251-268.

Talon B., 2006. Analyses anthracologiques au col du Petit-Saint-Bernard ; archéoanthracologie et pédoanthracologie. *In* Alpis Graia, Archéologie sans frontières autour du col du Petit-Saint-Bernard, projet Interreg IIIA, seminario di chiusura Aoste 2-4 mars 2006. Aoste, Musumeci S.p.A. éd. 400 p., 51 -59.

Vital J., 2002. Les systèmes chronologiques ou le temps attendu. *In* Âges du Bronze en Vaucluse. Avignon, Barthélemy éd, Notices d'archéologie vauclusienne, 5 ; *Travaux du Centre d'Archéologie Préhistorique de Valence*, 4, 23-36, 288 p.

Voruz J.-L. (éd.), 1995. Chronologies néolithiques : de 6000 à 2000 dans le bassin rhodanien. Colloque d'Ambérieu-en-Bugey, 19-20 sept. 1992. Genève : Société Préhistorique Rhodanienne. *Document du Département d'Anthropologie de l'Université de Genève*, XX, 381-404.

Wick L. Jacomet S., Schlumbaum A., Schibler J., 2002. L'homme et la végétation. *In* La Suisse du Paléolithique à l'aube du Moyen Âge (SPM) vol. V ; Epoque Romaine. Bâle : SSPA éd., 34-36.

Willigens M.-P., 1991. L'âge du Fer en Savoie et Haute-Savoie. *In* Les Alpes à l'âge du Fer, Actes du Xe colloque sur l'âge du Fer tenu à Yenne-Chambéry, réunis par A. Duval. *Revue Archéologique de Narbonnaise*, supplément 22. Paris : CNRS, Ministère de la Culture, Direction du Patrimoine. 437 p., 156-226.

ÉLÉMENTS POUR UNE HISTOIRE DU PEUPLEMENT NORD-ALPIN FRANÇAIS ENTRE 10 000 ET 2700 ANS BP

ELEMENTS FOR A SETTLEMENT HISTORY OF NORTH FRENCH ALPS BETWEEN 10 000 AND 2700 YEARS BP

André MARGUET [1], Pierre BINTZ [2], Pierre-Yves NICOD [3], Régis PICAVET [4],
Pierre-Jérôme REY [5], Eric THIRAULT [6]

[1] Ministère de la Culture, DRASSM Annecy & UMR 6249 Chrono-environnement, Besançon.

[2] Institut Dolomieu Grenoble & UMR 6636 LaMPEA, Aix-en-Provence.

[3] Laboratoire d'archéologie préhistorique, Département d'anthropologie et d'écologie, Université de Genève.

[4] Institut Dolomieu Grenoble & UMR 6636 LaMPEA, Aix-en-Provence.

[5] Laboratoire EDYTEM, Université de Savoie/CNRS, Campus scientifique, F 73376 Le Bourget-du-Lac cedex.

[6] Société Paléotime & UMR 5608 TRACES, Toulouse.

Contact : andre.marguet@culture.gouv.fr

Résumé

Depuis plus de 30 ans, dans les massifs montagneux des Alpes françaises du Nord, des programmes de recherche ont renouvelé nos connaissances sur des occupations humaines de la Préhistoire récente. Des gisements ont livré des séquences chrono-culturelles et naturelles de référence. Bien calées chronologiquement, elles autorisent une bonne approche des évolutions culturelles, du Mésolithique moyen à la fin de l'âge du Bronze, ainsi que bioclimatiques, du Préboréal au début du Subatlantique. Pour répondre à des problématiques d'occupation des territoires, des prospections thématiques ont été mises en œuvre par des chercheurs d'horizons différents ; quelques-uns contribuent ici à cet échange de données.

Retracer les épisodes du peuplement préhistorique dans un espace ouvert aux influences aussi vaste et sur un temps aussi long n'étant pas possible dans cette contribution, il est proposé de porter un regard documentaire sur trois secteurs géographiquement individualisés et bien caractérisés géomorphologiquement :

- dans les domaines lacustres savoyards, dans l'Avant-Pays au contact du Jura méridional, les principaux épisodes de l'occupation littorale sont présentés (abattages dendrochronologiques entre les années 3842 et 805 av. J.-C.) ;

- dans les massifs subalpins calcaires de moyenne altitude, Chartreuse et Vercors, proches des grands axes de circulation (sillon alpin, couloir rhodanien), les modalités de passage du Mésolithique moyen alpin (de 8000 à 7000 av. J.-C.) au début du Néolithique moyen (de 4800/4700 à 4500 av. J.-C.) sont exposées ;

- dans la zone montagneuse orientale cristalline d'altitude plus élevée, les travaux menés dans les hautes vallées de Maurienne et de Tarentaise montrent la précocité et l'intensité des conquêtes néolithiques.

***Mots-clefs** : Alpes du nord, lacs savoyards, Vercors, Chartreuse, Maurienne, Tarentaise, Mésolithique, Néolithique, âge du Bronze, peuplement, radiocarbone, dendrochronologie.*

Abstract

Over the last 30 years, investigations have been developed to document late Prehistoric settlements of the French northern Alps. Reference sites provided (i) chrono-cultural sequences for the period from the middle Mesolithic to the final Bronze age, and (ii) bioclimatic data for the entire Holocene.

This contribution focuses more particularly on three types of areas.

First, it presents the lacustrine domain in Savoy, in low-elevated areas, with the main successive phases of lake-dwellings, well-dated by tree-ring data (from 3842 to 805 BC).

Secondly, processes relative to the transition from the middle Alpine Mesolithic to the mid-Neolithic are described for the Subalpine calcareous massifs (Chartreuse, Vercors), in medium- elevated areas.

Finally, in higher elevated areas, investigations carried out in upper parts of Maurienne and Tarentaise valleys, show the earlyness as well as the intensity of the Neolithic colonisation.

Keywords: Northern Alps, lakes Savoy, Vercors, Chartreuse, Maurienne, Tarentaise, Mesolithic, Neolithic, Bronze Age, settlement, radiocarbon, dendrochronology.

Introduction

Dans le sens des objectifs de la table ronde, à savoir mettre à disposition des collègues d'autres disciplines l'état des connaissances et des démarches en cours dans les différentes zones-ateliers retenues pour cette contribution, les auteurs ont parfois utilisé, dans la présentation de certaines notices, des parties de textes déjà publiés dans des contributions récentes (Billaud et Marguet, 2007 ; Bintz *et al.*, 2008 ; Nicod et Picavet, 2003 ; Nicod *et al.*, 2008 ; Nicod *et al.*, à paraître). Le cercle des chercheurs étant toutefois sensiblement différent, seul le lecteur avisé ne manquera pas d'observer que nous avons pris la liberté, parfois dans la même formulation, de reprendre l'énoncé de certains jalons principaux, plutôt que d'en faire un simple renvoi bibliographique ; la consultation d'ouvrages initialement diffusés dans le milieu des archéologues devrait en être facilitée pour les collègues environnementalistes.

Présentés trop succinctement par l'un d'entre-nous lors de la table ronde (A. Marguet), certains points de la communication orale ne seront pas développés dans le cadre de cet article. Par exemple, la description de la stratigraphie de l'abri sous-roche de la Grande Rivoire à Sassenage (Isère) ne se justifiait plus puisque les horizons observés sont intégrés au texte ci-après ; le détail des successions stratigraphiques de ce gisement est publié par ailleurs (Nicod et Picavet, 2003). Un autre sujet doit aussi être écarté car ne rentrant pas directement dans la thématique de ces actes ; il concerne la discussion à peine abordée lors de la table ronde sur les modalités de la conquête des massifs montagneux, sur les comportements des groupes humains et les stratégies d'exploitation de la montagne alpine, sur la formation des cultures alpines et la distinction entre peuples et cultures, etc. Sur ces sujets, les références sont trop nombreuses pour être citées ici ; on se reportera aux articles suivants qui en font la compilation (Fedele, 1999, 2006 ; Thirault, 1999).

L'espace géographique

Les Alpes françaises du Nord s'étendent du lac Léman, au nord, aux vallées de la Drôme et de la Durance, au sud ; elles sont limitées à l'ouest par le couloir rhodanien. Elles comprennent les chaînes subalpines calcaires (Borne et Aravis, Bauges, Chartreuse, Vercors et Dévoluy), la dépression du Sillon alpin (Val d'Arly, Combe de Savoie, Grésivaudan et Trièves), les massifs cristallins externes (Aiguilles-Rouges, Mont-Blanc, Beaufortain, Belledonne, Grandes Rousses et Pelvoux), et la zone cristalline et sédimentaire des Alpes internes (Tarentaise, Vanoise, Maurienne et *nappes* du Chablais). Les massifs calcaires septentrionaux, séparés par des vallées transversales, sont morphologiquement mieux individualisés que les massifs méridionaux. Ce territoire particulièrement vaste couvre une superficie d'environ 24 000 km². Les reliefs y sont contrastés et ils conditionnent les déplacements. Par de larges et profondes vallées, la montagne alpine est cependant largement ouverte à la circulation d'influences méditerranéennes et septentrionales. A l'intérieur des massifs proprement dits, la pénétration est par contre moins aisée ; elle se fera par des cols bien identifiés. Ces régions présentent des biotopes variés et étagés, riches en faune sauvage mais, en dehors des basses terres, peu favorables à l'agriculture. A la pluralité des paysages s'ajoute également une variété d'ambiances climatiques. Ces domaines subalpins offrent aussi une grande diversité de matières premières lithiques aptes à la taille (silex, quartz et roches tenaces, etc.), ainsi que de nombreux gîtes cuprifères.

Dans les massifs de moyenne et haute montagne des Alpes françaises du Nord, des programmes de recherche ont été développés depuis plus d'une trentaine d'années. Ils sont à l'origine d'une très importante documentation qui a renouvelé notre perception du territoire montagnard et qui précise nos connaissances des occupations humaines, dès la fin du Tardiglaciaire et durant l'Holocène. Les opérations programmées depuis vingt ans sur le terrain (prospections pédestres diachroniques et/ou thématiques, et subaquatiques dans les lacs savoyards, sondages limités et fouilles extensives), sur des gisements en grotte, sous abri, en plein air et littoraux, ont permis d'inventorier les sites et de dresser un cadre plus détaillé des évolutions du milieu bioclimatique, des cultures et des peuplements du Mésolithique à la fin de l'âge du Bronze. Ces données sont largement proposées par ailleurs, tant sur le comportement des groupes humains, sur les stratégies d'exploration de la montagne alpine, sur l'approvisionnement en matières premières et leur circulation, sur les influences périphériques et/ou transalpines que sur le choix des habitats et leur fonction en liaison avec l'exploitation du milieu. En attendant la synthèse des résultats des programmes collectifs en cours, nous renvoyons donc le lecteur aux publications de ces bilans dont les références principales sont données dans le chapitre suivant.

Pour cet article, dans le but de mettre en relief les convergences et les contrastes, et de saisir certaines spécificités régionales, nous proposons de porter un regard documentaire sur trois zones-ateliers géographiquement individualisées (zone des céréales en basse altitude, zone des foins à l'étage montagnard, zone des pâturages à l'étage montagnard/subalpin inférieur) et bien caractérisées géomorphologiquement (larges cluses, hauts-plateaux, vallées transversales et cols d'altitude) :

- les domaines lacustres savoyards, dans l'Avant-Pays au contact du Jura méridional ;
- le Vercors et la Chartreuse, dans les massifs subalpins calcaires de moyenne altitude proches des grands axes de circulation ;
- les hautes vallées de Maurienne et de Tarentaise dans la zone montagneuse orientale cristalline d'altitude plus élevée (Figure 1).

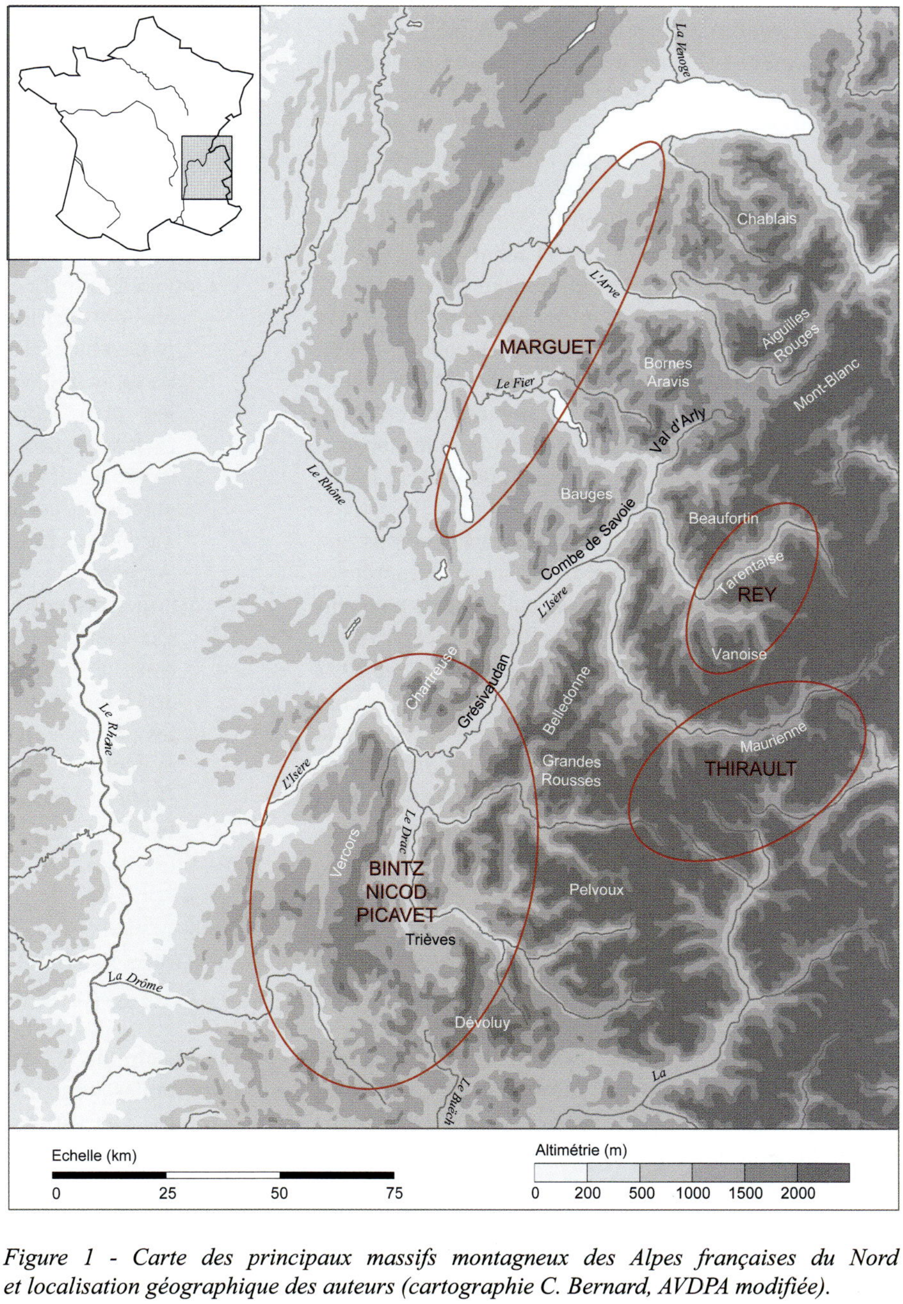

Figure 1 - Carte des principaux massifs montagneux des Alpes françaises du Nord et localisation géographique des auteurs (cartographie C. Bernard, AVDPA modifiée).

I - Un appareil documentaire important

Depuis les travaux pionniers en archéologie spatiale de terrain menés dans les années 1980 par Bernardino Bagolini dans le Haut Adige (mise en évidence de la première colonisation alpine dès l'Epipaléolithique), puis par Alain Gallay et le Département d'Anthropologie de l'Université de Genève dans le cadre du PAVAC « Prospection Archéologique du Valais et du Chablais Vaudois » (confirmation de l'occupation précoce de certaines zones d'altitude par les paysans néolithiques), qui déboucheront rapidement sur des modèles de peuplement alpins (voir les renvois bibliographiques dans Baudais *et al.*, 1987 ; Collectif, 1989-1990), il est impossible de mentionner ici tous les travaux réalisés depuis plus de trente ans de recherches en archéologie préhistorique dans les domaines alpins.

Du côté français, on citera cependant deux projets fédérateurs : le programme DGRST «Paléoenvironnement holocène des Alpes françaises du Nord et leur piémont» qui intègre de nombreux spécialistes des sciences de la nature dans une tentative de compréhension globale de la relation homme-milieu (coordination Robert Vivian, période 1982-1986 ; Vivian, 1991) et le programme collectif CNRS/Région Rhône-Alpes CIRCALP «circulations et identités culturelles alpines à la fin de la préhistoire» qui privilégie une approche centrée sur les sciences humaines (direction Alain Beeching, période 1997-1998 ; Beeching, 1999).

Dans le prolongement de ces synthèses régionales, des travaux universitaires et des inventaires critiques des données existantes prennent en compte les territoires nord alpins (Bressy, 2003 ; Pion, 2004 ; Rey, 1999 ; Thirault, 2004).

Par ailleurs, nombreuses sont les contributions aux colloques régionaux qui précisent notre compréhension des cadres chronologiques, culturels et paléoenvironnementaux, par exemple : Pila, Vallée d'Aoste en 1987 (Voruz, 1990) ; Ambérieu-en-Bugey en 1992 (Voruz, 1995) ; UISPP de Grenoble en 1995 (Thévenin et Bintz, 1999) ; PAESE'97 à Zurich en 1997 (Della Casa, 1999) ; Besançon en 1998 (Richard *et al.*, 2000) et en 2000 (Richard et Vignot, 2002) ; Chambéry en 1999 (Pion, 2000) ; Motz en 2001 (Bravard et Magny, 2002) ; Alpis Graia à Aoste en 2006 (Collectif, 2006) et naturellement, en avril 2006, le 131e Congrès national des sociétés historiques et scientifiques CTHS de Grenoble, dont le thème 7 avait pour sujet «Le peuplement de l'arc alpin» (Richard et Garcia, 2008).

Enfin, on citera trois ouvrages incontournables pour la connaissance de l'évolution du peuplement alpin : l'«Atlas culturel des Alpes occidentales», travail collectif de quatre-vingt spécialistes regroupés dans le programme ERICA (Jourdain-Annequin, 2004) et les synthèses de spécialistes, archéologues, environnementalistes, archéozoologues parues à l'occasion de l'exposition «Des Alpes au Léman» (Gallay, 2004) à Sion (Valais) et de l'exposition «Premiers bergers des Alpes» (Jospin et Favrie, 2008) à Grenoble (Isère).

A partir de ces constats et au vu des expériences acquises dans différents milieux de montagne, il était impératif de revenir au terrain et de reprendre les inventaires. Pour documenter plus précisément, à l'échelle locale et régionale, l'évolution des séquences chrono-culturelles et naturelles, ces territoires sont encore intensivement prospectés et sondés. Les notices parues ces dix dernières années dans les Bilans scientifiques régionaux de la DRAC / SRA Rhône-Alpes relatent ces opérations. Pour les périodes concernées dans cet article, on mentionnera en particulier :

- les prospections-inventaires : Archéologie et pastoralisme sur les Hauts-Plateaux du Vercors (resp. R. Picavet) ;
- les prospections thématiques : Occupations préhistoriques autour du lac fossile de Bessans (resp. E. Thirault) ; Occupations préromaines autour du col du Petit-Saint-Bernard en Haute-Tarentaise, programme Interreg III B, Alpis Graia, Archéologie sans frontières (resp. P.-J. Rey) ; Les Alpes du Nord au Mésolithique (resp. P. Bintz) ; Occupations néolithiques en vallée de Tarentaise (resp. P.-J. Rey) ; Exploitation des roches vertes en Haute-Maurienne (resp. E. Thirault) ;
- les projets collectifs de recherche : Mésolithique et néolithisation dans les Alpes du Nord (resp. P. Bintz) ; La fin du Paléolithique supérieur dans les Alpes du Nord et le Jura méridional (resp. G. Pion).

II - L'état des connaissances dans les Alpes françaises du Nord : une histoire du peuplement lacustre (A. Marguet)

Mis au jour il y a plus de 150 ans aux bords des lacs subalpins, les vestiges préhistoriques des anciennes *cités lacustres* occupent une place privilégiée dans la recherche archéologique de ces régions (Figure 2). Pour comprendre quel était le milieu ambiant des populations lacustres et à quelles périodes elles se sont développées sur les rivages savoyards, les problématiques ont été précisées. Des recherches pluridisciplinaires apportent maintenant des réponses importantes pour la compréhension de ces contextes littoraux. Les variations holocènes du niveau des lacs régionaux sont en particulier détaillées et bien datées. Sans sous-estimer d'autres causes (culturelles et/ou socio-économiques), l'influence considérable des déterminismes sur les occupations humaines au bord des lacs est ainsi démontrée (Figure 3). Parallèlement

Figure 2 - Brison-Saint-Innocent, baie de Grésine (Savoie, lac du Bourget). Sous le poids des enrochements de 1856 : les premières trouvailles palafittiques savoyardes. Les villages du Bronze final sont implantés sur une large beine, protégée des vents dominants (photographie Y. Billaud, Drassm).

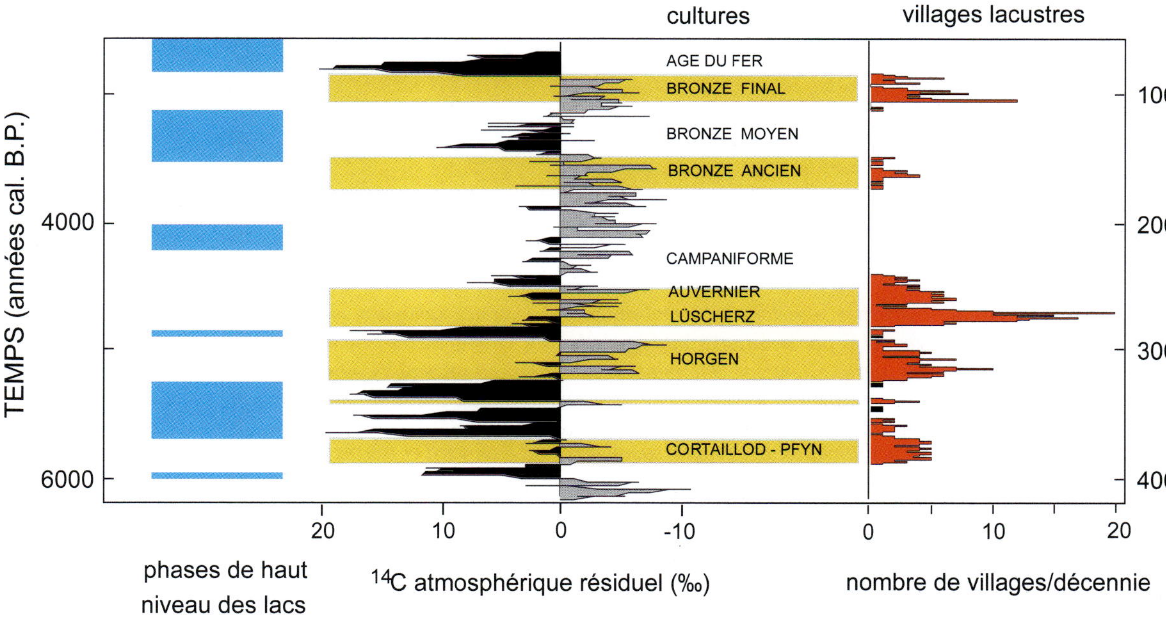

Figure 3 - Tableau des comparaisons entre l'histoire du climat reflétée par les variations du niveau des lacs du Jura, des Préalpes françaises du Nord et du Plateau suisse, les variations de la teneur de l'atmosphère en radiocarbone (indicateur empirique de l'activité du soleil) et la fréquence des habitats littoraux dans le domaine subalpin (d'après Magny et al. 2005, fig. 2, p. 134).

à la reconstitution paléoclimatique de l'environnement lacustre, le recensement des sites aujourd'hui immergés a permis de retracer l'histoire des peuplements riverains. Les recherches subaquatiques récentes, des prospections systématiques et des sondages d'évaluation, précisent nos connaissances sur ces occupations. Dans les lacs de Savoie (Aiguebelette, Bourget) et de Haute-Savoie (Annecy, rive française du Léman), pas moins de 47 gisements du Néolithique (Figure 4) et 44 gisements de l'âge du Bronze sont maintenant recensés (tous ne sont pas datés). En s'appuyant sur les datations par le radiocarbone et sur l'échantillonnage de pilotis pour la constitution d'un calendrier dendrochronologique, les principales périodes d'installation de ces habitats sont identifiées : abattages entre les années 3842 et 805 av. J.-C.

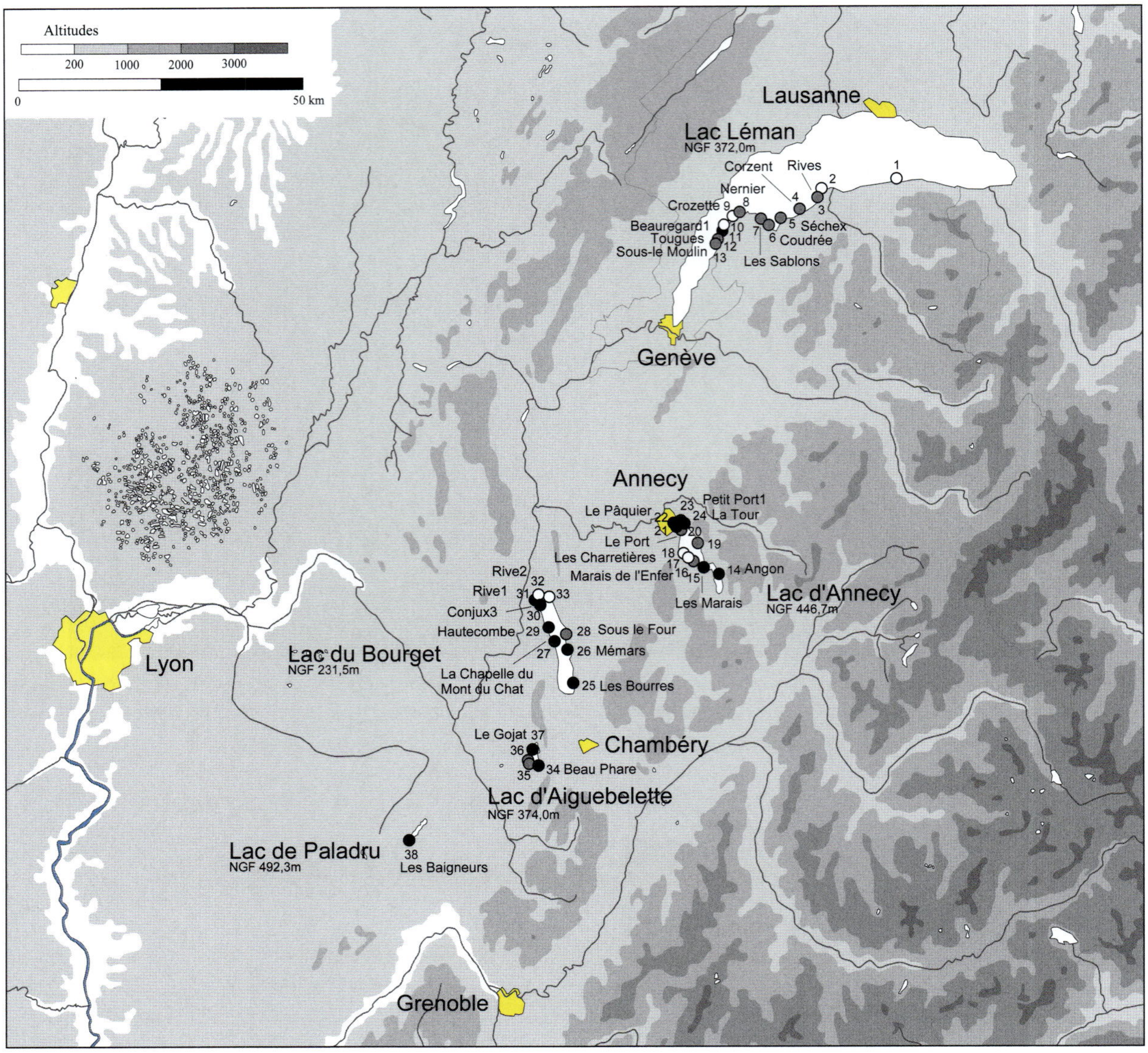

Figure 4 - Carte de localisation des sites sous-lacustres néolithiques de l'espace savoyard, haut-savoyard et isérois (voir la liste ci-dessous). En noir, les gisements datés par dendrochronologie et/ou ^{14}C ; en gris, les gisements seulement datés par les mobiliers archéologiques ; en blanc, les autres gisements, notamment ceux datés par un seul ^{14}C non confirmé (d'après Marguet et Rey, 2007, fig. 1, p. 380).

Liste des gisements sous-lacustres néolithiques de l'espace savoyard, haut-savoyard et isérois (Numéro : Commune, Nom du site).

Rive française du Léman (Haute-Savoie) :

1 : Lugrin, Tourronde ; 2 : Thonon-les-Bains, Ripaille ; 3 : Thonon-les-Bains, Rives 1 ; 4 : Thonon-les-Bains, A Corzent ; 5 : Anthy-sur-Léman, Séchex (même gisement que Margencel) ; 6 : Sciez, Coudrée ; 7 : Excenevex, Les Sablons 1 (Sous Cérezy) ; 8 : Nernier, Nernier 1 ; 9 : Messery, Crozette ; 10 : Chens-sur-Léman, Beauregard 3 ; 11 : Chens-sur-Léman, Beauregard 1 ; 12 : Chens-sur-Léman, Tougues ; 13 : Chens-sur-Léman, Sous-le-Moulin (Hermance).

Lac d'Annecy (Haute-Savoie) :

14 : Talloires, Angon ; 15 : Saint-Jorioz, Les Marais ; 16 : Saint-Jorioz, Marais-de-l'Enfer ; 17 : Sévrier, Les Charretières ; 18 : Sévrier, Les Choseaux ; 19 : Veyrier-du-Lac, Sous-les-Guerres (Vieugy) ; 20 : Annecy, Le Port 1 ; 21 : Annecy, Ile-des-Cygnes ; 22 : Annecy, Le Pâquier ; 23 : Annecy-le-Vieux, Petit-Port 1 ; 24 : Annecy-le-Vieux, La Tour.

Lac du Bourget (Savoie) :

25 : Tresserve, Les Bourres ; 26 : Brison-Saint-Innocent, Mémars 1 ; 27 : La Chapelle-du-Mont-du-Chat, Le Communal-du-Lac 1 ; 28 : Brison-Saint-Innocent, Sous-le-Four ; 29 : Saint-Pierre-de-Curtille, Hautecombe ; 30 : Conjux, Conjux 3 ; 31 : Conjux, Rive 1 ; 32 : Conjux, Rive 2 ; 33 : Chindrieux, Châtillon.

Lac d'Aiguebelette (Savoie) :

34 : Aiguebelette-le-Lac, Beau-Phare 1 (Aiguebelette 1) ; 35 : Lépin-le-Lac, Grande-Ile ; 36 : Saint-Alban-de-Montbel, Petite-Ile ; 37 : Novalaise, Le Gojat.

Lac de Paladru (Isère) :

38 : Charavines, Les Baigneurs.

1 - Dynamique du peuplement et phases d'occupation néolithiques
(Marguet et Rey, 2007 modifié)

Sur la base des séquences dendrochronologiques disponibles, quatre phases principales d'occupation sont distinguées : la transition 39e-38e siècle, le 36e siècle, du milieu du 31e siècle au milieu du 29e siècle, du début du 27e siècle à la fin du 25e siècle (Figure 5). Ces séquences ne reflètent qu'en partie les données matérielles qui témoignent d'occupations plus nombreuses voire plus précoces mais, dans ses grandes lignes, ce phasage ne diffère pas des données jurassiennes et helvétiques et pour certaines périodes (38e, 28e et 27e siècles), avec

Lacs	Sites	N° carte	Datations radiocarbone et séquences dendrochronologiques
Bo	Brison Saint-Innocent, Mémars 1 palissade 2.	26	Arc.1691: 3645±40BP **
Bo	Chindrieux, Châtillon s/s couche.	33	Ly.113oxa: 3745±70BP
Bo	Conjux, Conjux 3 fumiers niv.sup.	30	Gif.6770: 3760±60BP vers -2442, -2440, env. -2436 à -2427 (48 ans, 16 éch.) estimé vers -2525 (115 ans, 1 échantillon)
An	Talloires, Angon.	14	Gif.8145: 3910±50BP -2446, -2435 (99 ans, 8 échantillons) vers -2582 (167 ans, 1 échantillon)
Le	Messery, Crozette.	9	Arc.1563: 3950±45BP **
Bo	Brison Saint-Innocent, Mémars 1.	26	Arc.1491: 4000±40BP ** env. -2595 à -2475 (211 ans, 23 échantillons)
Pa	Charavines, Les Baigneurs	38	de -2611 à -2598, de -2669 à -2652 (190 ans, 877 échantillons)
Ai	Aiguebelette-le-Lac, Beau Phare 1	34	de -2699 à -2672 (92 ans, 15 échantillons) Gif.8339: 4160±50BP **
Ai	Novalaise, Le Gojat.	37	Gif.8338: 4020±50BP ** de -2702 à -2699 (84 ans, 14 échantillons)
An	Saint-Jorioz, Marais Enfer 1.	16	Arc.2142: 4050±50BP **
Le	Thonon-les-Bains, Rives 1.	3	Arc.246: 4090±50BP ** avec réserves env. -2754 à -2732 (62 ans, 2 éch.)
Bo	Conjux, Rive 2.	32	Arc.1984: 4125±40BP (structure)
Bo	Tresserve, Les Bourres	25	Arc.1987: 4095±45BP ** Arc.2199: 4155±50BP ** Arc.2133: 4205±50BP *
Le	Messery, Crozette.	9	Arc.1562: 4170±45BP **
Bo	Conjux, Conjux 3 fumiers niv.inf.	30	Gif.6771: 4250±70BP
An	Annecy, Le Pâquier	22	vers -2845, -2843 (266 ans, 6 échantillons) vers -2870 (261 ans, 2 échantillons)
An	Annecy, Ile des Cygnes	21	vers -2897 (229 ans, 2 échantillons)
An	Annecy-le-Vieux, La Tour	24	vers -2925 (207 ans, 3 échantillons)
Le	Chens-sur-Léman, Beauregard 1	11	de -3043 à -3035 (126 ans, 4 échantillons)
Le	Thonon-les-Bains, Rives 1	3	avec réserves env. -3094 à -3049 (93 ans, 9 éch.)
An	Saint-Jorioz, Les Marais.	15	Arc.369: 4450±55BP *
Bo	Saint-Pierre-de-Curtille, Hautecombe.	29	Arc.1022: 4540±50BP **
Bo	Brison Saint-Innocent, Sous le Four 1.	28	Arc.2061: 4725±45BP **
Bo	Conjux, Conjux 3 s/s couche.	30	Gif.8146: 4730±180BP
Bo	La Chapelle du Mont du Chat, Le Communal du Lac.	27	Arc.2062: 4695±50BP ** Arc.2067: 4735±45BP **
An	Sévrier, Les Choseaux.	18	Arc.473: 4775±75BP **
Bo	Conjux, Rive 1	31	-3569, vers -3521, -3521 (124 ans, 3 éch.)
An	Annecy-le-Vieux, Petit Port 1.	23	Gif.6044: 4580±70BP ** Gif.6045: 4590±70BP ** de -3600 à -3568 (71 et 86 ans, 28 et 19 éch.)
An	Annecy-le-Vieux, La Tour.	24	Arc.1220: 4832±41BP **
An	Saint-Jorioz, Les Marais	15	Arc.1222: 4920±47BP ** env -3791, -3783 (130 ans, 7 échantillons) Arc.671: 5070±50BP ** Arc.1028: 5135±50BP **
Bo	Saint-Pierre-de-Curtille, Hautecombe.	29	Arc.371: 5055±60BP ** avec réserves -3842, vers -3835 (55 ans, 3 éch.)
An	Sévrier, Les Charretières.	17	Arc.706: 5315±50BP

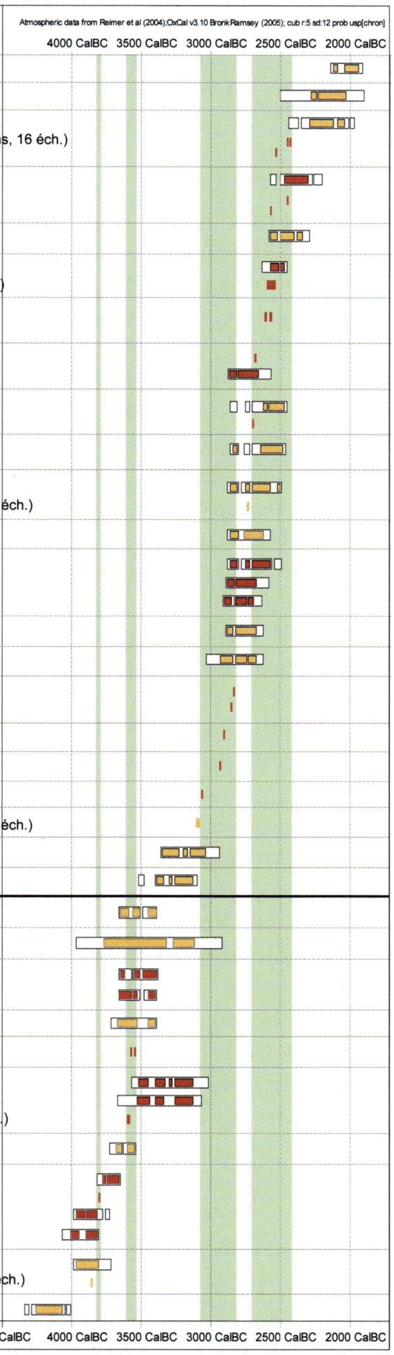

*Figure 5 - Tableau critique des datations ^{14}C calibrées à 2 sigma (références laboratoires : Arc. Archéolabs ; Gif. Gif-sur-Yvette ; Ly. Lyon) et des phases d'abattages datées par dendrochronologie (analyses Laboratoire romand de dendrochronologie et Archéolabs) pour les vestiges lacustres des périodes comprises entre 4500 et 2000 cal. BC. En rouge, les datations confirmées ; en orangé, les datations non confirmées et les séquences dendrochronologiques données avec réserves (** : datation ^{14}C obtenue sur un bois intégré à une séquence dendrochronologique non datée en absolu ; * : date ^{14}C sur un bois isolé ; aucun astérisque : date ^{14}C sur niveau organique). Les bandes verticales vertes matérialisent les principales phases d'occupation d'après les abattages dendrochronologiques. Depuis la publication de ce tableau (Marguet et Rey, 2007, fig. 3, p. 383 ; mise au net P.-J. Rey), des petits groupes de piquets ont été nouvellement datés au lac du Bourget, dans la baie de Conjux : ETH-32711 : 4770±55 BP ; ETH-32713 : 4745±55 BP ; ETH-32712 : 4680±55 BP et ETH-32706 : 4065±55 BP).*

les données de la rive suisse du Léman. Une actualisation des données sur le Néolithique lacustre a fait récemment l'objet d'une communication au 27e colloque interrégional de Neuchâtel (CH). On s'y reportera utilement pour connaître le développement de ces épisodes et pour la compilation bibliographique qui y est donnée ; le tableau en est extrait (Marguet et Rey, 2007).

Au Néolithique ancien rhodanien (5500 - 4800 av. J.-C.), une absence de vestiges ? Bien que le schéma des fluctuations du niveau des lacs jurassiens et subalpins montre, à la transition Atlantique ancien/Atlantique récent (vers 5000 - 4500 av. J.-C.), des phases régressives qui auraient pu être favorables aux installations littorales (Magny, 1995), aucun indice archéologique n'est actuellement connu (s'agit-il d'une lacune de la recherche ou d'un autre phénomène ?).

Au Néolithique moyen I (4800 - 4000 av. J.-C.), les piquets les plus anciens. Une première et discrète approche des rivages, au cours de la seconde moitié du Ve millénaire est seulement attestée sur le lac d'Annecy, à Sévrier, Les Charretières, dès les 44e/41e siècles av. J.-C. (Arc. 706 : 5315 ± 50 BP). Pour cette période, les références dendrochronologiques ne sont pas encore disponibles. Cette date unique n'est toutefois pas écartée car on peut la rapprocher d'une petite structure érodée d'âge comparable (4 dates radiocarbone entre 5500 ± 50 BP et 5235 ± 65 BP) mise en évidence dans les niveaux profonds de Concise, Sous-Colachoz (VD, lac de Neuchâtel) (Winiger, 2008).

Au Néolithique moyen II (4000 - 3400 av. J.-C.), la première approche des littoraux. Après cette timide affirmation, la première véritable phase d'occupation par des populations du Néolithique moyen est observée au début du IVe millénaire, sur des gisements à niveaux organiques préservés à Saint-Pierre-de-Curtille, Hautecombe (lac du Bourget), vers 3842 BC et vers 3835 BC et à Saint-Jorioz, Les Marais (lac d'Annecy), vers 3791 BC et en 3793 BC. Dans la région des trois lacs et dans le Jura, les rives sont occupées de 3870 à 3770 BC ; elles le seront moins, voire pas du tout, au milieu du 38e siècle. Contrairement aux littoraux suisses, les lacs savoyards sont peu occupés de 3730 à 3600 BC. Ces établissements semblent de courtes durées, comme à Annecy-le-Vieux, Le Petit-Port au lac d'Annecy (des abattages sont mis en évidence durant 32 années, entre 3600 et 3568 BC) et généralement peu étendus, comme dans la baie de Conjux, Les Côtes au lac du Bourget (des petits groupes de piquets ont été nouvellement datés : 4770 ± 55 BP ; 4745 ± 55 BP ; 4680 ± 55 BP et 4065 ± 55 BP).

Au Néolithique récent (3400 - 3000 av. J.-C.), une présence attestée sur des gisements érodés. On observe, entre 3350 et 3250 BC, dans les Préalpes françaises comme dans le massif jurassien et sur le Plateau suisse (Wolf et Hurni, 2002), le même hiatus important dans la fréquence des habitats. On notera qu'une détérioration majeure du climat intervient, en tous les cas dans les lacs jurassiens, vers 3650 - 3250 (Pétrequin *et al.,* 2005.). Au lac Léman, quelques pieux sont datés en dendrochronologie de 3094 à 3049 BC à Thonon-les-Bains, Rives et de 3043 à 3035 BC à Chens-sur-Léman, Beauregard.

A la première moitié du Néolithique final (3000 - 2700 av. J.-C.), des gisements mal conservés. L'intensification des installations constatée dans les lacs suisses et jurassiens au 32e siècle ne semble pas se manifester dans les régions savoyardes où elle interviendrait plutôt à partir du milieu du 31e et jusqu'au milieu du 28e siècle.

A la seconde moitié du Néolithique final (2700 - 2400 av. J.-C.), la confirmation des installations. Dans les lacs savoyards, sur le Plateau suisse et dans le Jura français, une très forte expansion des habitats littoraux est constatée, du milieu du 28e au milieu du 25e siècle. Comme partout, ces installations prennent fin vers 2440 BC à Conjux au lac du Bourget et vers 2435 BC à Talloires dans celui d'Annecy, dates qui marquent les dernières phases de l'occupation littorale. On signalera que cet abandon intervient au cours d'une phase climatique en apparence favorable ; son interprétation fait partie des interrogations et des démarches en cours.

Au Néolithique final / Campaniforme (2400 - 2200 av. J.-C.), la désertion des rivages ? D'une façon générale, l'occupation des rivages ne semble reprendre ensuite que vers la fin du 19e siècle, dans une phase peu précoce du Bronze ancien. Souvent interprété comme le résultat d'une délocalisation des habitats, ce hiatus pourrait cependant ne relever que d'un effet taphonomique. Au lac du Bourget, deux dates radiocarbone obtenues à Conjux (niv. supérieur) et sur un fin litage de débris végétaux à Chindrieux, Châtillon, pourraient être des indices d'une perduration des installations sur les rives durant des épisodes transgressifs (3760 ± 60 BP et 3745 ± 70 BP).

2 - Les principales étapes de l'occupation littorale à l'âge du Bronze

(Billaud et Marguet, 2007 modifié)

Pour les installations de l'âge du Bronze, une mise à jour documentaire récente a été présentée au 129e congrès du CTHS de Besançon, tant dans le domaine de l'inventaire des gisements archéologiques (Billaud et Marguet, 2007) que dans celui de l'établissement d'un cadre paléoclimatique à haute résolution (Magny *et al.,* 2007). Pour le lac du Bourget, le plan d'eau le plus étudié, les données sont régulièrement complétées par les résultats des analyses réalisées sur des opérations subaquatiques d'évaluation en cours (Billaud, 2008 : pour la chronologie absolue des occupations et les données stratigraphiques ; Gauthier *et al.,* 2008 : pour la reconstitution de l'histoire de la végétation et des impacts anthropiques) (Figure 6).

Au Bronze ancien (2200 - 1600 av. J.-C.), la rareté des occupations. De la phase ancienne du Bronze ancien, on ne connaît pas d'habitat sur les bords des lacs régionaux. Une palissade perpendiculaire à la rive, datée par le radiocarbone (Arc. 1691 : 3645 ± 40 BP, soit 2190 - 1890 cal BC) est tout de même identifiée à Brison-Saint-Innocent, Mémars (lac du Bourget) et suggère une occupation sporadique sur la rive.

Ce n'est que dans une phase plus récente du Bronze ancien que les rives savoyardes révèlent les traces de quelques habitats littoraux. Les emplacements de cette période sont pourtant peu nombreux et les vestiges généralement mal conservés. Dans le lac du Bourget, les traces archéologiques de cette période ne sont pas encore identifiées. A Tresserve, Le Saut, des bois couchés pourraient marqués un épisode érosif (3475 ± 50 BP, soit 1920 - 1680 cal. BC, et 3440 ± 45 BP, soit 1890 - 1620 cal. BC). Dans le lac d'Annecy, deux phases d'installation sont distinguées. Une première, de la fin du 19e et du début du 18e siècle, à Sévrier, Les Mongets, où plusieurs centaines de pilotis dessinent un plan particulièrement lisible avec palissades, chemin d'accès et structures d'habitation (dates dendrochronologiques de 1 803 à 1 766 BC). Toujours sur le lac d'Annecy, le petit gisement d'Annecy, Albigny pourrait être daté d'une phase plus récente : phases d'abattages entre les années 1624 et 1619 BC environ.

Au Bronze moyen (1600 - 1300 av. J.-C.), un abandon des zones littorales (climat ?). Comme le montre le schéma de la fréquence des phases d'habitat lacustre établi par M. Magny, les traces du Bronze moyen ne sont pas connues sur les rivages régionaux (elles sont par contre identifiées dans les gisements sous abris). Une remontée du niveau des lacs jurassiens et subalpins est mise en évidence dans la deuxième moitié du Subboréal (elle commencerait vers 1520 cal. BC et s'achèverait avant 1100 cal. BC ; un maximum du ^{14}C résiduel est mis en évidence entre 1350 et 1100 cal. BC, avec un autre pic plus marqué entre 1350 et 1250 cal. BC). S'agit-il d'un abandon des zones littorales à la suite d'une détérioration climatique ou d'un phénomène socio-économique ou culturel ?

Dans une phase ancienne du Bronze final (1300 - 1100 av. J.-C.), une nouvelle approche des rives. Pour l'instant seulement identifiée dans les lacs savoyards et haut-savoyards, une nouvelle approche du littoral, au Bronze final 1/2 a, semble maintenant être confirmée, aux 14e/13e siècles : niveau organique et tessons à Conjux, Les Côtes (Arc. 2093 : 3095 ± 45 BP, soit 1490 - 1215 cal. BC) ; groupes de pieux à Chens-sur-Léman, La Vorge-Ouest (Arc. 1075 : 065 ± 40 BP, soit 1435 - 1195 cal. BC) ; débris végétaux à Annecy, Le Port (Gif. 8144 : 3035 ± 55 BP, soit 1440 - 1085 cal. BC) ; piquet à Sévrier, Le Crêt de Chatillon (Arc. 2193 : 3090 ± 45 BP, soit 1490 - 1135 cal. BC) ; palissade à Saint-Alban-de-Montbel, Petite-Ile (Arc. 1870 : 3065 ± 50 BP, soit 1450 - 1135 cal. BC) ; alignement à Conjux, Les Côtes (Arc. 2063 : 2980 ± 40 BP, soit 1375 - 1055 cal. BC). Cette phase ancienne du Bronze final n'est pas encore datée par la dendrochronologie.

Aux phases moyenne et récente du Bronze final (1100 - 800 av. J.-C.), l'intensification des installations. La carte de répartition des entités archéologiques du Bronze final traduit la forte pénétration des vallées alpines (en 2002, 59 entités recensées en Savoie et 71 en Haute-Savoie). Les zones littorales n'échappent pas à cette expansion des populations. Dans l'état des connaissances, 40 gisements sont identifiés sur l'ensemble des lacs subalpins français (Aiguebelette 2, Bourget 19, Annecy 7, rive française du Léman 12). Ils fournissent une quarantaine de séquences dendrochronologiques montrant, dans le lac du Bourget (à ce jour le plan d'eau le plus prospecté), des phases d'abattage durant près de 280 années, de 1084 BC (Conjux, Pré Nuaz) à 805 BC (Tresserve, Le Saut). Globalement, avec les réserves liées au faible nombre des prélèvements datés par gisement, trois groupes de dates sont mis en évidence : deux pour la phase moyenne du

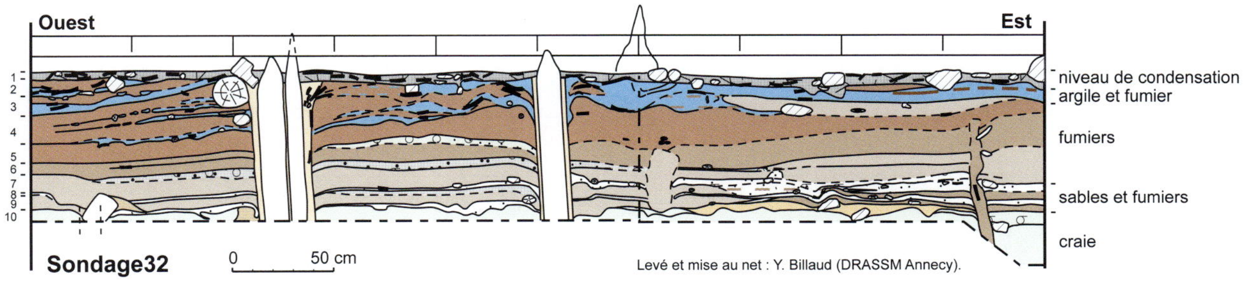

Figure 6 - Tresserve, Le Saut-de-la-Pucelle (Savoie, lac du Bourget). Les sondages d'évaluation ont montré la bonne conservation de certains sites : coupe stratigraphique du sondage S 32 (d'après Billaud et Marguet, 2006, fig. 4, p. 102 ; levé et mise au net Y. Billaud, Drassm).

Bronze final alpin : de 1080 à 1030 BC au BF 2b/3a, de 1000 à 930 BC au BF 3a/début 3b, et une pour la phase récente : de 910 à 805 BC au BF 3b.

A l'extrême fin du Bronze final, une ultime phase de construction des habitats littoraux. Vers la fin du 9e siècle, les dates dendrochronologiques très récentes de 814 BC à Chindrieux, Châtillon, de 813 BC à Conjux, Le Port 3, et de 805 BC à Tresserve, Le Saut semblent bien marquer la fin des dernières installations littorales à usage d'habitation (Figure 7). On signalera que cet abandon des habitats coïncide, sur les rivages du lac du Bourget, avec une recrudescence des apports détritiques du Rhône ; le début de la phase de crise détritique identifiée dans les sédiments se situe vers 795 av. J.-C. (Arnaud, 2008).

Après le Bronze final, une modification des pratiques riveraines. A la fin du Subboréal/début du Subatlantique, vers 800 av. J.-C., les populations riveraines maintiennent leur rapprochement du littoral, de manière plus sporadique, pour y implanter divers aménagements des berges vraisemblablement liés à des usages temporaires du plan d'eau (pêcheries, pontons d'accostage, ouvrages de protection, etc.). Cette modification des pratiques riveraines est identifiée à Aix-les-Bains, La Culaz au lac du Bourget (Arc. 1071 : 2640±50 BP, soit 925-760 cal. BC avec 89,3 % de probabilité). Cet emplacement marquerait le passage de l'âge du Bronze final au premier âge du Fer.

3 - Perspectives et thèmes de recherche

Les archives lacustres savoyardes sont à considérer comme des zones-ateliers où les potentiels d'analyses sont importants (chronologie et modalités de l'anthropisation du milieu naturel ; densité de population du Néolithique à l'âge du Bronze ; paléoclimatologie ; fonctionnement des milieux humides, etc.). De nouvelles investigations devraient permettre de compléter la courbe des variations du niveau du lac depuis 15000 ans, notamment la seconde moitié de l'Atlantique ancien (vers 7000-6000 BP), période importante puisqu'elle précède immédiatement le moment où se développent les premières occupations humaines. Par ailleurs, les deux derniers millénaires correspondant au développement de l'impact anthropique (période sur laquelle se focalise de nombreux travaux paléoclimatologies et paléoenvironnementaux) seront également documentés dans le détail.

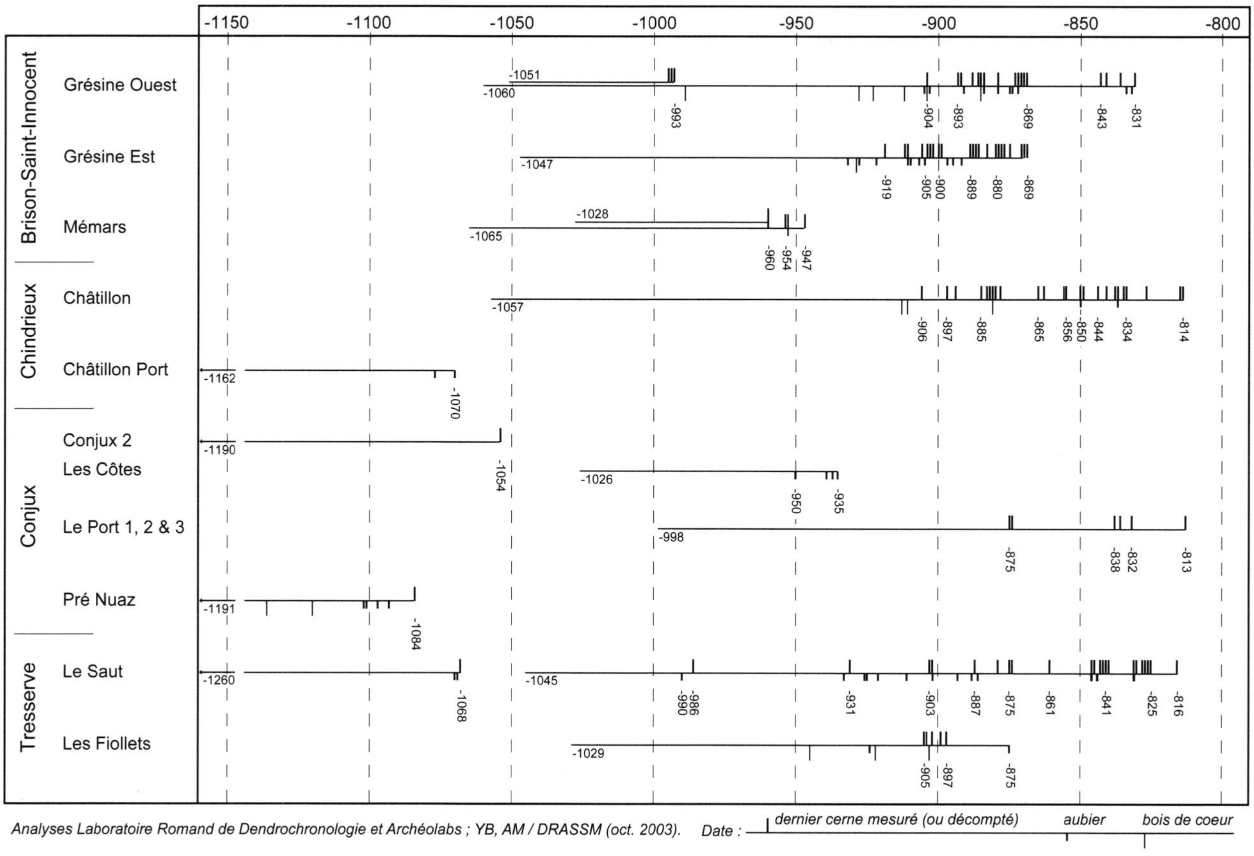

Figure 7 - Tableau récapitulatif des dates dendrochronologiques des gisements littoraux Bronze final du lac du Bourget, Savoie (synthèse Y. Billaud ; Billaud et Marguet, 2007, fig. 8, p. 220). Pour en savoir plus, voir le tableau réactualisé qui prolonge notamment les dates du gisement de Tresserve, Le Saut jusqu'en - 805 (Billaud, 2008).

III - L'ÉTAT DES CONNAISSANCES DANS LES ALPES FRANÇAISES DU NORD : REGARD SUR LE VERCORS, LA CHARTREUSE ET LE DÉVOLUY

(P. BINTZ, P.-Y. NICOD et R. PICAVET)

Ce chapitre rassemble des textes publiés par ailleurs auxquels nous renvoyons le lecteur (Bintz *et al.*, 2008 ; Nicot et Picavet, 2003 ; Nicod *et al.*, à paraître).

Dans les Alpes du Nord, les données archéologiques concernant le Mésolithique et le début du Néolithique proviennent presque exclusivement des chaînes subalpines, et tout particulièrement du Vercors et de la Chartreuse (Figure 8). Les recherches menées ces trente dernières années par Pierre Bintz et son équipe (Institut Dolomieu de l'Université de Grenoble) ont mis au jour dans ces deux massifs calcaires de nombreux sites en grotte, en abri-sous-roche ou en plein air, s'étageant des piémonts aux zones d'altitude (Figure 9). Le cadre chrono-culturel a ainsi pu être tracé dans les grandes lignes, mais il reste encore imprécis car les contextes stratigraphiques sont souvent peu développés, voire inexistants pour les sites de plein air, tandis que les corpus mobiliers sont souvent restreints.

Régions de moyenne montagne, le Vercors et la Chartreuse constituent des entités géographiques et géomorphologiques bien définies du massif subalpin méridional. Pour en connaître dans le détail le cadre géomorphologique, on se reportera à la récente contribution sur les fréquentations humaines de la montagne alpine présentée au CTHS de Grenoble (Bintz *et al.*, 2008).

1 - De 8000 à 7000 av. J.-C. : le Mésolithique moyen sauveterrien

(Bintz *et al.*, 2008)

Le Mésolithique moyen marque une rupture technologique importante avec le stade précédent (voir le Mésolithique ancien dans Bintz *et al.*, 2008 ; voir aussi la corrélation des données culturelles avec les données bio-climatiques et le recensement des dates radiocarbone de ces périodes dans Bintz et Evin, 2002) (Figure 10). Il apparaît sous une forme exempte de toute récurrence épipaléolithique, avec l'abandon des pointes à bord abattu diminutive et un renouvellement des modalités du débitage ; la microlithisation des armatures notamment, déjà perceptible dès l'Epipaléolithique final, s'est accentuée.

Le Mésolithique moyen alpin est subdivisé en deux phases qui se distinguent par les caractéristiques de leurs systèmes technologiques et les types d'armatures.

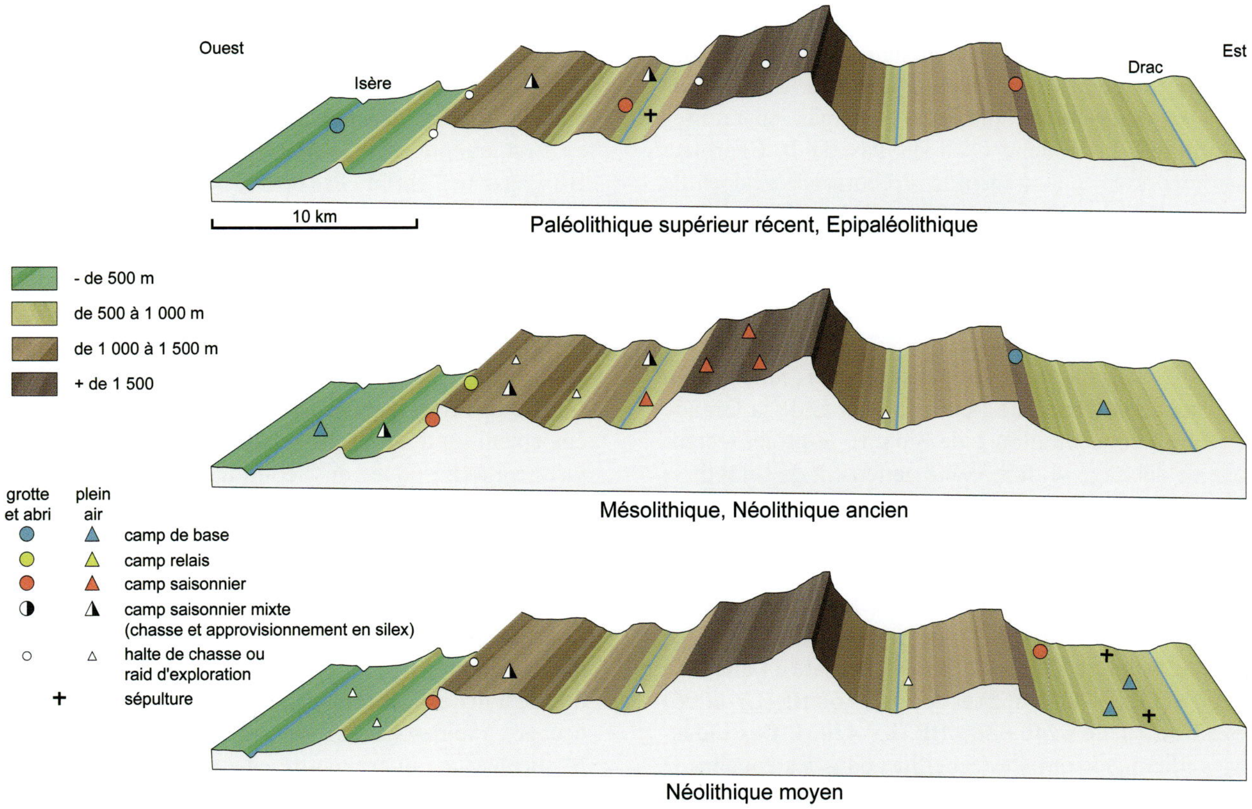

Figure 8 - La montée en altitude de l'homme préhistorique en Vercors : répartition altitudinale des sites du Paléolithique supérieur récent/Epipaléolithique au Néolithique moyen sur un profil schématique est-ouest du Vercors (d'après Bintz coord. 2006, p. 61 : synthèse P. Bintz, infographie C. Bernard, AVDPA).

Figure 9 - Abri-sous-bloc de l'Aulp du Seuil à Saint-Bernard-du-Touvet (Isère) : situé à 1730 m d'altitude, dans le massif de la Chartreuse, ce petit abri a servi de halte de chasse durant le Néolithique ancien et moyen (fouille D. Pelletier ; photographie C. Bernard, AVDPA).

Au Mésolithique moyen phase ancienne, (couche C2b du Pas de la Charmate et concentrations 1 et 2 de Sinard), le projet technique du débitage vise à l'obtention d'éclats, d'éclats lamellaires et de micro-lamelles par percussion directe à la pierre. Les nucléus sont exploités selon plusieurs schémas opératoires simplifiés. La couche C2b du Pas de la Charmate est rapportée à la transition Préboréal-Boréal et au Boréal par les données sédimentaires et par deux datations radiocarbone : 9100±250 BP (LY-5245) et 8240±260 BP (LY-4204). Cette première phase du Mésolithique moyen se rattache au stade ancien évolué du Sauveterrien méridional.

Au Mésolithique moyen phase récente (couche C2a du Pas de la Charmate ; couche D et C de la Grande Rivoire ; concentration 1 de Sinard), le projet technique de débitage se différencie nettement de celui de la phase précédente. Les lamelles étroites, plus standardisées et obtenues par percussion directe, sont les produits de première intention. Le microlithisme est moins marqué, consécutivement au caractère plus allongé, voire effilé des armatures. Au Pas de la Charmatte, ce niveau, rapporté à la fin du Boréal, est daté à l'aire 2 de 8100±100 BP (LY-5662) et de 8140±60 BP (LY-6006) et à l'aire 1 de 8240±260 BP (LY-4204). Des industries identiques ont été recueillies dans les couches D et C de la Grande Rivoire, respectivement datées de 8740±110 BP (Ly-5434) et à 8280±80 BP (Ly-5433). Cette seconde phase du Mésolithique alpin se rattache au stade moyen du Sauveterrien.

2 - De 7000 à 5800 (?) av. J.-C. : le Mésolithique récent

(Nicod et Picavet, 2003)

Le Mésolithique récent des Alpes du Nord se rattache au Castelnovien méridional. Il a été individualisé en stratigraphie à la Grande Rivoire (niveaux B3b et B3a) et sous l'abri du Pas de la Charmate (couche C1). Il est par ailleurs attesté sur des stations de plein air qui ont livré des séries lithiques réduites et non datées par le radiocarbone. Nous mentionnerons les sites de Machiret, du Pas de l'Aiguille (Figure 11), de Pré-Peyret (Figure 12), de la Fontaine de la Baume et de la Ferme d'Ambel dans le Vercors ainsi que celui du Col de la Croix dans le Dévoluy. Enfin, on le trouve également sur d'autres gisements où il côtoie des armatures caractéristiques du Néolithique ancien, sans que l'on puisse aisément établir si cette association résulte de mélanges de mobiliers asynchrones, ou d'une réelle contemporanéité de composantes mésolithiques et néolithiques (cf. *infra*).

La localisation géographique des sites castelnoviens montre une répartition étagée suggérant une exploitation de tout l'espace montagnard. Si les piémonts ont été occupés à toutes saisons, les zones d'altitude n'ont été fréquentées qu'au printemps, en été ou en automne.

Au sein des spectres fauniques, le cerf est presque toujours dominant mais le bouquetin et le chamois, espèces plus spécifiquement montagnardes, y occupent souvent une place importante.

Figure 10 - Carte de répartition des sites du Mésolithique du Vercors et du Dévoluy (voir liste des sites dans Bintz et al., 2008, fig. 2, p. 58 (cartographie C. Bernard, AVDPA).

1 : abri de la Grande Rivoire (Sassenage, 38) ;
2 : abri du Pas de l'Echelle (Rovon, 38) ;
3 : grotte de Balme-Rousse et abris de Coufin 1 et 2 (Choranche, 38) ; 4 : abri du Pas de la Charmate (Châtelus, 38) ;
5 : Blachette sud (Sinard, 38) ;
6 : Fontaine de la Baume (St. Agnan en Vercors, 26) ;
7 : Pas de l'Aiguille (Chichilianne, 38) ;
8 : col de la Croix (Tréminis, 38) ;
9 : les Egayères (Agnières en Dévoluy, 05).

L'économie des matières premières siliceuses se caractérise par un approvisionnement essentiellement local et des circulations à courte distance, correspondant probablement à une utilisation de circonstance des gîtes au cours des déplacements. Le plateau de Vassieux-en-Vercors (Drôme), « immense réservoir de silex », ne fait pas encore l'objet d'une exploitation intensive.

La technologie lithique est orientée vers la fabrication de lames et lamelles régulières, de section triangulaire ou trapézoïdale (parfois encochées), à partir desquelles sont obtenues, par la technique du microburin, des armatures géométriques en forme de trapèze. L'hypothèse d'un débitage castelnovien par pression, émise sur la base des données provençales, n'est pas confortée ici où la percussion indirecte semble seule attestée.

Figure 11 - Le Pas de l'Aiguille à Chichilianne (Isère), sur les hauts plateaux du Vercors, à 1 600 m d'altitude, abrite de nombreuses stations mésolithiques représentant des camps de chasse saisonniers (photographie C. Bernard).

Figure 12 - Sur la bordure sud des hauts plateaux du Vercors (entre 1 400 et 1 700 m d'altitude), la station de plein air mésolithique de Pré Peyret 1 (Isère) évoquent des stations de courtes durées correspondant probablement à des sites de groupes de chasseurs-collecteurs (photographie R. Picavet ; communication aux 8e Rencontres méridionales de préhistoire récente, Marseille 8 novembre 2008).

Du point de vue chronologique, le Castelnovien des Alpes du Nord est bien daté à Charmate, vers 7000-6500 av. J.-C. (Figure 13). Un important hiatus dans les données radiocarbone, entre 6500 et 5900 av. J.-C., ne nous permet pas de savoir s'il a perduré durant la deuxième moitié du septième millénaire, comme c'est le cas dans la moyenne vallée du Rhône. Cette lacune n'est peut-être que le reflet de l'état actuel des recherches et l'on peut espérer que les découvertes futures viendront peu à peu la combler. Mais elle pourrait aussi être la conséquence d'une péjoration climatique, qui aurait contraint les populations alpines à abandonner la région ou qui aurait entraîné une forte érosion des sites de cette période dans les points hauts des bassins versants.

3 - De 5800 à 4800/4700 av. J.-C. : la néolithisation et le Néolithique ancien

(Nicod et Picavet, 2003)

Les premiers éléments néolithiques qui apparaissent dans les Alpes du Nord se rattachent clairement au Néolithique ancien méditerranéen. Ils sont présents aussi bien sur des sites de piémont que d'altitude, dans des contextes où l'économie agropastorale n'est pas toujours attestée. Nous ne disposons à ce jour d'aucun indice probant d'implantation sédentaire sur les basses terres favorables à l'agriculture (Figure 14).

a - Les premières composantes néolithiques

Les industries lithiques taillées. L'élément néolithique le plus répandu dans les Alpes du Nord entre 5800 et 4700 av. J.-C. est l'armature de flèche tranchante géométrique à troncatures inverses et retouches directes rasantes. Un autre type d'armature trapézoïdale méridionale, de plus grande dimension, à base large et à troncatures directes dégageant des bords pratiquement rectilignes, est également attesté.

Du point de vue des techniques de taille, on observe le développement d'un faciès de débitage « vercusien », caractérisé par des nucléus produisant de petites lames régulières, débitées par percussion indirecte. La technique du microburin a totalement disparu.

On soulignera que c'est au Néolithique ancien que l'exploitation préférentielle de certaines matières premières lithiques voit le jour. Les ateliers qui apparaissent sur les affleurements du plateau de Vassieux-en-Vercors sont clairement orientés vers une production laminaire excédentaire qui va diffuser sur de grandes distances.

Les industries en roche tenace. L'unique lame de hache des Alpes du Nord que l'on peut attribuer sans équivoque au Néolithique ancien a été découverte sur le site des Corréardes à Lus-la-Croix-Haute. Il s'agit d'une petite lame en éclogite provenant probablement des Apennins ligures. Par ailleurs, plusieurs lames

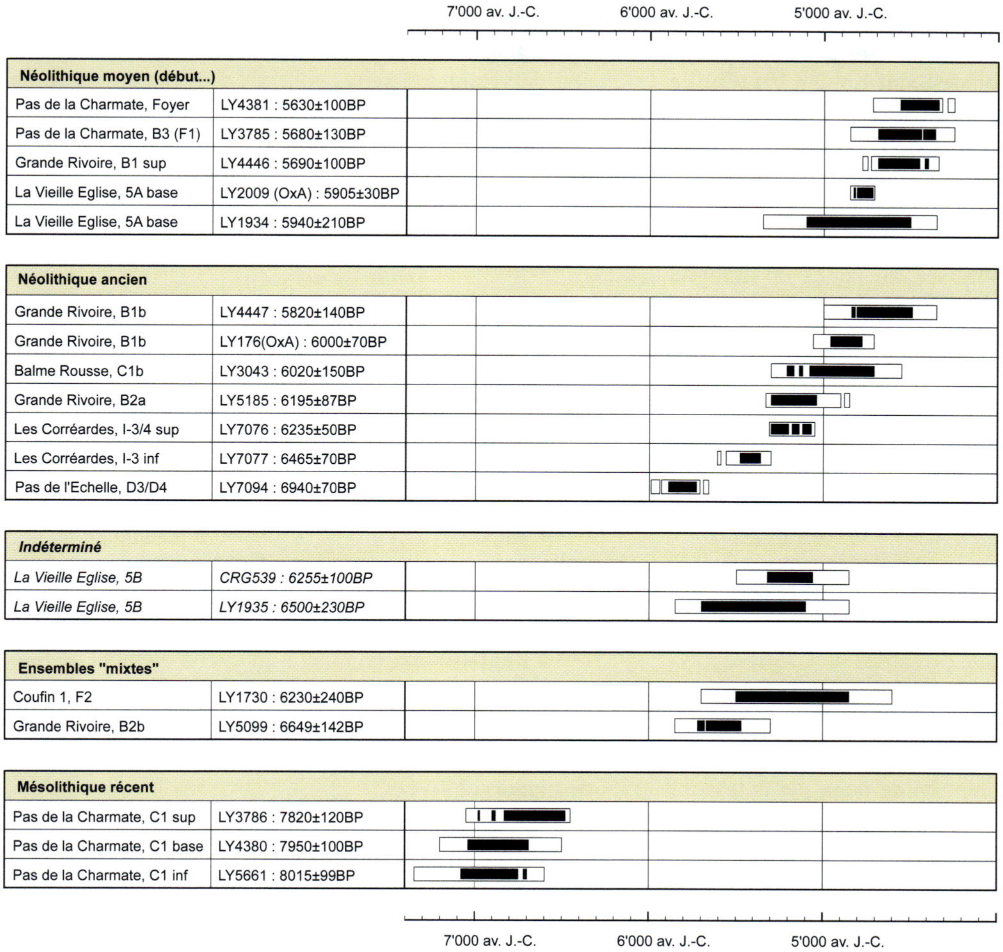

Figure 13 - Datations radiocarbones de l'intervalle 7000-4500 av. J.-C. dans les Alpes du Nord.

En noir : écart-type de 1 sigma ; en blanc : écart-type de 2 sigma (d'après Nicod, Picavet 2003 ; synthèse et infographie P.-Y. Nicod).

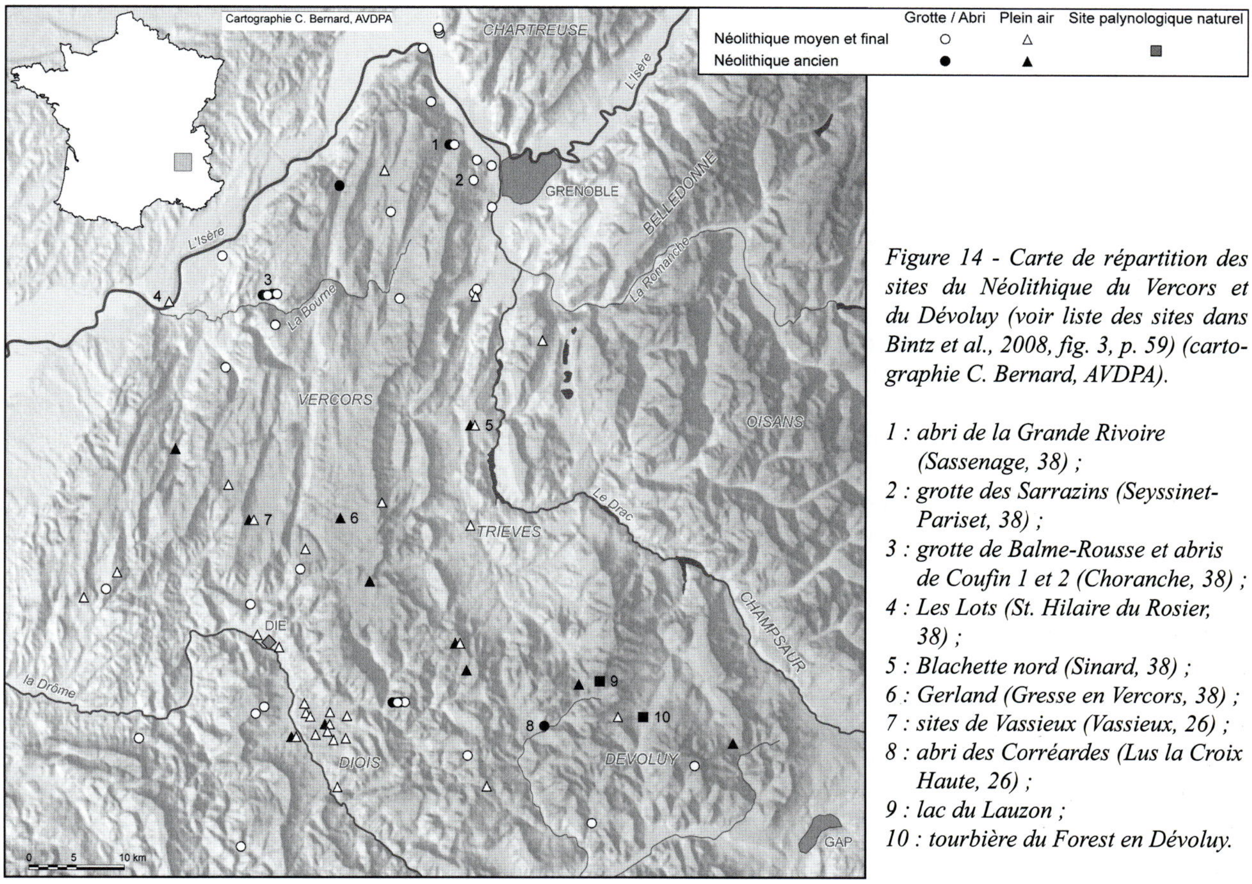

Figure 14 - Carte de répartition des sites du Néolithique du Vercors et du Dévoluy (voir liste des sites dans Bintz et al., 2008, fig. 3, p. 59) (cartographie C. Bernard, AVDPA).

1 : abri de la Grande Rivoire (Sassenage, 38) ;
2 : grotte des Sarrazins (Seyssinet-Pariset, 38) ;
3 : grotte de Balme-Rousse et abris de Coufin 1 et 2 (Choranche, 38) ;
4 : Les Lots (St. Hilaire du Rosier, 38) ;
5 : Blachette nord (Sinard, 38) ;
6 : Gerland (Gresse en Vercors, 38) ;
7 : sites de Vassieux (Vassieux, 26) ;
8 : abri des Corréardes (Lus la Croix Haute, 26) ;
9 : lac du Lauzon ;
10 : tourbière du Forest en Dévoluy.

polies en éclogite ligurienne ou piémontaise, dont certaines sont à l'état d'ébauche, ont été découvertes anciennement sur l'éperon de Saint-Loup à Vif (fouille H. Müller, 1904). Etant donné leur probable association avec des céramiques attribuables à l'intervalle 5200-4750 av. J.-C. (cf. *infra*), Eric Thirault a proposé à titre d'hypothèse de travail de les rattacher au Néolithique ancien et d'en faire ainsi le premier indice d'une production décentralisée de lames en éclogite dans le Sillon alpin. Cette hypothèse reste toutefois fragile au vu de l'imprécision du contexte de découverte.

Les productions céramiques. Dans les Alpes du Nord, les céramiques attribuées au Néolithique ancien sont trop peu nombreuses et trop mal datées pour que l'on puisse établir une sériation chronotypologique solide. On soulignera l'absence de décors imprimés à la coquille de cardium, la limite alpine septentrionale de ce type ornemental se trouvant, en l'état actuel des recherches, dans les Baronnies.

La série du site des Corréardes à Lus-la-Croix-Haute (couches inf et sup) comprend des céramiques très fragmentées qui ne présentent que peu d'éléments typologiques. Les formes sont simples et les surfaces non décorées, à l'exception de deux petits tessons ornés d'incisions à cru. On y trouve également un petit mamelon allongé et un récipient montrant une trace d'arrachement d'élément de préhension relié peut-être à un cordon lisse.

En Chartreuse, l'abri 1 de l'Aulp du Seuil (couche C1) a livré quelques éléments céramiques décorés de « sillons d'impression » qui évoquent la technique décorative du Néolithique ancien méditerranéen de type « Impressa ». Cette technique est toutefois utilisée ici de façon plus grossière, les sillons montrant un parallélisme peu soigné et de fréquentes discontinuités dans leur tracé.

Dans le Vercors, les céramiques découvertes dans le niveau B1b de la Grande Rivoire présentent des formes et des décors typiques de l'Epicardial ancien méridional.

Enfin, parmi les éléments découverts sur le site de Saint-Loup à Vif, plusieurs récipients carénés portant une anse en ruban au-dessus de la carène, opposée dans un cas au moins à un mamelon allongé, renvoient à certaines productions d'Italie du Nord datées vers 5200-4750 av. J.-C. (Neolitico Antico Padano et début de la culture des Vases à Bouche Carrée).

Les faunes domestiques. Les vestiges fauniques dont nous disposons proviennent essentiellement de grottes et abris, leur conservation sur les stations de plein air étant extrêmement rare. Les études effectuées à ce jour sur les séries attribuables à l'intervalle 5800-4700 av. J.-C. montrent une nette dominance des espèces sauvages sur les espèces domestiques, attestant une prédominance de la chasse sur l'élevage, voire parfois une chasse exclusive. Seule la couche C 1 b de Balme Rousse, encore mal datée et n'ayant livré que peu de vestiges osseux, pourrait illustrer un mode de subsistance reposant majoritairement sur l'élevage. Les espèces sauvages les plus chassées sont le cerf et le sanglier, voire le bouquetin sur certains sites d'altitude, tandis que les espèces domestiques dominantes sont le bœuf et les caprinés (chèvre / mouton).

Les indices d'agriculture. De fugaces indices palynologiques suggèrent que l'agriculture est apparue dans les Alpes du Nord vers la fin du sixième ou au tout début du cinquième millénaire. Les diagrammes obtenus sur les séquences sédimentaires du lac du Lauzon dans le Dévoluy (Figure 15) et de la grotte de Coufin 1 dans le Vercors montrent en effet à cette époque un recul de certains pollens d'arbres et l'apparition des pollens de céréales, corrélés à Coufin à une augmentation des pollens de plantain.

Du point de vue de la culture matérielle directement liée à l'agriculture, on notera qu'aucun élément de faucille en silex n'a encore été découvert et que seul le niveau B 1 b de la Grande Rivoire a livré du matériel de mouture. Enfin, on regrettera l'absence totale de restes de plantes cultivées.

Les données anthracologiques. Elles ont pour leur part mis en évidence, à partir de 5500 av. J.-C., le déclin de la forêt caducifoliée au profit d'une végétation où l'if et le frêne prennent de l'importance et où apparaissent le sapin et le hêtre. Ces transformations, qui peuvent indiquer un rafraîchissement climatique, pourraient également refléter une emprise grandissante de l'homme sur son milieu, peut-être liée à la mise en place de l'économie agropastorale.

b - La nature des assemblages archéologiques et leur calage chronologique

Les ensembles « mixtes » à composantes mésolithiques et néolithiques. Des ensembles mobiliers montrant une association d'éléments mésolithiques et néolithiques ont été découverts sur les sites stratifiés de la Grande Rivoire (niveau B2b), de Coufin 1 (couches F1 et F2) et de l'Aulp du Seuil (couche C1), ainsi que dans des contextes sédimentaires plus confus à l'abri des Balmettes (ensemble sup.), au Pas de l'Aiguille, à Bouvante et, plus au sud, au Col de Jaboui. Actuellement, nous ne disposons que de deux dates radiocarbone pour ces ensembles : celle obtenue pour le niveau B2b de la Grande Rivoire qui se place vers 5700-5400 av. J.-C. et celle de la couche F2 de Coufin 1 qui couvre une longue plage chronologique entre 5500 et 4850 av. J.-C.

Sur tous ces sites, des industries du Mésolithique récent côtoient des armatures néolithiques à troncatures inverses et retouches directes rasantes. Sur certains,

Figure 15 - Le lac du Lauzon, à 1980 m d'altitude, et la pelouse subalpine, près de Lus-la-Croix-Haute (Drôme). A l'Atlantique, des arbres poussaient au niveau du lac (photographie P. Bintz, AVDPA).

des faunes domestiques (Grande Rivoire), des céramiques (Aulp du Seuil) ou des grains de pollen de céréales (Coufin 1) sont également attestés. De telles associations sont de première importance pour la compréhension de la néolithisation, dans la mesure où elles peuvent refléter des processus de diffusion de composantes néolithiques au sein des communautés de chasseurs autochtones, voire l'acculturation complète de ces dernières. Malheureusement, en l'état actuel des données, la réalité des associations ne peut être garantie, dans la mesure où les séries les plus fiables, issues de sites stratifiés, sont extrêmement peu fournies, tandis que celles qui proviennent de contextes confus montrent souvent une grande diversité technologique attestant clairement un mélange de mobilier asynchrone.

Les ensembles à composantes exclusivement néolithiques. Plusieurs sites ont fourni des ensembles comprenant uniquement des éléments du Néolithique ancien. Le plus souvent, seules quelques composantes néolithiques sont représentées (industrie lithique et/ou céramique et/ou lames de hache et/ou élevage et/ou agriculture), les cas où elles sont toutes attestées restant fort rares.

Des occupations attribuées au Néolithique ancien sur la base des artefacts mais qui n'ont livré aucune trace d'agriculture ou d'élevage ont été identifiées à des altitudes comprises entre 1000 et 1500 mètres environ. Sur les contreforts du Dévoluy, l'abri des Corréardes comprenait deux ensembles superposés renfermant une abondante industrie lithique de type néolithique ancien, de la céramique très fragmentée et une lame de hache en éclogite. Le matériel faunique montre un spectre exclusivement sauvage qui est nettement dominé par le bouquetin et dont les indices de saisonnalité indiquent une occupation printanière. La fonction de ce site semble donc liée à des activités saisonnières de chasse dans les hautes terres. Deux découvertes vercusiennes pourraient également aller dans ce sens. Il s'agit d'une part de la couche D4 de l'abri du Pas de l'Echelle, qui a livré des armatures tranchantes à troncatures inverses et retouches directes rasantes associées à des restes osseux de cerf élaphe, et d'autre part de la station de plein air de Gerland, où l'on a identifié de nombreuses armatures du même type, au sein d'une série ne comprenant aucun indice de Mésolithique récent.

L'économie de production n'est pour sa part attestée qu'à plus basse altitude, sur les marges du massif du Vercors. Une présence conjointe de faune domestique et d'industrie lithique néolithique a été reconnue à Balme Rousse (couche C 1 b) et à la Grande Rivoire (niveau B 2 a), dans des contextes sans céramique. Quant au Néolithique ancien sensu stricto, avec céramique, industrie lithique caractéristique, matériel de mouture et faune domestique, il n'est présent que dans le niveau épicardial B 1 b de la Grande Rivoire.

Ainsi, la plupart de ces sites se caractérisent surtout par la forte représentation des armatures de flèche qui évoquent des activités de chasse. L'importance jouée par cette dernière se lit par ailleurs clairement dans les restes osseux qui renvoient en grande majorité, voire exclusivement, à des espèces sauvages. On peut donc envisager une exploitation essentiellement cynégétique des zones de montagne, par des communautés néolithiques dont l'économie de production reste cantonnée à basse altitude. Si la présence de gîtes de silex de bonne qualité, comme celui du sud Vercors, a également motivé la circulation en altitude de ces premières communautés agricoles, nous ne possédons en revanche aucun indice de pastoralisme à l'intérieur des massifs pour cette période.

Du point de vue chronologique, les dates radiocarbone dont nous disposons pour ces ensembles néolithiques se répartissent sur un large intervalle allant de 5900 à 4500 av J.-C., avec une concentration entre 5300 et 4700 av. J.-C.. On soulignera qu'en l'état actuel des données, l'Epicardial n'est pas antérieur à 5000 av. J.-C. (Grande Rivoire, B 1 b).

4 - De 4800/4700 à 4500 av. J.-C. : le début du Néolithique moyen

(Nicod et Picavet, 2003)

Dans le niveau B1 sup de la Grande Rivoire, daté vers 4700-4400 av. J.-C., quelques céramiques à décor gravé géométrique peuvent être rapprochées de certaines productions de la première phase des VBQ. Au Pas de la Charmate, le seul artefact présent dans la couche B datée vers 4700-4350 est un fragment de récipient à embouchure quadrangulaire qui renvoie également à la culture des VBQ.

Ces affinités nord italiennes qui semblent prendre de l'importance dans les Alpes du Nord au cours de la première moitié du cinquième millénaire sont très certainement liées à la montée en puissance de la diffusion des lames de hache en éclogite ligurienne et piémontaise. Les recherches à venir devront tenter de préciser la part relative que prennent alors les composantes de type Saint-Uze et VBQ dans la formation culturelle du Néolithique moyen régional et de mieux comprendre les relations qu'entretient ce dernier avec le Chasséen ancien qui se développe dès 4500 av. J.-C. dans la moyenne vallée du Rhône.

5 - La bergerie néolithique de la Grande Rivoire (Sassenage, Isère)

(Nicod *et al.*, à paraître)

L'abri-sous-roche de la Grande Rivoire est situé non loin de Grenoble, dans la vallée du Furon qui forme la principale voie d'accès au massif du Vercors depuis la cluse de l'Isère. Exposé plein sud à l'altitude de 580 m, il abrite une surface d'environ 75 m² au pied d'une barre de calcaire sénonien à silex (Figure 16). Ce gisement fait actuellement l'objet d'une fouille programmée sous l'autorité du Ministère de la Culture et du Conseil Général de l'Isère.

Les niveaux néolithiques, dilatés sur une hauteur d'environ 1,5 mètre et datés entre 4700 et 2500 av. J.-C., forment une sorte de mille-feuille sédimentaire constitué d'une multitude de couches limoneuses souvent peu épaisses et de couleurs très contrastées (Figure 17). Les analyses préliminaires réalisées sur ces dépôts permettent d'affirmer que le site était alors principalement utilisé comme bergerie.

Les analyses sédimentologiques (J.-L. Brochier et B. Moulin) montrent que les fractions fines, essentiellement limoneuses et assez fortement carbonatées, ont deux origines principales : d'une part une abondante production d'excréments due au parcage maintes fois renouvelé de troupeaux d'herbivores (présence de sphérolites de calcite, fortes teneurs en matière organique, valeurs élevées en phosphates), et d'autre part une importante production de cendres due à des feux de bois allumés par les hommes directement sur les « fumiers » ou dans des foyers peu éloignés. Il en résulte une interstratification complexe de couches de « fumiers », de couches de cendres et de couches présentant des faciès mixtes formés par le mélange plus ou moins poussé des précédentes.

Les premiers résultats des études des phytolithes (C. Delhon), des pollens (J. Argant), des charbons (S. Thiébault) et autres macrorestes (L. Martin) contenus dans ces dépôts de bergerie indiquent que les troupeaux se nourrissaient principalement de branchages d'arbres et d'arbustes, peut-être consommés « sur pied » dans les zones de pâture mais surtout récoltés et apportés dans l'abri comme fourrage (pratique de la

Figure 16 - La Grande Rivoire à Sassenage (Isère). La falaise de la Grande Rivoire avec à sa base, dans l'ombre, le surplomb naturel qui forme l'abri-sous-roche (d'après Nicod et al., 2008, fig. 1, p. 74 ; photographie : P.-Y. Nicod).

feuillée). Le chêne (*Quercus f.c.*), le frêne (*Fraxinus sp.*), le tilleul (*Tilia sp.*) et le noisetier (*Corylus avellana*) sont les espèces les plus fréquentes. Le sapin (*Abies alba*) pourrait avoir été utilisé comme fourrage ou comme litière et le gui (*Viscum album*) dans un but médicinal. L'apport intentionnel de rameaux d'if (*Taxus baccata*) reste pour sa part énigmatique, eu égard à la toxicité de cette espèce (Delhon *et al.*, 2008).

L'étude des restes osseux (L. Chaix) révèle un spectre de faune typique d'une population d'éleveurs pratiquant encore la chasse. Parmi la faune domestique, ce sont les caprinés (chèvre et mouton) qui sont les plus nombreux.

Le mobilier céramique et lithique de ces niveaux est peu abondant, très fragmenté et souvent altéré par le feu. Il permet néanmoins de rattacher le premier tiers de la séquence stratigraphique au Néolithique moyen I (vers 4700 - 4000 av. J.-C.), le deuxième au Néolithique moyen II («Chasséen récent», vers 4000 - 3500 av. J.-C.) et le troisième au Néolithique final (vers 3500 - 2500 av. J.-C.).

Figure 17 - La Grande Rivoire à Sassenage (Isère). Détail d'une coupe verticale dans les niveaux de bergerie du Néolithique final. Les couches de teinte ocre à brun clair sont constituées de fumier, les couches brun-noir de fumier partiellement brûlé et les couches blanches à gris clair de cendres de bois (champ de l'image : 30 x 30 cm ; photographie : P.-Y. Nicod).

IV - L'état des connaissances dans les Alpes françaises du Nord : incursion dans les vallées alpines

(P.-J. Rey et E. Thirault)

Dans la zone montagneuse orientale cristalline d'altitude plus élevée, le cadre retenu, les vallées alpines de la Tarentaise et de la Maurienne, se présente comme un transect transversal à l'arc alpin. Malgré les forts dénivelés et les pentes souvent raides, les possibilités de circulation sont nombreuses et permettent, par de multiples cols, le passage vers les vallées valdôtaines et piémontaises. Les aspects généraux du cadre géomorphologique et géographique ont été présentés par ailleurs, tout comme les contraintes particulières de ces milieux et la répartition spatiale des découvertes ; nous n'y reviendrons donc pas ici (Rey et Thirault, 1999). Jusqu'aux récentes prospections, les recherches en préhistoire récente n'étaient pas nombreuses et la documentation fragmentaire ; avec le développement des travaux de terrain (prospections intensives et sondages manuels dans les secteurs favorables aux installations), les connaissances du peuplement des hautes vallées sont en cours de renouvellement.

1 - Nouvelles données sur l'habitat néolithique en Tarentaise

(P.-J. Rey)

Dans des régions malheureusement peu touchées par l'archéologie préventive malgré une urbanisation galopante liée aux stations de ski, les premières traces connues de fréquentation humaine remontent actuellement au Néolithique, plusieurs millénaires après la fin de la dernière glaciation. L'essentiel des connaissances archéologiques est constitué d'objets isolés découverts hors contexte et de nécropoles souvent documentées de manière très insatisfaisante. Les données issues d'autres vallées alpines (Valais, Trentin) soulignent cependant l'intensité de ces premiers peuplements qui s'accompagnent des premiers impacts de grande ampleur sur les paysages. Bien loin de constituer une frontière ou une zone délaissée, la montagne apparaît très tôt comme un carrefour de circulations et d'échanges, un territoire riche en ressources biologiques et minérales variées qui font rapidement l'objet d'exploitations de grande ampleur. Par les adaptations particulières qu'elle nécessite et par les relations importantes qui s'établissent avec les sites des piémonts, l'étude des vallées alpines au Néolithique paraît susceptible de compléter la vision des premières sociétés agropastorales.

Les modalités économiques, le degré de mobilité des populations, le développement des premiers établissements permanents, la mise en place de l'exploitation coordonnée des différents étages biogéographiques et la formation des spécificités culturelles alpines figurent parmi les thèmes privilégiés par les recherches actuelles. Ces questions se posent avec une acuité particulière au Néolithique lorsque les sociétés agropastorales succèdent aux dernières populations de chasseurs-cueilleurs. La durée et les modalités de cette transition restent encore très discutées même dans les régions mieux documentées comme la vallée du Rhône. A la vision traditionnelle de sociétés agropastorales rapidement sédentarisées s'opposent de nouvelles approches qui privilégient des populations très mobiles pour lesquelles l'élevage, la chasse et le contrôle des réseaux d'échanges semblent jouer un rôle nettement plus important que les pratiques agricoles.

Les recherches programmées développées en Tarentaise depuis 1999 s'inscrivent dans cette perspective (voir la carte des sites de Tarentaise dans Rey, 2007 et *infra.*, Figure 24). Alors que plusieurs nécropoles du Néolithique moyen ou final sont connues sur les versants adrets en dessous de 1100 m d'altitude (Aime, Le Replat ; Aigueblanche ; Bozel, Tincave ; Fontaine, le Puits), le premier objectif était de documenter des sites d'habitat. Des campagnes de prospections et sondages ont été engagées au pied des versants, en Tarentaise centrale en 1999 et 2001, avant d'être intensifiées sur toute la hauteur des versants du col du Petit-Saint-Bernard, à partir de 2003. Au-delà des haltes de chasse, des sites pastoraux et des ateliers spécialisés, quatre sites d'habitat ont été mis en évidence au pied des versants : Bozel, Chenet des Pierres (945 m) et Aime, Dos de Borgaz (685 m) qui présentent deux phases synchrones d'occupations du Néolithique moyen, entre 4600 et 4200 av. J.-C. puis entre 3900 et 3300 av. J.-C. ; ainsi que Bellentre, Les Vignettes (895 m) et Le Châtelard de Bourg-Saint-Maurice (étagé entre 890 et 980 m d'altitude) qui montrent plusieurs phases de fréquentation au Néolithique moyen (entre 3600 et 3300 av. J.-C.), au Néolithique final/Campaniforme (entre 2800 et 2200 av. J.-C.) et au Bronze ancien (entre 2200 et 1600 av. J.-C.) (Figure 18).

Ces alternances d'occupations et de déprises peuvent être liées à des dynamiques locales ; elles peuvent également être discutées en regard des fluctuations climatiques mais aussi des évolutions qui affectent à large échelle la structure des réseaux d'échanges et l'organisation sociale.

Si le site d'Aime, Dos de Borgaz n'a fait l'objet que d'un petit sondage (Figure 19), des fenêtres plus importantes ont été ouvertes aux Vignettes à Bellentre et au Châtelard de Bourg-Saint-Maurice. Par ailleurs un programme de fouille toujours en cours a débuté en 2003 sur deux zones d'une trentaine de mètres carrés du Chenet des Pierres à Bozel (Figure 20). Ces quatre

Atmospheric data from Reimer et al (2004);OxCal v3.10 Bronk Ramsey (2005); cub r:5 sd:12 prob usp[chron]

Aime, Le Replat sépulture 1	GRG 691 : 4700±120BP
Aime Le Replat sépulture 3	GrA20641(Ly1830) : 5620±60BP
Aime Le Replat sépulture 4	GrA20622(Ly1831) : 5550±60BP
Aime Le Replat sépulture 5	GrA20623(Ly1832) : 5620±60BP
Aime Le Replat sépulture 5	GrA20625(Ly1833) : 5560±60BP
Aime Le Replat sépulture 6	GrA20699(Ly1834) : 5480±50BP
Aime Le Replat sépulture 6	GrA20626(Ly1835) : 5580±60BP
Aime, Dos de Borgaz c 2	Ly 2363 (OxA) : 4750±55BP
Aime, Dos de Borgaz c 4	Ly 2364 (OxA) : 5505±55BP
Aime, Dos de Borgaz c 5	Ly 3111 (Poz) : 5690±40BP
Aime, Dos de Borgaz c 6/7	Ly 2365 (OxA) : 5505±55BP
Bozel, Chenet des Pierres niveau 3	Ly 2415 (GrA) : 4905±40BP
Bozel, Chenet des Pierres niveau 4	Ly 2455 (GrA) : 5375±45BP

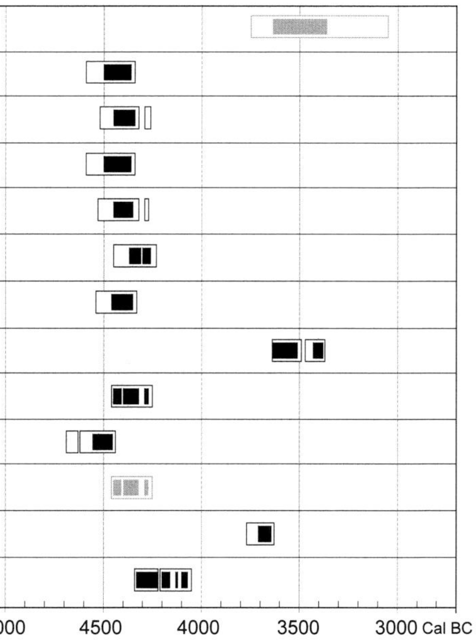

Figure 18 - Tableau des datations radiocarbone du Néolithique moyen en Tarentaise. Barre noire = écart-type à un sigma ; barre à fond blanc = écart-type à deux sigma. En grisé : dates incohérentes à écarter (synthèse parue dans Rey, 2007, fig. 10, p. 373).

Figure 19 - Vue générale de l'escarpement du Dos de Borgaz à Aime (Savoie, Tarentaise) (photographie P.-J. Rey).

sites se trouvent tous en position de contrôle d'itinéraire sur des points remarquables du paysage dotés naturellement de caractères défensifs.

Aime et Bozel qui livrent actuellement les dates les plus anciennes présentent la particularité d'être implantés au pied du versant ubac et d'être particulièrement mal exposés pendant la saison hivernale. Même si cette hypothèse demande encore à être étayée, leur occupation semble au mieux être saisonnière et pourrait être liée au contrôle des circulations pendant la période d'ouverture des cols alpins.

Si les séries céramiques sont encore insuffisantes pour discuter d'une spécificité culturelle locale, elles révèlent déjà une multiplicité d'influences à longue distance originaires du Valais, des Alpes italiennes, de la plaine du Pô et de la vallée du Rhône.

Les premières occupations à Bozel et au Châtelard de Bourg-Saint-Maurice témoignent d'un impact particulièrement fort de la culture nord-italique des Vasi a Bocca Quadrata sous une forme qui demande encore à être précisée (circulation de céramiques à l'occasion d'échanges, circulation de potiers ou large investissement des vallées internes savoyardes par des groupes originaires du versant piémontais, etc.). Les autres composantes de la culture matérielle principalement documentées à Bozel montrent également des influences très diverses que ce soit les artefacts taillés en silex et en quartz hyalin (étude Thomas Perrin) ou l'outillage en roche verte polie (étude Eric Thirault).

Du point de vue économique, si la chasse semble jouer un rôle non négligeable au Néolithique moyen, le matériel de percussion et de mouture (étude Caroline Hamon) est toujours bien représenté comme les graines carbonisés de céréales ce qui souligne le rôle déjà important de l'agriculture même si le lieu de récolte de ces grains reste encore à déterminer. À Bozel, les vestiges archéologiques montrent par ailleurs la réalisation sur place de toute une gamme d'activités artisanales (façonnage de parure, industrie osseuse, façonnage du bois de cerf, aménagement de macro-outillage en pierre, petite industrie sur plaques de schistes, etc.).

Le bon état de conservation des macro-restes carbonisés (étude Stéphanie Thiébault, Claire Delhon et Lucie Martin) sur les quatre sites, la conservation des restes fauniques à Bozel surtout (étude Patricia Chiquet) mais également à Aime, paraissent susceptibles d'apporter des éléments importants pour une meilleure compréhension de l'économie. L'approche des pratiques pastorales reste pour l'instant handicapée par les difficultés dans la discrimination des caprinés sauvages et domestiques sur des restes très fragmentés. L'analyse micro-morphologique des niveaux d'occupation qui reste encore à réaliser, permettra vraisemblablement d'avancer rapidement sur cette question.

Enfin si les dépôts archéologiques de trois des sites abordés se développent de manière assez classique dans des ensellures, le site de Bozel se singularise par une implantation sur des micro-terrasses coincées entre les éléments d'un dépôt d'écroulement installé dans un versant raide. L'installation sur des amas de blocs et des terrains en pente a nécessité des adaptations architecturales (Figure 21). Dans le secteur 3, les activités s'effectuent probablement sur un plancher surélevé. Ce type d'architecture reste cependant encore assez difficile à appréhender à la fouille et présente l'inconvénient d'une mauvaise conservation de la structuration interne de l'habitat.

Figure 20 - Vue générale de la fouille du Chenet des Pierres à Bozel, secteur 3 (Savoie, Tarentaise) (photographie P.-J. Rey).

Figure 21 - Bozel, Le Chenet des Pierres, section 1, coupe sud (Savoie, Tarentaise). Les niveaux d'occupations gris-noir sont interstratifiés dans des colluvionnements plus clairs (photographie P.-J. Rey).

Les activités de subsistance ne sont vraisemblablement pas les seules motivations de l'occupation du site de Bozel, visuellement très spectaculaire, comme en témoigne la présence d'une probable stèle anthropomorphe, d'une dalle cupulée et de petits objets non fonctionnels façonnés sur des plaquettes de schiste.

Les perspectives actuelles sont la poursuite et l'achèvement de la fouille du Chenet des Pierres en 2010 ou 2011 plus vraisemblablement, et l'analyse de ces nouvelles données sur le Néolithique, en regard des évolutions sur la longue durée des sociétés agropastorales alpines. La comparaison avec les occupations protohistoriques, possible grâce aux résultats du programme de prospection sur les versants du Petit Saint-Bernard, devrait permettre de mieux apprécier les principales césures de cette longue histoire (Rey *et al.*, 2008a ; Rey *et al.*, 2008b). Dans cette perspective, l'approche micro-morphologique comparée des niveaux d'occupations (Dominique Sordoillet et Benoît Chazerand) paraît incontournable. Enfin un programme de carottage en tourbières de basse altitude est en cours avec Jacqueline Argant pour préciser le contexte environnemental de ces sites néolithiques de pied de versant, évaluer l'impact des pratiques agropastorales et tenter de dater les premières cultures de céréales.

2 - Le Rocher du Château à Bessans, un site naturel et archéologique remarquable

(E. Thirault)

Visible de loin depuis le fond de la vallée, l'affleurement de serpentinites dénommé « Rocher du Château » constitue un point de repère dans le paysage (Figure 22). Le poli glaciaire se développe sur une paroi verticale longue de 150 m. Le fond de la vallée, resserré sur moins de 300 m de large, constitue l'extrémité amont d'un lac fossile comblé par les torrents de l'Arc, du Ribon et de l'Avérole. En 1977, la découverte d'indices néolithiques parmi les plus hauts connus dans les Alpes (altitude 1750 m) a démontré l'intérêt du gisement, confirmé par cinq sondages réalisés entre 1997 et 2003. A ce jour, le Rocher du Château est la plus

Figure 22 - Le Rocher du Château à Bessans (Savoie) à 1750 m d'altitude, en contexte automnal. La masse de serpentinite polie par le glacier forme une paroi inclinée sur près de 100 m de hauteur. L'abri néolithique occupe environ 50 m², sur le pied oriental tourné vers la rivière (photographie E. Thirault).

ancienne preuve du passage des hommes en Maurienne (Figure 23). Les vestiges y sont bien conservés, ce qui permet de comprendre les motivations et les activités des hommes qui fréquentaient les lieux. Des fréquentations sont attestées tout au long du Néolithique, soit environ de 4500 à 2300 ans av. J.-C., avec deux phases bien documentées. Les datations obtenues sur des charbons de bois situent les premières occupations entre 4500 et 4000 av. J.-C. Les mobiliers découverts montrent l'appartenance culturelle des groupes humains à la culture dite des VBQ, culture bien connue en Italie du Nord. Les hommes venus à Bessans à cette période étaient certainement originaires du Piémont, soit des vallées adjacentes de la Maurienne, soit de la plaine du Pô (Figure 24). Le fait n'est pas surprenant étant donné la position géographique du site. Mais cela implique le passage des cols de haute altitude, au-dessus de Bessans ou de Bonneval-sur-Arc ; ils s'agissaient donc de montagnards confirmés, connaissant bien les itinéraires et les ressources de la haute montagne. A ce titre, une possible halte temporaire néolithique a été découverte en 2006 sur l'itinéraire d'un de ces cols, près du refuge d'Avérole, à 2250 m d'altitude (Figure 25). Pour la phase récente du Néolithique, des fréquentations sont attestées entre 3500 et 2300 av. J.-C. environ. Les pointes de flèche en silex sont assez nombreuses et indiquent que les passages humains sur le site s'étalent sur une longue durée au cours du Néolithique final. Cela ne signifie cependant pas que l'occupation de l'abri ait été permanente : comme pour la période précédente, il est probable que les lieux aient servi d'abri temporaire, durant une partie seulement de l'année. L'étude des pointes de flèche montre d'évidentes influences du Sud-Est de la France puis de la Suisse méridionale. L'activité de chasse semble importante durant la première période ; elle demeure aux phases récentes du Néolithique mais l'abri est aussi le lieu d'une production d'armatures de flèches en roches métamorphiques polies : les serpentinites sont taillées sur place pour obtenir des armatures perçantes. L'étude des vestiges découverts et les analyses en cours (pollens, graines, charbons, pétrographie des silex, faune, etc.) permettront de mieux connaître les activités exercées dans la haute vallée de Bessans.

	support	niveau	résultat BP	calibré 1 sigma av. J.-C.	calibré 2 sigma av. J.-C.
SONDAGE 1					
Ly-973 (OxA)	os	S1 C8e	5290 ± 65	4224-4179, 4171-4037, 4022-3995	4324-4286, 4255-3966
SONDAGE 2					
Ly-12904	charbon	S2 C4 d2	4055 ± 55	2830-2822, 2660-2651, 2623-2550, 2542-2490, 2475	2862-2808, 2776-2774, 2758-2720, 2704-
Ly-12905	charbon	S2 C15 d1	5255 ± 50	4219-4198, 4159-4125, 4106-4102, 4067-4064, 4050-3983	4224-4178, 4172-3964
Ly-12906	charbon	S2 C16 d2	4395 ± 65	3098-2915	3338-3207, 3195-3149, 3141-2885
Ly-13547	charbon	S2 C16 d2	5615 ± 40	4491-4474, 4462-4441, 4422-4364	4538-4353
SONDAGE 4					
Ly-12907	charbon	S4 C7 d3	3780 ± 45	2286-2247, 2234-2139	2397-2385, 2343-2116, 2098-2038
Ly-12908	charbon	S4 C7 d16	4045 ± 35	2619-2610, 2596-2592, 2583-2556, 2538-2494	2833-2820, 2662-2648, 2625-2470
Ly-12909	charbon	S4 C10 d6	4570 ± 65	3488-3472, 3371-3329, 3219-3176, 3158-3120	3515-3409, 3383-3087, 3059-3040
Ly-13548	charbon	S4 C10 d6	5315 ± 40	4224-4179, 4171-4044	4318-4298, 4250-4038, 4021-3997
Ly-3432 (GrA)	os	S4 C10 d6	4215 ± 35	2883-2865, 2806-2780, 2770-2761, 2717-2709	2897-2856, 2814-2695, 2689-2683

Figure 23 - Tableau des datations radiocarbone de Bessans, Le Rocher du Château (Savoie) (synthèse E. Thirault, nov. 2008).

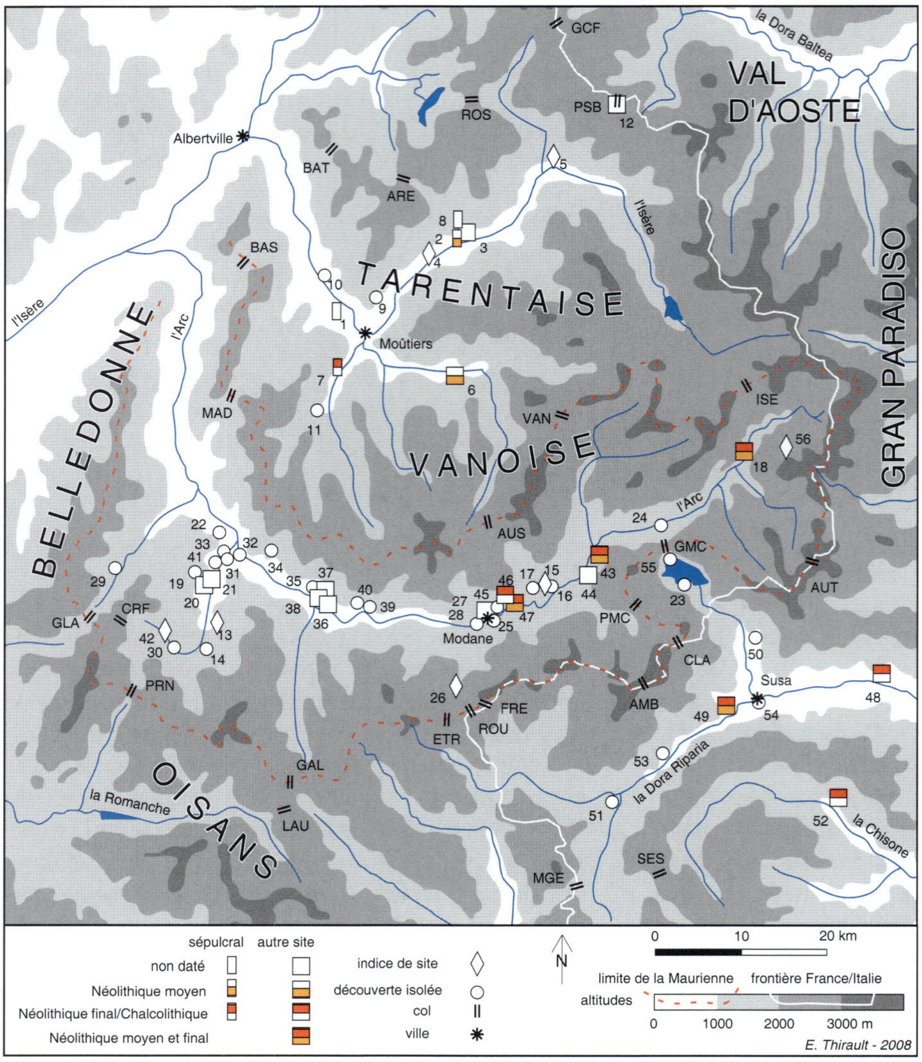

Figure 24. - Carte de répartition des découvertes néolithiques en Maurienne, Tarentaise et haut val de Suse (d'après Rey, Thirault 1999, actualisé pour la Maurienne ; carte parue dans Thirault, 2006, fig. 1, p. 244).

Cols mentionnées *: AMB : col d'Ambin (2899 m) ; ARE : Cormet d'Arêches (2109 m) ; AUS : col d'Aussois (2916 m) ; AUT : col de l'Autaret (3072 m) ; BAS : col de Basmont (1791 m) ; BAT: col de la Bathie (1992 m) ; CLA: col Clapier (2477 m) ; CRF : col de la Croix de Fer (2068 m) ; ETR : col de la Vallée Etroite (2434 m) ; FRE : col du Fréjus (2540 m) ; GAL : col du Galibier (3642 m) ; GCF : Grand Col Ferret (2537 m) ; GLA : col du Glandon (1924 m) ; GMC : col du grand Mont-Cenis (2083 m) ; ISE : col de l'Iseran (2762 m) ; LAU : col du Lautaret (2057 m) ; MAD : col de la Madeleine (1993 m) ; MGE : col de Montgenèvre (1850 m) ; PRN : col des Prés Nouveaux (2290 m) ; PMC : col du Petit Mont-Cenis (2183 m) ; PSB : col du Petit Saint-Bernard (2188 m) ; ROS : Cormet de Roselend (1968 m) ; ROU : col de la Roue (2541 m) ; SES : col de Sestriere (2033 m) ; VAN : col de la Vanoise (2515 m).*

Inventaire des découvertes *(pour les références, cf. Rey et Thirault 1999).*

Tarentaise *: 1. Aigueblanche «Bellecombe». 2. Aime «Le Replat». 3. Aime «Saint-Sigismond». 4. Aime «Villette». 5. Bourg-Saint-Maurice «Le Châtelard». 6. Bozel «Les Moulins/Chenêt des Pierres». 7. Fontaine-le-Puits, dans le village. 8. Granier. 9. Hautecour «Le Villard d'Hautecour». 10. La Léchère «Notre-Dame-de-Briançon». 11. Saint-Jean-de-Belleville. 12. Seez «col du Petit Saint-Bernard».*

Maurienne *: 13. Albiez-Montrond «Albiez-le-Vieux». 14. Albiez-Montrond «Montrond». 15. Aussois «Le Coin». 16. Aussois «Les Lozes». 17. Aussois «Marie-Christine». 18. Bessans «Le Château». 19. Fontcouverte-la-Toussuire «Comborsière». 20. Fontcouverte-la-Toussuire, maison Bouttaz. 21. Fontcouverte-la-Toussuire «Pierra Grala». 22. Jarrier, défilé de Pontamafrey. 23. Lanslebourg, rive sud du lac du Mont-Cenis. 24. Lanslevillard, au pied du col du Mont-Cenis. 25. Modane. 26. Modane «Le Lavoir». 27. Modane «Loutraz». 28. Saint-André. 29. Saint-Colomban-les-Villards «Combe du Tepey». 30. Saint-Jean-d'Arves. 31 et 32. Saint-Jean-de-Maurienne. 33. Saint-Jean-de-Maurienne «Grandes Terres». 34. Saint-Julien-Montdenis. 35. Saint-Martin-la-Porte. 36. Saint-Martin-la-Porte, col de Porte. 37. Saint-Martin-la-Porte «grotte des Charmettes». 38. Saint-Martin-la-Porte «grotte de Vulliermet». 39. Saint-Michel-de-Maurienne. 40. Saint-Michel-de-Maurienne «La Buffaz». 41. Saint-Pancrace. 42. Saint-Sorlin-d'Arves. 43. Sollières-Sardières «Les Balmes», grotte et replat. 44. Sollières-Sardières «abri du Châtel». 45. Villarodin-le-Bourget «Amodon». 46. Villarodin-le-Bourget «Chatalamia». 47. Villarodin-le-Bourget «Rocher des Amoureux».*

Val Susa et Val Chisone : 48. Chianocco «Orrido». 49. Chiomonte «La Maddalena». 50. Novalaise. 51. Oulx. 52. Roreto «Balm'Chanto». 53. Salbertrand. 54. Susa.

Ajouts en Maurienne *: 55. Lanslebourg, rive du lac du Mont-Cenis : une lame de hache découverte par un particulier (information orale J.-C. Ozanne). 56 : Bonneval-sur-Arc «Belle Côte» : une possible ébauche de lame de hache (Rey 1999, Thirault 2004b).*

Figure 25 - Au centre du cliché, La Teha à Bessans (Savoie) qui a fait l'objet de sondages en 2006. Les occupations historiques et préhistoriques se développent sur le replat sommital, dans un abri sous-roche et en plein-air, à 2250 m d'altitude. Le site est particulièrement favorable à une halte temporaire, au confluent de trois vallées d'altitude qui conduisent à des cols transalpins compris entre 3000 et 3200 m. (photographie E. Thirault).

Une réflexion, plutôt qu'une conclusion

Cet article avait pour objet de présenter quelques jalons principaux pour appréhender une histoire du peuplement nord-alpins français, du Mésolithique moyen à la fin de l'âge du Bronze. Compte tenu du grand éclatement géographique des secteurs choisis pour ce travail de mise à disposition des données archéologiques et paléoenvironnementales, il s'avère hasardeux de conclure, d'autant que plusieurs programmes de recherche se poursuivent et n'ont pas encore livré leurs derniers résultats. Tout n'est donc pas joué dans notre compréhension de la conquête de la montagne alpine et les travaux en cours nous apporteront assurément de nouveaux éléments de discussion. On peut en effet espérer que les découvertes futures viendront peu à peu combler certains hiatus dans la mise en place des implantations humaines, que les données radiocarbone multipliées et les séquences sédimentaires étudiées préciseront les péjorations du climat, le déclin ou les avancées des fôrets, les premières traces d'anthropisation puis les emprises croissantes de l'homme sur son milieu. Si la montagne induit des comportements spécifiques dans les activités d'exploration du territoire et d'exploitation des ressources, elle nous engage sans réserve à développer les démarches pluridisciplinaires. Pour les populations préhistoriques, habiter la montagne comportait des surprises et des problèmes, des attraits et des difficultés ; il ne devrait pas en être autrement pour nous dans notre démarche d'adaptation à ces milieux particuliers et passionnants que sont les massifs nord-alpins.

Bibliographie

Argant J., Argant A., 2000. Mise en évidence de l'occupation ancienne d'un site d'altitude : analyse pollinique du lac du Lauzon (Drôme). *In* Tillet T. (dir.), Les Paléoalpins. Hommage à Pierre Bintz. *Géologie Alpine*, mémoire HS, 31, 61-71.

Arnaud F., 2008. 10 000 ans de crues du Rhône dans le Lac du Bourget. *In* Jacquet S. *et al.* (éd.). Autour du Lac du Bourget. Actes du colloque pluridisciplinaire, Le Bourget-du-Lac, 15-17 mai 2006. Thonon-les-Bains, INRA, UMR CARTELL, Éd. de la Page Blanche, édition électronique 2008, 16-26.

Arnaud F., Debret M., Chapron E., Perrette Y., Hobléa F., Bravard J.-P., 2008. 9 500 ans de crues du Rhône enregistrés dans le lac du Bourget : confrontation au cadre chronoclimatique alpin. *In* Richard H. et Garcia D., (dir.). Le peuplement de l'arc alpin. Actes du 131e Congrès national des sociétés historiques et scientifiques, Grenoble, 25-27 avril 2006. Paris, Éd. du CTHS. Collection : Documents préhistoriques, édition électronique, 95-106.

Baudais D., Curdy P., David-Elbiali M., May O., 1987. Prospection archéologique du Valais. Une approche du peuplement préhistorique. Archéologie suisse, *Bulletin de la Société suisse de préhistoire et d'archéologie*, 10, 1, 2-12.

Beeching A. (dir.), 1999. Circulations et identités culturelles alpines à la fin de la Préhistoire. Matériaux pour une étude. Programme CIRCALP 1997-1998, Agence Rhône-Alpes pour les Sciences Humaines. Valence, Centre d'Archéologie Préhistorique (Travaux du Centre d'Archéologie Préhistorique de Valence 2), 570 p., 269 ill.

Billaud Y., 2008. Les stations littorales de l'âge du Bronze final : perception et évaluation d'un patrimoine subaquatique. *In* Jacquet *et al.* (éd.). Autour du Lac du Bourget. Actes du colloque pluridisciplinaire, Le Bourget-du-Lac, 15-17 mai 2006. Thonon-les-Bains, INRA, UMR CARTELL, Ed. de la Page Blanche, édition électronique, 49-54.

Billaud Y., Marguet A., 2006. Inventaire et diagnostic des sites immergés des lacs subalpins. *In* Ramseyer D., Roulière-Lambert M.-J. (dir.). Archéologie & érosion - 2. Zones humides en péril. Actes de la deuxième Rencontre Internationale, Neuchâtel, 23-25 septembre 2004. Lons-le-Saunier : Centre Jurassien du Patrimoine, 98-109.

Billaud Y., Marguet A., 2007. Les installations littorales de l'âge du Bronze dans les lacs alpins français. Etat des connaissances. *In* Mordant C., Richard H., Magny M. (dir.), Environnements et cultures à l'Age du Bronze en Europe occidentale. Actes du 129e Congrès national des sociétés historiques et scientifiques (CTHS). Besançon, 19-21 avril 2004. Besançon, Presses universitaires de Franche-Comté (Documents préhistoriques 21, Annales littéraires), 211-225.

Bintz P. (coord.), 2006. Premiers hommes dans les Alpes du Nord. Peuplement, climat, environnement du Paléolithique au Néolithique. Grenoble, Edition AVDPA (Association pour la Valorisation et la Diffusion de la Préhistoire Alpine), 91 p.

Bintz P., Evin J., 2002. Evénements bio-climatiques et peuplements du Tardiglaciaire au début de l'Holocène dans les Alpes du Nord françaises. *Quaternaire*, 13, 3-4, 279-287.

Bintz P., Morin A., Picavet R., Argant J., Bressy C., Pelletier D, 2008. Les fréquentations humaines de la montagne alpine au début de l'Holocène : l'exemple du Vercors et du Dévoluy. *In* Richard H., Garcia D. (dir.). Le peuplement de l'arc alpin. Actes du 131e Congrès national des sociétés historiques et scientifiques, Grenoble, 25-27 avril 2006. Paris, Ed. du CTHS. Collection : Documents préhistoriques, édition électronique, 51-76.

Bravard J.-P., Magny M., (dir.), 2002. Les fleuves ont une histoire. Paléo-environnement des rivières et des lacs français depuis 15 000 ans. Paris, Editions Errance (Archéologie aujourd'hui), 312 p.

Bressy C., 2003. Caractérisation et gestion du silex des sites mésolithiques et néolithiques du Nord-Ouest de l'arc alpin. Une approche pétrographique et géochimique. Oxford, Archeopress (BAR International Series, 1114), 295 p.

Chapron E., Arnaud F., Marguet A., Billaud Y., Perdereau L., Magny M., 2007. Evolution des paléoenvironnements alpins durant l'âge du Bronze : apports des archives sédimentaires littorales et profondes du lac du Bourget (Savoie, France). *In* Mordant C., Richard H., Magny M. (dir.), Environnements et cultures à l'Age du Bronze en Europe occidentale. Actes du 129e Congrès national des sociétés historiques et scientifiques (CTHS). Besançon, 19-21 avril 2004. Besançon, Presses universitaires de Franche-Comté (Documents préhistoriques 21, Annales littéraires), 45-55.

Collectif, 1989-90. Le Néolithique de la région de Sion (Valais) : un bilan. BCGA (Bulletin du centre genevois d'anthropologie) 2, 6-56.

Collectif, 2006. Alpis Graia, Archéologie sans frontières au col du Petit-Saint-Bernard. Seminario di chiusura, Aosta, 2-4 marzo 2006, 400 p.

Delhon C., Martin L., Argant J., Thiébault S., 2008. Shepherds and plants in the Alps : multi-proxy archaeobotanical analysis of neolithic dung from « La Grande Rivoire » (Isère, France). *J. Archaeol. Sci.,* 35, 2937-2952.

Della Casa P. (ed.), 1999. Prehistoric alpine environment, society and economy (Environnement, société et économie préhistorique dans les Alpes). Papers of the international colloquium PAESE'97 in Zurich. Universitätforschungen zur prähistorischen Archäologie 55, Bonn, In Kommission bei Dr. Rudolf Habelt GmbH, 308 p.

Fedele E., 1999. Peuplement et circulation des matériaux dans les Alpes occidentales du Mésolithique à l'âge du Bronze. *In* Beeching A. (dir.), Circulations et identités culturelles alpines à la fin de la Préhistoire. Matériaux pour une étude. Programme CIRCALP 1997-1998, Agence Rhône-Alpes pour les Sciences Humaines. Valence, Centre d'Archéologie Préhistorique (Travaux du Centre d'Archéologie Préhistorique de Valence 2), 331-357.

Fedele F., 2006. La longue marche. *In* L'Alpe, 34. Peuples et peuplements. Grenoble, Glénat & Musée dauphinois, 10-15.

Gallay A. (dir.), 2006. Des Alpes au Léman. Images de la préhistoire. Gollion (CH), Infolio, 359 p., 364 fig. (dont des illustrations des scènes de la préhistoire réalisées par André Houot).

GAUTHIER E., RICHARD H., MAGNY M., PEYRON O., ARNAUD F., JACOB J., MARGUET A., BILLAUD Y., 2008. Le lac du Bourget (Savoie, France) à l'âge du Bronze : végétation, impacts anthropiques et climat. *In* Richard H., Garcia D. (dir.). Le peuplement de l'arc alpin. Actes du 131e Congrès national des sociétés historiques et scientifiques, Grenoble, 25-27 avril 2006. Paris, Ed. du CTHS. Collection : Documents préhistoriques, édition électronique, 107-121.

HAMON C., REY P.-J., 2007. L'outillage macrolithique du site néolithique du Chenet des Pierres à Bozel (Savoie, France). *In* Bulletin d'études préhistoriques et archéologiques alpines (Société valdôtaine de préhistoire et d'archéologie). Numéro spécial, Actes du XIe Colloque sur les Alpes dans l'Antiquité, Champsec, Val de Bagnes, Valais, Suisse, 15-17 sept. 2006. Aoste, 373-382.

JOSPIN J.-P., FAVRIE T., 2008. Premiers bergers des Alpes. De la préhistoire à l'Antiquité. Grenoble, Musée Dauphinois. Gollion, Infolio, 159 p.

JOURDAIN-ANNEQUIN C. (dir.), 2004. Atlas culturel des Alpes occidentales. De la Préhistoire à la fin du Moyen Age. Paris, Editions A. et J. Picard, 439 p.

MAGNY M., BÉGEOT C., PEYRON O., RICHOZ I., MARGUET A., BILLAUD Y., 2005. Habitats littoraux et histoire des premières communautés agricoles au Néolithique et à l'âge du Bronze : une mise en perspective paléoclimatique. *In* Della Casa P., Trachsel M. (ed.). WES'04 – Wetland Economies and Societies. Proceedings of the International Conference in Zurich, 10-13 March 2004. Zurich : Musée suisse, Collectio Archaeologica 3 (Chronos), 133-142.

MAGNY M., BOSSUET G., GAUTHIER E., RICHARD H., VANNIÈRE B., BILLAUD Y., MARGUET A., MOUTHON J., 2007. Variations du climat pendant l'âge du Bronze au centre-ouest de l'Europe : vers l'établissement d'une chronologie à haute résolution. *In* Mordant C., Richard H., Magny M. (dir.), Environnements et cultures à l'Age du Bronze en Europe occidentale. Actes du 129e Congrès national des sociétés historiques et scientifiques (CTHS). Besançon, 19-21 avril 2004. Besançon, Presses universitaires de Franche-Comté (Documents préhistoriques 21, Annales littéraires), 13-28.

MAGNY M., PEYRON O., 2008. Variations climatiques et histoire des sociétés à l'âge du Bronze au nord et sud des Alpes. *In* Guilaine J. (dir.), Villes, villages, campagnes de l'âge du Bronze. Paris, Ed. Errance (collection des Hespérides), 161-173.

MARGUET A. avec la collaboration de BILLAUD Y. et MAGNY M., 2008. Le cadre climatique et chronologique des habitats lacustres préhistoriques. *In* Jacquet S. *et al.* (éd.). Autour du Lac du Bourget. Actes du colloque pluridisciplinaire, Le Bourget-du-Lac, 15-17 mai 2006. Thonon-les-Bains, INRA, UMR CARTELL, Eds. de la Page Blanche, édition électronique, 35-48.

MARGUET A., REY P.-J., 2007. Le Néolithique dans les lacs alpins français : un catalogue réactualisé. *In* Besse M. (dir.), Sociétés néolithiques, des faits archéologiques aux fonctionnements socio-économiques. Colloque interrégional sur le Néolithique (27 ; 1 et 2 octobre 2005 ; Neuchâtel). Lausanne, *Cahiers d'archéologie romande,* 108, 335-362.

NICOD P.-Y., PICAVET R., 2003. La stratigraphie de la Grande Rivoire (Isère, France) et la question de la néolithisation alpine. *In* Besse M., Stahl-Gresch L.-I., Curdy P. (ed.), ConstellaSion. Hommage à Alain Gallay. Lausanne, *Cahiers d'archéologie romande*, 95, 147-168.

NICOD P.-Y., PICAVET R., BERNARD C. et COLLABORATEURS, 2006. Fouille archéologique de la Grande Rivoire à Sassenage (Isère). Rapport de fouille 2004-2006 (opération programmée pluriannuelle 2004-2006). Lans-en-Vercors, décembre 2006, 352 p. dont 178 fig., annexes.

NICOD P.-Y, PICAVET R., ARGANT J., BROCHIER J.-L., CHAIX L., DELHON C., MARTIN L., MOULIN B., THIÉBAULT S., 2008. La bergerie néolithique de la Grande Rivoire. *In* Jospin J.-P., Favrie T. (coord.), Premiers bergers des Alpes, de la préhistoire à l'Antiquité. Gollion, Infolio et Grenoble, Musée dauphinois, 75-79.

NICOD P.-Y., PICAVET R., ARGANT J., BROCHIER J.-L., CHAIX L., DELHON C., MARTIN L., MOULIN B., SORDOILLET D., THIÉBAULT S., à paraître. Une économie pastorale dans le nord du Vercors : analyse pluridisciplinaire des niveaux néolithiques et protohistoriques de la Grande Rivoire (Sassenage, Isère). *In* Beeching A., Thirault E., Vital J. (dir.), Economie et société à la fin de la préhistoire. Rencontres méridionales de Préhistoire récente, 7 (Lyon, 3-4 nov. 2006).

PELLETIER D., NATON H.-G., ARGANT J., CHAIX L., THIÉBAULT S., BRESSY C., COUSSERAN S., BRISOTTO V., 2000. L'abri n°1 de L'Aulp du Seuil (Isère, Chartreuse, St-Bernard-du-Touvet) : synthèse des résultats préliminaires et discussion sur les modalités d'exploitation territoriale au Mésolithique et au Néolithique ancien. *In* Tillet T. (dir.), Les Paléoalpins. Hommage à Pierre Bintz. *Géologie Alpine*, mémoire HS, 31, 165-177.

PÉTREQUIN P., MAGNY M., BAILLY M., 2005. Habitat lacustre, densité de population et climat : l'exemple du Jura français. *In* Della Casa P., Trachsel M. (ed.). WES'04 – Wetland Economies and Societies. Proceedings of the International Conference in Zurich, 10-13 March 2004. Zurich : Musée suisse, Collectio Archaeologica, 3 (Chronos), 143-168.

PION G. (dir.), 2000. Le Paléolithique Supérieur récent : nouvelles données sur le peuplement et l'environnement. Table ronde Chambéry, 12-13 mars 1999. Paris, Société Préhistorique Française (Mémoires, 28), 290 p.

PION G., 2004. Magdalénien, Epipaléolithique et Mésolithique ancien au Tardiglaciaire dans les deux Savoie et le Jura méridional. Thèse, Université de Franche-Comté, Besançon.

REY P.-J., 1999. L'occupation de la Savoie au Néolithique, état des connaissances. Mémoire de Maîtrise, Université de Savoie, UFR Lettres et Sciences humaines, Département d'Histoire, Chambéry.

REY P.-J., 2006. Le site du Chenet des Pierres aux Moulins de Bozel (Savoie, France) : une nouvelle séquence néolithique alpine. *In* Alpis Graia, Archéologie sans frontières au col du Petit-Saint-Bernard. Seminario di chiusura, Aosta, 2-4 marzo 2006, 361-370.

REY P.-J., 2007. Le site du Dos de Borgaz (Aime) et la dynamique de l'occupation humaine en Tarentaise durant le Néolithique moyen. *In* Besse M. (dir.), Sociétés néolithiques, des faits archéologiques aux fonctionnements socio-économiques. Colloque interrégional sur le Néolithique (27 ; 1 et 2 octobre 2005 ; Neuchâtel). Lausanne, *Cahiers d'archéologie romande*, 108, 363-377.

REY P.-J., ANDRÉ I., TREFFORT J.-M., 2008 a. Les versants du Petit Saint-Bernard de la Préhistoire à l'Antiquité : nouvelles données sur les premières occupations de la montagne autour d'un passage transalpin. *In* Richard H. et Garcia D. (dir.). Le peuplement de l'arc alpin. Actes du 131e Congrès national des sociétés historiques et scientifiques, Grenoble, 25-27 avril 2006. Paris, Ed. du CTHS, Collection : Documents préhistoriques, édition éléctronique, 149-175.

REY P.-J., TREFFORT J.-M., MOULIN B., 3, OBERLIN C., ANDRÉ I., 2008 b. Archéologie des versants du Petit-Saint-Bernard : première approche de la dynamique de l'occupation humaine autour d'un grand passage alpin, de la Préhistoire au début du Moyen Âge. *Collection EDYTEM*, 6, Cahiers de Paléoenvironnement, 209-224

REY P.-J., THIRAULT E., 1999. Le peuplement des vallées alpines au Néolithique : les exemples de la Maurienne et de la Tarentaise (Savoie). *In* Beeching A. (dir.), Circulations et identités culturelles alpines à la fin de la Préhistoire. Matériaux pour une étude. Programme CIRCALP 1997-1998, Agence Rhône-Alpes pour les Sciences Humaines. Valence, Centre d'Archéologie Préhistorique (Travaux du Centre d'Archéologie Préhistorique de Valence 2), 501-518.

RICHARD A., CUPILLARD C., RICHARD A., THÉVENIN A. (coord.), 2000. Les derniers chasseurs-cueilleurs d'Europe occidentale (13 000-5500 av. J.-C.). Actes du Colloque international de Besançon (Doubs, France), 23-25 octobre 1998. Besançon, Presses Universitaires de Franche-Comté. *Collection Annales Littéraires,* 699 ; Série Environnement, sociétés et archéologie, 1, 415 p.

RICHARD H., VIGNOT A. (dir.), 2002. Equilibres et ruptures dans les écosystèmes depuis 20 000 ans en Europe de l'Ouest. Actes du Colloque international de Besançon, 18-22 septembre 2000. Besançon, Presses Universitaires de Franche-Comté. *Collection Annales Littéraires*, 730 ; Série Environnement, sociétés et archéologie, 3, 488 p.

RICHARD H., GARCIA D. (dir.), 2008. Le peuplement de l'arc alpin. Actes du 131e Congrès national des sociétés historiques et scientifiques, Grenoble, 25-27 avril 2006. Paris, éd. du CTHS. Collection : Documents préhistoriques, édition électronique, 344 p.

THÉVENIN A. (éd.), BINTZ P. (dir.), 1999. L'Europe des derniers chasseurs : Epipaléolithique et Mésolithique. Peuplement et paléoenvironnement de l'Epipaléolithique et du Mésolithique. Actes du 5e Colloque international UISPP, commission XII, Grenoble, 18-23 septembre 1995. Paris, éd. CTHS (Documents préhistoriques 11), 669 p.

THIRAULT E., 1999. Franchir les crêtes : de l'Histoire à la Préhistoire dans les Alpes occidentales. *In* Beeching A. (dir.), Circulations et identités culturelles alpines à la fin de la Préhistoire. Matériaux pour une étude. Programme CIRCALP 1997-198, Agence Rhône-Alpes pour les Sciences Humaines. Valence, Centre d'Archéologie Préhistorique (Travaux du Centre d'Archéologie Préhistorique de Valence 2), 19-37.

THIRAULT E., 2004. Echanges néolithiques : les haches alpines. Montagnac, Editions Monique Mergoil (collection Préhistoires, 10), 468 p.

THIRAULT E., 2004. Le site néolithique de Bessans/Le Château (Savoie) et la question des armatures perçantes en roches tenaces polies dans les Alpes occidentales. *In* Dartevelle H. (coord.), Rencontres méridionales de préhistoire récente. Auvergne et midi. Actualité de la recherche. Actes de la cinquième session, Clermond-Ferrand, 8-9 nov. 2002. Cressensac, *Préhistoire du Sud-Ouest* (supplément n° 9), 421-444.

THIRAULT E., 2006. Le Néolithique d'une vallée alpine : La Maurienne (Savoie, France). Enjeux, avancées, perspectives. *In* Alpis Graia, Archéologie sans frontières au col du Petit-Saint-Bernard. Seminario di chiusura, Aosta, 2-4 marzo 2006, 241-250.

VIVIAN R. (dir.), 1991. Paléoenvironnement holocène et archéologie dans les Alpes du Nord et leur piémont. Paris, CTHS (section de préhistoire et de protohistoire), 184 p.

VORUZ J.-L., 1990. Chronologie de la néolithisation alpine. Société Valdôtaine de Préhistoire et d'Archéologie, *Bulletin d'Etudes Préhistoriques et Archéologiques Alpines*, 62-108.

VORUZ J.-L. (dir.), 1995. Chronologies néolithiques. De 6 000 à 2 000 avant notre ère dans le Bassin rhodanien. Actes du Colloque d'Ambérieu-en-Bugey, 19-20 septembre 1992. Documents du Département d'Anthropologie de l'Université de Genève 20. Ambérieu-en-Bugey, Société Préhistorique Rhodanienne, 421 p.

WINIGER A., 2008. Stratigraphie, datations et contexte environnemental. La station lacustre de Concise, 1. Lausanne, *Cahiers d'archéologie romande*, 111, 211 p.

WOLF C., HURNI J.-P., 2002. L'environnement forestier au Néolithique final à travers l'étude dendrochronologique des sites littoraux du lac de Neuchâtel. 2 700 av. J.-C. : point de rupture. *In* Richard H., Vignot A. (dir.). Equilibres et ruptures dans les écosystèmes durant les 20 derniers millénaires en Europe de l'Ouest. Actes du Colloque international de Besançon, 18-22 septembre 2000. Besançon : Presses Universitaires Franc-Comtoises 831, *Collection Annales Littéraires,* 730 ; Série Environnement, sociétés et archéologie, 3, 387-402.

ARCHÉOLOGIE ET PALÉOENVIRONNEMENT DANS LES ALPES MÉRIDIONALES FRANÇAISES

HAUTS MASSIFS DE L'ARGENTIÉROIS, DU CHAMPSAUR ET DE L'UBAYE

HAUTES-ALPES ET ALPES-DE-HAUTE-PROVENCE

NÉOLITHIQUE FINAL – DÉBUT DE L'ANTIQUITÉ

Archaeology and Palaeoenvironment in the Southern French Alps: The Late Neolithic to the Roman period in the Argentiérois, Champsaur and Ubaye High Altitude Massifs

Florence MOCCI [1], Kevin WALSH [2], Suzi RICHER [2, 3], Mona COURT-PICON [3, 4], Brigitte TALON [3], Stéfan TZORTZIS [5], Josep Maria PALET-MARTINEZ [6], Céline BRESSY [7].

Avec la collaboration de
Jacques-Louis de BEAULIEU [3], Vincent DUMAS [1], Jean-Louis EDOUARD [3], Vanessa PY [8]

[1] Centre Camille Jullian, UMR 6573, CNRS/Aix-Marseille Universités, MMSH, Aix-en-Provence.

[2] Département d'Archéologie, Université de York, Grande-Bretagne.

[3] Institut Méditerranéen d'Ecologie et de Paléoécologie, UMR 6116 CNRS/Aix-Marseille Universités.

[4] Institut Royal des Sciences Naturelles de Belgique, Bruxelles.

[5] Service Régional de l'Archéologie PACA, Aix-en-Provence et UMR 6578 CNRS/Aix-Marseille Universités, Marseille.

[6] Institut Catalan d'Archéologie Classique, Tarragone, Espagne.

[7] Laboratoire Méditerranéen de Préhistoire Europe-Afrique UMR 6536, CNRS/Aix-Marseille Universités, MMSH, Aix-en-Provence.

[8] Laboratoire d'Archéologie Méditerranéenne Médiévale, UMR 6572CNRS/Aix-Marseille Universités, Aix-en-Provence.

Contact : mocci@mmsh.univ-aix.fr

Résumé

Dans les Alpes méridionales françaises, les premiers témoignages d'une présence humaine reconnus dès la Préhistoire s'inscrivent au sein de programmes de recherche pluridisciplinaires et diachroniques portant sur les hauts massifs de l'Argentiérois et du Champsaur dans le Parc National des Ecrins (Hautes-Alpes) et de l'Ubaye dans le Parc national du Mercantour (Alpes-de-Haute-Provence). Corrélant données archéologiques et paléoenvironnementales d'altitude, ces travaux révèlent plus particulièrement, entre 2067 et 2359 m d'altitude, dès la seconde moitié du IIIe *millénaire et au cours du II*[e] *millénaire BC (fin du Néolithique final-âge du Bronze), l'apparition successive de structures pastorales bâties datées par* ^{14}C. *Durant cette période, les paysages sont largement façonnés par les activités humaines ; l'entretien des terres et des alpages paraît continu et le milieu, exploité de manière durable.*

Mots-clés : Alpes méridionales, Ecrins, Mercantour, Ubaye, peuplement, Préhistoire, âge du Bronze, Antiquité, montagne, pastoralisme, paysage, anthracologie, palynologie.

Abstract

In the Southern French Alps, the first evidence for prehistoric human presence has been revealed by multidisciplinary and diachronic research programs developed in the Argentiérois, Champsaur and Ubaye high altitude massifs in the Ecrins National Park (Hautes-Alpes), and in the Mercantour National park in the Ubaye (Alpes-de-Haute-Provence). This work correlates archaeological and palaeoenvironmetal data. This approach assesses the modes of exploitation across these mountains, in many cases activities that are still present. During the second half of the third millennium and during the second millennium BC a series of pastoral structures (dated by ^{14}C*) were built at altitudes between 2067 and 2359 m. During this period, the landscapes were modified by human activities: areas were maintained, and mountain pastures developed, and these have been continuously exploited as part of a sustainable system.*

Keywords: the southern Alps, Ecrins, Mercantour, Ubaye, settlement, Prehistory, Bronze age, Iron age, Roman period, mountain, pastoralism, landscape, anthracology, palynology.

Introduction - Archéologie et paléoenvironnement des Ecrins au Mercantour

Depuis 10 ans, une équipe de recherche pluridisciplinaire du CNRS/Aix-Marseille Universités et du Département d'Archéologie de l'Université de York (Grande-Bretagne) développe un programme diachronique sur les dynamiques naturelles et sociales du peuplement dans les Alpes méridionales françaises[1] et plus particulièrement sur les hauts massifs de l'Argentiérois et du Champsaur dans le Parc national des Ecrins (Hautes-Alpes), dans la vallée de l'Ubaye et le Parc national du Mercantour (Alpes-de-Haute-Provence) (Court-Picon, 2003, 2007 ; Leveau et Walsh, 2005 ; Mocci *et al.*, 2006, 2008 ; Palet-Martinez *et al.*, 2003 ; Py et Ancel, 2007 ; Segard *et al.*, 2003 ; Tzortzis *et al.*, 2008 ; Walsh, 2005 ; Walsh et Mocci, 2003 ; Walsh et Richer, 2006 ; Walsh *et al.*, 2003, 2005, 2007) (Figure 1).

Au sein de la haute vallée de la Durance (Hautes-Alpes), à l'extrémité orientale du Parc national des Ecrins, les hautes vallées encaissées de l'Argentiérois sont caractérisées par un milieu naturel assez varié, depuis le sommet des crêtes, à près de 3200 mètres, jusqu'aux secteurs de vastes plateaux à vocation pastorale ou sièges d'exploitation de mines ouvertes (Freissinières, l'Argentière-la-Bessée). Depuis ces vallées relativement cloisonnées, entaillées par des torrents, plusieurs cols élevés (entre 2 500 et 2 800 m)

1 *Laboratoires du CNRS/Aix-Marseille Universités : Centre Camille Jullian, CCJ-UMR 6573 ; Institut Méditerranéen d'Ecologie et de Paléoécologie, IMEP-UMR 6116 ; Laboratoire Méditerranéen de Préhistoire : Europe-Afrique LAMPEA-UMR 6536 ; Laboratoire d'Archéologie Médiévale Méditerranéenne, LAMM-UMR 6572. Intégrés depuis 2006 au sein du Groupe De Recherche du CNRS JurAlp (Dynamique holocène de l'environnement dans le Jura et les Alpes : du climat à l'homme), ces travaux bénéficient de la collaboration du Service Régional de l'Archéologie PACA, de la Communauté de Communes du Pays des Ecrins et du Canton du haut Champsaur, des Parcs nationaux des Ecrins et du Mercantour, de la Maison du Parc de Vallouise, du Conseil Général des Hautes-Alpes, des Musées de la vallée de l'Ubaye, des communes de L'Argentière-la-Bessée, Champoléon, Freissinières, Orcières, Puy-St-Vincent, St-Jean-St-Nicolas, Vallouise (05), Jausiers, Larche et St-Paul-sur-Ubaye (04) ... sans oublier les bénévoles, étudiants et gens du pays alpin, présents par tous les temps...*

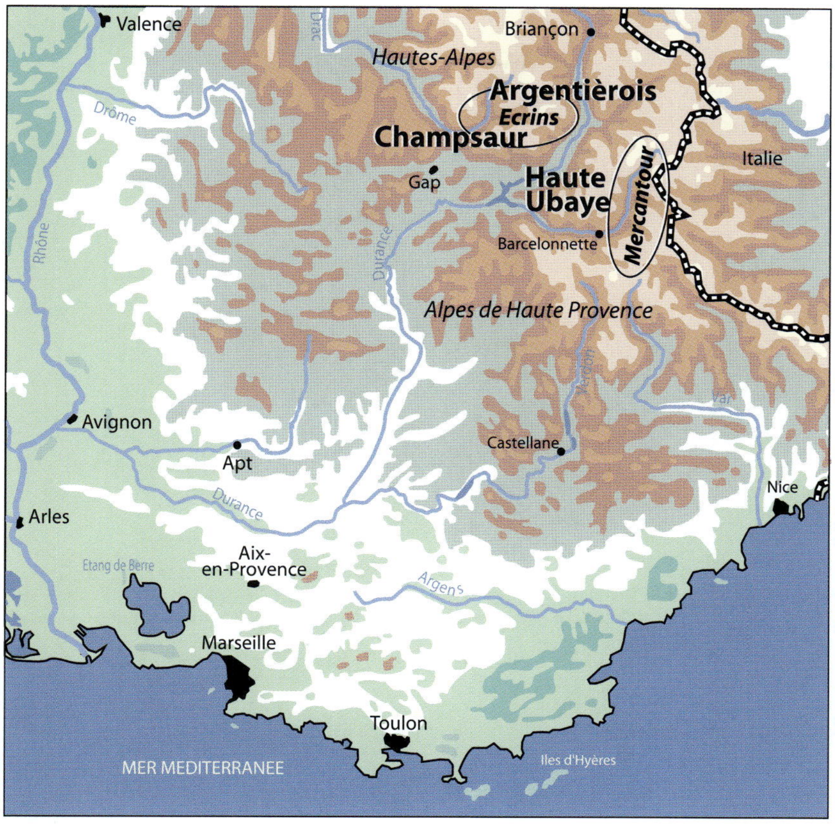

Figure 1 - Carte de localisation des massifs de l'Argentiérois, du Champsaur et de la haute Ubaye (Hautes-Alpes, Alpes-de-Haute-Provence ; extrait de la carte IGN départementale au 1/125 000, 1998).

permettent d'accéder au Champsaur. Cet espace, au nord de Gap, correspond à la haute vallée du Drac, dans le secteur méridional du Parc national des Écrins. Il est divisé en deux zones : le haut Champsaur, d'altitude supérieure à 1 500 mètres, très déboisé et pâturé l'été (Orcières, Valgaudemar) et le bas Champsaur, entre 700 et 1 600 mètres d'altitude, où un vaste plateau et des versants peu pentus ont permis le développement d'une agriculture caractérisée par un paysage de bocage (Saint-Bonnet, Ancelle).

A une soixantaine de kilomètres plus à l'est, la vallée intra-alpine de l'Ubaye se trouve confinée dans la partie la plus septentrionale du département des Alpes-de-Haute-Provence. Bordée par l'Embrunais au nord-ouest et le Queyras au nord-est, elle s'étend sur près de 80 kilomètres entre la frontière italienne à l'est et le lac de Serre-Ponçon à l'ouest (700 m d'altitude). Ses limites sud sont matérialisées par les cols de Restefond, la Cayolle et d'Allos, donnant respectivement accès aux vallées de la Tinée, du haut Var et du haut Verdon. Au cœur de cette unité géographique s'individualisent nettement deux espaces : la moyenne vallée avec le bassin agricole de Barcelonnette/Jausiers au sein duquel se développe le torrent de l'Ubaye ; de Jausiers jusqu'à la source de l'Ubaye (2 655 m d'altitude au lac du Longet), la haute Ubaye, insérée en partie au sein du Parc national du Mercantour, avec ses hauts massifs et vallées à vocation pastorale, frontalières de l'Italie (Larche, St-Paul-sur-Ubaye).

Ces travaux corrèlent, sur le terrain, données historiques, archéologiques et paléoenvironnementales d'altitude[2] : prospection pédestre et carte archéologique ; fouilles de gisements préhistoriques, bâtis ou miniers ; étude anthracologique et datation carbone 14 des charbons de bois ; carottages palynologiques et analyses physico-chimiques des sédiments. Sur les 380 sites

2 *Dans le Parc national des Ecrins, les travaux archéologiques de terrain (prospections, sondages et fouilles programmées) sont conduits sous la direction de K. Walsh (Université de York), Fl. Mocci (CCJ) et J.-M. Palet-Martinez (Université de Barcelone). La vallée de l'Ubaye et le Parc national du Mercantour ont fait l'objet d'un PCR Histoire d'une vallée alpine. L'Ubaye des âges des Métaux aux Temps modernes (coord. D. Garcia et Fl. Mocci, CCJ) ; les opérations de terrain en haute Ubaye ont été réalisées par D. Garcia (les Sagnes, Jausiers), Fl. Mocci et K. Walsh (Jausiers, Larche et St-Paul-sur-Ubaye). Les relevés archéologiques et le Modèle Numérique de Terrain des sites et de leur environnement sont dirigés par V. Dumas (CCJ). S. Tzortzis (SRA PACA) et S. Renault (LAMPEA) ont en charge l'analyse du mobilier lithique et C. Bressy (LAMPEA), la caractérisation des matières premières siliceuses. L'analyse microscopique des poussières visant à mettre en évidence d'éventuels indices de la présence d'animaux domestiques est réalisé par J.-L. Brochier (LAMPEA). Les carottages palynologiques ont été menés par M. Court-Picon, J.-L. de Beaulieu, F. Guiter et S. Richer (IMEP/Université de York). L'étude anthracologique est conduite par B. Talon (IMEP), A. Durand et V. Py (LAMM). N. Trustram-Eve traite de l'analyse spatiale des gravures et des peintures rupestres en haute montagne (Université de York). Les datations carbone 14 conventionnelle et AMS ont été calibrées avec un indice de confiance de probabilité de deux sigma par J.-F. Saliège, Laboratoire d'Océanographie Dynamique et Climatologique de Jussieu, UMR 121 (Pa..) et T. Goslar, Poznań Radiocarbon Laboratory, Foundation of the Adam Mickiewicz, Pologne (Poz...). Merci à tous ces collaborateurs !*

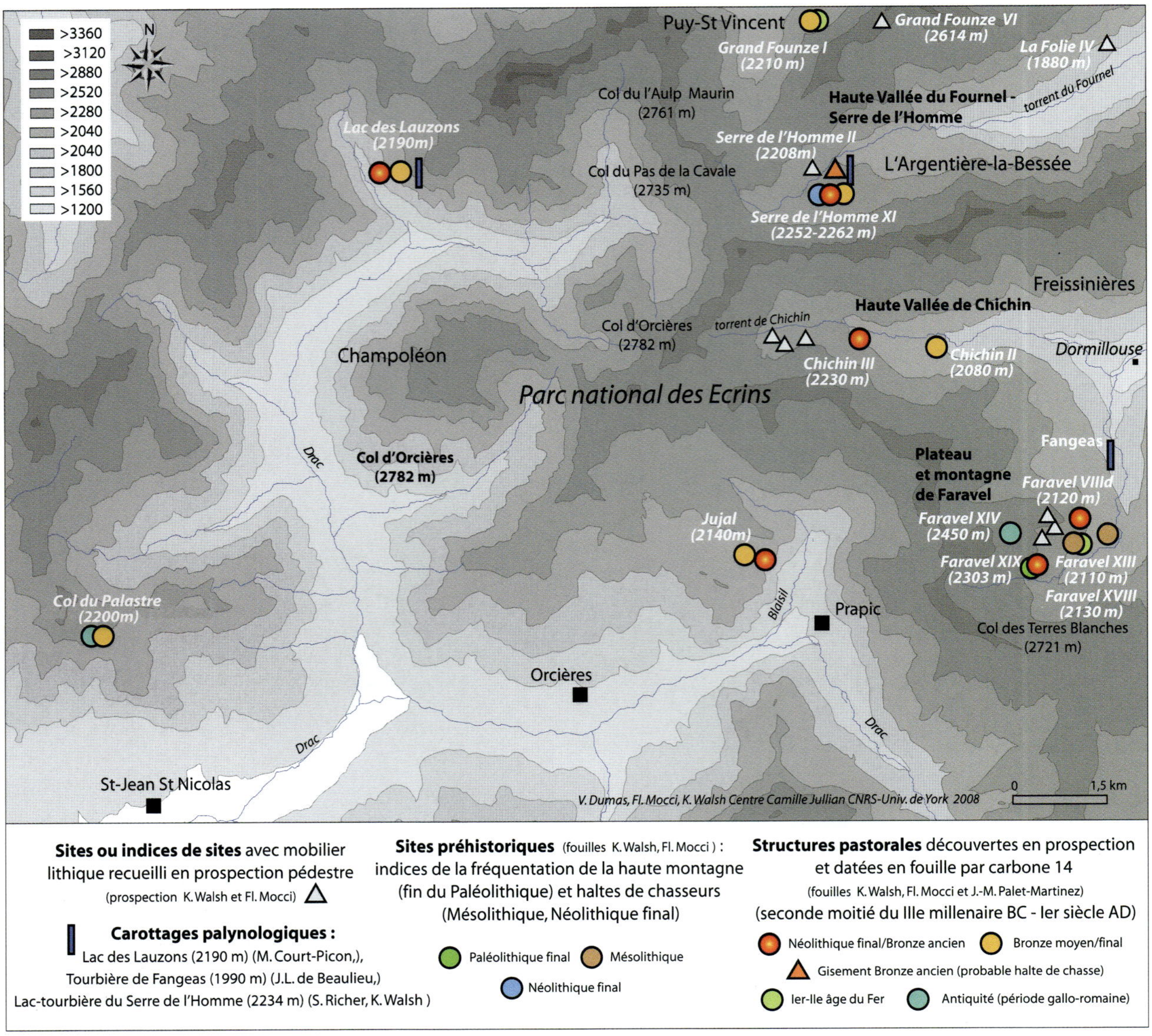

Figure 2 - Carte de localisation des sites archéologiques et des carottages palynologiques, massifs de l'Argentiérois et du Champsaur (Parc national des Ecrins, Hautes-Alpes) (Extrait du SIG Arc View ArchéoEcrins).

archéologiques recensés sur les deux zones d'étude, une vingtaine a été datée par carbone 14. Il s'agit de gisements préhistoriques et de structures agropastorales de typologie et de période différentes, essentiellement localisés, à ce jour, dans l'Argentièrois/Champsaur, sur les communes de Freissinières (Faravel VIIId, Faravel XIV, Faravel XIX, Chichin II et III), l'Argentière-la-Bessée (Serre de l'Homme II et XI), Puy-St-Vincent (Grand Founze I), Champoléon (Lac des Lauzons I-II, Jas du Cros et des Provençaux), Orcières (Jujal I et II), St-Jean-St-Nicolas (Col du Palastre II et Vallon de la Vallette) et dans la haute Ubaye/Parc national du Mercantour, sur les communes de Jausiers (Les Sagnes), Larche (Lauzanier sud I) et St-Paul-sur-Ubaye (Les Oullas/Cornascle) (Figures 2 et 3).

Effectuée au-delà de 2000 m d'altitude et répartie sur les zones d'alpage du Parc national des Ecrins et de l'Ubaye/Mercantour, l'association des travaux archéologiques et paléoécologiques permet de suivre les grandes étapes de l'anthropisation de la haute montagne et renseignent sur les premiers impacts humains dans cette région.

Les carottages palynologiques sont ainsi réalisés à proximité immédiate des sites archéologiques, entre 1990 m et 2641 m d'altitude. C'est le cas dans le Parc national des Ecrins, du Lac des Lauzons (2190 m), de la tourbière de Fangeas (1990 m) en aval des sites du Plateau de Faravel, du lac et de la tourbière du Serre de l'Homme (2234-2220 m) ; dans le Parc national du Mercantour et en haute Ubaye, du Lac des Sagnes (1990 m), du Lac et de la tourbière du Lauzanier (2284-2312 m) et de la tourbière du Col du Longet (2641 m) (Figures 2 à 4). Seules les données acquises sur les secteurs de Fangeas, des Lauzons, du Serre de l'Homme et du Lauzanier sont exposées dans cet article[3]. Les sites du Serre de l'Homme et du Lauzanier ont fait l'objet

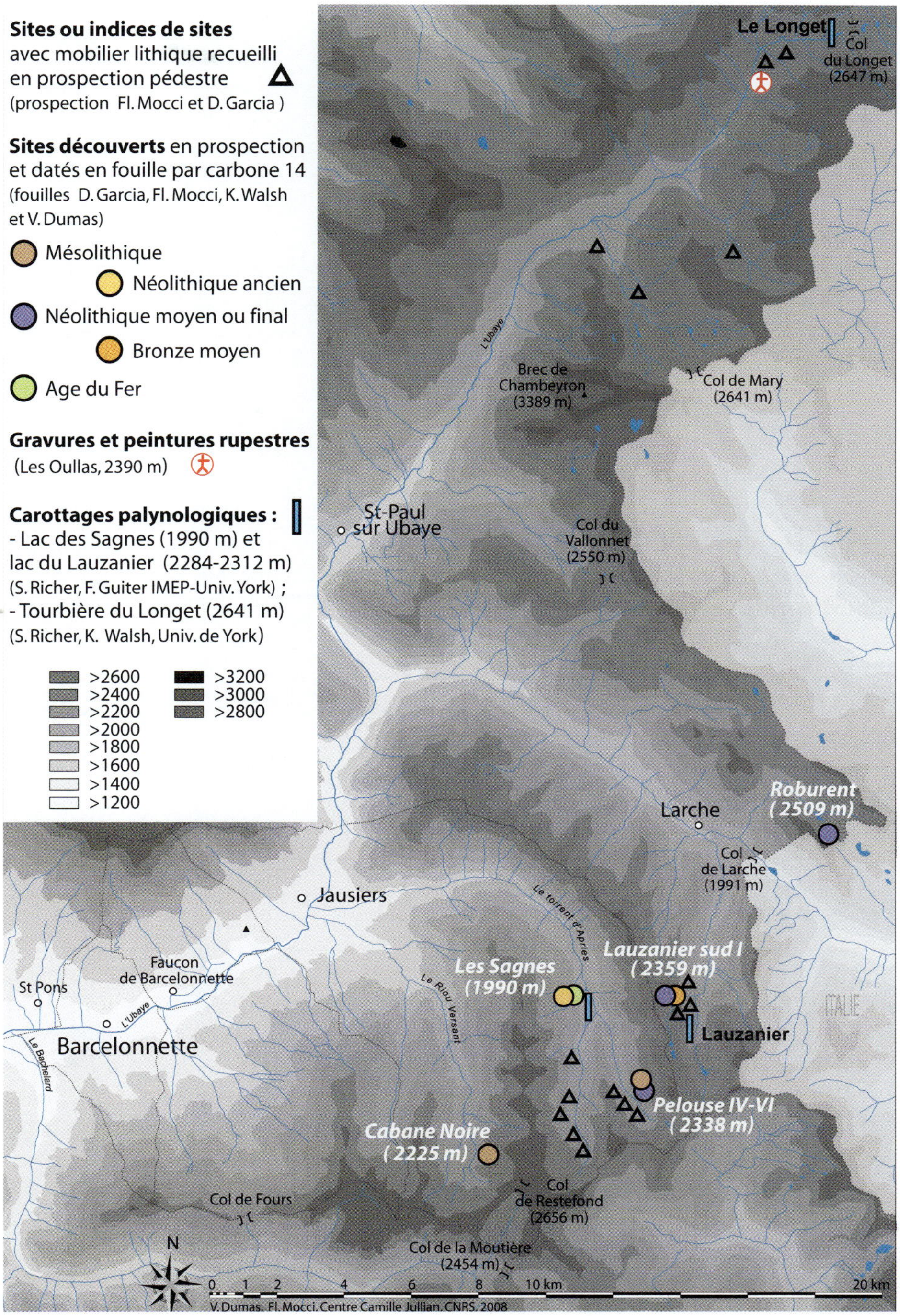

Figure 3 - Carte de localisation des sites archéologiques et des carottages palynologiques, vallée de la haute Ubaye (Parc national du Mercantour, Alpes-de-Haute-Provence).

de carottages dans le lac, la tourbière ou une zone sèche limitrophe : sur le secteur du Serre de l'Homme (haut Fournel, l'Argentière-la-Bessée), le prélèvement SDH3 (prof. 0,67 m) concerne la tourbière (alt. 2220 m), et celui du SDH1 (Figure 9) le lac (alt. 2234 m). Dans la zone du Lauzanier, trois sites, entre 2284 m et 2312 m, ont été choisis pour les prélèvements : le premier dans la tourbière entre le lac et le site du Lauzanier sud I implanté en amont à 2356 m (LZH1, Figure 5), les deux autres, aux extrémités sud et nord du lac (LZSB, Figure 11 et LZS1).

L'analyse anthracologique, suivie d'une datation ^{14}C, porte sur l'ensemble des charbons de bois issus des foyers ou des niveaux d'incendie recueillis à l'intérieur mais aussi à l'extérieur des structures. Les sites archéologiques actuellement étudiés sont localisés entre 2067 m et 2450 m d'altitude sur la commune de Freissinières (Chichin II, 2067 m ; Faravel XIII, 2130 m ; Chichin III, 2230 m, Faravel XIX, 2303 m ; Faravel XIV, 2450 m)[4]. Aujourd'hui, entre 2000 et 2200 m d'altitude, ne poussent que quelques mélèzes épars et des genévriers bas (Chichin II, Faravel VIII d) ainsi que des saules en bordure du torrent. Les sites de Chichin III, Faravel XIX, Serre de l'Homme XI, Col du Palastre, Jujal, Lac des Lauzons, Lauzanier sud I, plus hauts en altitude, sont au cœur de la pelouse alpine. Les

3 *Le lac des Lauzons a été étudié par M. Court-Picon dans le cadre d'un doctorat soutenu en 2007 à l'Université de Besançon « Mise en place du paysage dans un milieu de moyenne et haute montagne du Tardiglaciaire à l'époque actuelle. Analyse du signal palynologique en Champsaur (Hautes-Alpes, France) à l'interface des dynamiques naturelles et des dynamiques sociales » (Court-Picon, 2007). L'étude des carottes du Lac des Sagnes et de la tourbière du Col du Longet est en cours par Suzi Richer ; cette étude et celles issues des lacs du Lauzanier et du Serre de l'Homme sont réalisées dans le cadre d'un PhD à l'Université de York (GB) « Apport de la palynologie en archéologie alpine, massifs des Ecrins et de l'Ubaye » (direct. K. Walsh en co-tutelle avec J.-L. de Beaulieu, IMEP/Aix-Marseille Universités). Les datations carbone 14 des carottages des trois zones d'étude (Argentiérois, Champsaur et Ubaye) ont été financées en grande partie par le GDR JurAlpes.*

4 *L'analyse anthracologique des foyers et des niveaux d'incendie des sites du Lauzanier sud I, du Serre de l'Homme II et XI et du Grand Founze I est en cours par B. Talon (IMEP).*

versants nord en revanche sont encore boisés jusqu'à l'altitude de 2200 m (forêt de mélèze puis lande à rhododendron parsemée de rares pins cembro). La rareté du pin cembro est remarquable, compte tenu des conditions environnementales parfaitement adaptées à son écologie. Sa disparition précoce des vallées intra alpines en relation avec les activités humaines a bien été démontrée par les études pédoanthracologiques antérieures (Talon, 1997 ; Talon *et al.,* 1998).

Cette approche croisée des modes d'exploitation de ces hauts massifs révèle, entre 2000 et 2300 m d'altitude, les premières traces, extrêmement ténues, d'une fréquentation de la haute montagne au Paléolithique supérieur récent, une occupation plus marquée avec la présence de haltes de chasseurs dès le Mésolithique, l'apparition et le développement d'aménagements pastoraux et domestiques à partir du milieu du IIIe millénaire BC attestant d'une rupture dans la gestion de l'espace montagnard. Cette chronologie continue dans l'exploitation et l'occupation des zones d'altitude, entre la seconde moitié du IIIe millénaire BC et le début du Ier millénaire AD, se constate dans les vallées reculées du Parc national des Ecrins mais aussi dans les massifs plus ouverts de la haute Ubaye.

I - Un espace fréquenté dès la Préhistoire

Entre 1 880 et 2 614 m d'altitude, une soixantaine de sites et indices de sites préhistoriques dont l'amplitude chronologique s'étend depuis le Tardiglaciaire, vers 10 000 BC, jusqu'à la fin de l'âge du Bronze, vers 800 BC ont été inventoriés sur les zones d'alpage de l'Argentiérois et de l'Ubaye[5] (Figures 2 et 3). Ces gisements, de configuration généralement modeste, tant par leur étendue, que par la nature et la quantité des artefacts qu'ils ont livrés, n'en conservent pas moins une forte valeur informative, car ils documentent des secteurs de montagne jusque là fort mal connus pour la période considérée et permettent de compléter les connaissances relatives au peuplement préhistorique de l'arc alpin (Bintz, 1994, 2004 ; Bintz et Bracco, 2004 ; Bintz *et al.,* 2005 ; Bocquet, 2004 ; Brochier, 2005 ; Broglio, 1994 ; Curdy, 2002 ; Walsh, 2007 ; Fedele, 1990 ; Fontana et Vullo, 2000 ; Gallay, 2006 ; Jourdain-Annequin, 2004 ; Moe *et al.,* 2007 ; Morin et Picavet, 2006 ; Pion, 2004 ; Richard *et al.,* 2000).

Pour les phases les plus anciennes, jusqu'au Néolithique final, le mobilier lithique recueilli correspond à des concentrations de silex, issu de gîtes d'approvisionnement lointains pour les sites de l'Argentiérois, à plus de 50 km à vol d'oiseau au sud (Mont Ventoux, sud-ouest du département des Hautes-Alpes, Ceüze, Sisteron). Dans la vallée de l'Ubaye, si la majorité des objets lithiques proviennent également du Gapençais mais aussi des monts du Vaucluse (régions de Veaux-Malaucène et/ou de Murs), une origine « locale » est néanmoins proposée pour une partie du mobilier lithique recueillie dans ce massif [6]. Seules les phases plus récentes (Néolithique final) révèlent quant à elles de rares vestiges d'occupation (le Lauzanier sud I, Larche), des peintures et gravures rupestres (Les Oullas, St-Paul-sur-Ubaye).

Dans le Parc national des Ecrins et plus particulièrement sur le Plateau de Faravel et dans le Haut Fournel, ont été reconnues des fréquentations attribuables au Mésolithique ancien ou moyen de type sauveterrien (Faravel XIII, 2170 m ; Serre de l'Homme II, 2208 m) ainsi qu'au Mésolithique récent de type castelnovien (Faravel XVIII et XVIII a, 2130 m). Egalement dans ce secteur, certaines données, extrêmement ténues mais néanmoins présentes, laissent envisager des passages de groupes humains au Paléolithique supérieur récent (Faravel XIX, 2303 m). Ces fréquentations s'apparentent à des incursions saisonnières, à finalité essentiellement cynégétique, au cœur des territoires d'altitude accessibles depuis la fin des temps glaciaires, livrant de nouvelles niches écologiques exploitables par les populations de chasseurs-cueilleurs. Dans le massif de l'Ubaye, quelques indices de fréquentations mésolithiques existent également, en particulier dans les hautes vallées de Pelouse (Pelouse VI, 2338 m, Jausiers) et de Restefond (Cabane Noire, 2225 m, Jausiers).

L'économie de chasse perdure très probablement dans ces massifs au cours des époques suivantes. Elle est là encore révélée par la mise en évidence de productions lithiques spécifiques liées notamment à la confection d'armatures de trait. C'est le cas notamment sur le site pluri-phasé du Tertre des Sagnes (1990 m, Figure 4) en haute Ubaye (Jausiers) qui a livré, entre autre chose, une série lithique du Néolithique ancien dont l'influence culturelle, en l'absence de vestiges céramiques, demeure non établie (Impressa ? Cardial ? groupe padan de Vho ?). Toujours en haute Ubaye (Larche), un sol daté du Néolithique final sur le site du Lauzanier sud I (3270-2890 BC ; 4375±45 BP, Pa 2366) témoigne, à plus de 2356 m d'altitude, d'une occupation saisonnière dominant le lac et la tourbière du Lauzanier (2284-2312 m) (Figure 4).

Certaines découvertes plus ponctuelles sont asso-

5 *Dans l'Argentiérois : plateau de Faravel, haute vallée de Chichin (Freissinières) ; haute vallée du Fournel (l'Argentière-la-Bessée) ; massif des Grands Fonds (Puy-Saint-Vincent).*
Dans l'Ubaye : vallées des Granges Communes, de Pelouse, des Sagnes et de Restefond (Jausiers) ; vallée du Lauzanier (Larche) ; hautes vallées du Longet, de Mary et de Chabrières (St-Paul-sur-Ubaye).

6 *Silex jurassiques environ 13 % des industries.*

Figure 4 - A. Lac des Lauzons vu depuis le nord-ouest (alt. 2190 m, cliché J. Palet-Martinez, 2000). B. Tourbière et lac de Fangeas vus depuis l'ouest (alt. 1990 m, cliché K. Walsh, 2002). C. Tourbière et lac du Serre de l'Homme vus depuis le sud-ouest (alt. 2234-2220 m, cliché J. Vidal, 2008). D. Lac des Sagnes (alt. 1990 m, cliché F. Mocci, 2003). E. Lac et tourbière du Lauzanier vus depuis le sud (alt. 2284-2312 m, cliché S. Richer, 2005).

ciées au Néolithique moyen ou final, comme à Roburent (2509 m), Pelouse IV (2338 m) en haute Ubaye alors que l'attribution chronoculturelle n'est pas établie avec certitude pour la majorité des indices de sites tels ceux de l'Argentiérois par exemple (Serre de l'Homme XI, 2262 m ; La Folie IV, 1 880 m ou Grand Founze VII, 2614 m). Mais il est avéré que la présence de ces productions lithiques est désormais le fait de populations dont les activités sont essentiellement agro-pastorales et qui, à leur tour, exploitent les domaines de la moyenne et de la haute montagne que ce soit dans le haut Champsaur, l'Argentiérois ou la haute Ubaye.

La présence de ces sites préhistoriques met en lumière une problématique importante : celle d'une datation précoce et des modalités des premières pénétrations en haute montagne dans les Alpes du Sud, consécutivement à la fin des temps glaciaires. Les données dont nous disposons sur les fluctuations, l'extension maximale et le reflux de l'englacement würmien en haute Durance (Rousset *et al.*, 1976 ; Jorda, 1988,

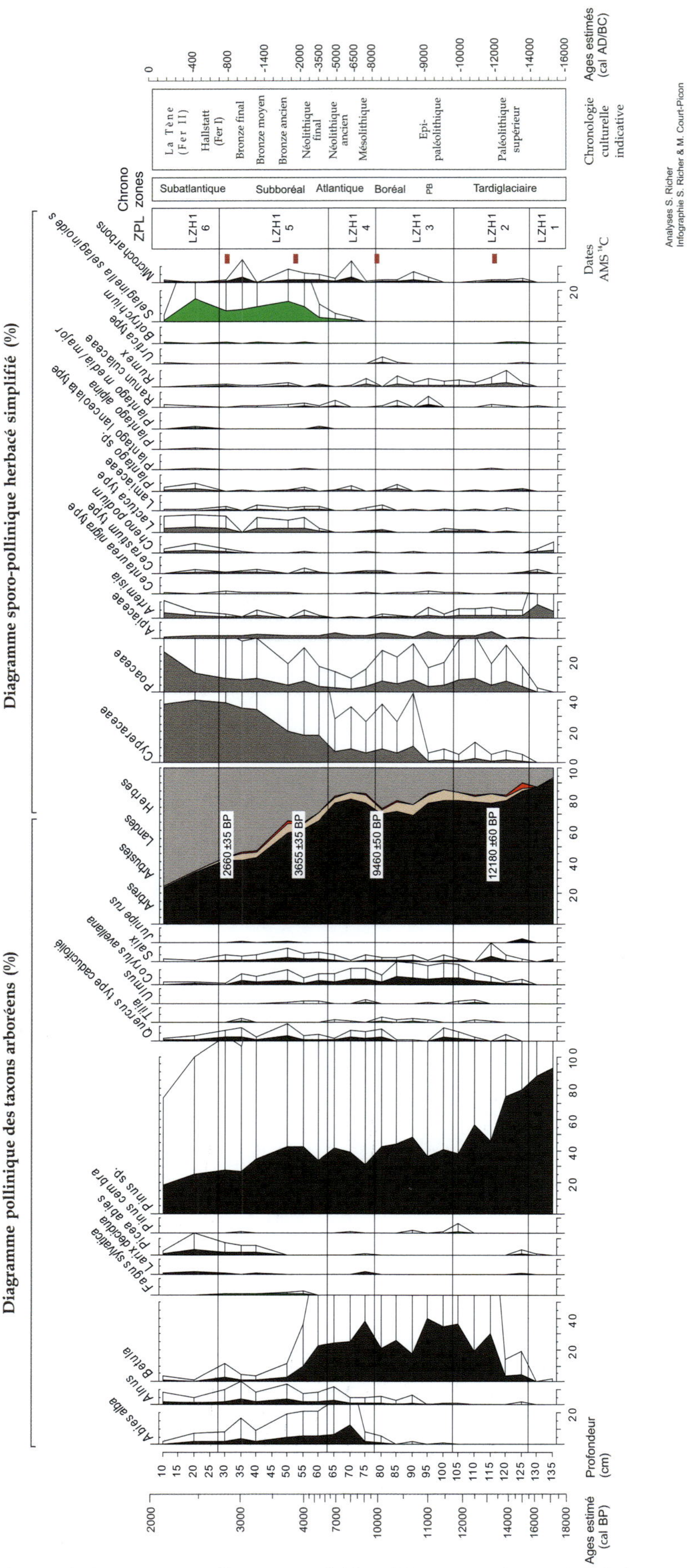

Figure 5 - Diagramme pollinique simplifié en fréquences relatives (%) de la tourbière du Lauzanier LZH1 (2284 m, Larche, haute Ubaye) (S. Richer, Université de York-IMEP, CNRS/Aix-Marseille Universités, 2008).

1991) apparaissent en fin de compte assez compatibles avec l'idée d'une arrivée jusqu'en haute montagne de groupes humains depuis les régions méridionales (Provence, Ligurie) par le sillon durancien, dès le Tardiglaciaire.

Aux altitudes concernées par les sites archéologiques, le milieu reste très ouvert tout au long du Tardiglaciaire et du début de l'Holocène et donc favorable aux incursions de groupes humains (Beaulieu, 1977 ; Nakagawa, 1998 ; Segard *et al.*, 2003 ; Court-Picon, 2007). Seuls les genévriers forment des peuplements arbustifs nains au Bølling/Allerød, sans doute accompagnés d'un modeste développement du bouleau près des zones humides. Ce n'est qu'au Préboréal/Boréal que des boulaies claires peuvent réellement s'installer à ces altitudes. Tel est le cas autour du Lac du Lauzanier plus précisément où le bouleau atteint des valeurs de 40 % (zones LZH1-2 / LZH1-3 ; Figure 5) mais aussi sur le replat des Lauzons dans le Champsaur (zone LA-2 ; Figure 6). La diminution du taux de *Pinus* sp. peut être liée à l'apparition d'une végétation locale plus dense composée de *Betula*, *Juniperus*, *Cyperaceae*, *Poaceae*, *Apiaceae* et *Rumex*. Vers 8950-8600 BC (9460±60 BP ; zone LZH1-3), se distingue la présence précoce de l'*Abies,* alors que son apparition dans les Alpes méridionales est datée autour de 8000-7000 BP (Beaulieu, 1977 ; Brugiapaglia, 1996 ; Carcaillet *et al.*, 2005 ; Clerc, 1988 ; Court-Picon, 2007 ; Nakagawa, 1998) (Figure 5).

Les premiers indices polliniques d'anthropisation apparaissent entre 6 000 et 4 500 BC, y compris dans les zones de haute altitude aujourd'hui supra-forestières (Court-Picon, 2007). Il s'agit principalement d'indices très discrets d'activités pastorales ou de déboisements ponctuels. La plupart des diagrammes polliniques rendent compte de la diversification du cortège herbacé (*Urtica* type, *Plantago media/major*, *Plantago* sp., *Centaurea nigra* type, *Serratula* type, *Sagina*, *Bupleurum* type, champignons coprophiles) mais aussi du couvert forestier par le développement dans l'étage subalpin de *Pinus cembra*, *Larix* et *Alnus alnobetula*, ces essences étant clairement corrélées avec l'ouverture des forêts préexistantes (Lac de Lauzanier,

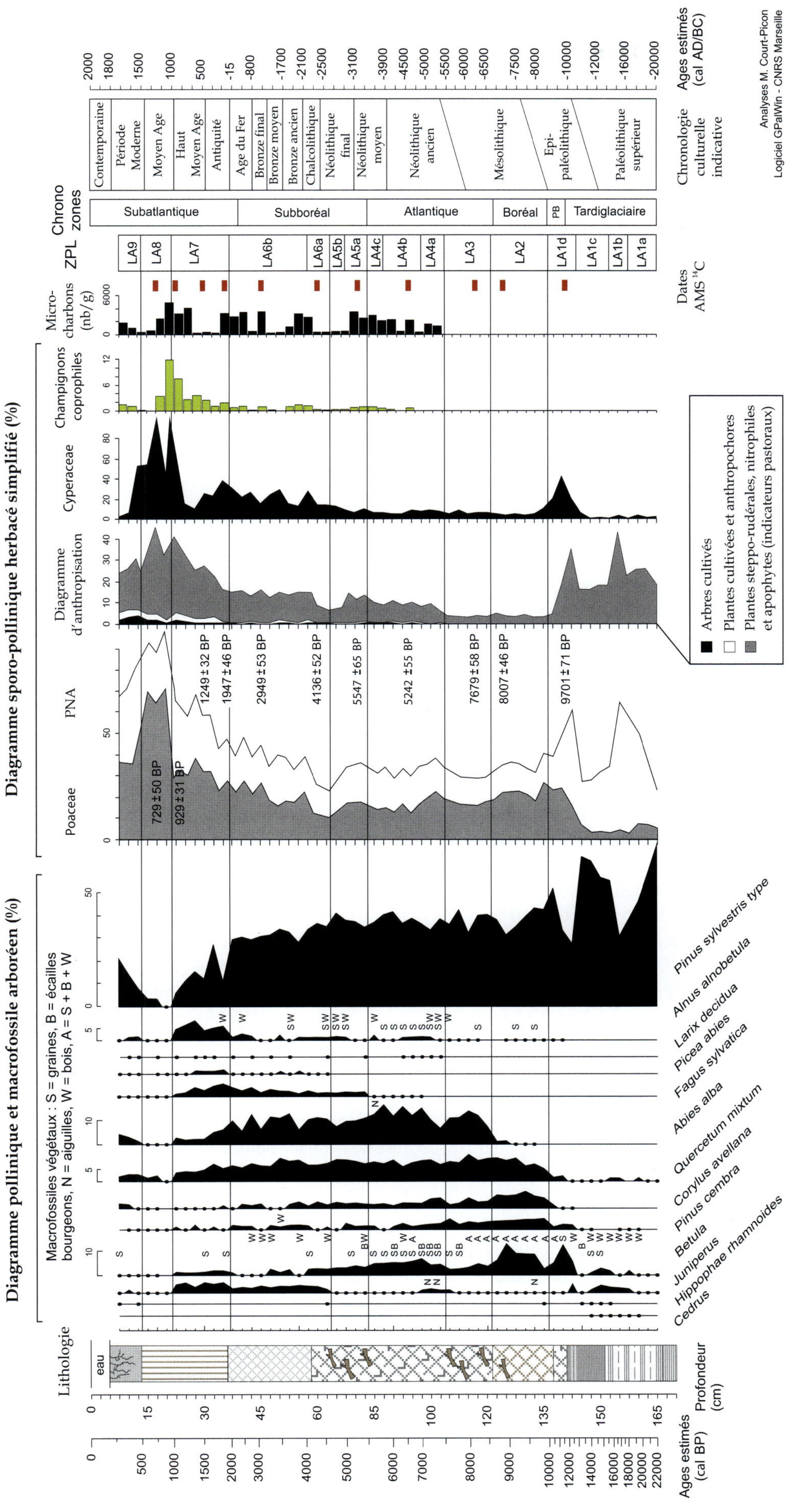

Figure 6 - Diagramme pollinique (%) et macrofossile simplifié du Lac des Lauzons LA (2 180 m, Champoléon, haut Champsaur) (M. Court-Picon, IRSNB Bruxelles et IMEP, CNRS/Aix-Marseille Universités, 2008).

zone LZH1-4 ; Lac des Lauzons, zone LA-4 ; Figures 5 et 6). Dans la haute vallée du Lauzanier, *Abies* devient une espèce significative avec des taux de presque 15 % (LZHI-4), tandis que la courbe de *Betula* se stabilise autour de 20 %. *Pinus*, *Cyperaceae* et *Poaceae* maintiennent des valeurs relativement constantes. A cette même période, les changements sédimentologiques (passage d'argile lacustre à un milieu tourbeux) correspondent à l'apparition de *Selaginella selaginoides*, indicatrice de conditions marécageuses (Figure 5).

Dès le début du IVe millénaire BC, la végétation est marquée par le déclin plus ou moins important du sapin, qui colonisait alors la plus grande partie des versants en contrebas des sites (Lac de Lauzanier, sommet de la zone LZH1-4 ; Lac des Lauzons, zones LA-4c / LA-5 ; Figures 5 et 6), favorisant l'extension du hêtre dans l'étage montagnard, du pin cembro et du mélèze à plus haute altitude dans l'étage subalpin[7]. A partir de la première moitié du IIIe millénaire BC, les prairies progressent au détriment de la forêt qui avait atteint des altitudes supérieures à 2 500 m au cours des périodes précédentes (Atlantique et début du Subboréal) (Lac de Lauzanier, début de la zone LZH1-5 ; Lac des Lauzons, zone LA-6a ; Figures 5 et 6).

II - Aménagements agropastoraux et gestion de l'espace montagnard de la fin du Néolithique au début de l'Antiquité (IIIe millénaire BC - Ier siècle AD)

La fin du Néolithique et l'âge du Bronze (seconde moitié du IIIe millénaire-début du Ier millénaire BC) correspondent à une multiplication de gisements d'altitude, entre 2067 et 2359 m, en relation avec l'essor démographique observé dans les zones basses (Garcia, 1995 ; Richard *et al.,* 2007 éd). L'apparition et le développement, dès la seconde moitié du IIIe millénaire BC, d'aménagements pastoraux et domestiques complexes et de structures isolées soulignent une nouvelle gestion de l'espace montagnard : les paysages sont de plus en plus façonnés par les activités humaines et l'entretien des alpages paraît continu (Walsh *et al.,* 2005 ; Court-Picon *et al.,* 2007). La présence croissante, dans les diagrammes polliniques, de plantes liées à l'élevage et des particules carbonisées indique localement une accentuation de cette activité et de l'utilisation du feu pastoral pour l'entretien des alpages. Ces signaux sont associés à une quasi disparition de la forêt ouverte de *Pinus cembra* in situ, favorisant l'expansion de *Larix* liée à la constitution des alpages supra-forestiers locaux.

Dans les hautes vallées du Parc national des Ecrins et de la haute Ubaye, une dizaine de structures pastorales connaissent une, voire plusieurs occupations entre la moitié du IIIe et le début du Ier millénaires BC (2580 à 810 BC) : sur le Plateau de Faravel et dans la haute vallée de Chichin, Faravel XIX (2303 m, Figure 7 a), Faravel VIIId (2120 m, Figure 7 b), Chichin II (2080 m, Figure 7 c) et Chichin III (2230 m, Figure 7 d) ; dans la haute vallée du Fournel, Serre de l'Homme XI (2262 m, Figure 8 a) ; dans le massif du Grand Fond, Grand Founze I (2210 m, Figure 8 b) ; dans le haut Champsaur, les sites du Lac des Lauzons (2190 m, Champoléon, Figure 4), du Col du Palastre II (2200 m, St-Jean-St-Nicolas ; Figure 8 c) et de Jujal (2140 m, Orcières) et enfin, dans la haute Ubaye, le site du Lauzanier sud I (2359 m, Figure 8 d). Au sein de ces vestiges se distingue, dans la haute vallée du Fournel, le site du Serre de l'Homme II (2208 m) qui ne présente pas les caractéristiques d'installations liées à une activité pastorale.

Certains éléments topographiques et architecturaux se retrouvant d'un massif à un autre, caractérisent les gisements de cette période : implantation, parfois pérenne, à proximité de torrents, de lacs ou de tourbières, en bordure de falaise, de dépressions ou de petits plateaux ; exploitation de la topographie naturelle du terrain afin d'asseoir les structures (appui sur des blocs erratiques, des éboulis ou des comblements de ravines) ; enclos pour le bétail, de forme triangulaire ou ovoïde de 20 à 150 m^2 environ, sans aménagements internes et cabanes de berger de forme ovoïde ou rectangulaire de superficie modeste (entre 3 et 10 m^2) conservant des vestiges de sols de circulation et / ou de foyers, plus ou moins aménagés (Faravel XIX, Chichin II et III, Serre de l'Homme XI, Col du Palastre, Lac des Lauzons II, Lauzanier Sud I). Plus rares sont les traces d'incendie internes à la structure (Faravel VIII d, Serre de l'Homme XI, Grand Founze I, Lauzanier sud I) ou inhérents à des déboisements en vue de la mise en valeur pastorale d'un secteur (Jujal).

De l'architecture de ces structures ne subsistent que les murs constitués d'amas de blocs de schiste non taillés, conservés sur 0,20 à 0,60 m de hauteur. La toiture de l'espace domestique, probablement en matériaux périssables, devait reposer sur des perches calées dans les amas de blocs ou contre un bloc (Lauzanier sud I). Entre sites pastoraux complexes et aménagements plus isolés, trois types de vestiges se dessinent : un ensemble de structures contemporaines les unes des autres correspondant à un parc à bétail (Faravel XIX-E2, Chichin II-E3, Chichin III-E1) attenant ou à proximité d'une ou plusieurs cabanes de berger (Faravel XIX-E1-E3, Chichin II-E1, Chichin III-E2) ; une cabane de berger

7 *Dans les Alpes sud-occidentales, le succès des hêtraies est cependant mitigé et les surfaces qu'elles ont pu occuper restent faibles au regard de celles des pineraies et des sapinières.*

Figure 7 - Sites archéologiques sur le Plateau de Faravel et dans la haute vallée de Chichin (Freissinières, 05). A. Faravel XIX vu depuis le nord (alt. 2303 m, cliché K. Walsh, 2002). B. Faravel VIIId vu depuis le nord-ouest (alt. 2120 m, Fl. Mocci, 1999). C. Chichin II vu depuis le nord (alt. 2080 m, cliché K. Walsh, 2003). D. Chichin III vu depuis l'est (alt. 2230 m, cliché Fl. Mocci, 2003).

ou un enclos insérés au sein de plusieurs structures pastorales de période et de forme différentes (Jujal I, Col du Palastre II, Grand Founze I ; Serre de l'Homme XI) ; des structures totalement isolées (enclos de Faravel VIII d, cabane du Lac des Lauzons II, abri sous roche du Lauzanier sud I).

Une des caractéristiques de ces vestiges réside en l'absence de tout mobilier céramique, métallique ou osseux. L'origine de cette lacune est peut-être pédologique (acidité des sols) ou taphonomique mais elle peut être également liée au statut des sites, dans ce contexte géomorphologique très particulier. La datation s'appuie essentiellement sur l'analyse ^{14}C des foyers domestiques ou des niveaux d'incendie mais aussi sur des objets lithiques. Il s'agit de séries peu abondantes résultant pour l'essentiel d'une production de supports laminaires et lamellaires, de facture souvent soignée, avec quelques pièces façonnées (burin, perçoir/denticulé, troncature).

1 - De la seconde moitié du IIIe millénaire au début du Ier millénaire BC (transition Néolithique final/Bronze ancien-âge du Bronze final)

a - Structures bâties…

Sur notre zone d'étude, les vestiges d'aménagement les plus anciens datés de la période de transition Néolithique final/début de l'âge du Bronze sont relativement marginaux. Ils sont identifiés uniquement dans l'Argentiérois autour de 2200 m d'altitude dans deux vallées contiguës : foyer de la cabane (2580-2340 BC ; 3970±35 BP ; Poz-5500) et paléosol de l'enclos (2460-2200 BC, 3845±35 BP ; Poz-5498) du site de Chichin III (vallée de Freissinières) ; dans la haute vallée du Fournel, deux foyers à plat reconnus sur le site du Serre de l'Homme II (2580-2340 BC ; 3965±35 BP, Poz-13919) et dans la cabane du Serre de l'Homme XI (2480-2280 BC ; 3895±35 ; Pa 2462). Des témoignages d'incendie antérieurs à la construction de la cabane du Serre de l'Homme XI pourraient être liés à un déboisement antérieur à 2480-2280 BC (données en cours d'analyse, fouille juillet 2008).

L'occupation humaine s'intensifie, se pérennise parfois, sur l'ensemble des espaces étudiés au cours de l'âge du Bronze ancien et moyen. De nouvelles structures apparaissent alors que d'autres connaissent une réoccupation dès le début de l'âge du Bronze ancien. Sur la Montagne de Faravel, deux sites connaissent une occupation contemporaine entre 2303 et 2120 m d'altitude : la cabane de Faravel XIX (2150-1920 BC ; 3670±45 BP ; Pa 2209) et l'enclos de Faravel VIII d (2150-1920 BC ; 3665±40 BP ; Pa 1841). Dans le Haut Fournel, le site du Serre de l'Homme XI est réoccupé et subit un incendie entre 1750 et 1560 BC (3375±30, Pa 2463) alors que dans le haut Champsaur, un sol de circulation est attesté dans la cabane du Lac des Lauzons II (2050-1500 BC ; 3470±100, Pa 1973). L'abri sous roche du Lauzanier sud I, en haute Ubaye, se rattache également à cette période (1880-1530 BC ; 3405±50, Pa 2365) (Figure 8 d)

Dans la seconde moitié du IIe millénaire BC (âge du Bronze moyen), les témoignages pastoraux sont liés aux structures d'habitats avec l'apparition du site de Chichin II (1540-1410 BC, 3220±35 BP ; Poz-5603) et une nouvelle fréquentation de la cabane du Lac des Lauzons II (1610-1310 BC, 3180±60, Pa 1971) mais aussi à des événements liés à un défrichement par le feu en vue de l'exploitation et l'entretien de l'espace pas-

Figure 8 - Sites archéologiques de l'Argentiérois : A. Serre de l'Homme XI vu depuis le sud-ouest (alt. 2262 m, cliché Fl. Mocci, 2008) ; B. Grand Founze I vu depuis l'ouest (alt. 2210 m, cliché Fl. Mocci, 2007) ; du Champsaur : C. Col du Palastre II vu depuis l'est (alt. 2200 m, cliché K. Walsh, 2006) ; de la haute Ubaye : D. Lauzanier sud I vu depuis l'ouest (alt. 2359 m, cliché Fl. Mocci, 2005).

toral. Trois phases d'incendie affectent ainsi le site de Jujal dans le haut Champsaur, avant et après la construction de l'enclos (1690-1440 BC, 3275±40, Pa 2140 ; 1530-1250 BC, 3145±60, Pa 2141; 1270-1010 BC, 2945±35, Pa 2145).

Entre la fin de l'âge du Bronze moyen et l'âge du Bronze final (IIe et début du Ier millénaires BC), seuls deux sites apportent les éléments les plus récents sur l'occupation en altitude : dans l'Argentiérois, la cabane du Grand Founze Ic (980-810 BC, 2745±30 BP ; Poz-22633) et dans le haut Champsaur, l'enclos du Col du Palastre II (1220-790 BC, 2770±95 ; Pa 2336) (Figures 8b et 8c).

b - ...et témoignages d'activité pastorale

Cette présence humaine en montagne dès le début de l'âge du Bronze, attestée dans les diagrammes polliniques des Alpes méridionales quelle que soit l'altitude (Beaulieu, 1977 ; Beaulieu, Goeury, 2004 ; Court-Picon, 2007 ; Nakagawa, 1998 ; Wegmüller, 1977), est confirmée sur les deux espaces alpins étudiés (le Lauzanier, Ubaye ; Lac des Lauzons, Champsaur ; Serre de l'Homme, Argentiérois). Aux abords du Lac du Lauzanier, les signaux polliniques révèlent une accentuation des déforestations dès la fin du IIIe millénaire (2140-1920 BC ; 3655±35 ; zone LZH1-5 ; Figure 5). La base de la zone LZH1-5 marque une évolution considérable des taux de la plupart des taxons arboréens. Ainsi, en début de zone, le pollen arboréen chute de moitié (il passe de 80% à 40%) du fait principalement du déclin de *Betula*, *Abies* et dans une moindre mesure *Pinus*. Seuls *Fagus* et *Picea* sont mieux représentés. Parmi les herbacées, *Cyperaceae* et *Selaginella selaginoides* connaissent une forte élévation de leurs valeurs alors que *Artemisia*, *Lactuca* type, *Botrychium*, les *Lamiaceae* et les *Poaceae* sont également mieux représentées. Aux abords du Lac et du site des Lauzons (alt. 2190 m), l'augmentation de l'influence humaine est soulignée par l'augmentation d'armoise (*Artemisia*) et d'oseille sauvage (*Rumex*), mais aussi par la réapparition des *Chenopodiaceae*, des plantains (*Plantago*), *Ranunculaceae*, orties (*Urtica* type) et sagines (*Sagina*). La hausse momentanée du genévrier (*Juniperus*) et les premières occurrences du plantain lancéolé (*Plantago lanceolata* type) suggèrent l'existence d'activités pastorales (zone LA-6b). Localement, le replat des Lauzons semble ainsi connaître une forte occupation pastorale, apparemment continue et croissante de la fin du IIIe millénaire BC au IXe siècle. AD.

Dans la vallée du Serre de l'Homme, les premiers résultats révèlent l'omniprésence des indicateurs polliniques d'anthropisation (*Artemisia, Plantago alpina, Plantago lanceolata* type, *Plantago media/ major, Chenopodium*, champignons coprophiles) et le déclin important des taxons arboréens depuis au moins la fin du IIe millénaire BC (1220-1020 BC, 2930±30 BP, fin de la zone SDH1-1/début SDH1-2 ; Figure 9). Néanmoins, antérieurement à cette période, des taux élevés de microcharbons et des occurrences de *Sporormiella* suggèrent un pâturage localisé à proximité immédiate du lac (SDH1-1).

Au regard des impacts ponctuels et localisés du Néolithique, l'âge du Bronze marque ainsi une réelle emprise sur le milieu avec la mise en place de véritables terroirs pastoraux en haute altitude. La réduction des sapinières, associée à l'extension du mélèze (*Larix decidua*) puis des pionniers héliophiles (aulne et bouleau) conquérants des espaces ouverts puis abandonnés ou inexploitables, s'accompagnent d'un fort accroissement des taxons herbacés lié à des pratiques pastorales et de la présence régulière des indicateurs plus généraux d'activités humaines. La limite supérieure de la forêt, formée par des peuplements (mixtes) de pin cembro, de pin à crochets, de mélèze et de bouleau, se situe alors aux alentours de 2000-2200 m, soit un abaissement de 150 à 300 m par rapport aux périodes préhistoriques précédentes.

L'analyse anthracologique des sites, datés entre le milieu des IIIe et IIe millénaires BC (Chichin III, Chichin II, Faravel XIX, Faravel VIIId) et le Ier millénaire BC (Faravel XIII), a permis d'identifier les principales essences de l'étage subalpin (Figure 10). Le mélèze-épicéa est très bien représenté dans les assemblages, tout comme le pin cembro. La présence du bouleau (*Betula*), du saule (*Salix*) et du genévrier (*Juniperus siberica*), tous trois héliophiles, indique un milieu forestier peu dense. L'érable (*Acer* cf. *opalus*) et le pin de type sylvestre (*Pinus sylvestris/uncinata*) sont actuellement présents dans l'étage montagnard, dans les formations caducifoliées pour le premier et dans la pinède d'adret sur lande à genévriers pour le second. Le bouleau, l'érable et le saule témoignent de la proximité du torrent, le mélèze, le genévrier et le pin de type sylvestre d'un milieu ouvert de conditions plus xériques, le pin cembro, le rhododendron et les myrtilles d'un sol plus acide, avec un humus de type moder. Cette mosaïque de végétation traduit assez bien la mosaïque des milieux exploités par l'homme pour la récolte du bois. De nos jours, aucune de ces essences ligneuses retrouvées dans le matériel archéologique n'est présente sur les sites étudiés entre 2080 et 2303 m d'altitude. Les hypothèses suivantes peuvent être proposées : soit les arbres montaient jusqu'à l'altitude de 2250 m au moins sur les versants sud, soit le déboisement de cette zone par l'homme est contemporain ou postérieur à la fréquentation du site. Une flore typiquement alpine, caractéristique de ce qu'on définit aujourd'hui comme celle de l'étage subalpin est ainsi attestée par l'analyse anthracologique. Les résultats sont cohérents avec une récolte de bois de feu (ou de construction ?) supposée locale, à proximité des structures pastorales. Cependant, la présence d'essences présentes actuellement à une altitude inférieure (bouleau, érable et pin de type sylvestre) (Chichin II) conduit à envisager l'éventualité de

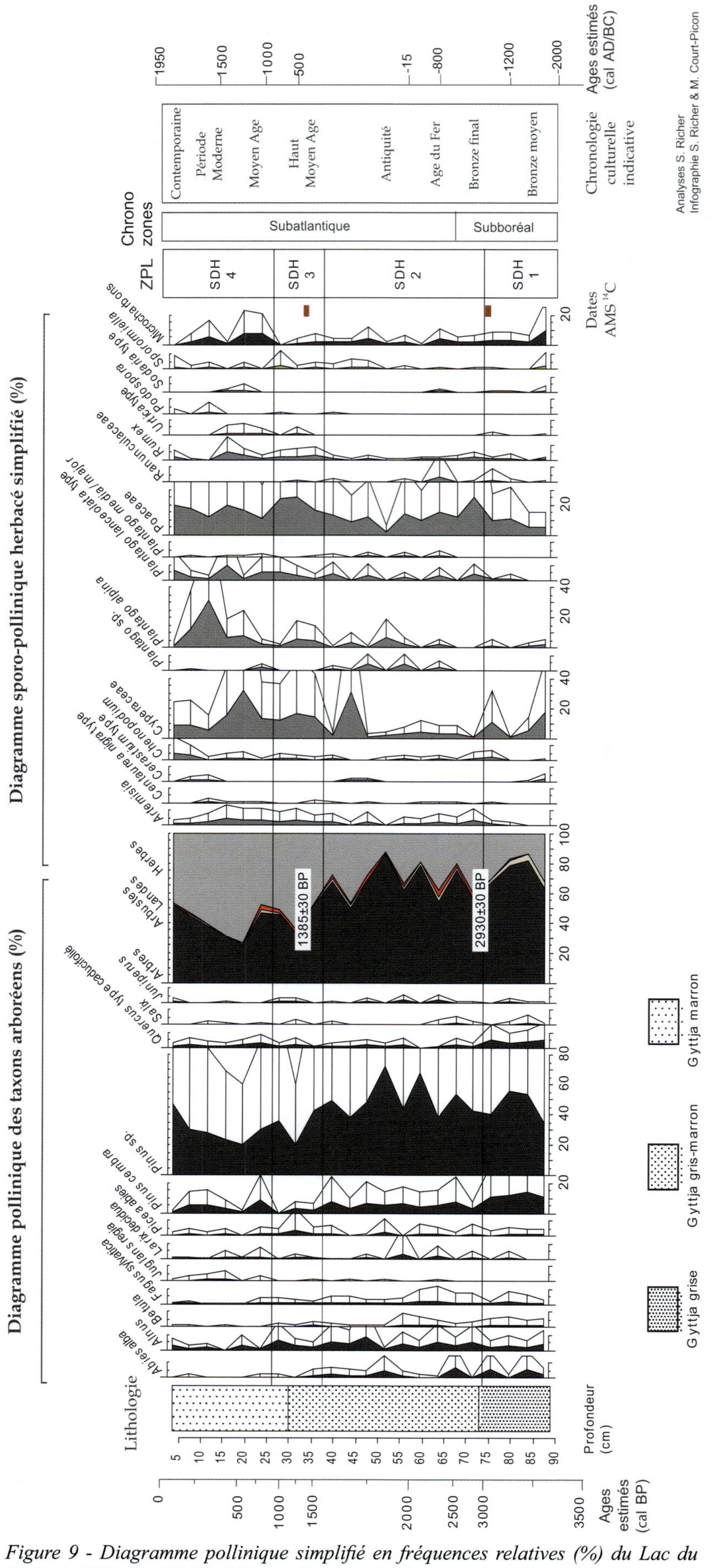

Figure 9 - Diagramme pollinique simplifié en fréquences relatives (%) du Lac du Serre de l'Homme SDH1 (2234 m, l'Argentière-la-Bessée) (S. Richer, Université de York/IMEP, CNRS/Aix-Marseille Universités, 2008).

transport de bois depuis les altitudes inférieures vers les sites pastoraux. Rien ne nous permet de conclure à l'absence de transport, même si la présence de petits ligneux (rhododendron, airelles) indique une récolte de bois attestée à proximité des sites. La présence à plus de 2000 m d'altitude d'essences qui aujourd'hui ne dépassent pas 1800 m témoigne de l'impact de l'homme sur le milieu, qui a eu pour conséquence l'abaissement de la limite supérieure des différentes espèces ligneuses présentes autrefois sur le site.

2 - Du début du Ier millénaire BC au Ier siècle AD (âge du Fer et début de l'Antiquité)

Au cours de l'âge du Fer et le début de l'Antiquité, des traces fugaces et peu représentatives d'une activité pastorale témoignent d'une fréquentation humaine de la haute montagne, en opposition avec le peuplement et l'urbanisation des zones basses, en fond de vallée (Isoardi 2005, 2006 ; Segard 2005, 2007, 2008). Dans l'Argentiérois/Champsaur, en témoignent des vestiges très divers : trois trous de poteau sur le site de Faravel XIII à 2150 m (770-400 BC, 2460±50, Pa 2113), un paléosol dans l'enclos du Grand Founze I (410-200 BC, 2275±40 ; Pa 2461), une petite cabane isolée sur le site de Faravel XIV à 2450 m (50 BC-80 AD ; 1985±50 BP, Pa 2097) et un niveau d'érosion sur le Col du Palastre II (110-260 AD, 1915±80, Pa 2239). En Haute Ubaye, l'abri du site du Lauzanier sud I est réoccupé et incendié (60-180 AD, 1955±50, Pa 2367).

Pour cette période et certains de ces secteurs, l'exploitation pastorale est cependant bien attestée par les analyses polliniques issues des lacs des Lauzons (Champsaur), du Serre de l'Homme (Argentiérois) et du Lauzanier (haute Ubaye).

Autour du Lac des Lauzons (2180 m), l'âge du Fer et l'Antiquité apparaissent plutôt comme une continuité par rapport à l'intensification des activités locales enregistrée à

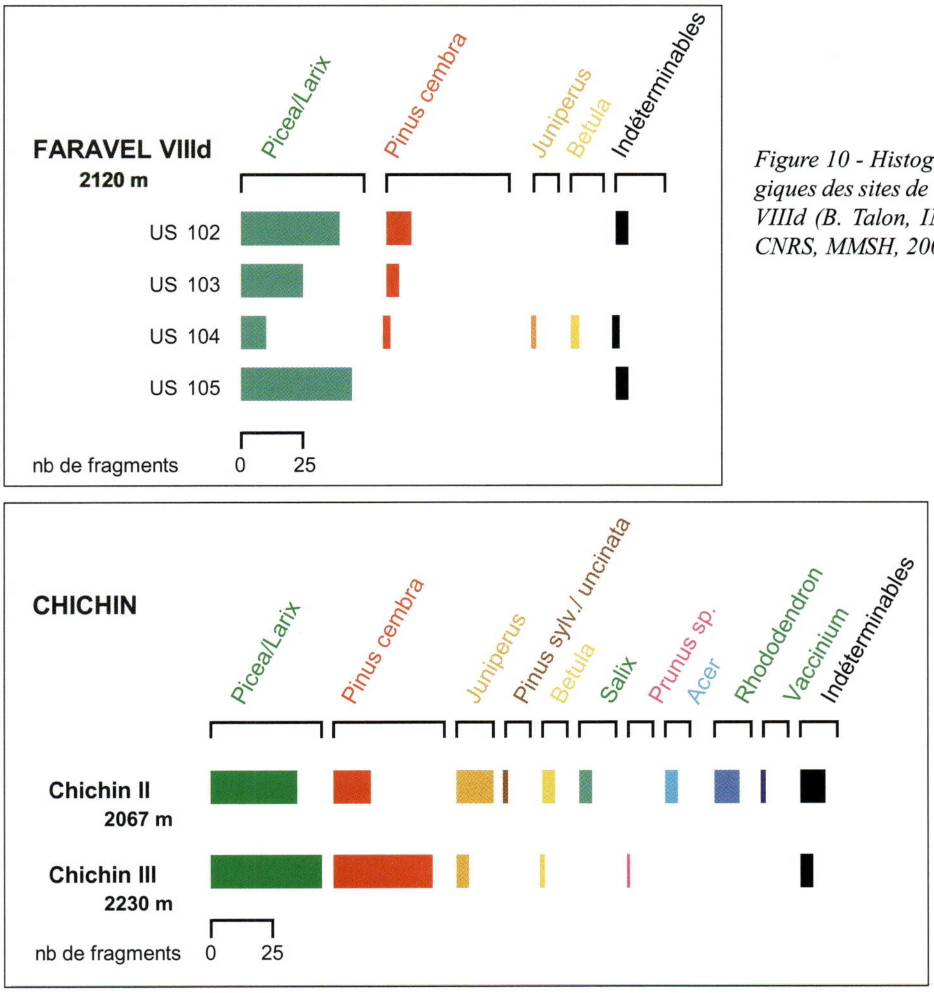

Figure 10 - Histogramme des résultats anthracologiques des sites de Chichin II, Chichin III et Faravel VIIId (B. Talon, IMEP, Aix-Marseille Universités-CNRS, MMSH, 2008).

partir de l'âge du Bronze ancien ; les marqueurs polliniques d'anthropisation sont en effet toujours bien représentés tout au long de ces périodes. Un nouvel essor pastoral peut néanmoins être observé dès le Ier siècle AD., caractérisé par une augmentation des déboisements et des marqueurs polliniques d'anthropisation, qui persisteront et s'intensifieront progressivement tout au long de l'époque gallo-romaine. La détérioration des peuplements d'altitude au niveau du replat des Lauzons (principalement pinèdes et mélézins) pour étendre l'espace pastoral conduit à la constitution de fourrés d'espèces arbustives pionnières héliophiles (*Alnus alnobetula*, *Juniperus*) dans les endroits les moins impactés. Les marqueurs polliniques d'anthropisation, tout au long de cette période de forte pression humaine, sont surtout représentés par les *Poaceae* et les espèces rudéro-nitrophiles associées à un fort piétinement et à l'enrichissement du sol par les troupeaux domestiques (*Artemisia*, *Rumex*, *Urtica* type, *Plantago media/major*, *Ranunculaceae*), ainsi que *Juniperus* et *Plantago lanceolata* type. L'augmentation des *Poaceae* et la bonne représentation des herbacées héliophiles semblent conforter l'hypothèse d'une expansion des pâturages aux dépens de la partie sommitale de la sapinière en contrebas du replat, tandis que l'augmentation des spores de champignons coprophiles et des indicateurs pastoraux souligne l'intensification locale de la pression pastorale (zone LA-7).

Dans le massif du Serre de l'Homme, la diminution de *Pinus cembra* au profit de *Larix* et *Juniperus*, associée à une augmentation des herbacées rudéro-nitrophiles (*Artemisia*, *Cerastium* type, *Chenopodium*, *Ranunculaceae* et de tous les plantains) et à la présence, même en faible quantité, de spores de champignons coprophiles témoignent du maintien des activités pastorales à cette altitude. Dans les zones basses, une intensification concomitante des activités agro-pastorales est observée avec une déforestation importante des chênaies et sapinières et le développement des cultures (apparition de *Juglans* et des céréales, zone SDH1-2 ; Figure 9).

Autour du site du Lauzanier, les données sporo-polliniques du diagramme LZSB révèlent une faible activité anthropique autour du lac principal, au moins jusqu'aux zones LZSB-4 et 5 attribuées à l'époque moderne (Figure 11). *Chenopodiaceae* et *Plantago lanceolata* type sont présents au cours de l'âge du Fer mais en faible quantité (LZSB-1 et début de LZSB-2). L'analyse de la carotte LZH1 corrobore cette faible perception anthropique avec la présence d'indicateurs pastoraux en LZH1-6 suggérant une activité pastorale sur les pentes à proximité du lac à cette période (Figure 5). Celle-ci ne semble cependant pas avoir été intense. Bien que les taux des *Poaceae*, *Chenopodiaceae*, de *Artemisia* et des plantains (*Plantago lanceolata* type, *Plantago media/major*, *Plantago alpina* et *Plantago* sp.) s'élèvent dans cette zone, les valeurs de ces indicateurs pastoraux restent assez faibles. Il apparait néanmoins évident que cette augmentation de la perception pollinique des plantes rudérales et pastorales, associée à l'accentuation des déforestations (diminution de *Abies*, *Alnus*, *Quercus*, *Ulmus*, *Corylus* et *Salix*) témoignent

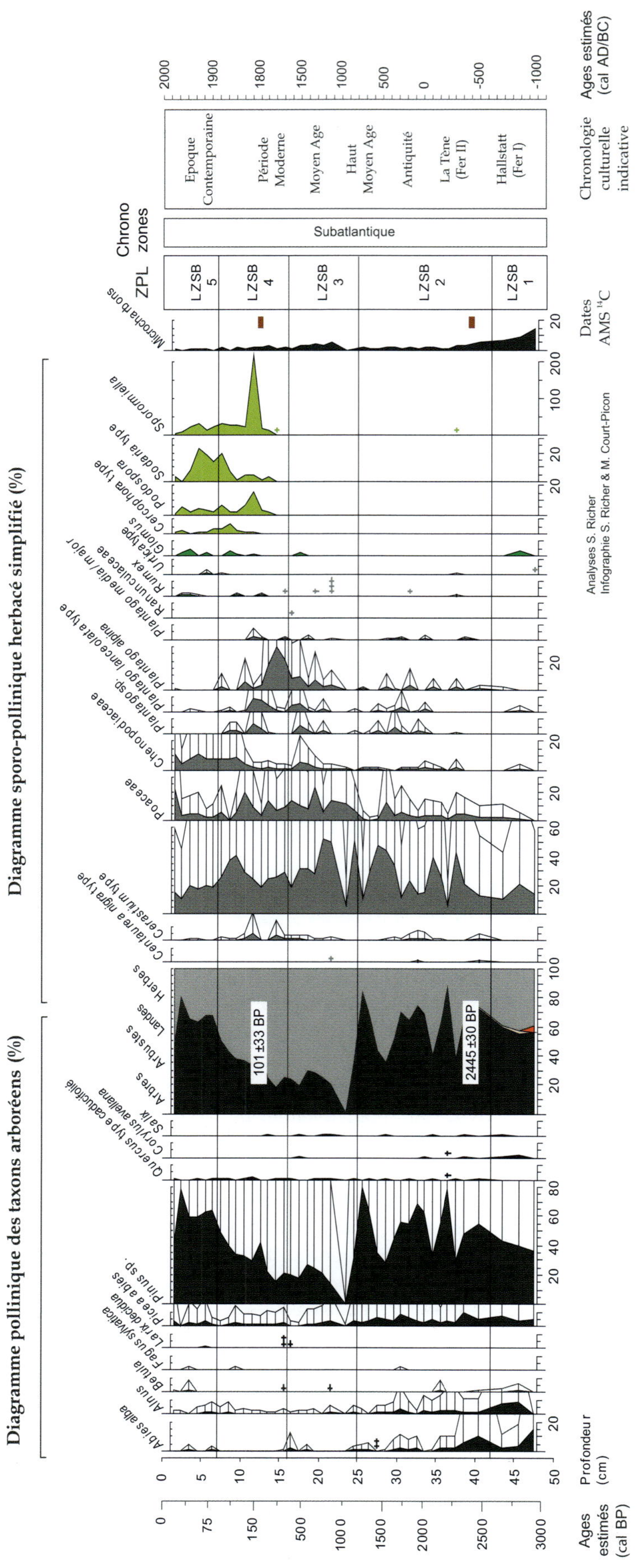

Figure 11 - Diagramme pollinique simplifié en fréquences relatives (%) du Lac du Lauzanier LZSB (2 312 m, Larche, haute Ubaye) (S. Richer, Université de York-IMEP CNRS/Aix-Marseille Universités, 2008).

de l'existence d'activités anthropiques dans la vallée à l'âge du Fer. Le diagramme LZSB semble ensuite indiquer une légère augmentation des activités pastorales au cours de la période romaine (deuxième moitié de la zone LZSB-2), avec une élévation des valeurs des plantains, *Chenopodiaceae* et *Poaceae* tandis que les taux d'*Abies*, *Alnus*, *Betula* puis *Pinus* sont en diminution (Figure 11).

En revanche, des variations significatives dans l'enregistrement pollinique révèlent un changement dans l'exploitation des ressources naturelles à proximité du Lac de Fangeas et du plateau de Faravel (Freissinières). Sur le secteur de Fangeas/Faravel (1990 - 2300 m), un recul très net des taxons arboréens est observé à la fin de l'âge du Fer. Ces déboisements des pinèdes et cembraies d'altitude sont associés à une augmentation des *Poaceae*, des herbacées steppo-rudérales et nitrophiles indiquant une fréquentation pastorale plus importante de ce vaste replat d'altitude. Dans un deuxième temps, vers 120-330 AD (1805 ± 30 BP), les essences montagnardes (sapin, hêtre et chêne), l'aulne et le mélèze sont à leur tour fortement touchés alors que les Poaceae explosent et que les indicateurs pastoraux sont en nette diminution, signalant une déforestation importante à toutes les altitudes destinée à d'autres fins qu'une exploitation pastorale.

Quant aux données anthracologiques, elles concernent le site antique de Faravel XIV dont l'implantation à plus de 2400 m d'altitude correspond à celle de la limite supérieure des forêts il y a environ 7000 ans dans le Briançonnais et le Queyras (Fauquette et Talon, 1995 ; Talon, 1997, 1998). L'analyse anthracologique du foyer révèle une très forte dominance du pin cembro (90 %) attestant que cet arbre n'a pas disparu de la vallée à l'âge du Bronze. L'augmentation de la fréquentation du milieu et l'extension des pâturages a conduit les hommes à exploiter les derniers arbres en altitude, des pins cembro, probablement dans les zones les moins accessibles.

Les déboisements protohistoriques et antiques s'expriment donc en ordre dispersé selon les circonstances locales et il faudrait accroître le réseau spatial des informations pollen-analytiques pour mieux évaluer les changements qui se sont produits pendant cette période.

CONCLUSION
VERS UNE MEILLEURE COMPRÉHENSION DES MODES D'EXPLOITATION DE LA MONTAGNE

Jusqu'au début de nos travaux, les hypothèses sur l'occupation de la haute montagne alpine étaient fondées sur des données très lacunaires, l'étude des modes d'occupation et d'exploitation des différents étages étant peu abordée et la dimension verticale de la montagne quasiment absente des discussions. Les témoignages de peuplement et d'activité agro-pastorale acquis grâce à la confrontation des données archéologiques et paléoécologiques, révèlent que ces espaces montagnards et leurs ressources possédaient un attrait certain, bien au-delà de 2000 m d'altitude (Figure 12). Les données archéologiques indiquent une fréquentation ancienne et des premières pénétrations de la haute montagne d'une précocité jusqu'ici insoupçonnée (Paléolithique, Mésolithique). La fin du Néolithique et l'âge du Bronze correspondent au début de la présence continue des communautés humaines en moyenne et haute montagne, avec l'apparition de structures bâties. En revanche, la fréquentation humaine en altitude entre l'âge du Fer et la période gallo-romaine n'est encore attestée que par des vestiges bâtis fugaces et peu représentatifs d'une activité pastorale.

Les premières données polliniques acquises sur ce secteur des Alpes, sont cohérentes avec les résultats des études paléoenvironnementales menées dans le reste des Alpes, du Briançonnais (Hautes-Alpes) à la haute Tinée (Alpes-Maritimes) : abaissement de la limite supérieure des forêts d'au moins 300 m en versants sud, importance passée du pin cembro, ampleur et ancienneté de l'activité anthropique sur les paysages forestiers du Briançonnais (Ali *et al.*, 2005 ; Talon 1997, Talon *et al.,* 1998). Dans ce secteur des Alpes méridionales, si l'influence des groupes paléolithiques et mésolithiques sur le milieu végétal semble avoir été quasi inexistante, des indices très discrets d'activités pastorales ou de déboisements ponctuels apparaissent néanmoins précocement, entre 6000 et 4500 BC. Une tendance forte se dégage pour l'âge du Bronze, malgré des situations locales variées : elle se traduit par une chute progressive des taxons arborescents dans les spectres polliniques au profit des taxons herbacés, confirmant l'abaissement de la limite supérieure des forêts et l'éclaircissement des formations boisées d'altitude (forêts mixtes de pin cembro et de mélèze). Les

Figure 12 - À plus de 2303 m d'altitude, le site de Faravel XIX en cours de fouille (Freissinières, Hautes-Alpes ; cliché K. Walsh, 2002).

IIe et IIIe millénaires BC connaissent des phases de déboisements / défrichements plus intenses, qui dans la plupart des cas conduisent à une installation saisonnière durable ou du moins à une pérennisation des espaces ouverts. De façon presque systématique en tout cas les sites qui témoignent de telles dynamiques montrent des modifications trop importantes pour que la végétation puisse retrouver son état antérieur. Durant l'âge du Fer et l'époque romaine les indicateurs plaident pour une continuité dans l'exploitation de la haute montagne, ces périodes étant caractérisées par des activités pastorales continues mais d'importance modeste. Les importants changements politiques, sociaux et économiques durant ces deux périodes ne sont pas pour autant à l'origine d'évolutions majeures dans l'exploitation de ces espaces d'altitude.

La précocité et l'ampleur de l'action de l'homme sur le milieu sont également attestées par les analyses anthracologiques qui apportent des précisions sur la végétation ligneuse au niveau local. Ainsi à l'âge du Bronze ancien, la montagne n'est pas déboisée ; les essences aujourd'hui très rares, comme le pin cembro, y sont encore présentes. Toutes les études anthracologiques conduites dans les Alpes, dans des secteurs où *Pinus cembra* est actuellement relictuel ou absent, l'ont mis en évidence. Cet arbre avait donc une aire de répartition bien plus importante que ne le laisse supposer sa répartition actuelle. L'analyse des charbons de bois des structures pastorales de l'Argentiérois fournit donc des informations très intéressantes sur l'image de la végétation de ces hautes vallées dès l'âge du Bronze en relation avec l'exploitation du milieu pastoral à partir de cette période.

Poursuivre et développer l'étude diachronique de l'occupation humaine et de l'exploitation de ces espaces de haute montagne, en liaison avec les zones basses, devraient permettre d'appréhender les évolutions déterminantes des dynamiques de peuplement et leurs conséquences sur le paysage.

Bibliographie

Ali A. A., Carcaillet C., Talon B., Roiron P., Terral J.-F., 2005. Pinus cembra L. (arolla pine), a common tree in the inner French Alps since the early Holocene and above the present tree line: a synthesis based on charcoal data from soils and travertines. *Journal of biogeography,* 32(9), 1659-1669.

Beaulieu J.-L. de, 1977. Contribution pollenanalytique à l'histoire tardiglaciaire de la végétation des Alpes méridionales françaises. Thèse de doctorat ès Sciences, Université Aix-Marseille III, 358 p.

Beaulieu J.-L. de, Goeury C., 2004. Les premiers signes de l'anthropisation dans les Alpes françaises d'après l'analyse pollinique. *In* Richard H. (éd.), Néolithisation précoce. Premières traces d'anthropisation du couvert végétal à partir des données polliniques. Presses Universitaires Franc-Comtoises, Besançon, 163-171.

Bintz P., Bressy C., Griggo C., Pelletier D., Thiebault S., Bernard C., 2005. Peuplement mésolithique en montagne alpine : l'exemple de l'abri sous roche de Canaple (St-Pierre de Chartreuse, Isère, France). *Revue de Paléobiologie*, Genève, Vol. 10, 51-57.

Bintz P, 1994. La fin du Paléolithique et le Mésolithique dans les Alpes du Nord françaises : paléoenvironnement, peuplement et modes d'exploitation du milieu. *Preistoria Alpina*, 28, 255-273.

Bintz P., 2004. Mésolithique et Néolithique ancien. *In* Joudain-Annequin C. (éd.), Atlas culturel des Alpes occidentales, De la Préhistoire à la fin du Moyen Age, programme ERICA, Picard, Paris, 38-39.

Bintz P., Bracco J.-P., 2004. Paléolithique supérieur récent. *In* Joudain-Annequin C. (éd.), Atlas culturel des alpes occidentales, De la Préhistoire à la fin du Moyen Age, Programme ERICA, Picard, Paris, 34-35.

Bocquet A., 2004. Néolithique moyen et final. *In* Jourdain-Annequin C. (éd.), Atlas culturel des alpes occidentales, De la Préhistoire à la fin du Moyen Age, Programme ERICA, Picard, Paris, 40-41.

Broglio A., 1994. Moutain sites in the context of North-East italian Upper Palaeolithic and Mesolithic. *Preistoria Alpina*, 28, 93-148.

Brugiapaglia E., 1996. Dynamique de la végétation Tardiglaciaire et Holocène dans les Alpes italiennes nord-occidentales. Thèse, Université d'Aix-Marseille III.

Clerc, J., 1988. Recherches pollenanalytiques sur la paléoécologie tardiglaciaire et holocène du Bas-Dauphiné. Thèse, Université d'Aix-Marseille III.

Carcaillet C., Muller S., 2005. Holocene tree limit and distribution of Abies alba in the inner french alps: anthropogenic or climatic changes?. *Boreas*, 34, 468-476.

Court-Picon M., 2003. Approches palynologique et dendrochronologique de la mise en place du paysage dans le Champsaur (Hautes-Alpes, France) à l'interface des dynamiques naturelles et des dynamiques sociales. Thématique, méthodologie et premiers résultats. *Archéologie du Midi Médiéval*, 21, 211-224.

Court-Picon M., 2007. Mise en place du paysage dans un milieu de moyenne et haute montagne du Tardiglaciaire à l'époque actuelle. Analyse du signal palynologique en Champsaur (Hautes-Alpes, France) à l'interface des dynamiques naturelles et des dynamiques sociales. Thèse de Science, Université de Franche-Comté, 732 p.

Court-Picon M., Walsh K., Mocci Fl., Segard M., Palet Martinez J.-M., 2007. Occupation de la montagne et transformation des milieux dans les Alpes méridionales au cours de l'âge du Bronze : approche croisée des données palynologiques et archéologiques en Champsaur et Argentiérois (Hautes-Alpes, France). *In* Richard H., Magny M., Mordant C. (éd.), Environnement et Culture à l'âge du Bronze en Europe occidentale, Editions du CTHS, Paris, 89-106.

Curdy Ph., 2002 (Ed.). Premiers hommes dans les Alpes de 50 000 à 5000 avant Jésus-Christ, Lausanne, Musées cantonaux du Valais, Sion, Payot, 200 p.

Della Casa Ph., Walsh K., 2007 (Ed.). Interpretation of sites and material culture from mid-high altitude mountain environments. Actes du Colloque International de European Archaelogical Association (Lyon sept. 2004). *Preistoria Alpina*, 42, Museo Tridentino di scienze naturali, Trento.

Fedele F., 1990. Prehistoric and ancient man at higher altitudes and latitudes. European mountains : the Alps. *In*: Impact of the prehistoric and medieval man on the vegetation : man at the forest limit, Strasbourg, 25-29.

Fontana F., Vullo N., 2000. Organisation et fonction d'un camp de base saisonnier au cœur des Dolomites : le gisement mésolithique de Mondeval de Sora (Belluno, Italie). *In* Richard A., Cupillard C., Richard H., Thevenin A. (éd.), Les derniers chasseurs-cueilleurs d'Europe occidentale (13 000 - 5500 BC), Actes du colloque international de Besançon (23 - 25 octobre 1998), Presses universitaires franc-comtoises (Annales littéraires, 699), Besançon, 197-208.

Gallay A. 2006 (éd.). Des Alpes au Léman. Images de la Préhistoire, Infolio Edition, 356 p.

Garcia D. 1995. Le peuplement protohistorique : les âges du Bronze et du Fer dans les Hautes-Alpes. *In* Ganet I. (éd.), Carte Archéologique de la Gaule, Les Hautes-Alpes, Académie des Inscriptions et des Belles Lettres, Paris, 40-43

Isoardi D., 2005. Les Alpes protohistoriques : des tombes, des maisons ou des objets... mais aussi des hommes. *In* : Delestre X. (Ed.), 15 ans d'Archéologie en PACA, Edisud, 138-139

Isoardi D., 2006. Histoire de la recherche archéologique en Ubaye, Société Scientifique et Littéraire des Alpes de Haute Provence, Digne-les-Bains, 129 p.

Jorda M., 1988. Modalités paléoclimatiques et chronologiques de la déglaciation würmienne dans les Alpes françaises du Sud (bassin durancien et Alpes-de-Haute-Provence). *Bulletin de l'Association Française pour l'Etude du Quaternaire*, 2/3, 111-122.

Jorda M., 1991. Un milieu naturel montagnard et des hommes : lectures du paysage haut-alpin. *In* Archéologie dans les Hautes-Alpes. Gap, 33-50.

Jourdain-Annequin C., 2004 (Ed.). Atlas culturel des alpes occidentales, De la Préhistoire à la fin du Moyen Age, Programme ERICA, Picard, Paris, 439 p.

Leveau Ph., Walsh K., 2005. Population sequences in a high altitude alpine environment: archaeological sites and historical and environmental time. *International Journal of Anthropology*, 20: 3/4, 155-171.

Mocci Fl., Tzortzis S., Palet-Martinez J., Segard M., Walsh K., 2006. Peuplement, pastoralisme et modes d'exploitation de la moyenne et haute montagne depuis la Préhistoire dans le Parc national des Ecrins (vallées du haut Champsaur et de Freissiniéres, Hautes-Alpes). *In* Verdin Fl., Bouet A.(éd.)., Territoires et paysages de l'âge du Fer au Moyen-âge, Mélanges offerts à Philippe Leveau, Collection Ausonius, Université de Bordeaux, 197-212.

Mocci Fl., Walsh K., Talon B., Tzortzis S., Court-Picon M., avec la collaboration de Bressy C., Dumas V., Gassend J.-M., Py V., 2008. Structures pastorales d'altitude et paléoenvironnment. Alpes méridionales françaises du Néolithique final à l'âge du Bronze. Catalogue de l'exposition Premiers Bergers des Alpes, Musée Dauphinois, Grenoble, Infolio Edition, 92-101.

Moe D., Fedele F., Maude A.E., Kvamme M., 2007. Vegetational changes and human presence in the low-alpine and subalpine zone in Val Febbraro, upper Valle di Spluga (Italian central Alps), from the Neolithic to the Roman period. *Veget Hist Archaeobot* 16, 431-451.

Morin A., Picavet R., 2006. Archéologie et pastoralisme d'altitude (Vercors, Dévoluy, haute vallée du Buëch. *In* Jourdain-Annequin C., Duclos J.-C. (éd.), Aux origines de la transhumance, les Alpe et la vie pastorale d'hier à aujourd'hui, Paris, Picard, 187-2003.

Nakagawa T., 1998. Études palynologiques dans les Alpes françaises centrales et méridionales : histoire de la végétation tardiglaciaire et holocène. Thèse de doctorat, Université d'Aix-Marseille III, Faculté des Sciences et Techniques de St-Jérôme, 211 p.

Palet-Martinez J.-M., Ricou F., Segard M., 2003. Prospections et sondages sur les sites d'altitude en Champsaur (Alpes du sud). Archéologie du Midi Médiéval, 21, 199-210.

Pion G., 2004. Magdalénien, Epipaléolithique et Mésolithique ancien au Tardiglaciaire dans les deux Savoie et le Jura méridional. Thèse, Université de Besançon, 2004, 2 vol., 479 p.

Py V., Ancel B., 2007. Exploitation des mines métalliques de la vallée Freissinières (Hautes-Alpes, France): Contribution à l'étude de l'économie sud-alpine aux IXe-XIIIe siècles. Actes du Colloque International de European Archaelogical Association (Lyon sept. 2005), Preistoria Alpina, 42, Museo Tridentino di Scienze Naturali, Trento, 83-98.

Richard A., Cupillard C., Richard H., Thevenin A. (Ed.), 2000. Les derniers chasseurs-cueilleurs d'Europe occidentale (13 000 - 5500 BC). Actes du colloque international de Besançon (23 - 25 octobre 1998), Presses universitaires franc-comtoises (Annales littéraires, 699), Besançon, 197-208.

Richard H., Magny M., Mordant C., 2007 Ed. Environnement et Culture à l'âge du Bronze en Europe occidentale, Editions du CTHS, Paris, 2007.

Rousset C., Dubar M., Poizat M., 1976. Les glaciers quaternaires dans les Alpes du Sud. La Préhistoire française, I. Paris, 27-31.

Segard M., Walsh K., Court-Picon M., 2003. L'occupation de la haute montagne dans les Alpes occidentales. Apport de l'archéologie et des analyses paléoenvironnementales. *In* Boëtsch G., Devriendt W., Piguel A. (éd.), Permanence et changements dans les sociétés alpines, Actes du colloque de Gap, juillet 2002, Edisud, Aix-en-Provence, 17-30.

Segard M., 2005. Les Alpes occidentales à l'époque romaine : développement urbain et exploitation des ressources des régions de montagne (Italie, Gaule-Narbonnaise, provinces alpines). Thèse de Doctorat nouveau régime «Archéologie, Histoire et Civilisations de l'Antiquité et du Moyen-âge», Université Aix-Marseille I, Centre Camille Jullian, 3 vol.

Segard M., 2008. Le pastoralisme dans les Alpes occidentales à l'époque romaine. Catalogue de l'exposition Premiers Bergers des Alpes, Musée Dauphinois, Grenoble, Infolio, 121-124.

Talon B., 1997. Evolution des zones supra-forestières des Alpes sud-occidentales françaises au cours de l'holocène. Analyse pédoanthracologique. Thèse de l'Université d'Aix-Marseille III, 213 p.

Talon B., Carcaillet C., Thinon M., 1998. Pedoanthracological Studies of the Upper Tree-Limit Change During the Holocene in the French Alps. *Géographie Physique et Quaternaire*, 52 (2), 195-208.

Tzortzis S., Mocci Fl., Walsh K., Court-Picon M., Talon B., avec la collaboration de Dumas V., Py V., Richer S., à paraître. Les massifs de l'Argentiérois du Mésolithique au début de l'Antiquité : au croisement des données archéologiques et paléoenvironnementales en haute montagne (Hautes-Alpes, Parc national des Ecrins). *In* Garcia D., Richard H. (éd.), Le peuplement de l'Arc alpin, Actes du Colloque du CTHS de Grenoble avril 2005, Editions du CTHS, Paris.

Walsh K., 2005. Risk and marginality at high altitudes : new interpretations from fieldwork on the Faravel Plateau, Hautes-Alpes. *Antiquity*, 79, 304, 289-305.

Walsh K., Richer S., avec la collaboration de Beaulieu J.-L. de, 2006. Attitudes to altitude: changing meanings and perceptions within a 'marginal' Alpine landscape ; the integration of palaeoecological and archaeological data in a high-altitude landscape in the French Alps. *World Archaeology* "Archaeology at altitude", 38-3, Routledge, 436-454.

Walsh K., Mocci Fl avec la collaboration de Dumas V., Durand A., Talon B., Tzortzis S., 2003. Neuf mille ans d'occupation du sol en moyenne montagne : la vallée de Freissinières dans le Parc national des Ecrins (Freissinières, Hautes-Alpes). *Archéologie du Midi médiéval*, 21, 185-198.

Walsh K., Mocci Fl., Court-Picon M., Palet-Martinez J.-M., Tzortzis S. avec la collaboration de Dumas V., Py V., Segard M. et Talon B., 2005. Dynamique du peuplement et activités agro-pastorales durant l'âge du Bronze dans les massifs du haut Champsaur et de la vallée de Freissinières (Hautes-Alpes, Parc national des Ecrins). *Documents d'Archéologie Méridionale*, 28, 25-44.

Walsh K., Mocci Fl., Palet-Martinez J.-M., 2007. Nine thousand years of human/landscape dynamics in a high altitude zone in the southern French Alps (Parc National des Ecrins, Hautes-Alpes). Actes du Colloque International de European Archaelogic Association (Lyon sept. 2005). Museo Tridentino di Scienze Naturali, Trento, *Preistoria Alpina*, 42, 9-22.

Wegmüller S., 1977. Pollenanalytische Untersuchungen zur spat und postglazialen Vegetationgeschichte der französischen Alpen (Dauphiné). Verlag Paul Haupt, Bern, Suisse, 178 p.

L'ANTHROPISATION DU MASSIF JURASSIEN BILAN DES DONNÉES PALYNOLOGIQUES

POLLEN-BASED RECONSTRUCTION OF HUMAN IMPACT HISTORY IN THE JURA MOUNTAINS DURING THE HOLOCENE

EMILIE GAUTHIER, HERVÉ RICHARD

Laboratoire Chrono-Environnempent, CNRS - UMR 6249, Université de Franche-Comté, 16, route de Gray, F 25030 BESANCON cedex.

Contact : emilie.gauthier@univ-fcomte.fr

RÉSUMÉ

Les analyses polliniques effectuées ces dernières années sur le Jura permettent de retracer l'évolution de la végétation et des impacts anthropiques au cours des huit derniers millénaires. Les phases successives d'emprises et de déprises agricoles sont maintenant assez bien connues. Les premiers indices polliniques d'anthropisation apparaissent dès le Néolithique ancien, soit le VIe millénaires avant notre ère et se stabilisent souvent à partir V^e^ millénaire. La faible emprise du Bronze ancien est suivie d'une déprise agricole couvrant une bonne partie du Bronze Moyen, sinon sa totalité. Il faut attendre le début du premier millénaire avant J.-C. pour voir apparaître une forte emprise agricole qui marquera la presque totalité du Bronze final. L'âge du Fer reste plus difficile à cerner surtout parce qu'il est difficile d'obtenir des dates radiocarbone précises pour cette période. L'époque gallo-romaine voit le retour d'un signal pollinique homogène montrant une emprise agricole plus ou moins importante selon l'altitude. La déprise de la transition entre l'époque gallo-romaine et le Haut Moyen-Age illustre une fois de plus la non linéarité de ces processus. Il faut attendre le VIIe siècle, et surtout le VIIIe siècle, pour voir réapparaître un signal anthropique régulier, et arriver aux alentours de l'an Mil pour constater un net recul de l'espace forestier. Le cortège de guerres et d'épidémies du XIVe siècle sonne le glas de la prospérité agricole médiévale. Le renouveau qui se dessine à l'orée du XVe siècle correspond à une nouvelle phase d'emprise agricole jusque là inégalée et qui verra la quasi disparition des forêts du Massif jurassien. Une réflexion a été engagée sur l'origine de cette succession de phases d'emprises et de déprises agricoles. Il apparaît qu'il s'agit d'une combinaison complexe de facteurs sociaux-économiques et climatiques.

***MOTS-CLÉS** : POLLEN, HOLOCÈNE, ANTHROPISATION, JURA.*

ABSTRACT

Pollen studies carried out over the last years in the Jura Mountains allow to reconstruct the regional history of the vegetation and human impact during the last 8 millennia. Successive phases of increasing and decreasing human impact have been recognised. The first pollen evidence of human impact occurred in the Early Neolithic period (6th millennium BC). Marks of human impact appear to have been relatively weak during the Early Bronze age, and nearly absent during the Middle Bronze age. They show a clear increase at ca 1000 cal BC during the Final Bronze age. The picture is more difficult to outline for the Iron age due to problems inherent in radiocarbon dating. During the Gallo-Roman period, the increase in human impact appears to be different depending on considered altitude. The transition between Antiquity and Medieval Times coincided with a decrease in human impact, which, once again, increased during the 7th century and more particularly the 8th century. Around 1000 AD, forested areas underwent a clear retreat. After wars and epidemics which characterised the 14th century, the 15th century marked a new increase in human impact, responsible for a quasi-disappearance of forests on the Jura Mountains.

***KEYWORSD:** POLLEN DATA, HOLOCENE, HUMAN IMPACT, JURA MOUNTAINS.*

Introduction

La forêt primaire qui couvrait le Massif jurassien s'est lentement transformée au cours de la période Holocène. Des forêts de pins aux couverts de noisetiers, de la chênaie mixte aux hêtraies-sapinières mêlées d'épicéa en altitude, le climat a longtemps dicté la composition et l'évolution de la végétation. Cette histoire est maintenant bien connue par l'analyse pollinique des zones humides (tourbières, lacs...) de la région. Ces dernières années, ce sont surtout les informations permettant de reconstituer l'impact des sociétés humaines successives qui ont été recherchées et analysées avec précision dans les diagrammes polliniques. L'étude plus particulière des indices polliniques d'anthropisation (IPA) permet au spécialiste d'appréhender l'évolution des activités agropastorales (Behre, 1981, 1988 ; Berglund et Ralska-Jasiewiczowa, 1986 ; Richard, 1994 ; Gauthier, 2004). Des diagrammes d'anthropisation synthétiques permettent de suivre précisément les variations de l'impact des sociétés humaines sur le couvert végétal. L'évolution des indices d'activités agropastorales, la chute des taxons arboréens, la meilleure perception de la pluie pollinique de certains arbres et arbustes favorisés par les ouvertures et une concurrence plus faible, sont autant de signaux anthropiques.

Les premières implantations de communautés agropastorales datent des tout débuts du Néolithique mais c'est surtout au cours des trois derniers millénaires que l'emprise de l'homme sur la végétation s'accentue ; le processus est cependant loin d'être linéaire. Quelle que soit la période abordée, Néolithique, Protohistoire, période gallo-romaine ou Moyen Age, l'histoire des sociétés agropastorales a été marquée par une succession d'emprises et de déprises agricoles aux causes diverses et variées. Une quinzaine de diagrammes polliniques, réalisés à partir de forages dans divers lacs et tourbières du Jura (Figure 1), ont été utilisés pour réaliser cette synthèse. Certaines données sont inédites (Saint-Point et Bouverans), les autres ont été publiées dans diverses revues et ouvrages (Vannière *et al.* ; 2003 Dufraisse et Gauthier, 2002 ; Richard éd., 2004 ; Gauthier, 2004 ; Miras et Surmely éd., 2006 ; Richard et Gauthier, 2007 ; Magny *et al.*, 2008)

I - Le Néolithique : le temps des clairières

Quand apparaissent les premiers indices polliniques d'anthropisation ? Les débats sur la question demeurent emprunts d'une certaine passion (Behre, 2007 ; Tinner, 2007) et la Franche-Comté recense, à l'égal de ses proches voisins suisses, des indices précoces d'activités agropastorales dans les diagrammes polliniques (Richard, 2004). C'est au cœur d'un environnement forestier que s'implantent les premières communautés agropastorales, dès le VIe millénaire avant J.-C. dans quelques endroits privilégiés, et surtout au cours des Ve et IVe millénaires (Richard, 2004). Les analyses polliniques menées sur les lacs de Clairvaux et de Chalain attestent la pérennité des occupations depuis le Néolithique moyen mais perçoit aussi une brève occupation plus ancienne remontant au Néolithique ancien (Richard, 1993). Si le peuplement du premier plateau (400-600 m d'altitude) est reconnu à la fois par l'archéologie et la palynologie – et seulement par la palynologie pour les phases très anciennes - celui du deuxième plateau (700-900 m d'altitude), très lacunaire en données archéologiques, repose essentiellement sur les données paléoenvironnementales. La palynologie atteste le passage de population d'agriculteurs dès le Néolithique ancien (tourbière de Rémoray, lac de Saint-Point) et même un impact anthropique régulier à partir du Néolithique moyen dans les environs du lac de Saint-Point.

À l'intérieur d'un même territoire, les zones agricoles peuvent changer de place, en fonction de l'épuisement des sols, de l'envahissement des messicoles dans les cultures ou d'autres contraintes qui nous échappent, et nous percevons alors, au travers des indices polliniques d'anthropisation omniprésents, l'écho d'activités plus ou moins éloignées. Afin de minimiser les efforts, les défrichements concernent sans doute des surfaces limitées où sont installées les cultures. Quant aux céréales capables de pousser plus en altitude, elles sont déjà le fruit de sélections probablement opérées depuis le début de la néolithisation (Pelt *et al.*, 1999). Les mêmes endroits, abandonnés provisoirement, sont réoccupés régulièrement. Il est plus facile de nettoyer un lieu enfriché, ou même d'ouvrir une forêt secondaire, que d'attaquer la forêt primaire. C'est finalement le modèle agro-sylvo-pastoral déjà décrit dans la littérature (Iversen, 1949 ; Bertrand, 1975 ; Guilaine, 1991) où la forêt est un lieu essentiel de pâturage qui conserve une place primordiale. Le passage à une agriculture sur champs permanents peut apparaître dès le Néolithique final comme l'ont suggéré les études menées sur les sites archéologique lacustres jurassien (Petrequin *et al.* 1998).

II - L'ÂGE DU BRONZE : UNE DYNAMIQUE CLAIREMENT ÉTABLIE

Les diagrammes disponibles pour cette période montrent souvent un signal anthropique fluctuant, avec des périodes d'augmentation et de diminution des taux d'IPA. Ces taxons ne disparaissent jamais totalement au cours des déprises agricoles, même pendant la dégradation climatique du Bronze moyen (Magny, 2003 ; Richard, 1995 ; Richard et Gauthier, 2007).

Il existe peu de sites renseignant l'âge du Bronze ancien (Gauthier, 2001-2002 ; Gauthier, 2004 ; Richard et Gauthier, 2007). Cette période est majoritairement marquée par une légère anthropisation qui se termine peut-être un peu avant la limite Bronze ancien-Bronze moyen. Seule la région de la Chaux d'Arlier (Chaffois, Figure 1), près de Pontarlier, ne révèle pas de déprise particulière pour cette période mais la séquence pollinique, prélevée dans une zone de fort potentiel archéologique, offre une anthropisation presque continue du Bronze ancien à aujourd'hui.

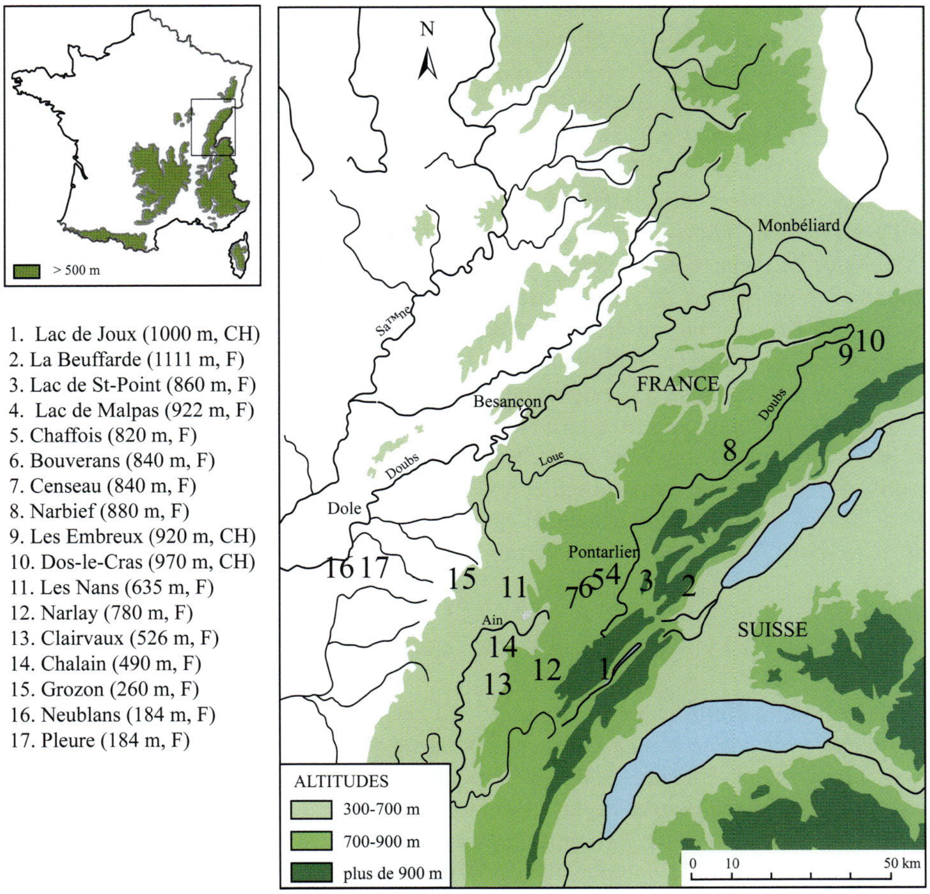

Figure 1 : Localisation des sites étudiés.

Globalement, l'âge du Bronze moyen est souvent marqué dans les diagrammes polliniques par une déprise agricole. Un épisode de faible emprise, peut-être un peu avant la fin du Bronze moyen, est parfois visible (Richard et Gauthier, 2007).

L'âge du Bronze final peut être scindé en deux parties. La première est marquée par une forte déprise agricole. La seconde est très nettement définie par une forte emprise seulement interrompue lors d'un court épisode de repli dont la chronologie mérite d'être précisée mais qui semble se situer dans les 10e -9e siècles avant notre ère. Ce phénomène interrompt une phase d'activités agricoles plutôt dominées par la céréaliculture, l'extrême fin du Bronze final étant plutôt marquée par les activités pastorales. Ces fortes activités agro-pastorales caractérisant la seconde moitié du Bronze final se terminent avec le passage au Hallstatt (Richard et Gauthier, 2007) qui, du moins dans sa première partie, est caractérisé par une forte déprise agricole.

Il serait imprudent de généraliser les phénomènes décrits ici. Malgré leur diversité géographique et typologique, les cas traités pourraient encore refléter des situations strictement locales. Et, si des progrès ont été faits dans la datation des diagrammes, il apparaît que le calage chronologique des limites des phénomènes décrits demande à être précisé. Si l'origine climatique de cette succession de déprises et emprises agricoles paraît souvent démontrée (Magny, 2003), il ne faut pas occulter de possibles origines socio-économiques pour expliquer ces phénomènes. Les réponses se trouvent dans la multiplication de ce type d'analyses, dans d'autres contextes écologiques et archéologiques.

III - L'âge du Fer : irrégularité de l'impact anthropique

Le passage de l'âge du Bronze à l'âge du Fer est facilement repérable dans les diagrammes polliniques ; en effet cette transition correspond souvent à l'apparition d'une essence aujourd'hui familière des forêts, le charme (Richard, 1999) et à une déprise agricole (Richard et Gauthier, 2007). Cette déprise semble cependant être de courte durée au regard de l'intervalle de temps proposé par les paléoclimatologues (800-400 BC, van Geel et Magny, 2002 ; Magny, 2004) : les problèmes de datation qui existent sur la période de l'âge du Fer ne permettent pas d'affiner la chronologie. Les données polliniques montrent que cet épisode est plutôt centré sur le début du Hallstatt.

La forêt reste omniprésente tout au long de la période et les défrichements sont sans doute limités aux zones cultivées ; la pratique du pâturage en forêt ayant persisté jusqu'à la période médiévale. Il est actuellement difficile, pour l'âge du Fer, de déterminer une dynamique globale des événements, car le signal reste très fluctuant et peut être interprété comme une rapide succession de petites emprises et déprises agricoles sans réelle possibilité de corrélation chronologique.

Au sein de cet environnement forestier, quelques zones, marquées par des défrichements intensifs dès le Bronze final, font exception : il s'agit des zones liées à l'exploitation des sources salées (Pétrequin *et al.*, 2001 ; Dufraisse et Gauthier, 2002 ; Dufraisse *et al.*, 2004 ; Gauthier, 2004). Les défrichements très étendus sont alors motivés par le besoin en combustible et non par la quête d'un espace agricole, comme c'est le cas également dans les zones où une proto-industrie du fer est soupçonnée (présence de minerai et défrichement important dans le diagramme pollinique de St-Point), ou est mise en évidence par archéologie et palynologie (Richard et Eschenlohr, 1998).

IV - La période gallo-romaine : un impact anthropique relatif

La période gallo-romaine peut paraître au premier abord assez difficile à cerner. Que sont 500 ans d'histoire au regard de séquences sédimentaires qui offrent une évolution diachronique de la végétation sur seulement un mètre ou deux ? Malgré la brièveté de la période et le manque de datation au regard de la sédimentation (quelques centimètres tout au plus), l'époque gallo-romaine est clairement marquée par l'apparition d'un signal anthropique assez homogène. Seuls deux sites à ce jour montrent clairement une déprise agropastotale alors qu'ils sont occupés durant la Protohistoire : il s'agit des lacs de Narlay et de St-Point (Figure 1). A St Point, des défrichements très importants persistent, sans doute en relation avec la présence de minerai de fer. A une dizaine de kilomètres de St-Point, dans la Chaux d'Arlier, les données polliniques attestent une remarquable stabilité de l'occupation.

Les modifications environnementales opérées par l'homme durant cette période sont en général assez légères et se traduisent davantage par une reprise ou une extension légère des défrichements. La mise en valeur agricole s'opère essentiellement dans des zones déjà partiellement peuplées et défrichées. Il est possible que l'amélioration climatique caractérisant les débuts de l'ère chrétienne ait joué, dans un contexte économique et politique favorable, un rôle dynamisant. Les dates radiocarbone, comme l'estimation des âges, semblent indiquer que l'essor agricole gallo-romain sur le deuxième plateau est assez court et concerne principalement le Haut Empire. Parfois, dès la fin du deuxième siècle, au plus tard vers le IIIe-IVe siècle, une chute des indices d'activité agropastorale et une recolonisation forestière sont observables ; le phénomène s'accentue à la transition avec le haut Moyen Age. Seule la Chaux d'Arlier (Chaffois, Figure 1), centre de peuplement depuis le début de la Protohistoire, offre une continuité des impacts anthropiques tout au long de cette période sans coupure majeure avec le Haut Moyen Age. Les données de basses altitudes sont peu nombreuses mais de qualité. L'exemple du site de Neublans (Figure 1), dans la basse vallée du Doubs (Vannière *et al.*, 2000 ; Gauthier, 2000 ; Gauthier et Joly, 2003 ; Vannière *et al.*, 2003) montre très bien le déséquilibre qu'il peut exister, au niveau de l'impact anthropique, entre Haut Empire et Bas Empire. La déprise qui semble centrée sur le Bas Empire ne transparaît cependant pas au niveau des vestiges archéologiques et n'est peut-être qu'un évènement très local concernant les alentours du paléoméandre étudié. Une reprise se dessine d'ailleurs à l'aube du IVe siècle et la déprise du Ve siècle ap. J.-C. n'apparaît pas dans ce diagramme pollinique.

V - Le Haut Moyen Age : de la déprise agricole...

La transition entre la période gallo-romaine et le Haut Moyen Age correspond fréquemment à une déprise agricole. Le diagramme de la tourbière de Chaffois (Figure 1) dans la Chaux d'Arlier fait cependant exception. Les datations radiocarbone effectuées pour dater cette déprise, sur les sites d'altitude comme de plaine, ont cependant la particularité de toutes recouper le Ve siècle ap. J.-C. dans sa quasi totalité (Gauthier, 2004). Ce phénomène n'est pas nouveau, il correspond à la «*migration period*» (Behre, 1988 ; Rösh, 1992 ; Wiethold, 1998 ; Dreßler *et al.*, 2005). Le nom même donné à cette déprise invoque une crise sociale et politique. Les études menées dans les massifs alpin et jurassien montrent que la période 350-550 cal. AD correspond plutôt à une phase d'amélioration climatique encadrée par deux périodes de détérioration : 150-250 AD (3) et 650-850 AD (4). La reprise qui se dessine à l'aube du VIe siècle n'est donc pas contemporaine d'une amélioration climatique. Les populations de cette période restent dans un type de système agraire forestier. Mais cela est propre aux zones d'altitude du Jura et des phases d'emprise agricole accompagnées de défrichements intensifs ont été mises en évidence une fois de plus dans les zones de basses altitudes (Vannière *et al.*, 2003 ; Gauthier, 2004 ; Salvador *et al.*, 2005).

VI - ...à la surexploitation du milieu : Le Moyen Age central

A partir des XIe-XIIe siècles, l'amplification des défrichements devient évident : c'est le premier signal net et sans ambiguïté d'un développement des activités agropastorales dans les zones d'altitude. Cet essor démographique, technique et agraire est contemporain de l'optimum climatique médiéval ou *« Medieval Warm Period»*. Les données polliniques et historiques témoignent alors du recul de l'espace forestier. De larges zones restent cependant très boisées et, dans le Jura, aux alentours de certaines tourbières, l'espace forestier ne semble pas reculer avant le XVe siècle (Gauthier, 2004), il en est probablement de même sur les Vosges.

Des divers troubles qui ont rythmé la vie des hommes au cours du dernier millénaire, un seul semble avoir eu des conséquences écologiques perceptibles dans les diagrammes polliniques. Il s'agit des effets des épidémies de peste et des guerres du XIVe siècle. Il faut cependant noter que le seul phénomène visible est une baisse des indices polliniques d'anthropisation ; la reconquête forestière reste souvent discrète. Il paraît alors peu probable que des fronts forestiers aient envahi les zones abandonnées, il s'agissait plutôt d'un enfrichement des terres abandonnées. Cet effondrement des pratiques agraires du XIVe siècle a pour origine l'interaction de différents facteurs. Les historiens ont démontré qu'une crise sociale et agraire se met en place à cette période. Au rang des responsables arrive une fois de plus le climat : les paléoenvironnementalistes comme les historiens s'accordent pour faire remonter les prémices du Petit Age Glaciaire au XIIIe, voire XIIe siècle (Leroy-Ladurie, 1983 ; Grove, 2001 ; Holzhauser, 2007). Un autre responsable est la peste qui intervient à partir de 1347 en Europe occidentale, peut être aussi à l'origine de l'effondrement démographique et économique européen. Près d'un tiers de la population européenne, pour les estimations les plus optimistes, disparaîtra aux cours de l'épidémie de peste noire de 1347 (Naphy et Spicer, 2000). Si l'on se penche sur l'évolution du climat dans le Jura (Magny, 2004), un premier épisode de détérioration climatique intervient effectivement entre 1200 et 1300 AD (Figure 2). D'un point de vue pollinique, l'agriculture est alors en plein essor et ne semble pas touchée par ce refroidissement précoce. Il est vrai cependant, qu'une déprise agricole se dessine peut-être dès la fin du XIIIe siècle. La surexploitation du milieu a aussi rendu les sociétés médiévales plus vulnérables aux variations climatiques (Orlove, 2005). La déprise agricole qui affecte le Massif jurassien comme l'ensemble de l'Europe correspondrait, toujours d'après les études de variations des niveaux lacustres, à une brève accalmie climatique avant l'entrée de plein pied dans le Petit Age Glaciaire dès la fin du XIVe siècle. Il n'y a donc pas de réelle corrélation entre le début de la déprise agricole et le début du Petit Age Glaciaire. Bien au contraire, l'essor agricole qui se dessine à l'orée du XVe siècle s'effectue en pleine dégradation climatique. L'analyse pollinique et les variations de niveaux de lac observés sur le lac de Joux démontrent clairement cette situation paradoxale (Magny *et al.*, 2008). Dans la zone des plateaux, la polyculture disparaît peu à peu et la vocation pastorale s'affirme au cours des derniers siècles. Le domaine forestier, surexploité, regagne du terrain à partir du XXe siècle, mais cet effort considérable de reboisement ne transparaît encore que très discrètement dans les diagrammes polliniques.

Conclusion

Les analyses polliniques acquises sur le Massif jurassien permettent d'évaluer l'évolution de l'impact anthropique ; cet impact ne fut pas linéaire et les fluctuations mises en évidence se rapprochent de ce qui a déjà été observé dans d'autres milieux de moyenne montagne comme les Alpes (Tinner *et al.*, 2003 ; Court-Picon *et al.*, 2007), les Pyrénées (Galop, 2000), ou le Massif central (Miras et Surmely, 2006).

Le deuxième plateau du Jura forme, par son climat contrasté et sa végétation forestière dense, un milieu longtemps considéré comme difficile, voire «répulsif», pour les sociétés agricoles anciennes. La rareté des données archéologiques et des sources textuelles antérieures à la période médiévale classique accrédi-

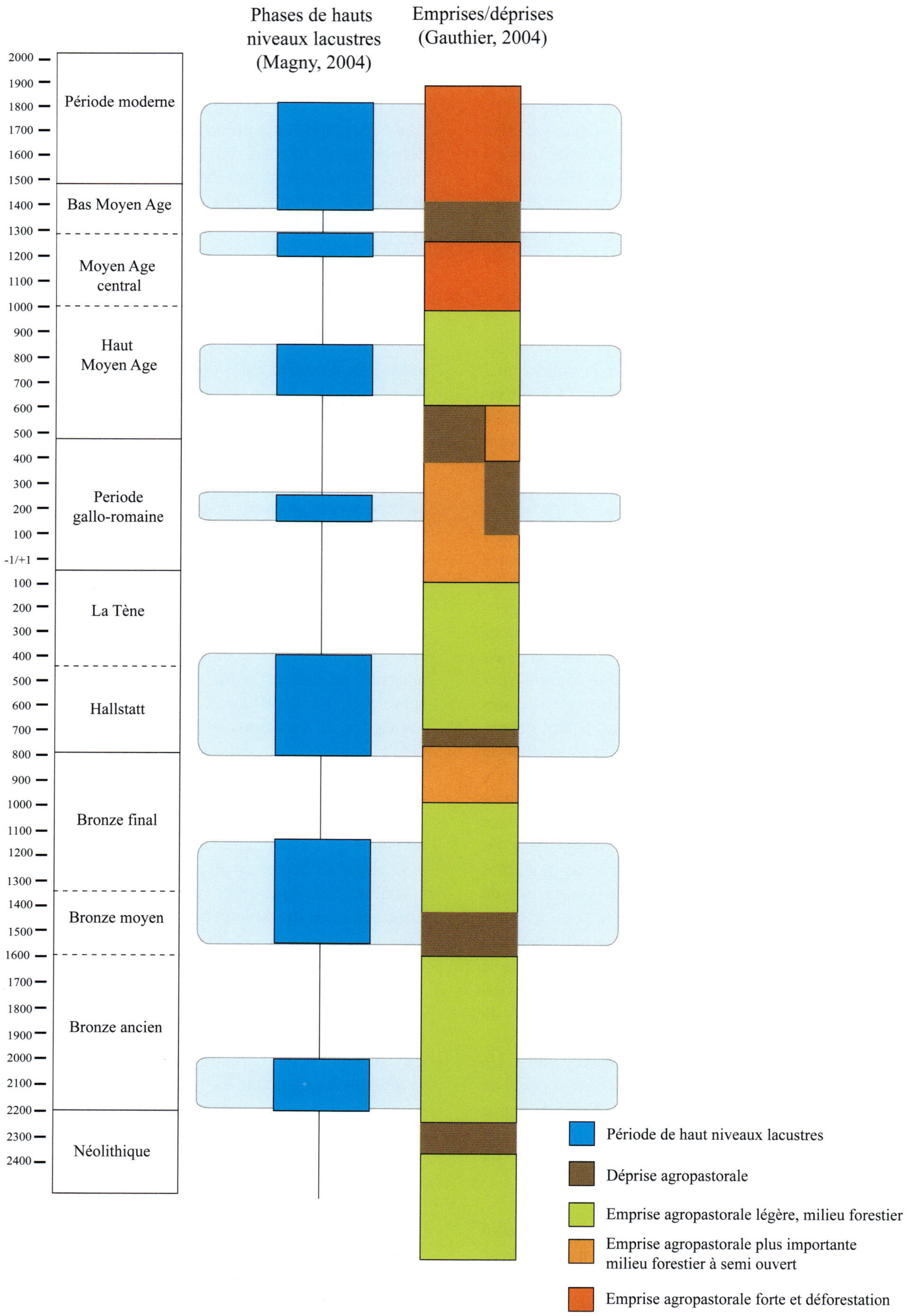

Figure 2 - Emprise/déprise agropastorales et variations des niveaux de lacs depuis la fin du Néolithique dans le Massif jurassien.

tait l'hypothèse d'un peuplement tardif. Pourtant, les analyses polliniques ont déjà montré l'ancienneté des impacts anthropiques et les communautés agropastorales n'ont certes pas attendu le XIe siècle, ni même la période gallo-romaine, pour essaimer à travers ces massifs forestiers d'altitude.

Durant l'âge du Bronze, les groupes humains semblent déjà avoir surmonté les difficultés propres à leur environnement. En effet, l'épaisse forêt qui couvrait le Jura n'a pas entravé l'essor d'activités agricoles. L'installation de ces groupes d'agriculteurs néolithiques, protohistoriques puis gallo-romains n'a d'ailleurs pas fondamentalement bouleversé l'environnement. Seules les activités liées à d'autres domaines que l'agriculture – exploitation du sel ou métallurgie – ont pu provoquer des défrichements étendus (Dufraisse et Gauthier, 2002 ; Richard et Eschenlohr, 1998) et seulement à partir du Bronze final. De nombreuses périodes de déprises ou de reculs des activités agricoles sont bien visibles dans les diagrammes : les trois déprises principales (Bronze moyen, transition Bas Empire / Haut Moyen Age, et XIVe siècle) semblent être le résultat de processus multiples et complexes, tant économiques, politiques, sociaux que climatiques.

Bibliographie

Behre K. E., 1981. The interpretation of anthropogenic indicators in pollen diagrams. *Pollen et Spores*, 23, 225-245.

Behre K.E., 1988. The rôle of man in European vegetation history. *In* B. Huntley et T. Webb (éd.), Dordrecht. Vegetation History, 633-672.

Behre K.E, 2007. Evidence for Mesolithic agriculture in and around Central Europe ? *Vegetation History and Archaeobotany,* 16, 2-3, 203-219.

Bertrand G., 1975. Pour une histoire écologique de la France rurale. *In* Histoire de la France rurale. La formation des campagnes françaises, des origines à 1340, Paris, Le Seuil, vol. 1, 37-111.

Berglund B.E, Ralska-Jasiewiczowa M., 1986. Pollen analysis and pollen diagrams. *In* B.E. Berglund, J. Wiley and Sons (éd.). Handbook of Holocene Palaeoecolgy and Palaeohydrology, 455-484.

Court-Picon, M., Walsh, K., Mocci, F., Segard, M., Palet-Martinez, J.-M., 2007. Occupation de la montagne et transformation des milieux dans les Alpes méridionales au cours de l'âge du Bronze : approche croisée des données palynologiques et archéologiques en Champsaur et Argentiérois (Hautes-Alpes, France). *In* H. Richard, M. Magny et C. Mordant (éd.), Environnements et cultures à l'âge du Bronze en Europe occidentale, co-éditions CTHS - Annales Littéraires de l'Université de Franche-Comté, 89-106.

Dressler M., Selig U., Dörfler W., Adler S., Schubert H., Hübener T., 2006. Environmental changes and the Migration Period in northern Germany as reflected in the sediment of Lake Dudinghausen. *Quaternary Research*, 16, 1, 25-37.

Dufraisse A., Gauthier E., 2002. Exploitation des sources salées en Franche-Comté : impact sur l'espace forestier du Néolithique à la période médiévale. *In* Weller, O. (éd.), Achéologie du sel. Techniques et sociétés dans la Pré- et Protohistoire européenne. Actes du Colloque 12.2 du XIVe congrès de UISPP, 4 septembre 2001, Liège et de la Table Ronde du Comité des Salines de France, 18 mai 1998, Paris, Radhen/Westf. : Marie Leidorf, 243-257.

Dufraisse A., Gauthier E., Pétrequin A.-M., Pétrequin P., Weller O., 2004. Techniques d'exploitation préhistorique du sel en Franche-Comté et en Bourgogne. *In* XXVe Congrès préhistorique de France. Approches fonctionnelles en Préhistoire, Nanterre, 24-26 novembre 2000, Paris : Société Préhistorique Française, 427-444.

Galop D., 1998. La forêt, l'homme et le troupeau dans les Pyrénées. 6000 ans d'histoire de l'environnement entre Garonne et Méditérannée, contribution palynologique. Toulouse, GEODE, 285 p.

Galop D., 2000. Les apports de la palynologie à l'histoire rurale. La longue durée des activités agropastorales pyrénéennes. *Etudes rurales,* 153-154, 127-139

Gauthier E., Joly M., 2003. Nouvelles données sur la culture de la vigne dans l'est de la Gaule (Bourgogne/Franche-Comté). *In* Favory, F. ; Vignot, A. (éd.), Actualité de la recherche en histoire et archéologie agraires. Actes du colloque AGER V, Besançon 19-20 septembre 2000, Besançon : Presses Universitaires Franc-Comtoises, 191-208.

Gauthier E., 2000. Mise en évidence pollinique de la culture de la vigne au Ier siècle après J.-C. dans la plaine du Doubs (Neublans, Jura). *Revue d'Archéométrie,* 24, 63-69.

Gauthier E., 2001/2002. Analyse pollinique d'une tourbière au coeur de la nécropole protohistorique de la Chaux d'Arlier (Doubs, France). *Revue archéologique de l'Est et du Centre-Est,* 51, 417-428.

Gauthier E., 2003. Évolution des activités agropastorales du Haut Jura (France) au cours des trois derniers millénaires. *Quaternaire,* 13, 2, 137-147.

Gauthier E., 2004. Forêts et agriculteurs du Jura. Les quatre derniers millénaires. Besançon : Presses Universitaires de Franche-Comté, 197 p. (Annales Littéraires de l'Université de Franche-Comté ; 765, série «Environnement, sociétés et archéologie ; 6).

Grove J.M., 2001. The Initiation of the «Little Ice Age» in Regions Round the North Atlantic. *Climatic Change,* 48, 53-82.

Guilaine J., 1991. Pour une archéologie agraire. Armand Colin, Paris, 576 p.

Holzhauser H., 2007. Holocene glacier fluctuations in the Swiss Alps. *In* Richard H., Magny M., Mordant Cl. (éd.), Environnements et cultures à l'âge du Bronze en Europe Occidentale, Editions du Comité des travaux historiques et scientifiques (CTHS) et Collection Annales Littéraires de l'Université de Franche-Comté, 29-40.

Iversen J., 1949. The influence of prehistoric man on vegetation, *Danmarks Geologiske Undersogelse,* 3, 5-25.

Leroy-Ladurie E., 1983. Histoire du climat depuis l'an mil. Flammarion, Paris, Collection 'Champs', 2ème édition, 2 volumes, 543 p.

MAGNY M., 2003. Holocene climate variability as reflected by mid-European lake-level fluctuations and its probable impact on prehistoric human settlements. *Quaternary International,* 113, 65-79.

MAGNY M., 2004. Holocene climate variability as reflected by mid-European lake-level fluctuations and its probable impact on prehistoric human settlements. *Quaternary International,* 113, 1, 65-79.

MAGNY M., GAUTHIER E., VANNIÈRE B., PEYRON O., 2008. Palaeohydrological changes and human-impact history over the last millennium recorded at Lake Joux in the Jura Mountains, Switzerland. *The Holocene,* 18, 2, 255-265.

MIRAS Y., SURMELY F., éd., 2006. Environnement et peuplement de la moyenne montagne du Tardiglaciaire à nos jours. Annales littéraires de l'Université de Franche-Comté, vol. 799 ; série « Environnement, Sociétés et Archéologie » 9, 205 p.

PELT J.-M., MAZOYER M., MONOD TH., GIRARDONT J., 1999. La plus belle histoire des plantes, Points.

MESSERLI B., GROSJEAN M., HOFER T., NÙÑEZ L., PFISTER, C., 2000. From nature-dominated to human-dominated environmental changes. *Quaternary Science Rewiews,* 19, 459-479.

NAPHY W., SPICER A., 2003. La peste noire, 1345-1730. Grandes peurs et épidémies, Paris, Autrement, 192 p.

ORLOVE B., 2005. Human adaptation to climate change : a review of three historical cases and some general perspectives. E*nvironmental Science and Policy,* 8, 589-600.

PÉTREQUIN P., WELLER O., GAUTHIER E., DUFRAISSE A., 2001. Salt springs exploitations without pottery during Prehistory. From Guinea to French Jura. *In* Pétrequin et Beyries (éd.), Ethnoarchaeology and its transfert, actes du 5 th Meeting of the European Archaeologist Associaton (Bournmouth, 14-19 sept. 1999). *British Archeological Report,* 983, 37-67.

PÉTREQUIN P. (éd.), 1986. Les sites littoraux néolithiques de Clairvaux-les-Lacs (Jura). I, Problématique générale, l'exemple de la station III, Paris : Maison des Sciences de l'Homme, (Archéologie et culture matérielle), 406 p.

PÉTREQUIN P. (éd.), 1989. Les sites littoraux néolithiques de Clairvaux-les-Lacs (Jura). II, Le Néolithique moyen, Paris : Maison des Sciences de l'Homme, (Archéologie et culture matérielle), 508 p.

PÉTREQUIN P., ARBOGAST R.-M., BOURQUIN-MIGNOT CH., LAVIER C., VIELLET A., 1998. Demographic growth, environmental changes and technical adaptations: responses of an agricultural community from the 32nd to the 30th centuries BC. *World Archaeology,* 30, 2, 181-192.

RICHARD H., ESCHENLOHR L., 1998. Essai de corrélation entre les données polliniques et les données archéologiques : le cas des forêts de Lajoux dans les Franches-Montagnes (Lajoux, Ju, Suisse). *Revue d'Archéométrie,* 22, 29-37.

RICHARD H., GAUTHIER E., 2007. Bilan des données polliniques concernant l'âge du Bronze dans le Jura et le nord des Alpes. *In* H. Richard, M. Magny et C. Mordant (éd.), Environnements et cultures à l'âge du Bronze en Europe occidentale, co-éditions CTHS-Annales Littéraires de l'Université de Franche-Comté, 71-87.

Richard H., 1993. Analyse d'un forage de 7,50 m. *In* PÉTREQUIN (éd.). Les sites littoraux néolithiques de Clairvaux et de Chalain (Jura). III Chalain station 3. 3200-2900 av. J.-C. Editions de la Maison des Sciences de l'Homme, Paris, 200 p.

RICHARD H., 1994. Évaluation de l'impact de l'homme sur la végétation : l'apport de la palynologie. *Histoire et Mesure,* 9, 305-316.

RICHARD H., 1995. Indices polliniques d'anthropisation dans les diagrammes polliniques du Massif jurassien. *Palynosciences,* 3, 37-49.

RICHARD H., 1999. La palynologie. *In* FERDIÈRE. (éd.), La botanique. Errance, 9-42.

RICHARD H., éd., 2004. *Néolithisation précoce. Premières traces d'anthropisation du couvert végétal à partir des données polliniques.* Presses Universitaires Franc-Comtoises, (Annales Littéraires ; 777. Série « Environnement, sociétés et archéologie » ; 7) : 219 p.

SALVADOR P.-G., BERGER J.-F., FONTUGNE M., GAUTHIER E., 2005. Etude des enregistrements sédimentaires holocènes des paléoméandres du Rhône dans le secteur des basses terres (Ain, Isère, France). *Quaternaire,* 16,4, 315-327.

TINNER W., LOTTER A., AMMANN B., CONEDERA M., HUBSCHMID P., VAN LEEUWEN J., WEHRLI M., 2003. Climatic change and contemporaneous land-use phases north and south of the Alps 2300 BC to 800 AD. *Quaternary Science Reviews,* 22, 14, 1447-1460.

TINNER W., NIELSEN E.H., LOTTER A.F., 2007. Mesolithic agriculture in Switzerland? A critical review of the evidence. *Quaternary Science Reviews,* 26, 9-10, 1416-1431.

VAN GEEL B., MAGNY M., 2002. Mise en évidence d'un forçage solaire du climat à partir de données paléoécologiques et archéologiques : la transition Subboréal-Subatlantique. *In* Richard H. et Vignot A. (éd.), Equilibres et ruptures dans les écosystèmes depuis 20000 ans Europe de l'Ouest, Besançon, 18-22 septembre 2000, Besançon, Presses Universitaires Franc-Comtoises, 107-122.

VANNIÈRE B., BOSSUET G., GAUTHIER E., 2000. Susceptibilité magnétique et indices polliniques, marqueurs de l'impact anthropique et de la dynamique fluviale dans la basse vallée du Doubs (Jura, France) entre le Ier et le VIIIe siècles après J.-C. *Comptes Rendus de l'Académie des Sciences. Série IIa. Sciences de la Terre et des Planètes* 331, 203-210.

VANNIÈRE B., BOSSUET G., WALTER-SIMONNET A.-V., GAUTHIER E. BARRAL P., PETIT C., BUATIER M., DAUBIGNEY A., 2003. Land use change, soil erosion and alluvial dynamic in the lower Doubs Valley over the 1st millenium AD (Neublans, Jura, France). *Journal of Archaeological Science,* 30, 1283-1299.

WIETHOLD J., 1998. Studien zur jüngeren postglazialen Vegetations- und Siedlungsgeschichte im östlichen Schleswig-Holstein. Thèse, Palynologie, Bonn, Universtät Kiel, 365 p.

COMPLETEZ VOTRE COLLECTION

Laboratoire
Collection EDYTEM
Environnements, Dynamiques et Territoires de la Montagne

Cahiers de Géographie

Numéro 1 (2003) : Dynamique et vulnérabilités des milieux montagnards méditerranéens et alpins. Mélanges offerts au Professeur René Lhénaff.

Jean-Jacques DELANNOY, Les planéités « karstiques », genèse et intérêts morphogéniques : application au bassin de Ronda (Andalousie)

Marc CALVET et Bertrand LEMARTINEL, Vieilles formes et vieux versants : le paradoxe des paysages méditerranéens

Jean-Jacques DUFAURE, Regard sur les bassins intramontagnards sud-balkaniques : morphogenèse, milieux, sociétés

Jean NICOD, Le Velebit (Croatie occidentale), une chaîne typique du karst dinarique – mise au point d'après des articles récents

Khadidja REMAOUN, Le bassin versant de l'Oued Tafna (Algérie occidentale) : mise en place du réseau hydrographique et processus morphogéniques à l'origine de l'organisation du bassin

Jean SOMME, Cap Blanc-Nez, falaise de Sangatte et Calaisis : un tournant géomorphologique à l'Holocène récent

Alain MARNEZY, Essai de détermination d'un bilan global d'érosion, application au cas du bassin versant de l'Arc (Savoie)

Georges ROVERA, Christophe CORONA et Lise WLERICK, Processus d'érosion et mesure de l'ablation sur les versants gypseux du Petit Mont Blanc de Pralognan, vers 2500 m. (Vanoise, Alpes du Nord, France)

Grégoire THEVENET, Laurent ASTRADE et Jean-Paul BRAVARD, La métamorphose des lits torrentiel à la fin du XIXe siècle :un effet du changement climatique ou du reboisement (bassin du Haut-Bez-Drôme)

Stéphane BALLANDRAS, Réalité et logique des géosystèmes montagnards alpins : principes de fonctionnement morphodynamique

Jean VAUDOUR, Approche systémique et analyse séquentielle des carbonates continentaux dans les milieux méditerranéens

Philippe AUDRA, Les valeurs record d'ablation karstique dans les montagnes Nakanaï (Nouvelle-Bretagne, Papouasie-Nouvelle-Guinée

Robert d'ERCOLE et Florent DEMORAES, Risques et réponses institutionnelles en Equateur : cartes et méthodes

Philip DELINE, Les grands écroulements rocheux de 1920 et de 1997 sur le glacier de la Brenva (massif du Mont-Blanc) : un vecteur géomorphologique pour la reconstitution de l'histoire holocène d'un bassin glaciaire de la haute montagne alpine

Michel CHARDON, Les récents écroulements de parois en Oisans : observations et réflexions

Philippe LAHOUSSE, Gilles GARITTE et Lucas THENARD, Aléa et risque torrentiel dans le Briançonnais (Alpes françaises du Sud)

Anne LACAMBRE, Stanislas WICHEREK et Jean-Pierre PEULVAST, Connaissance et perception des risques naturels face à une réalité érosive. L'apport d'une enquête auprès de la population dans les communes d'Orcières et de Champoléon (Hautes-Alpes, France)

Stéphanie BARAILLE, Prévision des crues graves en haute Durance : typologie des situations météorologiques à risque

Céline LUTOFF, L'évaluation des enjeux : base de l'analyse de la vulnérabilité des systèmes urbains. Conditions de reproduction de l'expérience niçoise

Richard LAGANIER, Claude KERGOMARD et Monique DACHARRY, Les inondations en région Nord-Pas de Calais : essai de synthèse régionale

Alain MOREL et Ibrahim BOUZOU-MOUSSA, Erosion et lutte anti-érosive dans les milieux sahélo-soudaniens

256 pages, ISBN 2-9520432-0-5 ; ISSN 1762-4304

COMPLETEZ VOTRE COLLECTION

Laboratoire

Collection EDYTEM

Environnements, Dynamiques et Territoires de la Montagne

Cahiers de Géographie

Numéro 2 (2004) : Traverser les montagnes.

Actes du colloque organisé par Montanéa, 3 & 4 octobre 2002 à Chambéry.

1 – Les conditions du passage et les marqueurs du franchissement

Emmanuel LE ROY LADURIE, La nécessaire prise en compte de l'histoire du climat

Jean-Daniel CANDAUX, Voyages et représentations - La littérature de voyage, les cols par plaisir

Jean-Jacques REY-BELLET, Une politique du passage : le Valais

Louis FRESCHI, L'axe du Brenner

Christophe GAUCHON, Les monuments du passage

2 – Les enjeux liés à la maîtrise du passage et aux dynamiques d'ouverture et de fermeture

Yves CROZET, Traversées alpines - Comment conjuguer fluidité et respect de l'environnement ?

Jean VARLET, Traverser le Massif Central – Dynamiques d'ouverture et de fermeture

Xavier BERNIER, Les cols routiers dans la traversée des montagnes françaises – Contribution à une définition plurivalente et dynamique

André PALLUEL-GUILLARD, L'épopée des chemins de fer à travers les Rocheuses de la ruée vers l'or à nos jours

Stéphane MOURLANE, Le tunnel du Mont-Blanc – Un projet à travers un siècle de relations franco-italiennes (1860-1965)

3 – Réorganisations des flux et recompositions territoriales dans la traversée des montagnes

Anne-Laure AMILHAT-SZARY, Les nouvelles traversées andines – De la montagne-obstacle à la montagne-interface ?

Bartolomé BENASSAR, La traversée des Andes à l'époque moderne

Pierre THOREZ, Flux et déplacements dans le Caucase

Julien THOREZ, Montagnes et espaces nationaux post-soviétiques en Asie Centrale (Kirghizstan, Tadjikistan, Ouzbékistan)

Patrick PIGEON, Gestion des risques et peuplements helvétiques – L'exemple du Gothard

164 pages, ISBN 2-9520432-1-3 ; ISSN 1762-4304

COMPLETEZ VOTRE COLLECTION

Laboratoire
Collection EDYTEM
Environnements, Dynamiques et Territoires de la Montagne

Cahiers de Géographie

Numéro 3 (2005) : Le quaternaire des vallées alpines. Fronts glaciaires, mouvements de versants et comblements alluviaux dans les vallées de l'Arve, d'Aoste et de Suse.

Livret-guide de l'excursion organisée par l'AFEQ du 2 au 4 juin 2005.

Première demi-journée - La déglaciation de la vallée de l'Arve par G. NICOUD, S. COUTTERAND, F. AMELOT, C. BURNIER et L. MOREAU

Le bassin de Bonneville - L'ombilic de Sallanches / Le Fayet et le complexe morainique des stades de Magland - Les graniteurs - Le complexe morainique des stades du Fayet - Les écroulements du Dérochoir et les mouvements de terrain du versant méridional du Désert de Platé - L'ombilic de Chamonix / Les Houches.

Deuxième demi-journée - Le Val Veny (Vallée d'Aoste) :

héritages post-LGM, formes et processus actuels de la haute montagne alpine englacée (par P. DELINE et S. COUTTERAND)Un glacier noir remarquable, le Miage - Amphithéâtre morainique du lac du Miage : reconstituer la dynamique du Miage pendant l'Holocène - Les écroulements holocènes sur la Brenva - Reconstitution de la région du massif du Mont Blanc pendant le LGM.

Troisième demi-journée - Comblement alluvial et dynamique des versants de la vallée d'Aoste par M. GIARDINO, G. MARTINOTTI, F. MEZZENA, G. NICOUD et E. DALBARD

L'ombilic d'Aoste, une dynamique lacustre complexe - Formes et dépôts de la glaciation pléistocène dans la moyenne Vallée d'Aoste - Dynamique géomorphologique et évolution d'un site archéologique : la nécropole de Vollein - Sédimentation et néotectonique post-glaciaires dans la moyenne Vallée d'Aoste - Les mouvements de terrain entre Bard et Donnas (basse Vallée d'Aoste).

Quatrième demi-journée - Formes et dépôts glaciaires dans l'Amphithéâtre morainique d'Ivrea (AMI) par F. GIANOTTI, M. GIARDINO, G. FORNO et F. GROSSO

Serra d'Ivrea et Petite Serra - Stratigraphie de la Serra d'Ivrea - Les Collines d'Ivrea : affleurements rocheux à modelé glaciaire - L'amphithéâtre morainique d'Ivrée vu par les anciens auteurs.

Cinquième demi-journée - L'Amphithéâtre Morainique de Rivoli - Avigliana par M. GIARDINO, F. CARRARO, G. F. FIORASO et S. LUCCHESI

Dépôts glaciaires de l'amphitéâtre morainique de Rivoli / Avigliana - Sols fossiles et surfaces de base des unités glaciaires de l'amphithéâtre - Moraine et till du Mont Musinè - Vue panoramique sur l'amphithéâtre et la basse Vallée de Suse et la Sacra di San Michele : histoire, architecture et légende.

Sixième demi-journée - Mouvements de masse post-glaciaires dans la vallée de Suse par F. CARRARO, M. GIARDINO et G. F. FIORASO

Observations en route : la basse Vallée de Suse ; la région de Suse - La glaciation locale du Val Clarea (moyenne Vallée de Suse) - Le lit épigénique de la Doire Ripaire et la dynamique des versants dans la moyenne Vallée de Suse - La déformation gravitaire profonde de versant de Serre La Voute - Néotectonique et contrôle lithostructural sur les formes de la moyenne et haute Vallée de Suse.

195 pages, ISBN 2-9520432-2-1 ; ISSN 1762-4304

COMPLETEZ VOTRE COLLECTION

Laboratoire

Collection EDYTEM

Environnements, Dynamiques et Territoires de la Montagne

Cahiers de Géographie

Numéro 4 (2006) : Transport et Tourisme.

Actes du colloque organisé à Chambéry du 13 au 15 septembre 2006.

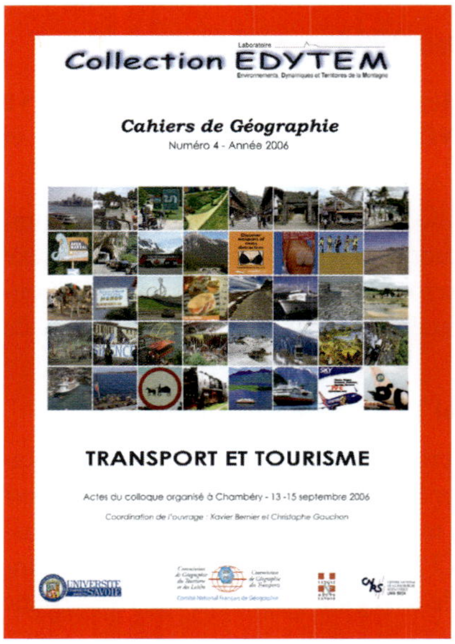

Première partie - Les interactions entre transport et tourisme - Réflexions

Transport et mise en tourisme du Monde par Jean-Christophe GAY.
De la relation entre transport et lieux touristiques par Philippe DUHAMEL.
Tourisme et enclavement : l'exemple du Massif Central français par Christian JAMOT.

Deuxième partie - L'accès aux destinations touristiques

Le transport, entre nécessité et plaisir : les perspectives d'ouverture des espaces touristiques de la Roumanie par Mihaela AXENTE-BUDILEANU.
Les compagnies aériennes à bas prix et le tourisme en Europe : état des lieux et perspectives par Pierre THOREZ et Pierre ZEMBRI.
Éléments pour une géographie de l'offre charter européenne face à la concurrence des compagnies low-cost par Frédéric DOBRUSZKES, Vincent SCHEPENS et Jean-Michel DECROLY.
Le Point Afrique, acteur majeur du transport aérien et du développement touristique en Afrique saharo-sahélienne par Bruno LECOQUIERRE.
Accessibilité et mobilité aux îles du Cap-Vert par Nadège KOKEL.

Troisième partie - Les déplacements dans les espaces touristiques

Transports par câbles et sports d'hiver : approche géographique de la dynamique territoriale du tourisme et des loisirs en espace montagnard par Christian HELION.
Les domaines skiables reliés dans les Alpes françaises par Alain MARNEZY et Christophe GAUCHON.
Nature mobile et touriste transporté… Enjeux et problèmes liés aux déplacements touristiques dans les parcs nationaux des montagnes de l'Ouest canadien par Stéphane HÉRITIER.
Pour une différenciation des déplacements dans l'espace touristique : l'analyse des excursions à l'île Maurice par Frank PARIS.

Quatrième partie - Les réseaux de transport comme éléments de la ressource touristique

Une voie de transport devenue ressource touristique : le cas très particulier de l'Express côtier norvégien par Jacques GUILLAUME.
Structuration et dynamiques du tourisme de croisière dans le Bassin caraïbe par Thierry HARTOG et Colette RANÉLY VERGÉ-DÉPRÉ.
L'émergence du tourisme fluvial en Europe par Raymond WOESSNER.
Véloroutes et voies vertes : supports, ou objets touristiques ? par Anne HECKER.
Le rôle du chemin de fer dans la mise en valeur touristique : Le cas d'une moyenne montagne française, le Massif Central par Marie-Eve FEREROL.
Le voyage sur la Nakasendô (Japon) par Sylvie GUICHARD-ANGUIS.
Manger sur l'autoroute en France : Les pratiques alimentaires des touristes par Gilles FUMEY.

Cinquième partie - Transport, développement touristique et territoires - Synergies et conflits

Autoroutes et dynamique du tourisme par Anne GRIFFOND-BOITIER.
Ressource touristique et enjeux territoriaux évolution et re-définition de la route touristique des gorges de l'Ardèche par Mélanie DUVAL.
Pas feutrés et pneus crantés… Les Alpes françaises entre pratiques de « nature » et loisirs motorisés, une approche des conflits d'usages autour de la mobilité touristique par Lionel LASLAZ.
Les transports, facteurs de développement touristique au sud du Maroc par Mohamed OUDADA.

300 pages, ISBN 2-9520432-3-X ; ISSN 1762-4304

COMPLETEZ VOTRE COLLECTION

Laboratoire

Collection EDYTEM

Environnements, Dynamiques et Territoires de la Montagne

Cahiers de Géographie

Numéro 5 (2007) : Recherches interdisciplinaires sur l'Aven d'Orgnac.

Chapitre 1
L'aven d'Orgnac : identification d'un haut lieu du tourisme souterrain, Vincent BIOT, Mélanie DUVAL et Christophe GAUCHON
La gestion des réseaux d'Orgnac-Issirac : un exemple original de valorisation de réseaux souterrains fragiles et à haute valeur patrimoniale, par Stéphane TOCINO

Chapitre 2
L'aven d'Orgnac : une caverne privilégiée pour l'élaboration des connaissances karstologiques, par Christophe GAUCHON et Françoise PRUD'HOMME
Bibliographie scientifique sur l'aven d'Orgnac, par Françoise PRUD'HOMME

Chapitre 3
L'aven d'Orgnac : un grand réseau paragénétique, étude spéléogénétique des grands volumes karstifiés, par Stéphane JAILLET, Jean Jacques DELANNOY, Jean-Loïc BERSIHAND, Matthieu NOURY, Benjamin SADIER et Stéphane TOCINO

Chapitre 4
L'aven d'Orgnac : étude des remplissages, mémoires des dynamiques spéléogéniques post-paragénétiques, par Benjamin SADIER, Anne-Sophie PERRROUX, Yves PERRETTE, Jean-Jacques DELANNOY, Yves QUINIF et Olivier KAUFMANN

Chapitre 5
L'aven d'Orgnac : suivi environnemental et modèle de fonctionnement actuel du milieu souterrain karstique au service du développement durable, par François BOURGES, Alain MANGIN, Pierre GENTHON, Dominique D'HULST et Françoise GAUQUELIN

Chapitre 6
L'aven d'Orgnac : un jalon karstique pour la reconstitution paléogéographique de l'interfluve Ardèche/Cèze, par Jean-Jacques DELANNOY, Stéphane JAILLET, Serge FUDRAL, Dominique GASQUET, Olivier KAUFMANN, Maxime SABAUT et Estelle PLOYON

Conclusion
Perspectives pluridisciplinaires par Jean-Jacques DELANNOY

180 pages couleur ; ISSN 1762-4304 ; ISBN 2-9520432-4-8 ; EAN 9782952043243

COMPLETEZ VOTRE COLLECTION

Laboratoire

Collection EDYTEM

Environnements, **D**ynamiques et **Te**rritoires de la **M**ontagne

Numéro 7 (2008)

Cahiers de Géographie

Karsts de montagne : Géomorphologie, patrimoine et ressources.

La connaissance des phénomènes karstiques...

... pour une gestion raisonnée des ressources et patrimoines du karst

Application au massif de Tsanfleuron

180 pages couleur ; ISSN : 1762-4304 - ISBN : 978-2-9520432-9-8 - EAN : 9782952043298

Publications en vente

Cahiers Savoisiens de Géographie

	Prix du N°	Frais de port
N° 1 (1997) : Transports et développement en Pays de Savoie	10 €	3 €
N° 2 (1999) : Livret guide des excursions Grands Causses - Vercors	épuisé	
N° 3 (2000) : La géographie des risques dits «naturels» entre géographie fondamentale et géographie appliquée	10 €	3 €
N° 4 (2001) : Identités et territoires	10 €	3 €

Collection EDYTEM

	Prix du N°	Frais de port
N° 1 (2003) : **Cahiers de Géographie** Dynamique et vulnérabilités des milieux montagnards méditerranéens et alpins	15 €	3 €
N° 2 (2004) : **Cahiers de Géographie** Traverser les Montagnes	15 €	3 €
N° 3 (2005) : **Cahiers de Géographie** Le Quaternaire des vallées alpines *	épuisé *	
N° 4 (2006) : **Cahiers de Géographie** Transport et Tourisme	15 €	3 €
N° 5 (2007) : **Cahiers de Géographie** L'Aven d'Orgnac, valorisation touristique, apports scientifiques	15 €	3 €
N° 6 (2008) : **Cahiers de Paléoenvironnement** Du climat à l'homme : Dynamique holocène de l'environnement dans le Jura et les Alpes	15 €	3 €
N° 7 (2008) : **Cahiers de Géographie** Karsts de montagne : Géomorphologie, patrimoine et ressources	15 €	3 €

* Numéro épuisé, disponible sur le site web du laboratoire : http://edytem.univ-savoie.fr/

Pour recevoir ces publications :

Adressez votre commande à :

Laboratoire EDYTEM, secrétariat, Université de Savoie, CISM, Campus scientifique, F 73376 Le Bourget du Lac Cedex

accompagnée d'un chèque (à l'ordre de M. l'Agent Comptable de l'Université de Savoie), ou d'un mandat administratif.